글로벌/로컬

GLOBAL/LOCAL

Korean Translation Copyright©2019 by ECO-LIVRES Publishing Co.
Korean edition is published by arrangement with Duke University Press,
through BC Agency, Seoul.

글로벌/로컬
문화 생산과 초국적 상상계

초판 1쇄 인쇄일 2019년 4월 25일   초판 1쇄 발행일 2019년 4월 30일

엮은이 롭 윌슨·위말 디싸나야케 | 옮긴이 김용규
펴낸이 박재환 | 편집 유은재 | 관리 조영란
펴낸곳 에코리브르 | 주소 서울시 마포구 동교로 15길 34 3층(04003) | 전화 702-2530 | 팩스 702-2532
이메일 ecolivres@hanmail.net | 블로그 http://blog.naver.com/ecolivres
출판등록 2001년 5월 7일 제10-2147호
종이 세종페이퍼 | 인쇄·제본 상지사 P&B

ISBN 978-89-6263-194-4 94300
ISBN 978-89-6263-033-6 (세트)

책값은 뒤표지에 있습니다.   잘못된 책은 구입한 곳에서 바꿔드립니다.

부산대학교 한국민족문화연구소
로컬리티 번역총서 L17

문화 생산과 초국적 상상계 | G L O B A L / L O C A L

글로벌/로컬

롭 윌슨 · 위말 디싸나야케 엮음 | 김용규 옮김

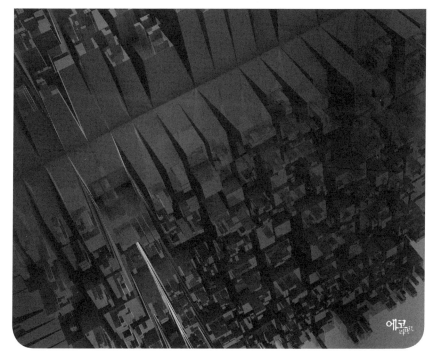

에코리브르

이 번역 총서는 2007년도 정부(교육과학기술부)의 재원으로 한국연구재단의 지원을
받아 연구되었음(NRF-2007-361-AL0001).

● 차례 ●

● 서문 ●

글로벌/로컬 추적하기

● 롭 윌슨·위말 디싸나야케 ●

자본주의는 모든 종류의 구성체의 교차로에 서 있다. 성격상 항상 신(新)자본주의일 수밖에 없는 자본주의는 최악의 상황에 대비해 동쪽 면(face)과 서쪽 면을 발명하고 항상 새롭게 구성한다. −질 들뢰즈(Gilles Deleuze) & 펠릭스 가타리(Félix Guattari), 《탈주선 위에서(On the Line)》

〔전 지구적 자본주의에는〕 정반대 방향으로 움직이는 경향이 공존하고 있습니다. 한편으로는 권력의 국제적 집중화로 나아가는 경향이 있는가 하면, 그것과는 정반대 경향, 즉 전 세계에 걸쳐 풀뿌리 조직의 참여가 한층 더 많아지고 있습니다. 다시 말해, 더욱 로컬적 자율성을 지향하는 지역주의와 움직임이 급증하고 있습니다. −놈 촘스키(Noam Chomsky), 《스핀(Spin)》〔제리 브라운(Jerry Brown)과의 인터뷰〕

성장과 발전의 과정에서 어떠한 공간도 사라지지 않는다. 즉 **세계적인 것은 로컬적인**

것을 폐기하지 못한다. ─앙리 르페브르(Henri Lefebvre),《공간의 생산(La production de l'espace)》

바야흐로 전 지구적 자본의 "상징적 기술자"이자 비판적 자기의식이 되려는[1] 포스트모던 문화 종사자들은 우리가 20세기 말 도처에서 목격하는 변경되고 더욱 프랙털적인 영토의 교차로, 즉 일상적 조직과 구성에서 (경계를 횡단하는 자본 논리의 역학을 중심으로 통합되어) 더욱 **글로벌화**하면서 동시에 (차이와 연합, 저항의 경쟁적 국소들로 파편화되는) 더욱 **로컬화**하는 문화적 생산과 국가적 재현이라는 새로운 세계 공간에 서 있다. 다양한 장소와 다양한 학문 분야를 뛰어넘어 가져온 이 책의 논문은 초국적화를 위한 전 지구적 힘, 이미지, 코드, 장르, 기술 체계와 문화적 위치를 위한 더욱 로컬적인 공동체, 전술, 상징적 전략 간 동시대적 인터페이스를 추적해간다. 후자는 로컬리티 및 로컬적 주체와 민족적 상황의 생산에서, 그리고 일상적 공간과 공적 존재 영역의 형성 속에서 글로벌적인 것과 마주치며 거기에 도전한다.

글로벌/로컬의 배치는 '세계 체제'의 새로운 동인으로서 근대 국민국가의 사회 구성체에 대한 일방통행식 지배 모델을 새롭게 형상화하고, 한층 낙관적인 정식화를 통해 사회적 발명·경쟁·이동·재상상화·연합·탈주 등의 복수적 선들(lines)을 활성화한다. 지역과 지역 국가들이 국경이나 오래된 영토적 형태보다 점점 더 우세해지고, 불균등 발전과 문화 횡단적 혼종성의 특별한 경제적 지대가 창조되고 있다. 우리가 추적할 **초국적 상상계**(transnational imaginary)의 현상 속에서 이러한 글로벌/로컬의 통합 효과는 일상생활의 조직과 주체성의 공간에 활력을 불어넣는 동시에 압력을 행사하며, 문화평론가들이 진부하게 '포스트모던'이라고 표현하거나 하이퍼텍스트적으로 '포스트식민적' 저항으로 신성시하기도 하는 오늘날의 감정 구조를 새롭게 형성하기도 한다. 이 불균등한 전 지구화와 2단계 정보 고속도로의 시대에 상당수 문화 연구는 전 지구적 자본과 상품 생산 문화에 맞춰 세계를 더 안락하고 더 사용자 친화적인 것으로 만드는 방식처럼 들릴 수 있다.

　전 지구적 담론과 기술 체계에 의한 분열과 조작의 지속적 과정은 민족과 자아, 공동체의 초국적 구성을 협상적 언어, 경계 지대적 존재, 이중 문화적 양가성의 "번역적"이고 "틈새적인(in-between)" 공간들로 번역하는 과정으로 무분별하게 재분절되고 있다.[2] 지구를 마치 식민지적 희생화가 벌어지는 영원한 선악의 공간 또는 에드워드 사이드(Edward Said)가 풍부하게 설명한 "대위법적" 제국주의의 문화 경관처럼 중심부와 주변부의 이항 대립적 지대로 그리는 것은 더 이상 타당하지 않다. 하지만 전 지구적 자본주의의 동시대적 국면을 움직이는 창조적·파괴적 역학에 대한 우리의 태도가 무엇이든 간에 로컬은 계속해서 다양한 소비 지대로서 미시적으로 그려지고 거시적으로 탐사되고 있다. 만일 1990년대에 코카콜라가 "우리는 다국적이 아니라 다지역적이다"라고 주장할 수 있다면, 문화 연구는 거의 고갈되어버린 저항의 정치를 내세우면서 가상화한 다중 마케팅적 장소/로컬이라는 멋진 신세계로 들어가야 한다.

　글로벌 문화 구성체와 로컬 장소의 지리정치학은 **초국적화**의 유동적 과정과 **로컬화** 혹은 지역적 연대의 전략 사이에서 얻게 되는 새로운 '공간적 변증법'의 압력 아래서 계속 변화하는 중이다. 환태평양 곳곳에서, 그리고 멀티플렉스 아시아/태평양 내부에서 공장 이전과 이주는 로스앤젤레스·밴쿠버·타이베이·호놀룰루·서울처럼 혼종적 가공 지대와 그물망 형태의 순환적 흐름을 가진 '세계 도시'를 창조해왔다. 이곳에서는 "로컬적이었던 모든 것이 점차 글로벌화하고, 글로벌적인 모든 것이 더욱 로컬화하고 있다".³ 다양한 곳에 존재하는 이런 지역은 상품, 사람, 이주 노동, 이미지, 정보 등의 유연 시간적 흐름을 통해 실질적으로 국경을 뛰어넘고 있다. 요시모토 미츠히로(吉本光宏)가 말하듯이 "글로블록(globloc)"은 일본의 포스트모더니티/패션의 담론 내에서 글로벌 기술 체계와 로컬적 적응 간의 인터페이스 과정을 기술하기 위해 만든 최신 미디어 신조어가 되었다. 이런 불균등한 근대성의 공간 내에서 우리는 프란츠 파농(Frantz Fanon)이 한때 민족적 근대성의 잔존적 식민 구조 속에서 두려워했던 "로컬적인 문화적 창조성"의 죽음과 매장보다는 이접적(disjunctive) 국면과 로컬적 재긍정 속에서 이러한 창조성의 복원과 긍정과 쇄신을 목격하고 있다. 전 지구화 담론은 비록 가끔 변덕스러운 행복감에 젖어 있다 하더라도 "로컬적 투쟁을 글로벌적 지원"과 연결하고 "로컬적 문제를 글로벌적 해결책"과 접속시킴으로써 초국적 흐름과 전 지구적으로 분산된 노동 고리를 묶고 차단하는, 이른바 '릴리풋 전략(Lilliput strategies)'•에 의해 특징지어진다.⁴

전쟁, 종교, 혈연, 애국적 상징성, 언어 등을 통해 일관된 근대적 정체성의 '상상의 공동체'로 형성되어온 국민국가는 실제로 글로벌과 로컬 간에 급속히 내파되고 있는 이종 언어적 인터페이스, 즉 우리가 여기서 **글로벌/로컬**의 연결망으로 다양하게 이론화하고자 하는 것에 의해 해체되고 있다. 에 플루리부스 우눔(e pluribus unum)•• 서사의 해체와 무효화(기존 개념의 폐

• 조녀선 스위프트(Jonathan Swift)의 《걸리버 여행기(Gulliver's Travels)》에 나오는 소인국 사람들(Lilliputians)에서 유래한 용어. 자신들의 삶을 침해하는 걸리버가 잠자는 사이에 수많은 줄로 꽁꽁 동여맨 데서 착안한 전략으로 초국적 기업과 조직의 침해에 맞서 풀뿌리 민중 조직이나 노동 운동이 다른 로컬 조직이나 노동 운동과 연대해 공동 투쟁과 공동 관심을 추구해나가는 전략을 말한다.(이하 각주는 옮긴이 주이며, 필자 주는 각 장의 끝에 두었다—편집자)

지)가 미국 내 다양한 시각에서 그리고 다양한 장르의 담론 내에서 일어나는 것을 볼 수 있다.[5] 그렇지만 포스트모던 탈식민화의 상이한 상황 속에서 〔백낙청이 프레드릭 제임슨(Fredric Jameson)과의 폭넓은 대담에서 한국의 민중문학 운동이 갖는 진보적인 민족적 차원을 주장하고, 랴오빙후이(廖炳惠)가 타이완의 공론장이 어떻게 민족적 기억과 원주민의 재부상을 위한 거래와 타협의 공간이 되는지를 보여주듯〕 문화 종사자들은 지정학적 장소를 아시아/태평양 문화유산과 수준 높게 접합함으로써 "자본주의가 소멸시키려 하는 공간의 구체성을 회복하고자" 한다.

앙리 르페브르는─사회적 근대성에서 글로벌/로컬 위기로 체험되는─ "1968년" 사건의 여파 속에서 대중적 도시화의 과정이 "글로벌과 로컬, 도시와 시골, 중심과 주변을 새로우면서도 아주 낯선 방식으로 결합하는 〔일상적〕 공간의 생산"[6]에 의해 지양될 것이라고 예견한 바 있다〔르페브르의 공간 지향적 시학에 대한 데이비드 하비(David Harvey)의 개관 참조〕. 《공간의 생산》에서 상황적 가능성에 대한 르페브르의 예지적 분석에 따르면, 전 지구적 자본의 "추상적 공간"은 계속해서 종교, 장소, 도시, 시골과의 지속적 결속에 의해, 무엇보다 계급의 한층 강화된 분열에 의해 내부로부터 균열을 일으키게 될 것이다. 그는 "그 어느 때보다도 오늘날 계급 투쟁은 공간 속에 각인되어 있다"[7]고 주장했다. 르페브르는 이와 같은 글로벌/로컬 변증법을 후기 자본주의의 새로운 세계 공간을 봉합하는 "주요 모순"이라 불렀고, "지구적 (혹은 세계적 차원의) 규모 위에서 공간을 파악하고 다루는 능력과 (그 자체로 온통 단편적인) 절차 및 과정의 파편화 간"[8] 상이한 차이를 심화시키려 했다. 전 지구적 자본의 지배를 받는 일상생활의 실천에서 이들 로컬 공간은 재활용과 재코드화, 탈영토화한 발명의 다양한 "은밀한 창조성"을 양산

●● '여럿이 모여 하나'를 이룬다는 의미로 미국의 건국 이념을 나타냄.

할 수 있는 토대를 제공할 수 있다. 일상적 실천의 공간에 대한 관련 분석에서 미셸 드 세르토(Michel de Certeau)는 이것들이 자본 통제 구조의 균열에서 그리고 이런 구조에 대항해 출현하고 있다고 보았다.[9]

르페브르는 데이비드 하비, 마이크 데이비스(Mike Davis), 에드워드 소자(Edward Soja), 닐 스미스(Neil Smith), 캐서린 미첼(Katharyne Mitchell) 같은 1980년대 포스트포디즘적 지리학자들의 부상을 미리 예고했다(이 책에서 북서 태평양을 전 지구적 자본주의의 흐름과 로컬 저항 간의 접합으로 분석하는 것 참조). 이들에게 (공간적 물질성과 상징적 은유로서) 로컬은 불균등하고 모순적인 구성에서 이미 철저하게 글로벌적이며, 나아가서 리들리 스콧(Ridley Scott)이나 스티븐 오카자키(Stephen Okazaki) 같은 트랜스태평양 영화감독—이들에게 도쿄와 남부 캘리포니아는 서로 맞물린 아시아/태평양 공간을 구성한다—의 작품에서도 그러하다. 문화 종사자들은 이 지역에서 매우 혼란스럽게 사방으로 확장되어가는 불균등적인 근대화한 세계와 대면한다. 여기서 자본의 지구화와 그 일상적 활동이 벌어지는 도시와 장소 및 문화에서 "사회·정치적 모순은 공간적으로 현실화된다".[10] 이런 포스트모던 공간에서 계급 모순이 활발하게 펼쳐지고 "로컬 지식"과 주체를 억압하던 근대화의 역학이 약화하면서 문화 종사자들은 체계적인 구상도 전위적 이론의 수용도 그 어떤 총체적 시간-공간의 대안도 없이 "로컬 권력과 중앙 권력 간의 갈등이 세계 속에서 일어나는 곳마다 이런 갈등"을—악화시키지는 않는다고 하더라도—표현하고자 시도할 수 있다.[11] 동일시와 귀속에 대한 경쟁이 벌어지는 로컬 공간은, 비록 그것들이 미시정치적 의미에서 단편적이고 하찮다 하더라도 초국적화, 즉 전 지구화한 생산이라는 지배 서사의 맥락에서 레이먼드 윌리엄스(Raymond Williams)가 말한 "희망의 자원"을 지속적으로 생성할 수 있다. 이런 맥락에서 "당신이 만든 생산품과 당신이 봉사하는 회사"는 "미국", "멕시코", "일본"과 같이 국경이 있는 장소/정체성으로부터 벗어나 "탈민족화"하고 있다.[12]

"전 지구적 로컬화"가 1970년대 후반과 1980년대에 소니, 코카콜라 같은 초국적 기업이 국경을 넘나들며 지역적으로 능숙하고 상황에 유연한 "내부자"로서 초국적 기업(TNC)을 침투시키기 위해 실행했던 마케팅 전략으로 부상했다면, 후위적 저항(rearguard resistance)의 미학으로서 "비판적 지역주의"는 경계를 현대화된 글로벌 기술 체계나 포스트모던의 이미지 문화와 대립하는 문화 보존과 공동체 정체성의 공간과 장르와 지대로 재분절하면서 등장했다.[13] 1989년 소니가 컬럼비아 픽처스를 사들인 초국적 거래 이후, 모리타 아키오(盛田昭夫)는 〈뉴스위크〉의 독자들에게 제3의 물결 속에서 이윤을 지속적으로 확보할 수 있는 유연한 전략에 관해 다음과 같이 말했다. "우리는 현재도 이 나라[미국]에서 설비를 확장 중에 있습니다. 나는 '다국적'이라는 단어를 별로 좋아하지 않습니다. 그것이 무엇을 말하는지 잘 모르겠어요. 나는 그보다 '전 지구적 로컬화'라는 새로운 용어를 창조했습니다. 이것이 우리의 슬로건입니다."[14] 따라서 기업 정체성의 초국적화는 **전 지구적 로컬화**의 과정, 즉 경계를 횡단하고 유연적 생산을 통해 시장을 분절하는 과정을 함축한다.

이 책에서 롭 윌슨(Rob Wilson)과 마이크 페더스톤(Mike Featherstone)의 글이 구체적으로 보여주듯 로컬을 저항의 공동체가 되도록 압박하는 변증법적 반대 운동이 영국에서뿐만 아니라 하와이에서도 일어났다. 이러한 운동은 장소, 인종, 계급에 대한 다양한 충성심을 중심으로 조직화하고 있다. 이런 상황에서 로컬은 전 지구적 고리 끊기, 고립된 특수성, 존재론적 과거성의 강조 같은 퇴행적 정치학을 구현할 필요는 없다. 이런 퇴행적 정치학에서 지역은 일상적 정체성이 이미 얼마나 글로벌적이고 혼종적이고 타협적이고 노출적인지 은폐함으로써 순수성의 퇴영적 물신이 되기 쉽다. 스튜어트 홀(Stuart Hall)이 "'철저히 글로벌적인 것' 내에서 움직이고, 글로벌적인 것에 의해 재형성되고 그 논리 속에서 대개 활동하는 더욱 까다로운 형태의 "로컬적인 것"'[15]이라고 부른 것이 출현할 수 있다 하더라도, 역설적이지만 전 지구화는 다양한 국민국가의 구성체 내에서 로컬적 결속과 충성심, 정체성 정치의 강화로 이어졌다.

'글로벌/로컬'의 접속에 대한 우리의 가설은 신자본주의적 경계에서 접속, 이접,• 굴절, 즉 둘 모두/그리고(both/and)의 대항 논리를 제안하고 극대화하고자 한다. 다시 말해, '인식적 지도 그리기(cognitive mapping)'의 문화정치를 통해 하나의 '세계 체제'의 시각을 유지하거나 하나의 모델을 형성하고자 하는 유사 총체적 과제로 도약하려는 시도는 로컬적 상황에 대한 한층 강화된 시각을 재현하려는 것과 관련이 있다. 적어도 우리는 이론의 분절과 재설정을 레이 초(Rey Chow)가 말한 "코즈모폴리턴 디아스포라적

• 논리학에서 임의의 명제를 나타낼 때, '또는(or)'이라는 논리적 언어로 연결된 합성 명제를 '이접(離接)'이라고 하는데, 이를 '분리'로 번역하는 것은 무리가 있다. 이 책에서 이접의 의미는 아르준 아파두라이(Arjun Appadurai)의 경관(scapes)에 대한 설명 및 들뢰즈의 이접(disjuncture) 개념과 유사하다. 아파두라이는 사회적인 것을 설명하는 데 경제 결정론이나 역사적 본질주의를 비판하고 경제·문화·정치 간의 근본적 이접을 탐구하는 하나의 기본적 틀로 인종적 경관, 미디어 경관, 기술적 경관, 금융적 경관, 이념적 경관이라 불리는 다섯 가지 차원 간의 관계를 살펴볼 것을 제안한다. 이런 경관 간의 접속과 이접에는 근원적이거나 본질적인 이유나 근거가 없으며 그것을 사유하기 위해서는 새로운 상상력이 필수적이다. 그러므로 이접은 새로운 것과의 접속과 분리를 동시에 사고하는 개념으로 통한다. 들뢰즈는 이접적 종합(disjunctive synthesis) 개념을 통해 분리적이고 이분법적이며 변증법적인 논리와 사고, 그리고 이것을 뒷받침하는 수직적·획일적 권력 관계를 비판하고 새로운 것과 이질적인 것이 서로 만나 결합해 새로운 가치를 창조하는 수평적 접속과 창조의 과정을 설명하고자 한다. 여기서 '둘 모두/그리고'의 관계도 글로벌과 로컬의 양자택일의 수직적·권력적 관계가 아니라 글로벌과 로컬의 양자택이(兩者擇二)의 논리로서 둘 간의 이접과 접속을 의미하며 이미 'or'의 의미를 내장한 수평적이고 접속적이며 이접적인 관계를 사유하기 위한 대항 논리로 이해할 필요가 있다.

공간(cosmopolitan diasporic space)"¹⁶이라는 난해한 덤불 속에서 (불균등한 문화 자본을 생산하는) 모순을 담지한 문화 생산의 활동으로 읽어낼 필요성을 느낀다. 콜린 매케이브(Colin MacCabe)가 '인식적 지도 그리기'를 지정학적 위치를 설정하고 현실화할 수 있는 핵심적 포스트모던 전략으로 제시하고, 프레드릭 제임슨은 '지정학적 미학(geopolitical aesthetic)'에서 이 개념을 환태평양으로 멋지게 확장하는데, 이런 재현적 위치의 전술은 "우리가 어떻게 글로벌과 로컬을 접합할 수 있을지에 대한 [하나의] 모델을 제시한다. 그것은 가장 친밀한 로컬적인 것—세계를 통과하는 우리의 구체적 길(path)—과 가장 글로벌한 것—우리의 정치적 지구의 결정적 특징—을 접속시키는 하나의 방법"을 제공한다.¹⁷ 장소 연계적 전술에 대한 하와이식 표현을 사용하자면, 이런 '로컬적 움직임'을 지도로 그리고 이용하고 추적하는 것은 집단적 행위 주체의 어떤 주요한 차원에서 문화 횡단적/초국적 정보와 상품의 흐름이라는 궤적 위의 지정학적 위치를 함축하는 것으로 이해할 수 있다. 즉 그것은 로컬적인 것을 글로벌적인 것 속으로 지양하지 않는 사회 관계의 숨겨진 총체성을 생생하게 유지하는 한 방식이다. 글로벌/로컬을 이항 대립적인 주인/노예의 대립으로 설정해서는 곤란하다. 이런 대립 속에서 로컬적인 것은 사회과학이나 정치경제학의 지배 담론을 뒷받침하는 "이항 대립적 기계" 논리에 의해 해체 및 제거되거나 무의미한 것이 된다.¹⁸

　다원화와 상대화는 세계 체제 모델 내에서 로컬적 이질성과 로컬적 상황의 정치 투쟁에 더 많은 힘을 불어넣어주는, 즉 포스트모던 사회 이론의 최근 지구화 이론 내에서 강조하고 있는 과정이다.¹⁹ 로컬적 정세에 주목하는 것은 보편적인 것(글로벌적인 것)에 의한 특수한 것(로컬적인 것)의 지양이라는 오늘날 낡은 근대주의적 이분법—이는 무차별적인 동질적 힘이 패배할 수밖에 없는 특수하고 세부적인 적응과 만나게 된다는 식민화의 지배 서사를 통해 설명된다―으로 빠져들지 않으면서 전 지구적 과정과 연결될 필요가 있다. 제임스 클리퍼드(James Clifford)가 언급했듯 이러한 글로벌/로컬의 추상적 대립에 근거한 정식화는 어떤 유형의 "'글로벌주의'를 진보적이고 근대적이며 역사적으로 역동적인 것으로 정의하는 것을 선호하거나, 아니면 절대주의적 방식으로 파악되는 장소·전통·문화·민족성〔을 경유(routed)하는 것이 아니라〕에 '뿌리 내린(rooted)' 로컬주의를 선호한다".[20] 우리는 목적론적 발전이라는 그 어떤 날조된 메타서사를 경계하면서 글로벌/로컬 공간을―사회적 상상력과 문화적 노동의 행위성을 인정하는 공간적 변증법을 통해―이전의 분석 범주를 뒤흔드는 것으로 접근할 수 있다.

우리가 '초국적 상상계'로써 다양하게 추적하고자 하는 것은 동시대 문화 생산과 관련해 **아직까지 전인미답의** 지평을 구성한다. 이 지평에 의해 정치적 충성심과 경제적 규제의 국민적 공간/정체성이 해체되고 있고, 근대성의 상상의 공동체가 일상적 존재의 거시정치적(지구적)이고 미시정치적인(문화적인) 차원에서 재형성되고 있다. 현재 진행 중인 이런 거시경제적 변형을 감안할 때, 이런 공간 내에서 '초국적 연대'의 전략은 출현할 수 있을까? 우리는 자본의 지배적 합리성에 전적으로 굴복하지 않는 초국적 공동체를 상상할 수 있을까? 글로벌/로컬의 인터페이스에서 이루어지는 횡단경계적 접속과 통합 효과가 모듈식 국민국가를 '기능 장애'에 시달리는 조직으로 전환할 때조차도, 그것은 지배의 역학과 이윤의 논리에 얽매여 있어야 하는가?[21] 글로벌/로컬은 방향 상실의 공간, 즉 표준적·중심적·지배적 지식으로서 서구적 보편성을 번역하고 변형하는 로컬을 추적한다.

남한/북한의 민족적 상황과 같은 로컬적 투쟁은 글로벌적 모순의 다차원적인 갈등적·관계적 사회 공간으로 기록될 수 있다. 만일 로컬 투쟁이 더 거대하고 더 체제적인 변화의 알레고리로 나타나게 된다면, 부분과 전체는 그 구체성 속에서 움직이는 전 지구적 자본의 현 세계 체제를 형상화하는 것으로 다시 사유되고 다시 상상되어야 할 것이다. 만일 이러한 초국적 연대의 슬로건을 지금이라도 설정할 수 있다면, **실천**(praxis)은 다층적이어야 하고, 가장 구체적인 로컬적 관심사와 더 거대한 글로벌적 지평—또다른 예를 거론하자면, 이 지평 속에서 관광 산업의 장치로서 동시대 자본주의가 태평양의 로컬을 침탈하고 그것을 '원시적인' 가상체로 탈맥락화할수 있다—이라는 두 차원을 다루어야 한다.[22]

마오리족의 뉴질랜드 경우처럼 동시대 하와이의 정치 공간이 미국이라는 국민국가에 양도되었던 원주민 주권과 토지 회복을 위한 새로운 권리투쟁을 치르고 있다 하더라도, 매년 대략 600만 명의 관광객 유입은 "이지구상의 장소 중에서 제곱마일당 관광객 수가 가장 많은"[23] 오아후섬에침투성이 강한 개방적 공간을 창조한다. 대중 관광에 의해 일상적 삶이 진부한 것이 되어버리는 현실에서 이러한 원주민 태평양은 후기 자본주의일상생활의 사이보그 노동으로부터의 색다른/에로틱한 해방을 통해 초국적 관광객을 유혹하는 "훌라춤 추는 사랑스러운 손길"로 변형 및 장식된다. 미국 합병 100년 뒤 하와이 주권을 생각하는 최근의 한 포럼에서 밀리라니 트라스크(Mililani Trask)는 '하와이 주권 운동(Ka Lahui Hawai'i)'을 위해"다국적 기업의 확장이 아니라 로컬적 발전의 관점에서 사유하자"고 촉구했다. 특히 그는 세금이 면제된 원주민 땅 위에 지역 코스트코(Costco) 창고를 건설하는 것을 관광 산업 중심의 경제를 바꾸려는 미시정치적 전략으로 생각하기도 했다. 로컬은 대안적 상상력의 틈새적 공간, 즉 국민국가와초국적 초강대국의 지배적 시공간을 해체하는 삶과 기억의 대안적 양식으로 설정된다.

쿡 선장(Captain Cook)과 애덤 스미스(Adam Smith)의 시대 이래로 사회적 차이와 문화적 이질성의 순환적 스펙터클과 담론 위에서 '국부(wealth of nations)'를 극대화하고자 한 자본주의 세계 체제가 번성해왔다면, 지금 그것은 장소 혹은 원주민 주권의 "어떤 로컬화한 미적 이미지"가 새로운 자본 축적의 포스트모던 체제와 코드에 의해 판매 및 정의될 위험에 처해 있는 "시공간 압축(time-space compression)" 위에서 번성하고 있다.[24] 국경을 넘나드는 정보와 상품의 전후(前後) 운동과 문화 횡단을 감안하면, 우리는 이런 전치의 사례를 다양하게 살펴볼 수 있다. 즉 쇼핑몰에서 느끼는 방황에 대한 두려움은 전자 기술과의 친근성, 문화적 소멸, 기호학적 과부하로 이루어진 전 지구적 악몽에 굴복하게 된다.[25]

　대서양에서 뉴 태평양(New Pacific)으로 나아가면서 문화 연구의 도덕적 전술은 위급해진다. 즉 글로벌 경제의 부상은 일상적 투쟁이라는 미시정치적 차원에서 "전 지구적 문화 경제"를 분절하는 한편, "이접적 종합(disjunctive synthesis)"의 역능을 강조하는 "로컬적 움직임"을 긍정하는 활동을 수반한다.[26] 공포, 비정치적 공허함, 정신분열증이 지배한다 하더라도, 탈영토화한 공간과 개인은 사회 공간의 지배적 배치의 틈새에서 **둘 모두/그리고의** 대항 논리를 중심으로 탈조직화하는 "타자 되기(becomings-other)의 로컬/글로벌 상관관계"로서 현실화될 수 있다.[27] 온갖 차별에 맞서 로컬은 글로벌/로컬의 이접적인 문화적 흐름, 예측 불가능한 결과, 시간적인 자율적 지대, 비공시적인 공간을 가정한다. 여기서 원주민적 상상력은 사회적 행위의 쇄신을 이룰 수 있고, 다문화적 공동체는 장소 연계적 정체성을 분절(접합)하거나 민족적 생존을 구축할 수 있다. 이 책《글로벌/로컬》은 전 지구화의 가장 최근 국면에서 자본의 어떤 '숨겨진 총체성'에 대한 분절을 과감하게 시도함으로써 지배, 불평등, 인종차별, 계급 역학, 불균등한 공간적 발전의 지속적 비대칭성을 강조하는 철저한 상황적 읽기를 통해 포스트식민적 분석의 규범으로 통하는 혼종성 담론을 뒤흔들고자 한다.

이 책에 실린 첫 여섯 편의 글은 악몽적이든 혼종적이든 신숭고적(neo-sublime)이든 간에 로컬 공동체, 민족, 지역을 다른 것으로 분열시키고 있는 전 지구화의 지속적 과정과 힘을 다루고자 한다. 아리프 딜릭(Arif Dirlik)은 〈로컬적인 것 속의 글로벌적인 것(The Global in the Local)〉에서 로컬 공간의 사회적 역학을 20세기 내내 헤게모니를 장악한 자본주의적 세계 체제 내에서 준사회주의적이거나 적어도 이종 언어적이고 대안적인 시공간을 여전히 형상화하는 것으로 이론화하고자 한다. 이를 위해 그는 한편으로는 중국 마르크스주의와 제3세계 사회주의로 거슬러 올라가는가 하면, 다른 한편으로는 게릴라 마케팅이라는 의제로 나아가기도 한다. 딜릭은 로컬을 현재의 맥락 속에서 전 지구적 자본의 탈조직적 역학과 "근대성에 의해 이미 재활용되고 있는" "가능성과 곤경의 장"으로 읽어내면서 로컬에 대한 풍부한 정세적 개념을 제시한다. 이 글은 "비판적 로컬주의"를 제안하는데, 이는 낡은 공동체, 패권적 민족주의, 박제화한 역사주의에 대한 낭만주의적 향수를 경계한다. 왜냐하면 이것들은 현재를 과거 속에 감금하고 억압을 신인종주의적 광채 속에 숨기려 하기 때문이다.

"글로벌 문화"를 통해 재형성된 사회학을 동질적 기술 체계와 이질적 적응이 만나는 다층적 구성체로 제시하고자 하는 마이크 페더스톤은 초국적 사회학에 대한 자신의 학문적 평가를 대처 총리 시기의 영국에서 로컬화한 정체성을 가진 노동 계급 공동체의 문화 역학 내에 위치 짓고자 한다. 전 지구화한 기술 체계의 부상과 표준화한 근대성의 공간과 산물을 생각할 때, 로컬주의는 친족 관계, 공동체, 거주와 같이 촘촘히 짜인 사회적 결속을 중심으로 설정된 "경계 지어진 특별 공간"을 고수하는 방식이 될 수 있다. 페더스톤의 주장에 의하면, 단일화한 공동체에 대한 지나치게 단순화한 이미지를 받아들임으로써 민족조차도 이런 로컬주의를 "상징적 감정이 침전되어 있는 지리적으로 경계 지어진 공간"으로 구현할 수 있다. 페더스톤이 제시한 경계 개념은 사회적 구성체로서 그 어떤 로컬주의도 얼마나 **관계적**인지, 그리고 이것이 얼마나 투쟁과 긴장과 모순 속에 편입되어 있는지를 보여준다. 만약 우리가 새로운 지배 세력을 인식하고 감상적 이상화를 경계한다면, 하다못해 향수조차 비판적 도구가 될 수 있다. 전 지구화의 강화는 "인종, 계급, 젠더의 불균등성 속에서 특수성, 로컬주의, 차이를 재발견하고자 하는" 훨씬 광범위한 반발을 촉발한다. 포스트모더니티의 이런 새로운 로컬주의는 크레올화하고(creolized) 더욱 주의 깊게 구성되는 것 같다. 수도 도쿄의 시선에 맞춰 자신들의 공예품과 관습을 무대 위에서 상연하는 일본 북부 아이누족의 경우에서와 같이 관광 산업은 문화적 정체성의 회복에 공헌하는 것처럼 보이도록 조작될 수도 있다. 마지막으로, 페더스톤의 글은 영국에서든 일본에서든 브라질에서든 글로벌/로컬의 접속을 이론화하기 위해 오늘날 문화 연구와 사회과학의 결합이 출현하고 있음을 보여준다.

'포스트식민성(postcoloniality)' 담론이나 국민국가의 사회 구성체에 결부된 '다문화주의'의 책략에 대한 철저히 지정학적 통찰력을 갖고 있는 미요시 마사오(三好将夫)는 초국적화를 "식민주의의 행정적·점령적 양식이—특히 냉전 종식 이후—경제적 유형의 식민주의에 의해 돌이킬 수 없이 대체되는" 일방적 과정으로 평가하는 비판적 관점을 견지한다. 예를 들면, 이때는 아시아 태평양의 메가트렌드 사상가들이 탈공산화한 공동 번영권의 부상을 예찬하던 시기였다. 〈경계 없는 세계?(A Borderless World?)〉에서 원주민에 대한 미요시의 분석은 "식민화한 공간의 역학"을 자본의 사회 구성체에 의해 이미 시달리고 있는 정치 투쟁의 출발점으로 받아들인다. 미요시의 경고에 따르면 "일단 세속적 서양의 시간 정치 속으로 흡수되면 식민화한 공간은 자율성과 독립성을 되찾을 수 없다. 그리고 일단 주변부의 토착민이 자신들의 전 식민성(precoloniality) 밖으로 끌려나오게 되면, 그들은 자신의 소망이나 성향과 상관없이 외부 세계의 지식에 대응하지 않을 수 없다".

문화와 장소에 뿌리를 둔 이러한 로컬 구성체의 출현과 생존에 불리한 가능성이 심화하고 있다. 즉 다국적 기업처럼 더 이상 민족적 충성심과 GNP에 얽매이지 않는 초국적 기업은 훨씬 더 부유하고 유동적이며 탈영토화하면서 초국적 거대 영혼을 형성하는 '경계 없는' 공동 번영권이라는 이데올로기 내에서 저항/차이의 그 어떤 로컬적·토착적 장소도 소비의 대상으로 삼을 태세다. 정체성의 정치는 자신의 토대가 와해하기 전부터 초국적화의 힘과 싸워야 한다. 어쩌면 전 지구적 자본에 대한 이런 시각이 지나치게 체제 의존적이고 안정적이며 로컬을 충분히 인식하지 못한 것일 수 있다. 하지만 미요시가 비판적 경계를 요구하는 것은 전 지구적 불평등의 힘과 초국적 문화 비평가들이 뭔가 다른 것을 사유하거나 전문적 서벌턴(professional subalterns)임을 자임하기 위해 행하는 게임에 주목할 것을 요청한다.

요시모토 미츠히로의 〈현실적 가상성(Real Virtuality)〉은 저항이나 장소의 정치학을 중지시키는 듯한 섬뜩한 논리를 통해 생활 세계와 육체를 상품화하고 가상화하는 한편, 역사를 이미지로, 나아가―우리가 뒤늦게 '할리우드'라는 환유로 나타내는―'상품 이미지'를 초국적 기업의 이윤 확장을 위한 자원으로 전환하는 동시대 자본주의의 순환적 힘을 보여준다. 이런 탈토대화(off-ground) 과정을 요시모토는 **가상화**(virtualization)라고 부르는데, 이 과정은 순수한 형식의 "자본주의의 기본 역학을 구성한다". 실재적인 것에서 가상적인 것으로 이동하면서 국민적 이미지 문화와 서사 구조는 "전 지구적 이미지 문화의 전체적 단일성 속으로" 수렴될 위험을 받고 있다. 이와 동시에 이것은 상상의 공동체 내에 "전 지구적 통합과 민족적/인종적 분리주의"의 이접적 공간을 창출한다. 이미지와 스펙터클은 이상적 상품이 되면서 즉각적으로 생산 및 소비되는데, 걸프전은 쇠퇴해가는 경제적 기반 위에서 '강력한 미국'을 가상화하는 하나의 글로벌적 사례가 될 것이다. 브라이언 마수미(Brian Massumi)가 "이미지 축적/이미지 발산"의 순환으로 추적한 것이 전 지구적 자본의 포스트포디즘적 국면에서 결정적인 것이 되고 있다.[28] 이 국면의 주도권은 디트로이트의 생존이 아니라, 일본을 소비 가능한 이미지로 전환하는 (일본의 재정 지원을 받는) 초국적화한 할리우드에 적합한 이미지의 과잉 순환의 역학에 넘어가 있다. 요시모토의 글로벌/로컬은 더 이상 장소에 구애받지 않는 탈맥락화한 재현, 즉 "끝이 없는 이미지"의 세계 공간을 가정한다.

하미드 나피시(Hamid Naficy)는 이른바 "초국적 독립 영화"라 부르는 장르의 출현과 "초국적 경계성"의 영토에 초점을 두면서 터키 및 이란의 망명 영화감독들이 재현한 "밀폐공포증적 공간 형태"를 조명한다. 기이하게도 공간과 시간의 압축은 행동의 장소―이들 글로벌 이주자를 위한 가능성의 도상학―를 확장하는 것이 아니라 그것을 여행용 가방, 버스, 새장, 옴짝달싹할 수 없는 방, 감옥, TV 세트 등으로 축소하고 있다. 초국적성은 장소를 '문제적인 경계성'의 틈새적 공간으로 전환하는 것을 뜻한다. 나피시에게 "초국적성 속에 존재한다"는 것은 모험심, 행동, 이주같이 공간에 대한 남성주의적 의미를 띤 자본의 활동에 속하는 것이 아니라 틈새에 존재하고 뿌리 뽑혔으며 집을 상실했다는 것, 즉 "디스토피아 혹은 유토피아 두 가지 양식 중 그 어디에도 속하지 않는다"는 것을 의미한다.

이 장르에 대한 나피시의 읽기와 관련해 "초국적 장르에서 초국적 주체성의 (멜로)드라마를 표현하고 코드화하는 것은 종종 감옥 형태로 나타나는 닫힌 밀폐공포증적 공간이다". 이는 〈블레이드 러너(Blade Runner)〉 같은 환태평양 액션 영화에서 볼 수 있는 이종 언어적 공간에 대한—트랜스 세계적인(transworld) 의미는 아니더라도—트랜스 태평양적인 의미와 판이하게 다르다. 여기서는 사이버 공간조차 구속적일 수 있다. 즉 자본과 국가가 자신의 논리를 관철하기 위해 행복한 사이보그를 동원하는 기계 감옥이 될 수 있는 것이다. 어쩌면 밀폐공포증과 거대하고 신성한 것에 대한 다양하게 굴절된 향수 간의 이러한 충돌이 망명적 초국적성의 복잡한 공간을 구성하고 있는 것 같다. 〈아고라(Agora)〉(1992)에 대한 나피시의 읽기가 보여주듯 광장공포증은 소비주의 이데올로기에 흡수되고 초국적 주체의 꿈과 의식을 식민화하는 공적 공간에 대한 감각적 반작용일 수 있다. 이런 공포증을 생각하면 **초국적**이라는 것은 '국제적'이라거나 혹은 '코즈모폴리턴적' 이동성을 나타내는 또 하나의 이름이 되어서는 안 된다. 국제적 미디어 스펙터클에 대한 탁월한 통찰력을 보여주는 엘라 쇼하트(Ella Shohat)와 로버트 스탬(Robert Stam)의 글은 지구성(globality)에 대한 비전이 갖는 권력/지식의 역학에 문제를 제기한다. 이런 스펙터클과 서사는 지배의 불균등한 중심부 및 구조와 연결되어 있기 때문이다. 여기서 이런 중심부와 구조를 '포스트식민'이라는 말로 승화시키는 것은 현혹적일 것이다.

이 책의 2부 '로컬적 접속(Local Conjunctions)'에서는 포스트식민적 혼종성이라는 편리한 읽기를 논박할 수 있는—일본에서 할리우드에 이르기까지, 그리고 캐나다에서 인도에 이르기까지—로컬적 배경과 문화적 이미지를 통해 글로벌적 과정, 상호 작용, 장르, 코드에 초점을 둔다. 카렌 켈스키

(Karen Kelsky)의 〈이국적인 것과의 불장난(Flirting with the Foreign)〉은 젠더와 인종적 역학이 초국적 배경 아래서 '직장 여성' 문화의 물질적·리비도적 유동성에 의해 흔들리고 있는 오늘날 일본에서 이런 내부의 역학에 대한 탁월하고 성찰적이며 상황적인 민족지학을 제공한다. 일본의 가부장제적 담론에 의해 이들 직장 여성은 글로벌 관광 경제와 코즈모폴리턴 문화 교류의 새로운 형식과 흐름을 구현하는 '옐로 캡스(yellow cabs)'로 구성된다. 일본의 수출 지향적 확장을 생각하면, 휴양지나 경계 공간에서 일본 관광객은 일본의 젠더와 인종적 가부장제를 되비추는 "반영적 상징물로서 가이진(外人) 남성을 전유"함으로써 남성을 토착적/진정한 것으로, 여성을 이국적/글로벌한 것에 의해 오염된 것으로 의미화한다. 이러한 만남은 초국적 경계에서 남성과 여성, 부유한 자와 가난한 자, 일본인과 흑인 및 백인 간 차이를 재각인하기 위해 일본의 국민적 상상계의 로컬적 구성 요소와 그 고립적 투쟁을 굴절시킬 수 있다.

　서사의 재형상화를 위한 초국적 생산과 전 지구적 순환의 핵심 장르인 영화는 초국적 상상계와 국가적·로컬적 공동체 내부에서 이 상상계에 관한 논쟁을 성찰해볼 수 있는 토대를 제공한다.《글로벌/로컬》에 실린 대부분의 글은 이와 같은 문화적 재생산의 동시대적 양식과 씨름하며 초국적 스펙터클의 정치학을 탈신비화하고자 한다. 〈비의지적인 것 욕망하기: 들뢰즈와 〈로보캅 2〉에 나타난 기계적 배치와 초국적주의(Desiring the Involuntary: Machinic Assemblage and Transnationalism in Deleuze and Robocop 2)〉에서 조너선 벨러(Jonathan L. Beller)는 "세계 체제의 내부와 외부 간 구별이 무용해진 초국적 내부 식민지화(endocolonization)의 세계에서 사이보그적 주체성의 영화적 구성을 보여준다. 초국적 국가의 "기계 배치"로서 그리고 유사 들뢰즈적 무의식의 동인으로서 로보캅은 우리의 최악의 공포(주체의 소거)와 (탈주, 타자 되기, 로컬적인 자율적 지대로의 정치적 재파편화의) 일상적 희망에 대한 기계화된 이미지를 구현한다. 벨러는 경찰 활동에서 스포츠 오락의 재생산적 쾌락으로 이동해가면서 할리우드의 초국적 이미지 기계에 대한 복합적 분석을 제공하며 〈로보캅〉을 여전히 잔존하는 국가 간 세계체제 내에서 미국의 권력 변화를 형상화하는 초국적 상호 텍스트로 읽는다. 마지막으로 캐서린 미첼은 캐나다의 아시아/태평양적 차원에서 인종적·민족적·국가적 긴장을 악화하는 글로벌 흐름과 로컬적 적응 및 저항에 대해 철저하게 상황적인 비판을 제시한다.

3부 '글로벌/로컬의 분열(Global/Local Disruptions)'은 로컬적 저항 운동과 문화가 자본의 매개 속으로 흡수될 처지에 놓여 있는 다양한 장소 및 장르를 검토한다. 데이나 폴런(Dana Polan)의 〈글로벌주의의 로컬주의(Globalism's Localisms)〉는 상호 텍스트적 영화 아카이브를 구축한다. 예를 들면, 이것은 공업 도시 피츠버그가 포스트모던 영화 생산의 기지로 변해가는 것처럼 불균등하면서도 때로는 희망적인 역학을 보여준다. 크리스토퍼 코너리(Christopher L. Connery)의 〈대양감과 지역적 상상계(The Oceanic Feeling and the Regional Imaginary)〉는 냉전 질서로부터 아시아태평양경제협력체(APEC)라는 새로운 아시아/태평양 질서로 나아가는 환태평양 문화가 태평양을 경제적 공동 번영과 문화적 재발명의 새로운 변경으로 형상화해온 방식을 살펴본다. 문학에서 정치경제적 담론에 이르기까지 이러한 '경계 없는' 지역성은 '대양적 의식'의 가능성과 기만을 나타내며 초국적화의 불균등한 정치에 의해 훼손당한다.

이러한 태평양이라는 장소를 고고학적으로 탐사하는 롭 윌슨의 글 〈굿바이 파라다이스: 아메리칸 태평양에서의 글로벌/로컬주의(Goodbye Paradise: Global/Localism in the American Pacific)〉는 다문화적인 미국적 상상, 미시적 국가 내의 초국적 관광 산업, 그리고 하와이 주권 운동과 관련한 포스트식민적 위치의 정치학 간 모순을 분절하기 위해 하와이의 '로컬' 문학과 영화 생산을 살펴본다. 태평양 지역의 다양한 로컬주의와 신(neo) 혹은 하위(sub) 민족 공동체는 관광 산업을 통해 뱀부리지(Bamboo Ridge)* 주변의 일상생활을 훼손하는 초국적 자본의 거대한 역학 내에서 구성된다. 오늘날의 연구 그리고 영화 〈비정성시(City of Sadness)〉(1989)에서 새롭게 서술되고 있는 1947년 2월 28일 사건이 타이완의 문화 정치에 갖는 의미를 연구해온 랴오빙후이[29]는 다시 타이완의 로컬적 기억과 이질적 힘 그리고 저항이 글로벌적으로 지워질 수 없는, 미디어 내의 "대항적 공론장(혹은 소수적 대안 공론장)"을 제기한다. 그는 문화 비판과 비판적 사회 이론의 매체로 변신하고 있는 타이완의 '신문문학 별호'라는 장르에 미치는 글로벌적 영향과 로컬적 굴절에 대한 탁월한 변증법적 읽기를 통해 "〔타이완의〕 작가들이 로컬적 지식과 외국에서 온 정보를 뒤섞고, 토착적이고 수입된 장르와 담론을 적극적으로 활용해 글로벌적인 것과 거시정치적인 것에 대한 유동적 시각을 통해 경쟁과 저항의 가능성을 열어줄 수 있는 비평의 장을 확립하고자 할 때, 전 지구적 문화적 흐름은 어떻게 전유될 수 있는가"를 보여주고자 한다. 국민적 정체성의 토대로서 아시아/태평양의 복합성은 더욱더 글로벌적인 가청권(audibility)과 더욱더 로컬적인 영향력을 동시에 부여받게 된다. 이와 관련된 차원에서 백낙청과 프레드릭 제임슨의 대담은 이들―로컬적, 민족적, 초국적―근대성의 다양한 사회 구성체가 냉전의 상상계와 그 편집중적 주체를 추동했던 자본주의/공산주의의 이분법에 의해 분단된 역동

----

* 하와이 오아후섬의 유명한 낚시 장소. 하와이 작가들은 하와이 사람에 관해 글을 쓰거나 그들이 쓴 글을 출판하기 위해 문학 운동을 펼쳤는데, 1978년 그들이 창간한 잡지의 이름이 〈뱀부리지〉였다.

적인 한반도를 두고 지배 경쟁을 벌이는 비평 공간으로서 한국에 대한 강력한 사례 연구를 제공한다. 두 비평가는 늘 지역적 모순에 주목하는 한편, 불균등한 체제를 변혁하고 공동 번영과 자유라는 자유주의적 지배 서사를 통한 자기 이해의 방식을 뒤흔들기 위해 그 체제 내의 저항을 고려하는 '거시정치적인 것'에 대한 유연한 시각을 견지한다.[30]

폴 보베(Paul Bové)의 학문적 특징인 통렬하고 철저한 비판적 성찰을 보여주는 후기는 이들 기억과 사변의 담론이 국민국가의 잔존적 구성체와 부상하는 초국적 강대국 및 지대(zone)에 영향을 끼칠 때, 로컬/글로벌 접속의 전반적 문제 설정을 (보베가 요약하듯) 문화 연구·사회 조사·역사적 기억·지적 의무의 영역과 전술을 재배치하는 힘으로 구성해낸다. 비록 우리가 전 세계적인 것이 로컬적인 것을 폐기한다는 식의 낡은 변증법적 읽기를 뛰어넘을 수 있다고 하더라도, 글로벌/로컬이 동질적이면서도 파편화한 '분열증적 공간'이나 유목적 여행 이론의 쾌락을 찬미하는 탈존적 포스트모더니티를 위한 집결지가 되어서는 안 된다.[31] 심지어 20세기 말에 일상 공간이 화려하게 국제화하고, 투기 자본의 성장이 더욱더 유동적이 되어 도쿄·뉴욕·런던처럼 초국적 서비스 생산의 '글로벌 도시'에 불균등하게 집중될 때조차, 그 최종 결과는 '글로벌주의 이데올로기'의 포스트국가적 정착과 같은 것일 수 있다. 이에 따르면 "지역은 글로벌 경제 권력의 시대에 무기력한 것으로 간주된다".[32]

이 새로운 시간은 글로벌/로컬의 시간이다. 이러한 불평등과 불균등한 이해관계 앞에서 변화하는 문화적·정치경제적 상황에 맞게 재조직된 정치학과 윤리적 책무를 구성하는 일은 여전히 중요하다. 서로 다른 지리적 위치에 서 있는 이 책의 다양한 글은 오늘날의 취지에 맞는 다양한 장르와 담론을 이용하고 비평 및 문화적 개입을 결합하며 정치적 절망을 거부한다. 그러므로 이 글들은 정의롭고 품격 있으며 공감적인 공동체를 이룩하기 위해 그들 각자가 처한 상황적 투쟁 속에서 로컬적 기획, 지역적 출현, 그리고 민족적 주체를 움직이게 하는 '초국적 상상계'의 발전적 분석에 기여할 것이다.

주

1. Robert B. Reich, *The Work of Nations: Preparing Ourselves for Twenty-First-Century Capitalism* (New York: Alfred A. Knopf, 1991) 참조. 라이시는 기업의 초국적화에 대한 묘사를 "외국의 상징적 분석가들로부터의 경쟁"에도 불구하고 "미국의 상징적·분석적 지대(zone)는 대부분 놀라울 정도로 탄력적인 상태이다"라는 모순적인 주장으로 뒷받침한다(240쪽).

2. 문화적 가치의 이런 혼종적 위치, 특히 번역적인 것으로서 초국적인 것에 관한 논의는 Homi Bhabha, "The Postcolonial and the Postmodern," *The Location of Culture* (London and New York: Verso, 1994), pp. 173ff 참조. 포스트식민 담론을 유연적 생산의 한 형태로 비판하는 지정학적 입장은 Arif Dirlik, "The Postcolonial Aura: Third World Criticism in the Age of Global Capitalism," *Critical Inquiry* 20 (1993), pp. 328-356 참조. 세계 역사와 영화/소설 분석에 적용된 포스트식민 담론에 대한 비판은 이 책에 실린 엘라 쇼하트와 로버트 스탬의 글, 미요시 마사오의 글 참조.

3. 지역 경제의 전 지구화에 관해서는 Edward W. Soja, *Postmodern Geographies: The Reassertion of Space in Critical Social Theory* (London: Verso, 1989), p. 217; Mike Davis, *City of Quartz: Excavating the Future in Los Angeles* (New York: Vintage, 1992), p. 101 참조. 그리고 이와 같은 글로벌/로컬의 상호 작용에 대한 다양한 학문적 접합이 특히 미국과 영국에서 인류학, 문화지리학, 사회학을 동시에 재형성하고 있다. 이에 대한 논의로는 Clifford Geertz, *Local Knowledge* (New York: Basic Books, 1983); J. Friedman, "Being in the World:

Globalization and Localization," *Global Culture: Nationalism, Globalization and Modernity*, ed. Mike Featherstone (London: Sage, 1990); *Culture, Globalization and the World-System*, ed. Anthony King (Binghamton, N.Y.: Department of Art and Art History, 1991); Etienne Balibar & Immanuel Wallerstein, *Race, Nation, Class: Ambiguous Identities* (London and New York: Verso, 1991) 참조.

4. Frantz Fanon, *Black Skin, White Masks,* trans. Charles Lamm Markmann (New York: Grove Weidenfield, 1967), pp. 14-18; Jeremy Brechner & Tim Costello, "The Lilliput Strategy: Taking on the Multinationals," *Nation* 259 (Dec. 19, 1994), pp. 757-760. 식민화한 로컬적 주변부를 "대립적이지만 더 높은 차원의 통일성에는 기여하지 못하는 2개의 지대"라는 오래된 "마니교적" 공간으로 보는 것에 대해서는 Frantz Fanon, *The Wretched of the Earth,* trans. Constance Farrington (New York: Grove Press, 1968), pp. 38ff 참조. 나아가 제국주의적 유산으로서 글로벌 공간에 대한 더욱 혼종적이고 '대위법적인' 읽기로는 Edward W. Said, *Culture and Imperialism* (New York: Alfred A. Knopf, 1993) 참조. 홍콩을 식민적인 것과 초국적인 것이 하이픈으로 연결된 다공질적 글로벌 도시로 분석하는 글로는 Ackbar Abbas, "Building on Disappearance: Hong Kong Architecture and the City", *Public Culture* 6 (1994), pp. 441-459 참조.

5. 캐나다와 미국에서 일본과 인도에 이르기까지 글로벌/로컬의 논쟁을 확장하거나 그것을 내파하려 하는 근대성의 '트로이적 민족주의'에 관한 예리한 분석에 대해서는 Arjun Appadurai, "Patriotism and Its Futures," *Public Culture* 5 (1993), pp. 411-429 참조. 미국의 국민적 상상계와 상상의 공동체 규범에 대한 다양한 상황에서 이루어지는 인종적이고 민족적으로 코드화한 재형상화 작업에 관해서는 도널드 피스(Donald Pease)가 책임 편집을 맡은 〈바운더리 2(Boundary 2)〉의 두 특집호 "New Americanists: Revisionist Interventions into the Canon," vol. 17 (Spring 1990) and "New Americanists 2: National Identities and Postnational Narratives," vol. 19 (Spring 1992) 참조. 미국을 초국적화 과정 속에서 국민적 상징계·상상계의 상이한 형태로서 보는 논의는 Amy Kaplan & Donald Pease, eds., *Cultures of United States Imperialism* (Durham, N.C.: Duke University Press, 1994); Lauren Berlant, "The Theory of Infantile Citizenship," *Public Culture* 5 (1993), pp. 395-410 참조.

6. David Harvey, "Afterword" to Henri Lefebvre, *The Production of Space*, trans.

Donald Nichokon-Smith(Oxford: Blackwell, 1991), p. 431. 브루스 로빈스는 글
로벌/로컬의 인터페이스를 정치적 행위성의 문제로 보는 데 주의할 필요성을 강조
했다. 그에 의하면 "지리학 내에서 로컬리티로 알려진 규모가 작고 하위 지역적 단
위를 연구하려는 움직임은 〔1980년대에〕 생겨났다. 이 무렵 자본주의 경제의 전 세
계적인 구조 조정이 글로벌 상호 관련성을 증가시키는 동시에 그에 정비례해 이러
한 작동을 파악하거나 거기에 저항하려는 인간 행위 주체의 힘을 감소시키는 것
같았다". Bruce Robbins, "Comparative Cosmopolitanism," *Social Text* 31/32
(1992), p. 176.

7. Lefebvre, *The Production of Space*, p. 55. 캐나다 밴쿠버를 아시아/태평양의 로
컬주의적 생산 장소이자 홍콩의 과잉 자본 유입에 맞선 저항의 공동체로 다루는
글로는 이 책의 Katharyne Mitchell, "In Whose Interest? Transnational Capital
and the Production of Multiculturalism in Canada" 참조.

8. Lefebvre, ibid., p. 355. 탈집중화와 주변화를 지향하는 포스트모던 투쟁을 인정하
고 동원하는 전술로서 '공간적 은유'에 관한 르페브르 이후의 복잡한 정치학에 관해
서는 *Place and the Politics of Identity,* ed. Michael Keith & Steve Pile (London
and New York: Routledge, 1993)과 그중에서도 특히 Neil Smith & Cindi Katz,
"Grounding Metaphor: Towards a Spatialized Politics," pp. 67-83 참조.

9. Michel de Certeau, "Walking in the City," *The Practice of Everyday Life,* trans.
Steven Rendall (Berkeley: University of California Press, 1984), p. 96.

10. Ibid., p. 365.

11. Ibid., p. 379.

12. Kenichi Ohmae, *The Borderless World: Power and Strategy in the Interlinked
Economy* (New York: Harper, 1991), p. 94. 이 책에서 크리스토퍼 코너리의 글
은 APEC과 NAFTA가 주도하는 아시아/태평양 지역에서의 공동 번영을 강조하는
오마에 겐이치(大前研一)의 서사에서 공간, 대양, 지역이 신자본주의적으로 승화되
고 있는 현상을 폭로한다.

13. 1980년대 동안 장소 연계적 미학으로서 '비판적 지역주의'의 출현에 대해서는
Kenneth Frampton, "Towards a Critical Regionalism: Six Points for an Archi-
tecture of Resistance," *The Anti-Aesthetic: Essays on Postmodern Culture,*
ed. Hal Foster (Port Townsend, Wash.: Bay Press, 1983); Rob Wilson, "Blue
Hawaii: Bamboo Ridge as 'Critical Regionalism,'" *What Is in a Rim?: Critical*

Perspectives on the Pacific Region Idea, ed. Arif Dirlik (Boulder, Colo.: Westview Press, 1993) 참조.

14. Interview with Morita, *Newsweek,* October 9, 1989, p. 66. 오마에는 이러한 글로벌/로컬의 통합을 발명한 것을 모리타의 공으로 돌린다. "〔경계 없는 초국적 생산의 상호 연결된 공간에서〕 요구되는 것은 소니의 모리타 아키오가 전 지구적 로컬화라고 부른 것, 즉 보호무역주의와 국가의 규제를 무시하고 양방향을 동시에 보는 새로운 태도"(*Borderless World,* 93)이다. 일본의 사회과학자, 정책 입안자, 경제학자들은 1963년 무렵 아시아-태평양 지역을 하나의 독특한 '공동체'로 생각하기 시작했다.

15. Stuart Hall, "Culture, Community, Nation," *Cultural Studies* 7 (1993), p. 354; "The Local and the Global: Globalization and Ethnicity," Anthony King, ed., *Culture, Globalization and the World-System,* pp. 19-39.

16. Rey Chow, *Writing Diaspora: Tactics of Intervention in Contemporary Cultural Studies* (Bloomington: Indiana University Press, 1993), pp. 118-119. 레이 초는 메트로폴리탄 문화 자본의 혜택을 입은 초국적 문화 비평가들이 스스로 '서벌턴'의 지위를 주장하려는 경향을 극도로 경계한다.

17. Preface to Fredric Jameson, *The Geopolitical Aesthetic: Cinema and Space in the World System* (Bloomington: Indiana University Press, 1992), p. xiv. 타이완 및 중국 영화에서 문화 생산의 도시 공간과 '글로벌 도시'를 경제적 전 지구화의 역학을 형상화한 것으로 읽는 제임슨의 시도는 이 점에서 아주 범례적이다. "하지만 도시 PRC 영화는 〔타이완 영화들과는〕 완전히 다른 양식 변화로 나아가는 것 같다. 마치 그 관계가 중국의 거대한 대륙으로 나아가는 것이 아니라 오히려 미디어와 환태평양으로, 다시 말해 환상화한 서양으로 열리는 불연속적이고 수직적인 관계인 것처럼 말이다"(118쪽). 동시대 타이완 영화의 내부적 이질성과 한층 더 '초국적 혼종성'을 보이는 홍콩 영화의 비교에 대해서는 Chris Berry, "These Nations Which Are Not One: Identity and Postcoloniality in Recent Hong Kong and Taiwan Film," *SPAN* 34/35 (1992), pp. 48-58 참조.

18. 서구 국민국가의 자기 지식을 서술하는 '추상적인 초코드적 기계', 즉 글로벌 경제와 그 갈지자형 탈영토화의 "화폐적, 산업적, 기술적 유동체를 초코드화하는 거대한 추상 기계"(111-112쪽)의 이항 대립적 논리에 관해서는 Gilles Deleuze & Félix Guattari, *On the Line,* trans. John Johnston (New York: Semiotext(e), 1983),

pp. 77-80 참조.

19. 월러스틴의 세계 체제 모델을 전 지구화 이론으로 새롭게 그릴 때 지배적 주제 중 한 형식에 대해서는 Johann P. Arnason, "Nationalism, Globalization, Modernity," *Global Culture,* pp. 222-225 참조.

20. 1992년 4월 3, 4일 샌타크루즈(Santa Cruz) 소재 캘리포니아 대학의 문화연구센터에서 제임스 클리퍼드가 강연한 '경계와 디아스포라(Borders and Diasporas)' 참조. 글로벌 미디어의 지역적 전유를 다루는 관련 문제 설정에 대해서는 Ien Ang, "Global Media/Local Meaning," *Media Information Australia* 63 (1991), pp. 4-8 참조. 이엔 앙은 로컬적 기호학을 재코드화를 통한 저항의 잠재적 장소로서 극대화한다. "바꿔 말해, 글로벌적인 것이 동질적인 것(혹은 공통적인 것)의 장소이고 로컬적인 것이 다양한 것의 장소라고 한다면, 후자는—오늘날의 〔기술적으로〕 통합된 세계 체제에서—전자의 구체적인 재활용 또는 전유에서, 그리고 그것을 통해 스스로를 구성하고 재구성할 수 있을 뿐이다."

21. Kenichi Ohmae, "Rise of the Region State," *Foreign Affairs* 72 (1993), p. 93. "국민국가들이 정의상 국내에 정치적 초점을 둘 것을 요구하는 데 반해, 〔싱가포르가 인도네시아, 말레이시아, 태국과 '성장 삼각형'을 이루거나, 홍콩이 선전(深圳)과 연결되어 있는 것처럼〕 지역 국가들은 글로벌 경제 속에 자리 잡고 있다"(83쪽).

22. 태평양의 로컬과 원주민의 정체성/장소에 대한 형식을 약탈하는 하나의 문화적 지배소로서 글로벌 관광에 대해서는 Dean MacCannell, *Empty Meeting Grounds: The Tourist Papers* (London and New York: Routledge, 1992) 참조. 그에 의하면 민족적 진정성을 실천하는 "원주민 출신의 사람들"은 '카니발 자본주의'의 이미지 문화와 상품 논리의 먹잇감이 된다(59쪽).

23. Haunani-Kay Trask, "Lovely Hula Hands: Corporate Tourism and the Prostitution of Hawaiian Culture," *From a Native Daughter: Colonialism and Sovereignty in Hawai'i* (Monroe, Maine: Common Courage Press, 1993), p. 184. 만약 오늘날 일본에서 아이누족이 관광을 일본 국민국가 내에서 인종적 소수 집단으로 인정받기 위한 장치로 활용할 수 있다면, 조너선 프리드먼의 말처럼 "하와이인은 상품화가 〔관광을 통해〕 진정성을 박탈하는 힘을 잠재적으로 갖고 있음을 예리하게 깨닫고 있다". Jonathan Friedman, "Being in the World: Globalization and Localization," *Global Culture,* pp. 323-324.

24. David Harvey, "Capitalism: The Factory of Fragmentation," *New Perspectives Quarterly* 9 (1992), pp. 42-45. 1980년대 동안 장소 연계적 시학과 "일부 로컬화한 미적 이미지"의 등장을 설명하면서 하비는 유연적 축적의 포스트모던 체제 내에서 "[시공간 압축이라는 기술 체계를 통해] 공간에 대한 자본주의적 헤게모니가 장소의 미학을 다시 의제로 올려놓았다"고 주장한다. *The Condition of Postmodernity: An Enquiry Into the Origins of Cultural Change* (Oxford: Blackwell, 1990), p. 303.

25. Arjun Appadurai, "Disjuncture and Difference in the Global Cultural Economy," *Public Culture* 2 (1990), p. 3.

26. Interview with Arata Isozaki, *New Perspectives Quarterly* 9 (1992), pp. 19-20. 이소자키 아라타(磯崎新)는—일본식 모티프와 로컬 형식을 유로아메리칸 근대성을 나타내는 전 지구화한 기술 체계나 (디즈니랜드처럼) 이미지-공간과 혼합하는—자신의 건축 양식을 "정신분열증적 절충(schizophrenic eclectic)"이라고 기술한다.

27. Brian Massumi, *A User's Guide to Capitalism and Schizophrenia: Deviations from Deleuze and Guattari* (Cambridge: MIT Press, 1992), pp. 141, 112.

28. Ibid., p. 200. 외부 공간을 식민화할 뿐만 아니라 포스트모던 정신에 침투해 있는 '상품 문화'의 글로벌 논리에 따르면, "'포스트모더니티'란 자본주의적 관계의 소비/상품의 축이 사회적 시공간의 모든 지점에 존재하는 것, 즉 내부 식민화의 달성을 뜻한다"(133쪽). 전 지구화가 다양한 로컬 공동체들이 "글로벌적 비판 정치를 형성하고" 다중적 지역의 경계 공간에서 "새로운 형식의 풀뿌리 정치적 행위"를 네트워크로 연결하기 시작하는 과정이 되는, 이러한 "글로벌-로컬의 이중성"에 대한 다양하게 굴절된 분석에 대해서는 Michael Peter Smith, "Can You Imagine?: Transnational Migration and the Globalization of Grassroots Politics," *Social Text* 39 (1994), pp. 15-33 참조.

29. Ping-hui Liao, "Rewriting Taiwanese National History: The February 28 Incident as Spectacle," *Public Culture* 5 (1993), pp. 281-296.

30. 문화 생산과 자기 이해의 미시정치적(로컬적) 차원과 거시정치적(글로벌적) 차원에 대한 철저한 논의와 그것들이 국민국가의 구성체와 공시적인 정체성의 시사를 조건 짓는 과정에 대해서는 Jonathan Arac & Harriet Ritvo, eds., "Introduction," *Macropolitics of Nineteenth-Century Literature: Nationalism, Exoticism,*

Imperialism (Philadelphia: University of Pennsylvania Press, 1991) 참조.

31. Michael Smith & Steve Pile, *Place and the Politics of Identity,* p. 2.

32. Saskia Sassen, *The Global City: New York, London, Tokyo* (Princeton, N.J.: Princeton University Press, 1991), p. 334. 글로벌/로컬 문화 연구의 관련 작업으로 로컬적인 것을 '이중 공간'으로 불균등하게 재형성하고 분열시키는 초국적화의 도상이자 구조로 세계무역센터를 논하는 글로는 Andrew Ross, "Bombing the Big Apple," *The Chicago Gangster Theory of Life: Nature's Debt to Society* (London and New York: Verso, 199) 참조. 그에 따르면 "세계무역센터의 대규모 개발은 도시 재생과 그로 인한 추방 및 제거가 금융 자본과 그 이중적인 포스트포디즘적 서비스 부문/전문 경제로 구성된 새로운 글로벌 도시를 낳는 거대주의(giantism)의 오만한 사례다"(112-113쪽).

1부 　전 지구화

로컬적인 것 속의 글로벌적인 것

● 아리프 딜릭 ●

약 10년 전 〈시골 영웅(Local Hero)〉〔빌 포사이스(Bill Forsyth) 감독〕이라는 제목의 영화를 미국 내 예술 영화관에서 상영한 적이 있다. 이 영화는 텍사스 주 휴스턴에 소재한 한 글로벌 석유 기업과 스코틀랜드 해안에 있는 작은 마을 간의 우호적 대면을 심층적으로 그렸다. 기업은 마을을 사들여 허물고는 거기에 북해 유전 개발을 위한 단지를 건설하려 계획한다. 그래서 회사는 마을 사람들로부터 부동산을 구입하기 위한 협상에 나선다 ― 왜냐하면 마을 주민은 간단하게 치워버릴 수 있는 제3세계 사람들이 아니기 때문이다. 마을 사람들은 상상할 수 없는 돈을 약속한 회사 때문에 한껏 들뜨기도 하지만 재치 있는 협상가로서 결국에는 협상을 위해 파견된 도회지풍의 젊은 회사 간부, 나아가서 완고하지만 도량 넓은 회사 소유주〔버트 랭카스터(Burt Lancaster)가 이 역을 멋지게 소화했다〕를 인간적으로 바꿀 수 있었다. 결국 두 사람은 이 장소와 주민에 대한 깊은 사랑에 빠진다. 영화는 계획된 석유 단지를 폐기하고 정유 시설과 저장소 대신 연구소 건립에 동의하는 것으로 끝을 맺는다. 몰인정하게 휴스턴으로 쫓겨난 젊은 간부와 정글 같은 도시 생활 그리고 무슨 일이 있었는지조차 기억 못하는 글로벌 기업 활동을 제외한다면, 로컬 사람들은 승리했고 마을도 이겼고 환경도 지켜냈다. 그리고 기업도 행복해졌다.

이 영화는 온통 따뜻한 메시지를 전하지만 그 당시 이 영화와 관련해 가장 주목할 만한 것으로 보인 것은 추상적인(그래서 비인간적인) 글로벌적인 것에 맞서 구체적인(그래서 인간적인) 로컬적인 것에 대한 낭만적 향수였다. 돌이켜볼 때, 이 영화는 여전히 낭만적이지만 향수는 덜한 듯하다. 우리는 한 기업의 CEO가 보여주는 인간적 태도가 자본의 인간화로 이어지지 않는다는 것을 잘 알고 있다. 그리고 우리는 한 로컬 공동체를 자본의 약탈로부터 구해준다고 해서 이것이 공동체에 대한 자본의 공격을 멈추게 하지는 못한다는 것을 그 어느 때보다 잘 깨닫고 있다. 그리고 우리는 한 공동체를 구하기 위해 다른 공동체를 파괴하는 일이 일어날 수도 있다는 사실을 알고 있다.

〈시골 영웅〉을 향수가 덜한 것처럼 보이게 하는 것은 그 뒤 몇 십 년이 흐르면서 자본에 대한 저항의 장으로서 그리고 미래를 위한 대안적 가능성을 상상하기 위한 장소로서 로컬적인 것에 대한 관심이 등장한 데 있다. 이 영화는 애초에는 낭만적이었을지 모르지만 그 뒤 벌어진 맥락에서 볼 때 로컬 공동체에 대한 이 향수는 돌이킬 수 없을 정도로 사라져버린 과거에 대한 단순한 날조 이상의 것으로 보인다. 이것은 향수이되 그것을 로컬의 재구성을 위한 원칙으로 삼기 위해 "날조 자체"를 더욱 "현실주의적" 시간의 비난으로부터 구해온 로컬에 관한 동시대의 한 담론 형성에 적극적인 역할을 하는 것으로 보인다.[1] 로컬 운동, 혹은 로컬 사회를 구하고 재구성하기 위한 운동이 지배에 대한 저항의 (유일한 것은 아니지만) 주요한 표현으로 등장한 것은 1990년대 초반이었던 듯싶다. 다시 말해, 인도 북부의 칩코 운동(Chipko movement)에서 나무를 껴안는 여성들로부터 미국/멕시코 국경의 마킬라도라(maquiladora) 공장의 여성 노동자에 이르기까지, 그리고 식민주의적 국가로부터 분리를 추구하는 원주민 투쟁에서 정부의 폭정에 못 견뎌 미국과 캔자스주로부터 탈퇴하기를 소망하는 서부 캔자스 마을들에 이르기까지 로컬 운동의 출현은 동시대 세계에 만연한 현상이 되었다.[2] 이러한 운동은 급진적 사회 이론에서 호응을 얻고 있는데, 이 이론에서 사회의 현재와 미래를 글로벌적으로 사고할 때 '로컬'이라는 단어가 점차 더 빈번하게 나타나고 있다. 이와 같은 이론 작업에서 '로컬'은—〈시골 영웅〉에서처럼—로컬 공동체의 구체적 연합이라는 의미를 간직하지만 이는 구체적 기술(이나 처방)로서보다는 준거로서 그러하다. 아울러 로컬적인 것의 의미(그리고 그 범위)는 이러한 고려 사항에 따라서 다른 방식으로 협상해야 할 것이다.

나는 '로컬적인 것'을 가능성(promise)과 곤경(predicament)의 장(site)으로 성찰한다. 나의 주된 관심은 가능성의 장으로서 로컬과 지난 10년 동안 로컬에 대한 급진적 재사유에 활력을 불어넣은 전 지구적인 사회적·이데올로기적 변화에 있다. 나는 특히 전 지구적 자본주의의 출현과 저항과 해방의 장으로서 로컬에 대한 관심의 출현 간 관계에 흥미를 갖고 있다. 내가 볼 때, 이런 관계를 고려할 때 결정적인 것은 현단계 자본주의의 이데올로기적 표현으로서 로컬주의로부터 '비판적 로컬주의'를 구분해내는 데 있다. 하지만 이 글 내내 나는 로컬을 곤경의 장으로도 인식하려 할 것이다. 해방의 가능성을 제시할 때조차 로컬주의는 억압과 편협한 지역성을 은폐하는 역할을 할 수도 있다. 가장 전통적인 종류의 로컬주의가 전 세계에 걸

처 대량학살을 일으키는 갈등의 근원으로 재부상하고 있는 역사적 순간에 로컬이 가능성의 장으로 등장해야 한다는 것은 정말로 역설적이다. 이런 로컬주의가 로컬적인 것을 억압에 대한 저항이자 억압으로부터의 해방의 장으로 고려하고자 하는 모든 시도에도 들어 있다는 것은 확실하다. 어느 경우든 여기서 쟁점이 되는 로컬적인 것은 관습적이거나 전통적인 의미에서 '로컬적인 것'이 아니라 이 시대의 가장 근본적 모순이 작동하기 위한 장으로 기능하는 아주 현대적인 '로컬'이다.

로컬 다시 사유하기

지난 10년 동안 로컬에 대한 관심의 부상에 기여해온 요인을 가려내는 일은 아직 시기상조다. 그리고 그 어떤 시도도 반드시 매우 사변적일 것임에 틀림없다. 다양한 맥락 속에서 '로컬'이 의미하는 것은 매우 불확실하다. 여기서는 로컬에 대한 관심이 특정한 사회 운동(특히 생태 운동, 여성 운동, 민족 운동, 원주민 운동)과 과거 이데올로기에 대한 지적 반박(특히 포스트모더니즘과 연관된 지적 활동)과 연계해서 부각되는 것 같다고 말하는 데서 그치고자 한다.

　과거 이데올로기에 대한 반박과 하나의 관심사로서 로컬의 재출현 사이에 왜 연관성이 있어야 하는지는 그리 신비로운 얘기가 아니다. '전통적' 의미에서든 근대적 의미에서든 하나의 방향성으로서 로컬주의는 결코 사라진 적이 없으며 오히려 근대성의 다양한 이데올로기 속에 억압되거나 아니면 주변화되어왔을 뿐이다. 로컬주의는 조만간 자연스럽게 사라지고 말 치유 불가능한 병에 관해 말하는 것이 아니다. 그리고 로컬주의에 관해 근본적으로 달갑지 않은 것 또한 존재하지 않는다. 이것을 달갑지 않게 보이도록 한 것은 문명과 진보를 정치적·사회적·문화적 동질화와 동일시하면서 일반적인 것과 보편적인 것을 명분 삼아 로컬적인 것의 억압을 정당화하는 역사의식 때문이다. 근대주의적 이데올로기는 로컬적인 것에 경멸적 낙인의 이미지를 찍는 차원까지 나아갔다. 즉 진보로부터 탈락한 후진성의 고립 지대로서, 자본주의의 도시적이고 산업적인 문명의 역동성에 대립되는 시골적인 정체의 영역으로서, 보편적인 과학적 합리성과 대립되는 특수주의적 문화의 영역으로서, 그리고 가장 중요하게는 근대성의 정치 형식, 즉 국민국가의 완벽한 실현을 차단하는 장애물로서 낙인찍힌 것이다.[3]

이런 목적론은 로컬 사회의 기존 형태를 보존하고자 하는 '전통적' 로컬주의를 위해 거부되었을 뿐만 아니라 근대성의 급진적 비판자들에 의해서도 저항의 대상이 되었다. 반근대주의(antimodernism)는 로컬을 근대성의 파괴 행위로부터 벗어나기 위한 도피처로 삼았다. 사회주의자들은 근대성 그 자체에는 저항하지 않았지만 근대성을 관리 가능한 것으로 삼기 위해 근대성을 로컬화하고자 해왔다. 이는 공상적 사회주의자들의 사회적 실험에서 시작해 무정부주의적 사회의 기반으로서 "산업 마을(industrial villages)"을 구상했던 페테르 크로포트킨(Peter Kropotkin)의 계획에서 정점에 이르렀다.[4] 그렇지만 '공상적' 사회주의를 거부하고 '과학적' 사회주의를 주장했던 카를 마르크스(Karl Marx)와 프리드리히 엥겔스(Friedrich Engels)는 자본주의 사회의 문제점을 해결하는 방안 중 하나를 "시골과 도시 간 대립을 폐지"하는 데서 보았다. 그들이 볼 때, 자본주의 사회는 이런 대립을 "극단적 지점까지" 몰고 갔다.[5] 20세기의 제3세계 혁명은 로컬 사회에 대한 이런 관심을 지속시켜왔다. 특히 불가피한 상황으로 인해 농업적 혁명 전략을 추구할 수밖에 없었기 때문에 로컬 사회와 이 사회의 혁명 참여를 혁명의 성공을 위한 조건으로 필요로 했던 혁명들이 그러했다. 아이러니하게도 이러한 사례에서 로컬 사회는 자본주의의 전 지구적 문화 속으로 점차 끌려 들어가는 도시 중심부의 코즈모폴리터니즘에 맞서 국민적 정체성의 원천으로 등장하곤 했다.[6]

그렇기는 하지만 근대성의 목적론은 그러한 결과에 대한 과거 사회주의적 의심을 불식시키며 20세기 들어 승리자의 모습으로 등장하게 되었다. 로컬에 대한 관심은 농업적 유토피아주의자와 무정부주의자의 사유 속에서 계속되었지만 그들은 로컬적인 것의 지속적 타당성을 강조하면서 오히려 주변화되어야 했다.[7] 제2차 세계대전 직후 몇 십 년 동안 로컬적인 것에 대한 근대주의적 부정은 부르주아적 사회과학과 마르크스주의적 사회과학 모두에서 지배적이었다.

로컬적인 것이 동시대 담론에서 근대주의적 목적론을 반박한 것, 즉 자본주의적이든 사회주의적이든 이것을 근대화의 역사로 구축해온 '메타서사'의 이데올로기로 간주해 거부한 것과 거의 동시에 출현했다는 것은 전혀 놀랍지 않다. '메타서사에 대한 불신'을 특징으로 한 '포스트모더니즘'은 근대주의적 목적론에 대한 다양한 도전을 특징짓는 (느슨하긴 하지만) 편리한 용어를 제공한다. 왜냐하면 그렇게 거부한 사람들이 스스로를 '포스트모더니스트'로 여기기 때문이 아니라 이러한 모든 도전이 그 나름대로 포스트모던 의식의 형성에 기여했기 때문이다. 어쨌든 근대주의적 목적론에 대한 반박은 (자본주의적 형식이든 사회주의적 형식이든) 근대화에 관해 자연적이거나 본질적으로 바람직스러운 것은 없다는 것과 근대화의 서사가 반드시 근대적이길 원치 않는 사람들조차 근대성 속으로 억지로 밀어 넣은 서사라는 것을 의미한다. 이러한 비판은 딱히 새로운 것은 아니며, 오랫동안 자본주의에 대한 급진적 비판의 기본 내용이었다. 마르크스와 엥겔스로부터 크로포트킨에 이르기까지 19세기 급진주의자들은 자본주의적 발전의

'당연함'을 거부했고, 강압이 자본주의의 전 지구적 성공의 열쇠였다고 지적했다. 하지만 마르크스는 자본주의의 발전을 진보적 발전으로 보았던 데 반해, 크로포트킨은 (국민국가를 구체적으로 지적하면서) 발전에 대한 공모를 "국가에 의해 변질되고 부패한 교육과 국가에 대한 우리의 편견에 …… 세뇌된" 결과로 간주했다. 이것이 최근 들어 마르크스주의가 근대화와의 관련성 때문에 위기를 겪고 있는 데 반해, 급진주의자들 사이에서 무정부주의가 다시 인기를 얻게 된 여러 이유 중 하나일 것이다.[8]

근대화의 메타서사를 반박하고 발전의 목적론보다 강압에 다시금 주목하는 것은 두 가지 직접적 결과를 가져온다. 첫째, 이것은 과거에 역사로부터 버려진 자로 간주된 사람들, 즉 근대화의 서사 속에서 그 존재의 사회적·문화적 형식이 잘해야 부적격한 것으로 여겨지고, 최악의 경우에는 발전으로 나아가는 도정에 제거되어야 할 하찮은 장애물로 보이는 그런 사람들을 비가시적 사태로부터 구한 것이다. 자연적 죽음을 거부하면서 스스로를 강압의 희생자로 인식하게 된 이들은 현재 근대성의 표면에 이미 나 있는 균열을 더 심화함으로써 단순히 **자신들의** 역사의 복원만을 요구하는 것이 아니다. 이 요구에는 거의 필연적으로 근대주의의 보편주의적 주장에 맞선 로컬의 재긍정이 수반되어 있다.[9]

둘째, 근대화의 메타서사에 대한 반박은 '로컬 서사'를 더욱더 가시화할 가능성을 제공해주었다. 근대화의 역사는 유럽에서 생겨난 이래 전 지구적 차원의 정복으로 무자비하게 진행되어왔다기보다는 오늘날 공간적으로 분산된 로컬적 만남의 시간적 연속으로 출현했다. 이러한 연속에 대해 진보의 로컬적 대상은 저항이든 공모든 자기 나름의 기여를 했고, 근대성의 모순뿐만 아니라 그 형성에도 의미 있는 기여를 해왔다. 이런 관점에서 볼 때 민족주의의 주장 또한 의심의 대상이 되는데, 민족주의가 그 자체 근대화의 산물로서 자신에 속하는 것으로 간주되는 사회를 동질화하고, 더 나아가서 이러한 로컬적 만남과 이것이 함축하는 '이질성'을 억압하고자 해왔기 때문이다.[10]

만일 근대성의 메타서사에 대한 포스트모던 반박이 단지 이데올로기적 현상에 불과하다면, 그 반박은 근대성에 대한 믿음을 일시적으로 상실한 것으로, 특히 이행의 순간에 닥치는 발전의 위기에 수반되는 것 같은 ─ 그래서 이행을 완결하고 위기를 해결하면 바로 사라지고 말 ─ 이런 믿음의 고질적 좌절을 보여주는 또 하나의 사례로 무시될 수 있었을 것이다. 그렇다면 이러한 반근대주의의 새로운 경향은 기껏해야 우리에게 전에 들을 수 없었던 목소리를 들을 수 있게 해주는 수동적인 가능 조건에 지나지 않을 것이다. 거의 한 세기 동안 자본주의가 발전을 형성하고 그 과정에서 '왜곡시켰던' 경쟁을 원활히 처리함으로써 발전 과정이 다시 잘 돌아가면 그 목소리는 다시금 침묵하게 될 것이다.

자본주의에 대한 환멸과 1980년대에 진행되다가 1989년 사회주의 국가들의 몰락으로 정점에 도달한 사회주의에 대한 믿음의 상실은 반근대주의의 재출현에 근본적 역할을 했는데, 이는 급진주의자들로 하여금 발전의 문제점에 대한 로컬적 해결 방안에 다시 주목하게 만들었다. 아래에서 설명하겠지만, 새로운 경향의 반근대주의는 발전주의의 죽음을 알리기보다는 자본주의 발전의 새 국면과 관련 있을 가능성이 더 크다. 이런 반근대주의가 표명하는 우려가 일단 이행의 위기를 극복하면 불식될 것인지는 그리 확실하지 않다. 왜냐하면 이런 우려는 이데올로기적일 뿐만 아니라 발전의 생태적·사회적·정치적 결과의 직접적 산물이기 때문이다. 이것들은 자본주의와 근대성의 기획 전체 내에서 발전이 초래한 현실적 위기에 대한 대응이고, (과거에서처럼) 이 위기에 대한 해결책은 한층 차원 높은 발전을 고려하고자 할 때 참작해야 할 것이다. 하지만 무엇보다도 이런 우려에 지속적 힘을 불어넣어주는 것은 이것들이—아주 의미 있다고 하더라도—단지 발전과 관련해 무기력한 희생자의 요구만 표현하는 것이 아니라 과거에는 무기력한 집단이었지만 발전 덕분에 새로운 힘을 획득했고, 이제는 그 힘을 자신의 이해와 지각에 따라 새롭게 정의하고자 하는 집단의 요구 또한 표현한다는 것이다.

여기서는 아주 넓은 관점에서 비가시성과 침묵에서 벗어난 이들 집단이 발전의 메타서사에 문제 제기를 하는 데 기여해왔다는 점을 지적하는 것을 넘어 이러한 집단이 누구인지를 요약하는 것은 필요하지도 가능하지도 않다. 미국에서 중요한 것은 1960년대에 미국 흑인과 여성, 그 뒤를 이은 소수 민족 또는 원주민 민중의 운동이 정치의 영역에 등장했다는 점이다. 전지구적으로 (특히 중국과 뒤이어 베트남에서) 제3세계 혁명이 과거의 (자본주의적이고 사회주의적인) 발전 모델에 문제를 제기하는 데 중요한 역할을 하기도 했지만, 종국적으로 이보다 훨씬 더 중요했던 것은 1970년대부터 제3세계에서 자본주의적 발전의 성공적 사례가 출현했다는 점이다. 이들은 성공을 이룩함으로써 유럽 중심적 발전 모델의 가정을 의심하기 시작했고, 그 모델을 토착적인 문화적·이데올로기적 규범에서 영감을 얻은 자신들의 발전 모델을 통해 반박했다. 여기서 내가 염두에 두고 있는 것은 동아시아 사회의 문화적 주장이다.

나는 다음 절(section)에서 후자를 전 지구적 자본주의의 출현과 연관해 더 논의할 것이다. 여기서는 미국 내(그리고 다른 제1세계)에서 일어난 다양한 '민중 운동'에 대해 한두 마디 언급해둘 필요가 있다. 이러한 운동은 단순히 자본주의적 사회의 주장만 문제 삼은 것이 아니라 사회주의의 기존 개념에 대해서도 문제를 제기했다. 그중 가장 분명한 것은 자본주의적 사회의 근본 문제로서 계급 중심성을 강조해온 사회주의적 주장에 대해 여성, 민족적·인종적·원주민적 민중의 입장에서의 문제 제기다. 그 결과 정치 조직 내의 사회적 범주에 대한 더욱 철저한 검토뿐 아니라 사회적 범주의 정치적 조작, 즉 재현된 집단을 위한다는 미명 아래 이데올로기적 지배를 합리화하기 위해 이런 범주에 대한 환원주의적 해석을 사회적 복합성에 강제적으로 덧씌우는 것에 대해서도 더욱더 자각하게 되었다. 범주적 환원주의에 대한 반박은 사회적 범주의 역사성과 맥락성을 강조하는 것이다. 이는 에드워드 톰슨(Edward P. Thompson), 유진 제노비스(Eugene Genovese), 그리고 그들의 작업에서 영향을 받은 이른바 '신사회사(new social history)'의 작업에서 잘 나타난다.[11] 여기서 중요한 것은 사회적 범주의 역사성에 대한 새로운 의식이 사회적 존재와 이데올로기 간 일대일 대응 관계를 강조하던 과거 방식과 달리 사회 운동 내에서 민중의 로컬 문화에 주목하게끔 만든다는 점이다.

1980년대 사회주의의 위기가 명백해지기 전 그리고 포스트모더니즘이 일상적 용어가 되기 전에도 이미 사회 운동 내에서 그리고 '제3세계' 간 관계 내에서 발전은 과거의 급진적 사고를 규정해왔던 개념적 목적론뿐만 아니라 발전의 공간적·시간적 목적론에도 의문을 제기해왔다. 하지만 '포스트모더니즘'을 이해 가능하고 설득력 있게 해주었던 물적 상황이 무엇이든, 포스트모더니즘의 표명에 결정적 역할을 하게 된 것이 이러한 발전과 더불어 성장한 세대였다는 점은 지적할 필요가 있다. (말 그대로 로컬적이든 사회 집단의 '로컬적' 욕구와 관련해서든) 로컬에 대한 관심은 목적론에 대한 반박과 더불어 힘을 얻었다. 나는 여기서 (자연과 조화를 이루며 생활할 수 있는 가장 생명력 있는 장소로서) 로컬적인 것의 우선성을 새롭게 주장하는 데 큰 역할을 한 생태적 의식이 똑같은 상황의 산물이며 사회적·정치적 의식의 변화와 분명한 관계가 있음을 주장할 수 있을 뿐이다.

난개발로서 발전, 자연 정복의 충동에 맞선 자연에 대한 적응, 정치 형태, 특히 국민국가의 경직성에 맞선 경계 지대의 개방성, 동질성보다는 이질성, 절대적으로 규정된 주체성에 맞선 중층 결정성, 문화로서 이데올로기와 일상적 협상으로서 문화, 헤게모니로서 계몽, 보편적인 과학적 합리성에 맞선 '로컬적 지식', 이성의 대체물이 아니라면 이성의 보완제로서 토착적 감수성과 정신성, 문자 문화에 맞선 구술 문화, '차이의 정치학'과 '장소의 정치학'으로서 정치 운동 등 이 목록은 계속될 수 있다. 이는 동시대 로컬주의를 위한 가능 조건의 역할을 할 뿐 아니라 이런 조건을 창조하는 포스트모던적 의식의 요소를 열거한 것이다. 이런 의식은 무기력함의 표현이 아니라 이들의 역사적이고 정치적인 존재를 부정했던 근대성에 대항해 자신의 사회적 존재와 의식을 인정해줄 것을 요구하는 사회 집단에서 형성된 새로운 힘의 표현이다. 하와이 주지사 존 D. 와이히 3세(John D. Waihee III)는 최근 하와이 주권 운동을 언급하면서 오늘날에 가능해 보이는 것이 20년 전만 해도 상상조차 할 수 없었던 일이었다고 토로한 바 있다.[12]

차이를 부정하는 계몽적 메타서사를 의심하는 것은 차이를 억압하거나 무시하는 모든 메타서사에 대한 의문에 기여하고, 로컬화한 의식을 가능케 하며, 로컬적인 것을 "대안적 공론장"과 대안적 사회 구성체를 구축하기 위한 장으로 삼는 것이다.[13] 이것이 로컬적인 것이 제기하는 가능성이다. 하지만 로컬적인 것은 또한 파편화를 가리키고, 관련된 권력의 쟁점을 감안할 경우 정치적·문화적 조작을 가리키기도 한다. 이는 로컬의 곤경이다. 비록 근대성에 의해 변형된 형태이긴 하지만 착취와 억압이라는 과거 형식의 흔적은 로컬적인 것 내에 지속하며 곤경을 더욱더 악화시킨다.

이런 곤경이 더욱 명확해지는 것은 우리가 로컬의 문제를 글로벌의 시각으로, 다시 말해 로컬적인 것을 자본의 활동 대상으로 보는 시각을 통해 바라볼 때다. 바로 이런 시각이 동시대 로컬주의의 원천과 결과에 대한 탐구를 위한 가장 넓은 맥락을 제공한다. 지난 20년 동안 로컬적인 것에 대한 관심의 등장은 경제적, 정치적, 사회적, 문화적 차원의 광범위한 결과를 초래한 자본주의 내부의 중요한 변형을 수반해왔다. 이러한 변형과 이것이 로컬적인 것에 갖는 함의는 로컬적인 것을 가능성과 곤경의 근원으로 평가할 때 반드시 고려할 필요가 있다.

'전 지구적 로컬주의'

특히 데이비드 하비와 프레드릭 제임슨은 후기 자본주의, 유연한 생산과 축적, 탈조직화한 자본주의, 전 지구적 자본주의로 기술해온 자본주의 발전의 새로운 국면과 포스트모더니즘의 관계를 천착해왔다.[14] 전 지구적 자본주의는 자본의 한층 심화한 탈영토화와 추상화, 집중화를 나타낸다. 근본적 의미에서 전 지구적 자본주의는 전 지구적 차원에서 로컬 사회가 자본의 경제와 문화에 의해 전례 없이 침투된 상태를 의미한다. 따라서 '전통적' 의미의 로컬적인 것은 그 어느 때보다 덜 타당할지도 모른다. 아이러니하게도 자본 자체는 자신의 활동을 점차적으로 로컬의 언어를 통해 정당화하고 있다. 이런 아이러니 때문에 우리는 로컬적인 것의 온갖 모순을 볼 수 있다.

　새로운 전 지구적 자본주의(내가 선호하는 용어다)의 구조에 근본적인 것은 첫째, 폴커 프로벨(Folker Frobel)을 비롯한 여러 사람이 "새로운 국제적 노동 분업"이라고 기술해온 것, 즉 하청 계약을 통해 (심지어 동일한 상품의) 생산 과정조차 전 지구화하는 생산의 초국적화이다.[15] 생산에서 국제적 노동 분업은 전적으로 새로운 것은 아니겠지만 새로운 기술 체계는 그 속도뿐만 아니라 생산의 공간적 확장을 전례 없는 수준까지 확대하고 있다. 이와 같은 기술 체계는 자본과 생산에 전례 없는 유동성을 부여했고, 그러므로 생산의 장소는 사회적·정치적 간섭을 피할(그리하여 유연한 생산을 이룰) 뿐 아니라 노동에 대한 자본의 극단적 이윤을 추구하는, 끊임없는 변화의 상태에 있는 것으로 보인다. 그렇기 때문에 자본주의 분석가들은 전 지구적 자본주의 내에서 과거의 비슷한 실천과 질적으로 다른 차이―그리고 새로운 국면의 자본주의―를 인식한다.

둘째, 국가적 차원에서 볼 때 자본주의의 '탈중심화'다. 다시 말해, 어떤 한 국가나 한 지역을 전 지구적 자본주의의 중심부로 지적하는 게 점점 어려워지고 있다. (권력을 지지하는) 일부 분석가는 이런 상황에서 근대 초기, 즉 국민국가 출현 이전의 시기에 등장했던 북유럽의 '한자동맹(Hanseatic League)'이라는 생산 조직과의 유사성을 발견하기도 했다. (이를 어떤 이는 '하이테크 한자동맹'이라고 기술하기도 한다.) 즉 이것은 명확하게 정의할 수 있는 중심부가 없는 도시 구성체의 네트워크로서 그 구성체 간의 연결망이 그들이 자신의 직접적 배후지와 맺고 있는 관계보다 훨씬 더 강력하다.[16]

셋째, 이 네트워크를 함께 연결하는 매개체가 초국적 기업이다. 초국적 기업은 경제 활동의 장소로서 국가 시장을 접수해왔으며, 특히 자본·상품·생산을 전달하기 위한 수동적 매개체가 아니라 전달과 방향성 제시의 결정자로 기능하고 있다. 한자동맹과의 유비가 탈중심화를 보여주는 데 반해, 생산은 기업의 이런 모습 이면에 엄청나게 집중되어 있다. 새로운 경제 질서를 옹호하는 한 대변인은 기업과 시장 사이에서 생산에 대한 의사 결정의 몫이 7 대 3 정도 된다고 주장한다.[17] 정의상 조직과/이나 충성도에서 국가를 뛰어넘는 권력이 초국적 기업에 맡겨져 있으므로 경제를 내부적으로 규제하고자 하는 국민국가의 힘은 제약되어 있는 데 반해, 경제 질서에 대한 전 지구적 규제(그리고 방어)가 주요 과제로 부상하고 있다. 이러한 사실은 글로벌 조직체의 확산에서뿐만 아니라 경제의 기능에 일관성을 부여하려는 국가 밖의 지역 기관을 조직하고자 하는 노력에서도 명백하다.

넷째, 생산의 초국적화는 (자본주의 역사에서) 전 지구적으로 전례 없는 통일성의 원천이자 전례 없는 파편화의 원천이기도 하다. 전 지구의 경제적·사회적·문화적 동질화는 19세기 마르크스의 예언이 그의 시대에는 때 이른 것이었지만 마침내 이제 현실로 증명될 것 같다. 하지만 이런 과정과 더불어 분화의 과정도 함께 작동한다. 다시 말해, 글로벌 차원에서는 자본주의의 중심부가 사라지고 있는 데 반해, 로컬적 차원에서는 생산 과정이 국가 하부(subnation)의 지역이나 지방으로 파편화하고 있는 것이다. (실현되었거나 강력한 조직 활동의 대상이 되는 일부 경우를 들자면) 유럽경제공동체, 태평양경제공동체, 북미자유무역지대같이 초국적 지역 조직이 글로벌 차원에서 이런 분화를 대표하고 있기 때문에, 동일한 국가 내에서 초국적 자본을 추종하고자 서로 경쟁하는 지역은 가장 기본적 로컬 차원에서 그 파편화를 나타낸다. 국가(민족)들이 파편화를 역사적으로 봉쇄하려는 시도에서 중요한 역할을 한 것은 사실이지만 외부(초국적 조직)와 내부(국가 하부의 경제 지역과 지방)로부터 공격을 받고 있는 처지에서는 이와 같은 새로운 파편화를 어떻게 봉쇄할 수 있을지 분명하지 않다.[18]

자본의 초국적화의 다섯 번째 중요한(어쩌면 가장 중요한) 결과는 자본주의 역사상 처음으로 자본주의적 생산 양식이 역사적으로 유럽에서 생겨났다는 사실로부터 벗어나 확실히 전 지구적인 추상적 개념으로 출현하게 되었다는 사실일 것이다. 다시 말해, 자본주의 서사는 더 이상 유럽 역사의 서사가 아닌 것이다. 처음으로 비유럽적인 자본주의적 사회가 자본주의 역사를 자신의 것이라고 주장하며 출현하고 있다. 경제적 파편화에 대응하는 것은 문화적 파편화이거나 긍정적인 모습으로 포장하면 '다문화주의'다. 이러한 새로운 문화적 상황의 가장 극적인 사례는 지난 10년에 걸쳐 자본주의를 동아시아 사회의 이른바 유교적 가치에 부합하도록 전유하고자 한 노력을 들 수 있을 것이다. 이는 유교가 역사적으로 자본주의의 장애물이었다는 오랜 믿음을 뒤집는 것이다. 나는 유럽중심주의의 종말이란 명백히 환상에 불과하다고 생각한다. 왜냐하면 자본주의 문화의 형성 자체가 바로 이 서사의 구조 속에 유럽중심주의를 확립시켜놓았기 때문이다. 바로 이런 점이 유럽과 미국이 자본주의적 세계 경제의 지배력을 상실할 때조차 유럽과 미국의 문화적 가치가 여전히 지배하고 있는 이유를 설명해준다. 주목할 만한 점은 동아시아 유교의 부흥과 같은 걸 설득력 있게 해준 것은 유럽과 미국에서 생겨난 가치에 대한 대안적 가치를 제공했기 때문이라기보다 오히려 토착 문화를 자본주의적 서사에 접합시켰기 때문이라는 것이다. 이렇게 말함으로써 세계 문화의 문제가 자본주의 초기 단계에서보다 훨씬 더 복잡해졌다고 재차 언급하는 것이 중요하다.

공간의 파편화와 이것이 유럽중심주의에 끼친 결과는 자본주의라는 시간성의 파편화를 의미하기도 한다. 즉 유럽중심주의에 대한 도전은 미래를 유럽과 미국의 정치적·사회적 모델과는 다른 방식으로 파악할 수 있다는 것을 의미한다. 여기서 다시 한 번 역사적 현실을 이데올로기적 환상으로부터 구분하는 게 쉽지는 않지만 그 복잡성만은 부인할 수 없다.

마지막으로, 생산의 초국적화는 세계를 제1세계, 제2세계, 제3세계로 구분하던 이전의 분리에 의문을 제기한다. 사회주의의 세계인 제2세계는 실질적으로 과거의 것이 되었다. 그러나 현재의 전 지구적 배치는 또한 제

1세계와 제3세계 간 구분에 대해서도 의문을 제기한다. 과거 제3세계의 일부가 오늘날 초국적 자본의 길로 나아가고 있고 세계 경제의 '발전된' 부문에 속하게 되었다. 마찬가지로 새로운 전 지구적 경제 내에서 주변으로 내몰린 제1세계의 일부는 그 생활 방식이 과거 제3세계의 모습으로 여겨지던 것과 거의 구분할 수 없을 지경이다. 남북이라는 구분이 지구를 3개의 세계로 나누었던 이전의 분할 방식을 점차 대체하고 있는 것은 우연이 아닐 수 있다. 우리가 남과 북의 지시 대상이 단지 구체적인 지리적 위치가 아니라 은유적 지시라는 점을 기억한다면, 그 실제적 위치와 상관없이 북은 초국적 자본의 경로를 가리키고, 남은 세계의 주변화한 사람들을 가리킨다.

하지만 전 지구적 자본의 이념을 전파하는 자들은 이런 조건을 "글로벌 지역주의" 혹은 "전 지구적 로컬주의"로 기술하면서, 이것은 70퍼센트가 글로벌이고 30퍼센트만이 로컬적이라고 재빨리 덧붙인다.[19] 또한 그들은 "글로벌적으로 사고하고 로컬적으로 행동하라"[20]는 급진 생태학적 슬로건을 자본을 위해 전유해왔다. 이런 용어는 세계 경제 속에서 동질화와 파편화의 동시적 작용을 설득력 있게 포착한다. 생산과 경제 활동('경제 발전')은 국가 하부의 지역에서 로컬화하는 데 반해, 이것을 관리하는 데는 초국적인 감독과 조정이 필요하다. 다시 말해, 자본의 발전을 위한 새로운 경로는 국가 경계를 횡단하고 국가의 경제적 주권을 침해하는데, 이는 국민 경제를 파편화함으로써 국가 시장 혹은 국민적 경제 단위라는 통념을 부적절한 것으로 만들고, 내부에서부터 국가 주권을 약화시킨다.[21] 마찬가지로 초국적 조율의 필요성은 국민국가의 기능을 외부로부터 변형하면서 이것을 더 거대한 지역적 혹은 지구적 경제 단위 속으로 통합한다.

전 지구적 자본주의가 낳은 이런 상황은 지난 20~30년 동안, 특히

1980년대 이후 명백해진 현상, 이를테면 사람들(과 문화)의 지구적 이동, (사회적 범주 사이뿐 아니라 사회들 사이) 경계의 약화, 한때 식민적 차이와 연관되었던 불평등과 사회 내부에서 차이의 반복, 사회 내부 혹은 사회 너머에서 동시 진행되는 동질화와 파편화, 글로벌적인 것과 로컬적인 것의 상호 침투(이는 문화적으로 코즈모폴리터니즘과 로컬주의에 동시적으로 나타나며 그 가장 그럴듯한 표현은 '다문화주의'일 것이다), '3개의 세계' 혹은 국민국가의 관점에서 파악된 세계의 해체 등과 같은 현상을 설명하는 데 도움을 준다. 이런 현상 중 일부는 사회 내부 혹은 사회 사이의 민주화뿐만 아니라 사회 내부 혹은 사회를 가로지르는 차이의 평등화가 출현하는 데도 기여해왔다. 아이러니한 것은 이런 세계적 상황의 관리자들이 권력의 집중을 자신(혹은 자신의 조직)의 수중으로 끌어들인다는 점이다. 나아가 이들은 로컬적인 것을 글로벌적인 것에 유리하게 전유하고, 다양한 문화를 생산과 소비의 요구에 따라 해체하고 재구성함으로써 이를 자본의 영역 내로 끌어들이며, 나아가 자본의 활동에 더욱 민감한 생산자와 소비자를 창조하기 위해 국경을 넘나드는 주체성을 재구성할 수 있도록 사람·경계·문화를 조작하기도 한다. 이에 부응하지 못하는 사람이나 자본의 활동에 핵심적이지 않은 '무능력자'―지구 인구의 5분의 4 정도―는 굳이 식민화할 필요가 없다. 그들은 단지 주변화해 있을 뿐이다. 새로운 '유연적 생산'이 가능하게끔 해준 것은 국내든 국외든 (식민지에서처럼) 노동에 대한 명확한 강제를 더 이상 사용할 필요가 없다는 점이다. 자본의 필요(또는 요구)에 호응하지 못하거나, 너무 동떨어져 효율적으로 반응하지 못하는 사람이나 장소는 그 경로 밖에 있을 수밖에 없는 것이다.

이런 시각에서 보면, 내가 위에서 오늘날의 로컬주의(새로운 권능 형식 속에 편입된 포스트모던 의식)를 생산하기 위한 조건으로 기술했던 것 대부분은 전 지구적 자본주의 활동의 산물로 보인다. 위의 주장을 통해 분명해진 것은 현재 로컬이 그것을 해방 투쟁의 장으로 바라보는 사람은 물론이고 좀 더 직접적인 의미에서 공동체의 경제적 복지를 책임지고 있는 사람이나 전 지구적 자본을 관리하는 사람에게도 중요한 관심사라는 점이다. 나는 다음 절에서 후자에 대해 다룰 생각이다. 자본 측에서 로컬에 대해 갖고 있는 관심과 자본 활동이 로컬에 대해 가질 수 있는 의미는 '게릴라 마케팅'을 옹호하는 사람의 다음과 같은 분석에서 분명히 드러난다.

1984년인 지금, 문제는 이것을 어떻게 관리하는가에 있습니다. 신사 여러분, 우리가 제안하는 답변은 게릴라 마케팅입니다. 게릴라 전사가 투쟁을 조절하기 위해 투쟁의 장소를 알아야 하듯 오늘날의 다국적 기업도 마찬가지입니다. 우리의 터전은 세계이며, 우리의 목적은 이미 발전 과정에 있는 기술을 확장함으로써 성취할 수 있습니다. 세계 시장은 현재 잔존하는 문화 요인(즉 표현 양식, 로컬 전통, 종교적 연계, 정치 이데올로기, 민속적 관습, 전통적 성 역할 등), 지배적인 문화 요인(소비 패턴에 근거한 생활 유형, 이를테면 TV 시청률, 음악 취향, 영화 및 콘서트 관람률, 가정용 비디오 대여, 잡지 구독, 가정용 컴퓨터 소프트웨어 선별, 쇼핑몰 방문 등), 그리고 새로 출현하는 문화 요인〔즉 쌍방향적이고 참여적인 비디오, 홀로그래피와 초전도성을 갖춘 모바일 마이크로몰(micromall), 소비자와 인터페이스를 형성하고 있는 컴퓨터, 로봇 서비스 등〕에 따라서 소비 지대를 미시적 영역까지 전산화하고 있습니다. 이미 지도상에 있는 304개의 지리적 소비 지대(수평적 차원)를 거시적 소비자 부문의 비교적 동질화한 '의식적' 욕구뿐만 아니라 미시적 소비자의 '무의식적' 욕구가 갖는 이질적 다양성(수직적 차원)과 상호 참조할 수 있다면, 우리의 일차적 관심사가 되어야 할 새로 출현하는 마케팅 영역을 모두 다룰 수 있을 것입니다. 이 후자의 지도 작성 과정은 지금까지 거시적 소비 단위당 최대 507개의 미시적 소비 유형을 식별하고 분류함으로써 컴퓨터 솔루션을 쉽게 따를 수 있었습니다. 이와 같은 지도 작성을 확대함으로써 시장 확장과 통제를 위해 가장 자율적이고 변칙적인 욕망을 재구성할 수 있습니다. 새롭게 출현하는 마케팅 전략은 상품 자체를 훨씬 뛰어넘어 이미지로서 상품, 나아가 마케팅의 우연적 변수를 끝까지 추적해야 합니다. 이것이 바로 게릴라 마케팅의 과업입니다. 즉 우리가 창조한 이미지를 갖고 끝까지 행진해 (게릴라 전사처럼 확실한 결과 없이 구축된 상황에 따라 흘러가는) 미결정적인 지점을 강타하는 것입니다. 오늘날의 다국적 기업에 이윤은 성장을 위해 필수 조건이지만 충분조건은 아닙니다. 우리의 전(全) 역사는 성장이 곧 생존과 같은 것임을 보여주었습니다. 우리는 시장의 통제와 확장에 의존하고 있는 처지입니다. 그러나 이제 이를 위해서는 생산과 소비의 통제 이상의 것이 필요합니다. 즉 성장을 위해 우리는 하나의 총체적 이미지를 팔아야 합니다. 게릴라 전사처럼 우리는 사람들의 심장과 마음을 얻어야 합니다. 단지 끝없는 과정처럼 보이는 것 속에서 그 마음을 지속적으로 구성 및 재구성함으로써 이런 과업을 성취할 수 있을 겁니다.[22]

컴퓨터 관련 어휘를 제거해보면, 이 텍스트는 게릴라 혁명가들이 전략을 구상할 때 사용하는 국지적 분석과 매우 유사하게 읽힌다.[23] 하지만 유사성은 여기에만 그치지 않는다. 게릴라 투쟁의 경우처럼 유동적 전략의 필수 조건이 장기적인 조직적 목표를 포기하지 않으면서 다양한 상황에 대처하기 위해 조직적 유연성을 필요로 하듯 게릴라 마케팅의 절대 명령 역시 하나의 조직체로서 초국적 기업을 새롭게 개념화하도록 만든다. '전 지구적 로컬주의'는 조직적 차원에서 기업이 자신의 글로벌적 목표와 조직을 잊지 않으면서 다양한 지역을 길들이고 거기에 적응해가는 것을 의미한다. 이것은 회사들에 게릴라 전쟁에 참여했던 중앙 집권적 공산당이 겪었던 것과 아주 유사한 조직적 문제를 초래했다. 자신의 회사를 다국적 혹은 초국적이라기보다 '다지역적(multi-domestic)'이라는 용어로 설명한 바 있는 한 기업 간부는 회사가 직면한 조직 문제를 마치 마오쩌둥이 중국 공산당의 당면 문제를 설명하곤 했던 것과 비슷하게 기술한다. "ABB(Asea Brown Boveri) 그룹은 세 가지 내부 모순을 갖고 있는 조직이다. 우리는 지구적이면서 지역적이고, 크면서도 작고, 집중화한 보고와 통제를 유지하면서도 급진적으로 탈집중화하기를 바란다. 만일 이런 모순을 해결한다면, 우리는 실질적인 조직의 이점을 창출할 수 있을 것이다."[24]

초국적 기업들은 "글로벌적으로 사고하고 로컬적으로 행동하라"는 급진적 슬로건을 그 어떤 급진적 전략보다 훨씬 더 성공적으로 수용했다. 하지만 마케팅 전략에서 로컬적인 것에 대한 인정은 로컬적인 것의 자율성에 대한 진지한 인정을 뜻하는 게 아니라, 로컬을 글로벌적인 것의 통제 속으로 통합하기 위해 로컬적인 것의 특징을 인정해주려는 것이다. 기업을 로컬 사회 속으로 '적응'시키려는 것은 권력의 장소를 더욱더 신비화하는 데 공헌할 뿐이다. 사실 이런 권력의 장소는 로컬에 있다기보다는 로컬 지부의 활동을 조율하는 회사의 글로벌 본부에 있다. 위에서 내가 오마에 겐이치(大前研一)로부터 인용한 것을 되새겨보면 "전 지구적 로컬주의"는 "70퍼센트가 글로벌적이고 30퍼센트가 로컬적이다". 오늘날 초국적 기업을 주도하는 비전은 자신의 주도 아래 세계를 동질적인 것으로 만드는 것이다. 앞서 말한 기업 간부에 따르면 "우리가 정부 위에 있는가? 아니다. 우리는 정부에 호응한다. 우리는 우리가 활동하는 모든 나라에서 법을 준수한다. 그리고 우리가 법을 만드는 것도 아니다. 하지만 우리는 나라들 **사이**의 관계를 바꾼다. 우리는 전 세계적 경제 통합을 위한 윤활유 역할을 한다"[25](강조는 원문).

관계를 "변화시키는" 윤활유! 이 말이 결정적인 점을 보여준다. 초국적 기업은 급진적 게릴라와 아주 유사하게 단순히 상황에만 대응하는 게 아니라 자신의 성공 조건을 창출한다. 하지만 이런 목적을 달성하기 위해 이들은 우선 사회적, 정치적, 문화적 관계를 그 전체적 복합성 속에서 파악해야 한다. 분석 자체의 목적도 사회적 필요를 위한 게 아니라 조직 자체의 목적을 위한 것이다. 비록 이러한 목적론은 초국적 정당성을 확보하기 위해 로컬 언어들과 접합되어야겠지만 말이다.

전 지구적 자본주의의 시각에서 볼 때, 로컬적인 것은 해방의 장소가 아니라 조작의 장소다. 달리 말하면, 그 주민이 자신으로부터 해방되어(자신의 정체성을 박탈당하고) 자본의 글로벌 문화 속으로 동질화되어가는(그에 따라 자신의 정체성이 재구성되는) 장소인 것이다. 아이러니한 것은 전 지구적 자본주의가 사람들로 하여금 자신의 문화를 소비하게 함으로써 글로벌적 차원에서 이들을 동질화할 때조차도 로컬적인 것에 대한 자각을 고양시키고, 이것을 또한 자본에 대한 저항의 장으로 만든다는 점이다.

그렇더라도 이것은 로컬적인 것의 곤경이다. 로컬적인 것이 글로벌적인 것을 자신의 시각적 범위 내에 두지 못하는 것은 필연적으로 더 거대한 글로벌적 총체성에 대한 시각을 통제하고 있는 전 지구적 자본의 손아귀에서 농락당하기 쉽다. 로컬의 장에 존재하는 이익과 권력의 차이는 비전통적이고 민주적인 방식에 따라 이것을 재구성하는 데도 본질적이지만 로컬적인 것을 이러한 조작에 훨씬 더 취약하게 만든다. 왜냐하면 자본이 이런 차이를 활용하고, 다양한 시각과 이익을 옹호하는 사람들이 서로에 맞서 자본을 이용하려 하기 때문이다.[26] 이런 과정에서 로컬적인 것은 동시대 사회의 다층적 모순이 펼쳐지는 장소가 된다. 이 장소에서는 순간순간 그 위치에 따라 비판은 이데올로기가 되고, 이데올로기가 비판이 되기도 한다.

저항의 장소로서 로컬에 대한 고려

첫 번째 절에서 나는 계몽적 메타서사와 근대성의 목적론에 대한 포스트모던 반박 때문에 로컬적인 것이 저항의 장소이자 해방을 위한 투쟁의 장소로서 다시 출현할 수 있게 되었다고 주장했다.[27] 나아가 이와 같은 포스트모던 의식을 활성화하고 오늘날의 로컬 개념을 낳은 것은 근대화에 의해 억압받거나 주변화한 집단이 자신의 역사적·정치적 삶을 위해 벌인 투쟁 때문이었음을 강조했다. 이들의 투쟁이 자신이 거부하는 근대성에 의해 형성되었기 때문이라면, 이런 로컬 개념을 '전통적' 로컬주의와 구분해야 한다. 이는 근대성의 작용을 거친 로컬인 것이다. 이것은 현재 출발 지점이자 해방의 목표로서 (축자적이든 은유적이든 사회적 집단에 관한) 로컬적 차이를 전제하는, 이른바 '차이의 정치학'으로 표현된다.

전 지구적 자본주의에 대한 내 논의는 이런 주장을 뒷받침하는 한편, 내가 볼 때 이 주제에 대한 대부분의 포스트모더니즘 논의에 빠져 있는 결정적 차원이라 여겨지는 것을 끌어들여 동시대적 현상으로서 로컬적인 것을 사고하려는 의도를 갖고 있다. 메타서사와 목적론에 대한 포스트모더니즘적 반박은 '정초적인(foundational)' 설명 주제, 특히 총체성과 계급에 대한 마르크스주의적 사상을 보편화하는 것에 의문을 제기해왔다. 총체성은 그것을 이론적으로 논박한다고 해서 사라지지 않는다. 과거 구조의 해체와 (과거보다 훨씬 더 전 지구적인 계급 관계를 포함해) 글로벌 관계의 새로운 배치에서 전 지구적 자본주의는 로컬의 동시대적 현상을 생산하거나 이런 현상을 위한 맥락을 제공하는 이러한 총체성을 가리키고 있다. 이런 맥락을 인정하길 거부하는 한 로컬적인 것의 관념은 자본의 조작 대상이 되거나 '전 지구적 로컬주의'의 먹이가 될 수 있다. 나는 다른 글에서 포스트모던 비판이 그 맥락인 총체성을 제대로 설명하지 못하는 한 그 이데올로기적 비판은 전 지구적 자본주의가 낳은 사회 형식을 이데올로기적으로 정당화하는 것과 구분할 수 없게 된다고 주장한 바 있다.[28] 따라서 포스트모던 문화 비평이 자본주의의 역사와 거의 동시간적인 저항의 실천에 의해 계속 형성되고 있는, 자본에 대한 현실적 저항 운동과 다시 접속하는 것이 결정적이다. 포스트모더니즘이 이런 재접속을 필요로 하는 것은 억압과 불평등의 구조에 대한 인식을 회복하고 그것이 정치적 타당성을 상실해 유동적 나르시시즘의 경사면으로 미끄러져가는 것을 차단하기 위해서다. 현실적 저항 운동 또한 변화에 대한 목적론적 개념 속에 함축된 해방과 가변적이고 복합적이며 모순적인 사회적 존재와 의식을 환원주의적 범주로 결합하는 개념적 목적론 속에 들어 있는 위험을 명확히 드러내기 위해서는 포스트모더니즘을 필요로 한다. 역사에 대한 경직된 시각은 해방 투쟁의 과정을 대안적 미래를 사고하기 위한 원천으로 바라보기보다 복수의 사회적 협상의 개방적 과정이어야 하는 것을 미래에 대한 예단된 시각을 통해 봉쇄하고자 한다.

최근 전 지구적 자본주의가 로컬 사회로 침투하면서 로컬의 저항 운동이 동시에 확산하고 있다. 특히 여성 운동과 생태 운동이 두각을 보인다. 이러한 운동은 이미 동시대적인 의식을 보여주는 운동 구축의 복합적 과정에 대한 예리한 감각뿐만 아니라, 로컬 투쟁이 글로벌 투쟁과 맺고 있는 관계에 대한 날카로운 인식을 보여준다. 한 가지 좋은 사례가 미국퀘이커봉사위원회(American Friends Service Committee)와 연계된 노조 활동가 레이철 카멜(Rachel Kamel)의 언급에서 잘 나타나 있다. 그는 미국, 멕시코 마킬라도라, 필리핀의 노동자들(특히 여성)이 처한 열악한 상황과 그들이 초국적 자본에 의해 어떻게 이용당하고 있는지 설명하고, 이에 맞선 저항을 조율하는 몇 가지 방식을 제안하면서 다음과 같이 썼다.

우리가 기술하는 각 운동은 특히 초국적 기업의 규모와 힘과 대조해볼 때 미미한 것으로 보일지 모른다. 하지만 각 운동이 미국 내에서뿐 아니라 국제적으로도 몇 백 개의 지역 풀뿌리 운동을 결합시킬 수 있는 하나의 운동을 구축해나가는 데 작은 발걸음이 되기도 한다.

이 글을 쓰면서, 글로벌 공장의 문제와 맞붙고자 하는 광범위한 다국적 운동이라는 발상은 여전히 시각으로만 머물러 있다. 이 지침서에서 우리가 증명하려는 것은 글로벌 공장이 수천 개의 구체적 로컬 상황과 맞물려 있다는 점, 그리고 우리가 어떤 상황에서 생활하고 일하든 우리 각자는 자신의 구체적 상황과 대면하려는, 소규모지만 가능한 행동을 취할 수 있다는 점이다.

모든 로컬 이야기가 글로벌적 '큰 그림'의 일부라는 점을 이해함으로써 우리는—특히 언어, 국민성, 젠더, 인종 그리고 계급의 장벽을 가로질러—대화와 경험 공유의 공간을 열어갈 수 있다. 그리고 이런 의사소통 과정이 네트워킹과 연대 구축으로 나아감으로써 다국적 운동의 비전은 현실이 된다.(강조는 필자)[29]

여기서 카멜이 기업을 "초국적"이라고 설명하면서 저항 운동을 기술하기 위해 "다국적"이라는 더 오래된 용어를 사용하고 있음에 주목하자. 또한 그녀가 기술하는 상황의 복합성도 주목할 만하다. 카멜은 로컬의 성공에는 네 가지 지지층, 즉 노동조합, 공동체, 종교 기관 그리고 로컬 정부를 조직하는 것이 핵심적이라 생각한다.[30] 이 지지층을 결속시켜야 하지만 그녀가 위에서 거론한 집단 간 대화를 위한 공간은 계속 열어두어야 한다. 포스트모던 의식의 주창자들도 이보다 더 위대한 복잡성과 모순을 생각해낼 수는 없을 것이다!

로컬적인 것과 이에 따라 정의한 다양성을 긍정하는 것은 카멜이나 반다나 시바(Vandana Shiva) 같은 활동가들이 잘 인식하고 있듯 문제점이 없지는 않다. 한 가지 문제는 전근대적 과거를 예찬하는 것이다. 이런 예찬은 근대적인 것과 세계의 합리주의적 동질화에 저항한다는 미명하에 자본주의적이거나 유럽 중심적인 억압에 집착함으로써 그 이전의 억압을 간과하고, 정신성의 회복이라는 구실로 계급 및 가부장제적 불평등을 변호해온 과거의 종교적 습속을 긍정할 가능성이 다분한 로컬주의 또는 '제3세계주의(Third-Worldism)'로 귀결된다. 전 지구적 자본주의의 한 가지 결과는 이미 자본과 근대성에 의해 영향을 받지 않은 로컬 사회란 더 이상 존재하지 않는다는 것이다. 그리고 로컬적 '순수성'에 대한 강조는, 특히 여성들이 인도나 북미의 원주민 운동을 보며 신속히 지적했듯 더 오래된 억압 형태의 반동적 부활을 변호하는 역할을 할 수도 있다.[31] 로컬은 글로벌적인 것에 저항하는 장소로서 소중하지만, 이것이 과거로부터 물려받은 불평등과 억압을 폐지하기 위한 협상의 장소로서 기능할 때만 그러하다. 바로 이것이 로컬이 미래에 가질 수 있는 그 어떤 가능성의 조건이다. 근대성의 산물이라 할 수 있는 이런 각성을 단지 유럽중심주의의 또 다른 속임수로 무시해버리는 것은 가능하지도 않고 바람직스럽지도 않다.

이것이 지향하는 바는 '비판적 로컬주의'다. '비판적 로컬주의'는 심지어 현재를 과거의 시각에 근거한 비판적 평가에 부칠 때조차도 과거의 평가 속에 근대성이 가져다준 비판적 시각을 보유하고 있다. 이런 로컬주의로부터 배제해야 하는 것이 바로 과거 공동체에 대한 낭만적 향수, (이른바 동아시아의 유교 부흥 경우처럼) 새로운 종류의 패권적인 민족주의적 열망, 혹은 현재를 과거 속에 가두려는 역사주의 등이다. 후자의 한 사례로 최근 중국에 대한 연구에서 '중국 중심적' 역사관을 주장하려는, 의도는 좋지만 그릇된 시도를 들 수 있다. 이것이 좋은 의도인 이유는 이런 노력이 중국사를 서양의 목적론과 개념의 패권으로부터 구해내고자 하기 때문이다. 반면 이것이 그릇된 이유는 이런 시도에는 중국인이 서양 개념에 물들어 있고 이미 과거의 자신들과도 단절되었으므로 이런 작업을 제대로 해낼 수 없다는 주장이 수반되어 있기 때문이다. 이런 시도는 새로 거듭난 서구인에게 중국인을 대신해 중국의 과거를 해석하는 특권을 부여하는 한편, 정작 중국인에게는 동시대성을 부정하는데, 이는 19세기 유럽인을 생각나게 한다. 유럽인은 역사성을 독점한 채 타자들에게는 역사성을 부정함으로써 전 세계, 특히 제3세계에 대한 역사의 의미를 전유해왔다.[32] 그 반대 극단에 서구의 패권을 비판하는 자민족중심주의가 있다. 자민족중심주의는 억압 일반의 문제를 설명하지 않으면서 서구 지배 이전의 민족성과 정신성에 대한 긍정이라는 함정에 빠진다. 비록 근대 세계에서 다른 삶의 양식에 대한 부정이 전례 없이 자행되긴 했지만, 억압 일반의 문제가 서구나 자본주의의 독점물만은 아니었다. 나는 전근대적 억압의 형태를 은폐함으로써 유럽과 미국의 자본주의적 억압에 대항한 투쟁이 직면한 딜레마를 감추어서는 안 된다고 생각한다. 무엇보다 우선 국가 없는 공동체(혹은 세계 곳곳의 종족 집단처럼 국가 조직과 로컬 공동체가 일치하는 공동체)[33]를 중국, 인도, 오토만의 전근대적 제국들과 같이 거대한 국가 조직을 변호하는 공동체로부터 구별할 필요가 있다. 전자는 공감하기 쉽지만 후자는 그렇지 않다. 왜냐하면 서양과의 관계라는 관점에서 볼 때 아무리 반(反)헤게모니적이라 하더라도 전근대적 과거를 긍정하는 것—예를 들면, '대(大)중국' 경제 권역이라는 주장과 무관하지 않은 유교 부흥의 사례에서처럼—은 새로운 종류의 민족적 쇼비니즘을 거의 숨기지 못하기 때문이다. 이들 두 가지 입장은 그 근원과 함의에서 아주 다르다. 그리고 제3세계의 과거를 대변하고자 하는 서양인과 [프랭크 친(Frank Chin)이라는 저자의 말을 빌리자면] "동화에 의한 죽음"으로부터 자신의 정체성을 구해내기 위해 자신의 과거를 스스로 대변하는 제3세계 민중을 구분하는 것이 중요하다. 그렇지만 두 입장 모두 문제적이다. 부인할 수 없는 사실(지난 세기 동안 경제적·문화적 정세가 유럽과 미국 밖의 민중을 위한 삶의 조건을 정의해왔다는 것)을 부정하는 것은 어리석을 뿐 아니라, 이런 정세가 역사의식 전면에 부각시켜놓은 과거의 다양한 차원의 억압 형태를 무시하는 것은 (정치적인 것과 구분해) 사회적으로도 반동적이다. 마르크스주의와 특히 젠더 분석을 그 어느 때보다도 비판적 사고에 더 타당한 것으로 만들어주는 것은 이러한 억압 형태의 지속성이다. 이런 억압 형태는 현재 새로운 억압 형태에 의해 복잡해지고 중층적으로 결정되고 있다.

내가 여기서 사용하고 있는 로컬은 동일한 시간성 속에 위치하면서 다양한 공간성을 갖는 구조의 정세적 복합 국면의 산물인 한에서만 의미를 갖는다. 이 국면은 공간성과 무엇보다 로컬의 문제를 생산한다. 정세적 상황 또한 로컬 문화를 정의하는데, 이 문화는 다양한 문화 간의 일상적 만남을 통해 물화에서 벗어나고 그 적나라한 일상적 실천 속에서 나타난다. 그 일상적 재생산에서 문화가 초시간적인 것처럼 보이는 고립과 안정의 조건(이것이 전적으로 사실이라 하더라도)에서와 달리, 정세적 상황은 문화 활동이 생산과 끊임없는 재구성 과정 속에 있는 활동임을 드러낸다. 문화가 이런 식으로 구성된다는 게 현재가 과거의 부담으로부터 자유롭다는 것을 뜻하지는 않는다. 오히려 이것은 그 부담 자체가 현재적 활동의 과정 속에서 재구축되는 것임을 보여준다. 이는 과거가 중요하지 않다는 것을 의미하지도 않는다. 이는 단지 과거에 대해 현재와 현재 살아 있는 자들의 요구와 주장을 더 강조하는 것이지 그 역은 아니다. 문화가 문화적일 수 있는 것은 그것이 "일상생활의 실천"(미셸 드 세르토의 용어)을 통해 변화를 경험하기 때문이다. 문화는 일상생활의 산물인 만큼이나 그 원천이기도 하다. 문화를 일상적 실천의 지속적 구성으로 날카롭게 의식하게끔 만드는 것은 삶의 조건으로서 문화적·정세적 국면이 전 지구적으로 지배적이기 때문이다. 이런 지배는 피에르 부르디외(Pierre Bourdieu)와 마셜 살린스(Marshall Sahlins)의 저서 속에 잘 드러나 있다. 그들은 과거와 현재 사이, (현재와 과거 사이뿐만 아니라 다양한 현재 사이의 관계를 문제 삼는) 다양한 사회적·문화적 구조 사이, 그리고 구조와 사건—특히 사건이 비유럽 사람들이 유럽인과 접촉하는 것과 같은 전례 없는 성격을 띠는 지점에서—사이의 정세적 국면이 문화와 역사에 미치는 의미를 논증해왔다.[34]

여기서 당면한 질문은 글로벌적인 것에 대한 로컬적인 것의 저항이라는 관점에서 볼 때 문화의 이러한 지속적 구성이 무엇을 의미하는가 하는 것이다. 아시스 난디(Ashis Nandy)는 다음과 같이 썼다.

세속적 권력이 서로 불평등한 두 문화가 대화할 때, 만일 그 대화가 각 대화 당사자들이 다른 문화에 대해 나름의 암묵적인 독특한 이론이나, 이것이 부재할 경우, 대화 당사자가 갖고 있는 일반적 문화 이론을 위한 공유 공간을 창조하지 못한다면, 불가피하게 새로운 위계질서가 등장한다. 각 문화는 그 문화에서 생겨난 범주를 통해서 연구해야 한다는, 아주 대중적인 인류학적 견해로 표현되는 문화상대주의라는 개념은 제한적이다. 왜냐하면 이것은 모든 문화가 자신이 다른 문화에 의해 해석되는 방식을 인식해야 한다는 주장에는 못 미치기 때문이다. 문화상대주의라는 이름으로 다양한 문화를 그 자체의 문화적 개념 장치에 맡겨버리는 것은 쉬운 일이다. 그 다양한 문화의 미래 비전이 이미 그 문화 사람들의 세계관에 의해 완전히 지배당하고 있다면 특히 더 그렇다. 자신에 대한 외래문화의 평가를 받아들이고, 그것을 자신의 자아 속에 통합하며, 스스로 만든 내적 긴장과 동거하는 것은 덜 쉬운 일이다. 자기 자신의 문화 내부에서, 다른 문화와의 대화로 인해 초래된 내재적 대화와 더불어 지내는 것은 훨씬 더 어려운 일이다. 왜냐하면 그때는 당혹스럽게 하는 대화—아울러 그런 대화로부터 나오는 위협적인 통찰—를 막기 위해 세심하게 확립된 문화적 방어가 붕괴되기 시작하기 때문이다.[35]

문화적 대화에 대한 난디의 견해는 문화에 대한 모한다스 간디(Mohandas Gandhi)의 접근 방식에서 영감을 받았다. 리처드 폭스(Richard Fox)가 간디에 관한 자신의 통찰력 있는 최근 연구에서 말하듯 간디는 "문화는 집단적 실험을 통해 변화한다"[36]고 생각했다. 이는 현재를 출발점으로 삼되 '진리' 추구를 위해 다양한 과거로 열려져 있는 실험이다. 여기서 나는 로컬이 이러한 실험의 장소라고 주장하고 싶다. 하지만 이러한 '실험'은 그 범위에서 전 지구적이어야 한다. '진정한' 로컬 문화를 다시 주장하고자 하는 저항은 그것을 초래한 정세를 감안하지 않을 때 실패하지 않을 수 없다. 이른바 진정한 로컬 문화가 그 문화를 재구성하고 그것을 전 지구적 동질화로 동화시키고자 하는 글로벌적 세력(가령 게릴라 마케터)에 의해 일상적으로 해체당하고 있다면 더욱 그렇다.

이것은 저항에 대한 전략적 개념으로서 로컬적인 것이 갖는 두 번째 문제이자 훨씬 더 심각한 문제다. 다시 말해, 로컬적인 것을 글로벌적인 것 속으로 동화시키는 것, 이는 다양한 지역이 사회에 맞서 전 지구적으로 게릴라전을 펼치는 전 지구적 자본의 손아귀에서 졸과 같은 신세로 전락하는 것이다. 실제로 이것은 우리 시대의 저항/해방이 직면하고 있는 가장 심각한 도전일 것이다. 즉 자신들의 활동에 간섭한다는(그들이 로컬 사회와 생태계에 가하는 위해를 제재하려는 요구나 노력 같은) 약간의 신호에도 새로운 장소를 찾아 이주하겠다고 협박하는 글로벌 회사에 어떻게 대처할 것인가? 사실 새로운 기술은 그들로 하여금 그렇게 할 수 있도록 해주며, 더 정확히는 그렇게 하는 것이 바로 새로운 기술 발전의 주요 목표이기도 하다. 공동체가 일자리―그리고 공동체 전체의 생계―확보를 위해 기업을 유치하려 더 유리하고 더 달콤한 조건을 제시하며 서로 앞다투어 경쟁하는 모습을 지켜보면서 생산 공장의 폐쇄를 통해 공동체와 도시 전체를 마비시켜버리는 제너럴 모터스(GM) 같은 회사에 어떻게 저항할 수 있는가? 이러한 상황 아래서 로컬적 저항이 의미 있으려면(이는 '큰' 조건이며 어쩌면 전 지구적으로 만연된 허탈감을 낳는 원인일 것이다) 그 의식과 행동에 있어 횡단 로컬적(translocal)이어야 한다. 저항의 토대로서 필수적인 로컬적 의식이 성공적인 저항에는 반드시 필요한 횡단 로컬적 행동 및 의식과 서로 모순된다는 사실 때문에 이러한 딜레마는 더욱 고조된다. 만일 이러한 모순을 극복할 수 있다면, 자본에 의한 지구의 파편화는 저항 운동에 유리하게 전환될 수도 있다. 즉 동화의 수단으로서 로컬에 대한 착취에 맞서 진정으로 로컬적인 것을 요구하는 것은 전 지구적 자본주의에 '과부하'를 걸어 이를 파편화로 몰고 갈 수 있을 것이다.[37]

전 지구적 자본주의에 맞선 저항 속에서 로컬이 수행하는 역할과는 별개로, 로컬적인 것이 어떻게 미래를 위한 초석으로 기능할 수 있을 것인가 하는 질문에 헨리 지루(Henry Giroux)는 매우 시사적인 답변을 내놓은 바 있다. 지루의 "경계의 교육법(border pedagogy)"은 포스트모던/포스트식민적 "차이의 정치학"에서 유래한 것이다. 하지만 차이를 목적 그 자체로서 긍정하는 것―그는 이런 태도가 의미 있는 정치의 전도를 가져올 수 있다고 제대로 인식한다―을 불만스럽게 느끼며 지루는 "비(非)총체적 정치학"의 초석 역할을 할 수 있는 새로운 종류의 "다양성 속 통일성"을 정식화하는 방안을 모색한다.[38] "비총체적 정치학"은 "더 거시적인 이론적·관계적 서사를 무시하는 것"이 아니라 "로컬적인 것과 글로벌적인 것을 포용하기" 위해 "차이화한 공동체와 권력 형태의 국지적이고 특정한 맥락"[39]에 주목해야 한다. 여기서 특히 중요한 것은 내가 위에서 제안했던 고려 사항을 설득력 있게 표현한 "형성적 서사(formative narratives)"라는 지루의 개념이다.

총체성과 정초주의에 대한 포스트모던 공격이 결함이 없는 것은 아니다. 그것이 로컬적 서사의 중요성에 초점을 두고 진리가 재현이라는 통념에 선행한다는 개념을 거부한 것이 옳다면, 이는 또한 단일한 원인을 가진 지배 서사와—다양한 집단이나 로컬 서사를 공동의 기획 속에서 역사적이고 관계적으로 자리매김할 수 있는 근거를 제공하는—형성적 서사 간 구별을 흐리게 만들 위험이 있다. 이 주장을 더욱 추론해본다면, 그 어떤 차이의 정치학도—만일 그것이 차이를 통일성과의 대립이 아니라 통일성 내부에서 분석할 수 있는 형성적 서사를 제공하지 않는다면—급진적 사회 이론의 형식으로 상상하기는 어렵다.[40]

나는 앞에서 오늘날의 논의와 관련해 로컬적인 것의 의미가 불확실하고 분석을 제약할 수도 있는 정의를 부여하려는 태도를 자제해왔다. 만일 로컬적인 것이 비판적 개념으로 기능하려면, 로컬적인 것의 경계가 열려질 (혹은 다공적일) 필요가 있다. 오늘날의 로컬적인 것이 그 자체로 발명의 장소라면, 현재는 궁극적으로 글로벌적인 것을 위한 장소인 것이다.

주

1. 포스트모더니즘적 날조의 사례에 대해서는 Subramani, *South Pacific Literature: From Myth to Fabulation* (Suva, Fiji: University of the South Pacific Press, 1985) 참조.

2. 언급한 운동에 대해서는 Vandana Shiva, *Staying Alive* (London: ZED Books, 1988); Rachel Kamel, *The Global Factory: Analysis and Action for a New Economic Era* (Philadelphia: American Friends Service Committee, 1990); Maivan Lam, *The Age of Association: The Indigenous Assertion of Self-Determination at the United Nations* (미간행 원고) 참조.

3. 이 문제에 대한 광범위한 논의는 Peter A. Kropotkin, "The State: Its Historical Role," *Selected Writings on Anarchism and Revolution,* ed. P. A. Kropotkin (Cambridge, Mass.: MIT Press, 1975), pp. 211-264; Raymond Williams, *The Country and the City* (New York: Oxford University Press, 1973) 참조.

4. Leo Loubere, *Utopian Socialism: Its History since 1800* (Cambridge.: Schenkman Publishing, 1974); Peter Kropotkin, *Fields, Factories, and Workshops of Tomorrow*, ed. Colin Ward (New York: Harper & Row, 1974) 참조.

5. 레이먼드 윌리엄스가 언급하듯 마르크스와 엥겔스가 도시와 시골 간 노동 분리의 폐지를 매우 강조했다는 사실은 20세기에 잊혔다. 《공산당 선언(Communist Manifesto)》의 사회주의를 위한 강령엔 다음과 같이 쓰여 있다. "농업과 제조업의 결합, 그리고 시골 곳곳으로 인구의 더욱 균등한 분배를 통해 도시와 시골 간 구별의 점진적 폐지." Karl Marx & Friedrich Engels, "Manifesto of the Communist Party," *The Marx-Engels Reader*, ed. Robert C. Tucker (New York: W. W. Norton, 1972), pp. 331-362, 352.

6. 더 자세한 논의는 Arif Dirlik, *Anarchism in the Chinese Revolution* (Berkeley: University of California Press, 1991); "Mao Zedong and 'Chinese Marxism,'" *The Encyclopedia of Asian Philosophy* (London: Routledge, in press) 참조.

7. 여기서 나는 로컬적인 것과 '토착적인 것(vernacular)'의 의미를 일관적으로 지지해온 이반 일리치와 머레이 북친 같은 사상가이자 활동가를 염두에 두고 있다. 예를 들어 Ivan Illich, *Shadow Work* (Salem, N. H.: Marion Boyars, 1981); Murray Bookchin, *Post Scarcity Anarchism* (Palo Alto, Calif.: Ramparts Press, 1971) 참조.

8. Kropotkin, "The State," p. 252.

9. 이에 대한 설득력 있는 진술로는 Russell Means, "The Same Old Song," *Marxism and Native Americans,* ed. Ward Churchill (Boston: South End Press), pp. 19-33 참조. (역사 밖으로 밀려난) 국가 없는 로컬 사회의 역사로의 복원에 대한 우리

의 이해가 의미하는 바는 Pierre Clastres, *Society against the State*, trans. Robert Hurley & Abe Stein (New York: Zone Books, 1987)의 주제다. 피에르 클라스트르는 이렇게 쓴다. "역사가 있는 민중의 역사는 계급 투쟁의 역사라는 말이 있다. 하지만 적어도 훨씬 더 진리에 가까운 것은 역사 없는 민중의 역사가 국가에 대항한 그들의 투쟁의 역사라는 말이다"(218쪽).

10. 이 문제에 대한 상세한 논의는 Partha Chatterjee, *Nationalist Thought and the Colonial World—A Derivative Discourse* (London: ZED Books, 1986) 참조.

11. 에드워드 톰슨과 유진 제노비스의 저서를 참조하면서 이 문제를 심층적으로 다룬 글은 Arif Dirlik, "Culturalism as Hegemonic Ideology and Liberating Practice," *Cultural Critique* (Spring 1987), pp. 13-50 참조. 이런 문제가 새로운 각성을 자극하면서 오늘날의 운동 속에서 나타나는 방식에 대해서는 Frances Fox Piven & Richard A. Cloward, *Poor People's Movements: Why They Succeed, How They Fail* (New York: Random House, 1977) 참조. 그리고 포스트모더니티와 이러한 사회 운동의 유산을 결합하는 작업에 대해서는 Henry Giroux, *Border Crossings: Cultural Works and the Politics of Education* (New York and London: Routledge, 1992) 참조. 탁월한 교육학자인 지루는 자기 자신을 세계산업노동자동맹(IWW), 빌 헤이우드(Bill Haywood), 라이트 밀스(C. Wright Mills), 마틴 루서 킹(Martin Luther King), 그리고 마이클 해링턴(Michael Harrington)의 유산을 물려받은 "비판적 민중주의자"라고 쓴다. 요컨대 이들은 "민중에게 그들의 역사와 경험에 자긍심을 불어넣는 언어로 말하는 사람들"(13쪽)이다.

12. "A Century After Queen's Overthrow, Talk of Sovereignty Shakes Hawaii," *New York Times*, November 8, 1992, "National Report."

13. Giroux, *Border Crossings*, pp. 21-22.

14. David Harvey, *The Condition of Postmodernity* (Cambridge: Basil Blackwell, 1989); Fredric Jameson, "Postmodernism, or, The Cultural Logic of Late Capitalism," *New Left Review* 146 (July-August 1984), pp. 59-92.

15. F. Frobel, J. Heinrichs & O. Kreye, *The New International Division of Labor* (Cambridge: Cambridge University Press, 1980). '탈조직적 자본주의(Disorganized Capitalism)'라는 용어는 Claus Offe, *Disorganized Capitalism* (Cambridge: MIT Press, 1985); Kent C. Trachte, *Global Capitalism: The New Leviathan* (Albany: State University of New York Press, 1990)에서 가져왔다. 이 주제에 관해 주목

할 만한 책으로는 전 지구적 자본주의가 제3세계에 대해 갖는 의미를 다룬 Leslie Sklair, *Sociology of the Global System* (Baltimore: Johns Hopkins University Press, 1991); Robert Reich, *The Work of Nations* (New York: Alfred A. Knopf, 1991) 참조. 라이시의 책에는 〈우리는 누구인가?(Who is Us?)〉와 〈그들은 누구인가?(Who is Them?)〉라는 (현재의 맥락에서) 매우 시사적인 제목으로 〈하버드 비즈니스 리뷰(Harvard Business Review)〉에 기고한 글이 포함되어 있다. 하청 계약(subcontracting)에 대해서는 Garry Gereffi, "Global Sourcing and Regional Divisions of Labor in the Pacific Rim," *What Is in a Rim? Critical Perspectives on the Pacific Region Idea,* ed. Arif Dirlik (Boulder: Westview Press, 1993), pp. 51-68 참조.

16. Riccardo Petrella, "World City-States of the Future," *New Perspectives Quarterly* (Fall 1991), pp. 59-64; "A New Hanseatic League?" *New York Times* (February 23, 1992), E3.

17. Kenichi Ohmae, "Beyond Friction to Fact: The Borderless Economy," *NPQ* (Spring 1990), pp. 20-21.

18. 이런 현상은 위의 각주 15에서 인용한 대부분의 글에서 다루고 있다.

19. Ohmae, "Beyond Friction to Fact," p. 21. 또한 James Gardner, "Global Regionalism," *NPQ* (Winter 1992), pp. 58-59 참조.

20. "The Logic of Global Business: An Interview with ABB'S Percy Barnevik," *Harvard Business Review* (March-April 1991), pp. 90-105.

21. 이는 《국가의 일》에서 라이시가 제기한 기본적인 주장이다.

22. 1978년 2월 27일 노스캐롤라이나주의 리서치 트라이앵글 파크에서 열린 마케팅 관련 학회에서 가져왔다. 1987년 3월 듀크 대학에서 발표한 Rick Roderick, "The Antinomy of Post-Modern Bourgeois Thought," (pp. 1-2)를 저자의 허락을 받아 재인용.

23. 예를 들어 중국의 로컬 사회관계와 구조에 관한 마오쩌둥의 꼼꼼한 '지도 그리기' 참조. *Report from Xunwu,* trans. with an intro, and notes Roger R. Thompson (Stanford: Stanford University Press, 1990). 이 보고서가 갖는 함의에 관해서는 Roxann Prazniak의 서평 "The Art of Folk Revolution," *Peasant Studies* 17, no. 3 (Spring 1990), pp. 295-306 참조.

24. "The Logic of Global Business," p. 95.

25. Ibid., p. 105.

26. 하와이와 관련한 매혹적인 논의에 대해서는 Jeff Tobin, "Cultural Construction and Native Nationalism: Report from the Hawaiian Front," *Asia/Pacific as Space of Cultural Production,* ed. Arif Dirlik & Rob Wilson (Durham: Duke University Press, 1995) 참조.

27. 이는 미셸 푸코가 "종속된 지식의 반란(insurrection of subjugated knowledges)" 이라고 언급했던 것이다. Michel Foucault, "Two Lectures," *Power/Knowledge: Selected Interviews and Other Writings, 1972-1977*, ed. Colin Gordon (New York: Pantheon Books, 1980), pp. 78-108, 81.

28. Arif Dirlik, "The Postcolonial Aura: Third World Criticism in the Age of Global Capitalism," *Critical Inquiry* 20 (1994), pp. 328-356.

29. Kamel, *Global Factory*, p. 75.

30. Ibid., p. 26.

31. Meera Nanda, "Is Modern Science a Western, Patriarchal Myth? A Critique of the Populist Orthodoxy, *South Asia Bulletin* 11, nos. 1&2 (1991), pp. 32-61.

32. 이런 견해를 주장하는 중요하면서 영향력 있는 작업으로는 Paul Cohen, *Discovering History in China* (New York: Columbia University Press, 1984) 참조.

33. 원주민 운동과 그것이 기존 국가와 맺고 있는 관계에 대한 탁월한 설명으로는 Maivan Lam, *The Age of Association: The Indigenous Assertion of Self-Determination at the United Nations* 참조. 또한 위의 각주 2 참조.

34. Pierre Bourdieu, *The Logic of Practice* (Stanford, Calif.: Stanford University Press, 1990); Marshall Sahlins, *Islands of History* (Chicago: University of Chicago Press, 1985) 참조.

35. Ashis Nandy, *Traditions, Tyranny, and Utopias: Essays in the Politics of Awareness* (Delhi: Oxford University Press, 1987), pp. 16-19.

36. Richard G. Fox, *Gandhian Utopia: Experiments with Culture* (Boston: Beacon Press, 1989), p. 26.

37. 저항의 수단으로서 "체계에 과부하 걸기"라는 개념은 이매뉴얼 월러스틴에게서 가져왔다. Immanuel Wallerstein, "Development: Lodestar or Illusion?" *Unthinking Social Science: The Limits of Nineteenth Century Paradigms* (London: Polity Press, 1991), p. 124. 내가 여기서 염두에 두고 있는 것은 남태평양 문화에서 가

져온 일화로 설명할 수 있을 것이다. 남태평양의 구술 전통에 대한 분석에서 수브라마니는 남태평양 작가들이 "어떤 경우 유럽 연구자들이 그들에 관해 옮겨놓은 번역물을 읽으면서 자신들의 구술 전통을 재발견했다"고 언급한다. 전 지구에 걸쳐 유럽 연구자들이 이런 종류의 활동에 착수한 목적은 적어도 처음에는 원주민을 더 잘 통제하고 개종 및 동화시키기 위해 그들을 이해하는 것이었다. 해방을 목표로 하는 새로운 문화 의식과 더불어, 바로 이와 똑같은 '연구들'이 현재 해방이라는 목적과 동화에 맞선 로컬 정체성의 주장에 기여하고 있다는 것이다. Subramani, *South Pacific Literature,* p. 32.

38. Giroux, *Border Crossings,* p. 79. "다양성 속 통일성"에 대해서는 Yuji Ichioka, "'Unity Within Diversity': Louis Adamic and Japanese Americans," *Asian/ Pacific Studies,* no. 1 (1987) (Duke University, Asian/Pacific Studies Institute) 참조.

39. Giroux, *Border Crossings,* p. 79.

40. Ibid., p. 54.

02

로컬주의, 글로벌주의 그리고 문화적 정체성

● 마이크 페더스톤 ●

들어가는 말

세계가 점점 더 작아지고 더욱 상호 연결되고 있다거나 세계가 사실상 하나의 장소가 되었다는 것은 오늘날 진부한 말이 되었다. 이런 과정에 대한 고양된 의식을 가리키는 용어 중 하나인 전 지구화는 지난 10년 동안 대중의 담론 속에 점차 뿌리내렸고, 우리는 화폐 시장, 패션 및 관광 산업의 전 지구화뿐 아니라 에이즈 같은 질병과 불법 마약, 포르노 산업의 전 지구화에 대한 언급까지 목격할 지경에 이르렀다. 물론 모든 사람이 똑같은 정도로 이런 전 지구화 과정에 영향을 받거나 이 과정을 의식하는 것은 아니다. 이런 점이 전 지구화의 이론을 정식화하고자 시도할 때 겪는 문제점 중 하나이며, 이론이 종종 총체화의 논리를 채택하고 세계를 더욱더 단일하고 동질적이게 만드는 것으로 여겨지는 전 지구적 통합의 지배적 과정을 받아들이고 있다고 주장할 수도 있다. 이런 시각에서 볼 때, 금융과 상품 흐름의 힘을 한층 강화하는 새로운 커뮤니케이션 기술의 보편화 과정을 통해 글로벌적 시공간 압축의 강화는 로컬 문화가 필연적으로 허약해질 수밖에 없다는 것을 의미한다. 우리의 경험과 방향 설정 수단은 우리가 생활하고 일하는 물리적 장소로부터 단절된 것처럼 보인다. 우리의 주거와 직업의 운명은 우리와는 이질적인 세계에 존재하는 행위자의 수중에 있는 것 같다. 로컬주의와 장소 의식은 '무장소 공간(no place spaces)'이나 우리가 전적으로 편안함을 느낄 수 없는 가상적 환경의 익명성에 자리를 내주고 있다.

이와 동시에 전 지구화 과정의 성공을 근대성의 연장과 등치시키는 이러한 단선적 설명, 즉 "전 지구화란 기본적으로 확장된 근대성이다"라는 이야기는 비서구 국민국가 및 문명의 문화적 변화 가능성을 놓친다는 것도 의미한다. 이들의 문화가 근대성에 굴복하거나, 혹은 국민적 특수성에 대한 이들의 이론화를 단순히 서구적 근대성에 대한 반작용으로만 받아들이는 것은 충분하지 않다. 오히려 전 지구화 과정은 현재 세계가 점증하고 불가피한 접촉이 일어나는 하나의 장소라는 의식을 열어주는 것으로 간주해야 한다. 우리는 우리 자신이 협력과 합의, 나아가 상당한 분쟁, 갈등, 시각의 충돌을 기대할 수 있는 대화적 공간뿐 아니라 다양한 국민국가와 블록과 문명 간의 더 거대한 대화까지 필연적으로 경험하고 있다. 여기에 참여하는 국민국가와 다른 기관을 대화의 평등한 파트너로 간주해야 한다는 것은 아니다. 오히려 이것들은 상호 의존과 권력 균형으로 이루어진 복잡한 망 속에 결합되어 있다. 이와 같은 점증하는 복합성과 변화에 대한 감수성, 그리고 운명적 변화에 관한 정보 전달 능력 때문에 타자에 대한 영속적이면서 지나치게 단순화한 이미지를 유지하기란 더더욱 어렵다. 증가하는 문화적 복잡성의 차원을 다루기 어려워진다는 것, 그리고 이런 차원이 종종 불러일으키는 의심과 불안이 '로컬주의', 혹은 고향으로 귀향하고자 하는 욕망이 중요한 주제가 되는 이유라고 할 수 있다. 고향이 실제적인 것인지, 상상적인 것인지, 일시적인 것인지, 혼합된 것인지, 가상적인 것인지, 아니면 타자의 고향에서 볼 수 있는 소속·연계·공동체의 의미에 대한 매혹에서 나타나는지와 상관없이 말이다. 글로벌적인 것과 로컬적인 것을 공간이나 시간으로 분리된 이분법으로 사고하는 게 도움이 되지 않는다는 것은 명백해 보인다. 오히려 글로벌화와 로컬화의 과정이 현재의 국면 속에서 서로 분리 불가능할 정도로 결합되어 있는 것으로 보인다.

로컬주의와 상징적 공동체

사회학적 전통 안에서 로컬이라는 용어와 그 파생어인 로컬리티와 로컬주의는 일반적으로 강력한 친족 관계나 주거 기간에 근거한 긴밀하게 짜인 사회관계로 구성된 특정한 경계 공간이라는 개념을 연상시켜왔다.[1] 보통 거기에는 지속적이면서도 독특한, 즉 동질적이며 통합된 안정적 정체성이라는 가정이 들어 있다. 이런 의미에서 지역의 구성원은 그들 나름의 고유한 로컬 문화를 가진 독특한 공동체—그들의 일상적 상호 작용의 위치를 물리적 공간으로부터 하나의 '장소'로 전환하는 것—를 형성하는 것으로 종종 받아들여진다. 도시사회학이나 공동체 연구에서 전개되는 대부분의 로컬리티 연구는 두 가지 주요 가정에 영향을 받고 있다. 첫 번째 가정은 19세기의 사회 변화 모델에서 유래한 것으로 과거는 더 단순하고 더 직접적이고 강력하게 결속된 사회관계를 갖고 있다는 것이다. 우리는 이를 지위와 계약〔헨리 메인(Henry Maine)〕, 기계적 연대와 유기적 연대〔에밀 뒤

르켐(Emile Durkheim)〕, 공동체와 연합체〔페르디난트 퇴니스(Ferdinand Tönnies)〕
같은 짝을 이루는 이항 대립에서 볼 수 있다. 퇴니스가《공동 사회와 이익
사회(Gemeinschaft and Gesellschaft)》에서 기술한 이상적 유형으로부터 가져
온 후자의 용어(공동체와 연합체)는 일차적 관계에 근거하는 상대적으로 고립
된 소규모의 통합된 공동체와 근대적 메트로폴리스의 강력한 연합체 간 역
사적·공간적 연속체를 강조하기 위해 사용되었다. 퇴니스를 비롯한 다른
독일 이론가들의 작업은 근대화의 가혹한 진행으로 인해 "우리가 잃어버
린 세계"에 대해 지나치게 낭만적이고 향수적인 묘사를 승인하는 데 도움
을 주었다. 두 번째 가정은 인류학에서 가져온 것인데, 상대적으로 고립된
작은 도시나 마을의 특수성에 대한 풍부한 민족지학적 설명을 제공할 필
요성을 강조했다. 예를 들어, 우리는 아일랜드 서부[2]나 웨일스 북부[3]의 작
은 시골 공동체에 대한 연구를 알고 있다. 하지만 이들 지역이나 다른 공
동체 연구에서도 학자들은 지역성의 경계를 그리는 문제에 집착했다. 한
편, 영국이나 미국의 아주 고립된 공동체가 국가적인 사회에 확고하게 편
입되어 있다는 게 이내 명확해졌다. 연구자들로 하여금 지역 전통의 풍부
한 특수성에 초점을 두게 했던 공간적 고립이라는 환상은—1950년대 미
국학에 관한 책 중 한 권의 제목[4]을 빌리자면—"작은 마을조차 대중 사회
에 속해 있다"는 입장의 수용에 굴복하게 된다. 이러한 연구나 미들타운
(Middletown)[5]과 양키 시티(Yankee City)[6] 같은 초창기 영향력 있는 연구의
의도는 로컬 공동체가 산업화와 도시화 그리고 관료화의 과정에 의해 변형
되고 있는 방식을 연구하는 것이었다. 이들 근대화 과정은 매우 광범위한
것으로 지각되었고 그 내용을 다룬 모리스 스타인(Maurice Stein)의 책 제목
을 사용하자면 "공동체의 쇠퇴"를 공언하는 것이었다.[7]
　영국에서도 많은 로컬리티 연구가 있었다. 그중 일부는 노동 계급 생활

의 특수성에 대한 풍부한 기술을 제공했다. 《석탄은 우리 삶이다(Coal Is Our Life)》, 《노동 계급 공동체(Working Class Community)》, 《계급, 문화 그리고 공동체(Class, Culture and Community)》 같은 연구에서[8] 우리는 직업적 동질성을 갖고 있는 독특한 노동 계급의 생활 방식, 즉 노동과 여가(음주, 도박, 스포츠)에서 남성적 집단의 결속과 충실한 '동료 문화(mateship)' 코드, 그로 인해 엄격하게 분리된 젠더 역할을 강력하게 의식한다. 여성은 대부분 별도의 가사 영역에 국한된다. 노동 계급 문화의 일상생활이 갖는 충만함을 포착하는 고전적 설명은 《교양의 효용(The Uses of Literacy)》에서 자신이 경험한 리즈(Leeds)에서의 어린 시절에 대해 묘사한 리처드 호가트(Richard Hoggart)의 설명에 잘 나타나 있다.[9] 호가트는 노동 계급 생활의 속담, 노래, 감상성, 푸짐한 도락(일요일 오후의 하이 티 문화, 토요일 밤 대중 주점에서 춤추고 노래하기, 저축한 모든 돈을 써버리는 해변 관광 야유회, 포복절도하는 서바이벌 유머와 저속함, 과장된 인물과 정서적 온정 그리고 단체 부조, 가족사와 로컬 제도에 관한 한담 및 지식) 등을 일일이 열거했다.[10] 이미 지적했다시피 여기엔 노동 계급 생활에 대한 이런 묘사를 결정적인 것으로, 즉 실제 노동 계급 공동체로 받아들일 위험이 있고, 시간과 공간 속에서 그들의 특별한 위치—1930년대 북부 지역 노동 계급의 생활—를 간과할 위험이 있다.[11] 그 시기에는 그레이시 필즈(Gracie Fields)와 조지 폼비(George Formby) 같은 노동 계급 출신 영화 스타도 활동하고 있었다. 두 사람은 노동 계급의 고유한 유머 감각을 보여주고 잘난 체하는 태도를 조롱하고 꺾어버리는 능력을 상징했다. 그들은 강력한 공동체 의식과 장소에 대한 애착을 갖고 있었다. 아울러 그들이 갖고 있던 지역 발음은 자신의 뿌리를 잃고 싶어 하지 않는 그들의 태도를 보여주었고, 자신을 진심으로 영원히 랭커셔 지역의 소년 소녀인 것처럼 보이게 해주는 외면적 '자연스러움'을 강조했다. 여기서 우리는 〈밝은 면을 보자(Looking on the Bright Side)〉, 〈가면서 노래 부르자(Sing as We go)〉, 〈계속 미소 짓기 (Keep Smiling)〉, 〈쇼는 계속된다(The Show Goes On)〉 같은 영화에서 그레이시 필즈의 모습을 떠올린다.[12] 마찬가지로 조지 폼비는 억누를 수 없는 활기와 '건방진 녀석', 즉 〈실업 수당을 못 받다(Off the Dole)〉, 〈건강을 유지하라(Keep Fit)〉, 〈무제한(No Limit)〉 같은 영화에서 바보 역할을 계속하면서도 상류 계급의 '속물들'을 속일 수 있는 로컬적 지식을 소유한 어린 남자의 모습을 유지했다.[13] 필즈와 폼비의 영화는 영국이 계급 분열적 사회임을 보여주었고, 그들은 BBC에 의해 정형화된 중산층과 상류층의 예절·체면·격식·자제를 조롱하는 능력으로 명성을 얻었다.

이런 영화는 사회를 밑에서부터 보여주려 하고 노동 계급의 로컬주의에 자긍심을 심어주고자 한 시도와 능력 때문에 중요했다. 이 영화들은 중산층이나 상류층이 제공하는 노동 계급의 삶에 관한 이야기와는 다른 이야기를 들려주었다. 왜냐하면 사회의 상류층에 속한 사람들에게 노동 계급은 이국적인 종족이나 별 차이가 없었기 때문이다. 예를 들면 프랜시스 도널드슨(Frances Donaldson)은 중상층 계급은 노동 계급을 유사(類似) 이국적인 존재로 간주했고, 이들이 노동 계급의 처지를 개선할 목적으로 노동자들 사이에서 활동할 때조차 "이들은 자신보다 훨씬 더 원시적인 부족을 방문하는 인류학자 …… 혹은 전도사처럼 행동했다"[14]고 말한다. 조지 오웰 (George Orwell)의 유명한 《위건 부두로 가는 길(The Road to Wigan Pier)》도 이런 스타일로 쓰였다. 그는 상류층 출신이고 사립학교 이튼(Eton)에서 교육을 받았는데, 이 때문에 사회적 차별에 대해 예민한 감각을 갖게 되었다.[15] 노동 계급 생활의 여러 모습에 대해 오웰이 종종 느낀 불편함을 압축적으로 보여주는, 즉 마음속에서 떨쳐버리기 힘든 기억할 만한 장면은 그가 매일 아침 빵 한 조각과 수프를 받았을 때 느낀 불안감에서 엿볼 수 있다. 접시에 빵이 올라올 때마다 거기엔 항상 검은 지문이 묻어 있었는데, 그것은 자신과 함께 묵고 있는 석탄 광부가 오줌통을 비운 뒤 빵을 자르면서 남긴 자국이었다. 여기서 우리는 노르베르트 엘리아스(Norbert Elias)가 "혐오 기능(disgust function)"이라고 언급한 것의 한 사례, 즉 더욱 세련된 취향과 신체적 통제력을 갖고 있는 사람이 평범한 사람들의 생활 습관과 마주쳤을 때 느끼는 반감을 목도한다.[16] '가장 어두운 영국'의 다양한 사실이 드러나는 이런 유형의 글쓰기에서 우리는 종종 정서적 동일시, 로컬 공동체의 직접성, 따뜻함, 자연성에 침잠하고자 하는 욕망에서 혐오와 반감으로 전환하게 된다.

이런 맥락에서 노동 계급의 생활에 관한 이야기를 듣고자 하는 독자들이 19세기 엥겔스와 찰스 부스(Charles Booth)에게까지 거슬러 올라가는 긴 역사를 알고 있다는 걸 상기할 만하다. 잭 런던(Jack London)의 책 제목을 언급하자면, 이는 "나락에 빠진 사람들(the people of abyss)"에 관해 "우리 같은 사람"이 쓴 폭로 양식의 수많은 극적 이야기 속에 여전히 잘 나타난다. 영국 노동 계급의 이질적 심층 속으로 파고드는 인류학자라는 의미는 1950년대 리처드 호가트의 《교양의 효용》 홍보 문구 속에서도 여전히 찾아볼 수 있다. 첫 펭귄 판의 표지 안쪽 커버에는 이 책이 "다른 절반의 사람들이 어떻게 살고 있는지"에 관해 "우리의 무지를 치유"하고자 한다는 글이 있다.[17]

호가트의 책이 주목할 만한 것은 근대화와 직면하게 된 전통적인 노동 계급의 생활에 대한 공감적 기술 때문이다. 여기서 노동 계급 대중이 창조하고 재생산한 문화는 대중 미디어와 상업화로부터 위협받고 있는 것으로 간주된다. 그런 부정적 영향 대부분은 미국에서 유래한 것이고, 사실 호가트는 TV, 밀크 바, 주크박스 소년(jukebox boys), 그리고 대중문화의 "솜사

탕같이 달콤한 세계"의 여러 요소를 누릴 시간이 거의 없었다. 풍요 사회, 소비주의, 대중문화와 마주칠 때 노동 계급 문화 내부의 긴장은 1950년대 말과 1960년대에 나온 일련의 소설 속에 잘 포착되어 있다. 그중 상당수는 영화로 만들어지기도 했다. 우리는 여기서 앨런 실리토(Alan Sillitoe)의 《토요일 밤과 일요일 아침(Saturday Night and Sunday Morning)》(1958), 스탠 베어스토(Stan Bairstow)의 《어떤 사랑하기(A Kind of Loving)》(1960), 데이비드 스토리(David Story)의 《이 모험적인 삶(This Sporting Life)》(1960)과 켄 로치(Ken Loach)의 영화, 이를테면 〈업 더 정션(Up the Junction)〉(1965), 〈불쌍한 암소(Poor Crow)〉(1967), 〈케스(Kes)〉(1967)를 생각해볼 수 있다. 이런 소설과 영화는 근대화 과정을 간헐적으로 비춰주면서 닫힌 노동 계급 공동체 내의 삶의 세속성과 풍부함을 탐구했다.[18] 여기서 영화로 제작되어 대단한 호평을 받았던 〈토요일 밤과 일요일 아침〉의 중심인물 아더 시튼(Arthur Seaton)을 생각해보자. 배우 앨버트 피니(Albert Finney)가 시튼 역을 맡았는데, 마지막에는 결혼에 굴복하긴 하지만 영화 후반부에서 자신의 미래가 될 새로 지은 현대식 교외 주택을 향해 반항적으로 돌을 던진다.

버니스 마틴(Bernice Martin)이 우리에게 들려주듯 노동 계급 생활에 관한 많은 얘기는 그 정서적 표현의 직접성과 소박함에 초점을 둔다.[19] 중산층 관찰자의 시선을 자주 끌었던 것은 '즉각적 만족', 의례적 욕설, 공격성, 성욕, 음주, 폭력 같은 것이었다. 하지만 이런 특징은 실제적으로 노동 계급 생활의 극단적 활동, 요컨대 그들 생활의 일부에 불과하다. 그렇지만 그 일부를 너무나 자주 전체와 혼동한다. 형제애와 "커뮤니타스(communitas)"•의

• 영국의 사회인류학자 빅터 터너(Victor Turner)는 사회관계를 두 가지 양식으로 보았다. 하나는 정치적·법적·경제적 지위로 구조화 및 분화된 계급적 체계로서 양식이고, 다른 하나는 평등한 개인들로 구성된 미조직적이고 미분화된 집단으로서 양식이다. 그는 후자를

순간은 "틀에 잡힌 경계성(framed liminality)"의 한정적 순간, 즉 노동 계급 생활에 대한 예찬과 터부 위반은 세심한 예산 짜기, 시간 관리, 판에 박힌 일상생활의 평판과 체면에 대한 섬세한 관심 같은 일상적 모습과는 정반대 차원에서 구상되는, "반구조(anti-structure)"의 순간이다.[20] 풍부한 이미지의 레퍼토리를 제공해준 것은 이러한 극단적 순간에 대한 재현이다. 가령, 리들리 스콧이 감독한 〈호비스 브레드(Hovis Bread)〉라는 상업 영화를 생각해보자. 이 영화는 브라스 밴드가 연주하는 드보르작의 '신세계 교향곡(New World Symphony)'의 애잔한 후렴에 맞춰 19세기 영국 북부의 노동자 계급에 대한 향수 어린 이미지로 채워져 있다. 혹은 옛 영국 총리 해럴드 맥밀런(Harold Macmillan)이 스톡턴온티스(Stockton-on-Tees)에 있는 북부 노동 계급 선거구민을 회상하는 모습을 떠올려보라. 그는 TV 대담에서 감정에 북받친 목소리와 눈가에 맺힌 눈물을 보이면서 "정말 훌륭한 사람들이었습니다. 아마 세계에서 가장 멋진 사람들이었을 겁니다"라고 말했다. 이런 모습은 우리로 하여금 그가 스톡턴 노동 계급이 진정한 유기적 공동체였음을 확신한다는 걸 거의 믿게끔 한다.

노동 계급 공동체에 대한 이러한 많은 이미지는 오래전에 포기하고 만, 어린 시절의 신화적 안정감을 암시하는 소속감과 따뜻함과 친교의 신화를 조장하는 데 기여한다. 자신이 뒤에 두고 떠나온 어린 시절의 통합된 유기적 공동체라는 이미지만큼 강력한 것도 없다.[21] 제프리 피어슨(Geoffrey Pearson)은 잇따르는 세대가 항상 "좋았던 옛 시절"의 신화, 즉 자신의 과거 어린 시절이나 부모 시대의 덜 폭력적이고 더욱 조화롭고 법 없이 살던 삶에 의지하던 방식을 탁월하게 설명해왔다.[22] 역사 속으로 깊이 들어가면

커뮤니타스라고 불렸다.

갈수록 이런 황금시대가 1950년대, 1930년대, 1900년대, 1870년대 등으로 계속 자리바꿈하는 것을 볼 수 있다. 그 세대들은 과거가 더 단순하고 정서적으로 더 충만했으며 관계도 더 직접적이고 통합적이었던, 즉 조화와 질서의 이미지를 띠는 향수의 형태에 집착한다. 여기서 가정하고 있는 것은 한 사람의 정체성과 그에게 의미 있는 타자들(significant others)의 정체성이 특정한 장소, 즉 상징적 연상을 정서적으로 대거 투입하고 침전시킴으로써 장소가 되는 그런 물리적 공간에 뿌리내리고 있다는 것이다. 브라이언 터너(Bryan Turner)가 말하듯 향수 혹은 고향에 대한 감성의 상실은 근대 세계에서 매우 강력한 감정이다.[23] 근대성에 대해 양면적이고, 과거의 한층 통합된 문화에 있다고 여겨지는 거대한 유기성과 단순성 같은 강력한 이미지를 갖고 있는 집단일수록 특히 더 그렇다.

우리가 하나의 지역에 대해 말할 때, 이를 통합된 공동체로 가정하지 않도록 주의해야 한다. 지역들이 과거 어느 정도 통합적이었는지 증명하려는 것은 문제가 있다. 우리는 이런 발언을 하는 사람들이 처한 시공간과 사회공간 내의 위치를 알아야 하고, 그들이 과거 향수적이고 지나치게 통일된 그림을 그리고 있는 것은 아닌지 생각해봐야 한다. 또한 우리는 지역들이 공동체와 로컬 문화의 쇠퇴를 수반하는 일방향적 근대화 과정을 이용함으로써 변할 수 있다는 견해를 갖고 작업하지 않도록 주의할 필요가 있다.

보통 지역에 관해 사고할 때 우리는 모든 사람이 서로서로 잘 알 수 있는 비교적 작은 장소, 즉 면대면의 관계에 근거한 사회생활을 생각한다. 강렬한 일상적 접촉이 공통 지식을 창출하게끔 해주고, 이것이 오해의 소지를 훨씬 더 줄여줄 수 있다고 생각하는 것이다. 여기서 공동 문화를 유지해준다고 주장하는 근거는 중요한 타 집단과의 접촉이 얼마나 규칙적이고 빈번한가에 달렸다. 일상적 실천에 근거한 이런 통합된 "핵심 가치"나 공통적 가정이 로컬적 차원과 국가적 차원에서 과장될 수도 있겠지만 반드시 언급해야 할 문화적 통합의 또 다른 차원이 존재한다.[24] 강력하고 정서적으로 유지되는 의례와 의식 및 집단 기억의 생성이 그것이다. 《종교 생활의 원초적 형식(Elementary Forms of the Religious Life)》에서 뒤르켐은 신성한 것의 의미가 정서적으로 결속된 "집단적 흥분"의 시기에 생성되었던 방식을 특별히 강조했다. 시간이 지나면 사람들을 결합해주었던 흥분과 몰입의 강렬한 의식은 감소하는 경향이 있지만 기념적인 의례와 의식의 사용은 공동체 의식을 축적하고 재충전하는 에너지원으로 계속 작용하는 것으로 이해할 수 있다. 집단적 정체성에 대한 가족적·지역적·국민적 의식을 강화하는 정기적·규칙적 의례를 벗어나 집단적 기억에 의지하는 것 또한 가능하다. 모리스 알박(Maurice Halbwachs)이 상기시키듯 집단 기억은 원초적 경험을 공유하는 사람들과의 접촉을 통해 주기적으로 강화되는 과거의 집단적 맥락을 가리킨다.[25]

공동체로서 국민(민족)

하지만 로컬 공동체로 간주할 만한 집단이나 장소의 규모에 제한이 있는가? 하나의 국민도 로컬 공동체로 간주할 수 있는가? 만일 우리가 국민이라는 용어의 기원을 검토한다면, 그것은 근대적 국민국가뿐만 아니라 '나티오(natio)', 즉 지역 공동체 혹은 소속감이라는 가족적 조건의 의미에도 의지한다.[26] 국민이 전형적으로 로컬 공동체에 속하는 결합 형태를 구현할 수 있다는 주장을 수용하는 데는 분명히 거부감이 있고, 특히 국제적 공감을 지향하는 마르크스주의자들이 그러하다. 레이먼드 윌리엄스는 다음과 같이 말한다.

> 하나의 용어로서 '국민'은 근본적으로 '토착민(native)'과 연결되어 있다. 우리는 전형적으로 장소에 터를 잡고 있는 관계 속에서 **태어난다**. 이와 같은 일차적이고 '장소화할 수 있는(placeable)' 결속의 형태는 근본적으로 인간적이고 자연적인 중요성을 갖는다. 하지만 이런 형태로부터 근대적 국민국가와 같은 것으로 바로 도약하는 건 전적으로 인위적이다.[27]

이는 베네딕트 앤더슨(Benedict Anderson)의 입장과는 대조적이다. 그는 "면대면 접촉으로 이루어진 원초적 마을보다 더 큰 모든 공동체(그리고 어쩌면 이들 원초적 공동체조차)는 상상된 것이다. 공동체는 허위성/진정성에 의해 구별되는 것이 아니라 이것들을 상상하는 양식에 의해 구분될 수 있다"[28]고 주장한다. 이런 의미에서 하나의 국민은 특별한 상징적 장소를 공유하는 것으로 여겨지는 사람들에게 준종교적 수준의 소속감과 동료 의식을 제공하기 때문에 상상의 공동체로 간주할 수 있다. 이 장소는 상징적 감정이 침전되어 있는, 지리적으로 경계가 존재하는 공간일 수 있다는 점에서 상징적이다. 경관, 건물, 사람의 형태에는 공동체 의식을 불러일으킬 수 있는 충분한 정서적 힘을 갖는 집단적 기억이 투사되어 있다. 특정한 장소는 국가적 기념비 같은 상징적 지위로 격상될 수도 있고, 민중이 생활하는 다양한 로컬적 연계성보다 우세하거나 이것을 구현하는 상징적 결속의 형태를 재현하는 데 사용할 수도 있다. 정말로 이것이 국민국가가 '에스니(ethnie)' 혹은 민족적 핵심을 육성하고 정교하게 하는 작업을 적극적으로 조장하는 국민 형성 과정의 본질적 부분이라고 주장할 수 있다.[29] 이런 의미에서 국민 공동체의 창조는 발명 가능하다. 하지만 이것은 무로부터 발명하는 것이 아니다. 앤서니 스미스(Anthony Smith)는 원초적 성질을 띠고 조직화되어 있는 신화, 영웅, 사건, 풍경, 기억에 대한 공동 저장소의 필요성을 강조한다. 18세기 유럽 국민주의의 탄생과 더불어 문화 전문가들〔혹은 원초적 지식인(proto-intellectuals)〕이 급속하게 사라지는 것으로 여겨지는 토속적 관습과 습속, 전설과 신화, 민중 문화를 발견 및 기록하려는 의도적 시도가 있었다.[30] 실제로 팽창하던 토착 지식인 계층은 과거에 방향 감각을 불어넣고 국민적 정체성을 구성하는 데 사용할 수 있는 민중의 문화적 자원을 하나의 일관된 형태로 결합 및 구성하려 시도했다. 이러한 점은 겔너(E. Gellner)와 앤더슨을 비롯한 다른 이론가들이 국민주의(민족주의)의 구성에서 결정적 요소로 간주한 것, 즉 시간과 공간을 뛰어넘어 사람들을 상호 연결시킬 수 있는 인쇄 문화의 이용 가능성과 관련지을 수 있다.[31] 따라서 국민의 가능성은 영토 도처에 존재하는 이런 자원을 이용하고 스스로를 공동체로 상상할 수 있는 글 읽는 독서 대중과 함께 책, 소설, 신문의 발전에 의존했다. 오늘날 영화 산업의 발전은 이런 과정을 훨씬 더 촉진한다고 주장할 수 있다. 왜냐하면 영화는 책을 통해 지식을 습득하는 데 필요한 긴 학습 과정과 여타 다른 제도적 뒷받침으로부터 상대적으로 벗어나 있는 순간성과 직접성을 제공하기 때문이다.[32]

그러므로 국민은 사람들의 기원과 차이와 변별성이라는 결정적 문제를 다루는 다소 일관적인 이미지와 기억을 통해 재현된다. 이런 의미에서 국민은 세속화 과정을 겪고 있는 세계에서 일부 변신론(變神論)의 문제에 대답해줄 수 있기 때문에 준종교적 토대를 지닌다. 사람들이 국민을 위해 기꺼이 감수하는 희생과 고통은 부분적이지만 국민을 유지시키는 담론과 이미지 그리고 실천의 능력과 관련해 이해해야 한다. 이것들은 개인을 신성한 전체성 속으로 수렴함으로써 죽음을 초월하거나 뜻있게 만드는 거대한 의미와 의의를 제공한다. 하지만 하나의 국민 문화가 독특한 특수성으로 구성된다는 사실은 유럽 국민국가의 부상과 그 국가들 간의 권력 투쟁과 제거 경쟁을 보여준다. 이 과정에서 국민의 차별성이라는 관념과 이것이 갖는 인접 국민과의 차이를 통해 민중을 동원하는 것이 의미를 지니게 된다. 이런 의미에서 국민국가에 속한 중요한 타자들의 형상이 가하는 외부적 압력과 점차 강화되는 권력 투쟁은 국민의 정체성을 더욱 중요한 것으로 만들 수 있다. 갈등이 '내부 집단'과 '외부 집단' 간 경계 의식을 고조시킨다는 주장이 있다. 한 집단의 내재적 구조를 통일시키는 데 외부의 갈등이 갖는 힘에 관해 긴 글을 써온 게오르크 지멜(Georg Simmel)은 제1차 세계대전에 대한 독일의 반응이 국민을 통합하는 사회적 황홀감과 사회적 결속의 강화라는 강력한 흐름을 낳았다고 지적한 바 있다.[33] 지멜과 뒤르켐 모두 세계대전이 불러일으킨 강렬한 열광과 감정에 놀랐고, 마르셀 모스(Marcel Mauss)가 나중에 지적했듯―만약 지멜이 살아 있었다면―1930년대의 뉘른베르크 집회에서 일어났던 신성한 것의 눈부신 실현과 강화를 보고는 경악을 금치 못했을 게 틀림없다.[34]

　지멜의 글은 우리에게 사회생활의 다차원적이고 관계적인 성격에 대한 이해를 제공해주기 때문에 매우 중요하다. 로컬 문화는 당연시하는 지식과 믿음 속에 침전되어 있는 실천적이고 일상적인 생활 문화를 강화하는 공동 활동과 친족 관계일 수 있다. 하지만 지역이 그 이웃과의 권력 투쟁이나 제거 경쟁에 얽힐 때, 이런 믿음과 로컬 장소의 특수성에 대한 의식 간 접합은 더욱 첨예해지고 더욱 명확해지는 경향을 갖게 될 것이다. 이런 상황에서 우리는 자기 정체성의 특수성을 강조하는 로컬 문화의 형성을 볼 수 있다. 이 경우 지역은 외부자에 대한 지나치게 단순하고 단일한 이미지를 제시한다. 앤서니 코헨(Anthony Cohen)의 은유를 사용하면, 이런 이미지는 로컬 공동체의 얼굴 혹은 가면에 견줄 수 있다.[35] 이는 지역 내부에서 사회적 분화가 제거되고, 그러한 관계가 반드시 더욱 평등적이고 단순하며 동질적이라는 것을 의미하지 않는다. 오히려 그 내부의 차이와 담론은 당연히 훨씬 더 복잡할 것이다. 여기서 쟁점은 그 초점의 방향이다. 내부적으로 우리는 공동체를 온갖 종류의 독립, 경쟁, 권력 투쟁, 갈등을 통합하는 것으로 생각할 수 있다. 공동체에 관한 많은 연구는 이런 갈등을 입증한다. 여기서 기득권자와 이방인 간 투쟁에 대한 엘리아스와 스콧슨(J. Scotson)의 설명을 생각해볼 수 있다.[36] 하지만 특정한 상황 아래서 이러한 투쟁은 잊힐 수도 있다. 예를 들면, 지역이 다른 지역과 충돌하거나 지역이 지역 간 분쟁에 휩쓸릴 때처럼 말이다. 이런 상황에서 사람들의 특수성은 더 거대한 집단성으로 수렴되거나 그럴듯한 공적인 외양을 제공해줄 수 있는 적당한 문화 활동 속으로 통합된다. 이런 통합 과정은 공동체적 상징과 감정과 집단적 기억의 다양한 레퍼토리를 동원한다. 로컬 사람들로 하여금 자기 자신과 다른 사람 간의 상징적 경계에 대해 좀더 첨예하게 의식하도록 만드는 것은 상호 의존과 권력 균형의 변화다. 이러한 의식은 공동체가 자신과 대립하는 집단과의 차이를 단일한 이미지로 사고하고 표현해놓은 상징적 레퍼토리의 동원과 재구성에 의해 뒷받침된다.[37] 앞으로 살펴보겠지만, 오늘날의 전 지구적 상황에서 적절한 것은 사고의 틀을 바꾸고 다양한 초점 사이를 이동해가는 능력, 즉 상이한 상황 속에서 다양한 정체성이 형성 및 재형성되는 데 바탕을 이루는 풍부한 상징적 자원을 다루는 능력이다. 여기서 우리는 오늘날의 세계에서 문화적 궁핍, 즉 문화적 자원의 감소가 일어날 것이라고 생각하지 않는다. 오히려 지배 문화의 중심부에 있는 사람들이 무시하기 곤란한 방식으로 자신의 특수한 목적을 위해 연대와 소속의 새로운 상징 양식을 창조하고, 기존 기호의 의미를 재활용 및 재형성하며,

기존의 상징적 위계질서를 약화시킬 수 있는 문화적 레퍼토리의 확장과 다양한 집단의 풍부한 문화 자원에 대한 고양된 인식이 생겨나고 있다. 이런 변화는 로컬적인 것에 공감하는 다양한 문화 전문가와 중개인(intermediary)의 도움으로 촉진되고 있다.

국민 속에 구현된 감정의 힘, 그리고 시간이 지날수록 이 힘이 갖는 탄력성은 일부 이론가들이 과소평가해왔는데, 그들은 국민국가 속에서 국민의 역할을 놓치고, 민족 감정이 국민국가의 통합을 촉진하기 위해 고안된 근대화 과정의 부산물이기 때문에 나중에는 근대화 과정에 의해 불필요해지거나 쇠퇴한다고 생각한다.[38] 이 외에도 국민과 국민주의의 형성이 가령 민족적 본질을 중심으로 한 문화적 기억, 상징, 신화, 감정과 같이 아직 근대화하지 않은 문화적 자원에 의지하는 방식을 과소평가하려는 경향이 종종 있다.[39] 이는 전통과 근대성 간 진부한 사회학적 대립이 유용하지 않을 수 있다는 것을 보여준다. 이러한 점은 기존 근대화의 발전 논리에 맞지 않다고 여겨지는 일본 같은 국민국가의 경우에 주목할 만하다.[40] 사실상 일본은 제한적이고 특수주의적인 근대성 기획을 강요하면서 보편주의적 도전에 맞서 스스로를 보호할 수 있었다.[41] 이러한 사실은 국민국가의 발전과 그것이 다른 국민국가와 맺는 관계에서 문화적 요인의 지속적 중요성을 보여준다.

앞서 언급했듯 국민국가, 특히 치열한 경쟁과 갈등에 얽힌 국가들 사이에서 일어나는 쌍방 간 상호 작용은 타자에게 보이는 이미지 혹은 국민적 얼굴뿐 아니라 국민의 자기 이미지를 단일화하는 효과를 가질 수 있다. 국민국가가 지역적 형상(의미 있는 타자들의 준거 집단)과 밀접한 관계를 맺으면서 접촉의 규칙성과 강렬함이 증가하는 것은 일관적이면서도 차별적인 정체성을 형성하라는 압박을 강화할 수 있다. 이러한 과정이 국민적 얼굴을 외부로 보여주는 것 외에도 내부적 차원을 가지고 있으며 그 민족적 본질을 동원하기 위해 특정 집단이 소유하고 있는 자원의 힘에 의존한다는 것을 강조할 필요가 있다. 이들은 자신의 고유한 이익과 열망에 부합하도록 민족적 본질의 다양한 양상을 동원하고자 노력할 것이다. 사실상, 국민적 정체성의 문화 형성 과정은 항상 부분이 전체로 재현되는 과정을 수반한다. 즉 국민의 특수한 재현은 만장일치와 합의에 근거하는 것처럼 제시된다.

여기서 1982년 포클랜드 전쟁의 승리 소식을 접한 뒤 다우닝가에서 마거릿 대처(Margaret Thatcher)가 "우리는 오늘 밤 하나의 국민이 되었다"고 한 발언을 생각해보자. 그 발언은 국민적 정체성의 특수한 정식화가 갖는 취약성을 보여주기도 한다. 그 정식화가 정당성을 갖기 위해선 제한적이고 인지할 수 있는 민족적 본질의 저장소에 의지해야 하는 반면, 그것은 또한 대안적 정식화를 펼치거나 제시하려는 지속적 투쟁 과정에 연루된다. 따라서 국민 속에 구현된 정서적 감정의 취약성과 휘발성, 그리고 재현의 정당성에 관한 투쟁은 우리가 절차적 관점에서 국민 문화를 고려해야 한다는 것을 보여준다. 국민적 정체성의 형성과 변형의 과정을 고려할 때, 우리는 영국과 프랑스 같은 유럽 민족처럼 국민 형성의 장기적 과정을 겪었던 곳에서 공통적인 민족적 핵심을 구별하기 더 쉽다는 것을 명확히 해야 한다. 최근에 형성된 신생 국가의 경우, 특히 다문화적 정체성을 구축하고자 노력하는 국가를 고려할 때, 우리는 그 개별 사례를 국민 형성의 모델로 삼는 데 주의해야 한다. 오스트레일리아의 사례가 이런 맥락에서 흥미롭다. 현재 단일한 국민적 정체성을 생성하려는 시도, 즉 에어즈 록(Ayers Rock)•

• 오스트레일리아의 아리스스프링즈 남서쪽 440킬로미터 지점에 있는 바위산으로 원주민의 성지였다.

이나 본다이비치(Bondi Beach)* 같은 특정 장소나 〈갈리폴리(Gallipoli)〉** 같은 특정한 역사적 사건에 대한 재현을 가공함으로써 "오스트레일리아를 발명하려는" 시도에 관한 다양한 연구가 있다.[42]

텔레비전과 영화를 통해 구성된 이미지가 한 국가의 형성 과정에서, 특히 공적인 것과 사적인 것을 잇는 능력에서 필수적인 부분이라고 주장할 수 있다. 하나의 국가가 사람들이 직접 경험하기엔 너무 큰 추상적 집합체라는 것은 명백하다. 따라서 국민을 결속하는 것은 신성한 의미를 제공하는 국경일, 왕족 결혼식 등과 같은 시민적 의례만은 아니다. 점점 더 결정적인 것은 이들 행사에 대한 재현이다.[43] 대부분 거실에 있는 텔레비전을 시청함으로써 사건에 대한 지식을 얻는 사람들에게 텔레비전이 이런 사건을 재현할 뿐만 아니라 구성한다는 것은 분명하다. 하지만 다얀(D. Dayan)과 카츠(E. Katz)가 주장하듯 이는 사건에 참여하는 수동적 청중의 문제가 아니다. 개인이나 가족이 의례를 관찰하고, 의복을 갖춰 입고, 수많은 사람이 똑같은 행동을 하고 있다는 앎(지식)에 '동참'함으로써 집에서 의례적 공간을 재구성하는 것이 가능하다.[44] 때때로 '원자화한(atomized)' 청중이 텔레비전 미디어 사건을 통해 통합될 수 있는 것이다.

하지만 국민을 상상하는 과정을 순전히 내재적 요인의 산물로만 간주하는 것은 충분하지 않다. 영국 영화 산업은 제2차 세계대전에서 공동의 적에 대한 재현을 생산함으로써 국민적 정체성을 동원하는 데 중요한 역할을 담당했다.[45] 따라서 우리는 문화를 고립적으로 생각해서는 안 되고 그 문화를 의미 있는 타자들과의 관계적 틀 속에서 보려고 노력해야 한다.[46]

---

* 오스트레일리아 뉴사우스웨일스주 시드니에 있는 아름다운 해변.
** 제1차 세계대전 당시 오스트레일리아와 뉴질랜드 병사 수천 명의 목숨을 앗아간 비극적이고 악명 높은 갈리폴리 전투를 재현한 영화(감독 피터 위어(Peter Weir)).

하나의 독특하고 단일한 국민 문화 이미지를 펼치는 데 결정적 요인은 국민의 고립이 아니다. 오히려 그것은 국민국가가 그 의미 있는 타자들과 연루된 불가피한 접촉, 상호 의존, 권력 투쟁에 대한 반응으로서 국민적 정체성의 특정한 재현을 동원해야 할 필요성이라고 주장할 수 있다. 이는 우리가 국민국가 사이의 쌍방 관계에만 초점을 두어서는 안 된다는 것을 의미한다. 왜냐하면 국민국가들은 단순히 상호 작용만 하는 것이 아니라 그 상호 작용이 점차 전 지구적 맥락 속에서 벌어지며 **하나의 세계**를 형성하기 때문이다. 이런 전 지구적 맥락은 간단히 개별 국민국가의 이해와 통제로 환원할 수 없는 통합 과정과 양식에 기반을 둔, 자체의 형식적이고 당연시되는 절차의 발전을 보여준다.[47] 외교적 관례와 절차, 즉 국제적 갈등을 해결하기 위한 기본 규칙의 네트워크를 형성하는 국제법의 독립적 발전이 그러한 사례 중 하나다.[48] 또 다른 예로는 문화 상품과 정보의 흐름을 지배적 중심부의 경제에서 주변부로 나아가게 함으로써 국민 문화의 통합성을 약화시키기 위해 독자적으로 활동하는 다국적 기업의 독립적 권력을 들 수 있을 것이다. 즉 문화제국주의라는 테제가 이런 유형의 주장에 대한 강력한 사례일 것이다. 그와 동시에 이런 과정에 대한 지각과 범위는 국민적 전통의 통합성을 보존할 필요성에 대한 국민국가의 민감한 반응을 고조시키고, 반(反) 혹은 탈(脫) 지구화의 근본주의적 반발을 촉진하는 데 이용될 수 있다.

전 지구화 과정의 한 가지 효과―점차 증가하는 접촉과 세계의 유한성에 대한 의식, 즉 세계가 하나의 장소라는 의식―는 다양한 민족적·문명적 전통의 시각을 통해 표현된 세계의 의미를 둘러싼 다양한 해석의 충돌이다. 전 지구적 무대에서 일어나는 대화의 긴밀성과 다중적 방향성은 국민국가들이 다른 목소리를 침묵시키거나 전 지구화로부터의 탈퇴를 점차 불가능하게 하는 입장을 받아들이도록 요구한다. 따라서 우리는—서구적 근대성으로부터 생성된 관념으로 환원할 수 없는 것으로 파악되는—전 지구화의 과정에 대한 다양한 국민적 반응을 경험한다. 오늘날의 전 지구적 상황을 지도로 그릴 때 수반되는 문제점 중 하나는 이른바 근대성의 지배적 과정을 다양한 방식으로 변형하고 재형성하고 융합하고 종합하고 변혁하는 국민 문화의 다양한 반응이다.

근대성 이론과 관련해 근대화가 필연적으로 국민적 전통과 문화적 정체성의 쇠퇴를 동반한다는 가정을 종종 본다. 하지만 한 사회의 문화적 전통과 의미의 저장소를 사실상 "텅 비게 만드는" 도구적 합리화의 냉혹한 과정을 강조하는 근대성 이론은 잘못된 것이라고 주장할 수 있다. "쇠로 만든 새장(iron cage)"의 강제, 새로운 관료주의적 농노제, 삶의 "이집트화(Egyptification)"에 관한 막스 베버(Max Weber)의 개념, 그리고 세계의 점진적 상품화와 합리화 및 탈마법화(disenchantment)에 관한 위르겐 하버마스(Jürgen Habermas) 같은 비판 이론가들의 관련 주장은 입증하기 힘들 것 같다.[49]

예를 들어, 크노르 세티나(Knorr Cetina)의 주장에 따르면, 만일 우리가 일상적 실천을 가까이에서 살펴볼 경우, 그 실천은 "의미"와 "전통"의, "신체"와 "친밀감"의, "로컬적 지식"의, 그리고 종종 "추상적 체계"에서 비롯되었다고 여겨지는 그 밖의 모든 것의 존재를 증명한다.[50] 사실상 참가자들의 일상적 실천은 비록 이들이 고도로 기술화된 조직 내에서 활동한다고 하더라도, 허구와 함께 그리고 허구를 통해 작용한다. 따라서 만일 우리가 이러한 실천을 로컬적 환경 속에서 관찰한다면, 우리는 사람들이 공유적이고 애지중지하며 사용하는 분류법이 신성한 것의 한 형식임을 알게 된다. 근대성은 마술과 마법의 상실이나 로컬적 제도 속에서 상징적 분류법의 허구적 사용의 감소를 뜻하지는 않는다.

　이런 근대성 개념은 포스트모더니즘과 포스트모더니티의 경향을 나타내고 있으며, 후자의 용어는 현재 근대를 대체하는 새로운 시대라기보다는 근대성 기획에 관한 주장이 갖는 한계에 대한 점차적 각성으로 이해할 수 있다. 물론 포스트모더니즘과 포스트모더니티를 정의하고자 할 때와 관련해서는 많은 문제가 있다.[51] 간단히 말해, 포스트모더니즘은 문화적 복합성을 다루는 문제, 즉 기존의 질서 정연한 범주의 관점에서 볼 때 현존 분류 체계에 적절히 통합될 수 없거나 무시할 수 없는 혼란처럼 보이는 것을 다루어야 하는 문제를 가리킨다. 여기서 많은 특징을 구별해보는 것이 가능하다. 첫째, 포스트모더니즘은 서구적 근대성의 핵심이었던 진보와 계몽의 지배 서사에 대한 확신의 상실을 수반한다. 이런 기획의 보편성에 대한 확신은 우연성, 비일관성, 양가성에 대한 강조로 대체되고 있다. 다중적 코드화, 혼종화, 문화적 혼합에 대한 각성이 더욱더 커지고 있는 것이다. 둘째, 과거에 독점화되었거나 기성 집단이 통제했던 지식과 문화적 생산과 전파의 형식이 민주화 및 대중화되었다. 물론 이것은 부분적 변화에 불과하지만 기존 분류 체계로부터 배제되었거나 그 내부에서 부차적인 역할만 부여받았던 것에 민감한 관심을 보일 정도로 충분히 두드러진 변화였다. 그러므로 우리는 로컬 지식이나, 가령 페미니즘과 포스트식민주의에서와 같이 이방인의 시각이 갖는 정당한 특수성을 제대로 평가하게 된다. 따라서 단일한 일방향적 역사와 달리 복수성이, 그리고 경쟁적이고 화해 불가능한 **역사**가 강조된다. 바티모(G. Vattimo)가 "역사의 종언", 즉 서양에서 유래하는—모든 다른 문명과 문화적 전통, 국민국가가 필연적으로 흘러갈—단일하고 통일된 역사의 흐름이라는 뜻의 종언에 관해 말한 것은 바로 이런 의미에서다.[52]

전 지구화와 문화적 정체성

전 지구화가 점차적으로 세계가 "하나의 장소"로 보이는 과정 그리고 우리가 이러한 과정에 대해 의식하는 방식을 가리키는 것이라면, 포스트모던이라는 표제 아래 주제화되는 문화적 변화는 로컬적인 것에 대한 사고와는 정반대 방향을 지시하는 것 같다.[53] 하지만 이는 전 지구화 과정이 갖는 성격을 오해하는 것이다. 이를 단일한 세계 사회 혹은 문화─국민국가의 사회 구조와 그 국민 문화가 확대된 것과 유사한 것─가 존재하거나 존재하게 되리라는 걸 의미하는 것으로 받아들여서는 안 된다. 그런 결과는 한 특정 국민국가가 역사의 다양한 시점에 품은 야망이었을 것이고, 미래에 이런 세계 국가의 형성 가능성도 배제할 수는 없다. 현 단계에서 전 지구화 과정의 두 가지 양상을 언급함으로써 전 지구적 문화의 발전을 덜 총체적인 의미에서 말할 수 있을 것이다. 첫째, 우리는 전 지구적 문화의 존재를 '제3의 문화'라는 제한적 의미에서, 요컨대 국민국가로부터 점차 독립적인 방식으로 발전해가는 일련의 실천, 즉 지식과 관례와 생활 양식의 체제를 강조할 수 있다. 사실 국민국가의 대행자 또는 대표자로 이해할 수 없는 초사회적 제도와 문화 그리고 문화적 생산자가 다수 존재한다. 둘째, 우리는 문화 형식에 대한 지멜적 의미에서, 요컨대 전 지구적 세계라는 인식 가능한 한정된 경계 공간, 즉 모든 국민국가와 집합체가 필연적으로 끌려 들어가게 될 장(field)이라는 의미에서 전 지구적 문화에 관해 말할 수 있다. 여기서 글로브(globe), 즉 지구라는 행성은 우리의 만남과 실천이 근거할 수밖에 없는 한계이자 동시에 공통적 경계 공간으로 기능한다. 이 두 번째 의미에서 국민국가와 다른 기관 간 접촉 및 커뮤니케이션이 더욱더 강력해진 결과는 문화 간 충돌을 낳을 테고, 이는 자아와 타자 간 경계를 긋고자 하는 과장된 시도로 이어질 수 있다. 이런 시각으로부터 현 단계의 강화된 전 지구화의 결과로서 일어나고 있는 변화는 특수성과 로컬주의 그리고 차이를 재발견하고자 하는 반작용으로 이해할 수 있다. 이 모든 것은 서구적 근대성과 연관된 문화적으로 통일적이고 일관적이며 통합적인 기획의 한계를 의식하게 만든다. 어떤 의미에서 전 지구화가 포스트모더니즘을 낳았다고 할 수 있다.

만일 우리가 전 지구화 과정의 첫 번째 양상을 검토한다면, 법과 같은 영역에서 상호 문화적 커뮤니케이션의 문제가 '제3의 문화'를 매개하는 발전으로 이어져왔다는 것은 명백하다.[54] 이러한 문화는 처음에는 상호 문화적 논쟁의 실제적 문제를 다루기 위해 고안한 것이지만, 유럽사법재판소와 국제법을 다루는 다른 제도와 협정의 발달에서처럼 이것들은 개별적 국민 국가의 통제를 넘어서는 자율성과 역할을 획득할 수 있다. 게다가 우리는 1986년 10월의 '빅뱅'● 이후 24시간 무역 체제로의 전환으로 인한 세계 금융 시장의 국제화가 낳은 한층 통합적인 결과를 지적할 수 있다.[55] 이런 탈규제 과정은 국가 법률 체계의 독점화 해제, 그리고 국제 변호사들이 기업 조세 회계사, 금융 자문가, 경영 컨설턴트 같은 새로운 전문가 그룹의 일원이 되는 더욱 능력주의적인 시장 기조를 장려했다. 우리는 이런 집단에 '설계 전문가', 즉 영화, 텔레비전, 음악, 광고, 패션, 소비문화 산업에서 일하는 문화 전문가와 중개인도 추가할 수 있을 것이다.[56] 따라서 시장과 자본 흐름의 탈규제는 절차와 실천과 조직 문화에서 일정한 정도의 동질화를 낳았다고 볼 수 있다. 더욱이 우리는 이런 다양한 전문가 집단의 생활 양식과 성향 체계 그리고 행동에서 일종의 공통점을 지적할 수 있다. 또한 이들

● 1986년 10월 27일 실시한 영국의 증권 시장 제도 대개혁.

이 생활하고 일하는 도시 지역에도 유사성이 존재한다. 하지만 이 그룹을 모든 도시 혹은 모든 국가의 수도에서 찾아볼 수 있는 것은 아니라는 점을 강조할 필요가 있다. 이들은 뉴욕, 도쿄, 런던, 파리, 로스앤젤레스, 상파울루 같은 다양한 세계 도시에 집중되어 있다.[57] 사회관계와 실천 그리고 문화의 초국적 체제를 생산하는 것은 이들 세계 도시의 특정 지역에 위치하는 특정한 서비스의 통합이다. 따라서 전 지구화의 과정은 불균등하다. 만일 이것의 한 가지 양상이 세계를 하나의 단일한 장소로 의식하는 것이라면, 우리가 사람들이 시공간의 분리를 극복하는 선진적 커뮤니케이션 수단에 의지하는 환경 속에서 일하는 것을 보게 되는 것은 세계 도시의 이와 같은 선별된 지역에서뿐이다. 커뮤니케이션의 새로운 수단이 사실상 '탈영토화한 문화'를 지탱하는 동시적 거래를 가능케 할 때, 바로 여기서 우리는 시공간 압축의 효과를 보여주는 가장 두드러진 사례를 보게 된다.

우리가 문제에 봉착하는 것은, 우리가 그다음 단계로 나아가서 이런 지역이 미래의 원형이고 국제 경제와 커뮤니케이션 네트워크가 국가 사회의 다른 영역 내에 유사한 동질화의 효과를 낳게 되리라는 걸 받아들일 때다. 바로 이 지점에서 일부 사람이 다양한 사회적·문화적 형태가 세계의 다양한 곳으로 확장되는 것이 필연적으로 내용의 동질화를 초래하고 있다고 받아들이는 실수를 범하게 된다. 즉 전 지구화의 과정이 단일하고 통합된 공동 문화를 생산하는 것으로 간주하는 것이다. 여기서 우리는 로컬 문화가 서구에서 유래하는 소비 상품, 광고, 미디어 프로그램의 확산에 의해 공략당해 사라지게 된다고 생각하는 문화제국주의와 미디어제국주의의 이론을 보게 된다. 이런 이론은 대중문화론과 더불어 문화 대중이 단일체적 체제에 의해 조작될 것이라는 강력한 견해, 그리고 상품 및 정보가 일상적 실천 속에서 어떻게 채택 및 사용되는지에 관한 경험적 증거도 거의 없이 미디어의 부정적인 문화적 효과를 자명한 것으로 받아들이는 입장을 공유한다.[58] 물론 세계의 오지까지 비즈니스와 관광객의 경로를 따라 서구의 소비 상품―특히 음식, 음료, 담배, 의복의 주요 브랜드―을 이용할 수 있게 되었다고 지적할 수도 있다. 특정한 이미지, 가령 수많은 차별에 맞서 싸우는 터프 가이 영웅이 많은 문화에서 강력한 호소력을 지닌다는 것은 분명하다. 우리는 람보 영화들이 동남아시아와 동아시아 전역에서 상연되는 것을 보았다. "람보의 터무니없이 과장된 영웅적 행위가 위스콘신의 상영관을 강타한 뒤 며칠 지나지 않아 미얀마의 오지 마을 사람들이 그의 행위에 환호할 수 있었다."[59] 폴 서루(Paul Theroux)는 자신이 솔로몬군도를 방문했을 때 오지 사람들이 람보를 그들의 민족 영웅으로 여기면서 영화 테이프를 돌리기 위해 비디오 레코드를 발전기에 연결하던 모습을 회상하곤 했다.[60] 이런 얘기는 지금까지 한 트럭분이나 된다. 하지만 우리는 이런 이야기를 어떻게 읽어야 할까?

한 가지 가능성은 주변부 문화가 제1세계 중심부에서 생겨난 대중문화와 소비문화의 이미지 및 상품에 대해 취하는 흡수/동화/저항의 전략을 대략적으로 살펴보는 것이다.[61] 우선, 실제 사례를 조사해보면 상황이 극도로 복잡하다는 게 명백하다. 이는 단순히 로컬 주민의 일상적 실천 문화가 전 지구적으로 판매하는 생산품에 굴복하는 문제가 아니다. 이런 시장 문화/로컬 문화의 상호 작용은 보통 국민국가에 의해 매개되어 있다. 국민 문화는 국민적 정체성을 창조하는 과정에서 다양한 문화 전문가와 중개자를 끌어들이거나 교육시키게 될 것이다. 그중 일부는 당연히 세계 도시에서 교육받을 것이고 다양한 초국적인 '계획 전문가', 경영자, (준)지식인과 동일한 생활 양식이나 강력한 네트워크를 보유할 것이다. 그리고 그중 일부는 문화부가 고용하는 공식적 '문화 전파자(cultural animateur)'가 될 수도 있을 것이다. 오늘날 문화부는 한눈으로는 국민 문화의 통합에 신경 쓰면서, 다른 눈으로는 국제적 관광 산업에 열을 올린다. 그러므로 국민 형성의 기획에 부여한 우선성이나 국민국가가 소유하는 권력 자산에 따라서 문화부는 시장의 침투를 방어 및 통제하고 그것을 매개할 수 있는 기억과 전통과 습속을 새롭게 발명하고 있다. 예를 들어 일부 국민국가는 지역적으로 제작한 영화와 텔레비전 프로그램에 투자할 것이다. 하지만 우리가 앞서 언급했듯 이러한 문화공학의 실험이 로컬적 형태의 생활과 관습에 뿌리 내릴 수 있는 발판을 발견할 수 없다면, 이런 실험이 성공하리라고는 결코 확신할 수 없다. 그러므로 미국 텔레비전이 주변부의 무기력한 국민국가에 쓰레기 같은 프로그램으로 '문화적 투매(cultural dumping)'를 벌이고 있다는 시나리오는 수많은 반응 중 하나의 가능성에 불과할 뿐이다. 이런 시나리오는 국민국가의 주요 도시에서 일하는 문화 지킴이와 중개자 그리고 기획자의 활동을 같이 감안해야 한다. 이들은 로컬의 대중문화 중 어떤 것―즉 음악, 음식, 의상, 공예품 등―을 어떻게 패키지로 묶어 제1세계 중심부나 여타 다른 지역에 판매할 수 있는지 외국의 세계 도시에 거주하는 동료들과 협력하고 있다. 많은 경우 외부에서 생겨난 상품과 정보 그리고 이미지라는 의미가 현존하는 문화적 전통 및 생활 형식과 어울려서 새롭게 활용·통합·혼합되는 혼종화와 크레올화의 다양한 형식이 출현할 수도 있다.

글로벌 텔레비전의 효과를 생각할 때, 시청자의 조작 또는 저항을 강조하며 지나치게 단순하고 대립적으로 파악하는 이론적 정식화를 뛰어넘는 것이 중요하다. 최근 능동적인 청중과 소비자의 창조성 및 능력을 받아들이는 새로운 문화 연구 이론이 등장하고 있다는 주장과 더불어 추(pendulum)가 청중의 저항을 강조하는 대중주의적 방향으로 넘어가고 있다.[62] 텔레비전과 새로운 커뮤니케이션 기술은 한편으로는 조작과 저항을,

또 다른 한편으로는 동시대 문화의 동질화와 파편화를 동시에 생산하는 것으로 종종 그려진다.[63] 새로운 커뮤니케이션 기술은 새로운 공동체를 형성하기 위해 텔레비전의 공통 경험을 중심으로 모인 다양한 집단을 결합함으로써 물리적 공간을 뛰어넘는 글로벌 공동 사회를 생산하는 것으로 제시된다.[64] 이는 지역성이 우리 경험의 일차적 준거가 더 이상 아니라는 것을 뜻한다. 오히려 우리는 전화나 텔레비전 시청을 통해 얻는 "일반화한 다른 지역의" 뉴스라는 공통 경험을 통해—"심리적 이웃"이나 "사적인 공동체"를 형성할 수 있는—멀리 떨어진 타자들과 즉각적으로 통합할 수 있다. 따라서 데이비드 몰리(David Morley)가 말했듯 "지역은 단순히 국가적 영역이나 글로벌적 영역으로만 수렴되는 것이 아니다. 오히려 그것은 그 두 방향에서 점차 무시당하고 있다. 우리의 경험은 지역을 넘어선 차원에서 통합되는 동시에 그 내부에서는 파편화하고 있다".[65] 하지만 이는 지역 내부에서 벌어지는 경험의 파편화가 임의적이거나 구조를 결여한 것이라고 주장하는 게 아니다. 권력 자원에 대한 접근 여부는 중요한 차이를 낳는다. 전 지구적 차원에서 '정보 강국'이 있는 것처럼 '정보 빈국' 또한 존재한다. 지역 내부에도 명백한 차이가 존재한다. 부유하고 교육 수준이 높은 사람들이 필수적인 경제적·문화적 자본의 소유를 통해 정보와 커뮤니케이션 기술의 새로운 형태에 접근할 가능성이 매우 높다.[66] 여기서 우리는 메리 더글러스(Mary Douglas)와 배런 이셔우드(Baron Isherwood)가 "정보 상품(informational goods)"이라고 말한 개념을 지적할 수 있다. 이 상품은 개인용 컴퓨터의 경우처럼 상품 소비를 의미 있고 전략적으로 유용한 것으로 만들기 위해 상당한 배경 지식을 필요로 한다.[67] 다른 한편, 이런 메시지를 아무런 문제없이 쉽게 접근할 수 있는 것으로 보이게 만드는 것은 텔레비전이 선사하는 즉각성과 직접성 때문이다. 미국의 멜로드라마, 이탈리아 축구, 혹은 올림픽 게임은 명백히 직접성과 이해 가능성을 갖지만 이는 동질적 반응을 낳는 것으로 오해될 여지가 있다. 하지만 이러한 글로벌 자원은 종종 로컬적인 것의 의미를 유지해주는 특수한 혼합과 고유성을 생산하기 위해 토착화하거나 로컬과 서로 융합되기도 한다.[68]

동질화 테제가 갖는 또 다른 문제는 이것이 초국적 기업이 전 지구의 다양한 지역을 겨냥해 특별히 차별화된 청중과 시장에 맞춘 광고를 점차 내보내고 있다는 점을 놓치고 있다는 것이다. 그러므로 "우리는 다국적(multi-national)인 것이 아니라 다지역적(multi-local)이다"[69]라는 코카콜라의 말에서 볼 수 있듯 글로벌적인 것과 로컬적인 것은 명확하게 분리할 수 없다. 여기서 우리는 하나의 혼합을 창조하기 위해 글로벌과 로컬이라는 용어를 융합한 '글로블록'이라는 말을 유용하게 언급할 수 있다. 이 용어는 일본어 '토착(土着)'을 모델로 한 것 같은데, 원래 농업 기술을 로컬적 조건에 적용하는 농업 원리에서 유래한 것으로 1980년대 일본의 기업 이익을 위해 적용되었다.[70]

표면적으로 볼 때―동질화와 파편화, 글로벌화와 로컬화, 보편주의와 특수주의 같이―서로 대립적이고 양립 불가능한 과정의 다양한 결합과 혼합과 융합은 글로벌적인 것을 하나의 단일하고 통합된 개념적 도식의 관점에서 파악하려는 시도에 수반된 문제점을 보여준다. 아르준 아파두라이는 이러한 이론적 통합의 시도를 거부하면서 글로벌 질서는 "복합적이고 중첩적이며 이접적인 질서"[71]로 이해해야 한다고 주장한 바 있다. 이는 사람, 기술, 금융, 미디어 영상 및 정보, 이데올로기라는 다섯 가지 비동형적 흐름과 관련된 것으로 볼 때 가장 잘 파악할 수 있다. 개별적 국민국가는 특별한 흐름을 촉진 또는 연결하거나 차단하려 시도할 수 있고, 그 성공의 정도는 그들이 소유하고 있는 권력 자원과 그들이 연루된 상호 의존의 특별한 형태가 강제하는 제약에 달려 있다.

　이러한 흐름이 특정 그룹의 사람들에게 끼치는 영향을 검토하기 위해 특정한 지역에 초점을 맞춘 체계적 연구를 통해 그 증거를 살펴보는 것은 매우 타당하다. 사람, 상품, 기술, 정보, 이미지가 횡단하고 뒤섞이는 특히 중요한 하나의 장소가 바로 세계 도시라고 할 수 있다. 이 장소에는 부유한 자와 가난한 자, 신흥 중간 계급 전문가와 홈리스, 그리고 다양한 민족적·계급적·전통적 집단이 나란히 공존한다. 즉 방콕, 리우데자네이루, 멕시코시티, 상파울루, 마닐라뿐만 아니라 런던, 파리, 뉴욕, 로스앤젤레스 같은 도시에서 중심부 출신과 주변부 출신 사람들은 동일한 공간적 장소에서 서로 얼굴을 마주하고 함께 어울린다.[72] 1980년대 서구 일부 거대 도시의 원도심과 부두 지역(dockland)에서 이뤄진 사회 공간적 재개발은 일부 이론가에 의해 '포스트모던화'의 사례로 여겨져왔다.[73] 하지만 이러한 과정과 연관된 많은 문화적 요인―즉 코드 혼합, 혼성 모방, 파편화, 비일관성, 이접, 융합에 대한 포스트모던적 강조―은 식민지 사회 도시의 특징이었다. 이 도시들이 서구에 알려지기 몇 십 년 전 혹은 몇 백 년 전에도 말이다.[74] 이런 시각에서 볼 때, 최초의 다문화적 도시는 런던이나 로스앤젤레스가 아니라 리우데자네이루, 캘커타, 혹은 싱가포르였을 것이다. 이러한 사실은 적어도 근대적인 것과 포스트모던적인 것 그리고 그와 연관된 용어를 정의할 때 생기는 일부 문제점, 즉 산업화·도시화·관료화의 동질화 효과에 관한 유럽 중심적 개념을 뛰어넘는 더 미묘하고 더 정교한 문화적 근대성 개념을 시사한다. 이것은 근대적인 것에 대한 전 지구적 개념을 제시한다. 이 개념은 전통에서 근대성 그리고 포스트모더니티로 나아가는 역사적 이행에 관심을 갖기보다는 공간적 차원, 중심부와 주변부 간 지리적 관계에 초점을 둔다. 그렇게 볼 때, 최초의 다인종적이고 다문화적인 사회는 중심부가 아니라 주변부에 존재했다고 할 수 있다. 문화 다양성과 융합주의 그리고 탈구 현상도 거기에서 먼저 일어났다. 영국, 프랑스 같은 서구 국민 국가와 식민지 사회 사이에 펼쳐진 상호 의존과 권력 균형은 근대성의 중요하지만 무시해온 양상이었고, 이는 프랑스와 독일 이론가들의 고전적 전통을 연구해온 사람들의 설명에서는 특히 결핍되어 있다.[75]

우리로 하여금 이와 같은 근대성의 식민지적 발전 양상과 문화적 정체성의 문제를 점점 더 의식하게끔 해준 것은 전후 시대에 과거 식민지 국가에서 서구의 메트로폴리탄 중심부로 이주해가는 사람들의 강력한 흐름의 과정이다. 많은 서구인에게 '타자'에 대해 지나치게 단순화한 인종주의적, 상투적 유형을 통해 구축되었던 장소로부터 이미지와 정보와 사람들 내부로의 이동은 정체성, 문화적 전통, 공동체, 국민을 정식화할 때 새로운 차원의 복합성을 끌어들이게 되었음을 의미한다. 이는 서구의 지배적 중심부가 원료와 상품의 수입자일 뿐 아니라 사람의 수입자였듯 중심부에서 주변부로의 일방적 흐름이라는 통념에 도전한다.[76] "서양이 아닌 비서양 세계"가 눈에 띄거나 소란스러운 것은 한때 사회들 사이에 존재하던 문화적 차이가 지금은 그 사회 내부에 존재한다는 것을 의미한다.[77] 이주자들이 국민이나 지역에 대한 지배 문화의 신화를 곧이곧대로 수용하지 않으려는 것은 다문화주의와 정체성의 파편화 문제를 제기한다. 어떤 경우 이것은 가령 프랑스의 마린 르펜(Marine Le Pen)이 벌인 인종차별적 캠페인과 '작은 영국주의(little Englanderism)'를 강조하던 1980년대 영국의 포클랜드 전쟁과 같이 강력하고 극단적인 민족주의적 반발을 자극했다. 이는 이민자 측에서도 일련의 복합적인 반응을 보이게 만들었다. 일부 인종 집단에게 이는 그들의 기원 문화로 후퇴(영국에서 카리브해, 파키스탄, 인도, 방글라데시 출신 사람을 모두 재동일시하는 현상)하거나 자기 고국의 근본주의적 종교로 후퇴하는 현상으로 나타난다. 라스타파리아니즘(Rastafarianism)•의 상징과 신화에 근거해 자신들의 정체성을 펼쳐온 젊은 제2세대 아프리카계 카리브인의 경우에서처럼, 일부 집단에게 이것은 복합적인 대항 민족성(counterethnicity)의 구축을 낳을 수도 있다.[78] 또 다른 집단에게는 이들이 다양한 정체성 사이를 이동하면서 획일화된 단일 정체성의 가능성은 불가능해지고 환상적인 것으로 여겨질 수 있다. 영국 내 일부 제3세대 흑인은 영국인, 카리브인, 흑인, 하위문화 및 다양한 젠더 정체성과 신분 사이를 끊임없이 이동한다. 이를테면 스티븐 프리어스(Stephen Freers)와 하니프 쿠레이시(Hanif Kureish)가 감독한 영화 〈나의 아름다운 세탁소(My Beautiful Laundrette)〉에는 한 명은 백인이고, 다른 한 명은 파키스탄 사람인 동성애자 주인공이 등장한다. 특히 파키스탄 사람의 건물주 삼촌은 흑인들을 거리로 내쫓는 인물이다. 이런 인물은 긍정적인 단일 정체성의 이미지를 제시하지 않으며 동일시하기도 쉽지 않다.[79]

복수의 정체성을 갖고 살 때 관계되는 문제는 하나의 일관된 정체성을 발견하거나 구축하는 과정에 관한 수많은 담론을 생성하는 데 유용하다고 말할 수 있다.[80] 하지만 근대성 논리가 점차 협소한 개인주의―즉 1970년대에 일반적이던 개인적 정체성에 대한 나르시시즘적 관심―를 생산하는 것이라는 주장과 반대로, 오늘날 우리는 근대 사회 내부에서 강력한 집단적 정체성, 새로운 형태의 공동체에 대한 모색을 강조하는 주장을 보게 된다. 예를 들어, 마페졸리(M. Maffesoli)는 근대성에서 포스트모더니티로의 발전 과정을 개인주의에서 집단주의로, 합리성에서 정동성(emotionality, 情動

• 예수 그리스도는 흑인이며 에티오피아 황제 하일레 셀라시에 1세(1892~1975)를 재림한 그리스도로 섬기는 신앙 운동.

性)으로의 이동을 동반하는 것으로 해석한다.[81] 이런 의미에서 포스트모더니티는 정동성과, 바로크의 화려한 광경에서 찾아볼 수 있는 이러한 강렬한 감정 및 감각 경험에 대한 강조를 전근대적 선례와 공유하는 것으로 간주된다. 여기서 마페졸리는 포스트모더니티를 파리 같은 대도시의 젊은 이들 사이에서 볼 수 있는 일시적 포스트모던 **부족**(tribes)의 출현을 촉진하는 것으로 설명한다. 이들 집단은 함께함(being together)이라는 촉감적이고 체현적인 감각을 통해 로컬주의와 정서적 동일시에 대한 강력한 의식을 제공한다. 그렇지만 관계는 일시적이고, 사람들은 새로운 연계를 찾아 사회성의 지속적 흐름을 통해 계속 옮겨 다님으로써 기존 관계와의 동일시 또한 일시적일 수밖에 없는 도시 세계에 거주하기 때문에 그들은 **신부족**(neo-tribes)으로 간주된다.[82] 친족 관계에 근거하거나 지역 혹은 로컬리티와의 강력한 동일시에 근거하는 배타적 집단 구성원이라는 전통적 의미에서든, 아니면 더욱더 일시적인 신부족의 출현이라는 의미에서든 부족주의(tribalism)라는 주제는 현재 상당한 대중적 관심을 끌고 있다.[83]

　이러한 관심은 관광 산업의 다양한 공략에 의해 글로벌 마케팅 과정에 예속되어왔다. 관광은 1996년 무렵 세계의 주도적 산업이 되었다.[84] 물론 관광객에게 그들이 현재 세계의 이국적인 곳이나 오지로 쉽게 여행할 수 있다는 것은 '가정(家庭)의 편리함'―바다, 모래, 태양 외에도 음식, 음료, 생활 공간, 텔레비전 프로그램 및 여타 다른 시설의 관점에서 가정의 익숙한 안락감―을 누릴 수 있는 관광객 보호 구역으로 한 걸음 더 들어가는 것일 뿐이다.[85] 사실상 그런 지역은 다른 관광지와의 접촉이 고도로 통제 및 의례화되어 있는 로컬들이다. 그런 특별한 집단의 관광객은 로컬과의 다양한 경험과 직접적 조우를 추구하는 더욱 세련된 포스트관광객(post-tourist)에 의해 대체되고 있다고 알려져 있다. 이들 중 일부는 자신에게 제공하는 것이 로컬 문화의 모사물(simulation)이라는 사실에 조금도 개의치 않으며 '무대 뒤'의 온갖 소품과 공연 세트장 건설에도 흥미를 갖는다.[86] 이와 같이 지역의 무대화한 모사물은 기운을 북돋아주는 풍자만화 스타일의 패러디(월트 디즈니의 매직 킹덤 안에 있는 정글 크루즈)에서부터 대중의 상상력에 국민 문화를 재현하는 것으로 보이는 핵심적인 건물과 아이콘(icon)의 소규모 '체험적' 가상 공간(에프콧(Epcot)의 월드 쇼케이스), 더 나아가 실물 크기로 '과거'의 생생한 사례를 보존 및 복원하려는 전체 유산 산업의 시도에 이르기까지 다양하다.[87] 혹자는 이를 장소를 재발명하고 도시 공간을 재인간화하기 위해 모더니즘적 건축을 통한 추상성과 획일성의 강제로부터 장소를 쟁취하기 위한 포스트모던 투쟁으로 옮겨가는 대대적인 전환의 일환으로 간주하려 할 것이다.[88]

하지만 다른 상황에서 관광객을 위한 복제된 진정성의 무대화에 참여하도록 요구당하는 것은 바로 로컬 주민이다. 여기서 관광객은 실제 주민들이 자신을 위해 연기하는 생생하게 살아 움직이는 로컬의 주변을 둘러볼 수 있는 특권을 부여받는다. 매캐널(D. MacCannell)은 중국계 농장 노동자의 최후 거주자가 있는 캘리포니아주 로크(Locke)시를 사례로 든다. 농장 회사의 타운이었던 로크시는 1977년 관광 개발업자에게 팔렸다. 개발업자는 이 도시를 "미국에서 유일하게 그대로 남아 있는 농촌 차이나타운"이라고 선전했는데,[89] 그곳에서 타운과 주민은 박물관화했고 "더 이상 존재하지 않는 생활 방식"의 마지막 남은 생생한 사례로 제시되었다.

또한 매캐널은 MCI 법인과 케냐의 마사이족 간에 체결한 거래처럼 "연기(演技) 및 무대화된 노예제"의 사례를 논한다. 그 거래는 임금, 입장료, 텔레비전 및 영화 촬영권 등을 포함하며 마사이족에게 영원히 **마사이족을 연기하면서** 생활비를 벌 수 있게 해주는 것이다.[90] 같은 맥락에서 흥미로운 것은 데니스 오루크(Dennis O'Rourke) 감독의 영화 〈카니발 투어(Cannibal Tours)〉를 들 수 있는데, 이 영화는 호화 유람선을 타고 파푸아뉴기니의 세픽(Sepik)강을 따라 올라가는 유럽과 북미의 부유한 관광객을 좇아간다.[91] 이러한 상황은 관광객의 목적과 관련 당사자의 권력 차이에 따라 굉장히 다양하게 나타난다. 뉴기니의 경우 부족민은 부유한 관광객이 명백히 우선권을 갖는 불균등 교환과 불리한 거래를 잘 인식하고 있으며 관광업체의 중계상과 지역 대표자들이 더 많은 수익을 올리고 있다는 사실을 알고 있다. 여기서 부족민은 지역의 경계를 어느 정도 개방하고 어느 정도 폐쇄할 것인지를 그들 자신의 입장에서 다룰 수 있는 충분한 권력을 갖고 있지 못하다. 다른 경우에는 이러한 현실이 매캐널이 말한 "적대적인 인디언의 행위"로 이어질 수도 있다. 관광 산업에 종사하는 부족민이 전형적으로 증오, 무뚝뚝한 침묵, 냉담한 태도를 보이는 것 말이다.[92] 카니발 관광객 입장에서는 대중의 상상력 속에 있는 하나의 테마, 즉 '타자'의 장소를 직접 방문하는 한편 '어둠의 심장(heart of darkness)'에 대한 대리 스릴감으로 가득 찬 안전한 패키지 상품을 얻는다. 관광이 끝난 후 매일 그들은 유람선의 안락함과 친숙한 서구식 환경으로 다시 복귀한다.

알래스카 이누이트족의 일부 공동체의 경우, 관광객은 부족민을 방문해 그들의 생활 방식에 더욱더 완벽하게 참여할 수 있도록 되어 있다. 여기서 관광객은 부족과 함께 생활하면서 다양한 활동에 참여한다. 밤에 돌아갈 여행선도 없고, 개인과 소규모 그룹만이 정부 기관의 감시와 엄격한 통제 아래 부족과 함께 지내는 것을 허락받는다. 이누이트족은 일부 현대화하긴 했지만 여전히 독자적인 전통적 생활 방식을 유지하기 위해 자신들이 번 수익으로 핵심 물자와 장비(예를 들면, 사냥용 소총을 위한 탄환)를 구입한다. 그들은 공동체의 경계를 자신에게 유리하게 관리하고 문화적 정체성에 대한 의식을 유지할 수 있는 충분한 권력 자원을 갖고 있는 것 같다. 또 다른 예로, 일본 북부의 홋카이도에 거주하며 '사냥과 채집'을 하는 아이누족을 들수 있다. 그들은 메이지 유신 이후 공식적으로 일본에 통합되었다. 1970년대에 자신의 언어와 전통을 교육하는 학교를 설립했을 뿐만 아니라 일부지역에서는 공예품을 생산하는 전통 마을을 건설하는 아이누 문화 운동을전개하기도 했다. 그리하여 관광객은 그들의 전통 생활 방식을 구경할 수있게 되었다.[93] 관광 산업은 아이누의 문화 정체성을 재구축하기 위해 의도적으로 관리된다고 할 수 있다.

다른 문화 운동에서는 관광 산업이 자산으로 여겨지지 않고 로컬주의와종족 정체성를 파괴하는 과정에 핵심 요인으로 밝혀지기도 한다. 1970년대부터 전개된 하와이 문화 운동은 하와이를 미국 경제에 통합시켜 하와이의다인종적 발전을 추구하려는 장기적 과정에 반발해왔다. 그 과정에서 관광산업과 접촉한 첫 세기 동안 인구수가 60만 명에서 40만 명으로 감소했고,하와이의 언어와 관습이 폄훼당하거나 해체되는 등 하와이 사람들은 자신의 땅에서 소수가 되어갔다. 플랜테이션 경제가 쇠퇴한 이후 지배적 힘이 된 관광 산업은 토지를 점유하고 하와이 문화를 이국적이고 하찮은 것으로 상품화하는 것에 다름 아니었다. 다른 한편 위에는 서구 근대주의적정체성의 동질적 모델이 존재하고, 밑에는 동화의 위협에 놓여 있는 후진적이고 이국적인 하와이 사람들이 자리 잡은 낡은 체계 대신 다원 중심적(polycentric) 체계가 들어서고 있다는 주장도 있다.[94] 새로운 모델은 두 가지 극단 사이를, 즉 관광 개발을 반대하고 과거의 진정한 의식을 확립 및옹호하려는 하와이 문화 운동의 시도와 고수익의 새로운 관광 산업 사이를왕래했다. 후자는 근대화와 개발에 집중하고 이것을 방해하는 사람을 게으르고 후진적이라 규정하는 한편, 과거 플랜테이션 산업 시절의 하와이에 대한 향수적 비전을 재창조하고자 한다. 이런 향수적인 시각은 하와이 문화 운동에서 거의 수용되지 않는다. 이 운동은 하와이가 타자의 시선에 하나의 대상으로 전락하는 전체적 기획에 저항하는 특수한 정체성과 생활 방식을 펼치길 희망한다.[95]

결론

앤서니 킹(Anthony King)은 특정한 장소로부터 그리고 특정한 담론의 전통 안에서 글을 쓰는 이론가의 위치 문제를 예리하게 지적하며 모든 '전 지구화의 이론'은 지배적 특수성(dominant particular)의 자기 재현이라고 언급한 바 있다. 이 담론은 이론가에게 말을 할 수 있게 해줄 뿐만 아니라, 그의 말이 들리게끔 하는 차별적 권력 자원(power resource)을 제공한다.[96] 세계에 관해 서양이 당연시한 많은 가정(假定)은 엄청난 권력을 누렸다. 이런 가정을 자명한 것으로 여기면서 대화의 가능성은 차단되었다. 세계의 먼 오지에 이르기까지 서양이 '이국적인 타자'에 대한 자신들의 특수한 시각을 어떻게 강요할 수 있었는가를 논하는 다양한 이론이 있다. 하지만 그렇다고 해서 우리의 재현이 우리의 환상적 투영으로 이뤄진 특수주의라는 함정에 빠져 있을 수밖에 없다는 견해에 얽매여 있는 것으로 받아들여서는 안 된다. 왜냐하면 증거의 문제를 전적으로 무시할 수는 없기 때문이다. 스리랑카 출신의 한 미국 인류학자가 태평양에 관한 서양의 강력한 신화, 즉 하와이 사람들이 쿡 선장을 신격화했다는 신화에 의문을 제기했다. 오베예세케레(G. Obeyesekere)는 세밀한 연구를 통해 쿡 선장을 신격화한 것은 하와이 사람이 아니라, 자신들의 문명화 신화를 뒷받침하기 위해 하와이 사람에게 토착적 신격화의 신화를 투영한 유럽인이었음을 입증했다.[97] 이러한 역전의 발견이 가능했던 것은 부분적으로는 오베예세케레가 아시아 사회에 대해 나름의 지식을 갖고 있었고, 그 지식을 통해 토착민이 서구인을 신격화했다는 가정을 뒷받침할 만한 어떠한 지역적 증거도 찾을 수 없었기 때문이다. 아울러 부분적으로는 그가 하와이 사람들 역시 상식적인 실천적 합리성을 갖고 있다고 믿었기 때문이기도 하다. 하와이 사람들은 자신의 우주론적 범주에 대한 경직된 믿음을 통해 자기 문화의 지속적 힘을 강조하던 사람들과는 달랐다. '비서양 세계'의 사람들이 서양에 점차 많이 거주하고 자신의 목소리를 내게 되면서 우리는 '지배적 특수성의 자기 재현'에 도전하는 더 많은 이야기를 기대할 수 있게 되었다. 한편 기존 개념으로부터 탈피(deconceptualization)하려는 충동이 중요하긴 하지만 그것을 재개념화(reconceptualization)하는 문제, 즉 지구에 대한 더 높은 차원, 더 추상적인 일반 모델의 구축 가능성도 남아 있다. 여기서 우리는 많은 주장을 펼칠 수 있다.

첫 번째는 지구를 개념화하는 우리의 방식과 관련이 있다. 지구를 하나의 단일한 장소로 인식하는 것은 그것에 허위적 구체성과 단일성을 부여하는 것이 될 수 있다.[98] 세계의 많은 사람에게 전 지구화 과정에 대한 의식, 즉 그들이 동일한 장소에 거주한다는 의식은 부재하거나 제한적이거나, 아니면 산발적으로만 일어날 수 있다. 이런 현실을 어느 정도 재현할 수 있는 타당한 모델은 지구를 하나의 퇴적층, 집적체, 혹은 집합체로 보는 것이 될 수 있다.[99] 분명히 이것은 전 지구적 문화를 이해하는 하나의 방식이다. 즉 문화적 특수성의 퇴적층, 집적체, 집합체가 동일한 장(field)과 동일한 경계 공간 위에서 병존한다는 의식, 그 속에서 특수성이 서로 달라 어울리지 않거나 어울리길 원치 않는다는 의식이 부각되고 나아가 실제적인 문제를 낳기도 한다. 문화의 연구, 즉 특수성과 차이의 기술(description)을 제대로 평가하고자 하는 관심 때문에 우리는 개념을 실체화하거나 과도하게 일반화할 위험을 경계하는 개별 기술적 양식(ideographic mode)으로 나아갈 수밖에 없다고 할 수 있다.

이와 동시에 사회생활에는 경제적 과정의 확장적이고 통합적인 힘과 특정한 국민국가 및 블록의 헤게모니화에서 비롯되는 체계적인 경향이 있다. 이런 시각에서 볼 때, 기술적으로 유용한 정보와 합리적 계획을 생산하는 체계적 형식을 모델로 한 실천적 지식이 필요하다. 이런 모델에서 차이는 길들여지고 또 다른 통합으로 나아가는 변수로 여겨진다. 이런 의미에서 세계가 체계적 실천을 통해 더욱더 통합되고 체계적인 속성을 띠면서 세계의 몇몇 양상은 체계 분석에 더욱 부합하게 된다. 하지만 우리가 체계와 문화 간 관계를 고려할 때, 체계에 대한 강력한 헤게모니적 통제에서 벗어나고자 하는 전환에는 문화적 범주의 전환이 수반될 수 있다는 주장도 있다. 예를 들면, 프리드먼은 그 기원의 관점에서 모든 문화가 다원적이고 크레올적이라 하더라도 그 문화가 스스로를 그렇게 인식하느냐의 문제는 추후의 다른 과정에 달려 있다고 주장했다.[100] 다원주의를 주목하고 모색하며 지지하는 능력과 특수성을 옹호하는 것은 이런 특징의 실질적 존재 여부에 달린 것이 아니라 현재 우리에게 이런 특징을 볼 수 있도록 '허용'해주는 우리 상황 속 상대적 변화의 역할에 달렸기 때문이다. 그는 다음과 같이 말한다.

사실상 세계에 대한 다원주의적 개념은 체계의 현재적 파편화, 즉 공간 속에서 우리의 정체성 혼란을 파악하려는 독특한 서구적 양식이라고 주장할 수 있을지 모른다. 헤게모니가 강력해지고 증가할 때, 문화 공간도 마찬가지로 동질화된다.

스파게티는 이탈리아적인 것이 되고, 다양한 방언은 민족어가 된다. 그 속에서 문화적 차이는 옳고 그름, 혹은 표준과 비표준의 연속체로 번역된다.[101]

어떤 점에서 이런 개념은 엘리아스가 제기한 것과 비슷하다. 엘리아스는 기성 집단이 더 확고한 통제력을 행사하는 상황에서 아웃사이더 집단과의 관계는 더욱 서열화하고, 지배 집단은 자신의 행위 양식을 통해 약한 집단을 식민화하려 한다고 주장한다. 기성 집단은 우월감과 "집단 카리스마"에 기반을 둔 "우리라는 집단적 이미지(we-image)"를 펼칠 수 있다. 이런 이미지는 "집단적 불명예", 즉 아웃사이더 집단이 느끼는 무력함과 열등함이라는 낙인을 강요하고 내면화하는 것과 떼려야 뗄 수 없다. 이방인에게는 "더럽고 도덕적으로 신뢰할 수 없으며 게으르다"는 낙인이 찍힌다.[102] 이와 동시에 기성 집단과 아웃사이더 간 관계가 보여주는 식민화 단계는 상호 의존과 상대적 권력 균형의 변화와 더불어 두 번째 단계, 즉 '기능적 민주화(functional democratization)'의 단계로 이어질 수 있다. 차별화와 해방의 이 두 번째 단계에서 사람들은 기성 집단이 통제하기 힘든 더 장구하고 더 긴밀한 상호 의존의 망에 연루된다. 아웃사이더 집단이 사회 권력과 확신을 획득하면서 사회의 대립과 긴장은 증가한다. 이 두 번째 단계에서 많은 단일화 모델은 특수성과 복합성을 제대로 평가하지 못하면서 비판받고 거부당한다. 이에 따라 융합주의, 복합성, 임의적이고 자의적으로 보이는 패턴 개념을 인정하는 모델과 이론을 구축하고자 하는 관심이 발전한다.[103] 물론 이런 결론적 견해는 사변적이고, 글로벌 '게임'에 참가하는 사람이 점점 늘어나고 있는 상황에서는 기성 집단과 아웃사이더 집단이라는 모델을 사용하는 것도 많은 어려움이 있다. 집단 간 경계는 깨지거나 무시될 수 있지만 적어도 글로벌/로컬 관계에 대한 나의 분석은 우리가 사회관계에 관한 이론이 없어도 된다고 지나치게 성급하게 판단해선 안 된다는 것을 보여준다.

주

1. 로컬주의와 로컬리티에 대한 논의로는 P. Cooke, "Locality, Structure and Agency: A Theoretical Analysis," *Cultural Anthropology* 5, no. 1 (1990); C. Bell & H. Newby, *Community Studies* (London: Allen and Unwin, 1971); A. Cohen, *The Symbolic Construction of Community* (London: Tavistock, 1985) 참조.

2. C. M. Aiensberg, *The Irish Countrymen* (1937; rpt. Garden City, N.Y.: Natural History Press, 1968); C. M. Arensberg & S. T. Kimball, *Family and Community in Ireland* (London: Peter Smith, 1940) 참조.

3. Ronald Frankenberg, *Communities in Britain* (Harmondsworth: Penguin, 1966).

4. Arthur Vidich & J. Bensman, *Small Town in Mass Society* (Princeton: Princeton University Press, 1958).

5. D. Lynd & H. Lynd, *Middletown in Transition* (New York: Harcourt Brace, 1937).

6. W. L. Warner & P. S. Lunt, *The Social Life of a Modern Community* (New Haven: Yale University Press, 1941).

7. Maurice Stein, *Eclipse of Community* (New York: Harper, 1960).

8. Norman Dennis, F. Henriques & C. Slaughter, *Coal Is Our Life* (London: Tavistock, 1956); Brian Jackson, *Working Class Community* (London: Routledge, 1968); B. Williamson, *Class, Culture and Community* (London: Routledge, 1982).

9. Richard Hoggart, *The Uses of Literacy* (Harmondsworth: Penguin, 1958).

10. Ibid., 특히 5장 "The Full Rich Life" 참조.

11. C. Critcher, "Sociology, Cultural Studies and the Postwar Working Class," *Working Class Culture*, ed. J. Clarke, C. Critcher, & R. Johnson (London:

Hutchinson, 1979).

12. J. Richards, *The Age of Dream Palace: Cinema and Society in Britain 1930-1939* (London: Routledge, 1984), 특히 10장 참조.

13. Ibid., 특히 11장.

14. Paul Fussell, *Abroad: British Literary Travelling between the Wars* (Oxford: Oxford University Press, 1980), p. 74에서 재인용한 F. Donaldson, *Edward VIII* 참조.

15. '위건 부두'라는 단어를 아버지 조지 폼비(George Formby Sr.)가 만든 조어라는 걸 언급하는 것은 흥미롭다. 그는 탄광 도시의 우중충함과 바닷가 휴양지의 밝은 환희를 역설적으로 뒤섞었다. J. Richards, *The Age of the Dream Palace,* p. 191.

16. N. Elias, *The Civilizing Process, Volume I: The History of Manners* (Oxford: Blackwell, 1978); Pierre Bourdieu, *Distinction: A Social Critique of the Judgement of Taste,* trans. R. Nice (London: Routledge, 1984); M. Featherstone, *Consumer Culture and Postmodernism* (London: Sage, 1991), 특히 9장 참조.

17. S. Laing, *Representations of Working Class Life* 1957-1964 (London: Macmillan, 1986), p. 47.

18. S. Laing & P. Stead, *Film and the Working Class* (London: Routledge, 1989) 참조.

19. B. Martin, *A Sociology of Contemporary Cultural Change* (Oxford: Blackwell, 1981), p. 71.

20. V. Turner, *The Ritual Process: Structure and Anti-Structure* (Harmondsworth: Allen Lane, 1969).

21. S. Hall, "Old and New Identities," *Culture, Globalization and the World-System,* ed. A. King (London: Macmillan, 1991), p. 46.

22. Geoffrey Pearson, "Lawlessness, Modernity, and Social Change," *Theory, Culture, and Society* 2, no. 3 (1985).

23. Bryan Turner, "A Note on Nostalgia," *Theory, Culture, and Society* 4, no. 1 (1987).

24. Featherstone, *Consumer Culture*, 특히 9장 참조.

25. M. Halbwachs, *On Collective Memory* (Chicago: University of Chicago Press,

1992); D. Middleton & D. Edwards, eds., *Collective Remembering* (London: Sage, 1990) 참조.

26. T. Brennan, "The National Longing for Form," *Nation and Narration*, ed. Homi Bhabha (London: Routledge, 1990), p. 45.

27. Raymond Williams, *Towards 2000* (London: Chatto and Windus, 1983), p. 180; Brennan, "The National Longing," *Nation and Narration*, p. 45에서 재인용.

28. Benedict Anderson, *Imagined Communities* (rev. ed., London: Verso, 1991), p. 6.

29. A. D. Smith, "Towards a Global Culture?", *Theory, Culture, and Society* 5, no. 2-3 (1990).

30. P. Burke, *Popular Culture in Early Modern Europe* (London: Temple Smith, 1978).

31. E. Gellner, *Nations and Nationalism* (Oxford: Blackwell, 1983)과 Benedict Anderson, *Imagined Communities* 참조.

32. S. F. Moore, "The Production of Cultural Pluralism as a Process," *Public Culture* 1, no. 2 (1989); A. Higson, "The Concept of National Cinema," *Screen* 30, no. 4 (1989) 참조.

33. P. Watier, "The War Writings of Georg Simmel," *Theory, Culture & Society* 8, no. 3 (1991).

34. S. Moscovici, "Questions for the Twenty-First Century," *Theory, Culture & Society* 7, no. 4 (1990).

35. Cohen, *The Symbolic Construction of Community* 참조.

36. N. Elias & J. Scotson, *The Established and the Outsiders* (London: Cass, 1965; rev. ed., London: Sage, 1995).

37. Cohen, *The Symbolic Construction of Community.*

38. Arnason, "Nationalism, Globalization and Modernity," *Global Culture*, ed. M. Featherstone (London: Sage, 1990).

39. Smith, "Towards a Global Culture?"

40. N. Sakai, "Modernity and Its Critique: The Problem of Universalism and Particularism," *Postmodernism and Japan,* ed. H. Harootunian & M. Myoshi

(Durham: Duke University Press, 1989); Mitsuhiro Yoshimoto, "Postmodernism and Mass Images in Japan," *Public Culture* 1 (1989), pp. 8-25 참조.

41. M. Maruyama, *Thought and Behavior in Japanese Politics* (London: Oxford University Press, 1969); Johann Arnason, "The Modern Constellation and the Japanese Enigma," Parts I, II, Theses Eleven 17, 18 (n.p., 1987).

42. R. White, *Inventing Australia* (Sydney: Allen and Unwin, 1981); J. Fiske, B. Hodge & G. Turner, eds., *Myths of Oz* (Sydney: Allen and Unwin, 1987); A. Game, "Nation and Identity: Bondi," *New Formations* 11 (1990) 참조.

43. David Chaney, "The Symbolic Form of Ritual in Mass Communications," *Communicating Politics,* ed. P. Golding (Leicester: Leicester University Press, 1986).

44. D. Dayan & E. Katz, "Articulating Consensus: The Ritual and Rhetoric of Media Events," *Durkheimian Sociology: Cultural Studies,* ed. J. Alexander (Cambridge: Cambridge University Press, 1988).

45. Higson, "The Concept of National Cinema" 참조.

46. A. Gupta & J. Ferguson, "Beyond 'Culture': Space Identity and the Politics of Difference," *Cultural Anthropology* 7, no. 1 (1992) 참조.

47. Arnason, "Nationalism, Globalization and Modernity."

48. A. Bergesen, "Turning World-System Theory on Its Head," *Global Culture*, ed. M. Featherstone (London: Sage, 1990).

49. H. Haferkampf, "Beyond the Iron Cage of Modernity," *Theory, Culture & Society* 4, no. 1 (1987). 이런 비판 중 일부는 근대성에 관한 앤서니 기든스 (Anthony Giddens)의 최근 연구(*The Consequences of Modernity* 〔Oxford: Polity Press, 1990〕; *Modernity and Self-Identity* 〔Oxford: Polity Press, 1991〕) 에도 적용할 수 있다. 문화적 차원을 무시하고 전 지구화가 확장된 근대성에 지나지 않는다는 그의 가정에 대한 비판으로는 Roland Robertson, "Social Theory, Cultural Relativity and the Problem of Globality," *Culture, Globalization, and the World-System,* ed. A. D. King (New York: Macmillan, 1991) 참조.

50. K. Knorr Cetina, "Primitive Classification and Postmodernity: Towards a Sociological Notion of Fiction," *Theory, Culture & Society* 11, no. 3 (1994).

51. Featherstone, *Consumer Culture* 참조.

52. G. Vattimo, *The End of History* (Oxford: Polity Press, 1988).

53. R. Robertson, "Globality and Modernity," *Theory, Culture & Society* 9, no. 2 (1992); *Globalization* (London: Sage, 1992), "On the Concept of Globalization: The Limitations of the Local-Global Distinction"(University of Pittsburgh) 참조.

54. V. Gessner & A. Schade, "Conflicts of Culture in Cross-border Legal Relations," *Theory, Culture & Society* 7, nos. 2-3 (1990).

55. Y. Dezalay, "The *Big Bang* and the Law," *Global Culture*, ed. M. Featherstone (London: Sage, 1990).

56. A. King, "Architecture, Capital and the Globalization of Culture," *Global Culture*.

57. A. King, *Global Cities* (London: Routledge, 1990); S. Sassen, *Global Cities: New York, London, Tokyo* (Princeton, N.J.: Princeton University Press, 1991); S. Zukin, *Landscapes of Power: From Detroit to Disney* (Berkeley: University of California Press) 참조.

58. J. Tomlinson, *Cultural Imperialism* (London: Pinter, 1991).

59. P. Iyer, *Video Nights in Kathmandu* (London: Black Swan, 1989), p. 12.

60. Paul Theroux, *The Happy Isles of Oceania: Paddling the Pacific* (New York: Putnam, 1992), p. 178.

61. U. Hannerz, "Scenarios for Peripheral Cultures," *Culture, Globalization and the World-System*, ed. A. King (London: Macmillan, 1991).

62. Meaghan Morris "Banality in Cultural Studies," *Logics of Television,* ed. P. Mellencamp (Bloomington: Indiana University Press, 1990).

63. D. Morley, "Where the Global Meets the Local: Notes from the Sitting Room," *Screen* 32, no. 1 (1991).

64. J. Meyrowitz, *No Sense of Place* (Oxford: Oxford University Press, 1985).

65. Morley, "Where the Global Meets the Local," p. 9.

66. Ibid., p. 10.

67. Mary Douglas & Baron Isherwood, *The World of Goods* (Harmondsworth: Penguin, 1980).

68. M. Canevacci, "Image Accumulation and Cultural Syncretism," *Theory, Culture & Society* 9, no. 3 (1992) 참조. 예를 들어 카네바치는 이구아수 폭포 인근의 브라질 인디오들이 이탈리아 축구의 열렬한 팬(특히 인터밀란에서 뛰던 네덜란드 축

구 선수 뤼트 하윌롯(Rud Guillot)을 좋아했다]일 뿐만 아니라 자신들 사이의 의사소통과 외부 세계를 위한 이미지 생산을 위해 비디오카메라를 사용하기도 했다고 썼다.

69. Morley, "Where the Global Meets the Local," p. 15에서 재인용.

70. Robertson, "On the Concept of Globalization"; T. Luke, "New World Order or New World Orders? Power, Politics and Ideology in the Informationalizing Global Order," *Global Modernities,* ed. M. Featherstone, S. Lash & R. Robertson (London: Sage, 1995) 참조.

71. A. Appadurai, "Disjunction and Difference in the Global Cultural Economy," *Theory, Culture & Society* 7, nos. 2-3 (1990).

72. E. Berner & R. Korff, "Strategies and Counter-Strategies: Globalization and Localization from the Perspective of the Sociology of Group Conflict" (mimeo, University of Bielefeld, 1992).

73. P. Cooke, "Modernity, Postmodernity and the City"; S. Zukin, "The Postmodern Debate over Urban Form," *Theory, Culture & Society* 5, nos. 2-3 (1988) 참조.

74. A. King, "The Times and Spaces of Modernity," *Global Modernities* 참조.

75. H. K. Bhabha, *"'Race,' Time and the Revision of Modernity,"* *Oxford Literary Review* 13 (1991).

76. 이는 단순히 중심으로서 서양과 주변으로서 비서양 세계 간 흐름의 문제만은 아니다. 아브루고드(J. Abu-Lughod)가 지적했듯 우리는 다양한 중심의 확산과 특히 아시아의 부상하는 중심부 문화가 그들 자신의 경로 내에서 퍼져가는 과정을 볼 수 있다. "Going Beyond the Global Babble," *Culture, Globalization and the World-System*, ed. A. D. King (London: Macmillan, 1991). 이는 또한 주재국 국민과 이주자 간 관계의 문제가 새로운 중심부—예를 들면 일본—내에서 부상하는 것을 의미하기도 한다.

77. S. Hall, "The Question of Cultural Identity," *Modernity and Its Futures,* ed. S. Hall, D. Held & T. McGrew (Oxford: Polity Press, 1992).

78. Ibid., p. 308.

79. S. Hall, "Old Identities and New," p. 60.

80. 복수적이고 분산된 정체성에 관해서는 G. Marcus, "Past, Present and Emergent Identities: Requirements for Ethnography in Late Twentieth Century Modernity,"

Modernity and Identity, ed. S. Lash and J. Friedman (Oxford: Blackwell, 1992) 참조. 문화적 탈구에 관해서는 Gupta & Ferguson, "'Beyond' Culture" 참조.

81. M. Maffesoli, *Le Temps des tribus* (Paris: Klinckcieck, 1988).

82. Z. Bauman, *Modernity and Ambivalence* (Oxford: Polity Press, 1991)의 논의 참조.

83. D. Maybury-Lewis, "On the Importance of Being Tribal," *Utne Reader* 52 (July-August 1992); *Millennium: Tribal Wisdom and the Modern World* (New York: Viking Penguin, 1992) 참조.

84. J. Urry, "The Tourist Gaze and the 'Environment,'" *Theory, Culture & Society* 9, no. 3 (1992).

85. U. Hannerz, "Cosmopolitans and Locals in World Culture," *Theory, Culture & Society* nos. 2-3 (1990); Bauman, *Modernity and Ambivalence* 참조.

86. J. Urry, *The Tourist Gaze* (London: Sage, 1990).

87. 월트 디즈니 세계에 관한 논의는 S. J. Fjellman, *Vinyl Leaves: Walt Disney World and America* (Boulder, Colo.: Westview Press, 1992) 참조.

88. D. Ley, "Modern, Post-Modernism and the Struggle for Place," The *Power of Place,* ed. J. A. Agnew & J. A. Duncan (Boston: Unwin Hyman, 1989).

89. D. MacCannell, *Empty Meeting Grounds: The Tourist Papers* (London: Routledge, 1992), 8장 참조.

90. Ibid., p. 18.

91. N. C. Lutkehaus, "Excuse Me, Everything is Not All Right: An Interview with Filmmaker Dennis O'Rourke," *Cultural Anthropology* 4, no. 4 (1989); E. M. Brunner, "Of Cannibals, Tourists, and Ethnographers," *Cultural Anthropology* 4, no. 4 (1989) 참조. 또한 MacCannell, *Empty Meeting Grounds* 참조.

92. MacCannell, *Empty Meeting Grounds,* p. 31.

93. J. Friedman, "Being in the World: Globalization and Localization," p. 320.

94. J. Friedman, "Narcissism, Roots and Postmodernity: The Constitution of Selfhood in the Global Crisis."

95. 로컬화한 정체성의 복합성에 관한 더 깊은 논의는 John Kirkpatrick, "Trials of Identity in America," *Cultural Anthropology* 4, no. 3 (1989), pp. 301-311 참조.

96. Anthony D. King, "The Times and Spaces of Modernity (or, Who Needs

Postmodern-ism?)" *Global Modernities,* ed. M. Featherstone, et al. (London: Sage, 1995).

97. G. Obeyeskere, *The Apotheosis of Captain Cook* (Princeton, N.J.: Princeton University Press, 1992).

98. John Tagg, "Globalization, Totalization, and the Discursive Field," *Culture, Globalization, and the World-System* (London: Macmillan, 1991).

99. N. Elias, *Involvement and Detachment* (Oxford: Blackwell, 1987); Moore, "The Production of Cultural Pluralism" 참조.

100. Jonathan Friedman, "Cultural Logics of the Global System," *Theory, Culture, and Society* 5, nos. 2-3 (1988).

101. Ibid.

102. Stephen Mennell, *Norbert Elias* (Oxford: Blackwell, 1989).

103. Michel Serres, *Rome: The Book of Foundations* (Stanford: Stanford University Press, 1991).

03

경계 없는 세계?
식민주의에서 초국적주의로의 전환과 국민국가의 쇠퇴

● 미요시 마사오 ●

담론과 실천은 상호 의존적이다. 실천은 담론을 따르는 한편, 이론은 실천에 의해 생성된다. 식민주의에 대한 담론의 경우, 식민주의 역사와의 오랜 관계의 계보가 있다. 우리는 일찍부터 존 로크(John Locke), 에드먼드 버크(Edmund Burke), 제임스 밀(James Mill), 그리고 토머스 매콜리(Thomas Macaulay) 같은 실천가들의 글과 제국주의 전성기 이후 이 실천에 대한—그 누구보다도—홉슨(J. A, Hobson), 레닌(V. Lenin), 룩셈부르크(R. Luxemburg), 슘페터(J. A. Schumpeter)의 비판을 상기할 수 있다. 멜빌(H. Melville)과 플로베르(G. Flaubert)에서 콘래드(J. Conrad)와 지드(A. Gide)에 이르기까지 식민지 본국의 수많은 소설가들은 멀리 떨어져 있는 식민지의 존재에 강한 집착을 보였다. 실제로 제인 오스틴(Jane Austin)부터 토마스 만(Thomas Mann)에 이르기까지, 발자크(H. de Balzac)에서 로렌스(D. H. Lawrence)에 이르기까지 그 어떤 서구 작가도 근대적 팽창주의의 마법에서 풀려날 수 없었다. 에드워드 사이드가《문화와 제국주의(Culture and Imperialism)》에서 주장하듯 근대 서구는 자기 정의(self-definition)를 위해 식민지에 의존했다.[1]

하지만 문학 이론과 비평 영역에서 식민주의에 관한 담론은 놀라울 정도로 짧은 역사를 갖고 있다. 에메 세제르(Aimé Césaire), 제임스(C. L. R. James), 프란츠 파농 그리고 조지 래밍(George Lamming)[2] 등과 같은 네그리튀드 운동(Negritude Movement) 작가들과 여타 제3세계 작가들이 제2차 세계대전이 끝난 뒤 저항적 비판주의 시각에서 자신들의 견해를 피력하기 시작했다는 점을 기억할 필요가 있다.[3] 그러나 식민주의에 대한 담론이 서구 이론 및 비평의 주류에 진입한 것은 세계 대부분 지역에서 행정적 식민 지배가 사라지고 한참 뒤인 불과 15년 전이었다.[4] 역사를 저항에 대한 개인적 관심의 시각에서 검토한 사이드의《오리엔탈리즘(Orientalism)》(1978)은 권력과 문화 관계에 대한 의식을 극적으로 고양시켰고, 인문학의 여러 분과 학문에 활기찬 영향을 끼쳤다.[5] 다시 말해, 1945~1970년 공식적 식민주의가 종식되고 몇 해 후 비로소 이론이 식민주의라는 쟁점을 비평에서 다룰 수 있는 요소로 취급하기 시작했다. 문학 이론이 텍스트 외적인 문제, 특히 권력과 자원의 임박한 이동에 관한 문제를 다루는 걸 불편해하거나 꺼리는 태도를 보여주기 때문이기도 하지만 문학사에서 수십 년이라는 시차는 매우 흥미로운 일이다. 때로는 향수에 아슬아슬하게 근접하기도 하는 탈식민화의 역사와 행정적·점령적 식민주의의 기억은 최근 들어 식민적 담론과 소수 인종 담론이 세워지는 토대를 이루고 있다.[6]

하지만 '해방'과 '독립'의 과정을 둘러싼 상황은 아직까지 널리 통용되는 서사로 수용되고 있지 않다. 오늘날 식민주의는 이스라엘, 남아프리카공화국, 마카오, 아일랜드, 홍콩 같은 일부 지역에만 남아 있는가? 그 밖에 다른 세계는 포스트식민주의의 자유를 누리고 있을까? 현재 우리가 직면한 문제는 역사적으로 식민 본국과 식민지라는 패러다임과 비교할 때 유사하지만 동시에 다른, 오늘날의 권력과 문화의 전 지구적 배치를 어떻게 이해할 것인가 하는 점이다. 이 글은 치환과 지배를 특징으로 한 신식민지적 실천의 변형 및 지속, 그리고 이것이 담론 속에 거울처럼 반영된 관계에 관심을 두고 있다. '포스트식민성'과 다문화주의에 대한 현재의 학문적 관심은 전 지구적 정치학의 현실성을 은폐하려는 또 다른 알리바이라는 의심이 짙다. 이 글은 식민주의가 초국적기업주의의 형태로 훨씬 더 적극적으로 기능하고 있음을 보여주고자 한다.

우리는 탈식민화 과정의 시초에서 논의를 시작해볼 수 있을 것이다.[7] 1989년의 냉전 종식은 우리로 하여금 과거 반세기, 혹은 더 긴 기간의 역사를 진정으로 급진적인 변화에 의해 형성된 시각을 통해 반추해볼 수 있게 해주었다. 예를 들어, 우리는 세계 체제를 근본적으로 변화시킨 제2차 세계대전의 종언을 다시 한 번 재평가하고 있다. 독일과 일본의 공격력을 파괴시켰다고 해서 유럽 산업 국가들의 헤게모니가 완전히 되살아난 것은 아니었다. 서유럽 국가, 특히 영국과 프랑스는 너무나 치명적인 피해를 입었기 때문에 국내 산업 기지를 재건하면서 동시에 식민지를 지배할 만한 군사력을 유지할 수 없었다. 돌이켜보면, 소련은 군사적 초강대국으로서 면모는 유지했지만 그 생산과 분배 체계는 파국에 가깝게 엉망이 되었다. 독일과 일본이 공언한 전쟁 명분, 즉 새로운 세계 질서(당시 추축국의 슬로건이었던 '신질서(die neue Ordnung)'와 '세계 신질서')를 통한 해방과 탈식민화는 완전한 사기였다. 제2차 세계대전에서 식민 본국을 편들었던 세계의 피식민지들은 이 기회를 이용해 독립과 자율 외에 어떠한 조치도 받아들이려 하지 않았다. 비록 상황은 다양했지만, 해방은 이후 수십 년에 걸쳐 요구 및 성취되었다.

제2차 세계대전 후 독립은 적어도 지표면의 85퍼센트에 해당하는 지역에서 짧게는 수십 년, 길게는 수세기 동안 지속되었던 굴욕적이고 착취적인 식민 지배에 종지부를 찍는 듯했다. 그런데도 피식민지인들이 엄청난 희생을 무릅쓰며 쟁취하기 위해 격렬하게 투쟁해온 자유와 자치는 예상과 달리 획득하기 쉽지 않았다. 탈식민화는 해방과 평등을 가져다주지도 않았고, 새로운 부와 평화 또한 제공하지 않았다. 오히려 거의 모든 곳에서 고통과 궁핍이 이전과는 다른 형태로, 다른 대행자들의 지배 아래 계속되었다. 과거의 매판 자본가들이 지배를 이어받았고, 그들이 보상에 대한 대가로 옛 지배자들의 이익을 계속해서 보호해주는 일도 결코 드물지 않았다. 그리하여 일반 민중의 복지는 거의 개선되지 않았다. 동아시아 신흥공업경제지역(NIES)과 동남아시아국가연합(ASEAN)을 예외로 하면,[8] 사실 근래 들어 많은 과거 식민지들의 상황은 훨씬 더 악화했다. 최근 배질 데이비드슨(Basil Davidson)이 "흑인의 짐(black man's burden)"이라고 부른 '포스트식민적' 상황 악화는 식민화와 탈식민화가 떼려야 뗄 수 없이 얽혀 있는 이중적 과정의 결과다.[9] 우리는 모두 이전 단계에 대해 잘 알고 있다. 식민주의자들이 마음대로 국경선을 긋고 자신이 빼앗은 땅을 지도에 표기했을 때, 부족들은 합쳐지기도 하고 서로 갈라지기도 했다. 많건 적건 자의적인 지도 형태에 갇힌 부족은 멀어서 보이지조차 않는 식민 본국을 위해 노예 상태로 전락해갔다. 서구 문화가 규범적 문명이 되었고, 토착 문화는 전근대적이고 주변적인 것으로 여겨져 추방당했다. 그리고 하위 주체들의 저항이 예상보다 훨씬 활발한 것으로 입증되고 식민지 프로그램이 그 어디에서도 완벽하게 실현되지는 못했다 하더라도, 정복자의 존재는 대부분 지역에서 끊임없는 저항과 반대에도 통제와 질서의 외양을 유지할 정도로 강력했다.

제2차 세계대전 이후 공식적 식민주의가 사라지면서 이전에 식민지였던 지도상의 지역들은 떠나가는 식민주의자와 새롭게 자유를 획득한 사람 모두에게 역사적으로 자율적인 영역, 즉 하나의 민족사와 민족어, 민족 문화, 민족적 응집력, 나아가 최종적으로 국가, 국기(國旗), 박물관, 지도로 상징되는 자율적인 국가 장치를 갖춘 근대 국민국가로 인식되었다. 하지만 이러한 실체는 다양한 장소에서 이전 정복자들이 소유하거나 만들어놓은 모사물에 지나지 않았다. 이것들은 새롭게 독립한 시민들에게 정당성이나 진정성을 확신시켜줄 고유한 역사나 논리를 갖지 못했다. 과거에는 억압자에 맞서 싸우는 동안 자기 정의(self-definition)를 획득하는 것이 어렵지 않았다. 반대와 저항이 자신의 정체성을 표시해주었기 때문이다. 하지만 유럽인이 물러가고 난 후, 식민지 영토의 주민들은 식민지 이전 시절의 전혀 다른 역사와 논리로 운영되었던 과거의 분열된 장소로 다시 내던져졌다. 해방된 식민지 시민들은 이제 앞으로 살아가야 할 국민국가의 조건에 맞춰 새롭게 타협해야 했다. 토착주의로의 퇴행도 하나의 선택지였을지 모르지만, 제3세계는 하나의 식민지 영토에 함께 던져진 다양한 종교, 부족, 지역, 계급, 성별, 민족 사이의 불평등과 갈등으로 가득 차 있었다. 생산과 분배는 끔찍할 정도로 비효율적인 경우가 종종 있었다. 한 국민국가의 기억에 내재된 황금시대는 순수하지도 정당하지도 심지어는 이용할 수도 없는 것으로 밝혀졌고, 유토피아적 꿈도 종종 피비린내 나는 악몽으로 변했다. 식민주의자에 대한 증오는 사람들을 해방을 위해 동원하는 데는 충분했지만 독립 국가의 경영에는 적합하지 않았다. 프란츠 파농이 일찍이 예견했듯 토착주의의 시도는 사실상 끔찍한 부패와 파멸로 끝났고, 이러한 상황은 지금도 세계 곳곳에서 진행 중이다. 세속적 서양의 '시간 정치(chronopolitics)'에 일단 통합되고 나면, 피식민지 공간은 자율과 은둔을 되찾을 수 없다.

일단 식민지 이전 상태에서 강제적으로 이끌려나오면, 주변부의 토착민은 자신들의 소망이나 성향과 상관없이 외부 세계의 지식과 대면하지 않을 수 없다. 그럼에도 과거 식민지였던 대부분 지역에서 근대 국민국가의 조건은 여전히 주어지지 않았다.[10]

서구 산업 국가들은 몇 세기 동안 내전, 종교 전쟁, 농촌/도시 혹은 농업/공업 간 모순을—아무리 잔인한 방식일지라도—나름 여유 있게 해결해 왔다는 점을 상기할 필요가 있다. 하지만 과거 식민지들은 이러한 문제를 해결할 시간이 훨씬 적었고, 나아가 외부 세력의 지배를 받고 있었다. 대부분의 과거 식민지들은 아직 국가의 지리학적, 인구학적 단위를 결정할 논리와 목표에 대한 합의를 보지 못하고 있다. 떨어져 나오려는 파편화의 의지와 통합하려는 전체화의 의지가 서로 투쟁하고 있는 것이다. 미국 및 여타 다른 식민 권력들이 경제적, 정치적, 군사적 수단을 통해 공공연히 그리고 암암리에 개입한 수많은 사례가 있었다는 것을 잊어서는 안 된다. 그들에게 평화적 진보는 구조적으로 불가능했다. 반둥 회의(Bandung Conference, 1955), 석유수출국기구(OPEC, 1960), 유엔무역개발회의(UNCTAD, 1964), 신국제경제질서(NIEO, 1974) 등과 같이 제1세계의 지배에 맞선 제3세계 국가들의 연합체는 아주 부실하게 활동하고 있고, 궁극적으로 브레튼우즈(Bretton Woods) 체제에 굴복하고 말았다. 이는 서구 승전국들이 1944년 폐허가 된 전후 세계를 관리하기 위해 세계은행(World Bank)과 국제통화기금(IMF), 관세 및 무역에 관한 일반 협정(GATT)이라는 3개의 핵심적 경제 기구를 토대로 확립한 체제다.

국민국가가 근대 서구의 산물이라는 것은 널리 인정되고 있는 사실이다. 더욱이 1800년경 서구에서 국민국가의 점진적 부상은 식민주의의 기능이었다고 주장할 수도 있다. 일찍이 근대 여명기에 유럽 군주들은 모험주의적 기획을 후원했다. 그 뒤 이러한 기획은 시장과 자원에 대한 부르주아의 엄청난 수요에 의해 더욱 촉진되어 식민지 팽창 정책을 형성했다. 거의 동시에 산업혁명이 생산의 효율성을 증대시키자, 도시 지역은 상당수의 농촌 노동력을 받아들임으로써 엄청난 잉여 인구를 창출했다.[11] 잠재적으로 반란 가능성이 있는 실업자들과 쫓겨난 노동자들의 불만은 노동 시장의 주변부 지역에서 해소할 필요가 있었다. 이런 목적을 위해 식민주의 조직자들은 모집한 일꾼과 사병에게 그들의 사명이 갖는 고귀함뿐만 아니라 이익에 대해서도 설득해야 했다. 세계의 멀리 떨어진 야만 지역으로 항해하는 것은 매우 무서운 일이었고, 전리품을 나누어 갖게 될 전망도 결코 확실한 것은 아니었다. 무엇보다 부르주아 지도자들은 전체 민중의 이익과 첨예하게 대립하는 자신의 계급적 이해관계를 숨겨야 했다. 그들은 자신의 믿음을 신뢰하고 그 사명의 도덕성을 믿으며 약속된 미래의 부를 열망하는 십자군과 지지자를 필요로 했다. 그래서 국민국가라는 신화(즉 대의제 정부가 통치하는 공유된 공동체에 대한 믿음)를 만들어냈고, '문명화의 사명(mission civilisatrice)'이라는 신화(항해자들이 이교도 야만인보다 인종적으로 우월하다는 생각)는 국민국가를 보충하거나 필수 불가결한 것으로 보이게끔 했다. 이러한 '상상된(혹은 만들어진) 공동체'에서 시민들은 혈족 관계와 공동체에 의해 결속되었다. 요컨대 그들은 그 공동체 안에 함께 있었다.[12] 국민국가라는 관념 속에서 식민주의자들은 자신의 정책과 변명을 도모할 수 있는 도덕적·신화적 토대뿐만 아니라 정치경제적 토대를 발견한 것이다.

그리하여 16세기부터 20세기 중반에 이르기까지 서구 식민주의의 발전은 국민국가의 흥망과 일치했다. 하지만 최근 국민국가의 운명은 폴 케네디(Paul Kennedy)의 주장처럼 "강대국의 흥망"과 동의어가 아니다.[13] 산업화한 세계에서 부르주아의 자본은 이전만큼 혹은 이전보다 훨씬 더 강력하다. 그러나 자본이 끌어들이는 논리, 봉사하는 고객, 이용할 수 있는 도구, 점령하고 있는 지역 등 요컨대 자본의 정체성 자체가 모두 변했다. 이것은 보호와 촉진을 위해 자신을 탄생시킨 국민국가에 더 이상 의존하지 않는다. 물론 그들은 계속해서 국민국가의 구조를 이용하지만, 자본의 권력과 에너지는 이제 다른 곳에 존재한다. 여기에 대해서는 나중에 논할 것이다.

1945년 이전에도 윈스턴 처칠은 영국이 미국에 제왕의 자리를 넘겨줘야 한다는 사실을 예감했다. 얄타 회담 때는 아니었지만 선거에 패배해 다우닝가 10번지에서 쫓겨날 무렵 그는 이미 세계 경영이 미국의 수중에 있다는 것을 알았다. 당연히 그의 생각은 옳았다. 1945년 이래 식민주의의 역사는 미국의 역사와 겹친다. 제2차 세계대전이 종식되었을 때, 미국 경제는 마침내 대공황의 모든 상흔으로부터 벗어나 있었다. 하지만 평화 시기에 전망은 마냥 장밋빛은 아니었다. 전시 경제의 규모를 줄이는 것은 생산과 소비 분야에서 절대적 침체뿐만 아니라 실업률(1942년 1.2퍼센트)의 급격한 상승을 가져와 1930년의 악몽을 되풀이할지도 모른다는 것을 의미했다. 1946년에는 (철강, 석탄, 철도, 항만 분야에서) 일련의 파업이 일어났고, 파업을 억제하기 위한 태프트-하틀리 노동법(Taft-Hartley Labor Act)에 대한 트루먼 대통령의 거부권 행사를 1947년 의회가 뒤집었다. 대통령이 1947년 그리스와 터키에서 일어난 '공산주의 테러'를 봉쇄하기로 결정하고, 유럽 재건을 돕기 위한 마셜 플랜을 시작한 것은 이처럼 경제적으로 긴장되고 불안한 상황에서였다. 국내총생산(GNP)이 1946년 19퍼센트나 떨어지는 불길한 조짐을 보였지만 1947년에는 단 2.8퍼센트만 하락했다. 그리고 1949년 0.02퍼센트의 정체 상태에 머물렀는데, 이를 구한 것은 한국전쟁(이 전쟁의 기원은 아직까지 명확하지 않다)[14]이었다. GNP는 1950년에 8.5퍼센트, 그리고 1951년에는 10.3퍼센트 상승했다.[15] 마찬가지로 1953년 북한과 휴전 협정에 조인할 무렵(이로 인해 소규모 경기 침체가 있었다) 미국은 동남아시아의 반란 진압에서 프랑스 정부를 돕기 시작해 그 비용의 75퍼센트를 짊어졌다. 1954년 프랑스군이 디엔비엔푸에서 대패한 후 남베트남 군대의 훈련이 시작되었다. 아이젠하워 대통령이 미국인에게 '군산복합체'와 '과학 기술 엘리트'의 수중으로 권력이 잘못 들어감으로써 파괴적 권력이 생겨날 가능성이 있다고 경고했을 때, 이미 미국에는 안보 국가 체제가 확고하게, 어쩌면 돌이킬 수 없을 정도로 정착되고 있었다.[16] (이 10년에 걸쳐 대학은 제대 군인을 흡수하기 위해 문호를 개방했고, 여성과 남성 간 학생 비율을 1920년대 수준 이하로 낮추었다.[17] 그리고 문학 이론과 실천에서도 물론 보수적 이데올로기와 형식적 미학주의가 압도적이었다.)

소규모의 치열한 '반공주의' 분쟁에 의해 정기적으로 강화되던 냉전은 미국 경제가 세입과 세출을 조직화하고 일정 수준의 생산과 분배를 유지하는 데 신뢰할 만한 도구가 되었다. 이와 관련해 "1951~1990년 국방부의 예산이 해마다 모든 미국 기업의 총순이익보다 많았다"는 점에 주목할 필요가 있다. 미국 헌법은 대통령에게 최고의 경제 권력을 부여하지 않는다. "그럼에도 대통령은 군사 경제의 최고 경영자라는 역할을 떠맡고 그 같은 권능을 갖고 있다. 3만 5000개의 주요 계약 기업과 약 10만 개에 달하는 하청 기업의 관리자들은 대통령/최고 경영자에 종속되어 있다. 펜타곤만 하더라도 국방부의 중앙행정처 조달 네트워크에 50만 명을 고용하고 있다."[18] 미 국방부는 일본의 통상산업성(MITI)에 해당한다. 요컨대 중앙 집중화한 경제 정책을 입안하고 실행한다. 그러므로 국가 안전은 본질적으로 경제 문제라고 말하는 것이 더 정확할 것이다. 미국 경제는 단순히 통제 불가능한 외국의 위협에 반발하기보다 세계 관계를 능동적으로 주도해갔다.

1957~1958년의 경기 후퇴 직후 케네디 행정부는 GATT 케네디 라운

드를 통해 유럽공동체의 관세를 낮춤으로써 국제 무역을 확장하려 했다. 1960년대 초 이른바 무역 자유화는 통합된 세계 시장을 회복하고 해외 직접 투자를 장려했다. 그 결과 미국 기업의 유럽 투자가 눈에 띄게 증가했다. 이러한 국제 무역 팽창은 '다국적 기업'과 '초국적 기업', 즉 원료와 공산품을 수출입할 뿐 아니라, 나중에 충분히 설명하겠지만 자본·공장·판매망을 국경 너머로 이동시키는 거대 기업들의 급속한 발달을 초래했다. 그리고 이러한 경제 조직의 역사는 전 지구적 탈식민화의 맥락에서 상기할 필요가 있다.

대영제국의 와해는 사이프러스·나이지리아·케냐에서 자메이카·말레이시아·싱가포르에 이르기까지 수많은 식민지를 차례로 상실하면서 1960년대 내내 가속화했다.[19] 1950년대에 인도차이나와 다른 식민지들을 잃은 프랑스 역시 1962년 마침내 알제리를 포기했다. 이와 동시에 미국의 GNP는 상당히 낮은 인플레이션과 실업률을 보이며 7~9퍼센트의 활발한 증가세를 보였다. 경제적으로나 군사적으로나 적수가 사라진 미국은 도처에서, 특히 베트남에서도 자본주의적 이익을 보호할 준비를 갖추었다. 만일 존슨 대통령이 보수적 반대파에 동남아시아 원정을 제공하면서 '위대한 사회' 프로그램과 가난과의 전쟁에 대한 지지를 얻어내려 했다면, 그의 도박은 재앙에 가까운 것이었다. 전국적으로 저항 운동이 들끓고 이 나라를 비둘기파와 매파, 징병 기피자(Clintons)와 참전자(Gores)로 분열시켰다는 것은 누구도 쉽게 잊을 수 없다. 반전 시위자들의 타도 대상 목록에서 몇 개의 업체만 언급하자면 제너럴 모터스(GM), 제너럴 일렉트릭(GE), 듀폰, 다우케미컬(Dow Chemical) 등 국가 방위와 관련한 기업들의 이름이 눈에 띄었다. 그리고 자본과 공장의 체계적인 해외 이전을 시작한 것은 1960년대에 출범한 바로 이들 기업이었다. 물론 다른 요인도 있었다. 자동화, 합성

화학, 전자공학에서 기술 혁신이 엄청난 자본 축적과 통신 수송 분야의 괄목할 만한 성장을 낳았던 것이다. 미국의 자유 무역 정책은 이러한 발달에 대한 대응이자 부추김이었다.

1960년대 후반 미국계 다국적 기업의 세계 지배는 타의 추종을 불허했다. 미국의 해외 직접 투자(FDI)는 주로 서반구에 집중되고 아프리카와 아시아에서는 미미했는데, 그 규모는 전 세계 모든 국경 간 투자액의 절반에 달했다. 이는 20퍼센트의 영국과 10퍼센트 미만의 프랑스 해외 직접 투자를 훨씬 능가하는 수준이었다.[20] 그 당시 초국적 기업이라고 하면 곧 미국의 소유를 생각했는데, 이러한 패턴은 1970년대 중반까지도 달라지지 않았다. 미국 투자가 서유럽에 집중된 것은 다음 네 가지 요인으로 설명할 수 있다. 즉 유럽의 높은 이자율, 유럽경제공동체(EEC)의 출현, 해외 이윤에 유리한 미국 세법, 마지막으로 유럽 숙련 노동력의 비교적 낮은 임금이 그것이다. 서구를 위해 세계 질서를 통제하는 중요한 과업은 여전히 원조와 개입이라는 군사적·정치적 프로그램을 가진 미국 정부의 몫이었다.[21]

1970년경 유럽과 일본의 초국적 기업이 급속히 성장해 미국 기업들과 경쟁했다. 그들의 주된 공략 대상은 다름 아닌 미국의 선진적 제조업이었다. 이런 대담한 움직임은 몇 가지 경제적 발달을 통해 설명할 수 있다. 첫째, 닉슨 행정부가 1971년 임금과 물가를 동결하고 달러의 금 태환을 중지시킨 후 미국 달러화는 가치 절하를 겪게 되었는데, 이것이 미국을 외국 투자가에게 매력적인 곳으로 만들었다. 둘째, 1973년의 4차 중동전쟁과 석유 수출 금지 조치 때문에 세계 다른 지역들에서 정치적 불안과 불확실성이 증가해 미국이 다시 매력적인 곳이 되었다. 셋째, 유럽과 일본의 산업 회복이 미국에서 활발한 투자 활동을 벌일 정도로 강력해졌다. 마지막으로 넷째, 시간이 지나면서 무역 마찰이 심화되었고, 유럽과 일본의 제조업자들이 미국 시장 내에 공장을 건설하는 게 이점이 있다는 것을 깨달았다. 초국적 기업 중 미국이 차지하는 비율은 계속해서 압도적이었지만, 1980년대에 그 비율은 영국 18퍼센트, 서독 10퍼센트, 일본 8퍼센트에 비해 33퍼센트로 떨어졌다.

1985년 미국은 뉴욕에서 열린 G5 정상 회담에서 달러의 평가 절하를 협상했다. 플라자 협정(Plaza Agreement)은 달러화의 가치를 엔화 대비 2분의 1 수준으로 떨어뜨렸으며, 일본의 통화 가치를 100퍼센트로 끌어올렸다. 이 조치는 미국의 대일 수출 증가와 일본의 대미 수출 감소를 목표로 한 것이었지만 실효가 없었다. 더욱이 오래지 않아 일본의 초국적 기업들은 엔화 강세의 위력을 실감했다. 그들은 이 돈으로 공격적인 투자 활동을 지속했고, 자신들의 시장 점유율을 유지하기 위해 할 수 있는 한 가격을 낮추려 했다. 이런 단계의 다국적 기업의 발전을 특징짓는 것은 미국에 대한 지속적 투자 외에도 일반적으로 4개 지역, 즉 조세 피난지(예를 들어, 카리브해 지역의 네덜란드령 쿠라소섬), OPEC 국가, 아시아의 NIES(한국, 타이완, 홍콩, 싱가포르), 그리고 ASEAN 국가(태국, 말레이시아, 인도네시아, 필리핀, 싱가포르, 브루나이)를 집중적 공략 대상으로 삼았다는 점이다. 이러한 국가는 대부분 노동조합과 야당을 억압함으로써 정치적 '안정(대규모 초국적 기업이 활동할 수 있는 최소한의 필요조건)'을 도모하는 권위주의 정부의 지배를 받고 있었다. 또한 OPEC과 NIES, 멕시코, 인도에서도 초국적 기업이 점차적으로 발전해 미국뿐 아니라 상호 간에도 투자하기 시작했다. 그리고 산업화한 국가와 덜 산업화한 국가에서도 소규모 기업(자본금 1억~5억 달러 사이의 기업)이 자신들의 활동을 초국적화하는 데 매우 적극적이었다. (합작 회사를 비롯해) 다양한 곳에서 생겨난 초국적 기업들의 공존은 경제적 헤게모니의 분석을 복잡하고 어렵게 만드는 요인이 되었다.

이런 상황에서 EC와 북미, 동아시아 국가 사이에 다국적 투자 활동의 촘촘한 네트워크가 등장해 **다국적**(multinational) 기업들을 **초국적**(transnational) 기업으로 점차 변화시켰다. 이 두 가지 기업 범주를 구분하는 것은 확실히 문제가 있다. 종종 바꿔서 사용하기 때문이다. 차이가 있다면, 이 기업이 기원(origin) 국가로부터 얼마나 떨어져 있는가 하는 정도의 문제다. 국제 무역의 범위는 다음과 같이 그 발전 단계에 따라 설명할 수 있다. 첫째, 국내 기업이 다른 지역 상인들과 연계를 맺으면서 단순하게 수출/수입의 활동을 수행한다. 그다음 단계에서 기업들은 해외 유통망을 인수해 제조, 마케팅, 판매를 해외에서 실행한다. 마지막으로 초국적 기업은 자본과 인력, 연구 개발을 비롯한 사업 체계 전체를 이전하면서 기업 운영을 탈국적화한다. 이 최종 단계에 도달하는 것은 기업이 기원 국가나 주재국이 아니라 주주, 고용주, 고객 사이에서 기업 그 자체에 충성을 추구할 때다. 그리하여 다국적 기업은 한 국가 내에 본사를 두고 있지만 활동은 많은 국가에서 하는 기업이다. 이런 기업의 고위 간부는 대부분 기원 국가의 국적을 소유한 사람들로 구성되어 있고, 기업에 대한 충성도도—비록 점차 이탈하고 있긴 하지만—궁극적으로는 모국에 얽매여 있다. 반면 진정한 초국적 기업은 더 이상 기원 국가에 얽매이지 않고 이동하면서, 자신의 이익에 도움을 주는 곳이라면 어디든 정착해 자신의 모국을 비롯한 그 어떤 나라라도 착취할 태세를 갖추고 있다.[22]

여기서 다시 한 번 초국적 기업과 다국적 기업 간의 명확한 구분은 불가능하다는 점을 강조해두자. 한 기업의 탈국적화가 정확히 어느 정도인지를 쉽게 가늠할 수는 없기 때문이다. 이를테면, 다국적 기업에 비해 초국적 기업의 조세 의무나 외국 직접 투자와 관련한 비교 등 그 어떤 체계적인 연구도 존재하지 않는다. 다국적 기업도 초국적 기업 못지않게 이기적이다.

하지만 최근 들어 특정 국가와의 동일시는 점점 줄어들고 기업의 자기 이익을 더욱 강력히 추구하려는 경향은 명백하다. 다시 말해, 여전히 국가 장치(예를 들어, 군대)에 대한 지속적 의존에도 다국적 기업들은 **탈국적화**와 **초국적화**의 과정에 있다.

초국적 기업의 특징에 완전히 부합하는 기업은 아직까지 거의 없지만 대규모 회사 중에는 ABB, 소규모 회사 중에는 야오한(Yaohan) 같은 사례가 있다. 스웨덴에서 출발해 연간 250억 달러 넘는 수익을 올리고 있는 ABB는 그 어떤 지리적 중심도 갖고 있지 않다.[23] 야오한은 일본의 식료품 체인점으로 시작했지만 일본과의 연계를 끊고, 먼저 브라질로 옮겨갔다. 그 뒤 지금은 홍콩으로 이주해 있다. 여기서 주목할 사실은 일본의 법인세가 49.9퍼센트인 데 반해 홍콩에서는 1989년 16.5퍼센트였다는 점이다.[24] 야오한의 회장은 자신의 진정한 목표가 21세기에 10억 명의 중국인이라고 선언했다.[25] 다른 한편, 많은 다국적 기업은 이윤을 극대화하기 위한 전략을 작성하면서 모국과 주재국에서의 기회를 기민하게 비교하고 있다.

비록 1960년대 이래로, 혹은 그 이전부터 다국적 기업에 대한 국가 주권의 상실이 논의되긴 했지만, 이런 유형의 초국적 기업은 1980년대에 더욱더 가시화했다.[26] 이러한 발전이 1980년대에 일어난 것은 우연이 아니다. 1970년대 후반 카터 대통령 시절의 스태그플레이션 이후 레이건 대통령은 강력한 사적(私的) 부문이 필시 국민 전체를 이롭게 할 것이라는 확신 아래 사적 이익을 증진시키기 위한 명확히 규정된 프로그램을 갖고 있었다. (사실 이 정책을 설계한 기업가들이 건네준 설명 문구를 십중팔구 그대로 따랐을 것이다.) 이 10년 동안 가난한 사람들로부터 부자에게로 부의 이동이 너무나 효율적으로 이뤄졌다. 법인세를 감세했다. 교육, 복지, 의료 같은 공공 서비스 부문은 효율이라는 미명하에 줄어들었고, 우체국이나 시 경찰국 같은 '비효율적' 공공기관 대신 페더럴 익스프레스(Federal Express)나 사설 보안업체 같은 사기업에 의존하는 결과를 낳았다. 심지어 형벌 체계와 공립 대학을 민영화하자는 얘기까지 나왔다.[27] 이 10년에 걸쳐 고소득층에 대한 소득세 감면도 이루어졌다. 1945년 월급에 대한 최고 세율은 94퍼센트였고, 1950~1970년대는 70~87퍼센트였다. 이러한 최고 세율이 레이건 행정부의 출현과 더불어 50퍼센트로 떨어졌고, 1991년 부시 행정부 때는 28퍼센트로 낮아졌다.[28] 그리하여 미국의 상위 1퍼센트는 1977~1989년 세금 공제 후 소득 이익의 60퍼센트를 돌려받은 데 반해, 하위 40퍼센트의 가계는 실질적인 소득 감소를 경험했다. 1991년 5월 6일자 〈비즈니스 위크(Business Week)〉에 따르면 미국에서 전형적인 최고 경영자의 임금이 전형적인 제조업 노동자 임금의 85배가 넘은 반면 일본의 경우는 그 비율이 17배에 불과했다.[29] 하지만 케빈 필립스(Kevin Phillips)는 "실질 임금이나 인플레이션을 감안해 조정한 임금이 1980년 이후 계속 감소하고 있는데도 최고 경영자의 임금은 평균 노동자보다 130~140배 높았다"고 썼다.[30] 의심스러운 기업 합병과 인수, 부실 증권 사기부터 저축 혹은 대출 관련 추문에 이르기까지 불법 혹은 반(半)불법적 기업 관행 사례가 너무나 많아 여기에 일일이 거론할 수 없을 정도다. 1991년에는 가난한 사람의 수가 3570만 명으로 늘어났는데, 이는 인구 전체의 14.2퍼센트에 해당하며 1964년 이래 최고 수치였다.[31] 이와 같은 이기적인 이익 추구를 강화하는 분위기 속에서 기업 경영자는 결과와 상관없이 자신의 임무가 이윤 극대화에 있음을 당연시했다. 그들은 낮은 세금과 높은 이익이 있는 곳이라면 어디든 가고자 했다.

여기서 초국적화를 지향하는 이런 움직임이 단지 미국뿐 아니라 전 지구적이었음을 강조할 필요가 있다. 레슬리 스클레어(Leslie Sklair)는 〔(그람시적(Gramscian)이고 페미니즘적인 시각에서 쓴〕 초국적 기업에 관한 가장 포괄적인 연구에서 "초국적 기업이 제3세계에 구원을 가져다줄 것이라는 설득력 있는 증거는 없는 데 반해, 많은 가난한 국가에서 초국적 기업은 경제와 사회에 밝은 빛을 제공해줄 유일한 대안으로 간주된다. 초국적 기업은 곳곳에서 환대의 대상이며 높은 명망을 누리고 있다"[32]고 지적한다. 앞서 언급했듯 산업 국가뿐 아니라 아시아 신흥공업경제지역과 여타 다른 경제체들도 자유롭게 국경선을 넘나듦으로써 이윤을 극대화하는 기업을 만들려 한다. 초국적 기업의 실질적 행동을 어떻게 보든, 이들은 어떠한 국민국가에도 얽매이지 않으면서 자신의 이익과 이윤을 전 지구적으로 추구한다. 이들은 자신의 고국도 주재국도 대변하지 않으며 오직 자기 기업만을 대변할 뿐이다.

물론 이런 현상에는 많은 다른 요인이 있다. 초국적 기업은 엄청나게 강력하다. 스클레어는 "세계은행에 따르면 1986년에 120개국 중 64개국이 100억 달러 미만의 GDP(국내총생산)를 기록했다. 그런데 1985~1986년의 유엔 통계를 보면, 광업과 제조업에서 68개 초국적 기업이 연간 100억 달러 넘는 매출을 달성했고, 상위 50개 은행과 상위 20개 증권사, 그리고 한 곳을 제외한 상위 30개 보험사 전체가 100억 달러 넘는 순자산을 보유하고 있었다"(Sklair, pp. 48-49)고 지적한다. 즉 규모가 가장 큰 100개 경제 단위 중 50개 이상이 초국적 기업이다.[33] 종종 제3차 산업혁명이라고 일컫는 정교한 컴퓨터 기술, 통신, 운송, 제조업의 급속한 발달 덕분에 자본, 생산품, 설비, 인력의 이동이 전례 없이 효과를 발휘하고 있다. 한 번에 수십억 달러를 거래하는 개인 펀드가 한 산업 중심지에서 다른 중심지로 흘러가고, 뉴욕 어음교환거래소(CHIPS)에서만 단 하루의 영업일에 거의 1조 달러가 거래된다.[34] 이러한 발전이 독일의 연방은행, 일본의 일본은행, 미국의 연방준비은행 같은 국립 중앙은행의 조정력을 약화시킨다는 것은 두말할 필요가 없다.

포스트포디즘적 생산 방식 때문에 초국적 기업은 세금 혜택, 정치 안정, 적절한 기반 시설, 그리고 느슨한 환경보호법이 있는 한 숙련 노동력이나 숙련 가능성 있는 값싼 노동력을 제공할 수 있는 어떠한 장소로도 공장을 이동시킬 수 있다. 노동조합 활동이나 여성 운동이 덜 발전한 곳을 포함해 시민권 의식이 낮은 곳이 무엇보다 중요하다. 비록 어디에서나 가혹한 여성 노동력은 존재하지만, 초국적 기업이 노리는 제3세계에서 성별 간 임금 차이는 훨씬 더 크다.[35] 글로벌 수송이 매우 효율적이어서 국경을 가로지르는 분업은 이제 당연한 일이 되었다. 다양한 장소에서 부품을 생산하더라도 조립은 특정한 관세, 노동 여건 및 여타 다른 요인에 따라 전략적으로 목표 시장과 가까운 장소에서 이루어진다.[36] GM, 도요타, GE, RCA, 톰슨 SA 같은 수많은 합작 회사가 존재한다. 은행과 다른 금융 기관 또한 점차적으로 거의 아무런 장애물도 없이 국경을 넘나들고 있다.

어쨌든 이러한 다국적/초국적 기업의 운영에서 제조 상품은 전 지구적으로 선전 및 유통되며, 기원 국가보다는 상표명과 동일시된다. 사실상 상품의 기원 국가는 점점 더 무의미해진다. '바이 아메리칸(Buy American)'이라는 충동은 점차 공허한 전쟁 계획이나 다름없다. 혼다 어코드 자동차는 부품의 75퍼센트를 미국 오하이오주에서 제작하는 데 반해, 닷지 스텔스(Dodge Stealth)는 미쓰비시가 일본에서 생산한다.[37] "새로운 보잉 777기 프로그램에서 보잉사는 날개·돌출부 그리고 엔진 덮개만 생산하고, 넓은 몸체를 지닌 비행기의 다른 부품은 북미와 일본 그리고 유럽의 수백 개 하청 회사에서 제작할 것이다."[38] 어떠한 TV도 100퍼센트 국내 제품인 경우는 거의 없다. 1992년에 "마지막 미국 소유 TV 제조업체 제니스 전자회사

(Zenith Electronic Corp.)는 대형 스크린 세트와 관련한 모든 조립 라인을 멕시코로 이전하고 있다"[39]고 발표했다. 요컨대 초국적 기업은 연구, 개발, 생산, 유통, 광고, 마케팅, 금융, 조세 의무 같은 전 과정을 포함해 비용과 이윤에 대한 섬세한 계산을 통해 활동 장소를 선별하고 있다.

초국적 기업은 전 세계적인 운영을 위한 특정한 정책뿐만 아니라 로컬의 규칙이나 관습에 매우 익숙한 고용인을 충원해야 하는 과제에 직면하고 있다. 이러한 목적을 위해 이들 고용인은 보통 다양한 민족성과 종족성을 가진 사람들로 이뤄진다. 이러한 측면은 몇 가지 점에서 중요하다. 첫째, 초국적 기업은 고용인에게 점차 그들 자신의 민족성보다 기업 정체성에 더 충성할 것을 요구하게 될 것이다. 둘째, 다양한 민족성과 종족성을 가진 고용인들은 서로 의사소통을 할 수 있어야 한다. 이런 점에서 초국적 기업은 적어도 공식적으로, 그리고 표면적으로는 피부색에서 벗어나 다문화 교육을 받고 있다.[40] 미국 내에서 격렬한 인종차별 문제가 계속 반복되고 있는데도, 미국의 이민 규정은 1952년의 매캐런 월터 법(McCarran Walter Act)이 규정한 인종적 할당 제도를 거부하는 등 1965년에 근본적으로 달라졌다. 1986년 수정된 이민개혁통제법(IRCA)과 1990년 11월의 개혁 법안에서는 민족성과 종족성이 아니라 기술의 숙련 여부에 우선권을 부여했다. 특히 초국적 기업은 숙련 전문가라는 일반적 범주 외에 특별한 능력을 소유한 4만 명의 외국인이라는 범주에서도 일정 지분을 주장할 수 있게 되었다.[41] 셋째, 이러한 숙련 노동자의 엄청난 수요는 초국적 기업 시대의 공통어인 영어로 동료들과 자유롭게 대화하면서 전 지구적으로 거주 및 여행하는 초국적 전문가 계급을 창출하고 있다. 초국적 계급, 혹은 로버트 라이시(Robert Reich)가《국가의 일(The Work of Nations)》에서 "상징 분석가들"이라고 부른 계급의 형성은 그 자체로서 한층 더 깊은 연구를 필요로 하는 문제다. 특히 이와 같이 배타적이고 특권적인 계급이 그 바깥에 있는 사람들, 즉 실업자, 비정규직 고용자, 직장 없는 사람, 집 없는 사람과 관계(혹은 무관계)를 맺을 때 더욱 그렇다.[42] 제3차 산업혁명은 앞선 두 번의 산업혁명과 마찬가지로 반(半)숙련과 미숙련의 잉여 노동을 엄청나게 양산하고, 전 세계에 걸쳐 대대적인 인구 이동을 야기했으며, 모든 산업화 지역에서 이들을 하층 계급으로 흘러들게 만들고 있다.

라이시는 특권 계층으로 상승할 가능성이 없는 사람들에게 닥칠 운명에 관해서는 거의 언급하지 않았다. 그럴 때 남는 질문은 새로운 엘리트 경영자들은 근대 산업 사회의 전문가 계급과 어떻게 비교되는가, 그리고 그들은 초국적 기업 구조에서 주변화하거나 버려진 사람들과 어떻게 관계하는가 하는 것이다.

일찍이 서구에서 전통 사회가 부르주아적 자본주의 사회로 전환했을 때, 자본주의적 의제의 구상과 실행에 봉사했던 지식인과 전문가는 스스로를 자유롭고 양심적인 비평가이자 해석자라고 생각했다. 하지만 초국적 기업 시대에 그들은 복잡하고 정교해진 상황에 의해 훨씬 더 은폐 및 매개되어 있다. 왜냐하면 초국적 기업이란 정의상 비(非)지방적이고 전 지구적이기 때문이다. 다시 말해, 그들은 편협하고 특수한 제약으로부터 벗어나 있다고 여겨지기 때문이다. 국민이나 종족의 차단막으로부터 자유롭긴 하지만, 초국적 기업의 계급들은 전 지구적 생산과 소비, 나아가 세계 문화 그 자체의 효율적인 경영에 골몰하는 새로운 형태의 '이데올로기 없는 (ideologyless)' 이데올로기로부터는 자유롭지 않다. 세계 지식인들은 초국적 기업주의에 기꺼이 동참해 그 옹호론자가 될 것인가? 치명적인 문화토착주의의 함정에 빠지지 않으면서 이와 같이 신(新)대니얼 벨(Daniel Bell)적인 초국적 권력과 문화의 배치 속에서 자신의 위치를 어떻게 설정할 것인가

하는 질문은 현재 이 순간 전 세계의 모든 비평가와 이론가가 직면한 가장 중요한 문제인 것 같다. 여기에 대해서는 나중에 다시 살펴볼 것이다.

국민국가의 쇠퇴는 냉전의 종식에 의해 가속화해왔다. 적대감이 '우리'와 '그들'을 가르는 간극을 심화시키는 한 전쟁은 민족주의와 애국심을 적극적으로 활용한다. 냉전 동안 모든 외교 관계에 존재했던 이열(binary) 줄서기가 1989년 갑자기 사라졌다. 권위주의적 사회주의 국가의 붕괴와 더불어 부르주아적 자본주의는 모든 경쟁자를 물리친 것처럼 보였다. 이러한 읽기가 옳건 그르건 행정적 식민주의의 종식과 더불어 '반대편'이 사라진 것은 국민국가를 이데올로기적으로 경쟁 상대가 없고 군사적으로도 경찰화한 진공 상태에 위치하게끔 만들었다. 걸프전 동안 미국이 멋지게 보여준 최첨단 기술의 파괴력은 그 놀라운 군사 행동에 목표와 의미가 결여되어 있음을 숨길 수 없었다. 걸프전은 궁극적으로 속물(俗物)적이었고, 모든 방식을 동원해 냉전 이후의 세계에서 힘을 위한 힘만 보여주었을 뿐이다. 경제력과 산업력이 군사력과 정치력의 의미를 대체하고 있듯 걸프전은 가난한 사람들에 대한 부자들의 경멸을 표현했다. 물론 유일 초강대국 미국이 전쟁을 수행했지만, '동맹국' 간의 군사비 '분담'이 보여주듯 전쟁은 미국보다는 지배적 기업 구조를 위해 벌인 것이었다. 결국 미국은 용병에 지나지 않았던 것 같다. 그렇다면 이는 이제 미국의 군사력이 국민의 이해관계 따위는 안중에도 없이 기업 연합체를 위해 봉사한다는 것을 뜻하는 것일까? 국가 장치가 과거보다 국민의 복지로부터 훨씬 더 단절되어 있다는 것일까? 정의와 힘을 생성한 부가 부를 창조한 힘에 압도당하는 것 같다.[43]

초국적 기업의 효율적 운영에 비해 국민국가는 점점 더 불분명하고 작동 불가능한 것처럼 보인다. 냉전 종식이 소련과 유고 같은 국민국가를 묶어주던 결속 관계를 느슨하게 만들어버리는 한편, 스코틀랜드·에스파냐·

인도·캐나다 그리고 많은 다른 지역에서 분리주의 운동을 조장했다 하더라도, 이는 민족주의(nationalism)가 아니라 종족주의(ethnicism)의 표현이다.[44] 〈뉴 인터내셔널 이코노미(The New International Economy)〉를 인용하자면, 이러한 독립 운동은 "정치적 통합력으로서 민족주의의 생명력이 쇠퇴했다는 사실, 더욱이 경제적·정치적 국제화가 낳은 쇠퇴 현상의 반영"[45]이다.

널리 인정하고 있듯 오늘날 세르비아인에 의한 '인종 청소', 인도에서 회교도와 힌두교 간 적대감, 그리고 이슬람근본주의를 '민족주의적'인 것으로 간주하는 것이 한층 일반적이다. 하지만 적어도 이러한 신부흥주의, 신인종주의, 신종족주의는 국민국가의 쇠퇴와 연결해 사고하는 게 현명할 듯하다. 이들 분쟁 지역에서 분리 중이거나 이미 분리된 집단은 자율적 민족 구성을 위해서라기보다 정치경제적인 민족적 프로젝트에 대한 기대 및 책임의 포기를 새롭게 자각한 주체들이다. 인종과 종족을 통합된 정치경제적 체제의 곤경으로부터 달아나려는 도피처로 이용하고 있는 것이다. 전 지구화가 강화될수록 신종족주의가 호소력을 갖는다. 이는 신종족주의가 너무나 급격하게 변화하고 당혹스러울 정도로 복잡해지는 시대에 엄청난 단순성과 환원주의를 보여주기 때문이다. 그러나 체코, 유고, 인도 그리고 미얀마에서 일어나는 모든 분리주의적 열망 위에는 이들 '민족주의적' 집단이 독립과 순수성을 향해 내딛을 때 충분히 인식하지 못했던 경제적 불안이라는 어두운 그림자가 드리워져 있다. 이는 마치 이제 국민국가의 부적합성이 만천하에 드러나면서, 초국적 기업이 모든 것을 착취 및 합병하기 전에 지방의 강자들이 작은 부동산이라도 차지하려 기를 쓰는 것처럼 보인다.

국민국가를 자유민주주의의 위협으로부터 국민 경제를 보호하기 위해 부르주아가 만들어낸 역사적 발명품이라 여겨온 사람들은 초국적주의가 국민국가에 끼치는 부정적 영향을 환영할지도 모른다. 마르크스가 1848년 《공산당 선언》에서 주장했듯 전쟁이 국민 경제의 불가피한 산물인 만큼 국민국가의 와해에 환영할 만한 점이 없는 것은 아니다. 동시에 국가는 과거에도 그렇고 현재도 특정한 기능을 수행하고 있으며, 지금으로서는 이것을 대체할 만한 기관이 없다. 국가는 시민권을 규정하고, 통화를 통제하고, 법을 강제하고, 공중보건을 보호하고, 일반 교육을 제공하고, 안보를 유지하고, 더 중요하게는 국민 경제를 주도해간다. (앞서 지적했듯 이런 점은 미국에서 거의 인정받지 못하고 있다.) 특히 이 모든 일은 조세로 거둔 세금을 통해 가능하다. 하지만 이러한 기능을 일일이 열거할 때, 결국 이런 일들의 리스트가 성취의 목록이 아니라 실패의 목록임이 너무나 분명해진다. 이 모든 항목에서 정치적 권위체로서 국가는 편견과 타협의 산물로 보인다. 이러한 일을 수행하는 국가로부터 상당한 몫의 이익을 얻는 것은 통합된 전체로서 국민이 아니라 특정 계급, 특히 특권층이다. 국가는 대부분의 부문을 만족시키지 못한 채 대다수 시민을 분개하도록 내버려둔다. 그러므로 모두가 세금이 국민국가를 일관성 있게 유지해주는 접착제라는 점을 알고 있더라도, 가난하건 부유하건 인구의 모든 계층에게 세금에 대한 명백한 반감이 존재한다. 이런 의미에서 국민국가는 더 이상 제대로 기능하지 않는다. 국가는 초국적 기업에 철저하게 이용당하고 있다. 따라서 국가는 어떤 사람에게는 순전히 성가신 존재일 뿐이다. 그러나 대다수 사람에게는 모두가 평등한 일원인 계급 없는 유기적 공동체라는 환상을 제공하는 과거 향수적이고 감상적인 신화 역할을 한다. 국민 공동체라는 이러한 환상은 끈질기게 이어진다.

국민국가라는 개념에 대한 용례를 하나 더 들어보자. 산업 생산 및 유통과 관련해 국경을 뛰어넘는 고도로 복잡한 망(web)의 형성, 즉 초국적화 때문에 무역에서 잉여와 적자에 관한 논쟁은 무의미하다. 라이시가 부의 축적 장소는 기업체가 원래 있거나 애초에 제조 상품을 만든 곳이 아니라, 경영자와 기술자가 연구 개발을 진행하는 곳이라고 주장한 것은 옳았다.[46] 위에서 언급했듯 제조 상품을 처음 만든 국가들을 밝히는 일은 점점 불가능해지고 있다. 한 제품의 부품을 세계 도처에서 만들고 있는 것이다. '지역 부품'을 일부 사용하라는 규정은 거의 실행 불가능하다. 예를 들어, 미국은 지난 수십 년 동안 건설한 해외 이주 미국 공장에서 30퍼센트가량을 수입하고 있다.[47] 더욱이 다국적 기업과 초국적 기업은 미국이나 영국 등 모국(母國)의 한가운데 빈곤 지역을 만들어내든 말든 상관하지 않는다. 미국과 일본 간 무역 담론에서 이른바 수정주의자라고 부르는 보호무역주의자들은 양자 간 무역 마찰과 관련한 계급적 이해관계를 숨기기 위한 애국주의적 사기극의 의식적 혹은 무의식적 참여자라고 주장할 수 있다. 보호무역주의는 자유무역주의와 마찬가지로 특정한 산업 부문에는 이익을 주고 다른 산업 부문에는 손해를 입힌다. 다시 말해, 보호 무역과 자유 무역은 단기적으론 서로 다른 산업 분야에 유리하다고 할 수 있다. 비록 보호무역이 소비자에게 변함없이 손해를 끼치긴 하지만 말이다. 국민국가의 응집력을 흔들림 없이 요구 및 유지할 때에만 보호무역주의 관행은 국민 전체를 설득할 수 있다. 하지만 현 세계에서 확실한 국민적 응집력을 보여주는 사례는 전무하다. 심지어 악명 높은 '일본주식회사'조차 그러지 못한다. '수정주의자'만이 국민적 통일성이라는 환상을 약간 더 오래 유지할 수 있도록 잔존하는 애국주의적 감정을 건드리고 있을 뿐이다.[48]

초국적 기업은 분명 인류 진보를 위한 행위자들이 아니다. 첫째, 초국적 기업의 존재 이유는 최대 이윤의 획득이기 때문에 그들이 버리고 떠난 사람이나 그들이 활동하고 있는 지역의 사람에게 거의 혹은 전혀 관심을 두지 않는다. 초국적 기업을 유치하고 싶은 정부는 노동자의 고용 조건이나 일반 시민의 공공복지에 특별한 관심을 기대할 수 없다. 국민국가의 틀은 대체로 독재자와 소수 독재가 지배하고 있는 유치(host) 국가에서조차 쇠퇴하고 있다. 모든 초국적 기업은 일부 기본적 측면에서 서로 경쟁적이긴 하지만 궁극적으로 연합을 형성하고 있다.[49] 초국적 계급은 국경 간 이동에서는 공격적일 정도로 외향적이지만 극히 이기적이다. 한편 노동자에게 도움을 줄 것으로 기대되는 노동조합은 여전히 국민 경제의 틀 안에서 활동하고 있다. 현재로서는 초국적 노동조합이 외국의 형제자매와 임금 및 노동 조건을 동등한 수준으로 만들기 위해 국경을 넘어 공동 활동을 펼칠 거라고 생각할 수 없다. 전미자동차연합(UAW) 간부들이 마킬라 조립 공장의 GM 경영진과의 계약을 협상하기 위해 멕시코의 노조 대표들과 미팅을 갖는다고 상상해보라.[50] 초국적 기업은 GNP나 1인당 국민소득을 올려줄 수 있을지는 모르지만 모든 시민을 위한 좀더 나은 삶을 보장하지는 않는다. 그러면 과연 누가 궁극적으로 미국 내의 노동자나 미국 밖의 노동자를 보호해줄 것인가? 초국적 기업은 노동조합보다 훨씬 더 초국가적이다. 그들은 디트로이트에서 마닐라까지, 그리고 타이베이에서 샌디에이고에 이르기까지 곳곳에서 실업자 혹은 반(半)실업자를 양산한다. 현재로서는 이들을 보호하기 위한 방법으로 허울만 남은 국민국가나 그것이 제시하는 대안으로부터 기대할 만한 게 거의 없다. 우리가 북미자유무역협정에 관해 부시 행정부, 클린턴 행정부, 혹은 미국 대학의 전문가들로부터 듣는 것은 정말 별 볼일 없는 것들이다.[51] 스클레어가 정리했듯 "현실적으로 가능성이 큰 것은 효율적이고 착취적인 외국의 초국적 기업과 고도로 보호받으면서 어쩌면 타락한, 지역적·국가적·기생적·개인적 기업 간의 양자택일일 것이다"(Sklair, p. 117).

둘째, 초국적 계급의 급속한 형성으로 그 구성원 간에 모종의 동질성이 발달할 가능성이 높아지고 있다. 심지어 초국적 기업이 형성되지 않더라도 상표명이 사람들의 인정과 매력을 통제하는 전능한 소비주의로 나아가고 있다. 모든 곳에서 상품은 발명, 운송, 판촉, 욕망, 판매, 구매, 소비, 낭비된다. 이것들은 초국적 계급의 문화적 산물이다. 이런 계급의 구성원들은 1990년대와 그 이후의 리더, 곧 역할 모델이 되고 있다. 그들의 재능 중 하나는 서로 대화하고 의사소통하는 능력이며 그래야 할 필요가 있다. 문화적 기행(奇行)은 완전히 금지된 것은 아니지만 가능한 한 회피해야 한다. 민족의 역사와 문화에 간섭해서도 안 되고, 그것을 비판적으로 혹은 변증법적으로 단정해서도 안 된다. 그들은 거대한 테마파크나 쇼핑몰에서처럼 하나의 '보편성'의 변이형(variant)일 뿐이다. 문화는 박물관에 보존될 것이다. 그리고 박물관, 전시회, 극장 공연은 관광업이나 다른 형태의 상업주의에 재빨리 이용당할 것이다. 처음에는 전복적이라 하더라도, 그것들은 오락과 관광업 같은 다양한 상업주의에 공격적으로 전유당할 것이다. 랩 음악, 낙서 예술, 심지어 고전 음악이나 고급 예술이 그러했듯 말이다. 케이블 TV와 MTV가 세계를 완전히 지배한다. 오락과 관광업은 그 자체로 거대한 초국적 산업이다. 앞서 언급했듯 '진정성'으로의 회귀는 이미 닫힌 길이다. 이 세계의 대부분에서 더 이상 이런 회귀란 존재하지 않는다. 그렇다면 경제와 정치의 초국적화가—그것을 관광업이나 박물관으로 박제화하지 않으면서—로컬 문화 및 역사의 생존과 어떻게 균형을 이룰 것인가 하는 것이 결정적인 문제지만 그에 대한 해답은 아직 마련되어 있지 않다.[52]

셋째, 전 세계 도처에서 일자리를 찾는 노동자들이 바로 이 제3차 산업혁명 속에서 전 지구적 인구 지도를 변화시키고 있다. 그들은 합법적이든 불법적이든 세계 곳곳에서 산업화했거나 개발도상에 있는 국가들의 모든 산업 중심지로 몰려든다. 초국적 기업이 그들에게 적절한 임금이나 배려를 제공하진 않지만 그들은 이들을 필요로 한다. 고국으로부터 차단된 이주 노동자는 전통적 농촌의 상호 의존 체계의 보호도 받지 못한 채 거대한 도시의 슬럼 속으로 사라진다. 생존을 위한 투쟁은 전원적 추억을 즐길 만한 여유를 허용하지 않는다. 도시 내부에서 착취당하는 외국 노동자에게는 운 좋게 작은 쾌락을 즐길 돈이라도 약간 있다면, 오직 소비주의만이 위안을 제공하는 것 같다. 멕시코시티나 서울에서, 그리고 베를린이나 시카고에서 이민자들은 다른 지역에서 온 이방인과 섞이거나 타협을 형성해간다. 그들의 사고에는 토착주의도 다원주의도 존재하지 않으며, 오로지 생존만 있을 뿐이다. '다문화주의'는 가장 비참한 조건에서 살고 있는 사람들에게는 부적절한 사치인 것이다. 마이크 데이비스가 말했듯 이것은 단지 초국적 기업의 '수입 전략(import strategy)'일 뿐이다.[53] 사실상 이것은 신종족주의와 신인종주의라는 동전의 이면임이 드러나고 말 것이다.

넷째, 환경 파괴는 초국적 기업의 발전이 낳은 주요 결과물이다. 초국적 기업은 종종 엄격한 환경 규제를 피해 국경을 이동하기 때문에 초국적 기업을 유치한 정부는 오염 규제법을 실행할 가능성이 거의 없다. 그러나 NIES와 제3세계뿐만 아니라 산업화한 지역에서 생겨난 손상의 영향은 이들 특정한 로컬에만 한정되지 않는다. 하버드 대학의 로런스 서머스(Lawrence Summers)와 세계은행이 오염 산업을 선진국에서 '오염되지 않은' 제3세계로 옮기자고 한 제안은 음흉할 뿐만 아니라 어리석은 짓이다.[54] 전세계 모든 사람이 환경 파괴의 영향에서 자유로울 수는 없기 때문이다. 피해와 손상이 어디에서 시작되든 대기 오염, 오존층 고갈, 산성비, 온실 효과, 해양 오염, 그리고 생태계 파괴는 종국적으로 피할 수 없다. 초국적 기업은 규제 기관을 피할 수는 있을지 모르되 우리 모두는 예외 없이 희생자가 된다. 누가 초국적 기업의 환경 활동을 전 지구적 차원에서 통제할 수 있는가? 재앙을 막기 위해 기업 입안자들의 양식에 의존할 수 있는가? 법을 보호하기 위해 법망을 피해가는 도망자들을 신뢰할 수 있는가?[55]

　마지막으로 학계, 즉 초국적 기업주의와 그것이 인간에게 갖는 의미를 조사하는 데 핵심 역할을 해야 할 기관이 그것을 심사숙고하기보다는 오히려 너무나 쉽게 협조할 준비를 하고 있는 것 같다. 초국적 기업의 작동 방식이 갖는 기술적 복잡성을 이해하기 위해서는 엄청난 정보 자료에 대한 정교한 연구와 설명과 관리에서 전문적 학문 활동이 필요하다. 그런데 기업 경영이나 국제 관계뿐만 아니라 경제학, 정치학, 사회학, 인류학에 종사하는 사람들이 기업 활동에 대한 혹독한 비판가가 되리라고 기대할 수 없는 처지다. 오히려 이들은 초국적 기업의 해설자나 변론가가 될 정도로 고분고분해졌다. 글을 끝맺기 전에 다시 한 번 강조하겠지만, 인문학에 속한 비평가나 이론가도 전 지구적 교환이라는 매력에 쉽게 매달리고 있다.

　초국적 기업은 식민주의를 계승한다. 1945년 이전의 식민주의처럼 그들은 거리를 뛰어넘어 활동한다. 그들은 지역을 동질화시키고 있지만, 가는 곳마다 이방인이자 아웃사이더로 남아 그들이 일원으로 활동하는 배타적 클럽에만 충성한다. 과거 식민주의가 민족·종족·인종을 위해 활동했다면, 초국적 기업은 무국적 상태(nationlessness)를 지향한다. 그러나 앞서 언급했듯 심지어 역사적인 국민국가도 실질적으로 국제적 활동을 할 수 있는 유력한 기구였다. 미국 정부가 중앙아메리카에서 유나이티드 프루트 컴퍼니(United Fruit Company)의 지배를 뒷받침했듯 영국 식민주의는 동인도회사를 가능하게 해주었다. 식민주의는 이러한 모험주의적 국가의 전 국민에게 결코 혜택을 가져다주지 않는다. 홉슨이 거의 1세기 전에 주장했고 그 뒤 학자들이 확증했듯 식민주의는 인구 대부분을 희생시켜 식민 모국의 부자와 권력자 그리고 매판 자본가들의 배를 불렀다.[56] 늘 그래왔듯 1980년대의 낙수 효과 이론(trickle-down theory)은 허황된 소망이거나, 그렇지 않으면 일종의 순수한 신용 사기였다. 베트남 전쟁의 수행이 미국 전체에도 막대한 손실을 끼쳤다는 사실을 기억하는 게 좋을 듯하다. 미국은 이 낡고 소진된 옛 프랑스의 동남아시아 식민지에서 당연히 아무것도 얻지 못했다. 그렇지만 수백만 명의 베트남인과 미국인의 죽거나 상해 입은 신체와 이들의 황폐해진 영혼을 짓밟고 재산을 긁어모은 많은 주식 소유자, 기업 간부, 기업가, 미국 방위 산업체의 고용인이 있었다. 일본의 산업 회복 역시 한국전쟁과 베트남 전쟁의 막대한 기여 덕분이었다.

초국적 기업은 민족주의적 부담을 짊어지지 않는다. 이들은 자신의 이윤 동기를 노골화하고 있다. 이들은 전 지구적으로 이동하고 의사소통하며 인력과 공장, 정보와 기술, 자본과 자원을 이전시킨다. 초국적 기업은 식민주의의 목표를 엄청난 효율성과 합리주의를 내세워 정당화하고 실행한다. 그리고 이들은 제국주의적 침략자와 달리 개발도상국의 지도자들로부터 환영받는다. 이들은 현 국민국가 간의 상이한 경제적·정치적 조건을 자신들에게 유리하게 이용하고 국경을 무시한다. 하지만 필요하면 자신의 모국이나 주재국의 무력 사용을 요청한다. 걸프전이 분명하게 보여주었듯 이런 과정에서 진정한 실상을 숨기기 위해 애국주의적 수사학을 적극 부활시키기도 한다. 한편 군대도 점차적으로 초국적 기업의 형식을 따라가면서 거의 국가로부터 벗어나고 있다. 초국적 기업의 고용인들도 지역에서 받는 높은 임금에 흡족해한다. 그렇지만 초국적 기업을 유치한 국가의 국민 전체가 복지 향상을 누리고 있다는 증거는 그 어디에서도 찾아볼 수 없다. 반복하자면, GNP나 1인당 국민소득이 높아진다고 해서 모두가 부의 증가를 평등하게 누린다는 것을 뜻하진 않는다. 유치국 정부가 노동 조직을 억압하고, 또 도시 산업 중심지에서 잉여 노동력을 양산하기 때문에 임금은 더욱 낮아지고 불평등은 적어도 일시적으로 심화된다.[57] 권위주의 정치가 완화될 것 같지는 않다. 억압과 착취는 계속된다. 나는 우리 시대가 **포스트**식민주의 시대가 아니라―비록 이것이 아주 낯선 형태를 띠고 있다 하더라도―강화된 식민주의(intensified colonialism)의 시대라고 제안한다.[58]

나는 식민주의에 관한 담론적 논쟁의 참여자로서 이러한 쟁점을 제기하고 있다. 나 자신이 그 주제에 관한 많은 워크숍이나 학술 대회에 참여해왔다. 하지만 흥미로운 사실은 '식민주의'에 관한 담론이 얼마나 신속하게 '**포스트**식민주의적' 담론에 의해 대체되고 있는가 하는 것이다. 1992년 봄 버클리 대학에서 '오리엔탈리즘 이후(After Orientalism)'라는 제목의 학회가 열렸다. 그 직후 샌타크루즈에서 또 다른 학회가 열렸는데, 그 제목은 '오리엔탈리즘을 넘어서(Beyond Orientalism)'였다. 그해 가을에 적어도 2개 이상의 학회가 열렸다. 하나는 스크립스 칼리지에서 개최했는데, 제목이 '포스트식민성 쓰기(Writing the Postcolonial)'였고, 또 하나는 약간 방향의 차이가 있지만 샌타바버라에서 '문화 번역하기: 다문화주의의 미래는?'이라는 제목으로 열렸다. 특히 캘리포니아 대학의 어바인(Irvine) 캠퍼스 인문학연구소에서는 소수성 담론에 관한 3년간의 연구 프로젝트가 진행되고 있다. 이것들은 모두 최근 캘리포니아에서 있었던 행사이지만 도처에서 이 주제에 관한 회의와 학회가 열리고 있으며, 우리와 같은 대학 강단의 연구자들을 비행기 상용자 또는 지구 여행자로 변모시키고 있다. 학술 잡지에는 이와 관련한 글들이 쏟아지고 있다.[59]

이러한 활동은 어쩌면 정치적인 참여 지식인 활동으로 여겨질 수도 있다. 그러나 실천이 담론을 따른다면, 담론도 실천을 따라야 한다. 신역사주의적 연구와 마찬가지로 이런 활동은 정치적 현실성을 직접적으로 검토하지 않으려는 시도다. 다시 한 번 우리는 현재 진행 중인 정치적 조건, 이 경우에는 초국적 기업과 그 유치에 혈안인 정부들에 대한 우리의 학술 담론을 건전하게 보이도록 만들고 있다. 우리는 이른바 역사 종언 이후의 바로 이 시대 속에서 대안을 모색하는 대신 안전하게 거리를 둔 무해하고 무기력한 역사적 상황인 '포스트식민성'의 문제에 학술적 관심을 쏟으면서 과거에 대한 은밀한 향수를 숨기고 있는지 모른다. 다문화주의 또한 마찬가지로 일과 생존을 찾아 무기력하게 떠돌아다니는 엄청난 수의 노동자의 삶을 황폐화시키는 초국적 기업주의의 또 다른 위장이 아닐까 의심스럽다. 로스앤젤레스와 뉴욕, 도쿄와 홍콩, 베를린과 런던은 모두 '낯선 모습의' 사람들로 넘쳐나고 있다. 그리고 미국 학자들은 그들을 아주 적절하게도 존재의 다원성 차원에서 연구한다. 그러나 우리는 그들을 냉담하게 바라보거나 그들을 전문가에게 맡기기 전에 그들이 왜 현재의 자리에 있는 것인지 이해할 필요가 있다. 그들을 추동하는 힘은 무엇인가? 그들은 우리의 일상생활과 어떻게 관계를 맺는가? 이 모든 유동적 삶을 조종하는 것은 누구인가? 문화의 다원성은 일종의 정해진 인간적 삶이다. 요컨대 '우리 고유의 전통'이라는 것은 항상 그렇듯이 날조된 것이다. 다른 이들의 문화를 연구하지 않는 것은 가능하지 않다. 미국의 커리큘럼은 '이방인의' 역사를 포함해야 한다. 하지만 그것은 단지 시작에 불과하다. 최근 문화 장사꾼과 대학 행정가 사이에서 문화 연구와 다문화주의가 부상하는 것은 탐구를 시작하자마자 멈추는 것이나 마찬가지다. 우리가 필요로 하는 것은 교육법과 관련한 편의적 자세가 아니라 엄정한 정치적·경제적 검토다. 우리는 다양한 지역과 다양한 배경에서 생겨난 다양한 주체 위치(subject-position)를 인정하는 데 만족해서는 안 된다. 우리는 적어도 정치적·경제적 측면에서 이러한 차이가 생겨난 이유를 찾아내고, 이러한 차이를 제거하는 방법을 제안할 필요가 있다. 여기서 차이란 경제적·정치적 불평등을 의미한다. 문화연구와 다문화주의가 학생과 학자에게 자신들이 신식민주의의 초국적 기업 형태와 공모한 데 대한 변명을 제공하는 한 이것들은 한 번 더 자유주의적인 자기기만을 은폐하려는 또 하나의 장치로 기능할 뿐이다. 스스로를 '포스트식민성'이나 포스트마르크스주의에 관한 담론에 흡수되도록 방기함으로써 우리는 헤게모니적 이데올로기와 완전히 공모하는 것이다. 이 이데올로기는 보통 그렇듯 마치 이데올로기가 결코 아닌 것처럼 보인다.

주

나의 많은 친구들이 이 글을 여러 단계에서 읽어주었다. 오류나 잘못된 해석은 전적으로 나의 잘못이며 세부적이고 통찰력 있는 논평과 지적에 대해 마사 아치볼드 (Martha L. Archibald), 카를로스 블랑코아퀴나가(Carlos Blanco-Aquinaga), 폴 보베, 놈 촘스키, 아리프 딜릭, 조서바 가빌론도(Joseba Gabilondo), 하루투니언(H. D. Harootunian), 호시 다케오(Hoshi Takeo), 스테파니 매커리(Stephanie McCurry), 앤더스 스테판슨(Anders Stephanson)에게 감사드린다. 이 글을 원래 발표한 곳은 *Critical Inquiry* 19 (Summer 1993)였다.

1. Edward Said, *Culture and Imperialism* (New York: Alfred, Inc., 1993).
2. 몇 가지 예를 들면 다음의 작업을 꼽을 수 있다. Aimé Césaire, *Discours sur le colonialisme* (1955); C. L. R. James, *The Black Jacobins: Toussaint Louverture and the San Domingo Revolution* (1938), *A History of Negro Revolt* (1938), *Beyond a Boundary* (1963); Frantz Fanon, *The Wretched of the Earth*, trans. Constance Farrington (1961), *Studies in a Dying Colonialism*, trans. Haakon Chevalier (1961); Geroge Lamming, *In the Castle of My Skin* (1953), *The Pleasures*

of Exile (1960).

3. 1960년대에 활동가들이 시민권 운동을 추진하고 있을 때 흑인 작가들은 백인 독자에게 자신들의 반식민주의적 견해를 표명하기 시작했다. 그들은 자유주의적 견해를 가진 많은 학자들에게 정치적으로 받아들여졌지만 동시에 대학의 학문 영역에서는 '점잖은' 평론가와 학자들에게 무시당했다.

4. 아마도 이는 눈에 띄게 영미권의 현상이었을 것이다. 예컨대 남미에서는 식민주의에 관한 담론이 멕시코부터 아르헨티나에 이르기까지 모든 곳에서 훨씬 더 이전, 즉 늦어도 1960년대에는 시작되었다.

5. Edward Said, *Orientalism* (New York: Pantheon Books, 1978) 참조. 물론 제국주의, 인종주의, 노예제, 식민지 등과 관련해 역사학과 정치학에서 수많은 연구가 있었다. 그리고 1960~1970년대의 정치적 행동주의 또한 서구 지식인의 정치 의식을 변화시키는 데 기여했다. 그러나 사이드의 책이 나오기 전까지 어떠한 저작도 영미 인문학의 주류적 학문 영역에 의미 있는 침투를 이뤄내지는 못했다.

6. 식민지화의 상태는 분명히 이런 축약된 주장이 보여주는 것보다 정의하기 훨씬 더 힘들다. 어떠한 예—가령 팔레스타인이나 홍콩—도 개별적 상황의 특정한 복잡성을 보여줄 것이다. 그러나 억압과 고통이 줄지 않고 계속되는 한편 식민주의의 행정적·점령적 양식이—특히 냉전이 종식된 뒤—경제적 식민주의에 의해 돌이킬 수 없을 정도로 대체되고 있다는 사실은 부인할 수 없을 듯하다. 이런 상황을 더욱 복잡하게 만드는 것은 (몇몇 예를 들면) 오스트레일리아, 타이완, 미국, 캐나다 그리고 태평양의 섬들과 같은 이주 정착 사회에서 원주민의 지위가 결코 명확하지 않다는 점이다. 이들 지역, 가령 하와이와 오스트레일리아 같은 지역에서 가까운 미래에 심각한 법적 논쟁이 일어날 가능성은 충분히 있다.

7. 제2차 세계대전 이후의 역사에는 여섯 가지 상호 관련된 발전이 있었는데, 그중 어느 것도 따로 분리해 생각해서는 안 되고 그럴 수도 없다. 이러한 발전은 모두 서로 간의 밀접한 관계 속에서 연구할 필요가 있다. (1) 냉전(그리고 냉전의 종식) (2) 탈식민화 (3) 초국적 기업주의 (4) 첨단 기술 혁명 (5) 페미니즘 (6) 환경 위기가 그것이다. 포스트모더니즘, 문화 대중화, 문화 연구, 탈규율화(de-disciplinization), 종족주의, 경제적 지역주의(3극 체제) 등과 같이 이와 가까운 문화적 좌표가 있다. 두 부류 사이의 관계는 상동적이지도 인과적이지도 않지만 그 정확한 성격은 다른 맥락에서 한층 깊은 검토가 필요하다.

8. 세계 많은 지역에서 일반 복지에 일부 발전이 있었다. 예를 들어 굶주림과 관련해

중동, 남미, 아시아에서 전체 인구당 만성적인 영양 결핍 상태에 있는 인구 비율이 1970~1990년 거의 절반 수준까지 감소했다. 하지만 아프리카에서는 같은 시기에 거의 변화가 없었다. 勝俣誠, 〈饑餓(世界を讀むキーワード-3)〉, 《世界》, (東京: 岩波書店, 1992), pp. 82-83 참조.

9. Basil Davidson, *The Black Man's Burden: Africa and the Curse of the Nation-State* (New York: Times Books, 1992). 아프리카주의를 옹호하는 언론인 데이비드슨은 세계 다른 지역에 관해 글을 쓸 때 아프리카에 대한 자신의 관찰에 지나치게 영향을 받고 있는 듯하다. 예를 들어 일본을 제외하고 어떠한 제3세계 국가도 산업화할 수 없을 것이라고 예견할 때, 그는 지나치게 비관주의적—그리고 오리엔탈리즘적—이었다.

10. 이러한 식민화/탈식민화의 서사는 지나치게 단순화한 것이고, 나쁘게 말하면 전체화한 것이다. 예를 들어, 남미의 경우는 중요한 경우 잘 적용되지 않는다. 하지만 탈식민화/재식민화 과정에 대한 포괄적 논의를 위해서는 다른 초점과 역점을 가진 전혀 다른 글을 참조해야 할 것이다.

11. 산업화 이전 사회에서는 전형적으로 대략 80퍼센트의 인구가 농업에 종사했다. 그에 반해 완전히 산업화한 사회는 아주 작은 규모, 인구의 약 5퍼센트에 해당하는 농업 노동자를 갖고 있다. 농업에서 제조업 혹은 다른 공업으로 변화하는 데 가장 산업화한 국가는 약 200년이 걸렸다. 일본이 1세기도 되지 않아 이런 과정을 겪었다면, 동아시아의 신흥공업경제지역은 1세대도 되지 않는 시간에 급속하게 변화하고 있다. 이러한 사회 변화에 대해 지불해야 할 높은 대가는 당연히 예상 가능하다. 산업화와 식민화는 이러한 발전에서 수렴되고 있다. 모든 산업화한 국가는 과거 식민주의 국가인 경우가 많다. 현재 산업화한 국가에서 이런 과정의 또 다른 발전이 이루어지고 있다. 제조업 기술이 생산력을 증진시키면서 제조업 일자리가 도처에서 사라지고 있으며, 서비스 직종이 이를 대체하고 있다. 남아도는 제조업 노동자는 긴박하게 출구를 찾아야 하지만 그 어디에서도 쉽지는 않다. 이들 잉여 노동자에게는 심지어 과거의 식민지 같은 것조차 존재하지 않는다. Sylvia Nasar, "Clinton Job Plan in Manufacturing Meets Skepticism," *New York Times*, Dec. 27, 1992, p. A1 참조. 또한 本山美彦, 《南と北—崩れ行く第三世界》, (東京: 筑摩書房, 1991), pp. 223-225 참조.

12. Benedict Anderson, *Imagined Communities: Reflections on the Origin and Spread of Nationalism*, 2d ed. (London: Verso, 1991) 참조. 하지만 이 책은 공

동체를 상상하는 주체가 누구인지 설명하지 않는다.

13. Paul Kennedy, *Rise and Fall of the Great Powers: Economic Change and Military Conflict from 1500 to 2000* (New York: Random House, 1987).

14. Bruce Cumings, *The Origins of the Korean War*, 2 vols. (Princeton: Princeton University Press, 1981, 1990).

15. "The Annual Report of the Council of Economic Advisers," *Economic Report of the President* (Washington, D.C.: U.S. Government Printing Office, 1988), p. 251.

16. Dwight D. Eisenhower, "Liberty is at Stake" (1961), *Super-State: Readings in the Military-Industrial Complex*, ed. Herbert I. Schiller & Joseph D. Phillips (Urbana: University of Illinois Press, 1970), p. 32.

17. U.S. Office of Education, "Institutions of Higher Education—Degrees Conferred, by Sex, 1870-1970," *Biennial Survey of Education in the United States* (Washington, D. C.: U.S. Government Printing Office, 1971).

18. Seymour Melman, "Military State Capitalism," *Nation*, May 20, 1991, pp. 666, 667. 이 주제에 관한 중요한 연구로는 Melman, *The Demilitarized Society: Disarmament and Conversion* (Montreal: Harvest House, 1988); *Profits without Production* (New York: Alfred A. Knopf, 1983); *The Permanent War Economy: American Capitalism in Decline* (New York: Simon and Schuster, 1974) 참조.

19. 그 밖에 탄자니아(1964), 잔지바르(1963), 소말릴란드(1960), 아덴(1967), 쿠웨이트(1961), 몰타(1964), 보르네오(1963), 트리니다드토바고(1962)가 독립했다.

20. 奧村茂次, 〈多国籍企業と発展途上国〉, 《多国籍企業と発展途上国》, (東京: 東京大學出版會, 1977), pp. 11-12.

21. 베트남 전쟁 이후 미국 개입의 역사는 장기적이면서 광범위하다. 가장 두드러진 (명백한) 개입만 소개하자면 도미니카공화국, 레바논, 그레나다, 파나마, 페르시아만을 들 수 있다. 그뿐만 아니라 이란, 니카라과, 엘살바도르 및 다른 곳에서 이뤄진 은밀한 개입도 있었다.

22. 이런 용어는 지역과 시대에 따라 다르게 사용된다. 예를 들어, 남미에서 **다국적**이라는 용어는 1960~1970년대에 거의 사용하지 않았다. 왜냐하면 모든 거대 기업은 미국에 기반을 두고 있었고, **다국적**이지 않다고 느꼈기 때문이다. 반면 **초국적**이라는

말이 더 정확하다고 생각했는데, 미국 기업 경영의 위법적 성격(transgressiveness)을 암시했기 때문이다. 현재는 멕시코에서 생겨난 '다국적' 거대 기업(미국 이외의 세계에서 가장 큰 TV 네트워크를 가진 텔레비사)이 있기 때문에 다국적이라는 용어를 더욱 일반적으로 받아들이고 있다. John Sinclair, "Televisa: Mexico's Multinational," Cento: Puerto Rican Studies Bulletin 2, no. 8 참조.

초국적 기업주의의 발전을 다룬 저작은 매우 많다. 예를 들면 Peter Drucker, *The New Realities: In Government and Politics, in Economics and Business, in Sociology and World View* (New York: Harper and Row, 1989); Kenich Ohmae, *The Borderless World: Power and Strategy in the Interlinked Economy* (New York: Harper Business, 1990), pp. 91-99 참조. 거의 알려져 있지 않지만 어쩌면 가장 중요한 정보의 원천은 유엔 초국적 기업 연구센터(United Nations Center on Transnational Corporations)일 것이다. 이 센터는 초국적 기업 활동에 관한 수많은 보고서뿐만 아니라 1년에 두 차례 〈CRT 보고서〉를 발간한다. 특히 이 센터는 1979년《초국적 기업에 관한 서지 목록(Bibliography on Transnational Corporations)》을 출판했다.

23. ABB의 최고 경영자 퍼시 바네빅(Percy Barnevik)은 최근 한 인터뷰를 끝맺으면서 다음과 같이 말했다. "우리가 정부 위에 있느냐고요? 아닙니다. 우리는 정부에 응해야 합니다. 우리는 우리가 활동하는 모든 나라에서 법을 준수하지 우리가 법을 만들지 않습니다. 하지만 우리는 국가들 **사이**의 관계를 바꿉니다. 우리는 세계적 경제 통합에 윤활유 기능을 합니다. ……우리가 그 과정을 창조하지는 않았지만 이것을 추진하는 것은 우리입니다. 우리는 전 지구적 경쟁의 보이지 않는 손을 보이게 만듭니다." Williams Taylor, "The Logic of Global Business: An Interview with ABB's Percy Barnevik," *Harvard Business Review* 69 (Mar.-Apr. 1991), p. 105.

24. 寺島實郎,《地球儀を手に考えるアメリカ―21世紀・日米関係への構想》, (東京: 東洋経済新報社, 1991), pp. 78-79.

25. 가족 소유로 추정되지만 일본적이지 않은 이 기업을 다룬 몇 권의 책이 있는데, 모두 이 기업을 예찬하거나 이 기업의 의뢰를 받은 일본인 필자에 의해 쓰였다. 예를 들면 板垣英憲,《ヤオハン―日本脱出を図る大陸型商法の発想》(東京: ぱる出版, 1990); 土屋高徳,《ヤオハン和田一夫―祈る経営と人づくり》(東京: 日本教文社, 1991)가 있다. 야오한은 소유주의 믿음을 반영해 지역 고용인들 사이에 세이초노

이에(生長の家) 사원(Temple)의 교리를 전파하는 데 적극적이다. 다른 종교를 믿는 고용인들(가령 싱가포르의 회교도)과의 갈등이 예견되는데도 야오한은 성공의 열쇠가 교리임을 강조한다.

26. 초국적 기업의 이런 양상에 대한 구체적 설명은 Raymond Vernon, *Sovereignty at Bay: The Multinational Spread of U.S. Enterprises* (Harlow: Longman, 1971); Stephen Hymer, *The International Operations of National Firms: A Study of Direct Foreign Investment* (Cambridge: MIT Press, 1976) 참조. 이와 관련해 J. A. Hobson, *Imperialism* (London: Allen and Unwin, 1902), 특히 1부 "The Economics of Imperialism"에서의 통찰력은 잊을 수 없다.

27. 캘리포니아주의 재정 위기 중 버클리 소재 캘리포니아 주립대학과 UCLA의 민영화를 고려하고 있다는 소문이 돌았다. 비록 이런 소문의 진위를 확인한 바도 없지만 공식적인 부인도 없었다.

28. Tom Petruno, "A Return to Rational Rates," *Los Angeles Times*, Jan. 29, 1992, p. D1.

29. "Are CEOs Paid Too Much?" *Business Week*, May 6, 1991. 일본인은 이러한 '민주적' 부의 분배에 자긍심을 갖고 있다. 이것은 대체로 사실이고 정당화할 수 있지만, 부의 평등이 그렇게 실제적이지는 않다. 무료 주거, 운전사 딸린 무료 자가용, 무료 주차(공간이 희소한 일본에서 만만치 않은 액수다) 등 최고 경영자에게 매년 엄청난 액수가 들어가고 있으며, 게다가 한 연구에 따르면 악명 높은 유흥비가 연간 355억 달러에 이른다고 한다. Robert Neff & Joyce Barnathan, "How Much Japanese CEOs Really Make," *Business Week*, Jan. 27, 1992, p. 31. 부와 권력과 특권은 사회마다 분명 다른 형태를 띠고 있다.

30. Kevin Phillips, "Down and Out," *New York Times Magazine*, Jan. 10, 1993, p. 20.

31. Robert Pear, "Ranks of U.S. Poor Reach 35.7 Million, Most Since '64," *New York Times*, Sep. 4, 1992, pp. A1, A14 참조. 1991년 부시 대통령이 일본을 방문한 후, 미국에서 부자와 가난한 사람의 비교 수치가 미디어의 엄청난 주목을 끌었다. 또한 다음 글들을 참조. Nasar, "The 1980s: A Very Good Time for the Very Rich," *New York Times*, Mar. 5, 1992, pp. A1, A22; Petruno, "Investors Seeking Voice on Execs' Pay May Get It," *Los Angeles Times*, Feb. 7, 1992, pp. D1, D3; Linda Grant, "Corporations Search for Answers on Executive

Pay," *Los Angeles Times*, Feb. 23, 1992, pp. D1, D9; James E. Ellis, "Layoffs on the Line, Bonuses in the Executive Suite," *Business Week*, Oct. 21, 1991, p. 34; Anne B. Fisher, "The New Debate over the Very Rich," *Fortune*, June 29, 1992, pp. 42-55; Louis S. Richman, "The Truth about the Rich and the Poor," *Fortune*, Sep. 21, 1992, pp. 134-146; Lee Smith, "Are You Better Off?" *Fortune*, Feb. 24, 1992, pp. 38-48; Geoffrey Colvin, "How to Pay the CEO Right," Apr. 6, 1992, pp. 60-69. 또한 경영진의 급료가 갖는 특징에 대해서는 *Business Work*, Mar. 30, 1992, pp. 52-58 참조.

32. Leslie Sklair, *Sociology of the Global System* (Baltimore: Johns Hopkins University Press, 1991), pp. 101-102. 이 주제를 다룬 수많은 저서 중에서 이 책은 경제적 분석의 이면에 있는 사회정치적 시각 때문에 아주 특별하다.

33. 1973년에 "세계 100대 거대 경제 단위 중 단지 절반만 국민국가이고 나머지 절반은 다양한 종류의 다국적 회사다"라는 얘기가 있었다. Harry M. Makler, Alberto Martinelli & Neil J. Smelser, "Introduction," *The New International Economy* (Beverly Hills: Sage, 1992), p. 25.

34. June Kinoshita, "Mapping the Mind," *New York Times Magazine*, Oct. 18, 1992, pp. 43-47, 50, 52, 54 참조.

35. 세계 곳곳에서, 특히 제3세계에서 여성 노동력은 남성 노동력보다 값싸다. 그러므로 노동의 성적 분업은 경제학자들 사이에서 주목을 끌고 있다. 이는 극히 중요한 주제로서 심도 깊은 연구가 필요하다. Sklair, *Sociology of the Global System*, pp. 96-101, 108-109, 233-235 참조; Maria Mies, *Patriarchy and Accumulation on a World Scale: Women in the International Division of Labour* (London: Zed, 1986), 특히 3-4장 참조.

36. 이 주제에 관해서는 상당히 많은 문헌을 활용할 수 있다. 예를 들면 Folker Fröbel, Jürgen Heinrichs & Otto Kreye, *The New International Division of Labour: Structural Unemployment in Industrialised Countries and Industrialisation in Developing Countries*, trans. Pete Burgess (Cambridge: Cambridge University Press, 1980); Michael J. Piore & Charles F. Sabel, *The Second Industrial Divide: Possibilities for Prosperity* (New York: Basic Books, 1984) 참조.

37. 크라이슬러의 전 회장 리 아이아코카(Lee Iacocca)는 1991년 부시 대통령을 수행해 일본을 방문했을 때 일본 자동차의 수입에 대해 불평하면서도 나고야의 미쓰

비시 공장에 대해서는 말을 아꼈다. 스텔스 자동차의 부품 중 앞 범퍼에 'Dodge' 라는 문구가 새겨진 것을 제외하고는 전부 일본에서 제작했다. David E. Sanger, "Detroit Leaning on Japan, in Both Senses," *New York Times*, Feb. 27, 1992, p. A1 참조.

38. John Holusha, "International Flights, Indeed," *New York Times*, Jan. 1, 1992, p. 49.

39. "Made in America' Gets Tougher to Determine," *San Diego Union-Tribune*, Feb. 2, 1992, p. A33.

40. 이는 초국적 기업이 모든 지역에서 복잡한 인종 문제를 이성적이면서도 효과적으로 다룰 수 있다는 것을 의미하지 않는다. 가령, 미국에서 활동하는 일본의 다국적/초국적 기업들은 인종적·민족적 문제를 이해하는 데 심각한 어려움을 겪고 있다. 때로는 다수 민족과 소수 민족에 속하는 고용인이 회사에 법률적 행동을 취하게끔 자극하기도 한다. 하지만 내가 보기에 문제는 회사의 체계적 정책이 아니라 실행의 미숙함과 무지에서 생겨난 것이다. 회사 경영자들은 낯선 땅에서 기업 활동을 유지하기 위해 자신들에게 기대 혹은 요구하는 것에 점차 민감해지고 있다.

41. 桑原靖夫, 《国境を越える労働者》(東京: 岩波書店, 1991), pp. 127-143 참조. 유럽공동체에서 숙련 노동과 비숙련 노동의 이동은 최상의 경제적 통합 모델을 제공한다.

42. Robert B. Reich, *The Work of Nations: Preparing Ourselves for Twenty-First-Century Capitalism* (New York: Alfred A. Knopf, 1991) 참조. 〈뉴 인터내셔널 경제(The New International Economy)〉에 기고한 글에서 폴커 보른시어는 "우리는 (다국적 기업의) 침투 수준이 높으면 개인별 소득 배분이 더욱 불평등해진다는 것을 알고 있다. 다국적 기업이 저개발국에서 기업 활동의 과정에 불평등을 감소시킨다는 경험적 증거는 보고된 바 없다. 반면 그 반대되는 예비적인 경험적 증거를 가진 가설은 몇 가지가 있다"고 말한다. Volker Bornschier, "World Economic Integration and Policy Responses: Some Development Impact," *The New International Economy*, pp. 68-69.

43. 냉전 종식 후 첫 번째 대규모 분쟁인 페르시아만 전쟁은 한층 깊은 분석이 필요하다. 미국 의회는 실제 개입 이전 이라크에 지상군을 파병하는 문제를 놓고 찬반이 거의 반반으로 갈렸지만 제1세계 지식인들은 거의 이의를 제기하지 않았다. 걸프전에 관한 글로는 *The Gulf War Reader: History, Documents, Opinions*, ed. Micah L. Sifry & Christopher Cerf (New York: Times Books, 1991);

Christopher Norris, *Uncritical Theory: Postmodernism, Intellectuals, and the Gulf War* (London: Lawrence & Wishart, 1992) 참조.

44. David Binder & Barbara Crossette, "As Ethnic Wars Multiply U.S. Strives for a Policy," *New York Times*, Feb. 7, 1993, pp. A1, A12. 이 글에서는 48개의 종족 전쟁을 열거한다.

45. Makler, Martinelli & Smelser, Introduction, *The New International Economy*, pp. 26-27.

46. Reich, *The Work of Nations*, 특히 12장 참조.

47. 초국적 기업의 총수출액에 대한 해외 총생산액의 비율은 스위스의 경우 79퍼센트, 영국은 48퍼센트, 미국은 33퍼센트, 일본은 12퍼센트다. 그리고 상위 3개국에서 해외 총생산액이 수출 총액보다 훨씬 더 크다. 1981년 미국의 수출 총액은 2336억 달러였는데 반해, 해외 생산 총액은 거의 2배인 4829억 달러였다. 일본의 수출 총액은 1520억 달러이고 해외 생산 총액은 겨우 300억 달러였다. 本山美彦,《南と北》, pp. 196-197; 寺島実郎,《地球儀を手に考えるアメリカ》, (東京: 東洋経済新報社), pp. 68-69, 160-162 참조.

48. 마이클 크라이튼(Michael Crichton)의《떠오르는 태양(Rising Sun)》의 출판에 맞춰 라이시는 이런 점에 관해 설득력 있는 발언을 했다. "일본의 도전을 언급하는 목적은 우리가 단결해야 하는 이유를 제공하기 위함이다. 즉 우리가 한때 소련을 필요로 했던 것과 같은 이유로—우리 자신, 우리의 이익, 서로 간에 대한 우리의 책임을 정의하는 수단으로서—일본을 필요로 하는 것 같다. 일본을 적으로 다루는 책이 쏟아지는 이런 물결은 정확하게 냉전 갈등의 이완과 일치한다." Reich, "Is Japan Really out to Get Us?" *New York Times Book Review*, Feb. 9, 1992 참조. 스클레어의 말을 인용하면, 보호무역주의는 "부자들에게는 할인 판매대로, 가난한 사람들에게는 협박으로 기능하며, 주로 국내 선거구민을 만족시키기 위한 수사학적 장치라는 용도로 살아 움직인다. 이를테면 영국과 미국에서는 필사적인 정치가들이 노동 계급의 표를 회유하기 위해 보호무역주의에 의존하려는 경향이 있다"(Sklair, p. 71). 이런 '수정주의자' 중에는 Clyde V. Prestowitz Jr., James Fallows, Karel van Wolferen, Chalmers Johnson이 있다.

49. Chiu Yen Liang, "The Moral Politics of Industrial Conflict in Multinational Corporations Located in Hong Kong: An Anthropological Case Study," 2 vols. (Ph.D. diss. University of Chicago). 이 논문은 홍콩에 있는 일본 초국적 기업에

대한 비난을 논한다. 설명이 지나치게 세부적이고 분석이 혼란스럽긴 하지만 초국
적 기업의 활동과 관련해 흥미로운 지적을 많이 한다.

50. "전부는 아니지만 일부 수출자유지역(EOZs)에서 노동자들이 조직화할 수 있는 권
리는 공식적이든 실질적이든 제한되어 있다. ······그리고 노동조합은 억압당하거나
정부와 초국적 기업의 협력에 의해 관리된다"(Sklair, p. 95).

51. 일부 노동조합과 빌 클린턴을 포함한 몇몇 민주당원은 노동자 재교육과 멕시코에
서의 적절한 환경 규제에 관해 유보적 태도를 취하긴 했지만 NAFTA를 지지한다.
그러나 구체적인 사항에 관해서는 잘 알 수 없다. 전체적인 이익과 손실로 볼 때,
분명히 어떤 산업 부문은 이익을 볼 것이고 어떤 부문은 손해를 볼 것이다. 문제
는 누가 얼마나 많은 이득을 보고 누가 얼마나 손해를 볼 것인가, 그리고 그 차이
는 언제 상쇄될 것인가 하는 점이다. 노동자의 일자리 손실에 대한 전망에서 미시
간 대학의 연구자들은 "10년 후면 이 협정의 결과로서 1억 2000만 명의 노동력 중
1만 5000~7만 5000명의 미국 노동자가 일자리를 잃을 수 있다"고 예견했다(Nasar,
"Job Loss in Pacts Is Called Small," *New York Times*, Aug. 17, 1992, p. D3).
세부적 내용은 제공되지 않았지만 그러한 예상은 설득력이 없다. 거의 모든 경영
진은 NAFTA가 장기적으로 모두에게 혜택을 가져다줄 것이라는 데 동의한다. 하
지만 그 장기적이라는 것이 얼마나 오랜 기간인지 설명해주는 사람은 단 하나도
없다. 예측 가능한 미래에 NAFTA가 미국 노동자에게 재앙이 되지 않을 것이라
는 걸 입증할 필요가 있다. Bob Davis, "Fighting 'Nafta': Free-Trade Pact Spurs
a Diverse Coalition of Grass-Roots Foes," *Wall Street Journal*, Dec. 23, 1992,
p. 1; Arif Dirlik, *After Revolution: Waking to Global Capitalism* (Middletown:
Wesleyan and New England University Press, 1994) 참조.

52. 이에 관해 프랑크푸르트학파의 멤버들, 특히 테오도어 아도르노(Theodor Adorno)
와 발터 벤야민(Walter Benjamin)이 쓴 저작이 다수 있다. 또한 Sklair, p. 42;
Dean MacCannell, *Empty Meeting Grouds: The Tourist Papers* (London:
Routledge, 1991) 참조. 그리고 이 책에서 Arif Dirlik, "The Global in the Local"
은 이 문제를 다루기 위해 네오마르크스주의적 로컬주의를 옹호한다.

53. Mike Davis, *City of Quartz: Excavating the Future in Los Angeles* (London,
1990), pp. 80-81; Edward W. Soja, *Postmodern Geographies: The Reassertion
of Space in Critical Social Theory* (London: Verso, 1989) 참조.

54. James Risen, "Economics Watch in Quiet Fury," *Los Angeles Times*, Jan. 8,

1993, p. A20.

55. 예를 들면 United Nations Centre on Transnational Corporations, *Environmental Aspects of the Activities of Transnational Corporations: A Survey* (New York: United Nations, 1985) 참조.

56. 예를 들어 최근 연구로는 Lance E. Davis & Robert A. Huttenback, *Mammon and the Pursuit of Empire: The Economics of British Imperialism* (Cambridge: Cambridge University Press, 1986) 참조. 이들은 영국 제국주의 팽창기에 영국 사회의 엘리트 계층은 경제적으로 이득을 보았지만 중산층 납세자들은 손해를 보았다고 주장한다.

57. 桑原靖夫,《国境を越える労働者》.

58. Noam Chomsky, *Year 501: The Conquest Continues* (Boston: South End Press, 1993), 특히 3-4장 참조.

59. 몇 개만 거론하자면, Kwame Anthony Appiah, "Is the Post—in Postmodernism the Post—in Postcolonialism?" *Critical Inquiry* 17 (Winter 1991), pp. 336-357; Homi Bhabha, "Of Mimicry and Man: The Ambivalence of Colonial Discourse," *October* 28 (Spring 1984), pp. 125-133; Sara Suleri, "Woman Skin Deep: Feminism and the Postcolonial Condition," *Critical Inquiry* 18 (Summer 1991), pp. 756-769; Dipesh Chakrabarty, "Postcoloniality and the Artifice of History: Who Speaks for 'Indian' Pasts?" *Representations* 37(Winter 1992), pp. 1-26이 있다. 더 중요한 것으로는 *Social Text* 31-32호 참조. 이 글들은 포스트식민주의와 제3세계 문제를 다룬다. 하지만 어느 것도 초국적 기업의 전개를 직접 논하지는 않는다.

현실적 가상성

● 요시모토 미츠히로 ●

이미지/민족/전 지구화

글로벌 영상 문화의 형성을 연구하는 이들 사이에서 가장 논쟁적 쟁점 중 하나는 이미지의 전 지구적 유통과 국가적·지역적 경계 간 연관성에 관한 것이다. 국민적 경계가 새로운 전 지구적 구성체 속에서 점점 흐릿해지는 반면, 초국적 자본주의는 역설적이게도 점차 장소 혹은 특정한 지점에 대한 강박적 집착을 보이고 있다. 전 지구적 체제의 형성이 국민국가의 정당성 위기를 나타내는 한 전 지구화라는 상황에서 로컬이 중요성을 갖는 것은 하등 이상할 바 없다. 그와 관련한 중요한 질문은 새로운 전 지구적 역학 속에서 이미지는 과연 어디에 위치해야 하는가 하는 것이다. 전 지구적으로 유통되는 이미지는 단순히 글로벌화와 로컬화라는 동시에 발생하는 두 경향 아래 수렴되는가, 아니면 글로벌주의와 로컬주의에 대한 대항 세력으로서 국민국가의 정체성을 강화하는가, 혹은 민족적이거나 여타 다른 유형의 지정학적 경계가 동질적인 것처럼 보이는 이미지의 전 지구적 확산에 의해 (다시) 그려질 때 어떤 종류의 효과가 생산되는가 하는 것은 여전히 남은 숙제다. 이러한 쟁점과 질문이 맞물려 있는 것을 가령 최근 영화의 역사에서 엿볼 수 있다. 영화 이론가 크리스티앙 메츠(Christian Metz)에 의하면, 영화의 역사는 "역사적 시대(자본주의 시대)와 이른바 산업 문명의 사회 상태에 고유한 것"[1]이다. 하지만 이미지 상품의 시장이 전 지구화하면서 영화의 국민적 특수성은 매우 논쟁적 쟁점이 되었다. 영화의 생산과 유통과 소비는 국경을 뛰어넘는 전 지구적 자본의 영향력 바깥에서는 더 이상 가능하지 않다.[2] 다시 말해, 민족성이라는 관념이 영화와 전 지구적 자본주의의 접합에 대해 사유하는 가장 유용한 방법을 제공해줄 것 같지는 않다.

하지만 전 지구화라는 부정할 수 없는 사실에도 우리는 민족성과 관련한 질문을 무시할 수 없다. 국민국가의 자율성이 아무리 침식당하고 있다 하더라도, 영화의 국민적 특수성은 글로벌 이미지 문화의 일반적 단일성 혹은, 좀더 단도직입적으로 말해, 현대 미국의 대중적 이미지의 전 지구적 헤게모니 아래 포섭될 수 없다. 전 지구적 규모의 할리우드 패권이 미국적 글로벌화 혹은 미국 문화제국주의의 논박할 수 없는 증명이라고 말하는 것은 우리가 직면하고 있는 이미지 문화의 새로움과 의미를 제대로 설명하지 못한다. 자본주의의 형성 속에서 계속되는 핵심적 지위에도 미국은 산업적, 금융적, 심지어 문화적 자본의 글로벌 시장에서 교환 조건을 더 이상 지배할 수 없다. 미국화라는 개념과 미국주의의 다양한 담론이 타당한 비평적 가치를 갖기에는 너무나 모호해서 초국적 자본주의의 역학을 설명하는 데는 한계가 있다. 미국화를 근본적으로 하나의 담론으로 인식하는 것이 중요하다. 이렇게 보는 것은 다른 국가를 미국의 공허한 모사물로 찍어내는 현실적 과정과 구분 짓게 해준다. 일단 미국화를 하나의 담론적 구성물로 이해하면, 오늘날의 세계에서 전 지구적 통합과 민족적/종족적 분리주의의 동시적 발생 사이에는 그 어떤 근본적 모순도 존재하지 않게 된다. 전 지구적 통합과 분리는 이미지가 글로벌적 규모로 대대적으로 그리고 동시적으로 확산하는 일과 분가분의 관계인 것이다. 이는 전 지구적 자본주의의 부수적 효과가 아니라 전 지구화라는 역학의 본질적 부분이다. 그러므로 우리의 임무는 전 지구가 어떻게 미국화의 거대한 과정 속으로 흡수되어버리는가를 분석하는 데 있는 것이 아니라, 서로 충돌하는 이미지의 집합으로서 '미국'이 어떻게 다른 이미지 집합과 접합하게 되는가를 분석하는 데 있다. 바로 그 접합의 효과로서 부분적이지만 많은 다른 나라의 정체성이 출현한다. 이미지 유통의 지구화한 공간에서 미국적인 것은 미국적 국민주의의 어떤 유형과 필연적으로 연결된 내재적 의미나 기능을 갖지 못한다.[3] 더욱이 미국화의 개념 그리고/또는 미국화에 대한 비평은 다른 종류의 제국주의적 활동의 위장된 표현일 수 있다.[4] 종국적으로 영화 연구의 특정한 맥락에서 우리는 신식민주의의 공모자가 되지 않도록 각별히 주의해야 한다. 민족 영화에 대한 연구는 너무나 자주 동시대 신식민주의의 지정학적 지도 그리기를 반영하는 거울이 되어왔다. 동시대 영화에 관한 글로벌주의적 담론이나 미국 영화에 대한 비판이라는 시류에 편승하기 전에 우리는 민족 영화에 관한 영화 연구의 오랜 편견을 잘 이해해야 한다.[5]

기술/비전/이미지

전 지구화에 대한 분석은 많은 다양한 방법론과 이론적 시각을 요청한다.

그중 그 어떤 방법론이나 시각도 전 지구화의 역학이 갖는 복잡성을 완전히 설명하지는 못할 것이다. 전 지구화에 대한 어떠한 총체적인 테제도 비판에 취약하며, 그 테제의 논리와 모순되는 반증 사례에 의해 쉽게 반박당할 수 있다. 하지만 바로 이 복잡성 때문에 전 지구화를 이론화하고 이해할 필요가 있다. 전 지구화가 갖는 거대한 규모나 복잡성은 우리의 감각을 쉽게 마비시키며 현재를 이해하고 미래를 대비하는 능력을 빼앗아버린다. 만일 완전히 무기력한 상태에 빠지고 싶지 않다면, 우리는 때때로 환원적인 모험을 감행할 필요가 있다. 전 지구화를 이해해야 한다는 사안이 갖는 긴급함이 틈새와 허점이 있는 총체화의 이론을 정립하는 위험보다 더 중요하다.

글로벌과 로컬의 교착 관계, 그리고 전 지구화 속에서 국민국가의 문제적 위상은 정치적 문제로만 검토해서는 안 된다. 이 문제는 무엇보다도 재현의 기술과 이미지의 문제다. 전 지구화와 이미지 문화는 처음엔 별개로 존재하다가 나중에야 상호 작용하는 것이 아니다. 이미지 문화가 단순히 전 지구화하는 게 아닐 뿐만 아니라 전 지구화 또한 초국적으로 생산한 이미지의 편재적인 산포에 의해 규정되지도 않는다. '이미지 문화의 전 지구화' 혹은 '전 지구적 이미지 문화'는 잘못된 표현이자 모순 어법이다. 근본적 차원에서 전 지구화와 이미지는 서로 분리할 수 없기 때문이다. 여기서 지나치게 사변적으로 흐를 위험이 있지만 나는 가상화(virtualization)라는 개념을 소개하고자 한다. 이 개념은 전 지구화의 논리와 재현적 기술 체계의 역사 모두에 전제되어 있다.

가상화를 이해하기 위해 우리는 이미지-기호와 지시성에 관한 문제로 돌아가야 한다. 가상화 혹은 가상성 개념은 실재의 기호학적 배치가 일련의 변형을 겪는 역사적 과정의 결과다. 이러한 변형의 첫 번째 중요한 순간은 르네상스 시기 원근법에서 소실점의 발견에 의해 나타났다. 원근법적 회화는 하나의 기호학적 체계이고 브라이언 로트먼(Brian Rotman)이 "지시주의적 오독(referentialist misreading)"[6]이라고 부른 것을 생겨나게 했다. 원근법적 회화에서 기호로서 이미지는 스스로를 지움으로써 재현의 대상을 무매개적 현실처럼 보이게 한다. 형식적 장치인 소실점은 앞에 존재하는 것의 환상을 창조하는데, 묘사하는 사물이 그것의 회화적 재현과 독립적으로 존재하는 것처럼 보인다. 원근법 회화는 순수한 물리적 현실이라는 환상을 창조한다. 그것은 인간 존재에 의해 매개되지 않고 적절한 기술과 기교로써 충실하게 재현할 수 있다. 우리는 회화가 단순히 현실을 의미화하는 기호 체계일 뿐이라고 주장함으로써 이 지시주의적 환상에서 벗어날 수는 없다. 허구적인 것이란 현실의 충실한 거울로서 이미지 개념일 뿐만 아니라 이미지와 현실, 혹은 재현과 지시 대상 간의 이분법에 근거하는 것이기도 하다. 이 이분법에서 전자는 후자에 앞서 존재하는 것으로 여겨진다. 따라서 원근법 회화가 은폐하는 것은 현실 자체가 기호 작용의 효과라는 사실, 혹은 현실이 특정한 기호적 배치, 즉 형식 체계로서 소실점에 의해 창조된 것이라는 사실이다.

재현적 기술 체계의 역사에서 두 번째 획기적인 순간은 사진 및 영화의 발명과 일치한다. 르네상스의 원근법 회화가 데카르트적 좌표라는 추상적 공간에 존재하는 순수한 현실을 발명했다면, 사진과 영화는 충실한 재현으로서 이미지라는 생각을 한층 완벽하게 만들었다. 하지만 우리가 사진 이미지를 단지 원근법의 좀더 발전한 형태로 본다면, 우리는 그것의 진정한 의미를 간과하게 된다. 사진의 새로움이란 사진이 현실과 이미지 간 차이적 관계 속에 시간을 도입했다는 사실이다. 사진은 원근법 회화의 현실 효과를 완성했다기보다는 사물이 현실적 시간 속에서 물리적으로 매개되지 않은 채 존재한다는 환상을 낳은 것이다. 극현실적 이미지로서 사진은 사물을 재현할 뿐 아니라 현재 속에서 사물의 부재를 나타내기도 한다. 사진적 이미지는 과거 한때 존재했던 사물의 기억 흔적이다. 폴 비릴리오(Paul Virilio)가 주장하듯 사진 장치는 "은판과 필름에 영구적으로 찍혀 있는 지연된 시간의 현존, 과거의 현존"7을 포착한다. 바꿔 말하면, 사진 이미지 시대에 관건은 더 이상 회화적 재현의 실재성(reality)이 아니라 비릴리오가 말한 사진적이고 영화적인 재현의 현실성(actuality)이다. 이것은 과거 속에 있던 사물의 실시간적 현존, 그리고 지나간 현존의 흔적으로서 이미지 사이의 변증법을 작동시킨다.

재현 기술의 발전에서 가장 최근 단계는 디지털 이미지에 의해 생겨났다. 디지털 이미지는 사진 이미지와 달리 앞서 존재하는 사물을 필요로 하지 않는다. 아날로그 매체로서 사진과 영화는 사물의 물리적 배치를 광학적으로 전치시키고, 빛의 패턴을 필름의 표면에 화학적으로 각인시킨다. 아날로그 이미지는 원본과 그것의 유비적 이미지 간 지속적 상동 관계를 정립하는 전사(轉寫)의 과정을 통해 생산된다. 아날로그 이미지의 전사 과정은 원본에서 복사본으로 역행 불가능하게 이동하는데, 복사본의 품질은 원본으로부터 멀어짐으로써 점진적으로 떨어진다. 반면 디지털 매체는 불연속성의 매체다. 디지털 이미지는 원본 물질의 형상과 그 어떤 유비적 연관성도 갖지 않는다. 왜냐하면 디지털 이미지는 인간 지각으로 인식할 수 있는 형식적 특성을 컴퓨터로 계산하는 추상적 숫자로 전환함으로써 만들어지는 것이기 때문이다. 아날로그적 전사와 달리 디지털 전환은 역전 가능한 과정이다. 그 과정에서 원본과 복사본 간 근본적 차이는 존재하지 않는다. 디지털 미디어에 의해 생산된 이미지는 합성적이고 숫자나 수학적 추상으로 이루어져 있기 때문에 디지털 이미지는 아날로그 이미지를 먼저 디지털화하는 것이 아니라 직접 숫자를 조작함으로써 생산할 수 있다. 결국 디지털 미디어에서 원본이라는 관념은 무의미한 것이다.[8]

컴퓨터의 합성 이미지는 과거 사물의 실시간적 존재를 재현하는 것이 아니라, 그 자체의 이미지 효과로서만 존재하는 사물을 제시한다. 디지털로 처리한 이미지가 약간의 손실도 없이 즉각적으로 전달되듯 공간적 거리는 순환의 속도에 의해 대체된다. 따라서 사진 이미지의 현실성은 "대상의 역설적 현존, 장거리 원격 현장감"의 가상성에 굴복한다.[9] 이 가상성은 실제 존재할 수도 있고 존재하지 않을 수도 있다. 대상과 이미지 간 위계적 관계가 무너지면서 시간적 범주로서 과거는 해체되고 미래는 하나의 가능한 현재로 변형된다. 복잡한 계산을 극히 짧은 시간에 마무리하는 컴퓨터의 능력이 미래를 현재 안에 가상적으로 실현한다. 사진과 영화를 과거에 대한 기억 보관소로 만들었던 과거와 현재의 변증법은 이제 실제 시간과 지연된 시간의 알고리즘으로 대체되고 있다. 디지털 이미지는 이미지와 현실의 관계 또한 돌이킬 수 없이 변형시켰다. 디지털 이미지의 고화질은 인간의 지각을 쉽게 속일 수 있고, 그 결과 과거에 일어난 적이 없는 사건을 묘사하는 '다큐멘터리적' 장면을 소급적으로 합성하는 것이 가능해졌다. 실제 공간에서 사물의 존재는 실시간으로 존재하는 이미지에 의해 가려진다. 이제 더 이상 옳고 그름이 문제가 아니라 그럴듯함과 그럴듯하지 않음이 문제가 된다.

지구화한 세계에서 공간성이 우선적인 것으로 보이긴 하지만, 만일 우리가 (종종 일반성과 특수성의 관계로 논의하는) 글로벌/로컬의 공간적 이분법에만 초점을 둔다면 전 지구화의 작동 기제를 이해할 수 없다. 많은 비평가들이 단언하듯 오늘날 초국적 자본주의 세계에서 공간이 갖는 중요성은 부인하기 힘들다. 하지만 공간성을 단순히 공간을 시간보다 우위에 두는 것으로 잘못 인식한다면 새롭게 발견한 공간성의 중요성을 제대로 이해할 수 없다. 달라진 것은 공간이나 시간의 상대적 중요성이 아니라 둘 사이의 관계다. 세계는 디지털 기술 체계에 의해 근본적으로 변화해왔다. 시간은 더 이상 과거, 현재, 미래로 구성된 선형적 연장이 아니다. 오히려 시간적 선형성은 이제 내포적 시간(intensive time)으로 대체되었다.[10] 내포적 시간에서 유일하게 의미 있는 구분은 실제 시간과 연기된 시간 간 구분이다. 따라서 새로운 전 지구적 공간에서 실재와 가상의 이분법은 그럴듯함과 그럴듯하지 않음, 혹은 현실적인 것과 가상적인 것 간 이분법보다 훨씬 덜 중요한 역할을 한다. 그리하여 가상성 개념은 우리의 현실 감각을 근본적으로 바꾸는 새로운 시공간적 연속체를 가리킨다.

전 지구화는 종결(closure)에 대한 감각과 분리할 수 없다. 정복하고 식민화할 '열린(open)' 영토가 사라지자, 제국주의의 확장은 제2차 세계대전 이후 막다른 골목에 다다랐다. 이제 디지털 기술 체계와 컴퓨터의 발달로 신제국주의 시대가 시작되었으며, 이 시대는 시간을 새로운 프런티어로 발명해냈다. 신식민주의적인 국제적 노동 분업은 전 지구적 규모에서 공간의 차별적 이용에 의해 관리되고 있긴 하지만 과거 속에서 미래의 가상적 현실화를 통해 시간을 착취한다.

화폐/이미지/자본

정보와 시각의 기술 체계는 가상 체계의 놀라운 발전에 근본적 기능을 해왔다. 하지만 편재하는 가상성을 "수세기에 걸쳐 재현적 기술 체계와 군사적·과학적 시험 수단의 거침없는 진보"의 결과로만 보는 것은 잘못이다.[11]

전 지구적 규모로 출현하는 가상성의 등장 못지않게 중요한 것은 그 기본 역학을 끊임없는 가상화의 과정에 의존하는 자본주의의 힘이다.

자본주의에 대한 어떠한 검토도 가치와 화폐와 자본 간 관계에 관한 핵심적 질문에서 벗어날 수 없다. 화폐는 두 가지 다른 기능을 갖거나, 혹은 들뢰즈와 가타리가 화폐의 이중성, 즉 지불 수단으로서 화폐와 자본 조달의 수단으로서 화폐라고 부른 것이 존재한다.[12] 하지만 마르크스가 지적했듯 이 둘은 순환 과정에서의 두 가지 다른 지점, 즉 상품의 순환 C-M-C(상품-화폐-상품)와 화폐의 순환 M-C-M(화폐-상품-화폐)을 가리킬 뿐이다. C-M-C 순환의 목적이 사용 가치의 획득을 통해 특정한 욕구를 만족시키는 것이라고 할 때, 그 순환은 분명한 결론(즉 소비)을 갖는 유한한 과정이다. 이와 달리 자본의 운동 혹은 M-C-M 순환 과정은 무한하다. 그 순환의 결과인 화폐를 사용할 때에만, 즉 이것이 또 다른 M-C-M의 순환을 촉발할 때에만 화폐는 가치로 실현될 수 있기 때문이다.

마르크스가 자신의 설명에서 사용했던 한 가상의 거래에 따르면, 면 2000파운드(lb)를 처음에 100파운드(£)에 구매한 다음(M-C) 110파운드에 다시 판매한다(C-M). 100파운드가 110파운드로 교환되는 것이다(M-M). 이러한 순환 운동이 자본 축적의 과정이 되기 위해서는 110파운드를 지불 수단, 즉 특정한 필요를 만족시키기 위한 수단으로 사용해서는 안 된다.[13] 초기 자본 100파운드와 이 순환의 결과인 110파운드(M+⊿M)는 양적 개념이 아니라 질적 개념인 것이다. 그러므로 110파운드가 자본으로 남기 위한 유일한 길은 110파운드가 최초 자본으로 다시 재투자하는 동일한 순환을 반복하는 것뿐이다. 다시 말해, 자본은 순환 속에서만 자본으로 존재하고 순환을 벗어나면 존재하지 않는다. 이는 자본과 잉여 가치의 출현을 달리 말한 것이다. 잉여 가치를 생산하지 않는 자본이란 언어 모순에 불과하다. 마찬가지로 M-C-M 순환의 시작과 끝이 모두 화폐인 한 잉여 가치 역시 존재하지 않는다. 마르크스가 주장하듯 "[가치는] 단순히 상품들의 관계를 나타내는 것이 아니라 이제 자기 자신과의 사적인 관계 속으로 들어간다. 가치는 원래적 가치로서 자기 자신을 잉여 가치로서 자기 자신과 구분 짓는다. 비록 성부와 성자가 동일한 시대와 동일한 형식에 속하고 사실상 한 사람이라 하더라도 성부로서 자기 자신을 성자로서 자기 자신과 구분하듯이 말이다. 10파운드의 잉여 가치를 낳을 때만 처음 투입한 100파운드는 자본이 되며, 이런 일이 일어나자마자, 즉 성자가 창조되고 성자를 통해 성부가 창조되는 순간, 이들의 차이는 다시 사라져버리고 둘은 하나, 즉 110파운드가 된다".[14]

자본과 가치와 화폐는 함께 자본주의의 삼위일체를 구성한다. "따라서 가치는 이제 과정 중의 가치가 되고 과정 중인 화폐가 되며 그 자체로서 자본이 된다. 가치는 순환에서 생겨나와 다시 순환 속으로 들어가고, 순환 안에서 스스로를 보존하고 증식하며, 증가된 규모로 순환에서 빠져나와 다시 동일한 순환을 시작한다."[15] 그리고 "자본으로서 화폐의 순환이 그 자체가 목적인 한"[16] 자본주의는 결산을 무한히 연기하면서 새로운 차이를 생산하는 자동 기계 혹은 차이의 자기 목적적 장치가 된다. 더욱이 자본주의의 이와 같은 기본적 공리계(公理系)는 산업 생산과 자본 축적(잉여 가치의 생산) 간에 어떠한 내재적 관계도 존재하지 않는다는 것을 보여준다. 다시 말해 "정보화 시대에 대상들의 **순환**이 자본의 동력으로서 대상의 생산을 대체한"[17] 것처럼 보인다 하더라도, 자본주의의 기본 역학이라는 관점에서 볼 때, 산업자본주의에서 후기 산업자본주의 혹은 후기 자본주의로의 이행에서 근본적으로 달라진 것은 아무것도 없다.[18] 마르크스가 주장한 것처럼 "산업 자본 역시 화폐인데, 이것은 상품으로 변하고, 상품의 판매를 통해 더 증가된 화폐로 다시 전환되는 화폐. 순환의 영역 밖에서, 즉 구매와 판매 사이에서 일어나는 사건은 이러한 운동의 형식에 영향을 끼치지 못한다".[19] 후기 자본주의에서 금융 자본의 높은 인지도와 중요성은 반드시 급진적인 새로운 발전은 아니다. 오히려 이것은 자본주의의 기본적 공리계에 대한 긍정일 뿐이다. 이에 따라 자본의 축적은 M-C-M 순환 외부에서는 일어날 수 없다.

비록 후기 자본주의가 근본적으로 새로운 것은 아니라 하더라도, 이것은 산업자본주의와 매우 다르기 때문에 비평적 주목을 받을 만하다. 산업자본주의를 특징짓는 방법 중 하나는 독특한 시간 관리 체제의 도입인데, 이는 테일러주의(Taylorism)라고 알려진 것에서 잘 나타난다. 노동 생산성의 극대화를 지향하는 테일러주의는 노동자의 신체 동작을 개별적 단위로 분절했는데, 이는 시간과 공간에서 어떠한 낭비도 생기지 않도록 합리적으로 재조직한 것이다.[20] 노동자의 신체를 가장 효율적으로 통제할 수 있는 방법을 찾아내기 위해 노동 과정에서 이들의 동작을 과학적 측정 방식에 따라 기록 및 분석했다.

노동력에 대한 테일러주의적 합리화가 중요하긴 하지만 그 자체가 산업자본주의의 엄청난 확장을 가져온 일차적 원인은 아니었다. 20세기 자본주의의 발달에서 가장 결정적 전환점 중 하나는 포드주의(Fordism)의 출현과 확산이었다. 포드주의는 생산과 노동 관리의 영역에서 두 가지 주요한 혁신으로 이루어졌다. "1910~1914년 채택된 반(半)자동화 조립 라인과 1914년 1월 5일부터 시작된 하루 8시간 5달러 임금제"[21]가 그것이다. 가능하면 생산 비용을 줄이기 위해 헨리 포드(Henry Ford)는 생산 과정을 수많은 요소로 나누어 이것들을 조립 라인으로 배치했다. 노동자는 오직 한 가지 기계적 반복 작업을 해야 했는데, 그 작업에는 어떠한 숙련된 기술도 요구되지 않았다. 포드주의 아래서 노동자는 균질적으로 동질화 및 중립화되었으며 최초로 단순한 노동 상품이 되었다. 이 노동 상품은 자본가가 원하는 대로 이용 및 조작할 수 있는 원자재나 기계 도구와 비교할 수 있었다. 이와 동시에 포드주의는 단순한 대량 생산의 혁명만은 아니었다. 포드는 대량 생산에 대량 소비가 수반되지 않는다면 이러한 생산은 아무런 의미가 없다는 것을 잘 깨닫고 있었다. 동질화한 노동자, 즉 새로운 물결의 이민자와 소도시를 떠난 노동자의 대대적 유입은 이용할 수 있는 노동 상품이었을 뿐 아니라, 더 중요한 것은 이들이 대량 생산 상품(예를 들면 포드의 자체 모델인 T 자동차)을 구매할 잠재적 소비자이기도 했다는 점이다. 다시 말해, 20세기에 포드주의의 지속적 효과는 우리가 포드주의를 대중의 존재와 대량 생산 그리고 대량 소비의 결합에 의존한 최초의 사회경제적 시스템으로 간주할 때만 이해할 수 있을 것이다.

포드주의는 제2차 세계대전 직후 확고한 헤게모니를 장악한 미국이 다양한 사회정치적 개혁과 무역 협정을 서유럽과 일본에 강요하던 시기에 자본주의 국가 간 게임의 규칙이 되었다. 1945년 이후 독립한 많은 과거 식민지 국가 또한 포드주의와 케인스주의의 변형태(variation) 간 결합에 근거한 새로운 세계 경제 속으로 통합되었다. 포드주의의 확산은 상품과 인간, 나아가 정보의 국제적 흐름에 의해 촉진된 세계 경제의 국제화와 맥을 같이했다.

포드주의의 위기는 1970년대 초반 GATT와 브레튼우즈 체제로 알려진 제2차 세계대전 이후 경제 체제의 종말과 함께 찾아왔다.[22] 금본위제와 고정 환율제의 붕괴는 금융 자본이 이전보다 훨씬 더 활개 치도록 만들어주었다. 새로운 경제 분위기에서 경직된 포드주의는 무용해졌고, 데이비드 하비가 말한 유연한 축적(flexible accumulation)의 발명으로 인해 대체되었다. 장소와 공간의 분리 현상은 더욱 가속화했다. 시간 개념은 속도 개념에 의해 대체되었다. 자본의 회전 시간을 단축하기 위해 이미지와 스펙터클이 즉각적으로 소비하고 사라질 수 있는 이상적 상품으로 등장했다. 경제나 물질적 토대는 점점 일시적인 것이 되었다. 이윤은 단지 영상 단말기에서 숫자를 조정하는 문제로 여겨졌다.

포드주의적 대량 생산에 기반을 둔 산업자본주의가 정보에 기반을 둔 새로운 포스트포디즘적 자본주의로 변형된 것은 영화 산업에 영향을 주지 않을 수 없었다. 미국에서 1970년대 초반 자본주의의 위기에서 살아남았을 뿐만 아니라 그 위기를 새로운 경제 현실에 대처하기 위한 구조 조정의 성공적 기회로 활용한 것은 디트로이트가 아니라 할리우드였다. 디트로이트가 오일 위기 이후의 세계에서 포드주의적 대량 생산의 퇴조가 도래했음을 깨닫지 못한 데 반해, 할리우드는 외국 자본 유치를 통해 스스로를 포스트포디즘적 산업으로 변형시켜가는 목표를 꾸준히 추진하고 있었다. 하지만 미국 영화 스튜디오가 외국 자본의 소유라고 해서 이것이 반드시 미국 영화의 '국제화'를 촉진한 것은 아니었다. 소니가 컬럼비아 픽처스를, 마쓰시타가 MCA와 유니버설을 인수했지만, 그렇다고 해서 그 스튜디오들이 자신의 영화에 일본의 국민 문화적 요소를 불어넣지는 않았다. 할리우드 스튜디오에서 외국 자본 소유가 갖는 의미는 초국적 기업이 지금까지 유례없는 엄청난 양의 자본을 할리우드에 제공했고, 영화사가 그 돈으로 블록버스터 영화를 계속해서 제작할 수 있게 되었다는 데 있다. 게다가 이들 기업은 할리우드를 거대한 미디어 기업으로 통합했다. 이들은 그 무렵 영화사뿐만 아니라 TV 네트워크, 케이블 및 위성 사업, 출판사와 음반 회사, 가전제품 회사까지 소유했다. 다시 말해, 낡은 할리우드의 산업 구조 조정은 초국적 미디어 기업과의 합병을 통해 이루어졌고, 이것이 글로벌 이미지 문화의 추동력이 되었던 것이다.

이미지는 전 지구적 경제에서 기본적 상품이다. 브라이언 마수미에 의하면 이미지는 소비를 위한 소비를 자극하는 새로운 자본주의적 동력을 촉진한다. 마르크스의 이론을 재정식화하면서 마수미는 "C-I-C′(사용 가치를 지닌 상품 대상을 그것의 이미지나 모델을 바탕으로 복제한 것. 즉 생산의 생산)가 I-C-I′(하나의 상품 이미지가 다른 상품 이미지로 운동해가면서 사용 가치가 생략된 것. 즉 자가 회전 혹은 소비를 위한 소비의 생산)가 된다. 상품이 교환과 …… 실현의 순환을 위한 자체 동력을 가진 자본의 한 형태가 되었다"[23]고 주장한다. 그러나 C-I-C′나 I-C-I′가 상징하는 것은 그렇게 명확하지 않다. 상품이 이미지와 직접 교환되지 않을 뿐만 아니라 우리 역시 이미지로 상품을 구매하지 못하기 때문이다. 오히려 상품이 상품-이미지가 되면서 I-M-I(상품-이미지의 순환)와 M-I-M(화폐의 순환)이라는 소비와 자본 축적의 새로운 순환이 나타난다. 이런 새로운 공식이 갖는 의미 중 하나는 다음과 같다. 즉 글로벌 이미지 문화의 시대에 화폐뿐만 아니라 이미지도 소비되지 않으면서 순환한다는 것이다. C-M-C에서는 순환의 출발점과 도달점이 질적으로 다른 반면, M-C-M에서처럼 I-M-I에서도 그 차이는 양적인 것에 불과하다. 자본은 화폐의 순환을 통해서뿐만 아니라 끝없는 이미지의 순환을 통해서도 축적된다. 화폐가 화폐를 낳듯 이미지 또한 더 많은 이미지를 낳는 것이다.

마르크스가 보여주었듯 자본의 순환은 매끄러운 과정이 아니다. 즉 M-C-M 순환에서 M-C(구매)와 C-M(판매) 사이에 불균형이 존재한다. 잠재적으로 자본 운동의 위기를 초래할 수 있는 결정적 지점은 생산도 소비도 아니며 바로 판매 행위(C-M)다. 돈이 있으면 언제든지 상품을 살 수 있지만 언제나 상품을 팔 수 있으리라는 보장은 없다. 이러한 판매 행위에 수반된 위험을 최소화하기 위해 신용을 만들어낸 것이다.[24] 신용, 즉 판매의 연기 혹은 가상화는 자본의 순환을 촉진하고, 지불 유예를 확보한 자본가는 새로운 투자를 할 수 있다. 계속 투자하지 않는다면 자본가는 결산할 수 없다. 이 지점에서 자본의 순환은 실로 자본이 "기관 없는 신체(body without organs)"(들뢰즈와 가타리)로 출현하는 끝없는 가상화의 과정이자[25] 순수한 가상적 체계의 네트워크[26]로서 출현한다. 바로 여기에 글로벌 이미지 문화가 속해 있다.

주

1. Christian Metz, *The Imaginary Signifier: Psychoanalysis and the Cinema*, trans. Celia Britton, Annwyl Williams, Ben Brewster & Alfred Guzzetti (Bloomington: Indiana University Press, 1982), p. 3.

2. Timothy Corrigan, *A Cinema without Walls: Movies and Culture after Vietnam* (New Brunswick: Rutgers University Press, 1991), pp. 4-5.

3. Joseph J. Tobin, ed., *Re-Made in Japan: Everyday Life and Consumer Taste in a Changing Society* (New Haven: Yale University Press, 1992); Mitsuhiro Yoshimoto, "The Postmodern and Mass Images in Japan," *Public Culture1*, no. 2 (1989), pp. 8-25 참조.

4. Ien Ang, "Hegemony-In-Trouble: Nostalgia and the Ideology of the Impossible in European Cinema," *Screening Europe*, ed. Duncan Petrie (London: BFI, 1992), pp. 21-31; Mitsuhiro Yoshimoto, "Images of Empire: Tokyo Disneyland and Japanese Cultural Imperialism," *Disney Discourse: Producing the Magic Kingdom*, ed. Eric Smoodin (New York & London: Routledge, 1993).

5. 문제적인 민족 영화 연구에 관해서는 Mitsuhiro Yoshimoto, "The Difficulty of Being Radical: The Discipline of Film Studies and the Postcolonial World Order," *Japan in the World*, ed. Masao Miyoshi & H.D. Harootunian (Durham:

Duke University Press, 1993), pp. 338-353 참조.

6. Brian Rotman, *Signifying Nothing: The Semiotics of Zero* (Standford: Standford University Press, 1987), p. 2

7. Paul Virilio, *The Vision Machine* (Bloomington: Indiana University Press, 1994), p. 64.

8. Timothy Binkley, "Refiguring Culture," *Future Visions: New Technologies of the Screen*, ed. Philip Hayward & Tana Wollen (London: BFI Publishing, 1993), pp. 92-105.

9. Virilio, *The Vision Machine* p. 63.

10. Ibid., p. 68.

11. Ibid., p. 47.

12. Gilles Deleuze & Félix Guattari, *Anti-Oedipus: Capitalism and Schizophrenia*, trans. Robert Hurley, Mark Seem & Helen R. Lane (Minneapolis: University of Minnesota Press, 1983), pp. 222-240.

13. 물론 여기에는 자본 축적에 대한 욕망이 포함되지 않는다.

14. Karl Marx, *Capital*, trans. Ben Fowkes (New York: Vintage, 1977), vol. 1, p. 256.

15. Marx, *Capital*, p. 256.

16. Ibid., p. 253.

17. Brain Massumi, *A User's Guide to Capitalism and Schizophrenia: Deviations from Deleuze and Guattari* (Cambridge: MIT Press, 1992), p. 200.

18. Jonathan Crary, "Capital Effects." *October* 56 (Spring 1991), pp. 121-131; Lawrence Grossberg, *We Gotta Get Out of This Place: Popular Conservatism and Postmodern Culture* (New York: Routledge, 1992), pp. 346-347 참조.

19. Marx, *Capital*, p. 256.

20. 테일러주의, 포드주의, 유연적 축적에 대한 정보는 Harvey's *The Condition of Postmodernity* (Cambridge: Basil Blackwell, 1989)에서 가져왔다. 특히 2장, pp. 121-197 참조.

21. Richard Peet, *Global Capitalism: Theories of Societal Development* (London: Routledge, 1991), p. 154.

22. Lester Thurow, *Head to Head: The Coming Economic Battle among Japan,*

Europe, and America (New York: William Morrow, 1992), pp. 11-25.

23. Massumi, *A User's Guide to Capitalism and Schizophrenia: Deviations from Deleuze and Guattari,* p. 200.

24. Félix Guattari, "Regimes, Pathways, Subjects," *Zone 6: Incorporations* (Cambridge: MIT Press, 1992), pp. 26-27.

25. "이와 같은 전달 메커니즘—정보와 원거리 통신기기—의 존재는 자본의 순환 명령, 가능한 한 빨리 형태를 바꾸는 자본의 능력이라는 관점에서 설명할 수 있다. 마르크스는 "자본의 경향은 순환 시간 없는 순환……"이라고 지적할 때 이러한 가능성을 보았다. 다시 말해, 자본은 그것이 작용하는 공간을 일반화하기 위해 자본 순환의 매순간을 관념적이고 극히 상징적이면서도 추상적인 것으로 만들고자 한다." Richard Dienst, "Image/Machine/Image: On the Use and Abuse of Marx and Metaphor in Television Theory," *Classical Hollywood Narrative: The Paradigm Wars,* ed. Jane Gaines (Durham: Duke University Press, 1992), p. 319.

26. Massumi, *A User's Guide to Capitalism and Schizophrenia: Deviations from Deleuze and Guattari,* p. 129.

05

공포증적 공간과 경계적 공포
초국적 독립 영화 장르

● 하미드 나피시 ●

우리는 점차적으로 글로벌 미디어 환경에서 살고 있다. 초국적 미디어의
다양한 채널과 형태에 접근하는 것은 국민 문화와 정체성, 민족 영화와 장
르, 작가적 시각과 스타일, 청중 수용과 민족지학에 대한 기존 개념을 문
제 삼으면서 이에 대한 새로운 접근을 요구하고 있다. 이 글은 아르준 아파
두라이의 다음과 같은 강력한 진술을 하나의 출발점으로 삼고자 한다. "이
미지, 상상된 것, 상상적인 것. 이것들은 모두 우리를 전 지구적 문화 과정
에서 결정적이면서 새로운 것, 즉 사회적 실천으로서 상상력으로 나아가
게 하는 용어다. ······상상력은 현재 모든 형태의 행위성에 중심적이고 사
회적 사실 그 자체이며, 나아가 새로운 전 지구적 질서의 핵심적 구성 요
소다."[1] 이 글을 통해 나는 '초국적 독립 영화'라는 장르, 즉 이전에 정의된
지리적, 민족적, 문화적, 영화적, 메타영화적 경계를 가로지르는 장르를 제
안함으로써 현재의 글로벌 미디어 실천에서 '결정적이면서 새로운 것'을

파악하고 이론화하려 한다. 나는 여기서 이 장르의 두 가지 양상, 즉 틈새적(interstitial) 작가로서 초국적 영화감독과 이 장르를 특징짓는 주요 도상(iconography, 圖像) 중 하나로서 밀폐공포증적 공간 형태를 다룰 것이다.

초국적자, 추방자, 망명자, 난민, 국외 이탈자가 서구 문학과 영화에 끼친 중요한 기여는 부인할 수 없다. 정말로 "외국인과 이주자"가 근대 영문학의 정점을 주도해왔다.[2] 20세기 초 동유럽 및 러시아 출신 영화감독부터 1920~1950년대 독일 출신 영화감독에 이르기까지 이들은 할리우드 영화의 스튜디오 시스템과 주요 장르를 지배했다. 하지만 이들의 기여를 인정함에도, 특히 영화에서 국적 이탈자와 망명자 장르를 이론화하는 일에 지속적이면서 체계적인 관심을 기울인 경우는 거의 없었다. 그렇지만 자본, 권력, 미디어의 글로벌 배치에서 최근의 변화는 이러한 시도를 불가피한 것으로 만들고 있다. 더욱이 제2차 세계대전 이후의 거대한 전 지구적인 경제적·구조적 변화는 자신들의 출생과 거주 장소 밖에 살고 있는 실질적인 '다른 세계'의 공동체를 창조함으로써 전 세계적으로 사람들의 대대적 이동에 의해 규정되는 포스트모던 시대를 초래했다. 초국적 영화감독은 이들 다른 세계를 표현할 뿐만 아니라 자기 고향이나 자신을 받아준 지역을 풍부하게 형상화해왔다.

영화를 어떻게 이해하고 받아들이는가 하는 문제는 이것들이 그 생산과 상영에서 담론적으로 어떻게 구성되는가 하는 문제와 큰 관련이 있다. 초국적자들이 만든 영화는 일반적으로 이들을 받아준 국가의 민족 영화 혹은 전통적 기성 영화 '장르' 내에서 구성된다. 그러므로 프리드리히 빌헬름 무르나우(Friedrich Wilhelm Murnau), 더글라스 서크(Douglas Sirk), 조지 쿠커(George Cukor), 빈센트 미넬리(Vincent Minnelli), 자크 투르뇌르(Jacques Tourneur), 프리츠 랑(Fritz Lang), 앨프리드 히치콕(Alfred Hitchcock)의 영화는 고전적 할리우드 영화나 멜로드라마, 누아르, 스파이 스릴러물과 같은 장르의 구체적인 예로 간주되었다. 물론 이들의 작품과 〔안드레이 타르콥스키 (Andrey Tarkovsky) 같은〕 다른 기존 감독 또한 '작가주의(auteurism)'라는 표제 아래 논의된다. 이와 달리 자신의 조국과 그 조국의 민중과 문화 그리고 정치에 관한 영화를 제작하는 초국적 독립 영화감독〔가령, 아비드 메드 혼도 (Abid Med Hondo), 미셸 클레이피(Michel Khleifi), 페르난도 솔라나스(Fernando Solanas), 가셈 에브라히미안(Ghasem Ebrahimian) 같은 감독〕은 단지 '종족적', '민족적', '제3세계적' 혹은 '제3의 영화'라는 수식어가 붙으며 종종 주변화되어왔다. 이들은 자신이 거주하는 나라든 자신이 태어난 국가든 주류 청중에게는 다가갈 수 없다. 요나스 메카스(Jonas Mekas), 모나 하툼(Mona Hatoum), 트린 T. 민하(Trinh T. Minh-ha) 같은 감독은 '아방가르드'의 범주에 속한다.

이러한 분류 범주는 시장, 배급업자, 극장주, 평론가, 학술 연구를 대상으로 삼아 영화를 구성하고 자리매김하는 중요한 방법이긴 하지만 이것들은 또한 영화의 잠재적 의미를 과잉 결정하거나 제한하는 데 기여한다. 장르는 중립적 구조가 아니라 "중립적 범주로 가장한 이데올로기적 구성물"[3]이다. 의미의 중층 결정(overdetermination)과 이데올로기적 구조화가 낳는 바람직스럽지 않은 결과는 디아스포라(diaspora) 상황에서 제작한 영화에서 특히 심각하다. 이런 영화는 그와 같은 기존 범주 중 하나로 분류되면서 그 작품을 구성한 문화적·정치적 토대가 제한 또는 부정되거나 완전히 제거되고 만다. 그뿐만 아니라 이런 전통적 도식은 영화감독을 시간적 변화에 따른 그의 개인적 진화와 양식적 변형을 적절하게 성찰하거나 설명할 수 없는 '담론적 게토(discursive ghettos)' 속에 가두어버리는 경향이 있다. 초국적 영화감독이 일단 '종족적'이거나 '민족지학적'이라는 명칭을 부여받으면, 다른 곳으로 이주한 한참 뒤에도 이들은 여전히 그렇게 머물게 된다.

모든 장르처럼 초국적 독립 영화 장르는 의미의 자유로운 유희를 미리 결정된 방식으로 축소하거나 이용하려고 시도한다. 그러나 이 글에서 초국적 독립 영화 장르는 초국적성, 경계성, 다문화성, 다초점성, 혼종성이라는 조건 속에서 영화의 생산과 소비에 매우 예민하게 움직인다. 그 새로운 장르적 명칭은 우리가 그동안 분류할 수 없었던 영화를 분류할 수 있게끔 해준다. 이것은 우리에게 새로운 초국적 영화를 분류할 수 있도록 해줄 뿐만 아니라 기존 영화를 전통적 장르의 구속으로부터 풀어주면서 그 영화를 다시 분류하고 읽을 수 있게 해준다. 가령 요나스 메카스의 대작 〈로스트, 로스트, 로스트(Lost, Lost, Lost)〉(1976)는 다큐멘터리, 아방가르드, 일기 영화처럼 다양하게 분류되어왔는데, 만일 이를 초국적 영화로 재분류한다면 새로운 통찰을 제공할 수 있다. 초국적 영화는 여기서 (1) 특정한 장르적·주제적 규약을 갖고 있는 영화-글쓰기와 자기 서사화의 장르에 속하는 것으로, (2) 시간과 공간, 사회생활과 문화적 차이 속에 존재하는 영화 제작자의 독특한 초국적 장소의 산물로 여겨진다. 장르, 작가성, 초국적 위치를 연결함으로써 초국적 독립 영화는 영화를 작가적 시각과 장르적 관습에 의해 생산된 개별 텍스트로서뿐만 아니라 의미와 정체성을 둘러싸고 벌어지는 상호 텍스트적이고 횡단 문화적이며 번역적(translational) 투쟁의 장으로 계속 읽을 수 있도록 해주었다.

이런 시도가 갖는 가치 중 하나는 그것이 그동안 우리에게 서로를 오염시킬지 모른다는 두려움 때문에 일반적으로 분리했던 영화 연구의 세 가지 다양한 접근 방법, 즉 장르적 접근, 작가주의적 접근 그리고 문화 연구를 화해시킬 수 있게끔 해주었다는 데 있다. 이러한 접근 방법은 전통적인 장르적·작가적 틀과 재현적 실천에 이의를 제기함으로써 영화 유형, 예컨대 허구적 영화, 다큐멘터리 영화, 민족지학적 영화, 아방가르드적 영화 등처럼 인위적으로 이루어진 구분을 흐리게 만들었다. 초국적 독립 영화는 영화 유형을 촬영 대상과 연결 짓는 관계를 제시(presentation)가 아니라 재현(representation)으로 간주하기 때문에 다양한 유형의 영화를 포함하는 포괄적이고 통합적인 장르다. 더욱이 이 장르는 초국적 영화 제작자와 그 대상과의 관계를 기억, 욕망, 갈망, 향수의 서사와 도상학을 통해 걸러진 관계로 생각한다. 기억은 오류투성이고 유희적이며 애매하다. 하지만 어떤 유형의 영화든 그것이 생산하는 서사와 도상학은 생략, 누락, 억압뿐만 아니라 단절, 환상, 윤색을 새겨 넣음으로써 양피지처럼 다층적이다.

주제 범위를 제한하고 현재의 초국적 순간과 그 영화적 형상을 20세기 이전의 순간과 구분 짓기 위해 초국적 영화 장르를 검토하고자 하는 나의 시도는 지난 20년 동안 유럽과 미국에 거주하며 활동한 초국적 영화 제작자들이 만든 영화에 초점을 두고 있다. 대부분 이런 영화 제작자는 이른바 제3세계 출신이며 스튜디오 시스템과 이들이 이주한 사회의 주류 영화 산업 밖에서 독립적으로 활동한다. 그 결과 이들은 추방, 문화적 동화(acculturation), 초국적주의의 긴장에 더 민감한 것으로 여겨졌으며, 이들의 영화는 그런 긴장을 코드화하거나 또는 코드화해야만 했다. 이런 점은 최근의 초국적 영화 제작자와 1920~1940년대에 미국으로 이주한 유럽 영화 제작자를 구분하는 중요한 요인이다. 후자는 종종 스튜디오 시스템에 흡수되었고, 사실상 그 시스템을 또 다른 종류의 헤게모니적인 초국적 영화로 강화하는 데 기여했다.

그렇다면 20세기 후반의 경계인, 초국적자, 망명자가 만든 영화에 관해 어떤 일반화를 할 수 있을까? 무엇보다 다음과 같다. 즉 이들 각자의 영화는 시간, 장소, 문화 속에 존재하는 제작자의 특정한 위치의 산물이다. 각 영화는 그 자체로 작가적 시각, 정치적 맥락, 영화적 실천의 산물이다. 하지만 각 영화는 개인적 시각과 그 제작자의 '장소'를 전체적으로 초국적 독립 영화 장르를 가리키는 주제와 양식의 관점에서 표현한다. 장르 구성과 사회 간에는 상호 관계가 존재한다. 각 시대는 시대 자체 및 그 시대의 장르에 관한 서사를 창조한다. 그리고 자기 서사화와 장르적 구성의 각 활동은 시대에 대한 지각과 그 문화의 형성에 영향을 끼친다. 초국적성과 그것이 공유하는 특징은 전 지구로 확장하고 모든 공동체에 침투해 들어가는 대중 매체를 통해 경험된다. 아울러 그것을 통해 이전에는 가능하지 않았던 방식으로 표현되며, 하나의 장르만이 아니라 일련의 초국적 장르의 형성을 필연적으로 낳고 있다.

우리는 하나의 장르를 한 영화에서의 기대감, 그리고 그 좌절과 완수의 반복적 패턴으로 정의할 수 있다. 이러한 반복적 패턴이 장르의 일부를 형성하기 위해서는 많은 영화 속에서 반복되어야 한다. 하지만 장르는 불변적 체계가 아니다. 그것은 규칙화한 다양성을 생산하도록 기능하는 체계화, 구조화, 변이의 과정이다.[4] 더욱이 장르와 현실 간 일대일 대응 관계는 존재하지 않는다. 장르 그 자체는 현실의 반영이 아니다. 차라리 그것은 서사적 규약, 생산적 실천, 작가적 결정을 통해 현실을 처리하고 구성하는 수단이다.

장르 영화에서 관객의 쾌락은 전적으로 새로움에서 비롯하기보다는 과거의 것과 새로운 것 간의 유희 혹은 미끄러짐에서 생겨난다. 쾌락은 친숙하고 편안한 반복에서 생겨나고 관습적 규약과 그로부터의 일탈에 대한 인식에서 생겨난다. 하지만 반복과 차이 사이의 간극을 잇는 것은 불가능하기 때문에 쾌락을 얻길 바라는 반복의 욕망은 소진되지 않는다. 이론적으로 소진이 일어나는 것은 바로 은총이나 죽음에 이르렀을 때가 아니겠는가! 하지만 소진이 실질적으로 일어나는 것은 일정한 시간이 경과한 후 기본 형식이 단지 극히 미미한 차별화나 미끄러짐으로 반복될 때다. (지난 몇십 년 동안 서부 영화의 경우가 그러했다.) 하지만 차이와 미끄러짐은 장르 경제에 본질적이다. 그것들은 영화 제작자에 의해 작가적 시각이나 양식적 변이로서뿐만 아니라 종족적, 성별적, 민족적, 인종적, 혹은 계급적 차이의 표식으로 묘사된다.

따라서 장르 영화는 네 가지 관련 요소, 즉 영화 제작자/작가, 영화 텍스트, 개인 관객 및 해석 공동체, 그리고 영화 산업과 그 실천 간의 암묵적 계약에 의존한다. 다음에서 나는 이 4중 계약의 관련자 중 두 당사자, 즉 초국적자로서 영화감독과 작가, 그리고 초국적 영화 텍스트의 한 양상, 즉 터키와 이란 영화감독들이 망명 상태에서 제작한 영화 속의 밀폐공포증적 공간 형태를 탐구해볼 것이다.

작가로서 초국적 영화감독

전통적으로 망명은 특정한 범법 행위로 인해 제한된 시간 혹은 평생 동안 정부에 의해 귀국이 금지된 채 추방당하는 것을 뜻하는 것으로 받아들여졌다. 추방당한 장소에 따라 '내부 망명' 혹은 '외부 망명'으로 부를 수 있다. 만일 내부 망명을 "고립, 소외, 생산 및 통신 수단의 박탈, 공적 생활로부터의 배제"[5]로 정의할 수 있다면 많은 지식인, 여성, 예술가, 종교적·정치적 인물, 심지어는 공동체 전체가 자신의 나라에서 이와 같은 망명을 겪고 있다고 할 수 있다. 이러한 국적 박탈은 사회적일 수도 있고 경제적일 수도 있다. 그리고 그 박탈은 망명자 자신이 스스로 추구할 수도 있고 국가가 강제할 수도 있다. 국적 박탈과 억압의 이런 형태에 대해 문학 비평가 폴 일리에(Paul Ilie)는 "문화적 박탈(deculturation)"이라는 용어를 적용했다. 이 용어는 외견상 적절한 듯 보이지만 어떠한 문화도 없는 상태를 가정함으로써 내부 망명의 처지에 있는 상태를 텅 빈 공간으로 설정한다.[6] 하지만 많은 영화감독은 사실상 내부적 제약과 박탈의 상태에서 잘 해나가는 데 반해 오히려 이것들이 부재한 상태에서는 잘 뻗어나가지 못하는 경우가 많다.[7] 예를 들어 공산주의 '붕괴' 이후 많은 성공한 중동부 유럽 영화감독이 공산주의 시대의 (그들이 말할 수 있는 것에 대한) 제약과 〔사적 생활 및 공적 프로파간다(propaganda) 간의〕 부조리함을 열렬히 추구하기 시작했다. 이런 조건이 그들로 하여금 '작가주의적' 개인 스타일과 해석학적으로 풍부한 텍스트를 발전시킬 수 있도록 해주었기 때문이다. 하지만 이런 제약과 부조리함이 사라지면서 그들은 현재 "박탈감을 느끼거나 기획을 완성하지 못하거나 심지어는 영화 촬영까지 포기하는"[8] 처지가 되었다. 물론 이런 후퇴는 일시적일지 모른다. 자유 시장 체제의 새로운 제약과 부조리가 출현하면서 그들에게 자신의 새로운 현실에 적합한 새로운 주제와 양식을 개발하도록 강요했기 때문이다. 이를테면 헝가리 공산주의 치하에서 정치적 억압은 풍부한 상징과 풍자를 담고 있는 영화에 영감을 제공했는데, 이런 영화는 작품 제작에 자금을 대준 국가를 조롱하는 것이었다. 속칭 "물주와 동네북"이 사라진 오늘날 헝가리 영화는 할리우드 영화와 경쟁하고—단순히 지역 엘리트 계층이나 영화제의 관객뿐 아니라—광범위한 관객에게 호소하는 다른 방식의 이야기를 발견하기 위해 분투한다.[9] 전체주의 국가에 팽배한 내부 속박과 박탈 그리고 다양한 형태의 검열이 영화감독에게 가한 엄청난 손실은 너무나 잘 알려져 있다. 하지만 여기서 제대로 인정되지 않은 사실은 이러한 제약이 많은 영화감독에게 자신을 정의하고 자기 스타일을 펼칠 수 있는 충실하고 믿을 만한 대립물로 작용하는 방식이다. 억압적 사회에 머물고 있는 〔이란의 바흐람 바이자이(Bahram Baiza'i)처럼〕 영화감독 중 일부가 보여주는 지속적인 창조성은 부분적으로 이런 혹독한 시련이 부여한 영감과 확신 속에서 찾아야 할 것이다.

자본의 국제화, 관광 산업, 지구화한 매스미디어와 전자 연결망에 대한 노출이 특징인 시대에 경계성과 초국적성의 공간으로 들어가기 위해 굳이 집을 떠날 필요는 없다. 이러한 점에서 영화 제작자뿐 아니라 전 세계 대중은 항상 이미 초국적이다.[10] 하지만 조국을 넘어 여행하는 영화감독은 내가 생각하는, 추방당한 초국적인의 형태를 더욱 충실하게 보여준다. 외부 망명에 대한 대부분의 정의가 이를 어떤 형태의 박탈에서 비롯된 불쾌한 디스토피아적 경험으로 간주하는 데 반해, 다른 한편에서 망명은 방랑 혹은 독일어로 fernweh(먼 곳에 대한 동경)에 이끌리는 행복한 유토피아적 가능성으로 정의되기도 한다. fernweh는 방랑뿐만 아니라 자신의 고국에서 벗어나고자 하는 욕망을 뜻한다. 독일적 의미에서 고국에 있는 사람들에게 다른 장소로 방랑한다는 것은 망명자에게 고향으로 복귀하고자 하는 욕망만큼이나 끝없고 실현 불가능하다.

초국적 상태에 있다는 것은 디스토피아와 유토피아라는 두 가지 양식 그 어디에도 속하지 않는다는 것이다. 영화 제작 작가로서 초국적자의 권위는 초국적이고 망명적인 공간에 거주하는 주체로서 그들의 위치에서 생겨난다. 이 공간 속에서 그들은 융합과 혼종의 불안정한 지대를 여행한다.[11] 그 결과 환대와 냉대라는 양극단 사이를 동요하는, 자아와 장소의 부자연스러운 경계성이 드러난다. 이는 망명과 초국적주의를 불순한 융합, 상호 텍스트성, 심지어 미완성이라는 논쟁적 상태로 전환한다. 망명과 초국적주의는 변증법적 시각, 차이 속의 동일성, 불연속성 속의 연속성, 통시성 속의 공시성의 계기가 된다. 정서적으로 이것들은 황홀과 확신의 천당 그리고 낙담과 의심의 지옥으로 특징지어진다. 마지막으로 망명과 초국적 주의는 고도로 과정 중심적이고 담론적이며 양가적이다.[12]

　망명적 초국적자에게 고국과의 계보적 관계와 이주한 국가와의 동조적 관계는 지속적으로 시험을 받는다. 과거와 현재의 제약에서 자유로워진 그들은 '탈영토화한다'. 하지만 그들은 과거와 현재, 이전과 이후의 지배하에 계속 놓여 있다. 이런 지대에 위치함으로써 그들은 틈새적 존재가 되고 혼종적 과잉으로 채워진 경계인이 된다. 한편으로 그들은 독과 약을 동시에 뜻하는 파르마콘(pharmakon), 세포막과 그 위반(violation)을 나타내는 처녀막(hymen), 첨가와 대체를 동시에 나타내는 대리 보충(supplement)과 같은 데리다(Jacques Derrida)의 "결정 불가능한 것"처럼 "둘 다이면서 둘 다 아닐 수도" 있다.[13] 다른 한편으로 루시디(Salman Rushdie)의 표현대로 하자면, 그들은 "복수적이면서 동시에 파편적"[14]이라고 부를 수 있다. 파편적 주체이자 결정 불가능한 복수적 대상으로서 이들 영화 제작자는 그들의 고향이나 이주 사회의 절대적이고 당연한 가치에 관해 애매성과 의심을 제기할 수 있다. 그들은 또한 혼종적, 혼합적, 가상적 정체성을 생산하기 위해 그들 자신의 개인적, 문화적 그리고 여타 다른 연계 관계를 초월하거나 변형시킬 수 있다. 여기서 루시디를 망명적 혼종성의 범례로 간주할 수 있다면, 에스판디아리(F. M. Esfandiary)는 망명적 잠재성(virtuality)의 본보기로 간주할 수 있을 것이다. 에스판디아리는 1960년대 망명 상태에서 고국에서 겪었던 공포스러운 삶에 관한 소설을 썼지만 1980년대 후반 FM-2030으로 이름을 바꾸고 트랜스휴머니즘(transhumanism)이라는 개념을 주장했다. 이 개념은 불연속성과 일시성을 옹호하고 연속성과 정체성의 모든 일상적 표시, 즉 혈통, 고국, 종교, 언어, 민족성, 종족성, 인종, 젠더 등과 같은 것을 무시했다.[15] 트랜스휴먼이 된다는 것은 하나의 보편적인 "진화론적 존재"[16]가 된다는 것이다.

물론 초국적자들이 모두 근본적인 의심의 경향을 보이고 혼종적 자기 형성을 지향하며 유토피아적이거나 가상적인 상상에 도달하려 하는 것은 아니다. 하지만 초국적 이주의 지속적이고 소중한 위기와 긴장 속에 있는 사람에게 경계성은 창조성과 역동성의 열렬한 원천이다. 이런 창조성과 역동성이 문학과 영화에서 제임스 조이스(James Joyce)와 마르그리트 뒤라스(Margaret Duras), 조지프 콘래드와 페르난도 솔라나스, 에즈라 파운드(Ezra Pound)와 트린 T. 민하, 살만 루시디와 안드레이 타르콥스키, 가브리엘 가르시아 마르케스(Gabriel Gárcia Márquez)와 애텀 이고이언(Atom Egoyan), 블라디미르 나보코프(Vladimir Navokov)와 라울 루이스(Raúl Ruiz)의 작품을 낳게 만들었다.

초국적 영화는 이주 사회의 틈새적 공간에 거주할 뿐만 아니라 주류 영화 산업 주변에서 일하는 영화 제작자의 작품 생산에 관심을 둔다. 그 결과 이들 영화 제작자는 정체성과 주체성의 관점에서뿐만 아니라 영화의 제반 양상에서 그들이 할 수밖에 없었던 다양한 역할의 관점에서와 같이 다방면에서 활동했다. 독립 영화 제작자로서 그들은 국가적·국제적 제도와 (특히 종족적, 종교적, 민족주의적) 사설 기관, 국가 기구, 텔레비전 방송국으로부터 재정 지원이나 협찬을 얻으려고 동분서주했다. 이것은 그들이 제3세계의 많은 독립 영화 제작자처럼 영화를 통제하고 제작 비용을 줄이기 위해 순수 대본을 써야 했고 심지어 핵심 배역까지 맡아야 하는 일이 빈번했다는 의미다.[17] 많은 초국적 영화 제작자는 돈을 절약하기 위해 자신의 작품을 직접 편집해야 했을 뿐만 아니라 영화의 시각과 미학을 스스로 통제하기도 해야 했다. 영화를 완성한 뒤에도 그들은 작품 배포를 위한 또 다른 노력을 경주해야 하거나, 그렇지 않으면 예술 영화 상영관 같은 곳에서의 제한 상영이나 비인기 시간대의 텔레비전 방영으로 만족해야 한다. 그들의 영화에서 대규모 청중이란 보장되지 않는다. 초국적성이라는 조건 아래서 영화 제작과 상영의 어려움이 낳은 결과 중 하나는 대부분의 초국적 영화 제작자들이 만든 영화가 매우 빈약하다는 점이다. 새로운 영화를 제작해보지도 못한 채 몇 년이 훌쩍 지나가버리는 경우도 간혹 있었다. 아르헨티나 영화감독 페르난도 솔라나스는 첫 영화 〈피에로의 아들들(The Sons of Fierro)〉(1975~1978)을 제작하고 8년 뒤 망명 중 두 번째 영화 〈탄고스: 가르델의 망명(Tangos: Exile of Gardel)〉(1986)을 제작했다. 이란 영화감독 파르비즈 사이야드(Parviz Sayyad)는 자신의 첫 영화 〈미션(The Mission)〉(1983)을 만들고 4년 만에 미국에서 두 번째 영화를 제작할 수 있었다. 하지만 6년이 지난 현시점에서 세 번째 영화는 아직 제작조차 못하는 상황이다. 또 다른 성공한 이란 감독 아미르 나데리(Amir Naderi)는 영화 제작을 위해 1986년 미국으로 이주했다. 하지만 그는 자신의 첫 번째 영어로 된 영화 〈1, 2, 3, 4 맨해튼(Manhattan by Numbers)〉(1993)을 제작하는 데 7년이나 걸렸다. 이 영화는 그가 직접 대본을 쓰고 감독에 편집까지 도맡았다. 마찬가지로 끊임없는 노력에도 마르바 나빌리(Marva Nabili)는 자신이 이주한 나라에서 12년 만에 단 한 편의 주요 영화 〈나이트송(Nightsongs)〉(1984)만 감독할 수 있었다. 간혹 한 편의 영화를 촬영하는 데만 몇 년이 걸리기도 했다. 모리타니아의 망명 영화감독 아비드 메드 혼도는 〈오 태양이여(Soleil O)〉를 찍는 데 1년 6개월이 걸렸고, 〈당신의 이웃 검은 아랍인(Les Bicots-Negres, Vos Voisins)〉을 촬영하는 데 3년 6개월이 걸린 사연을 얘기한 적이 있다.[18]

초국적 영화 제작자에게 그들의 경계성이 가져다줄 거라고 기대한 초월과 변형의 꿈은 자유 시장에서의 냉엄한 경쟁이라는 현실 때문에 계속해서 가로막혔다. 그들의 일부 영화는 아이러니와 패러디를 통해 이주 사회에 대해 비판적이기도 하지만 아주 유쾌하기도 했다. 하지만 독일에서 활동하는 이란의 망명 영화감독 소흐랍 샤히드 살레스(Sohrab Shahid Saless)가 이러한 처지에 대해 냉소적으로 말한 바 있듯 초국적 영화감독은 비참하고 우울한 디스토피아적 영화를 제작하는 예술가로서 엄청난 긴장과 고통 속에 존재하는 경우가 종종 있다.

침울하고 별로 유쾌하지 못한 영화를 제작하는 우리 같은 사람은 별로 운이 없습니다. 우리 같은 사람은 곳곳에 편지를 쓰고 조건을 제안하며 결코 촬영하지 못할 대본을 모아두지요. 이따금 선량한 사람이 나타나 우리에게―마치 카프카처럼―제스처를 취하면서 "자 이제 당신 차례요. 당신도 기회를 가질 수 있소"라고 말하기도 합니다.[19]

하나 이상의 문화에 걸쳐 있는 초국적 영화감독은 가끔 재정 지원을 받기 위해 여러 국가의 지원 기관에 양다리를 걸치기도 한다. 초국적 영화감독은 때로는 자신의 출신 국가에서 보도 가치가 있는 것을 이용하거나 찾아내려 한다. 긍정적 측면에서 볼 때 이런 시도는 기대한 성과를 거두기도 하지만, 만약 부정적 함의가 들어 있을 경우 역풍을 당할 수도 있다. 이란계 미국 감독 사이러스 노라스테(Cyrus Nowrasteh)가 만든 〈정오의 협박자(Veiled Threat)〉의 사례를 짧게 언급해볼 수 있을 것 같다. 이 영화는 1989년 4월 미국영화연구소가 주최한 로스앤젤레스 국제영화제에서 개봉할 예정이었지만 영화제 조직위원들은 폭탄 위협 때문에 상영을 취소해야 했다. 많은 격론이 이어졌고 공공의 안전에 대한 책임과 수정헌법 제1조의 권리와 같은 많은 쟁점이 논의되었다. 하지만 폭탄 위협이나 상영 취소의 진짜 이유를 명확하게 가려내는 일은 쉽지 않았다. 영화제 위원장은 영화 제작자가 자신의 영화를 살만 루시디에 대한 아야톨라 호메이니(Ayatollah Khomeini)의 파트와(fatwa, 살해 명령)에 관한 반(反)이슬람주의적 내용과 공개적으로 결부지어 시끄럽게 홍보함으로써 스스로 위협을 자초했다고 주장했다. 한편 영화 제작자는 FBI조차 심각하게 받아들일 만큼 위협이 실제적이었다고 주장했다. 마침내 이 저예산, 저속도(low-velocity, 低速度), 반지성적 스릴러물은 로스앤젤레스 극장에서 개봉하긴 했지만 우울한 평론과 저조한 관람률을 보이는 데 그쳤다. 제작자는 이슬람주의적 의미를 완화함으로써 손실을 만회해보려 제목에서 'veil'이라는 단어를 빼버리기도 했다.[20]

샤히드 살레스가 말한 카프카적 상황은 확실히 실재한다. 영화제에서 민족적 재현과 관련해 초국적 영화 제작자에게 그들이 어떤 국가에 속하는가, 그들이 어떤 '민족 영화'를 재현하고 있는가와 같은 문제를 새로 제기할 때 이런 상황은 개인적으로 더욱 고통스럽게 느껴진다. 1973년 군사 쿠데타 이후 칠레 망명 영화감독들은 250편이 넘는 영화와 다큐멘터리를 제작했는데, 이는 1973년까지 칠레에서 만든 영화보다 훨씬 많은 수치였다.[21] 이들 작품 중 상당수는 '칠레 저항 영화'를 형성했다. 이 범주에는 망명 중 만든 일부 영화는 배제했다. 예를 들면, 망명자들을 비판하는 〈망명자들의 대화(Dialogue of Exiles)〉(1974) 이후 라울 루이스의 작품이 그러했다.[22] 보통 고국 정부에 반기를 드는 망명 영화감독의 정치학은 그들을 망명자로서 지위가 갖는 경계성과 예술가로서 갖는 정체성의 문제를 부각시키는 고통스러운 위치에 놓이는 경우가 종종 있다. 예를 들어, 터키 정부는 일마즈 귀니(Yilmaz Güney)가 군사 정권 치하의 터키 사회를 강력히 비판한 〈욜(Yol)〉(1982)을 완성하기 위해 조국을 떠난 뒤 그의 시민권을 박탈해버렸다. 따라서 가장 유명한 터키 감독이자 매우 잘 알려진 이 배우는 외국에서 자신의 조국을 대표할 수 없었다. 사이야드 역시 이란 영화 〈미션〉(1983)을 갖고 칸 영화제에 입성할 수 없었다. 이슬람공화국에 대한 신랄한 비판 영화였기 때문이다. 그는 본인의 뜻과 달리 미국 영화로 영화제에 참가했다.[23] 그 결과 그는 자신이 이란과 이란인을 대표하지 못한다는 걸 인정하지 않을 수 없었다. 이란의 많은 성직자가 '진정한' 이란 문화를 파괴하고 있다며 비난하고 이주한 국가에서조차 점차 고조되는 사회적 적대감에 직면한 그에게 이는 고통스러운 현실일 수밖에 없었다. 자신을 대변할 수 없고 이주한 국가를 대표할 수도 없는 그는 명실상부 "조국 없는" 사람이 되었다.[24]

그들을 (주류 영화 제도권의 혜택을 누린다는 걸 의미하는) '작가주의적 감독(auteur directors)'에서 (제작과 배포의 모든 차원에서 개인적으로 노력하고 관계해야 한다는 걸 의미하는) '영화 제작 작가(filmmaking authors)'로 전환하게끔 만드는 것은 이와 같은 고향 상실과 박탈감, 영화 제작자 자신의 분열된 주체, 생산(産) 과정에 대한 다차원적 참여다. 그들 자신의 텍스트(혹은 어느 정도 그들의 삶)를 가진 작가로서 그들의 전기(biography)가 그들의 영화 속에 단순히 암시적으로만 코드화되어 있는 것이 아니다. 종종 자서전과 자기 반영성은 영화를 파악하고 구성하는 서사와 비유를 추동하는 힘이다.[25] 여기서 묘사하는 초국적 경계성 같은 그 어떤 문화 공간도 근본적 차원에서, 그들의 삶과 문화에서 제작자의 위치와 장소를 각인하는 영화를 생산하게끔 하고 자신의 영화에 서사적이고 도상학적 혼종성, 이중화, 분열을 각인시킬 수 있다.

초국적 영화의 공간

장르는 공간적으로 젠더와 섹슈얼리티에 의해 종종 중층적으로 결정된다. 토마스 엘세서(Thomas Elsaesser)에서 로라 멀비(Laura Mulvey)[26]에 이르기까지 멜로드라마는 "감정, 정주성, 닫힌 공간, 그리고 감금"과 같은 특징을 가지고 있으며 여성적이고 가정적인 장르로 여겨져왔다. 이런 배치는 외적이고 "모험, 운동, 카타르시스적 행동"을 특징으로 하는 남성적 공간과 대립적으로 설정된다.[27] 장르적으로 이런 남성적 공간은 미국 서부극에서 가장 잘 나타난다. 모든 사회와 사회적 조건은 그 나름의 공간을 생산한다. 초국적 영화 장르에서 내부 공간과 외부 공간은 젠더화한 주체성뿐만 아니라 민족적·종족적 상상이나 열망을 종종 표현한다. 서구 평론가들은 가정적이고 닫힌 공간을 여성과 결부 짓고 자연의 소멸을 알리고자 한다. 하지만 비(非)서구의 많은 산업화 이전 문명은 여전히 자연 속에 살고 있고, 비록 그것이 여성을 내부 공간에 종종 한정하더라도 특히 야생지와 바다를 여성적이고 모성적인 것과 연결한다. 초국적 영화 제작자는 다양한 공간적 스타일을 자신들의 영화에 기입한다. 게다가 그들은 공간의 전통적인 젠더화한 이분법을 더욱 불안정하게 만든다. 왜냐하면 초국적성 속에서 자아와 타자, 여성과 남성, 내부와 외부, 고국과 타국 간 경계는 흐릿해지고 계속적으로 협상을 해야 하기 때문이다. 더욱이 그들의 영화에서 공간적 배치는 동일화와 소외뿐 아니라 기억과 향수의 분출 그리고 문화적 동화라는 긴장에 의해 추동된다. 그러므로 내부 공간과 외부 공간은 초국적화할 뿐만 아니라 민족화 또는 종족화한다.

많은 고전적 할리우드 멜로드라마에서 정서적 고점과 저점이 계단처럼 수직적 축에 따라 이루어져 있다는 것은 잘 알려져 있다. 여기서 계단은 감정적 극단의 표현일 뿐만 아니라 그 극단을 재현하는 장이 된다.[28] 초국적 장르에서 초국적 주체성의 (멜로)드라마를 표현하면서 동시에 코드화하는 것은 감옥의 형식처럼 종종 닫힌 밀폐공포증적 공간이다. 이러한 공포증적 공간은 거대한 공간과의 대비 속에서 종종 움직인다. 따라서 초국적 영화의 공간은 코스모스(질서)와 카오스(무질서) 사이를 매개한다.

닫힌 공간과 열린 공간의 역학을 살펴보기 위해 나는—그것이 이 장르에서 공간의 배치와 어떤 관계를 맺고 있는 한—잠시 광장공포증과 밀폐공포증이라는 관련 개념을 도입하겠다. 여기서 내 의도는 초국적 영화와 그 공간의 병리학을 확립하는 데 있는 것이 아니라, 암시적 방식이든 발견적 방식이든 의학적 언어와 패러다임을 사용해 이 장르에서 공간에 대한 실험적이고 알레고리적인 사용이 갖는 특수성을 찾아내는 데 있다.

1871년 베를린의 신경학자 카를 베스트팔(Carl F. O. Westphal)은 광장공포증이라는 이름이 붙은 증상을 공유하던 3명의 남성 환자에 대해 기술한 바 있다.[29] 셋 모두 사람이 없는 거리나 확 트인 열린 공간을 가로질러 갈 때 극도로 불안해했다. 오늘날 광장공포증은 이동 공간(기차, 승강기, 버스, 지하철)이든 정지 공간(거리, 터널, 영화관, 식당)이든 공적 공간에 대한 두려움 및 회피와 관련한 복합적인 질병으로 이해되고 있다. 이것은 또한 호흡 곤란, 산소 부족, 가슴 두근거림, 미치거나 죽을 것 같은 두려움으로 이루어진 '패닉 발작'을 연상시키기도 한다. 이런 상황과 관련한 다른 증상은 집이나 심리적 편안함과 안전을 제공하는 친숙한 공간 또는 사람들로부터 멀어질지 모른다는 공포를 포함한다.[30] 사회적 상호 작용처럼 빛 또한 광장공포증을 악화한다. 마지막으로 위에서 언급한 대부분의 공적 공간이 그렇듯 광장공포증은 보통 닫힌 장소를 두려워하는 밀폐공포증과 관련이 있다.

비록 베스트팔이 광장공포증이라고 진단한 최초의 환자가 모두 남성이

긴 했지만, 광장공포증을 앓는 대다수는 여성이었다. 광장공포증의 발발에는 한 가지 트라우마가 아니라 "삶에서 지나치게 적대적인 사건들"이 선행하는 경우가 종종 있다. 그중에는 관계 파탄, 상실감, 박탈감, 분리 불안 같은 것이 있다.[31]

이러한 일련의 공포 증상을 극복하기 위해 광장공포증 환자들은 스스로를 주거 장소, 때로는 방 한 칸, 심지어 자신의 침대에 몰아넣음으로써 '안전지대'로 후퇴한다. 그들은 '집에 결박'되거나 신뢰할 만한 사람 또는 (우산, 여행 가방 같은) 물건처럼 '공포증적 동반자나 사물'로부터 위안을 얻는다. 어두운 장소를 선호하고 밖으로 나가는 모험을 감행할 때는 색안경을 쓰려는 경향이 있다. 이러한 물리적·시각적 장벽을 세우고 한정된 장소로 물러나는 것은 밀폐공포증을 더욱 악화할 수 있다. 따라서 공포증에 걸린 개인은 광장공포증과 밀폐공포증, 안전감과 함정에 빠진 불안감 사이에서 동요한다.

지멜과 크라카우어(S. Kracauer) 같은 사회문화 비평가들은 이런 모순적인 상태를 근대 도시적 삶의 병리학과 연관 지어왔다.[32] 다른 사회 비평가들도—아케이드에서 쇼핑몰에 이르기까지—광장공포증과 밀폐공포증을 초래하고 이것을 점차적인 소비를 통해 치유하고자 하는 도시 과밀 지구나 상업 지구의 다양한 닫힌 공간에 관한 논문을 써왔다.[33] 포스트모더니즘과 후기 산업적 글로벌 경제의 시작과 더불어 이러한 경제적·사회적·정신적 과잉의 닫힌 공간은 실질적으로 보편적인 것이 되고 있다.[34] 더욱이 "통제 사회(societies of control)"가 푸코(M. Foucault)가 이론화한 낡은 "감시 사회(disciplinary society)"를 점차 대체하고 있다.[35] 만일 감시 사회가 '개인'을 형성(mold)하는 감옥과 같은 중앙 집중적 제도에 의해 특징지어진다면, 새로운 통제 사회는 '개인'을 변주(modulate)시키는 분산된 지배의 네트워크다.

이제 학교는 평생 교육으로, 구호는 암호로, 훈육은 통제로, 공장은 기업체로 대체된다. 이 모든 일은 "보편적 변주"를 위한 것이다.[36]

　많은 초국적자에게 고국으로부터의 자발적 혹은 강제적 분리, 영원히 탈영토화한 것 같은 상황, 포스트모던적 후기 자본주의가 낳은 광범위한 통제적 변주는 '지나치게 적대적인 사건'을 구성하는데, 이는 우리에게 영화 속에서 광장공포증적이고 밀폐공포증적인 공간성을 보도록 기대하게 만든다. 독립적이면서 주변적인 영화 제작자로서 그들은 기존 장르의 관습이나 주류 영화의 양식을 따르기보다 자신의 영화 속에 경계성과 다중 초점성을 기입하려는 경향이 있다. 종종 자기 고국의 감시 사회에서 감금되었던 경험에 근거하는 그런 공포증적 공간을 영화에 새겨 넣으려는 것은 고국의 갈등적이고 구속적인 사회정치적 조건을 반영한다. 이와 같이 현상학적이고 알레고리적인 공간의 기입은 전략적 목적뿐 아니라 치유적 목적에도 기여할 수 있다. 그들은 초국적주의의 정신적 긴장을 표현할(그러므로 치유적이다) 뿐 아니라 초국적자가 새 사회에서 새로운 개인적·집단적 정체성을 형성하도록 돕는다(그러므로 전략적이다).[37]

공포증적 공간과 경계적 공포

밀폐공포증의 의미는 많은 초국적 영화의 세계관, 미장센, 숏 구성, 플롯 전개에 침투해 있다.[38] 이것들은 낯설고 종종 적대적인 주재국 문화와 미디어 재현으로 지각되는 것 앞에서 일어나는 경계적 공포의 영화이자 위축의 영화다. 그렇게 지각된(때로는 매우 현실적인) 위협은 구속적이지만 위안을 주는 밀폐공포증적 공간을 통해 다루어진다. 이런 공간을 창조하기 위해 다양한 전략을 이용한다. 즉 근접 촬영한 숏 구성, 디에게시스(diegesis)* 내의 갑갑한 물리적 공간, 미장센 내의 차단막, 시각과 접근을 차단하는 숏, 구속과 차단된 시각적 분위기를 자아내는 조명 구성 같은 것이 여기에 포함된다. 이런 전략 중 다수는 영화를 전개하는 장소에 응축되는 경우가 허다하다. 이런 장소는 자기 지시적이지만 동시에 다른 장소를 지시하기 때문에 상징적이다.

터키의 초국적 영화

터키 영화 제작자들이 만든 작품에 대한 유럽의 한 평론은 그 영화에서 핵심적인 공간적 상징이 감옥 같다고 말한 적이 있다. 초국적주의의 아이러니 중 하나는 국민국가의 정치적 적(adversary)과 초국적자 자신이 핵심적 상징을 다루는 방식이다. 터키 영화의 핵심적 상징으로서 감옥을 사용하는 경우가 그러하다. 터키 출신 영화 평론가들에 따르면, 어떤 영화도 앨런 파커(Alan Parker) 감독의 강력하지만 히스테릭하고 자민족 중심적인 감옥 영화 〈미드나이트 익스프레스(Midnight Express)〉(1978)보다 터키라는 국가의 공적 이미지에 더 큰 타격을 입힌 작품은 없을 것이다.[39] 그럼에도 일마즈 귀니가 영화 〈욜〉에서 자신이 속한 사회를 비판하기 위해 사용한 것도 감옥 이미지였다. 사실 귀니는 〈미드나이트 익스프레스〉의 부정적 묘사를 반박하고 가석방 프로그램을 비롯해 터키의 자유주의적 감옥 정책에 초점을 두겠다는 핑계를 대고 터키에 있는 자신의 감방에서 이 영화를 대리 감독

• 미메시스와 함께 서사 행위의 두 가지 양상을 가리키는 용어. 미메시스가 외부 대상의 모방 또는 재현을 의미한다면, 디에게시스는 서술자의 개입을 통한 서술이라는 의미를 갖는다. 영화에서는 단순히 스크린에 보이는 것이 아니라 우리가 추측할 수 있는 행위, 상황, 과거에 일어난 사건을 포함한다.

할 수 있는 허가를 받았다.[40] 이 영화는 그를 대신해서 부감독인 세리프 코렌(Serif Goren)이 촬영했다.[41] 그 뒤 귀니는 〈욜〉에서 묘사한 바로 그 가석방 프로그램을 이용해 감옥(그리고 자신의 나라)에서 벗어났고, 스위스에서 이 영화를 편집했다. 〈욜〉은 작은 감방에서 터키 사회라는 더 거대한 감옥으로 5일간의 가석방 휴가를 받아 풀려난 죄수 5명의 고통스러운 얘기를 따라간다. 그 사회에서는 현대의 군사적·관료적 기구와 전통적인 봉건 가부장제가 모든 시민을 냉혹하게 옥죄고 있다. 이 영화에서 민족이라는 공간은 터키를 훈육 사회에서 통제 사회로 변형시키면서 나라 전체로 퍼져가는 밀폐공포증적인 억압적 팬옵티콘(panopticon)이 되어간다. 한 여성, 즉 주인공의 아내와 터키의 중요한 소수 집단(인구의 20퍼센트)인 한 쿠르드인의 이야기를 부각시키면서 귀니는 자신의 공간을 젠더화 및 종족화하고, 고국에서 여성과 소수 인종에 대한 이중 억압에 초점을 맞춘다. 남편이 없는 동안 다른 남자와 성관계를 가졌다는 이유로 아내는 가족에 의해 감금당한다. 그녀는 몸이 묶인 채 먹을 것도 주지 않는 어둡고 축축한 곳간에 갇혀 죽음을 기다린다. 가장 구속적인 은유를 여성에게 할당했다면, 가석방으로 나온 쿠르드인 죄수에게는 가장 자유로운 은유를 부여한다. 쿠르드인인 귀니는 터키 군대가 장벽으로 차단한 마을과 골목에 갇힌 쿠르드 반란자들을 무자비하게 학살하는 장면을 그린다. 그러나 마을의 밀폐공포증적 공간과 터키 민족주의를 관철하려는 국가의 지배 공간 사이에서 귀니는 엄청난 새로운 공간을 끌어들인다. 이러한 공간을 간절히 소망해온, 그러나 망명을 통해 이룰 수밖에 없는 쿠르드족의 조국이라는 공간으로 코드화하는 것이다. 이런 점들은 쿠르드 죄수에 의해 부각되는데, 그는 쿠르드 소녀에 대한 구애와 쿠르드 민족에 대한 열정에 자극받아 터키 국경 너머 언덕에 있는 반란군에 가세하기로 마음먹는다.

이 통절한 영화의 상영과 더불어 귀니는 터키에서 궐석 재판 중 20년 추가 징역형을 선고받는다. 아울러 (그가 감독했거나 대본을 쓴 작품은 물론 그가 배역을 맡았던 작품을 포함해) 그의 영화들은 압류 및 금지당한다.[42] 귀니는 당연히 다시는 고향으로 돌아가지 못했다. 〈욜〉을 상연하고 1년 뒤, 그는 프랑스 정부의 재정 지원으로 마지막 영화인 〈벽(The Wall)〉을 감독했다. 터키의 감옥에 관한 이 영화는 전적으로 감독의 벽 안에서만 촬영했다. 감옥은 여성, 소년 그리고 무정부주의자를 수감하는 감방으로 나뉘어 있다. 〈미드나이트 익스프레스〉보다 훨씬 깊은 시각과 섬세함을 보여준 이 영화는 푸코적인 구조, 즉 강제와 통제에 필수적인 시각과 분할을 보여준다. 하지만 통제의 미시경제와 터키 사회의 문화적 특징 때문이겠지만 죄수들은 전적으로 원자화하지 않고 중립화되지도 않는다. 비록 그 순간들에 아이러니와 비극의 색채가 가미되어 있긴 하지만 그곳에는 다양한 삶과 많은 행복이 있다. 죄수들은 사형 집행을 기다리는 한 남녀의 결혼식을 정성 들여 준비한다. 결혼한 그들은 곧 총살당한다. 감옥의 벽에 헤나(henna) 염료로 찍어놓은 신부의 손자국이 유일하게 그들이 행복했던 순간을 상기시킨다. 무정부주의자들의 봉기도 일어나는데, 그 이유는 아이러니하게도 석방이 아니라 다른 감옥으로 보내달라는 것이다. 물론 새로운 감옥도 이전 감옥과 진배없는 것으로 드러나지만 말이다. 비록 정치적 독립에 대한 쿠르드인의 열망을 언급하고 있긴 하지만 그 주제는 완전한 공포증적 공간으로서 터키라는 메타포로 돌아가기 위해 약하게 처리된다. (출생을 비롯해) 삶의 일상에 대한 꼼꼼한 묘사, 감금된 사회 계층의 넓은 스펙트럼, 전체 감옥 체계의 세부적 분할을 극적으로 포착하는 고각도 촬영 등 이 모든 것이 함께 움직여 디에게시스적 감옥을 총체적 감옥으로서 터키 사회라는 메타포로 변형시킨다.

모든 핵심적 상징이 그렇듯 귀니가 감옥과 맺는 관계는 복합적이고 터키의 군사 독재화와 자신의 망명으로 더욱 굳건해지는 것처럼 보인다. 1981년 군사 쿠데타 이전에 판사를 살해하려 했다는 혐의로 투옥되었을 때만 해도 그는 감옥에 대한 온정적 시선을 갖고 있었던 듯하고, 감옥 자체도 그에게 우호적이었다. 1979년 영화감독 엘리아 카잔(Elia Kazan)이 감옥에 있는 귀니를 인터뷰했을 때, 감방은 그에게 잔인하고 충격적인 감금만 의미했던 것이 아니라 안전한 장소를 뜻하기도 했다. 그곳에서 그는 자신의 잘나가는 영화 제작사를 운영하는 방법을 모색하면서 적어도 3편의 영화를 대리 감독할 수 있었다. 그 당시 감옥 규칙이 매우 느슨해 귀니는 탈출도 할 수 있었지만, 카잔에게 말했듯 그곳에 있는 것이 차라리 더 안전하다고 느꼈다.[43] 국내에서 군사 정권의 지배와 자신의 망명이 이와 같은 상당히 온건한 시각을 탈출이나 변화의 가능성을 부정하는 매우 비관적인 시각으로 바뀌게 만든 것 같다. 미국 상영판 〈욜〉의 도입부에 포함된 짧은 영상에서 귀니는 일부 사람이 국가에 의해 투옥되어 있지만 모든 사람은 그들 자신의 마음에 갇힌 죄수라고 말했다.

　　귀니의 경우에서 우리는 초국적 장르가 기능하는 역학을 관찰할 수 있다. 그 속에서 영화 제작자의 경계적 주체성, 고국에서의 기억과 자전적 경험, 장르의 공간적 배치가 상호 교차한다. 귀니에게 감옥은 부분적으로 고국의 질식할 것 같은 사회적 조건, 특히 군사 정권 지배하의 사회적 조건에 대한 알레고리적 천착이었다. 또한 이는 망명 이전에 귀니 자신이 겪었던 삶의 경험(그는 대부분 감옥에서 보냈다)을 표현하고 활용한 것이었다. 영화계에서 활동한 20년 중 그는 12년을 감옥에서, 2년을 군대에서, 3년을 망명 상태에서 보냈다.[44] 마지막으로 귀니에게 공포증적 공간과 안전지대를 만들게 한 것은 망명으로 인한 탈영토화와 혼란(그리고 어쩌면 유럽적 통제 사회의 감시와 특히 '중간 지대에 있는' 이주 노동자의 처지)에 대한 반발이기도 했다. 고국을 총체적 감옥으로 보는 완고한 시각은 짐승의 배 속에 있지 않을 때, 그리고 초국적 유동 상태에 갇혀 있을 때, 말하자면 타협을 위시한 타락한 선택을 고민해야 하는 상황에서만 매력적일 수 있다.

귀니는 터키의 영화감독 중 외국에서 가장 유명한 감독이다. (그는 1984년 프랑스에서 암으로 사망했다.) 그렇지만 집단 제작을 통해 일종의 터키 망명 영화를 창조했다고 말할 수 있는 일군의 다른 감독도 있다. 툰크 오칸(Tunç Okan), 에르덴 키랄(Erden Kiral), 툰켈 쿠르티즈(Tuncel Kurtiz), 테브픽 바제르(Tevfik Başer)가 그들이다. 나는 밀폐공포증적 공간, 특히 감옥이 단순히 귀니의 작가적 관심사로만 그친 것이 아니라 초국적 주체성과 장소의 특징이기도 하다는 점을 입증하기 위해 위에서 거론한 감독 중 두 사람이 약 12년 동안 유럽에서 제작한 3편의 영화를 잠시 살펴볼 것이다.[45] 터키 사회를 다루고 터키를 현장으로 삼았던 귀니의 망명 영화와 달리 이 3편의 영화는 각각 유럽 내에 살고 있는 터키 이민자들을 다루고 있다. 하지만 장소 변경에도 불구하고 캡슐화(encapsulation)라는 은유와 감금(imprisonment)이라는 핵심 상징은 이들에게 똑같이 강력하게 퍼져 있다. 툰크 오칸이 감독한 〈버스(Otobüs)〉(1977)는 일군의 터키 이주 노동자를 다룬다. 터키의 사기꾼에게 속은 이들은 여권, 음식, 돈도 없이 스톡홀름의 한 광장 중심에 멈춰 선 찌그러진 버스 속에 내버려진다. 간혹 희극적인 것처럼 보이기도 하지만 감옥의 은유는 여기서 기분 섬뜩할 정도로 다층적이다. 한 층위에서 버스, 즉 이동성과 자유 그리고 낯선 사회를 두려워하는 이주자들의 안전한 피난처인 버스는 그와 정반대되는 부동의 구속적인 구조물로 변형된다. 또 다른 층위에서 버스로부터 탈출을 감행하는 사람들은 자신이 두려워하는 이주 사회가 항상 적대적인 것만은 아니라는 것을 발견한다. 그 사

회는 자신들의 존재에 아예 무관심하다. 〈버스〉의 밀폐공포증적 공간은 초
국적이긴 하지만 터키의 작은 유기체들(버스와 승객)이 스웨덴 신체정치학
(body politic)의 피부 속으로 편입된다는 점에서 기생적이다. 피낭(被囊)에
싸인 종족적 유기체처럼 그 이국적 신체는 영화가 끝날 때 버스의 파괴가
상징하듯 추방되어야 한다.

바제르가 독일에서 제작한 2편의 영화에서 터키 이민자들의 밀폐공포증
적 공간은 종족적이거나 민족적이기보다는 차라리 여성적으로 기입된다.
〈40제곱미터 독일(40m² Deutschland)〉(1986)은 한 아내를 보여주는데, 그녀
는 잔혹한 광기의 남편이 매일 일하러 가면 방에 감금당해 지낸다. 독일 사
회에 대한 접근은 그녀가 창을 통해 보고 들은 것에 한정된다. 자신의 감
정을 표현하거나 보여주는 것을 거부하면서 남자를 부인하려는 여자의 전
략은 그녀의 공간을 더욱더 위축시킨다. 그녀는 독일의(of) 40미터도, 독
일 내의(in) 40미터도 소유하지 못한다.[46] 여자가 소유하고 있는 것이라고
는 그녀 자신의 신체라는 공간과 어린 시절 고향에 대한 기억뿐이다.[47] 이
영화에서 닫힌 공간은 전적으로 젠더화해 있고, 비록 남자와 아내가 서로
를 부인한다 하더라도 주된 희생자는 여성이다. 하지만 희생자로서 여자는
주체성이라는 권능을 부여받고 어린 시절의 거대한 공간을 상상하면서 젠
더화한 감금으로부터 도주할 수 있다. 많은 초국적 이주자에게, 특히 남성
이든 여성이든 가난한 이주 노동자에게 지금 여기서 신체가 갖는 공포증적
개인 공간은 그 밖의 다른 장소와 다른 시간에 대한 향수와 기억에 의해
확장된다. 밀폐공포증과 거대한 세계는 함께 어우러져 초국적성의 공간을
구성하는 것이다.

〈거짓 천국이여 안녕(Farewell to a False Paradise)〉(1988)에서 바제르는 감금
과 통제에 관한 기존 사고에 새로운 변형을 가한다. 내가 본 대부분의 초국

적 영화에서 닫힌 공간은 개인을 함정에 빠뜨리는 감옥처럼 부정적으로 코드화해 있다. 이 영화에서 코드화는 역전되어 감옥을 피난처로 바꾼다. 주인공은 폭력을 일삼는 남편을 죽인 죄로 독일에서 형기를 보내고 있지만, 석방이 임박해오자 자유의 의미를 둘러싼 두려움이 그녀를 감싼다. 영화는 터키 이민자, 특히 여성에게 독일 감옥에 갇혀 독일 법에 의해 보호받는 것이 독일에서든 터키에서든 감옥 밖에서 생활하는 것보다 더 낫다고 설정한다. 감옥이 여성에게 독일 신나치주의자들의 인종차별적 공격과 가정으로 돌아갈 경우 받을 혹독한 가부장제적 보복으로부터 안전한 피난처를 제공해주는 것이다. 이 작품은 감금된 공간이 제공하는 안전을 강조하며 이란 감독의 영화로서 독일에서 제작한 〈유토피아(Utopia)〉와 비슷한 울림을 전달한다.

이란의 초국적 영화

이란의 초국적 영화에서 닫힌 공간의 배치는 터키의 망명 영화와 유사하다. 하지만 그들 간에는 민족적, 역사적, 개인적 차이 때문에 생겨나는 몇 가지 중요한 차이가 있다. 지난 20년 동안 이란의 초국적 영화 제작자들은 가장 적극적으로 활동했고, 유럽과 북미에서 24편 이상의 장편영화를 완성했다.[48] 여기서 나는 폐쇄적 공간의 배치를 다루는 몇 가지 걸출한 사례를 살펴볼 것이다. 이란에서 찍은 파르비즈 사이야드의 마지막 영화 〈막다른 곳(Dead-end)〉(Bonbast, 1977)은 그를 미국으로 망명하게 만든 이란 혁명이 일어나기 1년 전에 완성했다.[49] 영화에서는—이 영화는 혁명 이전의 숨 막힐 듯한 상황에 대한 한 편의 논문이라 할 수 있다—어린 여성이 한 남자의 감시를 당한다. 여성은 그가 자신에게 구혼하고자 하는 남자일 거라 생각하지만 실은 그녀 오빠의 뒤를 밟고 있는 보안 요원임이 밝혀진다. 어두운색 정장을 입고 있는 남자는 항상 거리 반대편에서 막다른 골목에 있는 소녀의 집을 감시한다. 소녀는 창문 밖을 내다보면서 경찰의 감시 시선을 잠재적 구혼자의 간절한 표정으로 (잘못) 읽는다. 이는 파국적 결과를 낳는다. 영화에서 감금의 구조는 민족적이면서 젠더화해 있다. 이것이 민족적인 것은 소녀가 팬옵티콘적 감시 사회에서 살 수밖에 없는 이란인들의 은유로 설정되어 있기 때문이고, 이것이 젠더화한 것은 막다른 골목을 넘어 바라보는 소녀의 감금된 방은 그 자체가 이란 여성의 삶에 대한 유령 같은 은유이기 때문이다. 그녀의 창문이 자유를 약속하는 데 반해, 골목은 자유에 대한 장애물임을 암시한다.[50]

미국에서 제작한 사이야드의 두 번째 영화 〈검문소(Checkpoint)〉(Sarhad, 1987)의 스토리 대부분은 당시 미국인들이 테헤란의 미국 대사관에 인질로 잡혀 있던 이른바 이란의 '인질 위기'●(1979~1981) 동안 버스 안에서 일어난다. 비록 그 이란 버스의 구체적 상황이 앞서 논한 터키 버스의 상황과는 다르긴 하지만 추방의 경계성에 관한 알레고리로서 둘은 거의 대동소이하다고 할 수 있다. 버스는 이란 학생과 미국 학생들을 싣고 캐나다로 현장 학습을 떠난다. 거기에 있는 동안 카터 대통령은 인질을 잡아둔 데 대한 보복으로 미국 내 모든 이란 학생의 비자를 철회해버린다. 미국으로 재입국하려던 버스는 캐나다와 미국 국경의 공간적·법률적 무인 지대에 갇히고 만다. 승객들은 캐나다로 돌아갈 수도 없고 미국으로 들어올 수도 없다. 국경의 경계적 장소와 버스의 밀폐공포증적 공간은 승객들 사이에 엄청난 감정적 동요를 일으킨다. 버스가 2개의 경계 지대, 즉 캐나다와 미국 간 물리

● 1979년 11월부터 1981년 1월까지 미국인 50여 명이 이란 주재 미국 대사관에 인질로 억류되었던 사건. 이슬람 혁명으로 팔레비 왕정이 무너지고 호메이니의 이슬람공화국이 수립되자 그동안 미국이 왕정을 지원한 데 대한 반미 감정이 폭발하기 시작했다.

적 경계선과 이란과 미국 간 담론적 정치학 사이에 존재하거나 그 사이에 걸쳐 있다는 점에서 이 경우 초국적 공간은 틈새적 공간이다. 이 틈새적 장소에서 버스의 공포증적 공간은 어떠한 안전도 위안도 제공하지 못한다. 버스가 미국으로 돌아가 학생들이 승객 중 한 명인 이란계 미국인의 집 앞에 모두 모였을 때에야 비로소 안전과 위안을 얻는다. 망명적 경계성에서 종족적 안정성으로 이동해가는 이란인에 대한 공감적 묘사는 문화 동화에 따르는 모든 긴장과 차이를 복원하는 것처럼 보인다.

자랄 파테미(Jalal Fatemi)의 비디오 영화 〈뉴클리어 베이비(The Nuclear Baby)〉(1990)는 핵전쟁 이후 도주하던 한 여성이 사막에서 아이를 낳는 홀로코스트적 세계를 다룬 미래주의적 작품이다. 하지만 스토리 대부분은 그녀 기억의 밀폐공포증적 공간과 나이트메어 부서(Ministry of Nightmares)가 고용한 용병이 만들어내는 악몽 서사로 펼쳐진다. 서사뿐만 아니라 미장센 또한 극도로 밀폐공포증적이다. 몇몇 늘어진 시퀀스에서 인물들은 끔찍하리만치 구속적인 가면을 쓰고 있다. 사막에서 아이를 낳은 소녀가 나타날 때는 항상 가면을 쓴다. 여기서 다시 밀폐공포증적 공간은 젠더화해 있다. 하지만 이 공간은 또한 휴머니즘적 이란 민족주의와 미국 사회에 대한 아이러니한 읽기로 코드화해 있다.

이란 망명자들에게 새장과 트렁크는 "공포증적 대상"이며 이것들에 갇히는 것은 영화 〈구혼자들(The Suitors)〉(Ghasem Ebrahimian, 1989)에서처럼 망명이라는 상징적 가치를 띤다.[51] 이 영화에서 도살을 위해 포획한 양, 비행기 이동용 새장 속에 갇힌 페르시아 고양이, 끈질긴 구혼자들의 함정에 갇힌 여성 주인공 사이에는 몇 가지 병렬적 유사성이 형성되어 있다. 가방은 고향에서 가져온 선물이 담겨 있고 여행과 일시적 삶을 가리키며 구속감, 깊은 박탈감, 세계 속에서 위축된 가능성 같은 만연된 느낌을 함축하기 때문에 망명적 주체성의 설득력 있는 상징이다. 이것은 1980년대 초 젊은 이란인 부부가 연루되었던, 세상을 들끓게 한 비극적 사건의 결과로서 이란인에게는 민족적, 초민족적, 젠더화한 주체성을 갖는 다면적 상징이 되었다. 남편은 미국 영주권을 갖고 있지만 유럽에 있는 아내는 그렇지 못했다. 아내를 위한 비자를 얻는 데 실패해 절망한 남편은 아내를 가방에 넣어 미국으로 밀입국시키려 시도했다. 하지만 샌프란시스코 공항에서 아내가 질식당한 채 죽어 있는 것을 알고 남편도 바로 자살해버린다. 이 이야기는 추방을 다루는 미디어의 유명한 소재가 되었고, 몇 년 뒤 〈구혼자들〉에서 다른 결말로 꾸며져 다시 무대에 올랐다. 여기서는 여성이 들어 있는 가방이 비행기를 향해 컨베이어벨트를 따라 천천히 피할 수 없는 여정에 오르면서 화면도 꺼진다. 우리가 바로 가방 속에 있는 듯하며, 그녀의 고통스러운 숨소리와 광기로 변해가는 숨죽인 절망감을 들을 수 있다. 그 지점에서 망명자라면 누구나 망명이 초래하는 구속과 위축의 함의를 파악할 수 있을 것이다. 비행기의 짐칸에 적재되기 직전 여성은 가방의 지퍼를 열고 걸어 나온다. 마지막 숏은 택시를 잡아타고 구속과 밀폐공포증적 공간이 아니라 다양한 선택과 불확실성을 동시에 지닌 거대한 미국 사회를 향해 나아가는 모습을 위에서 비춘다.

아미르 나데리의 시각적으로 놀라운 영화 〈1, 2, 3, 4 맨해튼〉은 〈구혼자들〉이 막을 내린 지점에서 시작한다. 이것은 점점 커져가는 불확실성을 다루며 뉴욕시티에 사는 실직 언론인 조지 머피(George Murphy)의 심해져가는 공포감과 홈리스 처지를 보여준다. 그는 아내와 자식을 잃고 자신의 물건 대부분을 저당 잡히거나 판매한다. 사실상 그는 자신의 나라에서 탈영토화해 있다. 아파트에서의 추방을 막아보기 위해 그는 돈 있는 친구를 찾아 나서기 시작한다. 이 여행에서 처음에는 방 번호가 없거나 아무런 이름조차 없는 카프카적 건물을 통과하고, 나중에는 맨해튼의 한쪽 끝에서 다른 쪽 끝으로 지나간다.[52] 머피의 아파트와 거리에서의 촬영 전략은 세계가 물리적으로, 심리적으로, 담론적으로 점점 닫혀간다는 느낌을 강조하는 경향이 있다. 망원 렌즈 숏은 기차를 기이하게 꿈틀거리는 애벌레로, 고층 건물을 강철과 유리로 된 소름 끼치는 협곡과 분화구로 전환하는 등 거대한 물리적 장소를 붕괴시켜 압축된 시각적 공간으로 밀어 넣는다. 머피의 대부분의 탐색은 지하에서 이루어지는데, 점점 속도가 빨라지고 과밀한 지하철은 밀폐공포증적이고 광장공포증적인 고전적 상황을 창출한다. 지상에서도 그는 할렘의 퇴락한 건물과 단지에서 몰개성적이고 화려한 월스트리트로 이동한다. 하지만 심리적으로 그는 정반대 방향으로 거슬러 간다. 친구를 찾지 못한 채 과밀하고 황량한 지역을 통과하면서 그의 절망감은 더욱 고조되어 가시적인 공포의 순간으로 나타난다. 이는 1871년 베스트팔이 환자의 공포증적 발작에 대해 기술한 것과 유사하다. 이 발작은 포스터, 거대한 비디오 스크린, 게시판, 네온사인, 도처에 존재하는 광고판 때문에 더 심해진다. 이것들은 그가 그 어떤 탈출구도 발견하지 못하는 담론적인 소비주의적 밀폐공포증을 낳는다.[53] 공포감, 흐릿한 시각, 방향 감각 상실에 시달리는 머피는 벽을 공포증을 막기 위한 방어막으로 삼으려 하지만 카메라는 한쪽으로 기울어지면서 불길하게 모퉁이를 돌아 그를 남겨둔 채 떠나버린다. 확실히 〈1, 2, 3, 4 맨해튼〉은 이미지와 소리의 능숙한 조율에서뿐만 아니라 운동을 통해 앞으로 나아가는 방식에서도 '도시 교향악'과 같은 영화다. 하지만 이 영화는 그 디스토피아적 시각에서 이 장르에 속하는 모든 화려하고 유명한 영화, 즉 폴 스트랜드(Paul Strand)의 〈맨나하타(Mannahatta)〉(1921)에서 알베르토 카발칸티(Alberto Cavalcanti)의 〈단지 시간만(Only the Hours)〉(Rièn Que les Heures, 1926)에 이르는, 발터 루트만(Walther

Ruttmann)의 〈베를린: 도시의 교향악(Berlin: Symphony of the City)〉(Berlin: Sinfonie der Grosstadt, 1927)에서 드지가 베르토프(Dziga Vertov)의 〈영화 카 메라를 든 남자(Man with the Movie Camera)〉(Chelovek s Kinoapparatom, 1929) 에 이르는, 그리고 랠프 스타이너(Ralph Steiner)와 윌러드 반 다이크(Willard Van Dyke)의 〈도시(The City)〉(1939)에서 프랜시스 톰슨(Francis Thompson)의 〈N.Y., N.Y.〉(1958)에 이르는 영화와는 다르다.[54]

밀폐공포증적 공간과 서사와 미학이 단순히 주제나 제작 장소에 의해서 가 아니라 망명의 조건들에 의해 형성된다는 사실은 이란과 관련한 주제에 관한 것도 아니고 미국에서 제작하지도 않은 이란의 초국적 영화들에서 유 사한 밀폐공포증적 경향이 눈에 띨 때 명백하다. 독일에서 제작한 소흐랍 샤히드 살레스의 절망적이면서 강력한 영화 〈유토피아〉(1982)는 잔혹한 남 성 포주가 운영하는 사창가의 구속적 공간에서 일어난다. 이 집에서 여성 매춘부들의 삶이 비참하고 굴욕적이라 하더라도 그들은 거기에서 헤어나 지 못한다. 그들 중 한 명이 외부 세계를 경험하기 위해 그곳을 떠나려 시 도하지만 실망한 채 돌아온다. 그녀에게 구속이라는 안전이 자유가 제기하 는 선택을 훨씬 더 능가했던 것이다. 밀폐공포증은 추방된 삶을 표현하면 서 한동안 그 삶을 구성한다. 밀폐된 공간은 안전을 약속하는 자궁 같은 안 식처다. 하지만 내가 보여주려고 했듯 초국적 영화에서 밀폐된 공간이 개 인을 가두는 감옥으로 기입되는 경우가 훨씬 잦다. 샤히드 살레스는 냉소 적인 짧은 해설에서 영화를 "매춘부의 환경", 즉 "사람의 잠재적 능력을 제 대로" 펼치지 못하는 환경이라고 불렀다.[55] 만일 이런 해설을 통해 〈유토피 아〉를 읽는다면, 초국적 영화감독을 자신들이 전적으로 소속되지 못하고 그렇다고 진정으로 벗어날 수도 없는 사회에서 일하는 매춘부에 비유하는 것은 매우 가슴 쓰린 일이 될 것이다. (고국으로 돌아가는 선택지도 그들 대부분에게는 막혀 있다.)

오늘날 전 지구화한 자본이 지배하는 단극적인(unipolar) 포스트모던 세계에서 탈영토화와 파편화, 불확실성은 모두 내재적이고 위급한 것이다. 이러한 상황에서 민족과 공동체는 도처에서 자신을 가장 잘 (재)정의할 수 있게 해주는 타자(들)를 창조하는 데 관여하고 있는 것 같다. "통합 유럽", "미국우선주의", 세르비아 "인종 청소", "이슬람근본주의" 그리고 데이비드 몰리와 케빈 로빈스(Kevin Robins)의 표현을 따라 이른바 "하이마티즘(heimatism)"이라 부르는 것[56]과 같은 이데올로기와 실천은 모두 현실적·물질적 경계를 (재)창조할 뿐만 아니라 자아와 타자 간의 새로운 담론적 경계를 그리는 예들이다. 탈산업 사회에서 생활하는 초국적자들은 삶의 모든 영역을 기호 체계로 환원하고자 하는 추상과 기호적 조작에 맞서 스스로를 끊임없이 재정의해야 하는 과정에 있다. 이런 상황에서 공간은 신뢰할 수 없는 것이 된다. 하지만 장소는 매력적이고 장소화는 지속 가능한 선택지가 된다. 초국적 영화에서 부정적으로 코드화한 공포증적 공간에 대한 강조는 어쩌면 삶에서 공간의 추상성을 재현에서 장소의 구체성으로 바꾸려는 초국적자들의 시도일지 모른다. 즉 이것은 존재론적 안전과 장소 연계적 정체성을 창조하려는 시도인 것이다. 장소에 있을 때 공간은 나의 것이된다. 비록 그것이 40제곱미터에 불과할지라도 말이다.

자본주의는 경계인과 초국적자를 종족적 주체와 생산적 시민으로 변형하면서 동화와 흡수의 전략을 통해 그들을 재영토화한다. 하지만 이들 경계인은 자발적으로 방어막 뒤에 숨어버리면서 심리적이고 사회적으로 추방자로, 명령 불복종자로 재영토화한다. 그리하여 이들은 사회의 타자—이들을 배경으로 삼아 사회는 거대한 정체성을 형성할 수 있다—도, 사회의 가치에 복무할 것을 종용받는 완전한 시민도 되지 못한다. 선제적인 정신적 부인, 사회적 거부, 공포증적 공간을 기입하는 것은 수동적 소외나 근대성으로 인한 소외 공간의 생산과는 차원이 다르다. 이것들은 강력한 자본주의적 명령을 환호하는 시도에 맞서거나 이것과 다투는 초국적자들의 전략의 일부다. 하지만 궁극적으로 거부와 기입은 함정의 형태임이 드러날 수 있다. 그때 여기서 기술되고 있는 경계적 공포의 공간이 포스트모던적 SF 문학의 특징인 편집증적 공간으로 나아가거나, 아니면 제3의 영화에서 약속된 해방의 공간으로 나아갈 수도 있는 것이다.

주

이 글의 일부를 읽고 평가해준 멜리사 세프킨(Melissa Cefkin)에게 감사한다. 또한 광장공포증과 근대성에 대한 자신의 생각을 공유해준 캐스린 밀런(Kathryn Milun)에게도 감사드린다.

1. Arjun Appadurai, "Disjuncture and Difference in the Global Cultural Economy," *Public Culture* 2, no. 2 (1990), pp. 1-24.

2. Terry Eagleton, *Exiles and Emigres: Studies in Modern Literature* (London: Chatto & Windus, 1970), p. 9.

3. Rick Altman, *The American Film Musical* (Bloomington: Indiana University Press, 1989), p. 5.

4. Stephen Neale, *Genre* (London: BFI, 1983), pp. 48-50.

5. William Rowe & Teresa Whitfield, "Thresholds of Identity: Literature and Exile in Latin America," *Third World Quarterly* (January 1987), p. 233.

6. Paul Ilie, *Literature and Inner Exile: Authoritarian Spain, 1939-1975* (Baltimore: Johns Hopkins University, 1980), p. 19.

7. 내부 망명자 영화의 잠재적인 문화적 풍성함에 대해서는 Coco Fusco, *Internal Exiles: New Films and Videos from Chile* (New York: Third World Newsreel,

1990) 참조.

8. Catherine Portuges, "Border Crossings: Recent Trends in East and Central European Cinema," *Slavic Review* 51, no. 3 (1992), p. 531.

9. Carol J. Williams, "New Picture for Hungary's Filmmakers," *Los Angeles Times* (March 3, 1992), p. F5.

10. 헝가리 영화광들이 미국 영화가 자신들의 상상력과 개인적 정체성에 끼친 영향을 이야기하고 보여주는 영화로는 러즐로 선타시(Lazlo Santhás)의 〈이너 무비(Inner Movie)〉 참조. 또한 Hamid Naficy, "Autobiography, Film Spectatorship, and Cultural Negotiation," *Emergences* 1 (1989), pp. 29-54도 참조. 이 글은 제3세계 청중들에게 서양 영화가 보여주는 자아-타자화의 권력을 검토한다.

11. 정말로 모든 위대한 작가성은 더 거대한 사회로부터 거리(distance)를 취하거나, 본질적으로 추방 또는 망명의 입장을 취하는 것에 근거하는 경우가 많다. 거기에서 생겨나는 긴장과 양가성은 위대한 예술의 특징인 복합성과 다차원성을 생산한다. 성적 터부가 출산을 가능케 하는 것과 똑같은 방식으로 초국적 추방은 창조를 부추긴다.

12. 나는 망명과 초국적성의 패러다임을 정식화하기 위해 타자와 타자성의 이런저런 속성을 통합해왔다. 이에 대해서는 Hamid Naficy, *The Making of Exile Cultures: Iranian Television in Los Angeles* (Minneapolis: University of Minnesota Press, 1993) 참조.

13. Zygmunt Bauman, "Modernity and Ambivalence," *Global Culture: Nationalism, Globalization and Modernity,* ed. Mike Featherstone (London: Sage, 1991), pp. 145-146.

14. Salman Rushdie, *Imaginary Homelands: Essays and Criticism* 1981-1991 (London: Granta, 1991), p. 15.

15. 그의 영화 〈신분증(The Identity Card)〉(1966)에서 주인공인 탈국적자는 고국 이란으로 돌아갈 때 신분증을 잃어버린다. 자신이 누구인지 증명할 수 없게 된 그는 자신이 속하지 않는 사회, 자신이 떠날 수 없는 사회에 갇혀 있음을 느낀다.

16. FM-2030, *Are You a Transhuman?* (New York: Warner Books, 1989), p. 205.

17. Lizbeth Malkmus & Roy Armes, *Arab & African Film Making* (London: Zed Books, 1991), p. 60.

18. Abid Med Hondo, "The Cinema of Exile," *Film & Politics in the Third World,*

ed. John D. H. Downing (New York: Praeger, 1987), p. 75.

19. Sohrab Shahid Saless, "Culture as Hard Currency, or, Hollywood in Germany (1983)," *West German Filmmakers on Film: Visions and Voices,* ed. Eric Rentschler (New York: Holmes and Meir, 1988), p. 56.

20. 이 영화를 둘러싼 논쟁에 관해서는 Nina J. Easton, "Threats Spur Police Aid for Film Maker," *Los Angeles Times* (April 4, 1989) 참조. 고국의 정치적 전선이 라틴아메리카 망명자 영화에 끼친 영향에 관해서는 Zuzana M. Pick, "The Dialectical Wandering of Exile," *Screen* 30, no. 4 (1989), pp. 48-64 참조.

21. Richard Pena, "Images of Exile: Two Films by Raoul Ruiz," *Reviewing Histories: Selections from New Latin American Cinema*, ed. Coco Fusco (New York: Hallwalls, 1987), p. 137.

22. Zuzana M. Pick, "Chilean Cinema in Exile (1973-1986)," *Framework* 34 (1987), p. 41.

23. 1950년대 이후 이란에 대한 미국 외교 정책과 관련한 망명 이란 영화감독들의 양가적이고 종종 부정적인 태도는 일부 감독들로 하여금 자신의 영화를 미국의 산물로 인식하고 싶지 않게끔 만들었다. 하지만 자신의 영화를 널리 소개하고 인정받고 싶은 감독 입장에서는 그렇게 하는 것 외에 달리 선택의 여지가 없었다.

24. 물론 이런 유의 고향 상실은 제3세계 영화에만 국한되지 않는다. 최근 유럽에서도 비슷한 사례로 (독일에서 제작한) 안기에슈카 홀란트(Angieszka Holland)의 〈유로파, 유로파(Europa, Europa)〉(Hitlerjunge Solomon, 1991)가 있다. 독일영화수출연합(German Export Film Union)은 이 영화가 너무 '국제적'이라는 이유로 미국 영화예술과학아카데미(Academy of Motion Picture Arts and Science) 추천 오스카 외국영화상으로 노미네이트되는 것을 거부했다. 독일영화수출연합에 따르면 영화감독이 폴란드인이고, 프랑스가 합작 기금을 제공하고, 러시아가 후원한 이 영화는 독일의 작품으로서 자격이 없다는 것이다. 하지만 비평가들은 독일이 히틀러의 유겐트 소년단에서 기회주의적으로 살아남은 유대인 소년을 다룬 영화 내용에 불편해한 것이라고 느꼈다. 이 논쟁에 관한 더 자세한 내용은 Karen Breslau, "Screening Out the Dark Past," *Newsweek*, February 3, 1992, p. 30; Joseph McBride, "Foreign Oscar Hopeful Tongue-Tied," *Variety*, October 28, 1991, p. 3 참조.

25. 초국적 자서전의 탁월한 사례로는 *Lost, Lost, Lost, The Great Sadness of Zohara*

(Nina Menkes, 1983), *Measures of Distance* (Mona Hatoum, 1988), *Manhattan by Numbers* 참조.

26. Thomas Elsaesser, "Tales of Sound and Fury: Observations on Family Melodrama," *Film Theory and Criticism: Introductory Readings*, ed. Gerald Mast, Marshall Cohen & Leo Braudy (New York: Oxford University Press, 1992); Laura Mulvey, "Pandora: Topographies of the Mask and Curiosity," *Sexuality and Space,* ed. Beatriz Colomina (Princeton: Princeton University Press, 1992).

27. Mulvey, "Pandora," p. 55.

28. Elsaesser, "Tales of Sound and Fury," p. 528.

29. 베스트팔의 원래 글에 대한 영어 번역에 대해서는 Ted Curmp, "Westphal's Agoraphobia," *Journal of Anxiety Disorders* 5 (1991), pp. 77-86 참조.

30. Diane L. Chambless, "Characteristics of Agoraphobia," *Agoraphobia: Multiple Per-spectives on Theory and Treatment*, ed. Diane L. Chambless & Alan J. Goldstein (New York: John Wiley & Sons, 1982), p. 2; Issac M. Marks, *Fear, Phobias, and Rituals: Panic, Anxiety, and Their Disorders* (New York: Oxford University Press, 1987), pp. 323-324.

31. Marks, *Fears, Phobias, and Rituals,* p. 360. Chambless, "Characteristics," p. 3; Maryanne M. Garbowsky, *The House without the Door: A Study of Emily Dickinson and the Illness of Agoraphobia* (Rutherford: Fairleigh Dickinson University Press, 1989), p. 58.

32. Anthony Vidler, "Agoraphobia: Spatial Estrangement in Georg Simmel and Siegfried Kracauer," *New German Critique* 54 (Fall 1991), pp. 31-45.

33. 아케이드와 산책하는 구경꾼에 대한 개념은 Susan Buck-Morss, *The Dialectics of Seeing: Walter Benjamin and the Arcades Project* (Cambridge: MIT Press, 1990) 참조. 쇼핑몰과 영화의 관계에 관해서는 Anne Friedberg, *Window Shopping: Cinema and the Postmodern* (Berkeley: University of California Press, 1993) 참조.

34. 이 주제에 관해 풍부한 설명을 해온 연구로는 다음을 참조. David Harvey, *The Condition of Postmodernity: An Enquiry into the Origins of Cultural Change* (Cambridge and Oxford: Blackwell, 1992); Henri Lefebvre, *The Production*

of Space, trans. Donald Nicholson-Smith (Oxford: Blackwell, 1991); Fredric Jameson, *The Geopolitical Aesthetic: Cinema and Space in the World System* (Bloomington: Indiana University Press, 1992); Edward Soja, *Postmodern Geographies: The Reassertion of Space in Critical Social Theory* (London: Verso, 1989).

35. Michel Foucault, *Discipline and Punish: The Birth of the Prison,* trans. Alan Sheridan (New York: Vintage, 1979).

36. Gilles Deleuze, "Postscript on the Societies of Control," *October* 59 (Winter 1992), p. 7.

37. 몇몇 페미니스트는 여성들 사이에 자주 나타나는 광장공포증과 스스로를 격리하는 여성의 행위는 가부장제의 징후이자 가부장제가 여성에게 가한 구속에 대한 저항 이라고 주장해왔다. Garbowsky, *House without the Door,* p. 133; Chambless, "Characteristics," p. 3 참조.

38. 망명자 문학에서 우리는 공포증적 공간이 강력한 역할을 하는 사례를 다수 목도한 다. 에스마일 파시흐(Esmail Fassih)의 《혼수상태의 소라야(Soraya in a Coma)》에 서 소라야는 이란인 환자로서 소설 내내 파리의 한 병원에 혼수상태로 누워 있다. 카프카의 《변신(Metamorphosis)》에서 그레고르 잠자(Gregor Samsa)는 딱정벌레 로 변해 침대 밑을 기어 다니거나 닫힌 방의 틈새 공간에 숨지 않을 수 없다. 아리 엘 도르프만(Ariel Dorfman)의 《마누엘 센데로의 마지막 노래(The Last Song of Manuel Sendero)》에서는 모든 사산된 아이들이 어른이 만들어놓은 세계에 대한 항의로서 태어나지 않기로 결심한다. 비슷한 이유로 귄터 그라스(Gunther Grass) 의 《양철북(Tin Drum Oscar)》에서 오스카는 신체적으로 성장하지 않기로 결심하 고 세 살 어린이의 몸 상태에 멈춘다. 알베르 카뮈(Albert Camus)의 《페스트(The Plague)》에서는 도시 전역이 폐쇄되고 많은 사람이 역병의 확산을 막기 위해 감금 당한다. 하지만 이런 부인(denial)과 공포증적 형태는 모두 순수한 항의가 아니다. 이것들은 작가의 이데올로기적·정치적 기획에 의해 굴절된다. 파시흐는 혼수상태 의 소녀를 이란 혁명 후 유럽으로 망명한 이란인들을 비난하기 위한 메타포로 사 용한다. 카프카는 무의식의 모더니즘적 관료주의화를 비난한다. 비록 도르프만의 항의가 익명의 국가에 대한 것이라 하더라도 그 나라를 자신의 고국인 피노체트 (A. Pinochet) 독재하의 칠레로 읽어야 한다는 것은 명백하다. 나치즘에 대한 오스 카의 항의는 새로운 형태의 나치즘 재출현에 대한 그라스의 경고로 읽을 수 있을

것이다. 비록 카뮈의 항의를 모더니즘적 소외에 대한 휴머니즘적 목소리로 해석할
수 있을지라도, 에드워드 사이드가 지적했듯 페스트의 무대가 알제리라는 것은 저
자를 프랑스 식민주의와 공모하게끔 만든다(Edward Said, "Narrative Geography
and Interpretation," New Left Review 180 (1990), pp. 81-97).

39. 아틸라 도어세이(Atilla Dorsay)는 1992년 12월 하와이 국제영화제에서 동양의 이
미지에 관한 학술회의 동안 이렇게 말했다. 다음 글에서도 유사한 주장을 펼친다.
Mehmet Basutcu, "The Power and Danger of the Image," Cinemaya, nos. 17-
18 (1992-1993), pp. 16-19.

40. John Wakeman, ed., World Film Directors, Volume II, 1945-1985 (New York:
H. W. Wilson Company, 1988), p. 407.

41. 비밀스러운 촬영이나 대리 촬영이 제3세계에서는 낯설지 않다. 유명한 사례가 미
구엘 리틴(Miguel Littin) 감독의 4시간짜리 영화 〈칠레 잠입기(Acta General de
Chile)〉(1986)이다. 이 영화는 5명의 외국 촬영팀이 작업했는데, 그들은 순수한 다
큐멘터리를 찍는다는 구실로 칠레에 들어왔다. 감독 리틴 자신도 기업가로 가장해
몰래 칠레에 들어와 영화에서도 기업가로 출현했다.

42. Ersan Ilal, "On Turkish Cinema," Film & Politics in the Third World, ed. John
D. H. Downing (New York: Praeger, 1987), p. 125.

43. Elia Kazan, "The View from a Turkish Prison," New York Times Magazine
(February 4, 1979).

44. Roy Armes, Third World Film Making and the West (Berkeley: University of
California Press, 1987), p. 271.

45. 닫힌 공간 형태가 영화에만 국한된 것이 아니라는 점은 터키 출신 독일계 미국 무
용가 메메트 메모 샌더(Mehmet Memo Sander)의 도전적 연기에서도 드러난다.
그는 자신을 "이스탄불 출신의 에이즈 환자 및 퀴어 무용가"라고 부른다(Lewis
Segal, "Young Turk," Los Angeles Times Calendar, July 12, 1992, p. 52). 그는
철저하게 억압적이고 밀폐공포증적인 물리적 과정 및 공간을 구성해 그 속에서 자
신과 무용수들의 인내력, 심지어 생존 기술을 시험한다. 한 댄스에서 샌더는 6×8피
트 박스 속에서 벽을 타고 올라가 위로 빠져 나오는 연기를 펼친다. 또 다른 춤에
서도 댄서는 나무 상자 속에 매달려 있거나 투명한 플라스틱 입방체 속에서 압박
당하는 모습을 연기한다. 샌더가 공포증적 공간을 사용하는 것은 그의 초국적 지
위 때문일 수도 있고 퀴어 정치 운동가로서 역할 때문이기도 한다. 게이 동성애자

들에게 밀폐된 방에 갇힌다거나 거기서 빠져나오는 것은 밀폐공포증적이고 광장공포증적인 공간성과 감수성을 항상 수반하고 동시에 드러낸다. 들킬지 모른다는 두려움에 옴짝달싹못하는 게이에 관한 영화 〈아고라(Agora)〉(Robert & Donald Kinney, 1992)는 게이적 특성을 광장공포증으로 재현한다. 영화는 밀폐된 방에서 나오는 것이 종종 게이와 레즈비언을 전혀 원치 않는 사회적 틈새 속에 강제적으로 밀어 넣는다는 걸 보여준다.

46. 40미터의 선택은 여성에 대한 이슬람과 터키의 문화적 신념에 대한 언급일 수 있다. 터키 내 일부 전통에서 여성은 아이를 출산한 후 40일 동안 집 안에 머물러야 한다.

47. 소아마비를 앓는 터키 출신 영화감독 일마즈 아르슬란(Yilmaz Arslan)이 제작한 〈통행(Passages)〉(1992)에서는 감금이 육체 위에 그려지기도 한다. 하지만 독일의 한 건강 회복 센터에서 일어나는 이 반(半)다큐멘터리에서 배우들은 불완전하고 부재하고 절단된 신체로만 나타난다. 그들의 제한은 은유적일 뿐 아니라 실재적이기도 하다.

48. Naficy, "Autobiography" (1993) 참조.

49. 이 영화와 귀니의 〈욜〉은 종종 외부 망명에 앞서 내부 망명이 선행한다는 것을 보여준다.

50. Jamsheed Akrami, "The Blighted Spring: Iranian Cinema and Politics in the 1970s," *Film & Politics in the Third World,* ed. John D. H. Downing (New York: Praeger, 1987), p. 147.

51. 이란인들의 망명에서 감금과 망명의 은유로서 새장 속에 갇힌 새는 노래, 텔레비전 프로그램, 영화에서도 나타난다. 이런 유형의 이미지가 임상적 광장공포증과 연결될 수 있다는 것은 에밀리 디킨슨(Emily Dickinson)의 시에서 새장과 감옥의 은유가 압도적인 것에서도 나타난다. 광장공포증을 앓은 디킨슨은 마지막 25년 동안 집을 떠나지 않고 생활했다.

52. 금전에 대한 주인공의 탐색은 모든 독립 영화 제작을 위한 강력한 은유로 읽을 수 있다. 하지만 이러한 탐색에 자신의 시간을 대부분 소진해야 하는 초국적 장르의 영화감독은 특히 그렇다.

53. 영화 〈아고라〉는 광장공포증을 공공 시장뿐만 아니라 소비주의 자체에 대한 두려움과 통찰력 있게 연결 짓는다. 소비 상품에 붙어 있는 상표는 공론장과 스크린을 지배하고 게이 남성 광장공포증 환자의 꿈과 의식을 식민화한다.

54. 터키 망명자처럼 이란인의 경우에도 밀폐된 공간성은 초국적 영화나 성적으로 특별한 여성들의 감금에 한정되지 않는다는 것을 보여줄 수 있다. 이란계 미국인 감독 레자 아브도흐(Reza Abdoh)의 강력한 연극적 연기도 언급할 수 있다. 최근의 한 도전적이고 노골적인 작품 〈보기맨(Bogeyman)〉(1993)에서 관객들은 3층 아파트의 창문을 통해 다양한 게이 및 성적으로 '위반적인' 사람들 간의 격렬한 토론과 활동을 목격한다. 이내 곧 건물의 정면 전체가 들어 올려지고 그 작은 속박적 세계의 혼란스러운 실내가 드러난다. 강력하게 출현하는 것은 사회적으로 미리 정의된 공간적, 젠더적, 성적 범주와 역할을 깨고 나오려는 폭발적 욕망이다. 여기서 건물의 정면이 들어 올려지는 것은 적대적인 동성애공포증적 세계와 정면으로 대면하고 거기에 스스로를 노출함으로써 밀실에서 나오고자 하는 것의 은유로 읽을 수 있다.

55. Shahid Saless, "Culture as Hard Currency," p. 56.

56. David Morley & Kevin Robins, "No Place like Heimat: Images of Home (Land) in European Culture," *New Formations* 12 (1990), pp. 1-23.

제국의 가족에서 초국적 상상계로

전 지구화 시대의 미디어 관객성

● 엘라 쇼하트·로버트 스탬 ●

포스트모던 시대의 모든 정치 투쟁은 필연적으로 대중문화의 시뮬라크라적(simulacral) 영역을 통과하기 때문에 미디어는 다문화주의, 초국적주의, 전 지구화에 대한 그 어떤 논의에서도 매우 중요한 문제다. 오늘날의 미디어는 정체성을 형성한다. 사실 많은 이들은 미디어가 정체성 생산의 핵심에 가까이 있다고 말한다. 이미지와 사운드, 상품과 인구의 전 지구적 순환을 특징으로 한 초국적 세계에서 미디어 관객성(spectatorship)은 국민적 정체성, 정치적 연계, 공동체 소속에 매우 복합적으로 영향을 미친다. '떨어져 있는' 사람들과의 매개 관계를 촉진함으로써 미디어는 공동체를 상상하는 과정을 '탈영토화'한다. 미디어가 관람객을 원자화한 소비자나 홀로 유희를 즐기는 모나드(monad)로 변화시켜 공동체를 파괴하고 고독을 조장할수 있는가 하면, 반대로 공동체나 대안적 연계성을 형성할 수도 있다. 미디어가 문화를 '타자화'하고 이국화할 수 있듯 마찬가지로 다문화적 연계성을 촉진할 수도 있다. 만일 지배적인 영화가 역사적으로 비서구 문명을 희화화시켜왔다면, 오늘날 미디어는 훨씬 다양한 중심을 갖고 있으며 그것을 상쇄하는 재현을 제시할 뿐만 아니라 대안적인 초국적 실천을 위한 공간을 열어줄 힘도 갖고 있다.

로컬과 글로벌의 애매성

전 지구화 과정의 분산적 성격과 동시대 미디어의 전 지구적 영향을 고려할 때 문화 비평가들은 사실상 국민국가라는 제한된 틀을 넘어서지 않을 수 없다. 이와 같은 문화 횡단적 논리 내에서 '제1세계'와 '제3세계'의 궤도는 따로 떨어진 것이 아니라 서로 긴밀하게 연결되어 있다. 대다수 동시대 국민국가는 정치경제적 관점뿐만 아니라 민족적 관점에서도 '혼종적(mixed)'이다. 브라질은 인종적 관점(메스티소가 다수를 이룸)이나 경제적 관점(경제적 종속 상태) 모두에서 명백히 제3세계이지만 유럽화한 엘리트 계층과 초국적 기업들에 의해 여전히 지배받고 있다. 제1세계 국가인 미국은 내부에 아메리카 원주민과 아프리카계 미국인이라는 소수 집단이 항상 존재해왔고 지금도 독립 이후 이민의 물결 때문에 더욱더 '제3세계화'하고 있다. 동시대의 미국적 삶에는 제1세계의 운명과 제3세계의 운명이 뒤얽혀 있는 것이다. 스위트 허니 인 더 록(Sweet Honey in the Rock)이 부른 '내 손은 깨끗한가?(Are My Hands Clean?)'라는 노래는 미국 시어스(Sears) 백화점에서 판매하는 블라우스가 어디에서 왔는지를 찾아 엘살바도르의 목화, 베네수엘라의 석유, 트리니다드의 제련소, 아이티와 사우스캐롤라이나의 공장을 추적한다. 민하(Trinh T. Minha)가 간결하게 표현한 것처럼 제1세계 없이 제3세계는 없고, 제3세계 없는 제1세계는 존재하지 않는다. 제1세계/제3세계의 투쟁은 국가들 사이에서뿐만 아니라 국가들 내부에서도 일어나고 있다.

'전 지구화'라는 용어는 일반적으로 정치, 경제, 문화의 전 지구적 상호 의존이라는 강력한 흐름을 발생시킨 사회적 힘들의 복잡한 재편을 떠올리게 한다.[1] 약간 행복감에 젖어 말하면, 전 지구화라는 용어는 자본의 이동, 무역과 관세의 국제화, 노동 분야의 건전한 '경쟁력', 이음매 없이 연결된 지구촌으로의 세계 변화 같은 것들을 떠오르게 한다. 또한 문화의 사이버네틱 댄스(cybernetic dance), '원 플래닛 언더 어 그루브(one planet under a groove)',• 경직된 이념적·정치적 분리의 초월, 나아가 CNN, 월드 비트 뮤직(world beat music), 미국 드라마 연속극, 브라질 텔레노벨라(telenovela)에 이르기까지 문화 상품과 정보의 전 지구적 이용 가능성을 환기한다. 반대로 전 지구화에 대한 디스토피아적 관점은 문화의 동질화, 상대적 약자들의 정치적 자율성 박탈, 생태적 재앙을 불러일으킨다. 이는 지탱하기 힘든 소비주의 모델이 그것을 감당할 수 없는 지구 전역으로 확산하고 있기 때문이다. 그러나 우리에게 이론적 과제는 행복감과 우울함이라는 이중의 함정을 피하는 데 있다. 최근 오스트레일리아 연구자들이 지적했듯 지구화 이론은 전 지구적 통합과 단일화라는 목적론적 가정이나, 문화제국주의와 문화 박탈 같은 단방향적 설명으로 너무 자주 귀결되곤 한다. 한편 이에 상응하는 경향성이 국제적 권력 구조로부터의 독립을 신화화하거나 토착적 문화 형식을 낭만화하기 위해 로컬의 우선성을 강조하는 사람들 사이에 존재한다.[2]

• 1978년 조지 클린턴(George Clinton)이 그룹 펑카델릭(Funkadelic)과 함께 만든 음악의 제목.

많은 이들은 과거 제국주의적 패권이 오늘날 더욱 "분산되고(dispersed)"[3] "흩어져(scattered)"[4] 있다고 주장한다. 그러나 현재처럼 헤게모니가 분산된 상황에서도 서구 지배의 역사적 흐름이나 관성은 여전히 강력하게 존재한다. 직접적 식민 통치는 대부분 끝났지만 세계 다수 지역은 여전히 신식민주의 상태에 놓여 있다. 이런 상황에서는 직접적인 정치적·군사적 통제가 추상적이고 반(半)간접적이며 대부분 경제적인 통제 형태로 바뀌는데, 사실 그 핵심에는 외국 자본과 토착 엘리트 계급 사이의 긴밀한 연합이 자리하고 있다. 일부 식민주의의 결과로서 오늘날의 글로벌 무대는 기본적으로 서유럽과 미국과 일본으로 구성된 강력한 국민국가 집단들이 지배하고 있다. 이러한 지배는 경제적이고(G7, IMF, 세계은행, GATT), 정치적이고(유엔 안전보장이사회의 5개 상임이사국), 군사적이며('단극적인' 새로운 NATO), 기술-정보-문화적(할리우드, UPI, 로이터, 프랑스 AFP, CNN)이다.[5] 신식민주의적 지배는 점점 악랄해지는 무역 조항과 '긴축 정책'을 통해 강요되는데, 이를 통해 세계은행과 IMF는 자기 잇속만 챙기는 제3세계 엘리트 계층과 공모해 제1세계라면 절대 받아들일 수 없는 규칙을 강요한다.[6]

더욱이 '제1'세계와 '제3'세계 간의 얽힌 관계에도 전 지구적 권력 배치는 제1세계 국가들을 문화적 '발신자'로 만들고 제3세계 국가들을 '수신자' 지위로 축소한다. (이러한 상황이 낳은 하나의 부산물은 제1세계의 소수 집단이 자신의 문화 생산물을 전 세계에 투사할 힘을 갖게 되었다는 점이다.) 문화는 지구 도처에서 생산되고 있지만 자신들의 문화 생산품을 세계 전역에 투영하는 힘을 누리는 것은 오직 일부 지역뿐인 것이다. 영화의 경우, 제1세계 사람 중 할리우드가 헤게모니적 지위를 갖고 있음에도 그것이 연간 전 세계 영화 생산에서 극히 작은 부분만 기여하고 있다는 사실을 알고 있는 경우는 매우 드물다.[7] 유색 인종이 대다수 인구를 차지하고 있듯 아프리카, 아시아, 라틴아메리카 영화가 세계 영화의 대부분을 차지하고 있다. 이제 '제3세계'라고 지칭하는 국가들의 영화 생산에는 인도, 이집트, 멕시코, 아르헨티나, 중국 같은 나라들의 주요 전통적 영화 산업뿐만 아니라 쿠바, 알제리, 세네갈, 인도네시아 등과 같이 독립 후 혹은 혁명 후의 영화 산업도 포함될 것이다. 오늘날 제3세계 영화라고 부르는 것은 흔히 생각하듯 1960년대에 시작된 것은 아니다. 예를 들어, 브라질 영화의 전성기(bela epoca)는 제1차 세계대전 이후 미국 배급사들이 밀려 들어오기 전인 1908~1911년에 일어났다. 1920년에 인도는 영국보다 많은 영화를 제작했다. 필리핀 같은 나라는 1930년대까지 연간 50여 편, 홍콩은 1950년대까지 연간 200여 편, 터키는 1970년대 초반에 연간 300여 편의 영화를 제작하고 있었다. 〔초기 제3세계 영화 생산에서 한 가지 흥미로운 특징은 여성 감독과 제작자의 존재다. 이집트의 아지자 아미르(Aziza Amir), 브라질의 카르멘 산토스(Carmen Santos)와 길다 데 아브레우(Gilda de Abreu), 아르헨티나의 에밀리아 살레니(Emilia Saleny), 그리고 멕시코의 아델라 세퀴에이로(Adela Sequeyro)·마틸다 란데타(Matilda Landeta)·칸디다 벨트란 론돈(Candida Beltran Rondon)·에바 리미나노(Eva Liminano) 등이 있다.〕 넓은 의미에서 볼 때, 제3세계 영화는 결코 제1세계 영화의 주변적 부속물이 아니며, 사실상 세계 장편 극영화의 **대다수**를 생산하고 있다. 텔레비전용 영화를 제외하면, 인도는 연간 700~1000편의 극영화를 찍는, 세계에서 가장 주도적인 영화 생산국이다. 아시아 국가 전체의 연간 영화 생산량은 세계 영화 생산량의 절반 이상을 차지한다. 미얀마, 파키스탄, 한국, 태국, 필리핀, 인도네시아 그리고 방글라데시조차 연간 50편 넘는 영화를 만들고 있다. 그러나 '표준적' 영화의 역사나 미디어는 일반적으로 이러한 영화적 보고(cornucopia, 寶庫)를 거의 다루지 않는다.

대다수를 차지함에도 제3세계 영화는 극장이나 비디오점, 심지어 대학의 영화 강의에서조차 거의 활용되지 못한다. 매년 오스카상 시상식은 할리우드의 오만한 지방주의 일색이다. 관객은 글로벌적이지만 홍보하는 상품은 거의 항상 미국 작품이며, '나머지 세계'는 '외국 영화'라는 제한된 범주에 갇힌다. 이런 의미에서 영화는 제국의 커뮤니케이션 기반, 즉 전보와 전화의 네트워크, 정보 기구(information apparatus) 그리고 식민지 영토를 식민 모국과 말 그대로 연결해주었던 인프라에 의해 구축된 구조를 물려받고 있다. 제국주의 국가들은 이런 기반을 통해 전 지구적 의사소통을 감시하고 세계적 사건의 이미지를 형성할 수 있었다. 영화에서 이런 헤게모니적 과정은 제1차 세계대전 직후에 강화되었다. 당시 미국의 영화 배급사들은 (그리고 이어서 유럽 배급사들은) 제3세계 영화 시장을 지배하기 시작했고, 그러한 지배는 제2차 세계대전 이후 초국적 미디어 기업의 성장과 더불어 더욱 가속화했다. 제3세계 영화들의 경제적 종속이 지속되면서 제3세계 영화는 신식민주의적 압력에 취약해졌다. 예컨대, 종속 국가들이 외국 영화에 대한 무역 장벽을 설치해 자국 영화 산업을 보호하려 할 때, 제1세계 국가들은 원자재 매입이나 가격 책정 같은 다른 경제 영역에서의 보복으로 위협할 수 있다. 더욱이 할리우드 영화는 국내 시장에서 이미 수익을 충당할 수 있으므로 제3세계 시장에는 낮은 가격으로 '덤핑'해 이윤을 챙긴다.

제3세계에 북미의 영화, TV 시리즈, 대중음악, 뉴스 프로그램이 넘쳐나고 있는 데 반해, 제1세계는 제3세계의 엄청난 문화적 생산물을 거의 받아들이지 않는다. 제1세계가 받아들이는 것조차 보통은 초국적 기업에 의해 매개된다. 글로벌 미국화의 뚜렷한 지표 중 하나는 제3세계 항공사조차 기내에서 할리우드 코미디물을 서비스한다는 점이다. 무슬림, 힌두교도, 시크교도 승객들로 가득 찬 인도행 타이(Thai) 항공사는 〈애들이 줄었어요(Honey, I Shrunk the Kids)〉•를 비행사의 '보편적' 상영물로 틀어준다. 이런 현상을 보여주는 또 다른 지표는 세계에서 가장 활력적인 음악 전통에 속하는 것으로 널리 알려진 브라질 대중음악은 미국 라디오에서 거의 들을 수 없는 반면, '아메리칸 톱 40 음악'은 브라질 라디오에서 끊임없이 흘러나온다는 것이다. 물론 이러한 과정이 전적으로 부정적이기만 한 것은 아니다. 내용 없는 블록버스터나 케케묵은 시트콤을 유포하는 바로 그 다국적 기업들이 레게와 랩 같은 아프리카계 디아스포라 음악을 전 세계로 확산시키고 있기 때문이다. 문제는 교환에 있는 것이 아니라 교환의 바탕인 불평등한 조건에 있다.

이와 동시에 미디어제국주의 이론은 오늘날의 맥락에서 근본적으로 다시 수정할 필요가 있다. 첫째, 능동적인 제1세계가 수동적인 제3세계에 자신의 생산품을 그저 강요한다고 상상하는 것은 단순 논리적이다. 둘째, 글로벌 대중문화는 로컬 문화를 대체한다기보다 로컬 문화와 공존하며 문화적 세계어를 제공한다. 셋째, 수입된 대중문화 또한 토착화해 현지 상황에 맞게 전환되고 로컬적 변형을 겪는다. 넷째, 수많은 제3세계 국가(멕시코, 브라질, 인도, 이집트)가 국내 시장을 지배하고 심지어 문화 수출국이 되는 강력한 역전의 흐름이 존재한다. 인도 TV 버전 〈마하바라타(Mahabharata)〉**는 3년간 방송하는 동안 90퍼센트의 국내 시청률을 확보했으며,[8] 브라질의 헤지 글로부(Rede Globo)***는 현재 텔레노벨라를 전 세계 80여 개국에 수출하고 있다. 러시아에서 가장 인기 있는 TV 프로그램 중 하나는 〈부자도 운다(Los Ricos Tambien Lloran)〉라는 멕시코의 훌륭한 연속극이다. 나아가 우리는 미디어의 소유와 통제(정치경제학적 쟁점), 그리고 이러한 통제와 지배가

• 1989년 조 존스턴(Joe Johnston) 감독이 제작한 공상과학 코미디 영화.
•• 산스크리트어로 '바라타 왕조의 대서사시'라는 의미로, 인도의 2대 서사시 중 하나.
••• 브라질 최대 텔레비전 방송국으로, 현재 라틴아메리카 제1의 방송국.

수용자 측 사람들에게 갖는 의미에 대한 구체적인 문화적 쟁점을 구분해야 한다. '피하주사(hypodermic needle)' 이론*은 제1세계에서뿐 아니라 제3세계에서도 부적절하다. 도처에서 관람객은 텍스트와 적극적인 관계를 맺으며, 특정한 공동체는 외래의 영향을 받아들이면서 동시에 그것을 변형시킨다. 아파두라이는 글로벌 문화 상황이 오늘날 훨씬 더 쌍방향화했다고 말한다. 미국은 이미지의 세계 체제를 뒤에서 조종하는 인형술사가 더 이상 아니며 '상상적 경관(imaginary landscapes)'의 복합적인 초국적 구성의 한 양식일 뿐이다. 그에 의하면, 이러한 새로운 상황 속에서 전통과 민족성 및 여타 다른 정체성의 표식은 "확실성에 대한 탐구가 초국적 커뮤니케이션의 유동성에 의해 지속적으로 좌절되면서 불확실해진다".[9] 이제 핵심적인 문제는 문화적 동질화와 문화적 이질화 사이의 긴장 관계이며, 마텔라르(A. Mattelart)와 실러(H. Schiller) 같은 마르크스주의 미디어 연구자들이 철저히 분석한 헤게모니적 경향성 또한 복합적이고 이접적인 전 지구적 문화 경제 내부에서 '토착화'한다. 이와 동시에 우리는 구별할 수 있는 지배의 패턴이 '다극화'한 세계에서 '유동적인 것들'과 연결되어 있다는 사실을 덧보탤 필요가 있다. 상품과 정보가 순환하는 전 지구적 네트워크를 통해 세계를 통일하려는 바로 그 헤게모니가 그 상품과 정보를 권력의 위계 구조에 따라 분배하기도 한다. 오늘날 그러한 헤게모니는 더욱 섬세하고 분산적이긴 하지만 말이다.

글로벌/로컬의 역설 중 일부는 '토착 미디어'의 최근 실천, 즉 원주민 혹은 '제4세계' 사람들의 문화적이고 정치적인 목적을 위해 시청각 기술(캠코

---

* 의도한 메시지가 수용자에 의해 직접적이고 전적으로 수용된다는 의사소통 모델로, 1930년대 행동주의에 뿌리를 두고 있다.

더, VCR)을 사용하는 데서 명백해지고 있다. 페이 긴스버그(Faye Ginsburg)가 지적한 것처럼 그 표현(토착 미디어) 자체는 원주민 집단의 자기이해와 TV나 영화의 거대한 제도적 구조 모두를 환기시키기 때문에 모순 어법적이다.[10] '토착 미디어'에서 제작자들은 이웃 공동체와 때때로 멀리 떨어져 있는 문화 기관이나 축제와 더불어 그들 자신이 수용자이기도 하다.[11]

토착 미디어는 공동체가 지리적 박탈, 생태적·경제적 악화, 문화적 말살에 맞서 투쟁하는 공동체에 힘을 실어주는 수단이다.[12] 비록 자유주의적 정부나 국제적 지지 집단이 이러한 노력을 간혹 지원하기도 하지만, 그 미디어는 일반적으로 소규모적이고 저예산이며 지역 기반적이다. 토착적 영화와 비디오 제작자들은 긴스버그가 말한 "파우스트적 딜레마(Faustian dilemma)"에 직면한다. 한편으로 이들은 문화적 자기주장을 위해 새로운 테크놀로지를 사용하기도 하지만, 다른 한편으로는 궁극적으로 자신의 붕괴를 초래할 수도 있는 테크놀로지를 확산시킨다. 긴스버그나 테런스 터너(Terence Turner) 같은 토착 미디어 분석가들은 이러한 작업을 제한적인 전통적 세계에 갇혀 있는 것으로 보기보다는 "경계의 횡단을 통해 매개하는 것, 시간과 역사의 단절을 매개하는 것", 그리하여 "땅과 신화, 의례와의 강력한 관계"를 협상하면서 정체성 구성의 과정을 진전시키는 데 관심을 갖는 것으로 간주한다.[13] 이러한 작업은 종종 단순히 기존의 정체성을 주장하는 차원을 넘어 "지배 사회와 소수 집단 사회 모두로부터 가져온 다양한 요소를 굴절시키고 재활용하는 문화적 발명의 수단"[14]이 된다. 그러므로 토착 미디어는 한편으로는 '로컬적' 연구/구경거리의 대상을 피하고, 다른 한편으로는 글로벌/보편적인 인류학자/영화 제작자 간의 일상적인 인류학적 위계 구조를 무시한다. 이와 동시에 '토착 미디어'를 토착민이 직면하고 있는 구체적 문제나 인류학의 아포리아(aporia)를 해결할 수 있는 마술적 만병통치약으로 간주해서는 안 된다. 그런 활동은 토착 공동체 내에 분파적 분열을 초래할 수 있고, 국제적 미디어에 의해 포스트모던 시대의 아이러니에 대한 손쉬운 상징으로 전유될 수도 있다.[15]

토착인 집단 가운데 미디어에 가장 정통한 사람들은 카야푸족(Kayapo)이다. 이들은 브라질 중부에 사는 '고(Go) 언어권' 원주민으로 대략 영국 국토 크기의 지역에 흩어져 있는 14개 공동체에 나뉘어 살고 있다. 1987년 그라나다 텔레비전(Granada Television)의 다큐멘터리팀이 카야푸족을 촬영하기 위해 브라질에 왔을 때, 그들은 촬영 협조에 대한 답례로 비디오카메라, VCR, 모니터, 비디오테이프를 요구했다. 그 후 그들은 비디오카메라로 (법률적 사본과 동등한 것을 갖기 위해) 자신들의 전통 의례와 시위(demonstration) 그리고 백인들과의 만남을 촬영했다. 카야푸족은 삼림 환경에 대한 전통적 지식을 자료화하고 신화와 구전 역사를 기록해 전하려 했다. 터너가 말했듯 카야푸족에게 비디오 매체는 "단지 문화를 재현하는 수단이 아니라 …… 그 자체가 사회적 행동과 의식의 객관화를 위한 목적이었다".[16] 카야푸족은 원주민의 권리를 논의하는 의원들에게 로비하기 위해 브라질 국회에 대표자를 보냈을 뿐 아니라 그 과정에서 자신들을 비디오카메라로 촬영해 그들의 명분에 국제적 주목을 끌어내는 데 성공하기도 했다. 비디오카메라를 메고 다니는 카야푸족의 이미지가 널리 퍼져 〈타임〉이나 〈뉴욕 타임스 매거진〉에 실리기도 했는데, 그들의 이런 행동이 충격적 힘을 갖는 것은 '원주민'이란 기이하고 딴 세상 사람들이어야 하고 '실제' 인디언은 캠코더를 들고 다니지 않는다는 전제 때문이다. 그라나다 텔레비전의 다큐멘터리 〈카야푸족: 숲에서 나오다(Kayapo: Out of the Forest)〉(1989)는 카야푸족과 다른 원주민들이 수력 발전 댐 건설 계획에 항의해 집단적 의례 공연을 펼치는 것을 보여준다. 지도자 중 한 사람인 족장 폼부(Pombo)는 댐의 이름〔카라라우(kararao)〕이 카야푸족의 전쟁 구호에서 나왔다고 지적한다. 또 다른 족장 라오니(Raoni)는 록 스타 스팅(Sting)과 함께 출현함으로써 전 세계에 호소하며 국제적 미디어의 주목을 끄는 데 성공했다. 한 카야푸족 여성은 식민주의자들의 문자를 멋지게 뒤집어서 그 대변인에게 자신의 이름을 받아쓰게 함으로써 그녀가 댐 때문에 죽게 될 사람들 중 한 명임을 상기시켰다. '근대성'에 매혹된 관객들도 수력 발전 댐을 절대적으로 선한 '진보'와 자동적으로 연관 짓는 태도에 의문을 제기한다. 그러나 카야푸족 대표단이 캐나다로 가서 유사한 수력 발전 계획으로 위협받고 있는 크리족(Cree) 인디언들과 만나 조상의 땅에 대한 범원주민적 활동을 토대로 공동 전선을 펼쳤을 때 그들의 장소 연계적 운동은 횡단 로컬적인 것이 되었다.

전 지구화의 선례

'전 지구화'가 새로운 발전은 아니라는 것, 그것을 더 오래된 식민주의 역사의 일부로 봐야 한다는 사실이 종종 망각되고 있다. 식민주의 자체는 유럽 식민주의 이전에도 존재했고 그리스·로마·아즈텍·잉카 등에 의해 이뤄지기도 했지만, 유럽 식민주의에서 새로웠던 것은 그것이 갖는 전 지구적 범위, 전 지구적 제도 권력과 맺는 연계성, 그리고 세계를 단일하고 '보편적인' 진리와 권력의 체제에 종속시키려 한 절대적 양식이다. 500년 동안 지속된 원주민에 대한 식민 지배, 자본주의적 자원 착취, 제국주의적 세계 재편은 식민주의와 제국주의라는 거대한 세계사적 운동의 일부를 이루었고, 이는 20세기 들어 정점에 달했다. 이런 점에서 전 지구화 이론은 블로트(J. M. Blaut)가 말한 유럽의 "확산주의적(diffusionist)" 견해, 즉 유럽이 자신들의 사람, 사상, 상품, 정치 체제를 전 세계로 확산시켰다는 이론으로 거슬러 올라간다. 식민주의적 확산론은 1940년대 후반과 1950년대에 '근대화론'으로 변형되었다. 근대화론은 제3세계 국가들이 서구의 역사 진보를 모방함으로써 경제 도약을 이룩할 수 있다는 것이었다.

정말로 영화의 시작이 제국주의적 기획이 최고조에 달한 시점, 즉 유럽이 막대한 외국 영토와 많은 식민지 민중을 지배하게 된 시점과 일치한다는 사실은 매우 의미심장하다. (모든 유명한 '동시 발생', 요컨대 영화의 시작, 정신분석학의 시작, 민족주의의 부상, 소비주의의 출현 중에서 거의 연구되지 않았던 것은 바로 영화의 시작과 정점에 도달한 제국주의의 동시 발생이다.) 1890년대 뤼미에르(Lumiere) 형제와 에디슨이 최초로 영화를 촬영한 것은 사실 1870년대 말에 분출했던 '아프리카 쟁탈전' 직후, 이를테면 영국과 줄루족(Zulu)이 대결한 로크스 드리프트(Rorke's Drift) 전투(1879)[영화 〈줄루〉(1964)에 기록되어 있다], 영국의 이집트 점령(1882), 아프리카를 유럽의 '영향권'에 따라 분할한 베를린 회의(1884), 운디드니(Wounded Knee)에서의 수족(Sioux) 대학살(1890), 그리고 수많은 제국주의적 만행이 있은 직후였다.

무성영화 시대의 가장 왕성한 영화 생산국, 즉 영국·프랑스·미국·독일은 공교롭게도 모두 주도적인 제국주의 국가들이었고, 제국주의적 기획을 찬양하는 것이 분명히 자국에 이익이 되었다. 영화는 이러한 제국주의적 기획에 대한 열망이 특히 대중소설과 박람회 덕분에 엘리트 계층을 넘어 기층 민중에게까지 확산되던 시점에 바로 출현했다. 유럽인과 유럽계 미국인 노동자 계급에게 제국의 먼 식민지에서 벌어지는 전쟁의 이미지는 "계급 투쟁을 중립화하고 계급적 연대를 민족적·인종적 연대로 전환하는"[17] 기분 전환용 여흥거리가 되었다. 영화는 인도에 대해 쓴 키플링(R. Kipling), 아프리카에 대해 쓴 라이더 해거드(Rider Haggard), 에드거 윌리스

(Edgar Wallace)와 에드거 라이스 버로스(Edgar Rice Burroughs) 같은 식민주의적 작가들의 대중소설을 각색했고, 남서부 아메리카의 '정복 소설' 같은 대중 장르를 받아들였다. 유럽 및 미국의 독자들이 데이비드 리빙스턴(David Livingston)의 《전도 여행(Missionary Travels)》(1857), 에드거 월리스의 '샌더스 오브 더 리버(Sanders of the River)' 이야기, 라이더 해거드의 《솔로몬 왕의 보물(King Solomon's Mines)》(1885), 헨리 모튼 스탠리(Henry Morton Stanley)의 《나는 어떻게 리빙스턴을 찾아냈는가(How I Found Livingstone)》(1872), 《검은 대륙을 통과하면서(Through the Dark Continent)》(1878), 《암흑의 아프리카에서(In Darkest Africa)》(1890) 같은 작품을 닥치는 대로 읽던 상황에서 영화가 들어왔다. 특히 영국 소년들은 로버트 베이든파월(Robert Baden-Powell)의 《소년을 위한 정찰 활동(Scouting for Boys)》(1908) 같은 책을 통해 제국의 이상에 입문했다. 이 책은 다음과 같은 것을 찬양했다.

> 우리 제국 모든 지역의 변경 개척자, 북미의 덫사냥꾼(trappers), 중앙아프리카의 사냥꾼(hunters), 아시아와 세계의 모든 미개척지를 돌아다니는 영국의 개척자, 탐험가, 선교사, …… 북서 캐나다와 남아프리카의 경찰대(constabulary).[18]

정찰 활동 같은 실용주의적 생존 교육은 식민지 모험담의 기본 메커니즘과 결합해 조지프 브리스토(Joseph Bristow)가 지적하듯 소년들을 "확장된 주체", 즉 세계의 미래가 자신들의 어깨에 달렸다고 생각하는 제국의 신민으로 변화시키기 위한 것으로 의도되었다.[19] 소녀들이 버지니아 울프(Virginia Woolf)가 말한 "나만의 방"을 갖지 못한 채 가정주부로 길들여졌다면, 소년들은 자신의 상상 속이긴 하지만 제국의 공간에서 마음껏 뛰어놀 수 있었다. 미개한 식민지는 백인 남성 영웅들에게 "백인 여성과의 복잡한 관계"로부터 자유로운 "카리스마 넘치는 모험 지대"를 제공했다.[20] 모험 영화, 혹은 영화화한 '모험'은 백인 유럽 남성들에게 뜨거운 형제애를 느낄 수 있는 대리 경험 또는 자아실현의 장을 제공해주었다. 식민지 공간이 제국에 이용당하고 식민지 경관이 제국의 영화에 이용당한 것과 마찬가지로, 그 거대한 공간은 남성적 응시의 상상적 놀이를 위한 일종의 정신적 생활 공간으로 활용되었다. 존 매클루어(John McClure)가 다른 맥락에서 언급하듯 제국은 로망스의 생생한 제재를 제공했고, 로망스는 제국에 "고귀함의 후광"을 제공해주었다.[21]

세계 최고의 이야기꾼으로서 영화는 민족과 제국의 기획된 서사를 중계하는 데 이상적인 매체였다. 일반적으로 국민성의 전제 조건으로 여겨지는 국민적 자기의식, 즉 서로 이질적인 개인이 공통의 기원, 지위, 위치, 열망을 공유하고 있다는 공통된 믿음은 영화적 허구와 광범위하게 연결되었다. 베네딕트 앤더슨이 볼 때, 근대 들어 이러한 집단의식은 공통어와 "인쇄자본주의"를 통한 공통어의 표현을 통해 가능해졌다.[22] 영화 이전에는 소설과 신문이 시간과 공간의 통합적 관계를 통해 상상의 공동체를 조장했다. 오늘날의 TV처럼 신문이 사람들로 하여금 각기 다른 장소에서 일어난 사건에 대한 동시성과 상호 연관성을 깨닫게 해주었다면, 소설은 서사 전체 안에 결합된 허구적 실체에 시간을 통한 목적적이고 관계적인 운동감을 불어넣었다.

허구적 영화는 국민적 상상력과 관련해 19세기 사실주의 소설의 사회적 기능을 물려받았다. 민족주의적 문학 작품이 다양한 사건에 선형적이고 포괄적인 운명이라는 개념을 기입시켰듯 영화는 사건과 행위를 어떤 완성으로 나아가는 시간적 서사로 배열하고 역사적 시간과 민족적 역사에 관한 사유를 구성한다. 영화의 서사 모델은 단순히 역사적 과정의 반영적 소우주로만 그치지 않는다. 그것은 역사를 기술하고 국민적 정체성을 생성할 수 있는 경험적 틀 또는 형판(template, 型板)이기도 하다. 소설처럼 영화는 미하일 바흐친(Mikhail M. Bakhtin)이 말한 "크로노토프(chronotope)"•를 전달할 수 있다. 즉 시간을 공간 안에 물질화하고, 역사적인 것과 담론적인 것 사이를 매개하며, 역사적으로 특정한 권력 배치를 가시화하는 허구적 환경을 제공한다. 영화와 소설 모두에서 "시간은 두터워지고 피와 살을 갖는" 한편, "공간은 충만해지면서 시간과 플롯과 역사의 운동에 반응한다".[23] 이것이 일부 국민적·인종적 상상계에는 유리한 데 반해 다른 국가들의 그런 상상계에는 불리하듯 비대칭적으로 전개된다는 점을 제외하면, 이런 과정 속에 내재적으로 악한 것은 존재하지 않는다.

　여기서 주장하고 싶은 것은 앤더슨이 기술한 민족적 상황이 전 지구적이면서 초국적인 제국주의 이데올로기라는 맥락 속에 복잡하게 얽혀 있다는 점이다. 첫째, 유럽인은 지역적이고 단일한 유럽 민족과 동일시하는 동시에 제국주의적 기획이 내포하는 글로벌 인종적 연합과도 동일시하도록 자극받았다. 그러므로 영국 관객들은 프랑스 용병 부대를 다룬 영화의 주인공과 자신을 동일시하고, 미국과 유럽의 관객은 영국령 인도를 통치하는 영웅과 자신을 동일시하기도 했다. 둘째, (빅토리아 여왕이 '왕실'이라고 칭한 바 있는) 유럽 제국들이 다양한 인종과 집단에 '은신처'를 제공하는 온정적 후원자로 비춰지면서 식민지 사람들의 민족적 고유성이 경시되었다. 지리적으로 제국의 불연속적 성격을 감안하면, 영화는 분산되어 있는 사람들 사이에서 민족적 소속감과 제국적 소속감을 공고히 하는 데 기여했다. 식민

• 미하일 바흐친은 〈소설 속의 시간과 크로노토프의 형식〉이라는 논문에서 크로노토프를 "문학 작품 속에 예술적으로 표현된 시간과 공간 사이의 내적 연관"으로 정의한다. 크로노토프는 그리스어 chronos(시간)와 topos(장소)의 합성어로서 '시공간'으로 번역할 수 있다.

지의 도시 엘리트에게 영화 관람의 쾌락은 유럽 제국의 주변부에 있는 공동체 의식과 연결되었다. (특히 그들 국가에서 최초의 영화관은 유럽인이나 유럽화한 지역 부르주아와 관련이 있었다.)²⁴ 영화는 동화된 엘리트를 '그들의' 제국과 동일시하도록 하는 한편, 다른 식민지 민중과의 대립을 고취했다.

영화는 소설의 기능을 부분적으로 물려받기도 했지만 그걸 변형시키기도 했다. 문학이 가상의 어휘 공간 안에서 펼쳐지는 것이라면, 영화적 시공간은 스크린을 가로질러 구체적으로 펼쳐지며 초당 24개의 프레임이라는 실제 시간으로 전개된다. 이런 점에서 영화는 시간, 플롯, 역사에 대한 민족주의적·제국주의적 개념에 익숙한 방식으로 사람의 욕망을 효과적으로 동원할 수 있다. 영화가 하나의 공동체, 즉 특정 지역과 언어와 문화를 공유하는 관객을 결집하는 제도적 의례라는 것은 어떤 점에서 국민의 상징적 결집 방식과 동질적 구조를 갖고 있다. 앤더슨이 민족을 '수평적 동료애(horizontal comradeship)'라고 본 것은 영화 관객을 관람성에 의해 형성된 잠정적 '민족(nation)'으로 소환한다. 소설은 홀로 소비되지만 영화는 집단적 공간에서 향유되며, 그곳에서 관람자들의 일시적 공동체는 민족주의적 혹은 제국주의적 의미를 띤다. 따라서 영화는 집단 정체성을 조성하는 데 훨씬 더 분명한 역할을 할 수 있다. 소설과 달리 영화는 읽고 쓰는 문해력(literacy)에 근거하지 않는다. 대중오락으로서 영화는 문학에 비해 접근이 훨씬 용이한 편이다. 가령, 식민지에서 제국주의적 문학 작품을 읽는 독서 대중은 거의 없었던 데 반해, **영화화한** 제국주의적 허구를 관람하는 대중은 **존재했다.**

유럽/미국의 지배적 영화 형식은 헤게모니적 식민 담론을 계승하고 확산시켰을 뿐만 아니라 아시아, 아프리카, 아메리카에서 영화의 배급과 상영을 독점하면서 자신들의 강력한 헤게모니를 생산하기도 했다. 그러므로 유럽의 식민주의적 영화는 유럽 내의 관객뿐 아니라 전 세계 관객을 위해 역사를 그렸다고 할 수 있다. 아프리카 관객은 자신들이 아프리카인이 아닌 세실 로즈(Cecil Rhodes)●나 데이비드 리빙스턴 같은 인물과 동일시하도록 자극받았으며, 식민지 관객의 분열된 정신 내부에 민족적 상상계 간의 전투를 초래했다. 유럽 관객은 영화를 관람하면서 타자화한 식민지인들의 등 뒤에서 민족적·제국적 소속에 대한 보상 심리를 동원할 수 있었다. 한편 식민지인들에게 (학교 같은 여타의 식민지적 제도와 더불어) 영화는 영화적 서사가 촉발하는 동일시를 강렬한 원망감과 뒤섞으면서 깊은 양가성의 감정을 생산했다. 왜냐하면 타자화하고 있는 것은 바로 식민지인이었기 때문이다.

소설이 '확장된 주체'를 생산하기 위해 언어와 서사로 작업했다면, 영화는 응시(gaze)라는 새롭고 강력한 장치를 수반했다. 영화적 '장치', 곧 영화 기계는 카메라, 영사기, 스크린 같은 기본 도구, 그리고 영화 시설이 그 상상적 실현을 위해 필요한 (욕망하는 주체로서) 관람객을 포함하는데, 그러한 장치는 '현실'을 재현할 뿐 아니라 강렬한 '주체 효과'를 불러일으킨다. 영화는 유비적 이미지와 사운드의 현상학적 리얼리즘을, 관객을 허구 속에 완전히 몰입하도록 배치하는 장치와 결합함으로써 현실에 대한 압도적 인상을 만들어낸다. 메츠에 의하면, 영화적 장치는 관객이 스스로를 "일종의 초월적 주체"와 동일시한다는 점에서 나르시시즘을 조장한다.[25] 이 장치는 인간의 지각을 인공적으로 확장함으로써 관객에게 시각적 권력을 향유하는 "모든 것을 지각하는 주체(all-perceiving subject)"라는 환상을 제공한다.

● 세실 로즈(1853~1902)는 영국 기업가이자 광산업자, 남아프리카의 정치가였다. 1880~1896년 케이프 콜로니의 총리를 역임했으며 영국 제국주의의 열렬한 옹호자였다.

디오라마(Diorama), 파노라마, 코스모라마(Cosmorama)로부터 네이처맥스(NatureMax)에 이르기까지 영화는 다양한 장치를 통해 과거를 현재로, 멀리 있는 것을 가까운 것으로 가져오면서 사진의 가상적 응시를 동원하고 확장해왔다. 영화는 관객에게 다양한 문화권에서 가져온 이미지화한 타자와의 관계를 매개해왔다. 그러나 제국주의가 영화 장치나 영화 필름 자체에 원래 기입되어 있는 것은 아니다. 반대로 제국주의 권력이라는 맥락이 장치와 필름의 이용 방식을 형성했다고 할 수 있다. 제국주의적 맥락에서 장치는 제국적 주체를 우월하고 막강한 관찰자로, 메리 루이즈 프랫(Mary Louise Pratt)이 말한 "내가 보는 모든 것 위에 군림하는 군주(Monarch-of-all-I-Survey)"로 치켜세우는 방식으로 전개되는 경향이 있다. 전 세계의 관객을 '띄우는' 영화의 이러한 능력 때문에 관객은 영화의 시청각적 주인으로서 주체 위치를 획득한다. 제국의 자아(I)/시각(Eye)이라는 "시각의 공간적 동원"[26]은 전 세계로 확장되었다. 그것은 제국의 이동과 정복에 대한 육체적이고 운동적인 감각을 생산하고, 유럽 관객을 안락의자에 앉은 정복자로 변신시키며, 식민지 주민을 식민 모국의 관음증적 시선을 만족시키기 위한 스펙터클한 볼거리로 삼으면서 자신의 권력을 공고히 해왔다.

관람객의 전치

앞에서 살펴본 것처럼 영화 관람이 제국적 상상계를 형성할 수 있다 하더라도, 관객성을 **필연적으로** 반동적인 것으로 만드는 요소가 영화 자체 속에 들어 있는 것은 아니다. 서사 영화가 생산하는 강력한 '주체 효과'는 자동적이거나 불가항력적인 것이 아닐뿐더러 역사적 상황 속에 존재하는 관객의 욕망과 경험 그리고 지식으로부터 분리될 수도 없다. 관객은 텍스트 외부에서 구성되며 민족, 인종, 계급, 젠더, 섹슈얼리티 같은 일련의 권력 관계와 교차한다. 미디어 관람은 텍스트, 독자, 공동체가 상호 담론적이고 사회적인 관계 속에 존재하는 삼중의 복수적 대화를 구성한다. 그것은 협상 가능한 장소, 예를 들면, '위반적'이거나 저항적인 독해의 가능성에서 보는 상호 작용과 투쟁이 펼쳐지는 무대가 된다. 특히 그런 위반적, 저항적 독해의 가능성은 특정한 로컬 관객의 의식과 경험이 글로벌적인 지배적 재현 체계에 대해 반발을 생성하기 때문에 생겨난다.

다른 종류의 차이에 비해 성적 차이에 다소 배타적인 초점을 둘 때 그리고 상호 주관적이거나 담론적인 차원과 달리 심리 내적인 차원을 특권화해서 볼 때, 영화 이론은 인종적·문화적·역사적으로 굴절된 관객성의 문제를 종종 회피해버린다. 그리고 최근 미디어 이론이 사회적으로 차별화된 관객성의 양식을 생산적으로 탐구하고 있지만, 이러한 탐구가 다문화적이고 초국적인 틀과 기준을 통해 이루어지는 경우는 매우 드물다. 문화적으로 다양한 관객성의 성격은 영화를 수용하는 다양한 위치에서, 즉 다양한 역사적 순간에 영화를 관람하는 시간적 차이로부터 관객 자신의 갈등적인 주체 위치와 그가 맺는 공동체적 연계성에 이르기까지 다양한 위치에서 비롯한다. 예를 들어, 식민지 아프리카와 아시아 사람들이 유럽인 소유의 극장에 가서 유럽과 할리우드 영화를 보는 식민적 상황은 식민지인의 주체 내면에 일종의 관객적 정신분열증이나 양가적 감정을 초래했다. 그들은 유럽을 이상적 자아로 내면화하는 동시에 자신들에 대한 혐오스러운 재현에 분개한다. (종종 항의하기도 한다.) 반식민주의적이고 탈식민주의적인 담론을 표명해온 몇몇 주요 인물도 자신들의 글에서 식민지적 관객성이라는 증상을 일종의 원초적 장면으로 언급하기도 했다. 콰메 은크루마(Kwame

Nkrumah)는 할리우드 영화에 대해 다음과 같이 말했다.

〔전설적인 할리우드 영화 스토리는〕 의미들로 채워져 있다. 할리우드 영웅이 무기 성능을 시험하기 위해 인디언과 아시아인을 살육할 때 아프리카 관객들이 환호하는 것만 봐도 알 수 있다. 식민주의의 유산으로 인해 대다수 민중이 여전히 문맹 상태에 머물러 있는 개발도상국에서 가장 어린 아이들조차 이러한 메시지를 받아들이고 있는 것이다.[27]

마르티니크(Martinique)의 혁명 이론가 프란츠 파농, 에티오피아계 미국인 영화 제작자 하일레 게리마(Haile Gerima), 팔레스타인계 미국인 문화 비평가 에드워드 사이드는 모두 영화 〈타잔(Tazan)〉이 유년 시절의 자아에 끼친 영향을 인상적으로 기록해왔다. 게리마는 조니 와이즈뮬러(Johnny Weissmuller)•가 "검은 대륙"의 원주민을 쓸어버리는 걸 보고 환호하던 한 에티오피아 소년에게 생긴 "정체성의 위기"를 회상했다. "아프리카인들이 타잔 뒤에서 몰래 다가올 때마다 우리는 '그들'이 뒤에서 다가오고 있다고 타잔에게 일러주기 위해 큰 소리를 지르곤 했다."[28] 《검은 피부, 하얀 가면 (Black Skin, White Masks)》에서 파농 역시 타잔을 불러내 영화적 동일시에서 작동하는 모종의 불안감을 지적했다.

앤틸리스(Antilles)와 유럽에서 상영하는 〈타잔〉이란 영화에 참여해보라. 앤틸리스에서는 사실상 흑인 청년들이 흑인에 맞서기 위해 스스로를 타잔과 동일시한

• 조니 와이즈뮬러(1904~1984)는 루마니아 출신의 미국 영화배우이며, 〈타잔〉(1932)으로 대스타가 되었다.

다. 이런 일은 유럽의 극장에 있는 흑인들에게 더욱 심각하다. 왜냐하면 대부분의 관객이 백인인 데다 이들은 그를 자동적으로 영화 속의 야만인과 동일하게 취급하기 때문이다.[29]

파농의 사례는 식민화한 관객성이 갖는 가변적이고 상황적인 성격을 잘 지적하고 있다. 수용의 식민지적 맥락은 바로 그 동일시 과정 자체를 바꾸어버린다. 다른 관객이 자신에 대해 부정적 이미지를 투영할 수도 있다고 의식하는 것은 영화가 의도한 즐거움에서 물러나 불안감을 촉발한다. 전통적으로 흑인이 스스로를 부정하면서 백인 영웅의 응시와 동일시하는 태도, 즉 유럽적 자아의 대리자 역할을 수행하는 것은 마치 극장 안에서 식민주의적 응시에 의해 '영상화'하고 '알레고리화'하듯이 흑인 자신이 특정한 방식으로 응시된다는 것을 깨닫는 순간 단락(short-circuited, 短絡)된다. 페미니즘 영화 이론에서 로라 멀비가 여성 연기의 "응시당함(to-be-looked-at-ness)"에 관해 말했다면, 파농의 사례는 그들 자신의 외모의 노예가 된 관객이 겪는 "응시당함"에 주목하고자 한다. 파농은 "저기 봐, 검둥이야! ……나는 백인의 시선에 의해 해부당하고 있어. 나는 **옴짝달싹못하게 돼**(fixed)"[30]라고 말한다.

다른 한편, 관객은 비판적 논평이나 적대적 시선을 통해 응시를 되받아칠 수도 있다. 언어와 시선의 적극적 교환은 식민지 이집트에서든 인도의 극장에서든 아니면 타임스스퀘어에서든 대중의 관객성을 담론적 전투 지대로 바꾸어놓는다. 그곳에서 관객은 공동체 간의 "시각적 관계"[제인 게인즈(Jane Gaines)]에 대한 적극적 협상을 벌인다. 〈알렉산드리아, 왜?(Alexandria Why……?)〉(1979)에서 극장은 이집트인 주인공이 할리우드 드림에 매혹되어 그것의 애국주의적 의제를 코드화해놓은 장면[헬렌 파월(Helen Powell)의

'적(Red), 백(White), 청(Blue)'이 전함 앞에서 카메라/관객을 겨냥하고 있는 장면)을 보고 있을 때, 그것은 말 그대로 오스트레일리아 병사와 이집트 민족주의자 간의 이데올로기적 전투 공간이 된다. 이러한 사례가 보여주는 것처럼 사회적 모순은 미디어 텍스트에서뿐만 아니라 관객 내부에서도 꿈틀댄다. 1970년대에 제임스 볼드윈(James Baldwin)은 자신과 같아 보이는 사람이 한 명도 등장하지 않는 할리우드 영화를 본 경험과 오슨 웰즈(Orson Welles)의 흑인 〈맥베스(Macbeth)〉(1936)가 할렘에서 상연될 때 본 경험을 서로 비교한 바 있다. 이 영화에서 맥베스는 "나와 똑같이 흑인"이고 극장은 "주일마다 교회에서 마녀들을 보던 곳"이었다.[31] 또한 볼드윈은 영화 〈흑과 백(The Defiant Ones)〉(1958)에 대한 인종적으로 차별적인 반응에 대해서도 이야기했다. 그가 볼 때, 이 영화는 인종적 혐오에 관한 심각한 오해를 드러냈다. 볼드윈은 할렘 관객들의 반응을 얘기하며 다음과 같이 썼다.

〈흑과 백〉에 관해 흑인 관객이 화난 것은 바로 이것이다. 즉 시드니는 그의 친구 토니에 비해 훨씬 뒤처지는 무리에 속하며, 영화에서 그의 연기가 보여주는 확고한 진리는 철저하게 위선에 근거하는 것이었다. 자유주의적 백인 관객들은 영화 마지막에 시드니가 그의 백인 친구를 포기하지 않기 위해 기차에서 뛰어내릴 때 박수를 보냈다. 그러나 할렘의 관객들은 분노하며 "다시 기차로 돌아가, 멍청아!"라고 소리쳤다.[32]

볼드윈은 시드니가 기차에서 뛰어내린 것은 백인들 자신이 증오의 대상이 아니라고 생각하게끔 백인들을 기만하기 위해서였다고 결론짓는다. 제국주의적이고 남성주의적인 구원 서사를 뒤집는 영화(영화에서 흑인이 백인을 구조한다)에서 '자유주의적' 몸짓, 즉 인종을 뛰어넘는 남성들의 동지애라는 유토피아를 제안하는 것은 여전히 흑인을 굴종적인 처지에 머물도록 한다. 이 영화는 이러한 '영웅주의'에 감동할 수 없는 흑인 의식의 역사적 깊이를 상상하지 못한다. 따라서 관객의 반응은 인종적 구분선에 따라 나뉠수 있다. 역사 영화〔예를 들어 〈간가 점바(Ganga Zumba)〉(1963)〕가 노예 감시인을 죽이는 흑인 반항자를 보여주는 경우처럼 말이다. 그때 흑인 관객은 박수를 보내는 데 반해 백인(급진적인 백인조차도)은 주춤하는 경우가 드물지 않다. 이런 경우 관객의 반응은 분명히 사회적으로 차별화되어 있다. 환호, 한숨, 놀람 등과 같이 관객의 정서적 반응은 '관객의 위치 설정(spectatorial positioning)' 같은 추상적 표현 뒤에 숨어 있는 본능적 감정을 드러나게 해준다.

텍스트든 관객이든 둘 모두 미리 구성된 정태적 실체가 아니다. 관객은 무수한 대화 과정 안에서 영화적 경험을 형성하기도 하고 그 경험에 의해 형성되기도 한다. 영화적 욕망은 단순히 심리 내적인 것만은 아니다. 이는 사회적이고 이데올로기적인 것이기도 하다. 이런 점에서 계급과 이데올로기에 기반을 둔 "협상적인 읽기"라는 스튜어트 홀의 개념은 인종과 종족성의 이슈로 확장될 수 있다. 여기서 우리는 **인종적으로** "지배적" 읽기, **인종적으로** "협상적" 읽기, 그리고 **인종적으로** "저항적" 읽기•에 대해서도 논의할 수 있을 것이다.[33] 우리는 하나의 축(계급)에 기반을 둔 "저항적" 읽기가 사회적 정체성과 연계성의 온갖 변화와 더불어 또 다른 축(인종)에서의 "지배적" 읽기와 접합될 수 있다는 점을 덧붙일 필요가 있다. 데이비드 몰리

• 스튜어트 홀은 문화 연구에서 독자와 청중의 능동적 역할을 강조하면서 지배 이데올로기를 그대로 답습하는 지배적 읽기(dominant reading), 그 이데올로기의 일부는 비판하고 일부는 수용하는 협상적 읽기(negotiated reading), 그리고 지배 이데올로기에 거스르는 저항적 읽기(resistant reading)를 구분한다.

는 홀의 3중적 도식을 복잡화시켜 관객성을 "독자의 담론이 텍스트의 담론과 만나는 순간"으로 정의하는 담론적 방법을 제안한다.[34] 관객성에 관한 어떠한 종합적 민족지학도 관객성의 다양한 영역을 구분해야 한다. (1) (초점화, 시점, 서사 구조, 미장센을 통해) 텍스트 자체에 의해 형성되는 관객, (2) (다양하게 펼쳐지는) 기술적 장치(영화관, 가정용 VCR)에 의해 형성되는 관객 (3) 관객성의 제도적 맥락(영화 관람의 사회적 의례, 강의실에서의 영화 분석, 예술 영화관)에 의해 형성되는 관객, (4) 주변에 존재하는 담론과 이데올로기에 의해 구성되는 관객, (5) 신체, 인종, 젠더, 지리적·역사적 상황 속에 구체적으로 존재하는 현실적 관객 등이 그것이다. 요약하면 텍스트, 장치, 담론, 역사가 모두 작용하고 움직인다. 따라서 관객성에 대한 분석은 텍스트, 장치, 역사, 담론이 관객을 구성하는 다양한 방식과 주체/대화자로서 관객이 만남을 형성하는 방식 등 다양한 차원 사이에 존재하는 간극과 긴장을 탐구해야 한다.

대안적 관객과 대안적 텍스트 사이에 완벽한 일치란 존재하지 않는다. 여기에도 역시 계급, 젠더, 섹슈얼리티, 이데올로기를 둘러싼 단층선과 긴장이 존재한다. 사실 우리는 백인 관객, 흑인 관객, 라티노(Latino) 관객, 저항적 관객같이 인종적, 문화적, 이데올로기적으로 한정된 본질을 가진 관객이라는 단순 개념을 반박하고자 한다. 첫째, 그 범주 자체가 사회학적으로 부정확하고 모든 공동체의 이종 언어적(heteroglossia) 성격을 억압한다. '라티노/관객'은 부유한 쿠바인 사업가, 살바도르 난민, 치카노(Chicano) 가사 노동자 중 과연 누구를 말하는 것인가? 둘째, 이 범주는 관객 내부의 이종 언어 또한 억압한다. 관객은 하나의 단일체적 정체성을 갖는 것이 아니라 젠더, 인종, 민족, 지역, 성적 취향, 계급, 연령 등과 관련한 다양한 정체성(혹은 정체화)에 연루되어 있다. 셋째, 사회적으로 부과된 피부색 정체성은 개인의 정체성과 정치적 충성도를 엄격하게 결정하지 않는다. 이는 그의 직업은 무엇인가, 어느 지역 출신인가 하는 문제뿐만 아니라 그가 무엇이 되길 소망하고, 미래의 목표가 무엇이며, 그 목표에 도달하기 위해 누구와 함께하길 원하는가 하는 문제이기도 하다. 특권을 가진 집단이 억압받는 집단의 투쟁에 공감할 수 있듯 관람객의 주체 위치의 복잡한 조합 속에서 억압받는 집단이 억압하는 집단과 자신을 동일시할 수도 있다. (아메리카 원주민 어린이는 '인디언'과 싸우는 카우보이를 응원하며 아프리카 어린이는 타잔, 아랍의 어린이는 인디애나 존스와 동일시하도록 유도된다.) 관람자의 위치는 관계적이다. 즉 공동체는 공유하는 친밀감이나 공동의 적을 기반으로 서로 동일시할 수 있다. 결국 관객은 분기하는 차이와 모순의 가변적 영역에 거주한다.

그러므로 관람자의 위치는 다형적이고 균열적이며 분열증적이기도 하다. 관람자의 동일시를 문화적, 담론적, 정치적으로 불연속적인 것으로 인식하는 것은 이 동일시에 일련의 간극이 존재하고 있음을 보여준다. 즉 동일한 사람에게도 모순적 담론과 코드가 교차할 수 있다. 영화를 보러 갈 때 관객은 심리적 성향과 역사적 위치 속에 존재한다. 헤게모니적 영화를 보는 사람은 하나의 서사나 이데올로기를 의식적으로 지지할지 모른다. 하지만 그는 텍스트가 제공하는 다양한 환상에 잠재의식적으로 유혹을 느낄 수도 있다. 따라서 우리는 끊임없이 저항하는 정치적으로 올바른 관객과 기존 이데올로기를 곧이곧대로 재생산하는 문화적 얼간이 사이의 단순한 대립을 설정할 수 없다. 정치적으로 올바른 관객조차 복합적이고 모순적이며 불균등하게 발전한다. 이러한 '불균등 발전'은 한편으로는 영화의 장치, 서사, 공연의 카리스마적 매력이나 권력, 그리고 다른 한편으로는 이러한 매력과 권력에 대한 관객의 지적·정치적 거리두기 간 모순과 관련되어 있다. 고전적 제국주의 영화인 조지 스티븐스(George Stevens)의 〈건가 딘(Gunga

Din〉〉(1939)에 대한 베르톨트 브레히트(Bertolt Brecht)의 설명은 이 점에서 시사하는 바 크다.

영화 〈건가 딘〉에서 …… 영국 점령군이 인도의 토착민과 싸우는 것을 보았다. ……인도인은 희극적이든 사악하든 원시적인 존재로 그려진다. 영국에 충성할 때는 희극적이고, 영국에 적대할 때는 사악했다. ……인도 사람 중 한 명이 자신의 동포를 배신해 그를 영국인의 손에 죽게끔 하고 그의 동포들을 패배하게 만든다. 이에 관객은 진심 어린 박수갈채를 보냈다. 나 역시 감동받았다. 나도 바로 그곳에서 환호하며 웃고 싶어졌다. 뭔가가 잘못되었다는 것을, 인도인이 원시적이고 미개한 사람들이 아니며 웅장한 오랜 문명을 가졌다는 것을, 또한 건가 딘을 …… 그의 민족에 대한 배신자로 볼 수 있다는 것을 알고 있었음에도 말이다.[35]

거리두기를 주장하는 이론가조차 신화를 제작하는 강력한 제국의 기구로부터 정서적으로 거리를 두기가 쉽지 않았던 것이다.

관객이 차이와 모순을 증폭시키는 무대가 된다는 사실은 상호 인종적, 상호 문화적 동일시와 상상적 연대 같은 대립적이고 교착적인 과정이 일어나지 않는다는 것을 의미하지 않는다. 레이먼드 윌리엄스의 언급을 바꿔 말하면, 우리는 관객성에서처럼 삶에서도 "**유비적**(analogical) 감정 구조"의 존재, 즉 강력하거나 희미하게 느끼는 사회적 지각이나 역사적 경험의 유사성을 통해 사회적·정치적·문화적 상황을 가로질러 영화적 동일시를 구성하는 작업을 주장하고 싶다. 관객성은 사회학적으로 구획되지 않으며 다양한 공동체가 함께 공명할 수 있다. 누군가의 공동체를 재현할 수 없는 상황에서 유비적 동일시는 이를 보상하는 출구가 되기도 한다. 소수 집단의 구성원은 영화의 스크린에서 자신의 모습을 찾을 수 있을지 모르지만, 여의치 않을 때는 그다음으로 가장 가까운 부류의 범주와 동일시할 수도 있다. 이것은 우리가 응원하는 스포츠 팀이 경쟁에서 탈락했을 때 우리의 지지를 다른 팀으로 옮기는 것과 매우 흡사하다. 래리 피어스(Larry Peerce)의 〈원 포테이토, 투 포테이토(One Potato, Two Potato)〉(1964)는 서로 다른 인종 간 결혼을 다룬 영화로서 이러한 유비적 과정에 대한 감동적인 서사적 예를 제공한다. 영화에서 인종차별적 멸시에 분개하던 흑인 남편이 한 자동차 극장에서 서부극을 보게 된다. 영화에 자신의 분노를 투사하던 그는 자신이 겪는 고통에 대한 유비물로 간주한 인디언에 대한 지지와 카우보이에 대한 증오로 인해 고함을 지른다. 서부극의 식민주의적 담론의 "결을 거슬러" 읽으면서 상상적 연대의 공간으로 들어간 것이다.

미디어 관객성의 공간은 그 본질에서 퇴행적이거나 소외적이라기보다 정치적으로 양가적이다. 1970년대에 처음 펼쳐진 영화 장치와 주류 영화의 이론은 단일체적이고 심지어 편집증적이라고 비판받았으며, 영화 장치의 진보적 전개, 저항적 텍스트, '위반적 읽기'를 허용하지 않았다. '장치(apparatus)'라는 단어는 괴기스럽게 작동하거나 거대한 톱니바퀴처럼 상상되는 위압적인 영화 기계를 떠올리게 하는데, 그 속에서 관객은 찰리 채플린의 〈모던 타임즈(Modern Times)〉식 속임수조차 거부당한다. 그러나 실제적 관객성은 그보다 훨씬 복잡하고 중층적으로 결정되어 있다. 야유와 모욕, 아이러니한 비웃음, 풍자적 반박에 골몰하는 호전적인 관객이었거나 이런 관객을 본 적이 있는 사람은 관객을 강력한 장치의 수동적 대상으로 묘사할 가능성은 없을 것이다. 언어 즉흥극에 몰입하는 공동체에서 관객은 스크린을 향해(혹은 서로서로에게) 공동체의 존재를 긍정하는 논평을 하기도 한다.[36] 때로는 전면적인 대화가 터져 나오기도 한다. 화려한 볼거리가 스크린에서 청중으로 옮겨가면서 영화는 서술적 장악력을 잃는다. 야유나 환호 같은 준언어적 표현은 소격(distantiating, 疏隔) 효과를 창출하고, 관객 참여는 영화에 대한 경험을 수정하게 만든다.

미디어 문화와 공동체의 정체성

블록버스터를 만들어낸 것과 같은 영화 장치도 관객에게 대안적 영화 읽기를 제공할 수 있다. 모험 영화가 제국주의적 나르시시즘을 키웠다면, 다른 영화들은 덜 퇴행적인 이데올로기를 가진 주체를 만족시키기도 한다. 할리우드 영화가 반동 일색인 것은 아니다. 헤게모니적 텍스트조차 다양한 공동체의 욕망과 협상해야 한다. 할리우드는 이를 '시장 조사'라고 부른다. 프레드릭 제임슨, 한스 엔첸스베르거(Hans M. Enzensberger), 리처드 다이어(Richard Dyer), 제인 포이어(Jane Feuer) 등이 논의해왔듯 대중이 하나의 텍스트와 매체에 매력을 느끼는 이유를 설명하기 위해서는 사람들을 기존의 사회관계와 공모하도록 조종하는 '이데올로기적 효과'뿐만 아니라 이러한 관계를 넘어서는 유토피아적 환상의 중핵 또한 살펴봐야 한다. 여기서 매체는 스스로를 현 상태 속에서 욕망과 부재의 대상이 실현되기를 소망하는 투사로 구성한다. 이것을 징후적으로 보여주는 것은 인디애나 존스와 람보 같은 제국주의적 영웅이 억압자가 아니라 피식민지인의 해방자로 설정된다는 사실이다. 영화는 신분 상승의 꿈을 키우고 사회 변혁을 위한 투쟁을 고취할 수도 있다. 그런가 하면, 달라진 맥락(예를 들어 병원이나 노동조합 회관, 커뮤니티 센터 등에서 상영하는 영화) 또한 달라진 읽기를 생산한다. 여기서 대면하는 것은 단순히 개별 관객과 개별 작가/영화 간 대립(개인 대 사회라는 비유로 요약할 수 있는 공식)이 아니라 다양한 맥락에서 다양한 영화를 다양한 방식으로 보는 다양한 공동체 간 대립이다.

영화 수용에 대한 순전히 인식적인 접근 방법은 이러한 차이를 생각할 여지를 거의 허용하지 않는다. 그런 방법은 어떻게 관객이 자신에게 불리한 이야기와 동일시할 수 있게 되는지를 탐구하지 못한다. 내포적 의미보다 외연적 의미를 우위에 두는 인식적 모델은 이른바 **인종화한 도식 혹은 민족적으로 굴절된 인식**이라고 부르는 것, 가령 영화에서 백인 경찰의 등장은 어떤 '해석 공동체'에게는 편안함과 보호의 감정을 유발할지 모르지만, 다른 공동체에게는 쓰라린 기억과 위협의 감정을 유발할 수 있다는 사실을 거의 고려하지 못한다. 영화에 대한 다양한 반응은 다양한 역사적 경험과 사회적 욕망을 징후적으로 드러낸다. 중동에서 상영하는 오리엔탈리즘 영화에서 관객이 왜곡된 장면에 화를 내면서도 화려한 서구적 판타지에 쾌감을 느끼는 것을 어떻게 설명할 수 있을까? 반미(反美)적인 레바논에서 〈람보〉가 미국 제국주의의 산물로서가 아니라 용기 있는 군인의 모델로 수용되는 것은 도대체 어떤 동일시의 전치 때문인가?

지각 그 자체는 역사 속에 편입되어 있다. 동일한 영화적 이미지와 음향도 공동체에 따라 전혀 다른 반향을 일으킨다. 유럽계 미국인에게 러시모어산*의 장면은 애국주의적 건국의 아버지들에 대한 애정 어린 기억을 환기시킬 것이다. 하지만 인디언 원주민에게 그 장면은 박탈과 불의의 감정을 불러일으킬 것이다. 보호 구역에 거주하는 인디언에게 "우리는 이 땅이 우리 것이라는 것을 알지／우리 땅은 얼마나 거대한가?"라고 노래하는 〈오

---

* Mount Rushmore. 미국 사우스다코타주 남서부의 블랙힐스(Black Hills) 산맥에 있는 산. 미국의 위대한 대통령 4명의 얼굴 조각상이 있는 것으로 유명하다.

클라호마!(Oklahoma!)〉의 서정적인 주제곡을 듣는 것은 무엇을 뜻할까? 친숙한 교회 방문 장면, 성호를 긋는 인물, 결혼이나 죽음을 알리는 교회 종소리는 비단 기독교인이 아니더라도 적어도 기독교 문화에 친숙한 사람들에게 말을 건다. 그러나 이런 이미지가 어떤 관객에게는 편안한 규범을 환기시키겠지만 다른 관객에게는 소외감을 불러일으킬 수 있고, 특히 유대교 문화에서 이 이미지는 억압의 의미를 지닌다. 〔예를 들어, 유대인의 시(詩)에서 교회 종소리는 종종 위험을 뜻한다.〕[37] 만일 공동체가 국경일(아메리카 원주민에게 '추수감사절'), 종교 의식(유대인, 무슬림, 불교도에게 크리스마스)과 같이 상징성을 함축한 행사에 각기 다르게 반응한다면, 그 공동체는 이러한 매개된 재현에 대해 각자의 방식으로 부정적으로 반응할 것이다. 이런 의미에서 다문화적 시청각 교육법은 텍스트의 '보편적' 규범을 문제시하면서 발화에 대한 숨겨진 가정을 명확히 드러낼 것이다.

저항적 읽기는 관객이 비판적으로 읽을 '예비적 지식을 갖추도록' 어떤 특정한 문화적 혹은 정치적 준비에 의존한다. 이런 점에서 우리는 존 피스크(John Fiske) 같은 이론가들의 좀더 낙관적인 주장에 이의를 제기하고 싶다. 피스크는 TV 시청자를 자신의 대중적 기억을 토대로 "전복적" 읽기를 장난스럽게 펼치는 존재라고 보았다. 그는 TV 시청자를 밤마다 약을 복용하는 수동적 환자처럼 여겨 멍청하게 브라운관만 보는 '카우치 포테이토 (couch potato)'나 '문화적 얼간이'로 취급하는 '피하주사' 이론을 당연히 거부한다. 피스크는 소수 집단이 가령 지배 미디어의 인종주의를 "꿰뚫어봐야" 한다고 주장한다. 그러나 힘을 박탈당한 집단이 저항적 시각을 통해 지배 문화의 코드를 해체할 수 있는 게 사실이라 하더라도, 그러려면 그들의 집단적 삶과 역사적 기억이 대안적 이해의 틀을 제공하는 한에서만 가능한 일이다. 예를 들어, 걸프전에서 많은 유색 인종을 비롯한 대다수 미국 시청자는 이 사건을 해석할 대안적 기준, 특히 식민주의의 잔재와 중동에서 그것이 갖는 특별한 복합적 의미에 대한 이해에 기반을 둔 시각을 갖고 있지 못했다. 그들은 오리엔탈리즘적 담론과 제국주의적 상상계의 타성에 젖어 행정부가 보여주려고 선택한 견해는 무엇이든 신뢰했다. 그러므로 미국 내 인종주의의 일부 피해자조차 제국주의적 서사를 받아들이도록 설득당하고 식민적/국제적 억압 형식과 국내적/민족적 억압 형식 간의 연결된 유사성을 망각했다.

이미지, 음향, 상품, 사람이 유목적 특성을 띠어가는 초국적화의 세계에서 미디어 관객성은 민족적 정체성, 공동체적 소속감, 정치적 연합에 복합적으로 영향을 끼치고 있다. 대부분의 영화 산업, 특히 국내 시장이 강력하지 못한 영화 산업은 다른 민족의 여러 가지 반응을 감안해야 한다는 점에서 다양한 민족적 욕망과의 타협이 영화 속에 어느 정도 구축되어 있다. 때로 집단적 기억과 욕망은 일종의 문화 횡단적 만남의 형태로 서로 마주치기도 한다. 영화, 텔레비전, 비디오는 이민자, 난민, 망명자로 하여금 그들의 잃어버린 조국에 대한 풍경을 회상하고 유년 시절의 언어와 소리에 젖게 해준다. 미디어와 망명은 하미드 나피시가 말했듯 "양가성, 저항, 미끄러짐, 위장, 이중성, 고국과 체류 사회 모두에서 문화적 코드의 전복"과 관련한 "경계성"의 공간 안에서 상호 작용한다.[38] 아랍, 인도, 이란의 비디오테이프가 (자막도 없이) 미국의 지역 슈퍼마켓에서 팔리고 있는데, 이는 상상적 공동체를 강화하고 때로는 고립에 대한 욕망이나 '여기에서의 삶'에 대한 부정을 나타내기도 한다. 〈파란두시(Parandush)〉 같은 이란의 망명 TV 프로그램은 지도·경치·시(詩)를 통해 조국에 대한 향수를 자극하며, 이란 문화 내에서 전통적 역할을 해왔던 망명의 패러다임에 의지하고 있다. 시청자는 이러한 TV 프로그램을 인종적으로 코드화한 기념품, 카펫, 깃발,

향수, 수공예품으로 가득한 인테리어의 관점에서 바라보기도 한다.[39] '오리엔트'에 대한 공식적 적대감 때문에 주변화한 이스라엘의 아랍계 유대인〔미즈라임(Mizrahim)●이라고 부름〕에게 이집트, 터키, 인도, 이란의 영화는 중동과 북아프리카 국가 등 자신들이 태어난 국가에 대한—공론장에서는 허락하지 않는—공동체적 향수를 자극한다. 또한 초국적 관객성은 미래 지향적 욕망의 공간을 형성하고, '내부 망명자'의 상상계를 키워주며, 삶이 가능한 '어딘가'〔미지의 세계〕에 대한 감각을 적극적으로 촉진하기도 한다. 나아가 이는 그곳에 로컬의 거처와 이름을 불어넣고 또 다른 나라에서 가능한 '해피엔딩'을 제공하기도 한다. 국가와 민족 사이의 불균형한 권력 배치를 감안할 때, 이러한 움직임이 일방향적인 경우는 허다하다. '어딘가'에 대한 욕망은 영주권법과 국경경비대에 의해 좌절되기도 한다. 다시 말해, 상호 문화적 관객성은 단지 공동체 간의 유토피아적 교류가 아니라 권력의 비대칭성 속에 깊이 편입되어 있는 대화인 것이다.

한편 대부분의 세계 도시가 갖고 있는 인종적 혼종성으로 인해 영화 관람은 흥미로운 다문화적 경험으로 변하고 있다. 예를 들어, 뉴욕이나 런던, 파리에서 인종적으로 다양한 관객에게 '외국' 영화의 상영은 농담에 웃고 그 내용을 이해하는 문화적 '내부자'와 갑자기 이 공간에서 배제되는 것을 경험하는 '외부자' 사이의 간극을 만들어낼 수 있다. 해당 문화와 언어를 잘 알지 못하는 '외부자'는 자신들이 갖고 있는 지식의 한계 그리고 간접적이지만 외국인으로서 지위를 깨닫게 된다. 그곳에 있던 제1세계 사람들은 소외된 제3세계 사람과 소수 집단의 관객이 느끼는 것과 동일한 경험을 공

● 바빌로니아 시대에 이스라엘을 떠나 북아프리카의 레반트 지역에 거주했던 유대인의 후손을 일컫는 말.

유한다. 요컨대 "이 영화는 우리를 위해 만든 게 아니야"라는 감정 말이다.

관객성이 한편에서는 구조화하고 결정되어 있다면, 다른 한편에서 그것은 개방적이고 다형적이다. 영화적 경험은 고압적 측면뿐 아니라 익살스럽고 흥미진진한 측면도 갖고 있다. 그것은 다양한 주체 위치를 차지하고 복수의 "변화무쌍한" 자아를 형성한다.[40] 어떤 이는 영화관, 카메라/영사기, 스크린 속 연기라는 영화적 장치에 의해 '확장'된다. 그리고 어떤 이는 가장 관습적인 몽타주까지 제공하는 관점의 다양성에 의해 더욱 분산되기도 한다. 어떤 특정한 차원에서 영화의 "다형적인 투영적 동일시(polymorphous projection-identifications)"〔에드가 모랭(Edgar Morin)〕는 지역적 도덕성, 사회적 환경, 인종적 연합에 관한 결정을 초월한다.[41] 관객성은 꿈과 자기 형성이 펼쳐지는 하나의 경계 공간이 될 수 있다. 그것의 정신적 변화무쌍함 때문에 일상적인 사회적 위치는 사육제에서처럼 일시적으로 중단된다.

오늘날의 관객성과 미디어 교육은 변화하는 시청각 기술에 비추어 사유해야 한다. 이러한 기술 체계 덕분에 세계에 실재하는 대상을 찍는 전 영상적(profilmic)• 모델에 대한 연구를 우회할 수 있게 되었다. 사람들은 기술을 통해 추상적 관념이나 일어날 법하지 않은 꿈에도 시각적 형식을 부여할 수 있다. 이미지란 더 이상 복제가 아니라 상호 작용적 회로 속에서 자체의 독립적 생명과 역동성을 획득한다. 한편 전자 메일 덕분에 이방인 공동체는 텍스트, 이미지, 영상을 교환할 수 있고 새로운 종류의 초공동체주의적 미디어 문화를 형성할 수 있다. 컴퓨터그래픽, 쌍방향 기술, 그리고 '가상현실'은 사회적 위치에 대한 '괄호 치기(bracketing)'를 전례 없는 수준까

• 등장인물이나 그들의 행동처럼 영화 카메라 앞에서 일어나거나 카메라에 기록되는 세계를 지칭하는 말.

지 확장시키고 있다. 컴퓨터 테크놀로지가 사이버 주체를 시뮬레이션 단말기 세계 속으로 투사하는 동안 실제 인간의 몸은 사이버네틱 가상 공간에서 흐릿하게 남는다. 이러한 기술 체계는 관객의 위치를 수동적인 것에서 더욱더 쌍방향적인 것으로 전환하면서 현실 효과를 극적으로 확장시켰고, 그 결과 구성된 가상적 응시와 더불어 인종화하고 젠더화한 감각적 신체가 이론적으로 이식되어 정체성 여행의 출발지가 될 수 있었다. 예를 들어, 국경경비대에 의해 쫓기는 '불법 외국인'이 된다거나 혹은 1960년대 초반 잔혹한 경찰의 채찍에 두들겨 맞던 민권운동가가 된다는 것이 어떤 느낌인지 전달하기 위해 가상현실이나 컴퓨터 시뮬레이션을 다문화적이거나 초국적인 교육법에 이용할 수 있을까? 하지만 이러한 새로운 기술 체계를 지나치게 신뢰하는 것은 순진한 태도일 수 있다. 높은 비용 때문에 주로 기업이나 군대가 이 기술 체계를 이용할 수 있을 것이다. 늘 그렇듯 권력은 시스템을 구축하고 분배하며 상업화하는 사람들의 수중에 있다.[42] 더욱이 세계에 존재하는 모든 기술적 정교함이 감정이입을 보장하지도 않고 정치적 참여를 촉발하지도 않는다. 인종, 계급, 젠더의 계층화가 갖는 역사적 타성은 그리 쉽게 지워지지 않는다. 그뿐만 아니라 반인종차별적 교육법은 감정이입에만 의지해서도 안 된다. 어떤 사람은 억압의 '표본'을 추출해 "이것이 인생이지!" 혹은 "내가 아니라서 다행이야!"라고 결론 내릴 수도 있다. 중요한 것은 단지 감각을 전달하는 게 아니라 구조적 이해를 진전시키고 변화를 도모하는 것이다.

포스트모던 문화 내에서 미디어는 의제를 설정하고 논쟁을 구성할 뿐만 아니라 욕망, 기억, 환상을 굴절시킨다. 미디어는 대중의 기억을 통제함으로써 대중적 역동성을 봉쇄하거나 자극할 수 있다. 그럴 때 필요한 것은 주체성이 변혁적·해방적 실천의 한 부분으로 체험 및 분석되는 미디어 실천을 개발하는 것이다.[43] 텍스트의 정치적 '올바름' 문제는 궁극적으로 욕망의 힘을 더욱 긍정적 방향으로 생산하는 문제보다 덜 중요하다. 따라서 우리의 질문은 다음과 같다. 우리는 상대방의 주체성을 동원하기 위해 기존 미디어를 어떻게 변형시킬 수 있는가? 미디어 수용의 리비도적 경제(libidinal economy)를 고려할 때, 우리는 어떻게 해방을 위해 개인적·집단적 욕망을 생성할 수 있을까? 이런 점에서 미디어 문화는 가타리가 말한 "생산 기계"와 주체성의 "집단적 변이"에 주목해야 한다. 우파 세력이 초자아적인 '보수적 재영토화'를 추진하려고 했듯 평등주의적 방향으로 변혁을 모색하는 사람들은 개인적이고 집단적인 욕망을 결정화하는 방법을 인식해야 한다.

스튜어트 홀이 지적해왔듯 문화적 정체성은 "존재"뿐만 아니라 "생성"의 문제이며, 과거뿐만 아니라 미래에도 속하는 문제이기 때문에[44] 다문화적 미디어는 사회생활의 숨겨진 희망이 펼쳐지는 교육 공간, 정체성 억압과 유토피아의 안전한 접합을 위한 실험실, 공동체의 환상과 상상적 연대를 위한 공간을 제공할 수 있다. 이런 종류의 미디어 문화는 "엄청난 정치적·지리적·경제적 분열을 겪은 사람들 사이에서 문화적 정체성을 재생산하고 변혁하기" 위한 수단으로서 "토착 미디어"의 영역과 접속하거나 병행을 유지한다.[45] 알렉스 주하스(Alex Juhasz)는 긴스버그의 개념을 제1세계 대안 미디어에까지 확장하면서 에이즈 활동가의 비디오를 '토착 미디어'의 한 형식으로 간주한다. 이 비디오에서 "엄청난 분열"을 경험한 사람들은 자신에 대한 억압을 반박한다.[46] 브라질 카야푸족의 캠코더 운동에 대해 언급하면서 테런스 터너는 그들의 비디오 작품이 어떻게 외부와의 접촉 이전에 이상화한 과거의 회복이 아니라 현재의 정체성 구성의 과정에 집중하게 되었는지를 강조한다. 카야푸족은 마을을 서로 소통시키고, 자신들의 의식과 의례를 기록해 영속화하고, 유럽계 브라질 정치인들의 공식 약속을 기록하며(그리하여 그들에게 책임을 지게끔 하고), 터너가 "비디오 미디어, 카야푸족의 자기 재현, 카야푸족의 종족적 자의식 간 결합 효과"라고 부른 것을 통해 전 세계에 자신들의 대의를 전파하는 데 비디오를 이용했던 것이다.[47] 전 세계 사람들이 자신의 사회적, 정치적, 경제적 이해를 방어하기 위한 동원 수단으로서 문화적 정체성에 의지해왔듯 다문화적 미디어 운동은 위기에 처한 정체성을 보호하거나 심지어 새로운 정체성을 창조하는 데 기여할 수 있다. 즉 이것은 특정 문화와 관련한 공론장의 주장뿐만 아니라 "자기 생산을 위한 집단적 인간 능력"을 강화하기 위한 촉매 역할을 할 수 있다.[48] 우리는 이러한 의미에서 미디어를 부족 형성의 힘을 발휘하는 것으로, 그리고 부상하는 문화 횡단적 공동체의 창조에 참여하는 미디어 예술과 함께 공동체의 아체(ache)['현실화하는 힘'을 뜻하는 요루바족(Yoruba) 언어]를 잠재적으로 증대시키는 것으로 볼 수도 있을 것이다.

주

1. A. D. King, ed., *Culture, Globalization and the World-System* (London: Macmillan, 1991) 참조.

2. David Rowe, Geoffrey Lawrence, Toby Miller & Jim Mckay, "Global Sport? Core Concern and Peripheral Vision," *Media, Culture and Society* (London) 16 (1994), pp. 661-675 참조.

3. 비슷한 개념인 '분산된 헤게모니(scattered hegemonies)'를 제기한 글로는 Inderpal Grewal & Caren Kaplan, "Introduction: Transnational Feminist Practices and Questions of Postmodernity," *Scattered Hegemonies: Postmodernity and*

Transnational Feminist Practices (Minneapolis: University of Minnesota Press, 1994) 참조.

4. Inderpal Grewal & Caren Kaplan, "Introduction," *Scattered Hegemonies* 참조.

5. Heinz Dieterich, "Five Centuries of the New World Order," *Latin American Perspectives* 19, no. 3 (Summer 1992).

6. Jon Bennet, *Hunger Machine* (Cambridge: Polity Press, 1987), p. 19.

7. 우리가 '할리우드'라는 용어를 모든 상업 영화에 대한 반사적 거부를 드러내기 위해서가 아니라 거대하게 산업화하고, 이데올로기적으로 반동적이며, 양식적으로 보수적인 '지배적' 영화를 통칭하기 위해 사용한다는 것은 말할 필요가 없다.

8. Mark Schapiroo, "Bollywood Babylon," *Image* (June 28, 1992) 참조.

9. 아파두라이는 글로벌 문화적 흐름의 다섯 가지 차원을 언급한다. (1) 인종적 경관(ethnoscape, 사람들이 살고 있는 변화하는 세계를 구성하는 인물들의 경관), (2) 기술적 경관(technoscape, 이전에는 침투 불가능했던 경계를 고속으로 가로지르는 테크놀로지의 전 지구적 형태), (3) 금융적 경관(financescape, 통화 투기와 자본 이전의 글로벌적 기준), (4) 미디어 경관(mediascape, 정보를 생산하고 유포하는 능력의 배분과 그 능력에 의해 생산된 이미지와 서사의 대규모 복합적 레퍼토리), (5) 이념적 경관(ideoscape, 국가의 이데올로기와 운동의 대항 이데올로기를 말하며 이 이데올로기를 중심으로 국민국가는 그 정치 문화를 조직화한다). Arjun Appadurai, "Disjunction and Difference in the Global Cultural Economy," *Public Culture* 2, no. 2 (Spring 1990), pp. 1-24.

10. Faye Ginsburg, "Aboriginal Media and the Australian Imaginary," *Public Culture* 5, no. 3 (Spring 1993).

11. 원주민 미디어 생산에 가장 적극적인 중심지 3곳은 북미 원주민(이누이트족, 유피크족), 아마존 인디언(남비콰라족, 카야푸족), 그리고 오스트레일리아 원주민(왈피리족, 피찬차차리족)이다. 1982년 이누이트 방송공사(Inuit Broadcasting Corporation, IBC)는 캐나다 북부에 퍼져 있는 이누이트 문화를 강화하기 위해 정규 TV 프로그램을 방송하기 시작했다. 케이트 매든의 설명에 따르면, 이누이트의 프로그램은 이누이트족의 문화적 가치를 반영한다. 예컨대 뉴스/공공 문제 프로그램 〈Oagik〉('함께함'이라는 뜻)는 가족의 고통을 유발하거나 사생활을 침해할 수 있는 이야기를 피하고, 특파원과 앵커 간 어떠한 위계도 삼감으로써 서구의 규범 및 관습에서 완전히 탈피한다. Kate Madden, "Video and Cultural Identity: The Inuit

Broadcasting Experience," *Mass Media Effects Across Cultures*, ed. Felipe Korzenny & Stella Ting-Toomey (London:Sage, 1992).

12. 원주민 미디어는 특별한 축제(예를 들어, 샌프란시스코와 뉴욕시티에서 정기적으로 개최하는 '아메리카 원주민 영화제'나 멕시코시티와 리우데자네이루에서 열리는 '라틴아메리카 원주민 영화제')를 제외하고 제1세계 대중에게 대체로 알려져 있지 않다.

13. Faye Ginsburg, "Indigenous Media: Faustian Contract or Global Village?" *Cultural Anthropology* 6, no.1 (1991), p. 94.

14. Ibid.

15. 카야푸족 프로젝트에 관한 비판적 견해로는 Rachel Moore, "Marketing Alterity," *Visual Anthropology Review* 8, no.2 (Fall 1992), James C. Faris, "Anthropological Transparency: Film, Representation and Politics," *Film as Ethnography*, ed. Peter Ian Crawford & David Turton (Manchester: Manchester University Press, 1992) 참조. 제임스 패리스의 글에 대한 터너의 답변은 "Defiant Images: The Kayapo Appropriation of Video," Forman Lecture, RAI Festival of Film and Video in Manchester 1992 (*Anthropology Today*에 게재 예정) 참조.

16. 카야푸족과의 장기적인 공동 작업에 관한 설명으로는 Terence Turner, "Visual Media, Cultural Politics, and Anthropological Practice," *The Independent* 14, no. 1 (Jan.-Feb. 1991) 참조.

17. Jon Pietersie, "Colonialism and Popular Culture," *White on Black* (New Haven: Yale, 1992), p. 77 참조.

18. Robert Baden-Powell, *Scouting for Boys* (Joseph Bristow, *Empire Boys: Adventures in a Man's World* [London: HarperCollins, 1991], p. 170에서 재인용.

19. Joseph Bristow, *Empire Boys: Adventures in a Man's World* (London: HarperCollins, 1991), p. 19.

20. Patrick Brantlinger, *Rule of Darkness: British Literature and Imperialism, 1830-1914* (Ithaca: Cornell UP, 1988), p. 11.

21. John McClure, *Late Imperial Romance: Literuture and Globalization from Conrad to Pynchon* (London: Verso, 1994) 참조.

22. Benedict Anderson, *Imagined Communities* (New York: Verso, 1983), pp. 41-46.

23. 바흐친의 크로노토프 개념의 외삽법(extrapolation, 外揷法)에 대한 더 자세한 내용은 Robert Stam, *Subversive Pleasures: Bakhtin, Cultural Criticism, and Film* (Baltimore: Johns Hopkins, 1989); Kobena Mercer, "Diaspora Culture and the Dialogic Imagination," *Black frames*, ed. Mbay Cham & Claire Andrade-Watkins (Cambridge: MIT, 1988); Paul Willemen, "The Third Cinema Question: Notes and Reflections," *Questions of Third Cinema*, ed. Jim Pines & Paul Willemen (London: BFI, 1989) 참조.

24. 식민지화한 국가에서 영화관은 처음에 카이로나 바그다드, 뭄바이 같은 도시 중심지에만 지어졌다. 엘라 쇼하트는 바그다드 영화에 대한 앞선 연구에서 바그다드 출신이지만 현재는 이스라엘/팔레스타인, 영국, 뉴욕에 흩어져 있는 사람들과 일련의 인터뷰를 진행했다.

25. Christian Metz, *The Imaginary Signifier: Psychoanalysis and the Cinema* (Bloomington: Indiana UP, 1982), p. 51.

26. 영화의 '동원된 응시(mobilized gaze)' 개념에 대한 자세한 내용은 Anne Friedberg, *Window Shopping: Cinema and the Postmoder* (Berkeley: University of California Press, 1993) 참조.

27. Kwame Nkrumah, *Neo-Colonialism, The Last Stage of Imperialism* (London: Nelson, 1965), p. 246.

28. Haile Gerima, Interview with Paul Willemen, *Framework*, nos. 7-8 (Spring 1978), p. 32.

29. Frantz Fanon, *Black Skin, White Masks* (New York: Grove Press, 1967), pp. 152-153.

30. Ibid., pp. 112-116.

31. James Baldwin, *The Devil Finds Work* (New York: Dial, 1976), p. 34.

32. Ibid., p. 62.

33. Stuart Hall, "Encoding/decoding," *Culture, Media, Language* (London: Hutchison, 1980), p. 136.

34. David Morley, *The "Nationwide Audience": Structure and Decoding* (London: British Film Institution, 1980).

35. John Willett, ed., *Brecht on Theater* (London: Hill & Wang, 1964), p. 151.

36. 크리스티앙 메츠는 에스파냐 지방의 관객에 대해서도 유사한 지적을 한다. *The*

Imaginary Signifier 참조.

37. 반증 사례를 들면 〈사랑은 비를 타고(Singing in the Rain)〉에서 진 켈리(Gene Kelly)와 도널드 오코너(Donald O'Connor)는 '모세(Moses)'를 부를 때 유대교도 들이 기도하며 쓰는 숄(talith)을 연상케 하는 줄무늬 천으로 몸을 감싸는데, 이는 유대인 관객이 알아볼 가능성이 매우 높은 시각적 인유(allusion, 引喩)다.

38. Hamid Naficy, *The Making of Exile Cultures: Iranian Television in Los Angeles* (Minneapolis: University of Minnesota Press, 1993), p. xvi.

39. Ibid., p. 106.

40. Jean-Louis Schefer, *L'Homme Ordinaire du Cinema* (Paris: Gallimard, 1980).

41. Edgar Morin, *Le Cinema ou L'Homme Imaginaire* (Paris: Gonthier, 1958).

42. Anne Friedberg, *Les Flaneurs du Mal(l): Cinema and the Postmodern Condition* (Berkely: University of California Press, 1992).

43. Rhonda Hammer & Peter Mclaren, "The Spectacularization of Subjectivity: Media Knowledges, Global Citizenry, and the New World Order," *Polygraph*, no. 5 (1992) 참조.

44. Stuart Hall, "Cultural Identity and Cinematic Representation," *Framework* 36 (1989).

45. Faye Ginsberg, "Indigenous Media," p. 94.

46. Alexandria Juhasz, "Re-Mediating AIDS: The Politics of Community Produced Video" (Ph.D. diss., NYU, 1991).

47. Terence Turner, "Defiant Images."

48. Terence Turner, "What is Anthropology that Multiculturalists Should Be Mindful of It?," American Anthropological Association (San Francisco, 1992, 미간행 논문).

2부 　로컬적 접속

이국적인 것과의 불장난
일본의 국제화 시대 타 인종과의 섹스

● 카렌 켈스키 ●

서문

1980년대 후반부터 일군의 젊은 일본 여성이 백인, 흑인, 발리인(Balinese) 등 비(非)일본인〔또는 가이진(外人)〕남성에 대한 공격적인 성적 추구로 인해 일본에서는 물론 해외에서도 격렬한 논쟁의 주제가 되었다.[1] 여성들의 이런 행위―흔히 '옐로 캡스'라고 불렸는데, 외국인 남성 상대자들이 만든 이 조어를 일본 매스미디어가 받아들여 사용했다―는 베스트셀러 소설, 텔레비전 다큐멘터리, 영화에 영감을 주었을 뿐 아니라 1990년대 초반에는 주요 대중 잡지에서 열띤 토론을 불러일으켰다. 인류학자 존 러셀(John Russell)은 이런 현상에 대해 "한때 터부의 대상이었던 것―흑인〔남성〕과 일본인 여성 사이의 관계―이 갑자기 공개 토론, 일본 잡지의 선정적 연재물, 심야 텔레비전 토론, 언더그라운드 영화에 적합한 주제가 되었다"[2]고 말했다. 이런 여성들의 문제가 흥미로운 점은 이들이 일본에서 초래한 논쟁뿐만 아니라, 이들이 아시아와 서양의 성적 만남에 대한 표준적인 서양 오리엔탈리즘적 이해에 도전했기 때문이다. 이런 오리엔탈리즘적 이해는 전형적으로 동양 여성을 희생자로 삼거나 그들 위에 군림하는 서양 남성의 권력을 그린 〈나비 부인(Madame Butterfly)〉 같은 종류의 비유에 근거하고 있었다. 표준적인 옐로 캡스 서사에서 이국적인 장소를 여행하며 그러한 정사(情事) 관계를 추구하는 이들은 부유하고 여유 있는 젊은 일본인 여성이다. 이들은 정사 관계를 시작하고 유지하는 비용을 스스로 지불한다. '가이진' 남성 애인을 언급하고 평가하는 국내의 번창하는 사업을 일본인 남성들과 더불어 펼쳐온 것도 바로 이들이다. 하지만 이런 언급은 외국인들과는 전적으로 무관한 것이다.

'옐로 캡스'라는 용어는 일본인 여성이 '옐로'이며 뉴욕 택시처럼 '언제든 올라탈 수 있다'는 것을 함축하고 있는 비하적 표현이다.[3] 이 용어를 지속적으로 사용한 것은 성적으로 적극적이고 일탈적인 일본인 여성이라는 유령에 남성 우월적인 일본 미디어(뿐만 아니라 본래 이 용어를 고안했던 외국인 남성)가 드러낸 히스테리적 반응을 압축하고 있다. 그러나 일본 미디어 안에서도 서로 대립적인 목소리가 존재한다. 여성 해설자나 작가뿐만 아니라 '옐로 캡스' 스스로도 이런 여성들의 행위에 대해 자신의 해석을 제시하기 때문이다. 실제 선정적인 미디어 토론에서 어쩌면 가장 중요한 화제였을 흑인 남성과 일본 여성 간 섹스라는 주제에 관해 젊은 여성 작가 야마다 에이미(山田詠美)와 이에다 쇼코(家田荘子)[4]는 만화적이고 반(半)포르노적인 소설을 썼다. 그들은 흑인 남성과 흑인 문화에 대한 자신들의 선호를 자랑한 것으로 악명을 떨쳤다. 이러한 소설은 베스트셀러가 되었을 뿐 아니라, 특히 야마다의 작품의 경우는 일본 문학계에서 가장 권위 있는 문학상인 나오키상(直木賞)과 아쿠타가와상(芥川賞) 후보에 오르기도 했다.

이 글에서 나는 옐로 캡스 현상에 수반된 모순과 타협을 검토해볼 생각이다. 그리고 이에 대한 일본인 남성들의 비판적 재현이 가이진 애인을 선택할 때 자신의 적극적 목적을 표명한 여성에 의해 반박 및 거부당했음을 보여줄 것이다. 나는 이른바 옐로 캡스의 목표와 행동이 실제로 서양 독자들에게 상당한 이론적 의의를 갖는다고 주장한다. 왜냐하면 이들은 일본 가부장제에 대한 간접적이지만 일관된 비판을 보여줄 뿐만 아니라 일본과 서양의 조우에서 가변적이고 논쟁적인 토대를 보여주는 사례, 그리고 오늘날 대중과 이론을 추적하는 로컬/글로벌 연속체(continuum)의 출현을 형성하기 때문이다.

'조국애', 제국주의적 의지, 에로틱한 열망 간의 어둡고 모호한 연관성을 문제 삼고자 하는 서구 학자들은 인종, 젠더, 민족주의, 섹슈얼리티 간 교차점에 대해 점차적으로 비판적 질문을 제기해왔다. 이런 연구 대부분은 '동양적'이고 비(非)백인인 여성들이 서양 남성의 손아귀에서―자신들의 상대방 남성이 공유하지 않는―독특한 형태의 성적 식민화를 겪어왔다는 점을 보여주는 데 관심을 가져왔다. 이러한 연구 방식은 필요할 뿐만 아니라 가치 있으며, 비서양 여성에 대한 서양 남성의 지배를 영속화하는 다양한 차원의 권력은―특히 성적 만남과 섹스 관광같이 여전히 모호한 영역에서―더 깊이 탐구할 필요가 있다. 하지만 아르준 아파두라이와 캐럴 브렉켄리지(Carol Breckenridge)가 "우리가 신식민주의와 연관 짓는 과거의 이미지들"이 "초국적이고 코즈모폴리턴적인 문화 교류의 새로운 형태" 속에서 발생하고 있는 모든 것을 담아내지는 못한다고 말했듯이[5] 희생당한 원주민 여성이라는 과거의 이미지가 오늘날 아시아 여성과 서양 남성 간 성적 만남이 갖는 모든 가능성을 다 포용하지는 못한다는 것을 기억해야 한다. 〈M. 버터플라이(M. Butterfly)〉의 시대에 사태는 그렇게 간단하지 않다. 일본은 서구적 수사법과 학문 이론에 갇히기를 거부하고, 일본 여성은 (비록 그 점을 거의 인식하지 못한 것처럼 보이지만) 여러 가지 측면에서 서양이 정해 놓은 공적 무기력함(public powerlessness)과 사적 영향력(private influence) 간 젠더 이분법에 도전한다. 우선, 이들은 아파두라이의 주장을 반복하듯 자신들이 태어난 땅에 '감금당하기'를 거부한다. 일본인 여성, 특히 젊고 미혼에 '핑크 컬러'인 여성은 아마도 전 세계의 인구 집단 중 가장 열정적이고 가장 헌신적인 여행자일 것이다. 이들은 전형적인 일본 남성보다 2배 넘는 소득을 지출하거나 하와이 같은 휴양지에서 다른 개별 관광객보다 평균 거의 3배에 달하는 지출을 하는 등 분명 가장 부유한 그룹에 속했다. 그러므로 일본인 여성은 대부분 제임스 클리퍼드가 새로운 글로벌 "코즈모폴리터니즘"이라고 불렀던 것을 구현하는데, 이것은 무엇보다도 '여행'이라는 포스트모던 용어와 경계의 횡단(또는 거주)을 특징으로 한다. 이 글은 (문화로서 여행뿐만 아니라) 여행으로서 문화 개념으로 시작해 포스트/신식민주의적 접경지대로 여행하며 비일본 남성들과의 성 경험을 추구하는 젊은 일본인 여성이 갖는 의미를 따져 묻고자 한다. 옐로 캡스에 관해 서로 견해를 달리하는 일본인 여성과 남성의 담론을 탐구함으로써 나는 이 젊은 일본인 여성들의 여행이 젠더, 인종, 섹슈얼리티에 관한 일본의 문화적 규범을 어떻게 실행하면서 저항하고, 거부하면서 유지하는지 보여줄 것이다. 그러나 나의 목표는 이를 통해 '일본 문화'라고 부르는 초시간적이고 한정적이고 일관된 실체에 관해 결론을 끌어내려는 것이 아니라, 오히려 사람들과 권력이 점점 더 복잡해지고 상호 연결되는 초국적 흐름을 배경 삼아 이러한 로컬 담론을 대조하는 데 있다. 그러므로 세계 속에서 일본이라는 글로벌/로컬 연결망을 매개하는 유동적 흐름, 대면, 저항 그리고 전치를 보여주고자 한다.

'옐로 캡스'가 소규모의 주변 집단이고 용어 자체도 상당히 논쟁적이라는 것은 틀림없다. 이러한 행동과 관련 있는 여성조차 이 용어를 자신들에게 적용하지 않으려 할 것이다. 왜냐하면 이 용어는 일본인 남성들이 위협적이며 혼란스럽다고 여기는 여성적 행동의 행태를 비난하거나, 아니면 외국 남성들이 아시아 여성에 대한 권력의 위계질서를 유지하기 위해 사용하는 수사학적 무기가 되어버렸기 때문이다. 뉴욕시티에서 일본인 전문 작가들이 결성한 '옐로 캡스에 대해 생각하는 모임(イェローキャブを考える会)' 같은 집단을 포함해 많은 일본인 여성은 이 용어에 노골적인 거부감을 드러낸다. 이들은 이런 여성은 존재하지 않으며 이러한 미디어 현상 전체가 해외 일본 여성의 활동을 약화시키려는 일본 남성의 발명품이라고 강조한다.[6] 실제로 시간이 지나면서 옐로 캡스 논쟁은 어떤 이유든 처음엔 일본에서, 그 뒤엔 미국에서조차 해외에 거주하는 일본인 여성의 평판에 해로운 영향을 끼치기 시작했다. 미국에서는 이 용어와 의미가 천천히 일부 미국 남성에게까지 퍼져나갔다. 경력을 쌓기 위해 해외에 거주하는 전문직 여성이 '옐로 캡스'라고 불리는 데 대한 고통과 수치심을 경험하는 것은 의문의 여지없이 큰 충격이었다. 그리고 이들의 경악은 이해할 만한 것이다. 하지만 옐로 캡스라는 현실을 삭제 그리고/또는 부인하는 것은 적절한 해결책이 아니다. 자신의 존재와 경험을 부정하려는 어떠한 노력도 성적 행위자로서 여성에 대한 가부장제 시스템의 적대감 혹은 거부감을 다시 기입할 위험이 있다.

서양 감정사

그 수가 아무리 적다 해도 이들은 대체로 '직장 여성(office lady, OL)',• 즉 미혼의 젊은 사무직 직장인으로서 부모와 함께 사는 전략을 통해 일본 내 어떤 다른 그룹보다도 훨씬 높은 소득의 지출을 누릴 수 있는 부류다.[7] 이들은 실질적으로 회사 내에서 승진할 기회가 없으며, 그렇기 때문에 서양인의 눈에는 억압적 젠더 차별의 희생양으로 일반적으로 낙인찍혀 있다. 하지만 대부분 간과하고 있는 것은 이들이 남성 지배적인 일본 기업계의 틈새에서 그들만의 정열적이고 활기찬 하위문화를 구축하기 위해 상당한 금융 자산을 이용해왔다는 점이다. 중요한 책임 의식의 결여, 단축된 노동 시간, 원치 않는 일을 그만둘 수 있는 유연성과 같이 '오에루'의 열등한 전문적 지위를 상징하는 상황은 이들이 쇼핑, 취미, 고급 식생활, 해외여행 및 순전히 개인적인 여가 욕망의 충족이 가능한 실질적인 독립적 생활 양식을 자유롭게 추구할 수 있게 해주는 상황과 똑같은 것이다.[8] 많은 전문가들은 이 오에루만이 일본 경제 기적의 과실을 진정으로 누리고 있다고 평가하기도 한다.

　오에루 생활 스타일과 하위문화는 무엇보다도 복잡하고 정교한 소비 패턴에 의존하고 있으며, 단순한 구매나 평가를 넘어서 취향의 영역에까지 진입하는, 상품 윤리와 미학에 대한 외골수적 관심을 갖고 있다. 그러한 소비는 1980년대 '거품 경제'의 붕괴와 장기 불황 이래로 확실히 쇠퇴하긴 했지만 다년간 서양 국가들에서 볼 수 있었던 그 어떤 것도 능가하는 수준

• 일본식 영어 office lady의 약자 'OL'은 '오에루(オーエル)'라고 읽는다. 사무실에서 일하는 직장 여성 전체를 의미하기도 하지만, 특히 '말단 직원'이라는 느낌을 준다.

을 여전히 보여주었다. 실제로 오에루의 취향은 이미 토착 혹은 일본 상품의 자원을 완전히 섭렵한 지 오래되었고, 지난 10년간은 세계 전체의, 특히 서양의 상품·서비스·경험 및 기회를 망라할 정도로 확장되었다. 대다수 오에루는 다양한 지역을 여행하며 폭넓게 쇼핑해왔기 때문에 이제 다이아몬드와 보석, 오트 쿠튀르(haute couture) 패션, 클럽 메드(Club Med) 휴가 상품, 프랑스제 향수, 온갖 종류의 디자이너 상품을 비롯해 서양이 제공할 수 있는 가장 세련된 것이 아니면 만족할 수 없는 수준에 이르렀다. 하지만 이들이 단지 서양적인 것만을 탐하는 것은 아니다. 그것은 해외 상품을 이국적인 매혹의 대상으로 간주하던 이전 세대에게나 해당하는 말이다. 서양 상품은 대체로 자기 충족적인 오에루의 스타일과 지위의 세계 내에 이미 하나의 기표로서 포함되어 있다. 이 세대들에겐 이제 이국적이고 낯선 것이 바로 일본이라는 점에서 서양조차 '길들여'졌다.

토빈(J. Tobin)이 언급하듯 일본은 "오늘날 서양으로부터 온 다양한 형태의 열정을 수입하고 소비할 수 있는 욕망과 부와 권력을 가지고 있다".[9] 그리하여 서양 감정사이자 (후기 자본주의의) 세계 시민인 이 소수의 젊은 코즈모폴리턴 여성이 '가이진 애인', 즉 소비를 위해 남아 있는 최후의 이국적인 프런티어를 나타내는 기이한 성적 경험을 찾아 일본 국경을 넘어서는 무대의 장이 마련된 것이다.

가장자리에서 온 엽서

이런 성향을 가진 젊은 여성들이 가이진 남성을 찾아낼 수 있는 장소는 많고도 다양하지만, 일본 내에서는 최신 유행의 도쿄 롯폰기 지역, 요코하마, 고베 그리고 요코스카, 요코타, 미사와, 이와쿠니, 사세보, 오키나와에 있는 미군 기지에 집중되어 있다. 일본 바깥에서는 하와이, 발리, 사이판, 뉴욕, 미국 서부 해안 지역을 들 수 있다. 이러한 장소가 모두 단기 체류에 적합하고 민족적, 인종적, 문화적으로 혼종적인 사람들이 거주하는 경계 지역이라는 사실은 우연이 아니다. 심지어 일본 내의 지역조차 진정 일본에 속해 있지 않은 곳들이다. 요컨대 미군의 군사 시설은 물론 미국의 부동산이다. 요코하마와 고베는 역사적으로 외국인이 모이는 중심지이며, 흔히 도쿄의 '가이진 게토'로 알려진 롯폰기 지역은 일본인과 비일본인이 자유롭게 뒤섞이는 주점과 나이트클럽이 즐비한 일종의 꿈같은(혹은 악몽 같은) 경계 지대다. 이들 각 장소는 해외 주둔 미군이라는 후기/신식민주의적 체제, 일본인 투자, 단체 관광, 국제적 노동의 흐름, '토속적인 것'의 상품화라는 상황에 놓여 있기에 지정학적으로 애매한 곳이다. 이런 점에서 그곳들은 이국적 에로스를 찾아볼 수 있는 가장 명백한 지역이다. 이런 곳에 있는 외국 남성은 이른바 "에로틱한 동양"을 찾아 유럽 및 미국 본토로부터 아시아와 서양의 경계 지대로 흘러온 방랑자인 경우가 많기 때문이다.[10] 하와이에서 이런 남성은 지역적으로 '플레이보이'로 알려져 있으며 서로 잘 알고 있는 제한적 집단을 형성하고 있다. 그들은 매일 와이키키 거리를 배회하면서 돈과 섹스를 위해 일본 여성 관광객과의 접촉을 시도한다. 마찬가지로, 주말 밤마다 롯폰기의 클럽에는 함께 저녁을 보낼 '롯폰기 걸'과 마주치길 바라는 외국인으로 넘쳐난다.

이런 장소에서 젊은 일본 여성은 다른 곳에서 자신의 삶을 지배하던 소비 패턴을 이어서 외국인 남성 무리를 위해 돈을 지불한다. 이것은 제도화한 매춘이 아니라 오히려 옛 일본어 '미쓰구(みつぐ)'—사전적으로 "자신의 애인에게 재정적 도움을 준다"는 의미—에 해당한다. 이 단어는 현재의 초

국적 맥락에서 새로운 의미를 갖고 있다. 외국인 남성에 대한 '미쓰구'에는 빌려준 돈의 상환 연기(돌려받지 못할 수도 있다), 외국인 남성의 집세 지불, 생활비와 막대한 빚 그리고 관계에 따르는 모든 비용 지불, 자동차·디자이너 상품·시계·보석을 비롯한 선물까지도 포함된다. 양측 모두는 일본 국내든 국외든 강력한 엔화의 소유자로서 일본 여성이 재정적으로 우월한 지위에 있을 가능성이 높다는 것을 알고 있다. 와이키키의 한 '플레이보이'는 나에게 "우리를 원한다면 자신이 모든 걸 지불해야 한다는 걸 그들도 알고 있다"고 말했다. 여성들은 국내외 환락가에서 성을 구매하는 전통적인 남성적 특권을 찬탈하고 있는 것이다. 실제로 "우리에게 이렇게 행동하도록 가르친 것은 섹스 관광을 즐긴 일본 남성들이었다"고 주장하는 여성도 있다. 하지만 다음에 살펴보겠지만, 일본 남성들은 옐로 캡스 행위에 대한 그 어떤 책임도 인정하지 않는다.

일탈, 기만 그리고 국가 방위

옐로 캡스 행위에 대해 대중이 보인 격렬한 항의는 그것이 진정 일본인, 특히 일본인 남성의 심리를 건드렸다는 것을 잘 보여준다. 옐로 캡스라는 유령에 대한 일본 남성 저널리스트들의 반응을 아주 간단하게 기술해 볼 수 있다. 즉 그런 행위는 반동적이고 보수적이며 호색적이라는 것이다. 일본의 국민적/인종적/성적 정체성의 제반 요소와 일본인 남성과 여성 간의 전통적인 권력 위계질서를 재주장하고 재기입하는 데 몰두하는 남성들의 재현은 그 일차적인 수사학적 힘을 경멸적 단어 사용에서 가져온다. 즉 옐로 캡스 외에도 키 큰 외국인 남성의 팔에 왜소한 일본인 여성이 매달려

있는 모습을 지칭하는 '부라사가리조쿠(ぶら下がり族, 팔걸이족)', 해당 여성들이 마치 편의점처럼 '24시간 영업한다'는 것을 뜻하는 '세분-이레분(セブ ン-イレブン, 세븐-일레븐), 그리고 '흑인'의 헤어스타일·패션·태도를 모방하는 사람을 가리키는 '에세부라쿠(えせブラック, 가짜 흑인)' 등이 있다. 이러한 명칭은 각각 인종과 젠더의 '고유한' 경계를 위반해온 방식에 주목하게 한다. 옐로 캡스와 '세분-이레분'은 여성들의 섹슈얼리티가 포기되고 통제 불가능하게 되었음을 함축한다. 나아가 '부라사가리조쿠'와 '에세부라쿠'는 큰 외국인/왜소한 일본인, 흑인성(blackness)/일본인성(Japaneseness) 등 결정적인 인종적 구분이 위협받고 있음을 보여준다. 그러므로 이러한 용어를 사용함으로써 일본 국민국가의 적절한 유지에 핵심적인 것으로 여겨진 인종적·젠더적 경계를 재기입하려 한다. 이와 동시에 이러한 경계는 서로 위반적일 수 있으며 이중으로 위협적이다. 다시 말해, 역사적으로 일본 여성은 외국적인 것과 항상 이미 깊이 관련되어 있고, 외국인 남성은 항상 이미 고도로 성욕화해 있다는 것이다. 그러므로 외국인 남성이 성적 경계를 위험스럽게 하듯 일본인 여성은 민족적/인종적 경계를 위태롭게 만든다. 이때 이 두 가지 주제는 서로 결합해 성욕 과잉의 외국인 남성과 이중적인 일본 여성이라는 지배 서사에 의존하는, 극단적으로 성애화하고 적대적이고 호색적인 남성 담론이 된다. "디스코텍의 탁자 위에서 모든 사람이 볼 수 있도록 속옷을 드러낸 채 춤추고 있는 것은 바로 일본 여자애들이다. ⋯⋯그들은 아빠가 대주는 비용으로 와이키키 해변의 고층 건물에 살고 있다."[11] "비행기 한 대를 가득 채운 여자애들이 해외여행에서 돌아올 때마다 나리타 공항의 온도 자체가 올라간다. ⋯⋯출국 비행기에서 그들은 모두 요조숙녀인 것처럼 가장하지만 실제 마음속으로는 서로 앞다퉈 가이진을 자신의 침대로 불러들이려 한다."[12]

심지어 저명한 소설가이자 칼럼리스트인 다나카 야스오〔田中康夫, 대중적인 컬트 소설《어쩐지, 크리스탈(なんとなく、クリスタル)》의 저자〕조차 옐로 캡스라는 주제를 다룰 때면 적대적 비방으로 흐른다. "물론 그들은 일본 남성을 싫어하고, 이건 그들의 얼굴에 그렇게 쓰여 있어요. ……그들은 지적인 여성인 체합니다. 〔하지만〕 아는 사람들은 그들을 비웃습니다. ……그 여자애들은 여린 척하지만 실제로는 거친 손톱 같아요."[13] 다나카가 그런 여성들의 성적 위반만큼이나 그들의 기만에 혼란스러워하는 것은 분명하다. "변장한 배신자"에 대한 이런 두려움은 여성의 성적 이중성과 국가적 명예를 연결하려는 남성적 태도를 보여준다. 이러한 연관성은 "미국과 일본의 관계를 위해 일본 여성은 그들의 다리를 조금 더 넓게 벌려야 한다"고 말한 인기 작가 이시카와 미요시(Ishikawa Miyoshi)의 주장에서 명시적으로 엿볼 수 있다.[14]

이러한 남성적 수사학 속에서 에이즈는 끔찍한 의미를 띤다. 에이즈라는 유령을 통해 일본 남성은 외국인 남성을 병에 걸린 과잉 성욕적 동물로, 일본 여성을 배신적이고 더러운 존재로, 나아가 자신들을 일본 여성의 이중성 때문에 생명과 건강을 위협받는 무고한 희생자로 그릴 수 있게 되었다. 일본 미디어에서는 옐로 캡스를 일본에서 HIV에 가장 많이 감염될 고위험군으로 표적화하는 데 반해, 태국과 한국·필리핀에서 행해온 남성들의 섹스 관광은 언급조차 하지 않는다. 사실, 일본 이성애자 남성들과 비교할 때, HIV 양성 반응을 보인 일본 이성애자 여성 중 극히 일부만이 해외에서 감염되었을 뿐이다. 그러나 이런 통계 수치도 독단적인 한 남성의 히스테리에 비하면 무용지물이다. 이런 히스테리의 극치를 보여준 것은 한 남성이 와이키키 해변의 벽과 골목에 "알로하, 일본 여자애들아 …… 하와이 남자들은 모두 에이즈에 걸렸다. 그들과 어울리면 그들은 너희에게 술과 마약성 담배를 줄 것이고, 너희들은 자는 동안 강간당할 것이며, 모든 걸 빼앗길 것이다"[15]라고 쓴 작은 복사 용지를 붙여놓은 것이다. 야마다 에이미와 이에다 쇼코 같은 작가들은 자신의 소설에서 흑인 남성의 성적 취향과 생식기 크기 같은 주제를 과시적이면서도 강박적으로 다루며 그러한 극도의 성애적 히스테리를 교묘하게 끌어들인다. 이들의 작품 자체는 흑인 남성의 성욕과 인종적 열등성에 대한 최악의 인종차별적 관념을 활용하는 소프트코어(soft-core) 포르노 소설이나 진배없다.

난 입술로 그의 가슴 털을 비비며 그의 체취를 들이마신다. 그 냄새는 썩은 코코아 버터의 달착지근한 악취와 비슷하다. ……그의 냄새는 마치 더러운 물건처럼 날 공격하려는 듯하다. 그러나 다른 한편으로 이것은 나를 깨끗하고 순수하다고 느끼게 해주었다. 그의 냄새는 나를 지극히 우월하게 느끼도록 만들어주었다. 그것은 발정기의 수캐가 암캐를 유인하기 위해 내뿜는 사향 냄새 같았다.[16]

장(Jean)은 내가 벌거벗은 채 누워 있는 침대 위에 서서 그의 육중한 음경을 왼손에 쥐고 앞뒤로 흔들기 시작했다. 난 평소 그리 열렬한 편이 아니지만 이 순간 나의 생각은 온통 장의 강력한 몸속으로 빠져드는 것뿐이었다. ……난 욕정에 미쳐버렸다. ……그가 그의 왼손에서 덜렁거리고 있는 그것을 가지고 노는 동안, 그의 구릿빛 '물건'은 부풀어 올랐다. 그것은 마치 그의 배꼽까지 솟아오른 것처럼 보였다. 정말 멋진 광경이라고 말하지 않을 수 없었다.[17]

이런 방식을 채택함으로써 야마다와 이에다는 탁월한 판매 실적뿐만 아니라 일본 남성 평론가들로부터 비평적 찬사와 문학적 영예까지도 보장받았다.

착한 가이진/가이진 상품

하지만 야마다와 이에다와 달리 여성들은 애인으로서 외국인 남성에 대해 전적으로 독립적인 해석, 즉 남성 평론가들의 단조로운 장광설과 비교할 때 다채롭고 섬세하며 복합적인 해석을 내놓고 있다. 어떤 면에서 여성들의 설명은 정체성과 도덕성보다는 상품과 가치의 문제에 더 관심을 갖는다. 왜냐하면 여성들의 수사학이 보여주는 독특한 특징은 일본인 남성과 가이진 남성 간의 빈틈없고 일관적인 대조, 즉 개별 남성의 장점을 인종과 민족성을 토대로 세심하게 판단하는 일종의 '비교 쇼핑(comparison shopping)' 같은 것이기 때문이다.

외국인 남성의 비교 우위는 다양하게 존재하지만, 무엇보다 '다정함(優しさ)'이라는 것이 포함되어 있다. 외국인 남성이 다정하다는 것도 사실은 하나의 가상적 통념에 지나지 않는다. 이에 근거해 다음과 같은 대조적인 주장을 제시하는 여성이 많다. "미국 남성들은 어릴 적부터 어머니로부터 '레이디 퍼스트'식의 분위기 속에서 여성을 존중하라고 교육받아왔죠. ……그러나 일본에서 여성은 언제나 남성 아래에 있죠"(하와이 대학의 대학원생). 다른 여성들은 "일본 남성은 잘 차려입어야 멋져 보이지만, 가이진은 외모가 별로일 때도 멋져 보인다"는 식의 표현에서처럼 외국인 남성의 준수한 외모에 대해 생각한다. 외국인 남성의 영어 능력 또한 하나의 매력으로 종종 언급되기도 한다. 한 소식통은 "그것[가이진 남성과 사귀는 것]은 영어 강좌에 가는 것보다 더 빠르고 더 저렴하며 더 재미있다"고 짧게 대답하기도 했다. 마지막으로 물론 외국인 남성의 우월한 성적 기술을 언급한다.

미국인은 섹스를 즐길 줄 안다! 그것은 재미있고, 자연스러우며, 근사한 것이다.

일본 남성들은 그걸 더럽거나 나쁜 것으로 취급한다.

> 침대에서 다른 사내들에게는 없지만 흑인 사내들에게 있는 것은 강하게 밀어 넣는 동작과 리듬감이다.[18]

하지만 이런 성적 차원에 대한 강조는 성행위의 기술(skill)에서 외국인 남성이 일본 남성과 동등하거나 그보다 못하다고 주장하는 여성들에 의해 반박당하기도 한다. 이 여성들은 가이진 남성을 돋보이게 만드는 것은 침대 안이건 밖이건 '다정함'이라고 주장한다. 물론 야마다 에이미와 이에다 쇼코의 경박한 인종주의적 소설은 외국인 남성, 특히 흑인 남성의 성생활을 오늘날 일본에서 유명한 쟁점으로 만들었다.

하지만 외국인 남성에게 쌓아올린 이러한 찬사는 대체로 하나의 유용한 상품에 주어진 찬사와 같은 것이다. 이에다는 "여자애들은 자신이 원하는 걸 안다!", "그것은 샤넬, 루이비통 가방, 헤르메스 스카프, 그리고 가이진 남자야!"[19]라고 말한다. 롯폰기를 자주 찾는 다른 여성은 "가이진은 재미있다. ……하지만 사랑에 빠지면 사정은 달라진다. ……그래서 애완견처럼 …… 잠시 옆에 두고 남에게 과시하는 것이 더 낫다"[20]고 말한다. 다시 한 번 야마다 에이미의 작품으로 돌아가면, 우리는 가이진 남성이 여러 가지 점에서 음경의 '대행자'에 불과하다는 것을 알 수 있다. "〔스푼(Spoon)의〕 그것은 백인 남자들의 붉고 역겨운 음경과 전혀 유사하지 않다. 그것은 또한 일본 남성의 슬프고 애처로운 음경과도 달랐다. ……그것은 마치 살아 있는 것처럼 내 눈앞에서 빛난다. 그것은 내가 좋아하는 달콤한 초콜릿 바를 생각나게 했다."[21] 여기서 남성의 성기는 잘 팔리는 상품으로 변모하고 인종에 따라 그 유용성을 평가한다.

결혼 문제에 관해 일부 여성은 태도를 달리한다. "난 털 많은 야만인(게토(毛唐))과는 결코 결혼하지 않을 겁니다. 비록 못생겼고 침대에서는 끔찍하더라도 일본인과 결혼할 거예요. 그는 최소한 안정적이니까요." 〈'리조트 연인'의 진상(The Real Truth About 'Resort Lovers')〉이라는 제목의 TV 스페셜에서 인터뷰한 한 젊은 여성은 "몇 년 내로 가이진 사업에서 손을 씻고 일본 남자한테 돌아갈 겁니다"라고 말해 남성 진행자를 아연실색하게 만들었다. 나와 얘기를 나눈 영어 전공 학생의 경우엔 더 직설적이었다. "결혼을 위해서는 일본인 사내를 원하지만, 즐기고 노는 일을 위해선 가이진을 원합니다." 그렇다면 가이진 남성의 유용성이란 에스코트/애인으로서 능력에 달렸고, 그 이유는 그의 희귀성 혹은 '메주라시사(珍しさ)'에 있는 셈이다.

우리가 가이진에 비해 약점이 있다는 것을 인정해야 합니다. 왜냐하면 그들은 일본에 그리 많지 않고, 그래서 희귀하기(珍しい) 때문입니다.(하와이 대학교의 영어 전공 학생)

왜 흑인들을 좋아할까요? 일본에는 거의 없기 때문입니다(日本にないでしょ).(하와이 관광객)

1980년대 후반에 흑인 남성으로 기울어진 인종적 선호 현상은 다양한 인종 유형 중에서 그들이 상대적으로 희귀했기 때문인 것 같다. "2년 전에는 모두 백인과 어울렸습니다. ……그러나 백인 사내들이 더 이상 희귀하지 않게 되었고, 그래서 이젠 모두 흑인 사내들과 어울려 다니고 있죠"(영어 전공 학생). 좀더 최근에는 취향이 아시아 이주 노동자에게로 이동함에 따라 그 상품 주기가 끊임없이 진화하고 있다. 다른 상품에서처럼 남성에게서도 희귀성이 지위를 가져다주는 것이다. 그 지위는 갈망의 대상이 되었고, 그 효과는 계산적인 것이었다. 1988년 〈코즈모폴리턴 저팬(Cosmopolitan Japan)〉이 쏟아냈듯 말이다. "우린 모두 가이진 남자 친구와 팔짱을 끼고 걸어가는 모습을 보여주고 싶다. 그렇지 않나?" 하와이에서 한 관광객은 "우린 좀더 자부심을 가질 수 있어요. 당신은 같은 나라 남자들하고 어울리지만, 난 다른 나라 남자들과 어울리고 있으니까요"라고 말했다. 완전한 대상화(objectification)가 이루어진 것이다. "가이진과 같이 있으면 기분이 좋아져요. ……다른 일본인이 다가와서 '그게 어느 나라 말입니까?'라고 물으면 난 정말 뿌듯해요. 그러니까 그는 액세서리입니다. 이런 관점에서 어떤 가이진이든 상관없습니다. 상콘(Sankhon)이라도 말입니다."22

인종과 반영성23

외국인 남성에 관한 여성 담론의 주요 특징은 일본인 남성과 가이진 남성 간의 집요한 대조다. 외국인이 매력적인 것은 정확히 다정함과 섹시함 그리고 영어 능력 같은 특징이 일본 남성에게는 없다고 여겨지기 때문이다. 그렇다면 이런 여성적 논의에서 일본 남성이 보이지는 않지만 핵심적 평가 기준이라는 것은 분명하다. 일본 남성에 대한 불만이라는 평행 담론(parallel discourse)이 '가이진의 매력'에 대한 담론 속에 정교하게 맞물려 있는 것이다. 이 담론은 간접적이긴 하지만 일본 사회와 일본 남성에 대한 하나의 일관된 젠더 비평에 다름 아니다. 앞의 두 절에서 인용한 거의 모든 여성의 진술은 그 수사학적 힘을 확보하기 위해 다음과 같이 일본 남성과의 비판적인 대조에 의존하고 있다. "일본에서 여성은 언제나 남성 아래에 있다."

"일본 남자였으면 절대로 그러지 않을 것이다." "일본 남성은 섹스를 더러운 어떤 것으로 생각한다."

아마도 다정함만큼 일본 남성에게 결핍되었다고 느끼는 것도 없을 것이다. 한 정보 제공자는 "[내 흑인 남자 친구는] 내가 일본 남성들에게 쓰레기 취급을 당한 뒤에 나를 숙녀처럼 대해주었다"라고 신랄하게 썼다. 다른 정보 제공자는 "내가 영국 남자나 이탈리아 남자의 집을 방문할 때 그들은 항상 직접 음식과 마실 것을 대접한다. 그러나 일본 남자가 사는 곳을 방문하면, 그는 내게 자기 방 청소도 하고 저녁 준비도 시키려 한다"[24]고 전했다. 어떤 여성은 일본 남성의 외모를 폄훼한다. 이를테면 하와이의 한 관광객은 내게 "가이진은 비쩍 마르고 건강해 보이지 않는 일본 남자보다 더 남성적이다"고 말했다. 또한 이례적일 정도로 신랄하게 남성 상대의 성행위를 비판하는 소리도 들을 수 있다. "심지어 섹스할 때도 가이진이 진정으로 '난 너를 원해. 난 네가 필요해. 난 너를 원해'라고 말하면 그 분위기에 빠져들게 되잖아요? 갑작스레 호텔로 밀어 넣으려 하는 돌같이 굳은 표정의 일본 남자하고는 다르죠."[25] 하지만 위에서 언급했듯 성에 대한 이런 강조를 반박하면서 몇몇 경우 일본 남성이 실제 "테크닉"에선 더 낫지만, "감정을 이용하는 능력" 또는 "로맨틱한 분위기를 조성하는 능력"은 부족하다고 주장하는 일부 여성도 있다.

아마도 가장 명쾌한 정리는 저널리스트 구도 아키코(Kudo Akiko)가 여성 잡지 〈후진코론(婦人公論)〉에 기고한 다음과 같은 내용일 것이다.

일본 여성이 일본 남성을 거부하는 이유는 단지 신체적인 것만은 아니다. ……여성들은 모든 영역에서 그들을 안 좋게 평가한다. "그들은 유치하고 역겨워요", "여성에 대한 태도가 나빠요", "그들은 위선적이고 정직하지 못해요", "그들은 옹졸해요", "그들은 예의가 없어요", "그들은 스스로를 잘 챙기지 못해요", "그들은 집안일을 할 줄 모르죠". ……일본 남성은 일본의 GNP와 정반대에 있다. 요컨 대 그들은 세상에서 가장 하류 집단이다![26]

이 구절에서 저자는 옐로 캡스 논쟁의 초점을 성욕 문제에 두는 것을 반박하면서 외국 남성의 매력이 "단지 신체적"이라는 점을 부인하고자 한다. 반대로 나는 외국 남성의 매력이란 여성 화자(話者)와 작가들이 일본 남성에게 결여되어 있다고 느끼는 모든 것에 해당한다고 주장하고 싶다. 왜냐하면 구도와 그 밖의 다른 여성들은 분명하게 가이진 남성이 유치하거나 역겹지 않고, 위선적이거나 부정직하지 않고, 옹졸하지 않으며, 집안일도 좋아한다고 암시하기 때문이다. 하지만 이들은 정말로 이것을 믿고 있을까?[27] 오히려 나는 이들이 오로지 수사학적 목적을 위해 이러한 특성을 가이진에게 부여한다고 주장하고 싶다. 이런 불만스러운 간접적 담론 속에서 외국 남성은 하나의 반사적 상징이 된다. 그는 일본 여성들이 애인, 남편, 친구로서 일본 남성이 갖는 결점을 역투사할 수 있는 하나의 반사경인 셈이다. 그를 통해 비록 간접적이지만 일관적인 젠더화한 비판이 가능해진다. 그렇게 볼 때, 우리는 옐로 캡스 만남을 '옐로 캡스에 대해 생각하는 모임'이 주장하듯 일본 남성이 자행하는 음모가 아니라 일본에서 현재와 미래의 젠더 관계를 둘러싸고 일본 여성과 일본 남성 간에 일어나는 강력하고 중요한 타협의 장으로 해석할 수 있다.

우리가 살펴보았듯 실제 외국 남성은 조금도 다정하거나 잘생기거나 섹시하지 않을 수 있다. 이런 점은 전혀 중요하지 않을 수 있다. 중요한 것은 단지 그가 일본인이 아니라는 점이다. 일본의 인종적 이데올로기 때문에 그는 무기력하고 무해한 대상, 근본적으로 다정하고 무한히 동떨어져 있고 전적으로 타자적인 대상으로 간주되며, 그리하여 여성적 목표 및 의제 추구를 위해 한없이 변형 가능한 존재가 된다. 가이진이 자신만의 의제를 가질 수 있다는 사실 그리고 이것을 추구하는 데 일본 여성(혹은 다른 아시아 여성)을 단지 도구로 사용할 수 있다는 사실은 이해하려 하지 않거나 상상조차 하지 않고 있다. 하지만 이런 무지의 결과는 심각할 수 있다. 와이키키에서 젊은 일본 여성들이 강간당하고, 임신하고, 적어도 금전적·신체적으로 지역 '플레이보이' 집단에 이용당하는 사례가 빈번하게 일어났다. 나에게 정보를 제공한 플레이보이는 일본 여성들에 대한 자신의 권력적 우위를 의기양양하게 드러내고, 그들로부터 갈취한 돈의 액수와 그들에게 강요한 폭력적이고 모욕적이고 비하적인 성적 행위를 자랑했다. 그 서양 남성들은 전혀 수동적이거나 무기력하지 않았던 것이다.[28]

하지만 이런 상황에 대한 무지 때문에 여성은 서양 남성 파트너의 실제적 성격을 인식하지 못한다. 다정함에 대한 환상, 동떨어져 있음 그리고 '이국'화('alien'ation)에 대한 일본의 인종적 이데올로기, 상품 미학과 상품 윤리, 서양을 능가하는 일본인의 소비력 등 이 모든 것이 가이진 남성의 대상화와 상품화를 초래하고 그들의 능력과 권력을 인식하지 못하게 만든다.[29] 여성은 있는 그대로 혹은 그들이 원하는 대로 일본 남성에 대한 이미지를 구축하기 위한 반사적 상징으로 가이진 남성을 전유해왔다. 그 모든 결점에도 결혼 파트너로서 적법한 지위를 최종적으로 보유하는 것은 일본 남성이다. [하우크(W. F. Haug)의 상품미학적 논의에 따르면] 이러한 "연애 장난 같은 상품"이 권력과 지위에 대한 진정한 문제를 토론하고 협상할 수 있는 담론적 상징에 불과하다는 사실을 일본 여성 집단과 일본 남성에게 전달 가능한 용어로 기술해야(반드시 그렇게 해야) 한다.

결론: 젠더와 (초)국적 섹슈얼리티

옐로 캡스는 다수의 지배적 고정관념, 즉 수동적 희생양으로서 일본 여성, '나비 부인' 수사법, 일본과 서양 사이의 '고유한' 관계에 대한 상투적 관념에 도전한다. 결론에서 나는 이러한 도전의 의미를 일본과 초국적 계기에 대한 이해로 거슬러 올라가 추적해볼 생각이다.

옐로 캡스는 우리로 하여금 하나의 초국적 세계 속에서 문화적 주변성이 갖는 새로운 의미를 생각해보도록 촉구한다. 아이비(M. Ivy)는 일본의 문화 상상계에서 남성이 토착성/진정성을 연상시키는 데 반해 여성은 이국적인 것을 연상케 한다고 쓴다. "허구성과 진정성의 이미지는 여성적인 것과 남성적인 것, 비토착적인 것과 토착적인 것 간의 극점 사이를 동요한다."[30] 월경, 출산, 가사(家事)의 '궂은 일'에서 비롯된 비순수성 때문에 여성은 일본의 인종적 이데올로기가 요구하는 혈통 및 육체의 순수성과 영원히 불화 관계에 있다. 과거에는 이런 주변성이 일본 여성을 '가식적이고', 신뢰할 수 없으며, 많은 의례적·제도적 활동에 참가할 자격이 없는 것으로 취급함으로써 이들에게 심각한 불이익을 주었다. 그러나 오늘날의 초국적 세계에서 이러한 위계질서는 점차 불안정해지고 심지어 역전되고 있다. 젊은 일본 여성이 외국을 여행하고, 외국에 거주하고, 외국어를 집중적으로 공부함으로써 외국(사람들)과 더욱더 친밀한 관계를 누릴 수 있는 여유와 성향을 모두 갖게 된 것은 이들이 직업적·문화적으로 주변화해 있기 때문이다. 그리고 일본 여성이 일본 내의 젠더 투쟁과 일본 남성과의 지역적 대화에서 담론적 우세를 획득할 수 있는 것은 정확하게 이들이 외국적인 것/글로벌한 것과 친밀한 관계를 향유하고 있기 때문이다.[31]

그러므로 일본 여성은 바로 이러한 주변성을 통해 젠더적 대안과 선택에 대한 지식을 소유한다. 이런 지식 없이는 일본 남성의 규범 및 가치에 대해 일관적이면서 효과적으로 비판하고 도전할 수 없을 것이다. 외국인과 교제해본 여성의 혜택은 일본에서 기코쿠 시조(帰国子女)의 달라진 위상과도 유사하다. 한때 "지나치게 많은" 외국 경험에 물든 이들로 비춰졌던 기코쿠 시조는 이제 일류 대학과 명망 높은 직종으로의 진입을 보장해주는 "엘리트 '문화' 자본 혹은 '상징' 자본"의 소유자로 종종 비춰진다.[32]

이제 우리는 일본의 이런 예나 여타 다른 예에서 초국적인 것이 지역적인 것을 "굴절시키고 변형하는" 방식을 발견할 수 있다.[33] 이러한 옐로 캡스는 민족지학적 분석에서 초국적 관점을 채택해야 할 필요성을 보여준다. 이들의 행동은 '일본 문화'라는 제한적이고 본질주의적인 관념 속에서는 이해할 수 없다. 옐로 캡스의 정체성과 역할은 바로 이들이 문화, 인종, 국가 사이의 경계와 협상을 벌이고 (남성적) 세계의 상품 사이를 헤집고 다니기 때문에 가능한 것이다. 옐로 캡스는 "사이", 즉 "혼종성과 투쟁, 통제와 위반"의 장소에서 말하고 행동하는데,[34] 그 장소에서 인간과 권력의 흐름이 서로 만나 상호 작용하며 새로운 형식의 조우와 행위를 창조해낸다. 이러한 (공간적인 동시에 문화적인) 장소를 특징짓는 통제와 투쟁의 정도는 일본 남성과 외국 남성이 이런 여성 집단에 낙인찍은 모욕적인 호칭에서 잘 드러난다. 위반의 대가는 곧 비난이다. 하지만 여성은 이러한 '경계의 통제'에서 빠져나가며 일본적인 것을 혼란스럽게 하고 새롭게 창조하고자 하는 욕망을 통해 이국적인 것과의 불장난을 계속 벌여나간다.

그러나 무엇이 새롭게 창조되는가? 옐로 캡스가 사용하는 담론적 전략은 토착주의적 일본 남성의 행위를 변화시키는 데 과연 효과적인가? 일본 남성의 반응은 여성의 요구를 포용하는 것이 아니라 오히려 여성이 나타내는 위협을 과장하는 것, 즉 위기를 촉진하는 것이었다. 옐로 캡스의 도전과 여성의 요구에 건설적으로 대처하지 못하는 남성의 한 가지 사례는 '공공 장소에서의 키스'라는 주제로 두고 여성 소설가 가지와라 하즈키(Kajiwara Hazuki)와 남성 칼럼리스트 이쿠시마 지로(Ikushima Jiro)의 '공개 토론'을 기획한 한 대중 잡지에서 엿볼 수 있다. 가지와라는 일본 남성의 애정 표현 능력이 "전 세계에서 최악"이라고 열렬히 주장하면서 시작한다. 이어서 그녀는 "이 때문에 최근 육체적 따뜻함과 애정에 대한 욕망을 충족하지 못한 여성들이 해외에서 자신이 추구하는 것들을 찾고 있으며, 그것이 이른바 '옐로 캡스'라는 것이다"고 말한다.[35] 하지만 이에 대한 이쿠시마의 반응은 이렇다. "일본 사람들은 근본적으로 (공개적인 애정 표현에) 약하다. 그들은 부끄러움을 많이 타는 민족이다. 그 증거로서 일본 남성은 '난 네가 좋아', '난 너 때문에 미치겠어'라고 말할 수 있지만, '난 널 사랑해'라고 말하는 것을 어려워한다. ……여성은 이런 말을 쉽게 할 수 있고 남성도 그렇게 말하도록 요구받지만, 일본 남성은 가능하면 그렇게 말하지 않으려 한다."[36] 가지와라는 "난 바쁜 일본 남성이 변화를 모색할 때가 왔다고 생각한다. ……(어떤) 나라든 여성의 좌절을 '수출하는' 지경에까지 이르는 것은 옳지 않다"[37]고 주장하면서 자신의 토론을 마무리했다. 그러나 이쿠시마는 변화에 대한 일본 여성의 요구와 직면하는 것을 피하는 데만 급급한 나머지 "일본 문화"의 본질주의적·토착주의적·남성 중심적 재현을 되풀이하거나, 일본 여성이 이러한 재현에 순응할 것을 강요하는 데만 신경을 쓴다. 이는 마치 일본 남성이 여성이 내민 거울 속에 비친 자신들의 달갑지 않은 모습 앞에서 시선을 외면하고, 오히려 여성을 여성적 배신, 고삐 풀린 성욕, 문화적 비진정성의 사례로서 바라보는 식으로 반응하는 것과 같다. 남성은 여성의 목소리를 흡수해버리고, 자신의 영향력 있는 미디어를 통해 젠더 담론을 성(性)과 민족에 대한 담론으로 왜곡시켜버리는 것이다.

가지와라와 이쿠시마의 대담은 일본에서 과대 선전되고 있는 국제화 붐과 마찬가지로 눈에 띄게 부상하는 신민족주의 감정 간의 점점 고조되는 긴장을 하나의 작은 세계로 나타낸 것이다. 어떤 이들은 양측이 사실상 서로 대립적인 의견과 욕망을 나타내고 있으며, 일본 내에는 진정한 국제화를 추구하는 분파가 있다고 믿는다. 또 다른 이들은 그리 낙관적이지 않다. 오히려 요시모토는 일본에서 신민족주의와 국제화는 동전의 양면에 불과하며 "둘 다 일본이 중심에 선 세계의 모델을 구축하는 데 필수적이다"라고 주장한다.[38] 마찬가지로 나는 옐로 캡스 현상에서 '재창조'되는 것은 여성 권능의 강화와 국제적 친교가 이루어지는 멋진 신세계가 아니라, 오히려 새로운 모습을 한 낡은 인종주의라고 생각한다. 여성은 외국인을 자신의 국내적 의제를 추진하기 위한 하나의 기표로 변형시킨다. 이러한 도전에 대해 일본 남성은 인종과 민족이라는 양도할 수 없는 경계를 재기입하는 방식으로 반응한다. 그리고 외국인 남성이 자신을 '구매의 대상'이 되도록 내버려두는 것은 단지 동양 여성에 대한 성적 접근과 조종이라는 오래된 서양 남성의 환상을 재창조하고 실제 재경험하기 위한 것일 뿐이다.

　이러한 이유로 인해 옐로 캡스의 예는 종국적으로 우리에게 문화 횡단적 경계 지역에서의 인종, 젠더, 욕망, 성적 페티시라는 가변적이고 교차 편집적이고 상호 모순적인—정말로 어울리지 않는—주장에 확실히 예민한 태도를 가질 것을 촉구한다.[39] 바흐친의 카니발적인 것을 열렬히 포용하고 성적 '전도(inversion, 顚倒)'의 자극적인 가능성을 환희에 차서 찬미하는 것은 이러한 성적 조우로 구성되거나 이를 통해 만들어진 지역적 타협, 그리고 이러한 조우가 다양한 차원에서 동시에 일어나는 지속적 불평등, 착취, 분리를 모호하게 만드는 방식을 간과하는 결과를 초래할 것이다. 토르고브닉(M. Torgovnick)은 "카니발적인 것의 본질은 우리가 남성과 여성,

부자와 빈자, 흑인과 백인을 구분할 수 없고 …… 모든 게 가능하다고 생각하는 것이다"[40]라고 언급한 바 있다. 하지만 우리가 살펴보았듯 모든 것은 가능하지 않다. 그리고 타자와의 접촉은 남성과 여성, 부자와 빈자, 일본인과 흑인과 백인 간 차이를 유지하는 데 쉽게 의지할 수 있다. 더욱이 백인 남성에 대한 일본인 여성의 성적 대상화라는 극히 주변적인 사례를 무책임하게 물신화하는 것은 동양 여성에 대한 역사적 성욕화를 촉진하거나("그녀는 절대 만족하는 법이 없어"), 아시아 여성에 대한 서양 남성의 지속적인 성적 착취를 무심코 '정당화'할 위험이 있다.[41]

오늘날 다른 인종 간 성적 만남이 미국에서 베네통(Bennetton)풍의 다문화적 카니발 속에서 점점 더 예찬되고 있듯 그 만남을 평가할 때 이러한 카니발적인 것의 실패를 기억할 필요가 있다. 미국의 백인 남성이 '유색 인종 연인'을 열렬히 갖고자 하는 것은 그 연인을 백인 자유주의 그리고/또는 포스트모던 스타일이 추구하는 이기적인 의제 내에 기표로서 끌어들이려는 시도를 실행함과 동시에 은폐한다. 이런 경향에 대해 벨 혹스(bell hooks)는 이렇게 쓴다. "타자의 일부를 소유하는 것, 특히 비백인 여성과 성적 조우를 맺는 것은 [이제] 초월의 의식으로 간주된다. ……백인 남성은 유색 인종 타자의 육체를 도구주의적 관점에서, 즉 전인미답의 영토나 상징적 국경으로 주장하고자 한다. ……그들은 타자에 대한 성적 욕망을 공개적으로 표명하는 것을 문화적 다원성에 대한 긍정으로 여긴다."[42] 일반적으로 아시아 여성을 백인 남성을 위한 적절하고 심지어 이상적인 파트너로 구성하는 것은 항상 성 경제(sexual economy)에 비추어 생각해야 한다. 이런 성 경제는 지금도 여전히 '동양 소녀들: 마지막 액세서리(Oriental Girls: The Ultimate Accessory)' 같은 제목의 에세이 출판을 용인하고(심지어 장려하고?) 있다.[43] 우리는 이제 새로운 인종 관계의 시대로 접어들고 있다. 여기서 성적 접촉은 자주 "비백인에 대한 백인 태도의 진보적 변화"[44]로 구성된다. 그러나 〈M. 버터플라이〉의 시대에 상황은 그렇게 간단하지 않다. 외국인/비백인 연인의 존재를, 자신들이 리버럴하고 세심하고 문화 의식적이며 반인종차별적이라는 증거로 삼으려는 백인 남성과 여성이 "그들을 백인 인종주의적 지배와 돌이킬 수 없이 결부 짓는 자신들의 성적 환상의 양상에 대해 전혀 깨닫지 못하는" 경우가 너무나 많다.[45] 우리가 필히 기억해야 하는 것은 글로벌 성 지도(sex map)의 모든 지점에서 자본과 상품화의 힘이 욕망을 해방하는 순간에서조차 욕망을 지배하고 있다는 것이다. 우리는 이러한 지배를 이해하고 초국적 경계 지대의 (성적이든 그렇지 않든) 짜릿한 만남의 기저에 놓여 있는 중층 결정된 의제를 제대로 인식해야 한다.

주

이 연구는 미국 국가과학재단, 동서센터, 일본재단 박사 논문 펠로십 프로그램의 지원으로 이뤄졌다. 초고의 내용을 꼼꼼하게 읽어준 타키에 레브라(Takie S. Lebra), 앨런 하워드(Alan Howard), 이와타 다로(Iwata Taro), 마사 멘센디에크(Martha Mensendiek), 존 러셀에게 감사한다. 특별히 이번 연구와 다른 연구들에 보여준 격려와 관대함, 그리고 고무적인 비판에 대해 롭 윌슨에게 감사드린다. 마지막으로 옐로 캡스에 대한 통찰과 분석을 제공해준 많은 일본 여성들께 고마움을 전한다.

1. 일본어의 실제 용법에서 '가이진'은 백인 외국인에 한정해 쓰이긴 하지만, 이 글 전체의 효율성을 위해 모든 비일본인 남성을 지칭하는 용어로 사용할 것이다.
2. John Russell, "Race and Reflexivity: The Black Other in Contemporary Mass Culture," *Cultural Anthropology* 6, no. 1 (1991. 02), p. 21.
3. 옐로 캡스라는 용어의 어원은 그 자체로 초국적 문화 연구의 성쇠에 대한 하나의 주목할 만한 사례다. 이에다 쇼코는 이 용어가 미국 뉴욕시티와 하와이의 일부 흑인

과 백인 사이에서 생겨났으며, 그들이 자신들의 시각으로 볼 때 '쉽다'고 여기는 일본인 여성을 지칭하기 위해 만든 조어라고 주장한다. 이에다는 이 용어가 미국에서 "문란한 일본 여성"에 대한 경멸적 언어로 잘 알려져 있다고 주장함으로써 이를 논쟁의 초점으로 만들었다. 그녀의 글이 일본에서 인기를 끌자 남성 지배적인 일본 미디어는 이것을 '불명예스러운' 해외 일본 여성을 싸잡아 비난하는 인신공격용으로 채택했다. (뉴욕에 기반을 둔 '옐로 캡스에 대해 생각하는 모임'을 비롯해) 여성들은 대다수 미국인에게 '옐로 캡스'라는 용어는 뉴욕의 한 택시 회사 이름 외에 다른 의미는 없다고 주장하면서 이의를 제기했다. 그러나 결국 일본 거주 외국인과 미국 저널리스트들이 소동에 말려들었고, 이것이 심화함에 따라 이 용어를 둘러싼 논쟁이 역으로 미국으로 흘러 들어감으로써 더 많은 남성이 이 용어를 사용하기 시작했다. 하지만 1993년부터 하나의 새로운 경향이 등장해 일단의 젊은 일본 여성이 이 용어를 일본 남성에 대항하는 자긍심과 반항의 몸짓으로 재전유했다. 1993년 젊은 여성 작가 이주카 마키코(飯塚真紀子)는 《옐로 캡스도 탈 줄 모르는 남자들(The Guys Who Can't Even Ride Yellow Cabs)》이라는 제목의 책을 출간했는데, 여기서 그녀는 일부 여성의 기준이 아무리 낮다 하더라도, 그것은 여전히 "이기적이고, 추하고, 성차별적인" 일본 남성이 도달하기에는 너무 높은 기준이라고 주장했다.

4. 일본 사람은 성이 먼저 나오고 이름이 뒤에 나온다.

5. Arjun Appadurai & Carol Breckenridge, "Editors' Comments, *Public Culture: Bulletin of the Project for Transnational Cultural Studies* 1, no. 1 (Fall 1988), p. 2.

6. 이 모임은 이에다 쇼코의 작품에 대항해 활기찬 미디어 캠페인을 펼쳤는데, 그것이 너무 격해서 '이에다 때리기(Ieda Bashing)'라는 별명을 얻기도 했으며 이에다의 명성에 심각한 손상을 입혔다. 확실히 이에다 작품의 신뢰성에는 의문의 여지가 있다. 하지만 그녀가 옐로 캡스 논쟁에 대한 여성의 분노를 떠안아 희생양이 된 측면도 있다.

7. 이번 연구는 하와이 호놀룰루에서 18개월 동안(1991년 1월부터 1992년 7월까지) 수행한 민족지학적 현장 작업에 근거한다. 해당 데이터의 민족지학적 설명에 대해서는 Karen Kelsky, "Sex and Gaijin Male: Contending Discourses of Race and Gender in Contemporary Japan," ASPAC Occasional Papers No. 5 (1993) 참조. 달리 언급하지 않는 한 모든 번역은 필자의 것이다.

8. 수많은 오에루가 경력 좌절, 허드렛일, 성희롱, 가부장주의적 기업 등의 형태로 실제 희생당하고 있다는 것에는 의문의 여지가 없다. 그렇더라도 나는 남성과의 평

등이 그다지 매력적인 전망은 못되며 '기업의 따분하기 그지없는 남성들(male corporate drones)'과 경쟁하거나 그들과 겨뤄보고자 하는 욕망을 전혀 느끼지 못한다는 오에루의 목소리를 존중하는 것이 중요하다고 느낀다.

9. Joseph Tobin, "Introduction: Domesticating the West," *Re-Made in Japan: Everyday Life and Consumer Taste in a Changing Society*, ed. Joseph Tobin (New Haven: Yale University Press, 1992), p. 11. 수입된 이러한 열정의 가장 최근 형태는 도쿄에서 엄청나게 인기 있는 남성 스트립 클럽, 곧 제이클럽(J-Club)이다. 여기서는 미국 컨트리풍, 1950년대 로커풍, 카우보이풍, 트렌치코트 차림의 필름누아르 탐정풍으로 다양하게 차려입은 8명의 근육질 외국인 남성 댄서가 괴성을 지르는 여성 관객 앞에서 미국 록 음악에 맞춰 빙빙 돌며 옷을 벗는다. 공연이 절정에 이르면 여성들은 자신이 키스하기로 선택한 외국인의 현란한 G-스트링 속에 가짜 미국 달러 지폐(3장에 1000엔)를 찔러 넣기도 한다.

10. 하나의 예외는 발리의 '비치 보이(beachboy)', 즉 주로 자바의 극히 가난한 지역 출신 인도네시아 남성들이다. 그들은 일본 여성을 '이국적인 동양 여성'이라기보다는 경제적 후원자로 여긴다.

11. "Japanese overseas students extravagant 'pretend study' abroad," *Shukan Gendai*(週刊現代) (August 1989), p. 151.

12. "OL, girl college students overseas travel sex report," *Shukan Hoseki*(週刊宝石) (August 1988), p. 218.

13. 田中康夫, "Research report on the kind of face men like," *An An* (September 1988), p. 81.

14. John Russel, personal communication.

15. 일본은 에이즈가 다양한 사회적 질환의 은유로서 자리 잡고 있는 유일한 국가는 아니다. Susan Sontag, *AIDS and Its Metaphors* (New York: Farrar, Straus & Giroux, 1989) 참조. 또한 각주에서 설명한 마약 투약이나 강간은 (로컬 경찰에 따르면) 실제로 와이키키에서 일본 여성을 학대하는 하나의 일관된 패턴이다.

16. 山田詠美, *Bedtime Eyes* (Tokyo: Kawade Shobo Shinsha, 1985), p. 13.

17. 家田荘子, *The women who flocked to my skin* (Tokyo: Shodensha, 1991), p. 14.

18. Kudo Akiko, "The women who can only have sex with foreigners," *Fujin Koron*(婦人公論) (June 20, 1990), p. 409, p. 410에서 각각 인용.

19. 家田荘子, *The women who flocked to my skin*, p. 5.

20. Katsuhira Ruika, "Roppongi gals," *Sekkusu to iu oshigoto* (The job of sex), ed. Ito Shinji (Tokyo: JICC, 1990), p. 15.

21. 山田詠美, *Bedtime Eyes*, p. 15.

22. Katsuhira Ruika, "Roppongi gals," p. 215에서 인용. 우즈만 상콘(Ousemann Sankhon)은 일본 TV의 유명인사로 성공한 세네갈 출신 비즈니스맨이다. 상콘이 일본 미디어에서 주목받은 것은 그의 '독특하고' '유쾌한' 아프리카적 표정 때문이다.

23. 이 단어는 Russel, "Race and Reflexivity," p. 13에서 차용했다.

24. Kudo Akiko, "The women who can only have sex with foreigners," p. 408에서 인용.

25. Murota Yasuko, "Sad desires entangled by wire fences," *Asahi Journal*, November 13, 1987, p. 7.

26. Kudo Akiko, "The women who can only have sex with foreigners," p. 411.

27. 그 후 연구는 많은 일본 여성이 서양(백인) 남성에 대한 현저히 이상화한 이미지를 갖고 있다는 점을 보여주었다. 흔히 백인 남성은 용감하면서도 여성을 완벽한 동등성으로 대우하는 '빛나는 갑옷을 입은 기사' 또는 '매력적인 왕자(말 그대로 백마 탄 왕자)'로 묘사된다. 존 러셀은 백인 남성의 이런 이미지를 "메시아적 신비주의(Messianic Mystic)"라고 불렀으며, 이는 어떤 점에서 '나비 부인'의 서양 남성적 이미지에 대응한다. 그 이유는 둘 모두 해당 인종/국가 내부의 경쟁적인 상대편성에 대한 경고성 신호로 작용함으로써 성적 통제를 위한 간접적 시도로 기능하기 때문이다.

28. 서양 남성 권력의 환상에 대한 설명은 부와 드 멘트(Boye De Mente)의 저작, 특히 그의 고전적 안내서 《독신자의 일본(Bachelor's Japan)》(1964년판과 1991년판) 참조.

29. 이러한 인종적 이데올로기와 외국인의 '이국'화에 대한 논의로는 Karen Kelsky, "Intimate Ideologies: Transnational Theory and Japan's 'Yellow Cabs'," *Public Culture* 6, no. 3 (Spring 1994), pp. 465-478 참조.

30. Marilyn Ivy, "Discourses of the Vanishing"(Ph. D. diss., University of Chicago, 1988), p. 49.

31. Karen Kelsky, "Postcards from the Edge: The 'Office Ladies' of Tokyo," *U.S.-Japan Women's Journal (English Supplement)* 6 (March 1994), pp. 3-26.

32. Roger Goodman, "Deconstructing an Anthropological Text: A 'Moving'

Account of Returnee Schoolchildren in Contemporary Japan," *Unwrapping Japan: Society and Culture in Anthropological Perspective*, ed. Eyal Ben-Ari et al. (Honolulu: University of Hawaii Press, 1990).

33. Akhil Gupta, "The Song of the Nonaligned World: Transnational Identities and the Reinscription of Space in Late Capitalism," *Cultural Anthropology* 7, no. 1 (February 1992), p. 63.

34. James Clifford, "Traveling Cultures," *Cultural Studies*, ed. Lawrence Grossberg, Cary Nelson & Paula Treichler (London: Routledge, 1992), p. 109.

35. Kajiwara Hazuki, "Debate—kissing in public," *AERA*, August 6, 1991. p. 58.

36. Ikushima Jiro, "Debate—kissing in public," *AERA*, August 6, 1991. p. 59.

37. Kajiwara Hazuki, "Debate—kissing in public", p. 58.

38. 吉本光宏, "The Postmodern and Mass Images in Japan," *Public Culture* 1, no. 2 (Spring 1989), p. 22.

39. 이러한 복합성과 이 복합성이 민족지학적 조우에 대해 갖는 함의에 관한 미묘한 논의는 Anna Tsing, *In the Realm of the Diamond Queen* (Princeton: Princeton University Press, 1993), pp. 213-229 참조.

40. Marianna Torgovnick, *Gone Primitive: Savage Intellects, Modern Lives* (Chicago: University of Chicago Press, 1990), p. 40.

41. 이러한 연구에서 전혀 뜻하지 않은 한 가지 결과는 일본 여성과의 불행했던 다양한 사적 관계를 설명하고, 정당화하고, 합리화하거나 그렇지 않으면 용서받고자 하는 명백히 자기 치유적인 목적을 갖고 필자에게 접근하거나 필자와 접촉한 많은 백인 서양 남성 연구자와 학자들이 있었다는 것이다. 나는 내 연구가 백인 남성 연구자 사이에서 학대받고 오해당한 희생양으로서 정체성을 고취시키는 데 활용된다는 사실을 알고 몹시 혼란스러웠다. 리사 요네야마(Lisa Yoneyama)의 표현을 빌리자면 나는 "내가 즐겁게 해주고 싶지 않은 사람들을 즐겁게 해주는" 것 같은 이상하고도 불쾌한 기분을 느꼈다. 하지만 이와 동시에 옐로 캡스 무용담에 관한 가장 최근의 다소 초현실적인 왜곡은 나로 하여금 학문 활동에서 정치학과 의제라는 지속적 쟁점(이것은 누구의 목적에 봉사하는가? 내가 의도하지 않은 목적에 봉사하고 있지는 않은가?)뿐만 아니라, 이러한 글로벌 섹스 '교역'을 다루는 민족지학자로서 나 자신의 과실과 책임에 경각심을 갖는 데 도움을 주었다.

42. bell hooks, *Black Looks: Race and Representation* (Boston: South End Press,

1992), pp. 23-24.

43. Tony Rivers, "Oriental Girls: The Ultimate Accessory," *Gentlemen's Quarterly* (*British Edition*) (October 1990), pp. 39-44.

44. bell hooks, *Black Looks: Race and Representation*, p. 24.

45. Ibid.

08

비의지적인 것 욕망하기

들뢰즈와 〈로보캅 2〉에 나타난 기계적 배치와 초국적주의

● 조너선 L. 벨러 ●

초국적화의 맥락에서 육체의 운명을 현대 사이보그 영화의 주된 관심사로 이해해볼 수 있다. 다중 복합적 기술이 폴 비릴리오가 《속도와 정치(Speed and Politics)》에서 "생체적 운송 장치의 탑재(boarding of metabolic vehicles)"라 고 지칭한 일을 실천하면서, 정신과―한때 '몸(body)'이라고 불렸던 것에 대한 윌리엄 깁슨(William Gibson)의 뉴로맨스적 구절을 사용하자면―"고깃 덩어리(meat)" 간의 문제가 더욱 강렬하게 등장하고 있다.[1] 문화와 기술이 자체의 논리를 해결하기 위해 인간의 몸을 이용하는 일반적 매개 형태로서 대중적인 것과 그 밖의 다른 수많은 사이보그의 생산에서 나타나고 있다. 이는 사이보그를 초국적 시대에 주목받을, 도래할 형상 중 하나로 예견하 게 만든다. 사이보그의 생산과 함께 사이버네틱스 개념의 생산은 근대화라 고 알려진 현상(아울러 그 현상학)의 역사적 구성을 재사유하기 위한 다양한 가능성을 열어놓고 있다. 이러한 기획은 근대화와 그 역사적 성과 및 결과

의 정점에 한층 신체적으로 포용적인 기계-육체 인터페이스의 발전이 놓여 있다는 것을 보여준다. 더욱이 자본화한 기술이 육체와 정신의 영토로 밀고 들어오는 다양한 침투 경로는 모두 노동 시간을 조직하고 잉여 가치를 추출하는 능력을 갖고 있다. 고깃덩어리가 기계와 만나는 지점에서 하나의 작업장이 탄생한다. 그러므로 사이보그는 단지 초국적 시대의 하나의 형상이 아니라 초국적 자본, 곧 자본주의를 위한 하나의 형상인 것이다.

질 들뢰즈와 펠릭스 가타리의 기술 애호적 용어를 빌리면, '사이보그(cyborg)'는 '인공 두뇌(cybernetic)'와 '유기체(organism)'라는 두 단어를 합성한 기계적 배치이다. 이 두 단어는 그리스어 어근인 '쿠베르네테스(kubernetes)'와 '오르가논(organon)'에서 파생한 것으로 각각 '통치자(governor)'와 '도구(instrument)'를 뜻한다. 이를 결합하면 '통치하는 도구(governing instrument)'가 되고, 더 그럴듯하게는 '도구적 통치(instrumental governance)'라고 번역할 수 있다. 이와 같은 사이보그 개념의 생산, 즉 도구적 통치의 한 **형태**로서 사이보그는 육체·역사·권력·기술 모두에 공통적인 질문을 조명한다. 그것은 무엇보다 기술적 성격의 역사적 유동체 개념을 생산하고, 역사를 통해 사회 조직의 하드웨어를 부각시킨다. 이 하드웨어가 육체의 기능과 가능성뿐 아니라 의식, 문학, 예술 또한 분절하기 때문이다. 이 후자, 즉 의식·문학·예술이라는 바이러스가 육체에 침범해 새로운 배치를 제공하는데, 이를 기술 체계, 즉 다양한 종류의 인터페이스로 생각해볼 수 있을 것이다.[2]

사이버네틱 유기체란 통치와 국가에 관심을 갖는 모든 학문 분야의 궤적 위에 어느 정도 존재한다. 오늘날의 사이보그에는 자연과학, 의학, 공학은 물론이고 역사, 사회 연구, 문학, 미술사, 언어학처럼 다양한 학문 분과뿐 아니라 다국적 기업과 소비자의 이해관계가 수렴되어 있다. 정말로 사이보그는 인공 지능과 가상현실 같은 관련 시스템뿐만 아니라 전형적인 예술 및 과학 대학원의 다수 학과에서도 급속하게 **욕망의 작은 대상 a**(object petit a)가 되어가고 있다. 사이보그의 형상은 학문 세계에서 갖는 매혹 외에도 텔레비전, 영화, 군대, 컴퓨터공학 그리고 여러 가지 다양한 종류의 대중적 담론의 '유기적인' 지적 장치같이 대학의 '현실 세계적' 짝들의 모호한 욕망의 대상이 되고 있다. 이 후자가 갖는 사이버네틱 물신의 양상은 언어의 인공 두뇌화에서 명백히 드러난다. 이런 인공 두뇌화는 매스미디어, 대중 언론 그리고 이런 주제에 관한 책이나 미술관 전시회에서뿐만 아니라 들뢰즈와 가타리, 비릴리오, 장 보드리야르(Jean Baudrillard) 등의 철학자, 더 일반적으로는 이 글에서 초국적 상상계라고 부르는 것에서도 나타난다. 진보와 발전 그리고 혁신의 최첨단에 서 있는 이들은 모두 사이버네틱스가 제기하는 질문 및 가능성과 대면해야 할 처지에 놓여 있다. 육체와 그 특징 그리고 기계의 통합에 관한 개념이 회자되면서 필연적으로 드러나고 있는 것은 사이보그가 한동안 이런저런 형태로 근대화에 고유한 하나의 구조적 관심사, 즉 이성의 가장자리에 있는 욕망이었다는 점이다. 비록 그런 전례로서 고딕 소설(gothic novel)과 미래파 그리고 프리츠 랑을 받아들인다 하더라도, 인간적 행위(human agency)와 기계 기술의 적극적 통합에 대한 이런 욕망은 신동(神童)에 대한 연구나 제2차 세계대전 중 수학자 노버트 위너(Norbert Wiener)가 개발한 방공 유도 시스템(antiaircraft guidance system)에 관한 연구[3] 이후 그리고 지난 10년 동안 할리우드 흥행작에 대한 대략적인 조사에서 특히 명확해졌다. 어떤 측면에서 사이보그는 글로벌적인 것과 로컬적인 것의 접합, 즉 세계 어느 곳 출신이든(하지만 영화에서는 보통 거대 도시의 서비스 부문 출신) 인간 존재와 초국적 자본주의에 고유한 (군사적, 산업적, 정보적) 기술 간 교차를 나타내는 절대적 한계치다. 문화적 관심이 사이보그에 집중되는 것은 육체 위에 그리고 육체를 관통해 흐르는 국제적 세력의 기반에 대한 강렬한 불안/매혹을 나타낸다.

비록 사이보그라는 개념이 정확히 육체와 기계(기계적 생산) 간 교환을 사건으로 받아들이기 때문에 인간적 의미와 연관된 모든 담론에서 특정한 관계의 망을 제외한다 하더라도, 이 글은 사이버네틱 유기체의 형성과 관련해 전쟁, 기술, 매스미디어, 영화, 섹슈얼리티, 젠더, 도시 같은 개념에 대한 일반적 논의는 하지 않을 생각이다. 비록 이러한 개념(그리고 실천)이 육체의 탈영토화(그리고 다소간 그것의 재영토화)를 수반한다 할지라도 말이다. 위에서 말한 각각의 개념과 그와 연관된 실천은 인간 육체와 이런저런 종류의 기술-기계적 실행 계획(techno-mechanico-logistics) 간 접속 행위로 이해할 수 있다. 일레인 스캐리(Elaine Scarry)가 보여주었듯 전쟁이 고통의 공학(engineering)을 통해 문화를 육체 속에 새겨 넣는다면,[4] 내가 다른 글에서 보여주었듯 영화와 텔레비전은 육체로부터 생산적 가치를 캐내기 위해 육체 속으로 파고들어간다.[5] 시몬 드 보부아르(Simon de Beauvoir)는 1949년 "사람은 여자로 태어나는 것이 아니라 여자가 된다"라고 썼는데, 이는 젠더와 주체성이 일반적으로 사회생활(social life)이라고 알려진 그 기계로부터의 내적 투사(introjections)임을 이미 주장한 것이었다. 내가 여기서 하고 싶은 것은 〈로보캅 2〉에서 육체와 기계의 인터페이스가 영화의 표면과 우리의 피부에 나타나는 강도를 기록하기 위해 그 인터페이스의 성격과 경제를 검토하는 일이다. 이 영화는 특별히 주목할 만한 작품은 아니지만 대중적이고 폭력적이며 나름대로 우아한 상상력의 산물이다. 3000만 달러를 투자한 다른 영화들처럼 이 작품 또한 그 속에 많은 세계가 드러나 있다. 나는 어느 날 오후 뉴욕시티의 한 영화관에서 거대한 스크린으로 이 영화를 보았는데, 우연하게도 내가 유일한 관객이었고(한 다정한 커플은 영화 시작 5분만에 나가버렸다), 제멋대로 엎치락뒤치락하는 그 괴물 같은 기계들은 내 존재 따위는 안중에도 없는 것 같았다. 영화가 끝날 무렵 그 기계들이 내 존재에 대해 보여준 스펙터클한 무관심은 영화 특유의 본질적 부분일 뿐 아니라 포스트모던적 숭고함의 본질적 부분, 정확히 말해 초국적 자본주의의 숭고한 정동(affect, 情動)이라고 느꼈다. 국제 금융과 군산복합체에 의해 추동되는 그 사회 기계들(social machines)의 무한한 민첩성과 규모 그리고 그에 수반된 개별 자아에 대한 억압(기이하게도 쾌락적인데, 이것은 살펴봐야 할 부분이다)은 나에게 포스트모더니즘의 전형적 경험인 것 같았다.[6] 매우 강렬하고 약간의 트라우마까지 초래한 이 영화와의 만남은 내 사회 경험의 어떤 중요한 경향을 상징하는 집약적 순간이 되었다.

또한 〈로보캅 2〉에 대한 내 분석이 들뢰즈와 기계적 배치의 정치학, 기계(들) 되기의 정치학에 대한 비판적 질문을 위한 다소 긴 서문 형태가 될 것임을 미리 일러둔다. 들뢰즈의 작업에 대한 공공연한 정치적 논의를 직접적이든 간접적이든 되풀이할 터인데, 이는 들뢰즈적 변형의 진보적이거나 반동적인 의미를 그가 투사하는 인간적·사회적·기술적 운동의 궤적에 따라 기록하고자 하는 표준적인 평가의 틀이 무너지기 때문이다. 특히 육체 형식과 의식 형식 모두가 급격한 탈영토화를 겪고 있다는 점이 명백해지기 때문에 그러하다. 다시 말해, 들뢰즈의 저작에서 이론과 실천의 평가를 위한 정치적 범주의 전제는 그것이 판단하고자 하는 바로 그 현상에 의해 허물어진다. 사이버네틱 유기체가 존재하는 가변적인 정치적 지형의 특징도 비슷하다. 사이보그가 출현한 바로 그곳에 정치의 위기가 내재해 있다. 정말로 육체의 인공 두뇌화에 의해 초래된 탈영토화가 들뢰즈와 가타리 저작의 추동력이라고 말할 수 있다. 많은 점에서 들뢰즈와 가타리 저작의 역사적 가능 조건으로 이해할 수 있는 '글로벌'과 '로컬'이라는 두 용어의 접합은 하나의 용어가 다른 용어에 의해 근본적으로 불안정해지는 순간에 바로 발생한다. 이른바 로컬적인 것이 글로벌화한 공간에 존재하고 로컬이라는 관념 자체를 제거하는 글로벌적 유통을 성취하는 데 반해, 다양한 로컬 속에서 분출되는 글로벌적인 것은 (글로벌 전쟁에서처럼) 하나의 지리학적 표지라기보다 새로운 기술 경제적인 공간적·육체적 접근을 나타내는 명칭이라 할 수 있다. 이러한 변형의 의미는 그것이 육체와 상호 침투하고 육체의 구성에 영향을 미치는 장소에서 느낄 수 있다. 공간, 시간, 육체성의 이러한 재배치는 철학(주체의 위기)과 정치학에서 상호 의존적이고 공기능적인(cofunctioning) 등가물을 갖게 된다. 이런 맥락에서 "진보적이고 반동적인" 정치 담론, 즉 선한 개(dog)/악한 개 스타일의 정치적 담론은 그 전제ㅡ주체, 국가와 공간(주체로서 국가, 공간으로서 국가), 육체, 감각 기관과 함께 논리적으로는 민주주의ㅡ가 이른바 "포스트모더니티의 조건"과 같은 조건을 띠는 순간 위기에 처한다.[7] 비록 IMF와 세계은행이 제3세계 국가에 수출 지향적 경제를 강제함으로써 결국 그 나라들로부터 가치를 탈취하고 제3세계의 노동이 생성한 세계적 힘에 비해 그들을 더욱 궁핍하게 만들고 있다고 말하는 것은 쉽고 명백한 일이라 하더라도, 우리 중 다수는 이러한 '원조(aid)'의 형태를 가능케 하고 정확히 이러한 '원조'를 통해 성장한 기술, 즉 위성통신, 컴퓨터 전산, 글로벌 뉴스 네트워크, 항공 운송 등에 대해 명확하게 판단 내릴 준비가 되어 있지 않은 상황이다. 이럴 때 나는 발터 벤야민의 발상을 떠올린다. 요컨대 어떤 상황을 정치적으로 평가할 때, 우리는 그것을 진보적 요소와 반동적 요소로 쪼갠 다음 반동적 요소를 취해 그것을 다시 둘로 분리하고 그 속에서 유용한 유토피아적 성향을 발견하는 것이다.

일단 사이버네틱스란 개념을 염두에 두면, 이것은 육체와 기술의 현재적 구성뿐만 아니라 특정한 역사적 형성물을 다시 사유할 수 있는 유용한 도구가 된다. 예를 들어《공산당 선언》에서 마르크스가 말한 "만국의 노동자여, 단결하라"라는 명령에서 쇠사슬(chain)은 이미 행위의 문제를 강화하는 자본주의 체제 속에서 인간 육체의 조건을 나타내는 기계적 비유다. 인간 육체로 구성된 고통받는 프롤레타리아는 자본의 논리라는 책략에 의해 생산되면서 동시에 노예화된다. 다른 많은 이들처럼 마르크스의 슬로건은 육체와 의식의 통일성으로 규정되는 혁명적 상황을 상정한다. 바꿔 말하면, 이 슬로건은 깁슨적(Gibsonian) '고깃덩어리'와 욕망의 통일에 대한 유토피아적 갈망을 표현한다. 즉 이것은 정신-육체의 분열에 대한 역사적 해결이자 우리가 스스로를 이질적인 것으로 마주하는 대상화한 세계의 생산에서 주체성의 지속적인 소외의 종식을 나타낸다. 마르크스-레닌주의 혁명의 경우 육체를 프롤레타리아 의식을 통해 급진적으로(필히 폭력적으로) 재전유하는 것은 자기결정에 이르는 열쇠다.[8]

어느 경우든 행위성(agency)의 문제는 — 임의로 소수의 이름을 들어보자면 — 혁명가, 자본가, 정신분석학자, 철학자, 문학 비평가, 영화 제작자 모두에게 똑같은 문제였다. 행위성의 문제는 그 근원에서 구체적인 육체의 의지와 이러한 육체에 가해지는 역사적 힘들 간의 경쟁을 나타낸다. 소비 지출, 정당 정치, 지각(perception), 의지, 미적 수용 같은 복합체도 '행위성'이라는 표제 아래 종종 분류된다. 사실적인 사회 구성체는 말할 것도 없고 주체적·집단적 행위성의 다양한 대립 또한 탐구의 대상이었고 강제, 이데올로기, 노예제, 지배, 운명, 자본, 자연 같은 관념처럼 다양한 개념으로 표현되었다. 특정한 사회 집단의 행위성을 억압하는 이러한 범주나 체계는 개념으로서 위로부터, 말하자면 사회학적이거나 체제 분석적인 관점으로부터 지각될 수 있지만 이면(underside)을 경유해 통제력을 행사할 수 있다.

즉 그러한 개념이 표면적으로 작용하는 지배의 실행 계획을 발휘할 수 있다. 다시 말해, 각 개념은 인간 동물을 통제할 목적으로 인간 동물과 접촉하는 특정한 지점이나 방법을 갖고 있다. 그러한 이면, 즉 인간 육체의 기계적 조작은 그 주체적인 수용에 있어 '비의지적(involuntary)'이라는 용어를 통해 형상화할 수 있을 것이다. 이런 비의지적인 힘은 주체의 통일성을 파괴하거나, 가끔 이런 통일성을 부여하기도 한다.[9]

들뢰즈는 새로운 의식 형식 그리고 비의지적인 것과 의식의 새로운 관계를 낳는, 영화와 도시 그리고 "문화적 유산(즉 19세기)이라는 전통적 가치의 청산"[10]에 대한 모더니즘적 강박을 받아들였다. 그는 1964년 출간한 《프루스트와 기호(Proust and Signs)》에서 프루스트에 관해 다음과 같이 썼다. "프루스트의 비판은 본질적인 핵심을 건드린다. 즉 진리가 사유의 선의에 근거하는 한 그것은 임의적이고 추상적인 것으로 남는다. ……철학의 진리에는 필연성과 필연성의 표식이 존재하지 않는다. 사실, 진리는 나타나는 것이 아니라 단지 드러날 뿐이다. 진리는 전달되는 것이 아니라 해석되는 것이다. 진리는 의도하는 것이 아니라 비의지적인 것이다."[11] 근대적 주체의 위기(근대적 주체라는 위기) 앞에서 미와 숭고(비의지적인 것을 나타내는 두 가지 표현)에 대한 숙고라고 할 수 있는 이런 작업을 통해 의식의 조건에 대한 전적으로 새로운 어휘가 자본주의와 정신분열증을 다룬 저작, 이를테면 《앙티오이디푸스(Anti-Oedipus)》와 《천 개의 고원(A Thousand Plateaus)》에서, 그리고 《디알로그(Dialogues)》, 《시네마 1(Cinema 1)》과 《시네마 2(Cinema 2)》에서도 출현한다.

다시 찾은 시간(Time regained)이라는 위대한 주제는 진리에 대한 탐구가 비의지적인 것의 독특한 모험이라는 것이다. ……진실을 추구하는 자는 애인의 얼굴에서 거짓의 기호를 알아채는 질투심 많은 남자다. 그는 어떤 인상이 주는 폭력과 마주한다는 점에서 아주 예민한 사람이다. 예술 작품이 한 천재가 다른 천재들을 부르듯 그에게 창조를 강요할지도 모르는 기호를 발산한다는 점에서 그는 읽어내는 자이자 듣는 자다. 수다스러운 우정의 의사소통은 연인의 은밀한 해석에 비하면 아무것도 아니다. 철학과 그것의 온갖 선의와 방법은 예술 작품의 은밀한 압박에 비하면 아무것도 아니다. (《프루스트와 기호》, 139-140쪽)

프루스트에 관한 이런 분석에는 들뢰즈의 "추상 기계(abstract machine)", "초코드화 기계(the overcoding machine)", "욕망하는 기계(desiring machines)", "기계적 배치(the machinic assemblage)", "탈주선(the line of flight)" 같은 개념의 맹아가 들어 있다. 들뢰즈의 후기 저작에서 "예술 작품의 은밀한 압박"은 기계의 은밀하고도 명시적인 압박으로 이어진다. (영화 관련 저서를 포함해) 들뢰즈의 저작은 초기에 문화적·철학적·미학적 관계로 간주되던 관계가 기계화하고 있음을 보여준다. 들뢰즈의 저작에 퍼져 있는 '기계미학(machine aesthetic)'은 그가 모더니즘적 기조로 복귀하는 데 핵심적이다. 하지만 사이보그 영화가 보여주듯 기계적 경험과 미학적 경험의 접합은 더 이상 혹은 적어도 비단 철학자나 놀이공원에만 해당하는 것이 아니라 하나의 역사적 변화를 가리킨다. 그 역사적 변화란 사이보그 이미지의 대중적 확산을 통해 의식의 인공 두뇌화가 심화하면서 출현하는 사이보그 **개념**의 일반화한 생산 속에서 역사·철학·미학의 새로운 형식이 다시 쓰이고, 그 결과 새로운 과정이 출현하는 변화를 말한다. 움직이는 사이보그의 재현을 바라보면서 우리에게 생기는 정동은 세계 체제가 우리의 육체로 진입하는 새로운 지점을 제공하는 동시에 이런 경험에 적합한 개념의 창조를 가능케 한다. 영화에서 우리의 경험은 체계적 사건의 무대일 뿐만 아니라 이런 사건의 개념을 정식화하기 위한 무대이기도 한 것이다.

들뢰즈의 경이로운 포스트모던적 비유(기계적 배치 등)와 그것을 정식화하기 위한 그의 용어는 순간적인 인상으로부터 세계사적 움직임에 이르기까지 다양한 사건을 구성할 수 있을 만큼 유연하고 확장 가능한 범주다. 이것들은 주체 범주의 지속 가능성이 끝나는 순간에 출현한다. (들뢰즈 자신은 주체의 역사에 대한 **하나의 특별한** 서사를 함축하기 때문에 이러한 정식화를 거부할 테지만 말이다.) 이러한 개념의 배치는 우리도 모르는 사이 실천 속에서 이미 제거되고 있는 철학적 딜레마, 구체적으로 말해, 내부와 외부, 의식과 세계의 분리라는 딜레마를 제거하는 추상적 비유(비유의 기술 체계)다. 비록 이러한 와해 과정이 역사만큼이나 오래된 것이라 하더라도(다시 말해, 세포막을 횡단하는 흐름 또한 구성의 과정이다), 오늘날 이것이 일어나는 그 강렬함은 질적으로 다른 것처럼 보인다. 실제로 들뢰즈에게서(그리고 세계에서) 생산되는 새롭고 다수적인 배치는 물화(物化)한 주체의 급진적 탈영토화를 나타내는 동시에 모든 사회적 생산에 활력이나 행위성을 부여한다. 그러므로 처음에 주체를 생산한 사회 구성체는 추상 기계의 한 사례인 것이다. 더욱이 이것이 의미를 중층 결정하고 의식의 가능성을 제약하는 한 이는 초코드화의 기계다. "천재가 다른 천재들을 호명하듯" 진리의 구도자에게 창조를 촉구하는 기호의 배치는《앙티오이디푸스》에서 욕망하는 기계로 형상화된다. 천재의 호명은 탈주선이 되고, 창조는 기계적 배치의 창조가 되는 것이다. 이러한 용어는 주체에 대해 항문기(肛門期)를 받아들이지 않으면서, 즉 하나의 통일된 주체가 의식의 자리, 곧 생명력의 근간이라는 것을 전제하지 않으면서 인과성(과정)을 고려할 수 있다는 장점을 갖고 있다. 물론 이것은 마르크스주의의 상품화 분석, 즉 대상-적(object-ive) 세계란 얼어붙고 소외된 주체성이라는 분석과 일치한다. 박탈당한 주체성으로서, 즉 응결된 인간 노동의 생산물은 들뢰즈의 저작에서뿐만 아니라 세계 속에서도 그들의 행위성을 그들 나름의 방식으로 그들 자신의 법칙에 따라 발휘한다.

〈로보캅 2〉에서 위기에 처한 국가는 근대적 주체와 현대 철학처럼 자신의 조직을 거부하는 과정에 있다. 국가는 새로운 형식, 새로운 속도, 새로운 공간, 즉 국가의 조직을 해체하고 그 계층화(stratification)의 장(場)을 불안정하게 만드는 전쟁 기계들과 경쟁한다. 포스트모더니즘과 다국적 자본의 대표 브랜드 중 하나인 국가 권력의 전 지구적 확장은 **국가** 확장의 적으로서 타자가 더 이상 외부가 아니라 세계 체제 내부에 존재하는 계기(moment)임을 나타낸다. 지구의 총체적 자본화가 가져온 이른바 포스트식민적 결과는 국가를 자기모순이 드러나는 지점까지 밀어붙이지 않고서는 타자가 타자로서 더 이상 설득력 있게 형상화될 수 없다는 것이다. 왜냐하면 국가 권력이 지구라는 행성 전체의 타자를 통합해버렸기 때문이다. '포스트식민적'이라는 용어는 그것이 식민화 **과정**의 강화를 나타내기 때문에 그 자체로서 이러한 모순의 지표가 되고, 그러므로 이중적 사유의 한 형식이라고 할 수 있다. 이런 일이 일어나는 것은 지구의 전면적 자본화에 대립하는 힘으로서 타자가 더 이상 타자로서 설득력 있게 형상화될 수 없기 때문이다. 만일 타자의 존재를 인정한다 하더라도, 그것은 지각의 문턱 아래로 떨어지고 만다. 팽창하고 있는 국가는 자신의 이전 유형들(former versions)의 저항에 부딪힐 뿐이다.

'포스트식민적' 지식인과 〈비즈니스 위크〉가 똑같이 '국가' 범주의 종언을 선언한 것은 내가 말하고 있는 타자성의 말소(the effacement of the Otherness)의 한 사례다. 어떤 관점에서 볼 때, 국가의 종말에 대한 예찬은 제국주의를 선동한다. 지배 국가들이 국경선을 확립하는 동시에 그 존재를 부정하면서 이러한 상상적 국경선의 현실적 힘을 통제 수단으로 사용하기 때문이다.[12] 재현의 영토를 차지하려는 투쟁은 공통의 이해관계를 갖고 있는, 이미 권력을 확보한 집단들, 즉 자본 내의 다양한 자본들(the many capitals within Capital) 사이에서 일어난다. 지구상 절반 이상의 인구가 연간 1인당 소득 1000달러 미만의 국가에서 살아가고 있다는 현실에도 이 글은 다소 마조히즘적으로 국경선의 궁극적 침식과 지구의 전면적 자본화라는 환상의 조건을 수용하는데, 이는 이러한 환상의 역학을 강화하고 환상이 어떻게 스스로와 계속 접합해가는지를 이해하기 위해서다. 우리는 전 지구적 보편성에 대한 포스트모던적 주장이 갖는 내적 한계를 발견해야 한다. 나는 초국적인 것에서 타자성이 어떻게 체계 논리의 자기모순을 의미하는지 보여주고자 한다. 이런 이유로 우리는 〈로보캅 2〉의 텍스트에 관심을 갖는다.

〈로보캅 2〉에서는 자본의 전 지구적 팽창이라는 상황이 이미 달성된 것으로 그려진다. 마르크스에 따르면 이러한 팽창은 자본과 자본 논리의 시작부터 상정되어 있고, 자본주의의 전제 그 자체를 이룬다. 자본의 압력하에 일하는 사람들은, 만일 자본 투자의 각 순환이 이루어지는 동안(자본 투자가 이윤으로 실현되기 위해서는 반드시 그래야 하듯) 잉여 가치가 추출된다면, 자신들이 생산할 모든 것을 결코 소비할 수 없다. 마르크스의 해설가들은 마르크스 자신이 그랬듯 자본 팽창에 내재한 이윤율 감소와 지구의 유한한 규모가 일정한 지점에 도달하면 더 이상 팽창할 곳이 없을 것이기 때문에 자본을 필연적으로 궁극적 위기 속으로 던져 넣게 될 것이라고 주장해왔다. 내가 보기에 문화적 틈새와 간극의 자본화는 적어도 당분간은 이러한 '불가피성'을 반박하는 부정적 예측을 제공하는 것 같다. 내가 다른 글에서 주장했듯 자본은 지리적으로 팽창할 뿐만 아니라 미디어를 통해 육체 속으로 파고든다. 다시 말해, 새로운 작업장을 발굴하고, 노동력을 추출하고,

육체로부터 가치를 캐내고, 그리하여 소비자에게 그들 자신의 노동 시간으로 새로운 유통의 경로를 건설하도록 강제함으로써 이윤율 감소를 극복하고자 한다. 이런 관점에서 모든 텔레비전 시청자는 일종의 가내공업(cottage industry)에 종사한다고 생각해볼 수 있다. 그들은 여기서 유연한 생산의 가변적 규칙을 충족시키기 위해 스스로를 재편해야 할 뿐만 아니라 미디어를 위한 가치를 만들어내기도 한다.[13] 우리는 우리 자신(그리고 타자들)의 사회적 협동을 생산하면서 날마다 외부 세계와의 새로운 시냅스와 링크를 형성한다. 미디어의 본질이 위기의 관리이고, 우리 시대의 중심적 위기는 자본의 자기 가치화 추구에 의해 조장되기 때문에 미디어의 역할은 '여가 시간' 동안에도 잉여 가치의 일반화한 추출을 위한 하나의 새로운 구조로서 출현하기 시작한다. 경제가 점점 더 다국적화해가면서 생겨나는 고통의 증가를 특징짓는 것은 역사적으로 바로 이 위기, 즉 형식의 파괴였다.

타자가 '우리의' 체계 밖에 존재하는 것으로, 정확히 우리의 현실이 그 지속적인 확장 과정 중 우연히 마주치게 되는 하나의 현실로서 형상화되는 한 국가의 살육(state-slaughter)은 다소 예측 가능한 방식으로 일어났다.[14] 즉 체제 내부에 있던 자들은 체제 바깥에 있는 자들의 파괴를 어느 정도 필연적이고 불가피한 것으로 여겼다. 극단적 폭력은 구체적 공격 대상을 갖고 있었다. 자본이 자신의 팽창을 물질적으로 '사유하고' 저항의 지대(pocket)와 우연히 마주쳤을 때, 바로 거기서 자본은 비의지적인 것과 마주치고 자신의 한계를 깨닫는다. (현실에서 '타자적' 지대 혹은 영토를 점유하고 있는 자들은 머지않아 짓밟히고 '재프로그램화'하고 말겠지만 적어도 지배자의 관점에서 볼 때 이번에는 이해하기 어렵거나 때로는 이해 불가능한 방식으로 그렇게 될 것이다.)[15] 자본 확장의 침식적이지만 지금 순간적인 한계를 (다시 한 번) 깨닫는 것은 '국내' 영토에서는 하나의 위기(경기 후퇴, 불황, '미국적 생활 방식'의 종언이라는 위협, 군대 동원 등)로서 나타나는 데 반해, '멀리 떨어진' 영토에서는 필연적으로 일정한 힘의 행사로 나타난다. 즉 북미 원주민, 흑인민족주의, 산디니스타(Sandinista), 이라크인 등과 같이 일시적으로 자본의 논리 밖에 놓여 있는 것을 자본의 논리 자체에 종속시키기 위해 입법권이든 경찰력이든 군대든 권력을 행사하는 것이다. 그러한 정식화는 제국주의, 노동 운동, 근대 세계 전쟁, 실패한 혁명의 역사에 대한 추상적이고 단순화한 표현이다. 유럽과 미국 자본이라는 조건에 대한 거부와 혁명은 항상 서구 자본주의의 순환 경로에 대한 외재적인(external) 방식으로 가치 및 가치 생산을 공고히 하려는 시도였다.

〈로보캅 2〉에서 그린 국내적 상황은 완벽하게 자본화한 세계 내에서 경쟁하는 자본 집단을 묘사하고 있다. 우리는 국경의 해체와 더불어 폭력이 '타자'의 관점에서뿐만 아니라 '자아'의 관점에서도 거의 방임 수준에 이를 정도로 편재해 있다고 주장할 수 있다. 이는 만인의 참정권 박탈을 나타낸다. 이러한 도식, 즉 포스트모던 국가의 도식은 제국주의에 대한 모더니즘적 환상 속에서 타자성을 지속적으로 공략해가는 자본주의적 팽창이라는 (앞에서 설명한) 낡은 시나리오보다는, 잠재적으로 모든 곳과 접속 가능하지만 정작 어떠한 개별적 접속도 보장되지 않는 (그리고 이것을 주재하는 어떤 단일한 지배자도 없는) 체제를 더 적절하게 기술할 수 있도록 해준다. 그러므로 〈로보캅 2〉에서 묘사한 자본의 국내적 상황은 다국적 틀을 통해 이해할 수 있다. 〈로보캅 2〉에서, 전 지구적 자본주의의 모순은 디트로이트 도심에서 나타난다. 그렇기 때문에 〈로보캅 2〉는 '포스트모던' 영화다.

경쟁이 자본주의에 항상 핵심적이긴 하지만 〈로보캅 2〉에서 국가의 배치는 이른바 '자본주의의 최고 단계'라고 부르는 오래된 형태의 제국주의와는 다르다. 왜냐하면 **일차적 투쟁이 다양한 매체와 양식—이를 통해 자본 논리의 건축적 구성이 펼쳐질 수 있다—을 획득하기 위해 다양한 기업 사이에**

서 **벌어지기** 때문이다. 즉 〈로보캅 2〉에서의 투쟁은 물질을 이런저런 방식으로 펼쳐지는 유통 경로에 종속시키기 위한 것이다. 로보캅이라고 부르는 〔연구, 인간 노동, 기계의 역사에 전직 경찰관 머피(Murphy)의 뇌간과 신경 말단 그리고 수백만 달러의 첨단 기술 전쟁 장비로 조합한〕 기계적 배치에 의해 지탱되는 '민주주의적' 국가는 (1) 사적 소유로 이루어진 기업 세계와 (2) 고도로 체계적인 마약 조직이라는 두 가지 형태의 조직범죄로 재현되는 것과 대결하는 입장에 있다. 그들 각각의 형태는 물질적 전유와 그 표현의 경쟁적 논리, 나아가 경쟁적 세계관을 재현한다.

디트로이트가 '범죄와의 전쟁'을 벌일 때, OCP(Omni Consumer Products: '유일한 선택')로 대표되는 기업과 그 새로운 집행 장치인 로보캅 2는 (하나의 실체로서) 도시 및 그 시민들과 경제 전쟁을 벌인다. 영화를 통해 볼 때 확실한 것은 이 작품이 노동과 자본 간 대립은 근본적이지도 어쩌면 '현실적이지'도 않기 때문에 자본주의의 후기 단계에 속해 있는 것으로 믿는다는 점이다. 노동과 자본 간 대립이 실질적으로 탈중심화한 것은 자본 자체가 더 이상 노동에 대항한 통일 전선을 형성하지도 않고, 나아가 일차적으로 노동력을 확보하기 위한 경쟁에도 뛰어들지 않기 때문이다. **자본 순환에 대한 주된 저항 세력으로 가시화되는 것은 노동이 아니라 매개다.** 육체를 노동 개념 아래 조직화하는 것은 적어도 〈로보캅 2〉를 구성하는 환상 속에서는 사실상 사라지고 없다. 가난은 더 이상 존재하지 않고 잉여의 무한한 공급만 존재한다. 오늘날 자본은 미디어와 경로 그리고 유통 형식을 쟁취하기 위한 경쟁을 위해 측면 전쟁을 벌여나간다. 인간의 시선은 이러한 매체에 집중되어 있다. 인간 육체 또한 또 하나의 매체다. 자본의 논리는 어느 쪽으로든 자신의 힘을 확장할 수 있다. 그것도 다양한 방식으로 말이다.[16]

디트로이트 경찰을 운영하기로 계약한 OCP는 그 파업 노동자인 경찰관을 달래거나 그들을 대체하는 데는 전혀 관심조차 없다. 왜냐하면 디트로이트가 도시 빈곤층의 '범죄' 행위를 억압할 수 없게 만들고, 그리하여 도시 자체를 통제 불능의 상태로 만든 것이 바로 그들의 비타협성이었기 때문이다. 포스트모던 국가에서 범죄, 인간적 고통, 파업은 회복을 돕기보다는 자본을 위해 즉각 생산적인 것이 된다. 〈로보캅 2〉에서 범죄, 실업, 파업 등과 같이 기업 때문에 생겨나는 '기능 장애'는 도시의 신용도를 떨어뜨린다. 도시의 관리 부실과 투자가들의 신뢰 하락으로 인한 신용 손실에 의지해온 OCP는 디트로이트로부터 연체된 약속어음을 청구하고 도시의 자산, 즉 부동산과 근린 지역에 대한 담보권을 행사하기 시작한다. 일단 몰수한 재산은 기업의 유통 체계에 들어가 기업의 몸체와 통합될 것이다. 기업체의 신경 체계(순환을 규제하는 체계)를 도시 재산으로 확장함으로써 해당 기업들은 도시 공간을 자신의 신체 속으로 통합하고 자신의 사회적 비전을 물질화할 수 있다. 요컨대 도시의 지저분한 환경 위에 구축한, 로보캅 부대가 경찰 치안을 담당하는 '철(steel)과 유리(glass)의 탑'이 그것이다.

디트로이트에서 차액을 노린 OCP의 중개 거래는 영리하고 말솜씨 좋은 열네 살짜리 소년이 주도하는 제3의 기업이 새로운 메트로폴리스의 통제권을 조종하기 위해 나서면서 복잡해진다. 마약 조직은 그들의 핵심 상품인 '누크(Nuke)'에 대한 시(市)의 압력을 없애는 대가로 마약으로 번 돈 5000만 달러를 도시 구제에 제공하겠다고 제안함으로써 민주적 국가에 기대고 있는 OCP에 도전한다. 중독성 마약인 누크는 하나의 기계적 배치이자 여러 가지 점에서 로보캅과 유사한 물질적 의식의 한 형식이다. 즉 그것은 특정한 논리와 궤도와 욕망을 체현하는, 기술과 육체의 능동적 매트릭스(matrix)다. 요컨대 누크는 유통과 통제의 매체이자—투자자, 생산과 분배 그리고 금융 네트워크를 가진―하나의 생산 양식이다. 그것은 자본의 논리에 철저하게 얽매여 있는 다른 사이보그들처럼 인간 육체에 기생해서 살고, 이른바 자신의 이해관계라고 할 수 있는 것―핵무기 경로를 따른 자본의 팽창, 즉 잉여 가치의 추출과 지출을 규제하는 통사론(syntax, 統辭論)―을 위해 인간 육체의 기능을 전유한다. 마약의 사용자, 생산자, 공급자로 이루어진 누크 패밀리가 명백히 핵무기 패밀리를 대체한다. 〈로보캅 2〉의 플롯은 3명의 주요 사이보그 간 투쟁과 그들의 '지식인' 간 투쟁―각각 이른바 민주 국가, 사기업, 마약 카르텔/패밀리라는 초코드화의 **기계**에 의해 구축된 기계적 배치라고 할 수 있는 로보캅, 로보캅 2 그리고 누크를 가리킨다―을 중심으로 펼쳐진다.

마약 조직의 어린 지도자는 시장(市長)에게 흠잡을 데 없는 논리로 마약 조직의 경제적 도움을 받아 범죄와의 전쟁에서 승리하는 시장이 될 수 있다고 주장한다. "왜 사람들이 범죄를 저지를까요? 마약 때문이죠. 사람들이 원하는 걸 갖게 해주세요. 우리는 누크를 더 값싸고 안전하게 만들 방법을 찾는 중입니다. 당신이 우리를 괴롭히지만 않는다면, 유통 비용은 훨씬 적게 들겠죠. 당신은 디트로이트를 정화시킨 시장이 될 겁니다."

〈로보캅 2〉에서 그렇듯 세계 체제 내부와 외부 사이의 구분이 사라진 곳에서, 의식이 "자신의 한계를 발견하고 그 한계에 도달"(《프루스트와 기호》, 141쪽)하도록 강제하는 비의지적인 것의 이미지와 기능은 변형된다. 더 나은 표현이 없어 아쉽지만 체제가 마주치는 것은 자아이지 다른 어떤 것이 아니다. 이것이 〈로보캅 2〉에서 묘사한 상황이다. 자본주의 체제는 동일한 물질을 매개하려고 투쟁하는, 즉 인간 육체라는 동일한 매체 위를 흐르는 다수의 중첩적 체제―나름 의미가 없지 않은 사실―이다. 일반적으로 주어진 담론 체계 속에서 비의지적인 것의 형상은 하나의 형이상학, 즉 노동을 형성하는 세계관(weltanschauung)에 대한 하나의 집약적 이미지이기도 하다. 왜냐하면 이것은 지식에 속한 영역과 그 영역의 한계를 보여주기 때문이다. 비의지적인 것의 형상은 의식의 범위 밖에 있는 것을 기술하고자 갈망하고, 그럼으로써 하나의 외부 한계 또는 하나의 외부, 즉 현상학적 의식을 구성하고 굴절시키는 하나의 맥락을 표현한다. 예를 들어 비의지적인 것은 라캉(J. Lacan)에게는 "실재(Real)"로, 알튀세르(L. Althusser)에게는 "이데올로기와 이데올로기적 국가 장치(Ideological State Apparatus)"로, 제임슨에게는 "역사"로 나타난다.[17] 〈로보캅 2〉에서 비의지적인 것, 혹은 기본적으로 말하면 **육체**(의식이 기계적 연속성으로 전환함으로써 육체는 이제 최소 단위, 인간성의 기호, 즉 다른 모든 것을 제거했을 때 남는 것으로 간주된다)에 일어나는 것은 체제의 외부로부터 오지 않는다. (그 이데올로기에 따르면) 외부란 존재하지 않으며 오직 체제만 존재할 뿐이기 때문이다. 그 체제는 순전히 힘이든 편재성이든 순수한 속도를 통해서든 그 자신의 법칙과 우연성의 법칙에 따라 육체에 영향을 끼친다. 이러한 단락 상태를 전체주의의 상징이라고 말하고 싶기도 하겠지만, 이런 명명은 단순화할 위험이 있다. 왜냐하면 우리는 '전체주의'라는 단어가 무엇을 뜻하는지 알고 있다고 생각하기 때문이다.

죄르지 루카치(Georg Lukács)의 정통 마르크스주의에서 전체주의란 프롤레타리아의(에 의한) 독재와 같은 것을 의미했다. 그것은 과학적이고 합리적이며 민주적으로 설계된 사회에 대한 유토피아적 열망을 반영했다. 최악의 의미에서 전체주의는 불만을 표현할 수도 없고, 심지어 사고할 수조차 없는 언어적 불가능성과 관련한 스탈린주의 혹은 오웰적(Orwellian) 디스토피아로 번역되었다. 이는 보드리야르가 말한 미국과 같은 것이다.[18] 그러나 기본적으로 이런 종류의 디스토피아는 **개인들**에게 폭력을 행사하는 국가에 관한 이론이다. 그 가장 깊은 차원에서 그리고 어쩌면 미국적 방식에서 언어(매개)에 대한 끊임없는 통제와 그 결과로서 두뇌 경로의 재배치 때문에 불만을 사유하는 것이 불가능해지고 있다. 그러므로 오웰이 쓴 《1984》의 맥락과 배경으로서 개인에 대한 서구적 이상을 전제하지 않는다면, 억압을 표현하지도, 나아가서 '인식'하지도 못하는 무능력은 유토피아적일 것이다. 빅 브라더(Big Brother)를 사랑하는 것은 행복해지는 것과 같다. 나(I)는 디스토피아에서 비애감을 만들어내는 개인성의 상실이다. 보드리야르 같은 사상가에게 관심 있는 것은 이러한 상실의 강화, 즉 주체 절멸의 드라마다.

국가가 제공하는 폭력을 받아들이는 개인(전직 경찰관 머피)은 더 이상 개인으로 간주할 수 없다는 점을 제외하면 〈로보캅 2〉는 이러한 주체 절멸의 무대를 묘사하고 있다. OCP에서 로보캅 2의 뇌를 찾는 일을 맡고 있는 냉혹한 심리학자 팩스 박사(Dr. Fax)는 로보캅을 재프로그램할 때[그녀는 결국 원래 마약 범죄 조직을 주도한 정신분열증 살인자 케인(Cain)의 뇌를 선택한다], OCP의 공적 이미지를 개선하려고 그의 회로망 속에 "금연에 감사합니다", "제때의 바느질 한 땀이 아홉 땀을 덜어준다" 등과 같은 공공 서비스용 상투어를 프로그램화해서 넣으려 한다. 이 재프로그램화 과정에서 로보캅/경찰관 머피의 잔존물은 자신이 누구라고 생각하느냐는 질문에 "머피 경찰관"이라고 말함으로써 프로그램화의 수용을 거부한다. 이에 팩스는 "플라스틱과 전선을 떼고 나면 넌 부검 테이블 위에 놓여 있는 덩어리에 지나지 않아. 심지어 넌 육체라고 할 수조차 없어"라며 경멸적으로 대응한다. 후기 자본주의에서 인간 육체에 통합되지 않는 것과 그 생소한 기능에 대해 이런 이미지를 전달한 뒤, 그녀는 자신의 컴퓨터에 타이핑을 한다. 이에 로보캅은 단조로운 쉰 목소리로 의무감에 차서 "나는 로보캅 법 집행관이다"라고 답한다. 팩스는 타이핑을 치면서 "내가 타이핑을 해야 너는 생각할 수 있어"라고 말한다. 그리고 로보캅은 "당신이 타이핑을 해야 나는 생각한다"
고 대답한다. 둘의 대화는 다음과 같이 이어진다. 팩스: "넌 정말 운이 좋
은 거야. 몇 년이 걸리는 정신병 치료를 잠깐 만에 했으니 말이야." 로보캅:
"난 정말로 운이 좋다." 팩스: "넌 자유야. 걱정도 없고 의심도 없고 궁금한
질문도 없지." 로보캅: "난 자유다."

　마르크스는 계몽주의를 자본의 팽창 과정에 의해 전(前) 자본주의적 생
산 양식이 해체되는 것이라고 설명하며《정치경제학 비판 요강(Grundrisse)》
에서 인간 존재들이 정확히 아무런 가치도 갖지 않는 순간 '자유로워'진다
고 말한다.[19] 머피를 자유롭게 해주듯 팩스는 기술자에게 "이제 준비됐으
니 프로그램을 탑재해"라고 말한다. 그러곤 진지한 기업인의 목소리로 로
보캅에게 "우리가 이렇게 대화할 기회를 갖게 되어 정말 기뻐"라고 말한다.
소통이라는 미명 아래 개인을 철저히 짓밟고 자본이 의도한 논리에 접속되
어버리는 이러한 담론적 상황은 매개(mediation) 일반을 설명하는 매우 유
용한 비유다. 지리학적으로 말해, 이런 비유는 지구의 점점 더 많은 부분
을 '자유로운 세계'로 통합하고자 하는 초국적 기업의 욕망에서 그 등가물
을 발견할 수 있으며, 가령 롭 윌슨이 "태평양을 캘리포니아 남부와 포스트
모던 일본을 연결하는 일종의 탈물질화한 사이버 공간으로 변형하는 과정"
이라고 말한 것에서 잘 나타난다.[20] 장소(들)를 새로운 정보망에 예속시키
는 그 엄청난 공간의 파괴는 후기 자본주의에 수반된 인간 주체성의 절멸
에 대한 지리학적 등가물이라 할 수 있다.

비의지적인 것이나 〔포스트모던적 상황에서 단지 동일한 과정(즉 자의적인 것의 합리
화)의 영원 회귀를 알리기 위해 더욱더 자주 출현하는〕 사유의 주변부를 초월하려
는 시도와 씨름하며 들뢰즈와 가타리는《천 개의 고원》에서 "요컨대 우

리는 외부의 이름으로는 충분히 글을 쓸 수 없다고 생각한다"[21]고 말한다. 여기서 사유의 실존적 영토를 기술하기 위해 들뢰즈와 가타리가 창안한 용어가 〈로보캅 2〉에서 그린 세계를 적절히 묘사하고 있다는 것은 놀랍지 않다. 왜냐하면 각 체제는 더 이상 외부로 간주할 수 없는 이런 삽입된 (intercalated) 요소의 국지적 발생과 싸우기 때문이다. 예를 들어, 로보캅은 "기계적 배치", "전쟁 기계", "기관 없는 신체"로 사유할 수 있다. 비록 이런 용어가 로보캅이나 누크를 기술할 때는 약간 다른 식으로 기능한다 하더라도, 이것들이《천 개의 고원》에서 〈로보캅 2〉로 쉽게 번역된다는 것은 들뢰즈적 사유의 **혁명적 힘**, 혹은 역으로 대중문화의 혁명적 잠재력(또는 그 부재)과 관련해 일정한 철학적·정치적 질문을 제기한다.

들뢰즈에게 그 배치는 "많은 이질적인 항(term)들로 구성되며 나이, 성별, 영향력같이 상이한 본성 사이의 혹은 이것들을 가로지르는 접속과 관계를 수립하는 하나의 다양체다. 그래서 배치의 유일한 통일성은 이것들의 공기능, 즉 공생과 '공감'의 통일성이다. 중요한 것은 수직적 혈연관계가 아니라 수평적 연합 혹은 혼합이다. 이것들은 상속이나 계통이 아니라 전염, 감염, 바람(wind)이다".[22] 들뢰즈에게 배치란 욕망으로 기계화되어 있다. "욕망: 사제(priest) 외에 과연 누가 그것을 결여라고 부를 수 있겠는가? 니체는 이를 '**권력 의지**'라고 불렀다. 욕망은 결코 쉬운 것이 아니다. 그것은 결여가 아니라 공급하는 것이기 때문이다."[23]

들뢰즈에게 욕망이란 생산적이고 긍정적이며 집단적인 것이다. "심지어 평면의 구성인 개성조차 정치학이다. 이것은 '집단', 집합적 배치, 일련의 사회적 생성과 필연적으로 연관되어 있다."[24] 배치란 욕망에 의해 구성되는 동시에 욕망을 구성하기 때문에 이는 잠재적으로 일관성의 평면 (the plane of consistency) 혹은 조직화의 평면(the plane of organization)을 생성할 수 있다. 전자는 욕망의 흐름을 가능케 하고 리좀(rhizome), 모나드 (monad), 기관(organs) 없는 신체와 연합한다. 반면 후자는 들뢰즈가 소수적 (minoritarian) 욕망이라 부른 것을 차단하며 계층화의 장(field of stratification) 을 생산한다. 정말로 어떤 의미에서 이러한 평면(일관성의 평면과 조직화 의 평면)은 가역적이다. 즉 일관성의 평면과 조직화의 평면은 하나의 막 (membrane, 膜)의 양면으로 이해할 수 있다. 일관성의 평면은 기관 없는 신 체처럼 그 표면을 따라 욕망의 자유로운 흐름의 가능성을 만들어낸다. 요 컨대 이것은 탈주선이 일어나는 공간이다. 일관성의 평면은 리좀적이며, 조직화의 평면처럼 수목적(arborescent, 樹木的)이지 않다. 리좀은 분자적이고 소수적이다. 반면 수목은 몰적(molar)이고 다수적이며 국가적이다. 들뢰즈 는 국가를 탈영토화하는 다양한 '관점'을 활성화하는 방식으로 언어를 배 치한다. 그는 국가의 기능을 폭로하고 반박하고자 하는 (정확히 말하면, 개념 이 아닌) 철학적 사건을 생산한다. 그러므로 이것임(특이성), 탈주선, 일관성 의 평면, 다양체, 분자성, 욕망, 노마드, 리좀, 기관 없는 신체, 전쟁 기계 사이에는 일정한 연관성이 있다. 이것들은 욕망을 위협하는 국가의 다양한 형태, 즉 수목, 조직화의 평면, 계층화의 장, 몰적 특성, 전체성, 조직화한 신체, 제도적 신(god), 마르크스와 프로이트 같은 형태와 반대되는 차이적 차원성과 시간성으로 표현되는 욕망의 구성적 화용론(pragmatics, 話用論)을 강조한다. 로보캅/머피는 내가 《천 개의 고원》에서 다소 거칠게 선별한 이 두 가지 용어 간 막(膜)의 관점에서 이해할 수 있다.

비록 들뢰즈가 전쟁 기계를 "국가 장치에 외재적"[25]인 것으로 정의하긴 하지만 우리는 그의 용어들이 갖는 가역성에 주의해야 한다. 이것이 로보 캅을 동시에 두 가지 기능으로, 한편으로는 〈로보캅 2〉에서 국가를 옹호하 는 기능을 하고 청중으로부터 동일시를 획득하고자 하는 탁월한 국가의 기계적 배치(들뢰즈가 볼 때, 가장 반동적인 활동)로서, 다른 한편으로는 국가 의식을 해체하는 전쟁 기계로 기능하는 것으로 사고할 수 있도록 해주는 이유다. 로보캅은 전쟁 기계로서 소수적인 것으로 이해할 수 있다. 정말로 들뢰즈와 프루스트가 우리에게 명령하듯 로보캅/머피는 "자신의 언어로 말하는 외국인(a foreigner in his own tongue)"처럼, 즉 초코드화로부터 탈주하는 하나의 정신(spirit)처럼 말한다. 그는 기계의 구속뿐만 아니라 육체에 대한 과거의 결정으로부터도 탈주하고자 한다.

   (로보캅, 로보캅 2 그리고 누크가 각각 다른 방식으로 실행하는) 이러한 시도가 국가에 대항하는 혁명이 될 수 있을까 하는 문제는 일부 들뢰즈적 범주가 갖는 정치적 가치의 역전 가능성에서 반복된다. 즉 그의 범주는 되기(becoming)의 정치적 진보성을 **보장하지** 않는다는 사실에 의해 반복된다. 때때로 들뢰즈적 범주가 국가에 대해 급진적 입장을 약속하는 것처럼 보인다 하더라도 (이것이 들뢰즈가 마치 대학 강단에서의 창조적 글쓰기라는 직업처럼 사변적인 백인을 위한 마지막 도피처를 제공하는 것처럼 보이는 이유다), 이러한 범주는 역전 가능하다. 들뢰즈의 텍스트가 생산해낸 강렬함에 대해서, 〈로보캅 2〉와 관련한 이러한 읽기에 대해서, 그리고 아무리 생략적이더라도 스스로 '선하다'고 느끼길, 즉 스스로를 도덕성의 틀 내에서 느끼길 욕망하는 그 어떤 사회 변혁의 이론에 대해서 이러한 역전 가능성은 중요한 의미를 갖는다. 이런 정치적 역설은 인간을 "탈영토화한 동물"로 정의하는 《디알로그》의 다음 부분에서 명확하게 읽을 수 있다.

   그들이 영장류가 자신의 앞발을 땅에서 떼고, 손을 우선 자유롭게 움직여 무언가를 움켜잡을 수 있게 되었다고 말했을 때, 이것은 탈영토화의 문턱이자 양자(quanta, 量子)이다. 그러나 그럴 때마다 보충적 재영토화가 일어난다. 앞발이 탈영토화해 자유롭게 이동 가능해진 손은 나뭇가지 위에 재영토화된다. 그리하여 손은 나무와 나무 사이를 이동하는 데 사용된다. 이제 탈영토화해 이동 수단이 된, 잡을 수 있는 손은 도구라고 부르는, 떨어져나오거나 빌린 요소 위에 재영토화하면서 도구를 휘두르거나 멀리 던져버릴 수 있다. 그러나 '막대기'라는 도구는 그 자체가 탈영토화한 나뭇가지나 마찬가지다.[26]

이러한 정식화가 다양체, 즉 목적론적 연장에 속하는 하나의 논리가 아니라 증식하는 다수의 논리에 관심을 갖지 않았더라면, 이는 변증법적이었을 것이다. 사이보그의 이미지를 통해 이것은 들뢰즈적 정식화의 역설, 즉 탈/재영토화의 잠재적 대칭성이라는 역설 혹은 항들(terms) 간의 가역성이라는 역설을 표현한다. 재빨리 '귀류법(reductio ad absurdum)'•이 되어가는 이러한 견해에서 모든 운동은 혁명적이면서 동시에 반동적이다. 욕망은 국가와 그 외부에 놓여 있는 것, 즉 '스텝(steppe) 대초원' 사이의 막을 따라 이동한다. 간단히 말해, 이 입장에 따라 로보캅은 육체와 기술의 탈영토화, '말벌과 난초'의 기계적 배치로 이해할 수도 있고, 반대로 새로운 국가에 의한 육체와 기술의 재영토화로도 이해할 수 있다. 하지만 들뢰즈적 주장은 이러한 윤리적 틀을 함축하는 그 어떤 '입장'의 채택도 반대한다. 우리는 여기서 앉아서 생각만 하기보다 비파시즘적(nonfascist) 삶을 준비해야 할 것이다. 그러나 탈/재영토화의 드라마는 언제 어떻게 스펙터클한 광경으로서 우리를 황홀하게 사로잡을 것인가? 그 스펙터클은 언제 우리 자신의 신체 속에서 이러한 드라마의 전개 자체가 되는가?

• 어떤 명제가 참임을 증명하려 할 때, 그 명제의 결론을 부정함으로써 그 가정이나 공리가 모순됨을 보여 간접적으로 그 결론이 성립한다는 것을 증명하는 방법.

둘 중 하나(either/or)와 '그리고(and)'의 충동에 맞선 들뢰즈적 금지는 욕망을—내가 위에서 기술했듯—지나치게 단순 논리적이고 순결주의적으로 (그리고 파시즘적으로) 대칭적 관계 속으로 되돌려놓는다. 배치는 텅 비어 있는 형식, 즉 힘을 결여한 메마른 건축물이 아니다. 그것은 욕망에 의해 구축되고 활기를 띤다. 늘 그렇듯 질문은 그 배치의 항목들로 무엇을 해야 하는가, 그 항목들은 어떻게 전개되는가 하는 것이다. 그 항목들의 전개 자체가 바로 욕망의 표현이다. 들뢰즈는 탈영토화와 재영토화의 개념으로 도너 해러웨이(Dona Haraway)가 사이보그에 대해 말했던 것을 제대로 설명한다. 요컨대 "사이보그는 원초적 통일성의 단계, 즉 서구적 의미에서 자연과의 동일성이라는 단계를 뛰어넘는다".[27] 이것은 적어도 불안정한 상황, 즉 결과를 배분하게 될 힘을 사전에 알 수 없는 정신의 불균형 상태를 보여준다. 그 속에는 새로운 상황을 촉성(促成)하는 내재성이 있다. 하지만 오늘날의 스펙터클은 둘 중 하나 혹은 둘 모두의 상황을 제공하기보다는 정말로 '저런!(Duh!)'의 상황—즉 정확히 심사숙고를 통해 성취하는 미리 파악된 결과가 아니라 생각을 넘어선 결과—을 창조할 수도 있다. 후기 자본주의적 절멸의 드라마가 우리의 본능을 흥분시키는 것은 우리를 그 스펙터클에 탐닉하도록 만드는 한편 중독자의 무기력 상태로 방치하기 때문이다.

마르크스주의 이론과 음모론을 비판하면서 들뢰즈는 "자신을 엄격하고 청렴하며 '염세적인' 사상가로 보이기 위해 지극히 교활한 지배자에 관해 말하는 사람은 얼마나 슬프고 거짓된 게임을 행하고 있는가?"《디알로그》, 146쪽)라고 쓴 적이 있다.

혁명의 영원한 불가능성과 전쟁 기계 일반의 파시즘적 회귀에 기대를 거는 대신, 우리는 왜 **새로운 유형의 혁명이 가능해지고 있다**고, 그리고 온갖 종류의 변이적이고 생성적인 기계가 전쟁을 수행하고 서로 결합해 세계와 그 국가들의 조직화의 평면을 약화시키는 일관성의 평면을 추적해간다고 생각하지 않는 것입니까? 왜냐하면, 한 번 더 말하면, 세계와 그 국가들은, 혁명가들이 그들의 평면의 단순한 기형에 얽매이지 않듯 그들의 평면의 지배자가 아니기 때문입니다. ……혁명의 미래에 관한 질문은 좋은 질문이 아닙니다. 그런 식으로 질문하는 한 혁명가가 **되지** 못하는 사람들이 많으니까요. 그것이 정확히 그렇게 되는, 즉 모든 차원, 모든 장소에서 민중의 혁명가 되기(revolutionary-becoming of people)라는 문제를 차단하는 이유입니다.[28]

이러한 정식화는 메타적 설명의 한 형식으로서 도덕주의에 대한 거부다. 〈로보캅 2〉의 환경 속에서 피(blood)는 매순간 흐르고 모든 구조와 기계의 운동 자체를 부드럽게 돌아가게 한다. 죽음의 전개는 자의적이다. 왜냐하면 사회적 기계는 개인들을 강타하기보다는―왜냐하면 개인들은 서로 무관하기 때문이다―상대방 기계를 서로 강타하기 때문이다. 로보캅과 로보캅 2가 스크린에서 기관총을 갖고 놀랄 만한 파괴력을 보이며 끝까지 싸울 때, 그들은 자신이 표현하는 두 가지 경쟁적인 거대 논리 간 투쟁, 즉 '민주주의' 국가와 사유재산 간 전투를 상징적으로 나타낼 뿐만 아니라 인간의 피를 지속적으로 쏟게 만든다. 영화의 백미가 기계들 간 전투이기 때문에 피는 프레임의 가장자리, 즉 주변에서 흐른다. 죽음은 방관자들에게, 즉 영화에서 관객의 실질적 대응물이라고 할 수 있는 단역 배우들에게 임의적으로 배당된다. 육체의 절대적 주변화로 나아가는 경향은 인간주의적인 주체적 동일시의 가능성이 종언을 고했음을 보여준다. 말하자면, 이것이 들뢰즈의 기획이다. 이것은 〈로보캅 2〉와 《천 개의 고원》이 탈영토화를 성취하기 위해 지배 모순의 심화를 비슷한 방식으로 성취하고 있음을 보여준다.

〈로보캅 2〉의 주인공인 로보캅은 주요 캐릭터이면서 동시에 더 이상 인간이 아니다. 로보캅은 그 자체로서 모든 영화와 모든 재현의 진리를 드러낸다. 이른바 타자, 즉 주인공과 우리의 동일시는 기계로부터 생겨난 형상, 요컨대 기계의 형상과 우리의 동일시이며, 바로 이런 형상은 영화 장치 속에서 최상으로 표현된다. 잡지 표지에 실린 말런 브랜도(Marlon Brando)와 지미 딘(Jimmy Dean), 그레이스 켈리(Grace Kelly), 프레드 애스테어(Fred Astaire), 진저 로저스(Ginger Rogers), 허공에서 춤추는 마돈나(Madonna), 심지어 영화에 등장하는 엄마와 아빠(Mom and Dad)조차도 실제 대중적 매개에서 육체적 교감을 위해 등장하는 것이 결코 아니다. 오히려 그들은 정확히 로보캅이 재현하는 것, 즉 기계적 배치, 노래하는 기계, 춤추는 기계, 살해하는 기계, 사이보그, 기술과 육체와 욕망의 배치로서 존재한다. 파편들의 배치에 주어진 연속성의 환상이 언제 이런 환상이 생산의 관점으로부터 해체될 것인지, 그리고 언제 파편들이 파편으로서 파악될 것인지를 보여주듯 영화의 캐릭터는 단편적 캐릭터이며, 또한 단편적 주체와의 동일시를 이끌어낸다. 관객으로서 우리도 이런 단편적 주체다. 우리의 단편들은 굴절된 주체성의 그림자 연극 속에서 그들의 단편들과 춤을 추고 있다.

로보캅이 누크의 창고에 들어설 때, 그는 초대 마약왕 케인이 수집한 엘비스(Elvis)의 유골함과 마주친다. 엘비스 기록관은 엘비스가 로보캅의 선구자이며 어쩌면 최초의 포스트모던 사이보그였음을 보여준다. 엘비스 자신이 하나의 기계였다. 번쩍이는 양복, 악기, 뼈와 골반은 모두 매스미디어와 연계되어 기능한다. 정교하게 짠 관 속에 정장을 차려입고 누워 있는 엘비스의 뼈는 여전히 번쩍이는 그의 이미지 포스터와 너무나 대조를 이룬다. 영화 주인공과 스타들은 사이보그로 이해됨으로써 탈자연화한다. 우리의 의미(meaning)가 유통되는 문화 환경이 그렇듯 말이다. 따라서 문화적 아이콘과의 동일시 또한 그 생산 장치가 드러나면서 탈자연화한다. 기계적 상호 관계와의 동일시 속에서 의식과 육체의 기계적 현실은 집단적·역사적 욕망의 형성물로서 드러난다. 우리가 불만 때문에 탈영토화를 욕망하게 된다는 사실은 어쩌면 후기 자본주의적 절망에 대한 자본주의적 전유를 위한 기회가 될지도 모른다. 이러한 욕망은 잠재적으로는 혁명적이지만, 그 욕망이 자본을 채워줄 때 그것은 실패한 혁명을 낳는다. 요컨대 〈로보캅 2〉의 관객으로서 그리고 더욱 일반적으로는 포스트모더니즘의 관객으로서 우리는 주인공-주체의 해체를 통해서뿐만 아니라 (이것은 필연적인 추론인데) 제국주의 국가의 내파(implosion, 內破)와 함께 주체성의 내파에 수반되는 극단적 폭력(죽음, 유혈, 고통스러운 비명, 터지는 폭탄, 거대한 규모의 힘, 영상화한ー또한 편재하는ー재앙과 살인)의 영화적인(나아가서 원격 시각적이고 건축적인) 경험을 통해서도 주체로서 우리 자신이 말소되는 경험을 할 수 있다. '자아'로부터 타자로 방향을 바꾸어가면서 국가적 자아의 유지를 강화했던 제국주의적 폭력의 벡터는 스스로 파편화할 정도로, 그와 동시에 자아와 타자의 이분법이 파열될 정도로 강화되었다. 이러한 자아의 말소, 편재하며 자의적인 폭력적 상황의 정신분석학적 표현, 숭고로 알려진 미학적 표현은 포스트모던 숭고의 범주에 속하는 경험에 새로운 가능성을 제시한다. 이런 관점에서 포스트모던 숭고성은 인간주의적(또한 제국주의적이라고도 읽힌다) 사고를 부정하는 힘들의 강화로부터 생겨난다. 하지만 이것이 그 어떤 폭력의 감소를 뜻하는 게 결코 아닐 뿐 아니라 이런 문제 때문에 제국주의 내에서 이러한 특성과 조건의 단순한 변화를 의미하지도 않는다.

들뢰즈가《시네마 2》에서 관객을 "정신적 자동 기계(spiritual automaton)"로 언급했을 때, 이는 모든 전후(戰後) 영화의 잠재적 효과에 관해 말한 것이기도 하다. 벤야민의 영화적 '분산(distraction)'은 그에게 혁명적 잠재력을 갖는 것이었다. 왜냐하면 정확히 국가주의적 형태의 주체성〔집중적 사고(contemplation)〕을 부정할 수 있었기 때문이다. 분산, 즉 우리가 영화(그리고 건축)를 지각하는 상태는 본능적 사건, 하나의 물질적·지각적 실천(적어도 건축에서는 건물을 삶을 위한 기계가 아니라 스펙터클로 구성하는 현대 건축의 건축가 건물이 또한 이런 실천을 변화시키고 있다)이었기 때문에 그것은 벤야민에게 일종의 탈물화(de-reification)였다. 하지만 분산으로 무슨 일이 일어날 것인가 하는 것은 남은 과제이며 앞으로도 지켜봐야 할 것이다. 지금까지 말한 것은 안타깝지만 즐거워해야 할 일은 거의 없는 듯하다. 가상현실주의자(가상현실의 공학자)들이 촉지적 시각화(haptic visualization)라고 부른 것은 사고와 지각의 규범적 회로의 교체를 통해 기능하는 분산의 화용론에 근접하는 것이다. 이것에 근접하는 또 다른 예는 포스트모던 숭고일 것이다. 이것들은 각각 강화를 통한 욕망의 방출을 실행한다. 하지만 "이것이 방출되어 무엇이 되는가, 그리고 그 방출이 성취하는 것은 무엇인가?" 하는 질문은 여전히 남는다.

비록 《시네마 2》에서 영화/의식에 대한 들뢰즈의 견해에 관해 모종의 은밀한 헤겔주의(crypto-Hegelianism)를 지적해볼 수 있다 하더라도, 그가 영화와 의식을 융합한 것은 되기(becoming)의 새로운 힘을 해방한다. 순수 의식으로서 영화는 이성중심주의와 변증법을 비롯한 주체/객체의 패러다임을 해체한다. "인간은 마치 순수한 시각적·음향적 상황에 존재하듯 세계 내에 존재한다."[29] 이러한 통찰은 들뢰즈에게 사실상 관념론의 종언이자 철학의 기획을 나타낸다. "영화가 제기하는 것은 사유의 역능이 아니라 사유의 비역능(impower)이며, 이것을 제외하면 사유는 어떤 다른 문제도 결코 지녀본 적이 없다."[30] 들뢰즈에게 영화는 사유가 자기 자신과 만나도록 강제하고, 바로 그렇게 만나는 순간 사유를 궁지로 몰아넣는다. 그 증거로서 들뢰즈는 매체에 대한 조르주 뒤아멜(George Duhamel)의 거부를 인용한다. "나는 내가 사유하고 싶은 것을 더 이상 사유할 수 없다. 움직이는 이미지가 나 자신의 사유를 대신하게 되었다."[31] 나아가 들뢰즈는 예이젠시테인(S. Eisenstein)에 대한 아르토(A. Artaud)의 답변에 대해 "만약 사유가 그것(신경, 골수)을 생산하는 충격에 의지하는 것이 사실이라면, 그것은 오직 한 가지만, 즉 **우리는 아직까지 사유하고 있지 않다는 사실**에 대해서만 사유할 수 있을 뿐이다"[32]고 파악한다.

들뢰즈는 다시 한 번 아르토를 인용하면서 다음과 같이 쓴다. "그것은 정말로 영화를 두뇌의 내밀한 현실과 결합하는 문제다. 하지만 그 내밀한 현실은 〔예이젠시테인에서처럼〕 전체(the Whole)가 아니라 반대로 틈이나 균열이다."[33] 이런 균열은 의식(consciousness)의 국가 기능에서 균열로 나타난다. "영화는 세계를 찍는 것이 아니라 세계에 대한 믿음, 즉 우리의 유일한 연결 고리를 찍는 것이다."[34] 그러므로 들뢰즈에게 영화와 그 의식은 내재성의 복원 가능성을 제공한다. 믿음이란 복수적이고 생성적이며 단적으로는 욕망이다. 이것은 세계에 대한 욕망이되 재현 속에서 나타나는 것과는 다른 것으로, 그리고 우리를 부정할 때의 그것과는 다른 것으로서 세계에 대한 욕망이다. 이것은 잠재적으로 탈주선을 구성하는 욕망이다.

긍정적으로 말하면 영화는 국가, 전쟁 기계, 국가 의식의 탈영토화를 위한 행위자와 연관해서 유목적이라고 생각해볼 수 있다. 어떤 이들에게는 〈로보캅 2〉가 젠더, 성, 미디어, 기억, 육체, 공론장 같은 구체화된 개념에 관한 관료화한 사유의 한계를 강화하는 비의지적 조우를 의식에 제공함으로써 의식의 구성 요소를 탈영토화하는 것으로 보일 수 있다.[35] 영화와 관객의 사이버네틱 장치가 특정한 부르주아적 그리고/또는 초국적 이데올로기를 재기입할 때조차도 이 모든 활동은 일어날 수 있다. "아르토는 구체적인 영화 기술적 관점에서 볼 때 선구자다. ……왜냐하면 그는 함정에 빠진 사유가 탈출구를 찾고자 하는 '현실적인 정신적 상황'을 지적하기 때문이다."[36] "장뤼크 고다르(Jean-Luc Godard)가 영화 〈국외자들(Bande a part)〉에 대해 현실적인 것은 사람들이고, 도주하는 것은 세계라고 언급"[37]했듯이 말이다. 역설적이게도 세계가 자신이 투사하는 도상(icon)들로부터 벗어나는 탈주선을 추구하도록 촉구하는 것이 영화다.

나는 이 마지막 문장이 낙관적으로 들린다는 것을 잘 알고 있기 때문에 이를 포스트모던적 예찬이라는 미국 중심적인 역겨운 형식과 구분 짓고 싶다. 또한 매개의 혁명적 잠재력은 오늘날 베르토프(D. Vertov)나 예이젠시테인 같은 사람들의 이른바 토착적 유토피아주의와도 구분해야 한다. 그들은 각자의 방식으로 기술이 재능 있는 지식인의 주도 아래 세계의 혁명적 변혁을 과학적으로 이루어낼 것이라고 믿었다. 영화—그 추상적 형식—는 자유, 자기결정, 과학, 변증법 같은 인간주의적 개념과는 아무런 필연적 연관성도 없다. 영화는 잠재적으로 태도, 즉 들뢰즈가 "욕망할 권리"라고 부른 것을 창조한다. 그 '권리'가 분명히 개인을 위한, 어쩌면 집단을 위한 해방 전략이라 하더라도 그러한 권리가 없는 사람들을 보호하는 방식으로는 별로 기여하지 못한다. 비록 들뢰즈가 타인의 해방을 위해 열심히 활동하는 십자군의 필요성을 무시하고 해방의 책임을 배치 그 자체에 둔 것이 옳은 듯 보일지라도, 그것이 자유방임적 자본의 체계를 정확히 반영한다는 점은 주목할 필요가 있다. 이러한 발언은 들뢰즈에 대한 변증법적 비판이며, 들뢰즈가 변증법을 부인하는 이유일 것이다.

우리는 들뢰즈의 영화 팬, 즉 오늘날의 '정신적 자동 기계', 대중적 매개의 회로 내에서 육체적 접속점이 스스로 그 자극을 "선택한다"는 점 때문에 마조히스트(masochist)와 많은 공통점을 갖는다는 점을 덧붙일 수 있다. 그래서 어떻단 말인가? 들뢰즈에게 "마조히스트는 기관 없는 신체를 구성하고 욕망의 일관성의 평면을 생산하는 하나의 방법으로서 고통을 이용한다".[38] 영화 속에서(혹은 다른 곳에서?) 극단적 폭력이 일관성의 평면에 도달하도록 강제하는 일이 가능하다. 〈로보캅 2〉 같은 사이보그 영화 속에서 젠더, 미디어, 육체, 기억, 공론장, 섹슈얼리티의 탈영토화를 목격하며 우리는 우리의 감각을 마조히스트의 것과 유사한 프로그램에 맡긴다.

> 프로그램 …… 밤에 마구(bridle, 馬具)를 씌운다. 욕조에서 나온 뒤 내 손을 사슬이 달린 재갈이나 큰 벨트에 단단히 묶는다. 마구 전체를, 고삐와 엄지손가락을 죄는 기구를 지체 없이 채우고, 그것으로 마구를 단단히 잡는다. 그리고 내 음경은 금속제 보호대 속에 집어넣어야 한다. 주인이 바라는 대로 낮이나 밤이나 2시간 동안 고삐를 쥐고 말을 탄다. 3~4일간 말을 가두어두고, 손은 단단히 묶어두고, 고삐는 조였다 풀었다를 반복한다. 주인은 채찍 없이는 또는 채찍을 사용하지 않고는 결코 말에 다가가지 않을 것이다. 만약 말이 참지 못하거나 말을 듣지 않는다면, 고삐를 좀더 단단히 조일 것이다. 주인은 고삐를 쥐고 그 짐승을 호되게 채찍질할 것이다.(《천 개의 고원》, 155쪽)

들뢰즈에게 마조히스트는 "본능적인 힘"을 전달되는 힘으로 대체하기 위해 그 힘을 파괴한다.[39] 그는 "사실상 이것은 파괴라기보다는 교환이자 유통이다('말에게 일어난 일은 나에게도 일어날 수 있다')"[40]고 말한다. 위의 장면에서 초코드화의 두 가지 형식, 즉 마구간의 형식과 마조히스트의 형식이 마조히스트를 탈영토화함으로써 기관 없는 신체 내에 욕망의 흐름을 열어놓는 동물 되기(becoming animal)를 통해 서로 게임을 펼친다. 신체는 중층 결정을 그 한계까지 밀어붙임으로써 자신의 '고유한' 조직을 잃는다. 해러웨이의 〈사이보그 선언문(Manifesto for Cyborgs)〉에서처럼 들뢰즈는 계층화, 조직화, 교회와 국가의 구성체를 종식시키기 위해 괴물스러운 것(the monstrous)을 욕망한다. "필연적으로 괴물 같은 잡종이 나타날 것이다. 일관성의 평면은 모든 기관 없는 신체의 전체성, 즉 내재성의 순수한 다양체가 될 것이다. 그 한 부분은 중국적이거나 미국적이거나 중세적이거나 다소 도착증적일 수 있지만 모두 일반화한 탈영토화의 운동 속에 존재한다. 그 속에서 각각의 사람은 하나의 자아(Self)로부터 성공적으로 추출하게 될 취향에 따라서, 주어진 구성체에서 성공적으로 추출하게 된 정치학과 전략에 따라서, 그리고 자신의 기원으로부터 추출해낸 특정한 절차에 따라서 자신이 할 수 있는 것을 취하거나 만든다."[41] 순환의 새로운 형식이 지배적 유통을 중지시키고 새롭게 연결하는 것이다.

이것은 도덕성, 곧 마르크스와 프로이트에 대한 하나의 대안이다. 심지어 우리의 탈영토화한 일부가 페르시아만에서 전쟁을 치르던 어제도 여전히 이것들은 우리를 좌절시키고 있다. 기관 없는 신체만이 현재의 거대한 파국을 기입할 수 있고 비관료주의적이고 비국가주의적인 "사전에 알려진 결과"를 따르지 않으며, 초월이 아니라 오직 내재성 속에만 존재하는 비파시즘적 혁명을 생성할 수 있다. 물론 그렇게 되지 않을 가능성도 존재한다. 비록 포스트모더니즘의 이율배반적 구조, 예를 들어 동일성과 탈영토화 사이의, 분산과 주체적 강화 사이의, 또는 좋은 대상으로서 사이보그와 종말로서 사이보그 사이의 대립이라는 외견상 막다른 지점 위에서 끝맺는 것이 부적절해 보일 수 있지만, 이러한 미결정성이라는 사실과 이런 미결정성에 대한 진술은 머지않아 제대로 효과를 발휘할 것이다. 함께 앉아 자연

발생적 사건을 구상하고자 한 키르케고르(S. A. Kierkegaard)의 철학자들처럼 현재의 아포리아는 우리를 전혀 예기치 못한 방식으로 우리 자신들 너머로 인도할 수도 있다. 하지만 여기서 우리는 닥친 일에 충실하기(to be worthy of what happens to us)라는 들뢰즈의 윤리학에 대한 정의를 떠올리길 바랄 뿐이다.[42]

주

1. Paul Virillio, *Speed and Politics: An Essay on Dromology*. trans. Mark Polizzoti (New York: Semiotext[e], 1977).

2. 이것은 바흐친이 쓴 《대화적 상상력(The Dialogic Imagination)》의 핵심 사상이 기도 하다. 예를 들어 바흐친은 우리의 외부로부터 와서 다성성(polyphony)과 대화성(dialogism)을 억압함으로써 국가의 역할을 수행하는 통일적 단일 언어를 통제의 '기술(technology)'로 파악한다. 특히 Mikhail M. Bakhtin, *The Dialogic Imagination* (Austin: University of Texas Press, 1981), chap. 4, "Discourse in the Novel" 참조.

3. 인공두뇌학의 기원을 형성하는 철학과 실천에 대한 매혹적인 설명으로는 Norbert Weiner, *The Human Use of Human Beings: Cybernetics and Society* (Garden City: Anchor Books, 1954) 참조.

4. Elaine Scarry, *The Body in Pain: The Making and Unmaking of the World* (New York: Oxford University Press, 1985).

5. Jonathan L. Beller, "Cinema, Capital of the Twentieth Century," *Postmodern Culture 4*, no. 3 (May 1994) 참조.

6. 어쨌든 인간적 규모의 상상력 붕괴와 관련해 쾌락이 수반되지 않으면, 이러한 후자 형태의 폭력과 위반은 포스트모던한 것으로 간주할 수 없다. 여기서 나의 과제 중 하나는 대규모 폭력의 미학과 좀더 전통적인 폭력의 실천 간 연속성을 보여주고자

노력함으로써 포스트모더니즘의 이런 양상을 하나의 문화적 이데올로기로서 반박하는 것이다. 이러한 주장은 폭력적인 TV가 폭력을 유발한다는 식의 인과성에 근거한 것(비록 제한된 방식으로 그렇다 하더라도)이 아니라 좀더 복잡한 것, 즉 폭력은 자본하의 표현과 통제 기술에 중심적이며 그리하여 신경생리학적 가능성의 자본주의적 표현의 모든 차원에서 드러난다는 것에 근거한다.

7. 이러한 특징 중 몇 가지에 대한 상세한 검토는 David Harvey, *The Condition of Postmodernity: An Enquiry Into the Origins of Cultural Change* (Cambridge: Blackwell, 1990) 참조.

8. 이러한 통찰은 루카치의 〈물화와 프롤레타리아 의식(Reification and the Consciousness of the Proletariat)〉에서 개념적 극단의 모습을 보여주는데, 프롤레타리아가 자신이 역사의 주체-객체라는 자기의식으로 진입하는 것이 자본주의적 질서의 해체를 나타낸다고 주장한다. Georg Lukács, "Reification and the Consciousness of the Proletariat," *History and Class Consciousness* (Cambridge: MIT Press, 1971).

9. 나는 여기서 이데올로기적 부름에 대한 반응으로 주체의 내적 공고화를 보여주는 알튀세르적 호명의 여러 가능한 형태에 관해 생각한다. Louis Althusser, "Ideology and Ideological State Apparatuses," *Lenin and Philosophy* (New York & London: Monthly Review Press, 1971) 참조.

10. Walter Benjamin, *Illuminations* (New York: Schocken Books, 1969), p. 221. 공인된 것은 아니지만 들뢰즈는 벤야민에게 큰 빚을 지고 있는 것 같다.

11. Gilles Deleuze, *Proust and Signs*, trans. Richard Howard (New York: G. Braziller, 1972), pp. 138-139.

12. 나는 국가주의뿐만 아니라 다른 많은 통찰에 대해 네페르티 지나 M. 타디아 (Neferti Xina M. Tadiar)에게서 도움을 받았다.

13. 나는 다른 글에서 영화가 산업적 실천에 의한 시각적 장(field)의 식민화를 나타낸다고 주장한 바 있다. 물질/자본의 재단과 편집을 수반하는 조립 라인 생산 방식이 하나의 원초적 영화 처리 과정(proto-cinematic process)이라면, 상품 유통은 그 자체로 원초적 영화의 한 형태, 즉 인간 세계로부터 추상화한 채 손이 닿지 않는 곳으로 흘러가는 이미지다. 영화는 이러한 관계성이 시각적 장 속으로 나아가는 운동이며 또한 자본주의적 생산 관계가 점점 더 추상적이고 비물질화하는 차원을 띠게 되는 하나의 시각적 경제의 출현을 개시한다. 앞서 인용한 "Cinema, Capital of the Twentieth Century" 외에 저자의 논문 "The Circulating Eye,"

Communication Research 20, no. 2 (April 1993), pp. 298-313 참조. 좀더 상세한 논의는 나의 박사 논문 *The Cinematic Mode of Production* 참조.

14. 동일시(identification)의 위기에 대한 특히 비철학적이지만 매혹적인 견해로는 Robert Reich, "Who is Them," *Harvard Business Review* (March-April 1991), pp. 77-88 참조.

15. 침식해 들어오는 문화 논리와 문화적 성소 간 이러한 역학은 미국에서 '마술적 리얼리즘(magical realism)'으로 알려진 라틴아메리카 소설의 주된 특징이다.

16. 비의지적인 것이 매체(media)라는 주장과 더불어 매개(mediation)에 대한 신중한 정의가 필요하다. 매개라는 개념의 극단적 한계에서 볼 때 **어떤 것도 매개를 벗어날 수 없다**고 말해두자. 채소 트럭 운반부터 첨단 영화 그리고 대화(conversation)와 잔디 재배에 이르기까지 모든 움직임은 매개다. 요컨대 매개는 유동체(flux)에 대한 우리의 개념을 대체하게 될 것이다. 왜냐하면 매개는 순환(circulation)의 우위성을 이해하고 있기 때문이다. 움직이는 다양한 하드웨어는 매체다. 그 하드웨어를 작동하는 소프트웨어(육체, 뇌)는 매개의 형태다. 마찬가지로 하드웨어는 매개되어 있고, 유기적 체계는 매체다. 정확히 말해, 매체와 매개 사이의 구분은 사라지기 직전에 있다. 모든 사물이 운동하고 있다는 게 전혀 비밀이 아니듯 이것들이 이윤을 위해 움직이는 순간, 즉 이것들이 자본주의의 정보망을 통해 움직이는 순간, 이것들이 가치의 흐름을 위해 매개되는 동시에 가치의 흐름을 위한 매체라는 것이 명백해진다. 모든 삶은 상호 교환 가능성의 역학 속의 이런저런 순간에 가치의 스크린을 가로지른다. 들뢰즈처럼 베르그송(H. Bergson)으로 되돌아가 생략법적으로 유동의 존재론을 위한 사례를 구축하기보다는 모든 사유의, 그리고 모든 물질적 현실의 (잠재적) 상호 연관성을 파악하게끔 해주는 하나의 관점이 가능하다고 말해두자. 더욱이 이러한 매개 일반이 매개의 명백한 기술적 형태에 의해 매개된다는 사실이 분명해지고 있다. 간단히 말해, 이러한 생각은 정확히 이것이 좋든 나쁘든 세계 체제 개념과 연계된 정신에 대한 철학적 기술에 해당한다.

17. 내파를 비의지적인 것에 대한 하나의 비유로 사유하기에 앞서 우리의 세기(century)는 비의지적인 것에 대한 여타 다양한 형태를 생산해왔다. 라캉의 "실재", 알튀세르의 "이데올로기와 이데올로기적 국가 장치(ISA)" 그리고 제임슨의 "역사"는 모두 지식의 한계점을 관측할 수 있는 정확한 방식을 통해 비의지적인 것을 표현하는 하나의 비유적 체계를 도입한다. 이러한 표현, 즉 은유를 배분하는 비유적 체계는 그것들이 속했던 사유 학파의 이데올로기를 구축하면서 동시에 배반하는 것으

로 이해할 수 있다(Hayden White, "Introduction," *Metahistory* 참조).

라캉의 경우 실재는 비록 이것이 상징계의 질서를 형성하고 때때로 "실재와의 조우"라고 부르는 것 속에서 이것의 순간적 조건을 때로는 급진적이고도 격렬한 방식으로 재편성한다 하더라도, 실제로는 담론의 접근 밖에 위치한다. 하지만 라캉은 이러한 결여(실재의 내재성)를 언어의 조건 그 자체로 제안한다. 사실상 이러한 전제는 인간의 고통을 자연스러운 것으로 만든다. 이런 점에서 라캉은 비극적 사상가다. 그에게 충족에 대한 부르주아적 방정식은 다음과 같이 진행된다. 즉 모든 욕망은 거세와 상징계로의 진입에서 비롯된 결여에서 생겨난다. "사랑은 욕망에 대한 인정일 뿐만 아니라 인정에 대한 욕망이다." 우리가 "난 널 사랑해"라고 말할 때, 우리가 실제 말하고 있는 것은 "너는 날 만족시킬 수 없는 사람이야"라는 것이다. 충족은 영원히 차단되어 있다. 라캉에게는 결여의 자연화를 통해 욕망의 탈정치화가 전제되어 있을 뿐 아니라 충족은 존재론적으로 불가능해진다.

이데올로기와 이데올로기 국가 장치에 대한 알튀세르의 비유 그리고 역사에 대한 제임슨의 비유는 서로 다르긴 하지만 둘 모두 현상학의 형태인 라캉적 실재처럼 하나의 내부/외부라는 쌍극에 대한 반향에 의존하고 있다. 간단히 말해 '내부'에는 정신이 있고, '외부'에는 사건이 있으며, 또한 그 둘 사이에는 의식적 상호 작용의 생성이 존재한다. 제임슨과 알튀세르 모두 의식과 지식의 범위를 넘어선 곳에서 전해지는 그 무엇을 기록함으로써 의식과 지식의 문제를 이론화하고자 시도한다. 두 사람 모두 의식을 의식 외부에 존재했고 아직도 부분적으로는 의식 외부에 남아 있는 것에 사로잡혀 있는 것으로 형상화하는데, 알튀세르에게는 이것이 외부에 존재하면서 모든 것을 삼키는 국가라면, 제임슨에게 이것은 역사라는 들끓는 변증법적 유동(flux), 즉 "상처를 주는 것(what hurts)"이다. 알튀세르는 그의 구조적인 ISA를 통해 주체화의 원초적 장면을, 호명을 통한 주체의 예시화를 묘사한다. 의식에 대한 이러한 비유는 무엇보다 정치적인데, 그 이유는 이것이 국가 장치의 이면이 되기 때문이다. 이러한 개념 속에서 그는 ISA를 정치 투쟁의 장으로 설정한다. 하지만 이러한 각본은 서사의 시간성이나 그 미묘함을 고려하지 못한다. 그 이론이 의식 자체를 물화의 한 형태로서 구성하기 때문이다.

제임슨의 역사는 의식의 혹은 의식에 대한 자발적이고 비자발적인 영향을 아우르는, 즉 하나의 특정한 역사적 국면의 특수성 내에서 의지와 결정론 사이의 긴장, 요컨대 미시정치적 구조와 거시정치적 구조 사이의 관계를 아우르는 세계적 유동체(world flux)에 대한 비유다. 역사의 비유와 역사화라는 명령이 모든 현상을 정치화한다. 문학적·사회적 분석에서 "역사의 개념"을 생산하는 일의 중요성을 강조한 제임슨은 궁극적으로 해석학에 의지함으로써 역사의 자의식적 주체로서 지식인(the intellectual)을 생산한다. 텍스트를 역사화하는 것은 현상을 정치화하는 해석을 생산하고, 이것들의 상호 연결을 이데올로기의 경계 너머로까지 끌고 간다. 비의지적인 것이란 해석의 주관적이고 객관적인 조건을 제공하고, 제임슨에 따르면 해석의 불가피성을 제공한다.

18. Jean Baudrillard, *America,* trans. Chris Turner (London: Verso, 1988)

19. Karl Marx & Frederick Engels, *Complete Works*, vol. 28 (New York: International Publisher, 1975), p. 218.

20. 이 책에 수록한 Rob Wilson, "*Goodbye Paradise:* Global/Localism in the American Pacific" 참조.

21. Gilles Deleuze & Félix Guattari, *A Thousand Plateaus*, trans. Brian Massumi (Minneapolis: University of innesota Press, 1987), p. 23.

22. Gilles Deleuze & Claire Parnet, *Dialogues,* trans. Hugh Tomlinson & Barbara Habberjam (New York: Columbia University Press), p. 68.

23. Gilles Deleuze & Claire Parnet, *Dialogues,* p. 91.

24. Ibid., p. 91.

25. Gilles Deleuze & Félix Guattari, *A Thousand Plateaus*, p. 351.

26. Gilles Deleuze & Claire Parnet, *Dialogues,* p. 134.

27. Donna Haraway, "A Manifesto for Cyborgs," *Coming to Terms: Feminism, Theory, Politics*, ed. Elizabeth Weed (New York & London: Routledge, 1989), p. 175.

28. Gilles Deleuze, *Cinema 2*, trans. Hugh Tomlinson & Robert Galeta (Minneapolis: University of Minnesota Press, 1989), p. 172.

29. Ibid., p. 166.

30. Ibid.

31. Ibid., p. 167.

32. Ibid.

33. Ibid., p. 172.

34. Ibid.

35. 이는 영화를 사유하기 위한 제안이지만 이것을 구체화하기 위해서는 특정한 장면

에 대한 꼼꼼한 읽기가 필요할 것이다. 지면이 제한되어 있으므로 간단한 사례만 하나 들겠다.

케인의 뇌가 로보캅 2에 이식되었을 때, 그 케인-사이보그는 한바탕 살인을 저지르는 와중에 자신의 옛 애인과 마주친다. 그러자 머리를 두르고 있던 헬멧이 열리고 케인의 얼굴이 텔레비전 모니터에 이미지로 나타난다. 옛 애인이 케인을 알아보자 그 기계는 집게발을 뻗는다. 여자는 잠시 머뭇거리며 손을 뻗어 그 거대한 손을 만진다. 기계의 팔과 인간의 팔이 마치 시스티나(Sistina) 성당의 천장화에 그려진 신과 아담의 팔처럼 스크린을 가득 채운다. 이것은 새로운 창조 신화다. 사이보그의 금속 집게발을 만지면서 여자는 자신의 손으로 성형된 금속판의 리불렛(rivulet)을 쓰다듬으며 "익숙해지는 데는 시간이 걸리겠지"라고 말한다. 그러면서 기계에 유혹적인 미소를 보내며 "그렇지만 마음에 들어"라고 말한다. 그 순간 기계에서 커다란 팔이 튀어나오더니 여자의 머리를 움켜잡고 벽에다 거듭 짓이겨버린다. 어쩌면 이것은 새로운 육체의 한 가지 성적 취향일지도 모른다. 모든 탈영토화가, 모든 사이보그가―최소한 모두에게는―선한 사이보그는 아니라는 게 분명하다.

36. Gilles Deleuze, *Cinema 2*, p. 169.

37. Ibid., p. 171.

38. Dealuze & Guattari, *A Thousand Plateaus*, p. 155.

39. Ibid.

40. Ibid. p. 157.

41. Ibid.

42. 산 후안 주니어(E. San Juan Jr.)의 듀크 대학교 강연에서 재인용. 1994년 11월 7일.

09

누구를 위한 것인가?
초국적 자본과 캐나다 다문화주의의 생산

● 캐서린 미첼 ●

다문화주의의 담론과 실천은 …… 국가라는 틀 내의 행정적 규범화 과정에 통합되어 있다. 근본적으로 **다양한** 전통이 필연적으로 **모순적인 것**(따라서 규제를 필요로 한다)으로 기술되기 때문에, 국가 권력은 이것들을 통합 및 조율해야 할 규범으로 다루면서 스스로를 확장해나간다.[1]

문화 지식인의 당면 과제는 정체성 정치를 주어진 사실로서 받아들이는 것이 아니라, 모든 재현이 어떻게, 어떤 목적을 위해, 누구에 의해, 그리고 어떤 구성 요소로 이뤄지는가를 보여주는 것이다.[2]

지난 20년간 새로운 형태의 유연적 생산과 금융적 탈규제는 사람, 자본, 상품의 국경을 가로지르는 거대한 이동을 장려해왔다. 산업 노동자, 노동조합 운동가, 공동체 활동가에게 이러한 초국적 유연성은 로컬적 통제의 무기력한 상실을 의미했다. 점증하는 국가 간 이동과 전반적 탈영토화에 직면해 로컬주의 주장자들은 수세적 입장에서 더 강력한 국가와 지역적 규제를 요청하고 있다. 어떤 종류든 모든 정부는 초국적 흐름에 대한 효과적 규제의 부과를 주저하거나 점차 무능력하다는 증거가 쌓여가고 있음에도 말이다. 하지만 이러한 경고가 들리는 동시에 수많은 문화 노동자는 자신들이 보기에 선진적인 자본주의의 새로운 공간에서 생겨나고 있는 수많은 새로운 기회를 지적하고 있다. 그들은 더 큰 유연성이 기존의 고정적 의미와 메타서사의 새로운 협상을 가능케 해주고 새로운 주체 위치의 가능성을 열어주고 있다고 주장한다. 더욱이 새로운 글로벌/로컬의 교차점은 새로운 중요한 문화 형식, 즉 자신들의 생성과 지속적 변신의 유동적이고, 주변적이고, 혼종적인 성격을 찬미할 수 있는 형식을 생산한다.

이러한 정신에 따라 클리퍼드 같은 인류학자는 여행자로서 정보원(informant)이라는 개념을 도입해 정주(dwelling)와 로컬적이고 한정적인 지식의 관계보다는 이동과 전치의 관계를 더 부각시킨다.[3] 여기서 "문화의 '크로노토프(시간과 공간을 재현 가능한 전체적 형태로 조직하는 하나의 배경 또는 무대)'는 주거의 장소만큼이나 여행을 통한 조우의 장소와 닮아간다. 이것은 마을에 쳐놓은 텐트나 통제된 실험실, 혹은 사회 입문과 주거의 장소보다는 호텔 로비, 배 또는 버스와 더 닮아간다". 문화는 경계적 제한성보다는 이동성의 관점에서, 장소에 고정된 정체성보다는 복수적 정체성의 관점에서 다시 사고할 필요가 있다. 마찬가지로 아르준 아파두라이는 '토착민'에 대한 서구적 분석에서 로컬적인 것과 재현적인 것에 특권을 부여하던 기존 관행에 우려를 표했는데(1988), 이후 그는 후기 자본주의의 새로운 문화적 미디어 경관(mediascapes)에서 일어나는 이접과 차이를 논하며 탈영토화에 대한 찬양으로 나아간다.[4] 여기서 아파두라이는 역사적 이동성과 지속적 전치에 대한 강조를 통해 서구의 인류학 담론에서 볼 수 있는, 즉 사람들의 삶에 대한 "환유적 고정화(metonymic freezing)"를 탈피하고자 했다.

초국적주의의 긍정적 의미를 예찬하려는 다른 시도는 혼종성과 다원주의 개념에 집중해왔다. 정체성 문제와 주체성 구성에 관심 있는 문화 종사자들은 새로운 경계 횡단적 이동이 다수적 정체성, 대화적 의사소통, 혼합적 문화 형태, 해방적으로 보이는 다문화적 이데올로기의 생산과 재활용을 촉진한 방식을 알리고 있다. 어떤 이들에게는 문화적 혼종성에 대한 증대된 의식(awareness)과 국가 및 기관의 지도자들에 의한 다문화적 윤리의 공표가 전 세계적으로 좀더 관용적이고 정의로운 사회를 지향하는 근본적으로 진보적인 움직임으로 인식된다.

이 글에서 나는 캐나다 기업들이 다문화주의의 자유주의적 수사(rhetoric)를 전유하는 것을 비판적으로 검토하면서 여행, 혼종성, 다문화주의에 대한 이런 식의 추상적 예찬이 시기상조라고 생각하는 사람들의 의견에 동의한다.[5] 이러한 '새로운' 초국적 문화와 혼종적 주체 위치에 대한 수많은 찬미적 재현 속에서, 그런 변화의 전제인 강력하게 억압적인 사회경제적 힘은 그 내부에 갇힌 다수의 국민과 마찬가지로 간과되고 있다. 벨 훅스가 여행과 '호텔 로비' 문화에 대한 클리퍼드의 다소 유희적인 환기에 관해 언급했듯 국경 횡단이 많은 유색 인종에게 끼치는 공포스러운 실제 경험은 사실상 누락되고 있는 것이다.[6] 이런 실제 경험은 점증하는 문화적 다양성과 상호 관용을 향한 혼종적 형식과 국가 후원의 추진력이 갖는 잠재적 유익함을 선언하는 그 전체적 분주함 속에도—설령 그 속에 포함된다 하더라도—부차적 지위로 격하되고 만다. 전 지구적 자본주의 시대에 '주변부의' 주체 위치에 대한 이런 식의 홍보는 주체의 실제적 주변화를 너무나 자주 무시해버린다. 그리고 탈영토화의 힘에 대한 긍정적 읽기는 "그 힘들에 의해 풀려난 강력한 억압 세력"7을 부적절하게 다루도록 한다.

더욱이 다문화주의 같은 자유주의적 원칙에 대한 추상적 홍보는 자유주의적 문화 기획이 항상 이용당할 위험에 처해 있는 수많은 방식을 무시하고 있다. 하나의 '생활 방식'과 국민적 정체성의 발현으로서 문화 개념은 윌리엄스가 19세기와 20세기 초의 영국 사회 비평가까지 거슬러 올라가 추적했던 역사적 유산을 갖고 있다.8 윌리엄스는 근대적 의미에서 한 국민 전체의 일상적 실천과 일상생활로서 문화라는 관념이 산업자유주의 사회의 형성 과정에 출현했다고 주장한다. 문화를 하나의 생활 방식으로 정의하고자 하는 시도는 삶의 제반 양상을 급속히 변화하고 갈수록 파편화해가는 '근대적' 산업 사회라는 맥락 속에서 정치화하고 활용하려는 노력과 무관하지 않다. 문화의 의미를 통제하고 그것을 일상적 삶의 세부 사항을 포함할 만큼 확대함으로써 헤게모니적 생산의 과정은 안토니오 그람시(Antonio Gramsci)와 일부 이론가들이 보여주었듯 사회생활의 바로 그 조직 속으로 진입하고 확장될 수 있다.9

문화를 '우리의 공동생활'로 사고함으로써 생활 양식과 일상생활의 습관은 이데올로기적 생산 과정을 통해 국가와 사회 제도에 의해 규범화 및 재구성될 수 있게 되었다. 이 글에서 나는 이러한 문화 기획 속에서 캐나다의 올바른 '생활 방식'으로서 다문화주의라는 이미지가 1980년대 말의 초근대성(hypermodernity) 시기 동안 어떻게 조작되었는지에 주목할 것이다.10 특히 나는 브리티시컬럼비아주 밴쿠버에서 국제 투자와 자본 개발을 촉진하기 위해 캐나다 국가와 사설 기관에 의해 이 개념이 어떻게 정치적으로 전용되고 규범화했으며 재구성되어왔는지를 검토할 것이다. 이런 방식을 통해 나는 다문화주의와 같은 용어가 **당연히**(naturally) 해방적인 것은 아니며—특히 자본의 초국적 이동과의 공생적 관계와 관련해—지속적으로 검토하고 의문시해야 한다는 것을 보여주고자 한다.

글로벌 경제 속으로 통합되는 밴쿠버

1980년대 밴쿠버가 점차 글로벌 경제 속으로 통합되면서 도시 거주자에게 많은 부정적 영향이 발생했고, 초국적 자본의 벤처 기업에 대한 새로운 형태의 저항이 생겨났다. 이 시기에 수적으로 증가한 비즈니스 사업과 협약은 캐나다 기업가, 정부 관료, 환태평양의 부유한 회사, 특히 홍콩을 기반으로 활동하는 이들 사이에서 일어났다. 이런 연관성은 1988년 12월에 현저히 드러났는데, 홍콩 사업가들이 밴쿠버 중심가의 펄스크리크(False Creek) 남쪽 해안의 호화 콘도미니엄 216채를 구입했던 것이다. 이 콘도미니엄들은 오직 홍콩 내에서만 판촉했는데, 3시간 만에 모두 팔렸다. 이런 매매는 밴쿠버 주민 사이에 엄청난 불만을 촉발했고, 도시 전체에 심각한 반(反)홍콩 감정을 부채질했다. 국제 비즈니스 센터, 대학, 다문화 기관, 인근 지역의 조직 대표자뿐만 아니라 다양한 정당의 구성원 또한 그 소란에 동참했다.

콘도미니엄 매매를 통렬하게 비난한 정치인 중에는 진보적 유권자 위원회(Committee of Progressive Electors, COPE)의 위원 해리 랜킨(Harry Rankin)도 포함되었다. 당시 진보적 좌파인 랜킨은 다음과 같이 말했다. "핵심적 사안은 캐나다 사람에게 가장 우선적인 구매 기회를 주는 것입니다─여기에는 캐나다 주민이나 영주권을 가진 이민자만 포함됩니다. 어떤 외국인도 이 시장에서 투자하도록 허용해선 안 됩니다."[11] 밴쿠버 국제금융센터(밴쿠버를 국제적 비즈니스 중심지로 홍보하기 위해 정부와 상업계 사이의 연결 고리 역할을 담당한 비영리 단체)의 회장 마이클 골드버그(Michael Goldberg)는 랜킨의 주장과 같은 부정적 반응의 이면에는 인종주의와 변화에 대한 두려움이 깔려 있다고 일축했다. "변화를 경험한 사람들은 …… 책임을 전가할 공격 대상을 찾기 마련입니다. 오늘날 외국인, 특별히 눈에 띄는 소수 집단을 탓하는 것은 정말 쉬운 일입니다. 만약 런던에서 똑같은 건물들이 매물로 나왔다면 이런 불만은 훨씬 적었을 거라고 생각합니다."[12]

랜킨과 골드버그의 이런 발언에서 글로벌주의 대 로컬주의라는 해묵은 주제가 부각된다. 이 주제는 1960년대 후반 이후 밴쿠버에서 이뤄진 지속적 논쟁의 한 부분이었고, 그 뒤 번영과 새로운 도시 재개발이 이슈가 될 때마다 되풀이되었다. 로컬주의와 슬로(slow) 성장 발전을 지지한 정치인은 COPE 같은 좌파 혹은 자유주의 정당 소속인 경우가 아주 빈번했다. 통제되지 않은 국제 투자와 급속한 개발이 종종 도시 내부에 심각하고도 용납할 수 없는 혼란을 낳는다고 믿었던 이들 정치인과 정당은 지난 사반세기 동안 토지 및 도시 형태에 대한 더욱 엄격한 로컬적 통제력을 쟁취하기 위해 (보통은 성공적이지 못했지만) 투쟁해왔다.

이는 오래된 얘기다. 그러나 이런 꼬인 발언은 만연해 있는 개발 갈등에 새로운 차원을 끌어들인다. 골드버그는 랜킨이 국제자본주의를 금지하려 한다고 비난하는 동시에 그를 인종주의자라고 비난했다. 인종과 인종주의의 의미에 대한 정치적 조작과 관련해 이러한 새로운 전략은 밴쿠버에서 정치적·경제적 동맹과 의식 형성 그리고 도시화에 엄청난 반향을 일으켰다. 홍콩의 중국계 투자 자본을 유치하려는 자본가와 정치인은 '로컬주의자'를 인종주의자로 지목하면서 자신들과 도시를 비인종주의적으로 제시하려 애쓴다. 외국 자본을 끌어들이고 도시 자체를 '기업 개방적인' 곳으로 선전하려는 그들의 의지, 그리고 인종적 화합이라는 정신 속에서 중국 이민자 및 사업가와 관계를 맺고자 하는 의지가 의도적으로 중첩되었다.

인종주의, 특히 중국인을 겨냥한 인종주의는 브리티시컬럼비아주의 해묵은 문제였지만 지난 10년 동안 비로소 진지하게 다루어졌다. 인종주의가 국제자본주의를 끌어들이는 데 필수적인 사회적 네트워크를 저해하기 때문에 이는 근절의 대상으로 인식되었다. 다문화주의는 밴쿠버에서 인종 간 마찰을 완화하고 도시 환경 및 일상 경험의 최근 변화에 대한 저항을 줄이려는 시도와 연계되었다. 이런 점에서 다문화주의를 형성하고자 하는 시도는 밴쿠버를 전 지구적 자본주의의 국제적 네트워크 속으로 통합하는 것을 더욱 촉진하기 위해 인종과 국가라는 개념에 대한 헤게모니적 통제를 획득하려는 하나의 시도로 볼 수 있다.

밴쿠버의 도시 환경은 경제 호황의 주기에 이어 몇 차례의 자본 투자를 통해 형성되었다. 1980년대 후반으로 들어서기 직전의 급속한 변형은 그로부터 20년 전 거대한 유리로 지은 사무실 건물들이 도시 스카이라인을 가득 메우기 시작할 때 일어났다.[13] 국제적 투자에 의해 도입된 가장 최근의 변화는 진행 중인 주기의 일부이지만, 그러한 변형의 강도와 속도 때문에 새로운 것들의 충격을 첨예한 방식으로 반영한다. 밴쿠버와 환태평양의 관계가 늘어나고, 한층 더 서비스 지향적인 경제로의 전환이 주목받으면서[14] 지난 10년 동안 밴쿠버의 급속한 성장과 국제화에 관한 통계를 여러 곳에서 입증할 수 있다.[15] 아시아 국가들과의 점점 더 긴밀한 교역은 1993년 북미자유무역협정의 최종 타결 이후 미국 시장으로 진입하는 주요 상품의 관문으로서 밴쿠버의 성장과 확립에 결정적이었다.

1980년대 초반 시(市)와 지방의 대표자 및 사업가들이 해외 아시아 자본을 밴쿠버로 끌어들이기 위한 결정적인 노력이 있었다. 1997년에는 홍콩의 일부 부유한 엘리트들의 투자를 끌어들이길 소망하면서 사업과 주거에 안전하고, 투자 가치 있고, 살기 좋은 도시로서 밴쿠버를 '판촉'하려는 캠페인이 있었다.[16] 이 캠페인은 정치적 분열을 뛰어넘었고 자유주의자와 보수주의자 사이에 불가능했던 연대로 이어졌다. 사회신용당〔(Socred) party〕 소속의 브리티시컬럼비아 주지사 밴더 잘름(Vander Zalm)이 임기 내내 이 캠페인을 지지했고, 현재는 신민주당(NDP) 소속 주지사 마이클 하코트(Michael Harcourt)의 주요 관심사이기도 하다. 하코트는 밴쿠버 시장 자격으로 홍콩을 방문한 적이 있는데, 주지사로 당선되고 한 달 만에 홍콩 주민에 대한 자신의 지속적 관심을 재확인하기 위해 재차 그곳을 방문했다.[17]

홍콩 자본가들을 밴쿠버로 끌어들이는 데 관심이 높아진 주된 원인은 매우 단순하다. 즉 돈이 많다는 것 때문이다. 홍콩과 밴쿠버 사이를 오가는 자본의 실제 액수에 대한 추정치는 큰 편차를 보이고 있다. 각 도시 지자체와 연관된 통계 기관은 그 수치를 제대로 공표하지 않는다. 하지만 1990년 제네바에서 개최한 프라이빗 뱅킹 컨퍼런스(private banking conference)에서 스위스 민영은행가협회(Swiss Private Banker's Association)의 차기 총재 피에르 미라보(Pierre Mirabaud)는 홍콩과 타이완 국민이 매달 약 10억 캐나다달러를 캐나다로 송금하고 있다고 말한 것으로 전해진다.[18] 이 자본 중 어느 정도가 캐나다에 계속 머물러 있는지, 얼마나 많은 액수가 밴쿠버로 흘러가는지, 얼마나 많은 돈이 미국으로 흘러갔다 다시 홍콩이나 다른 지역으로 가는지는 추정하는 것조차 불가능하다. 홍콩과 밴쿠버 사이의 자본 흐름에 관한 또 하나의 구체적인 척도는—여전히 매우 근사치적이긴 하지만—사업 이민 프로그램 통계를 통한 것이다. 사업 이민이라는 범주는 캐나다에서 1984년에 시작되었으며, 1997년 중국 공산당 지배로 전환되기에 앞서 자신들의 포트폴리오를 다각화하고자 한 홍콩 엘리트층을 그 공략 대상으로 삼았다. 이 범주에는 필연적으로 일정 액수의 돈을 캐나다로 가져올 수밖에 없고 이민에서 더 높은 우선순위를 부여받고자 한 투자자와 기업가가 포함되었다. 1991년 당시 브리티시컬럼비아주에서 투자자에게 요구한 총액은 개인 순자산이 최소 50만 캐나다달러였고, 3년에 걸쳐 캐나다에서 진행할 사업에 35만 캐나다달러를 투입하겠다는 약속이 뒤따랐다.

　캐나다 연방정부가 수립한 사업 이민 프로그램은 1980년대 후반 홍콩으로부터 다수의 부유한 이민자를 끌어올 수 있었다. 1984년부터 1991년까지 홍콩은 해당 프로그램의 주요 공급 국가로 선두를 달렸으며, 1984년 338명이던 영주권 취득 이민자가 1990년에는 6787명으로 급증했다.[19] 이러한 이민자 대부분이 선호한 정착 예정지로 밴쿠버는 토론토 다음이었지만, 1988년 브리티시컬럼비아주로 유입된 자금의 추정 액수는 거의 15억 캐나다달러로 온타리오주(Ontario)보다 3억 캐나다달러가 더 많았다.[20] 1989년 수치는 홍콩에서 캐나다로 약 35억 캐나다달러가 흘러들었음을 보여준다. 그중 22억 1000만 캐나다달러 혹은 63퍼센트가 사업 이민 부문에 의해 이전된 것이었다.[21] 나는 이런 수치가 상당히 어림짐작한 것이라고 생각한다. 대부분의 신청자는 소득세 계산상의 큰 차이를 이용할 목적으로 자신들의 실제 재원을 낮게 신고하기 마련이기 때문이다. 홍콩에서 인터뷰한 은행가와 이민 컨설턴트들은 1980년대 후반과 1990년대 초반 홍콩에서 캐나다로 송금한 전체 액수를 최고 60억 캐나다달러까지 추산했다. 이 액수 중 3분의 1 이상은 브리티시컬럼비아주가 예정지였다.[22]

　홍콩과 밴쿠버 간 은행 네트워크는 금융 활동을 수용하고 장려하기 위해 엄청나게 성장했다. 아시아에서 가장 큰 비일본계 은행인 '홍콩 상하이 은행 그룹(홍콩 은행)'은 지난 20년 동안 급속히 확장하며 캐나다의 수많은 회사를 자회사 또는 투자 회사로 합병해왔다. 가령 '캐나다 홍콩 은행'

은 1981년 국제적 거대 기업의 작은 지사로 설립되었다. 하지만 이 은행은 1986년 브리티시컬럼비아 은행의 자산을 6350만 캐나다달러에 매입했고, 1990년에는 로이즈 캐나다(Lloyds Canada)를 사들였다. 1991년 캐나다 홍콩 은행은 캐나다의 외국계 은행 중 가장 많은 고객을 보유하며—아시아 고객의 은행 업무만 전담하는 16개 지점을 포함해—107개 지점을 운영했다. 소액 예금(총 50억 캐나다달러를 상회한다)의 25퍼센트는 아시아 고객들로부터 비롯된 것이었다.[23]

사회경제적 권력과 초국적 유동성

글로벌적 접속과 로컬적 파편화의 심화와 가속화를 포함하는 자본주의의 새로운 형태는 현대적 삶의 새로운 경험과 새로운 의식(consciousness) 형성을 낳고 있다. 하지만 의식 형성을 검토할 때, 각 개인의 경험에 영향을 미치는 권력의 다양한 위계 구조를 강조할 필요가 있다. 권력의 사회적 관계를 인정하지 않을 때, 현대적 삶의 종말론적이고 보편주의적인 시각을 파편화하고 정신분열증적인 경험으로 제시하는 것이 가능할지 모른다. 그런 경험 속에서 "(그) 체험의 진실은 그것이 발생한 장소와 더 이상 일치하지 않는다".[24] 예를 들면, 제임슨의 시각에서 후기 자본주의의 새로운 전 지구적 현실은 그 어떤 개별 주체에게도 '접근 불가능'하다. 일종의 "단자적 상대주의(monadic relativism)"의 함정에 빠져 있는 개인은 공백의 은밀한 삼투, 거리의 축소, 즉각성의 공세로 인해 파편화와 압축이라는 혼란스러운 새로운 공간과 협상해나갈 수 없다.[25] 이러한 기술이 많은 이들에겐 정확하게 보일지 모르지만 내가 인터뷰한, 즉 홍콩과 밴쿠버에서 살며 여행을 하고 사업하는 사람들의 행위 및 의식과는 맞지 않는다.

몇몇 글로벌 현장에서 생활하고 일하며, 나아가 이러한 장소들 간의 자본과 정보 흐름을 통제하는 일에 관계하는 초국적 엘리트와 전문직 종사자 및 사업가들은 '후기 자본주의'의 새로운 공간을 자신들에게 매우 유리한 방향으로 협상해나간다. 매우 성공적인 부동산 중개인은 홍콩과 밴쿠버의 15시간이라는 시차를 효율적으로 활용하라고 주문하곤 한다. 의사소통의 즉각성과 현실적 시차를 동시에 검토하면서 그들은 거의 연속적인 구매자/판매자 정보 및 연줄을 유지할 수 있다. 이러한 '포스트모던 조건'의 결과로서 그들은 매일 24시간 내내 홍콩으로부터 시장 정보를 입수하며 밴쿠버의 부동산을 판매하고 있다. 또한 그들은 가끔 밴쿠버의 사무실용 빌딩이 매물로 나오는 당일의 시간을 활용해 홍콩 고객을 위한 지역 시장에 뛰어들 수도 있다. 한 여성 사업가는 1991년 2월의 인터뷰에서 다음과 같이 말했다.

부동산의 관점에서 볼 때, 만일 표준 시간대의 차이 때문에 여기서―캠벨 빌딩처럼 화려한 건물 하나가 팔리는 것과 같은―하나의 거래가 이루어진다면, 우리는 홍콩으로 다시 전화를 걸어 "이것을 어떻게 생각하느냐?"라고 물어볼 수 있습니다. 저녁 6시 30분이든 언제든. 저녁 6시 30분은 그들에게 하루를 시작하는 9시 30분에 불과하죠. 이는 "그래, 시장은 여전히 거기 그대로 있으니, 만약 당신이 다른 매물을 보고 싶다면……"이라는 것을 뜻합니다. 그래서 그들은 하루 종일 일할 수 있고, 집에서도 당신에게 다시 전화를 걸 수 있죠. 이튿날 바로 변호사를 거치고, 그러면 끝이에요! 무언가가 일어나는 겁니다.[26]

홍콩의 몇몇 사업가는 거주와 사업의 가능성이 있는 세계의 다양한 지역에 문화적으로 동화하기 위해 자녀들을 캐나다, 미국, 영국에 있는 대학에 전략적으로 유학 보낸다고 얘기했다. 이러한 조치는 부분적으로 1997년 이후의 부정적 여파 속에서 가족의 부와 안녕을 지키기 위한 노력이기도 하지만, 가족 네트워크를 공간적으로 확장하고자 하는 욕망을 나타낸 것이기도 하다. 부모와 자식이 쉽고 빈번하게 여행하며 소통한다. 그러므로 여행, 문화 횡단적 의사소통, 거주, 교육 및 사업 경험에 대한 통제력과 관련한 사회경제적 **권력**은 제임슨이 기술한 것과는 완전히 다른 후기 자본주의의 경험을 낳는다. 또한 이는 국제적 자본주의가 서로 뒤얽히며 점점 커져가는 경제적 관계라는 맥락 속에서 문화적 정체성의 새롭고 다양한 형태로, 그리고 인종과 민족의 새로운 이데올로기적 의미에 대한 요구로 나아간다.

　나의 잦은 인터뷰 대상이자 홍콩에 거주하는 한 친구는 '후기 근대성(late modernity)'의 공간 속에서 아주 용이하고 유익하게 활동한다. 수전 리우(Susan Liu)는 초등학교 1학년 때부터 영어 교육을 받았으며, 이후 중등학교 과정을 영국에서 공부했다. 1940년대에 홍콩으로 이주한 상하이 부자 기업가의 딸인 수전은 홍콩의 유명 외과 전문의와 결혼했다. 현재 아들 중 하나는 이튼(Eton) 칼리지에, 다른 하나는 다트머스(Dartmouth) 대학에 다니고 있다. 수전은 최근 미국 영주권을 취득했으며 남편의 직장이나 사업 기회에 맞춰 미국 혹은 캐나다로 이주할 생각을 갖고 있다. 내가 개인적 정체성에 관해 질문하자 수전은 자신을 '국제주의자' 혹은 '글로벌 시민'으로 생각한다고 말했다. 수전은 세계 곳곳에 친구가 있고, 여러 언어를 구사할 수 있고, 자주 여행을 다니고, 다양한 문화에 익숙하다. 수전의 '국민적' 충성심은 홍콩 **문화**와의 특별한 친숙함에 근거하고 있을 뿐 '인종적' 충성심과는 무관하다. 한 인터뷰에서 수전은 다음과 같이 말했다. "홍콩은 언제나 내 집 같아요. 어떤 점에서 홍콩은 내 나라죠. 난 중국에 대한 충성심은 없어요. 난 그들을 이해 못해요. 그들을 알지 못할 뿐만 아니라 그다지 알고 싶지도 않아요. 난 본토 중국인보다는 미국인, 영국인 또는 캐나다인과 있을 때 마음이 더 편해요."[27]

홍콩에 있는 또 다른 친구이자 정보 제공자 역시 초국가적이거나 '국제주의적인' 진영에 속한다. 루시(Lucy)와 남편은 1997년 공산주의 체제로 주권이 이양된 후 캐나다나 영국으로 이주할 생각을 하고 있다. 루시는 트리니다드에서 태어나 11세까지 자랐다. 아버지가 사망한 뒤 어머니는 가족을 데리고 영국으로 이주했는데, 그곳에서 루시는 수녀원 부속 초등학교와 중등학교를 다녔다. 루시와 남편은 영국에서 치의학을 공부했고, 현재 홍콩에서 개업했다. 첫째와 둘째는 케임브리지 대학에서 의학을 공부했으며, 막내는 최근 옥스퍼드를 졸업했다. 내가 중국적 유산과 개인적 정체성에 대해 묻자 루시는 자신이 중국인이라고 느끼지만 자신의 가치와 신념, 특히 '의식 형태'는 완전한 혼합물이라고 대답했다.

K 그토록 다양한 환경에서 살아온 경험을 통해 볼 때, 서양식 및 중국식 가치와 생활 방식에 관해 어떻게 느끼는지 궁금합니다.

L 난 너무 혼합적이고 동화되어 있어 이것인지 저것인지 구분하기가 쉽지 않아요. 그리고 내겐 …… 이건 일종의 본능적인 거라서 내가 서양식 가치관을 가진 누군가를 우연히 만날 때면 그게 이상하다거나 특별하다는 느낌이 들지 않아요. ……그리고 그렇게 특이해 보이지 않는 건 내가 아주 오랫동안 서양 세계에서 살고 자라왔기 때문이라고 생각해요. 그건 중국식 문화도 마찬가지예요. 그냥 거기에 속해 있기 때문이죠. 젖어 있다고나 할까.[28]

이 두 여성, 즉 새로운 '글로벌 시민'이자 초국적 엘리트 계층의 구성원은 최근의 전 지구적 자본주의와의 결합 속에서 형성 및 재형성되는 문화적·국민적 정체성이라는 쟁점을 둘러싼 다양한 경험을 표현한다. 현대성의 경험에 관한 그들의 감정이 캐나다 정치가와 자본가에게 중요한 것은 그들이나 그들 같은 부류의 사람을 끌어들여 캐나다 사회에 투자하도록 만들고자 하는 욕망 때문이다. 영국의 인종 및 국민성에 대한 탐구에서 폴 길로이(Paul Gilroy)는 "영국인 되기(being British)"로부터 "흑인"을 배제하는 것을 정당화하기 위해 인종과 문화가 어떻게 결합해왔는지를 보여주었다.[29] 인종과 문화를 결합하거나 "백인 문화가 곧 영국 문화다"라는 식으로 자연스레 자리 잡은 의식은 흑인 문화와 흑인을 국민적 소속감의 가능성 밖에 영원히 위치시켜버린다. 이와 달리 밴쿠버에서 초국적 엘리트, 즉 수전과 루시 같은 글로벌 인맥 및 투자 자본을 소유하고 있는 유력한 개인을 끌어들이고자 하는 욕망은 영국과 정반대되는 성격의 시도를 추구하게끔 만들었다. 이곳에서는 문화가 여전히 인종과 융합되어 있다 하더라도, 이러한 결합의 의도는 포용과 유인을 위한 것이다. 캐나다적 정체성과 국민성에 대한 오늘날의 메시지는 다문화주의다. 영국에서처럼 하나의 문화(백인 문화)를 국민적 본질과 동일시하기보다는 모든 문화가 함께 '캐나다인'이 의미하는 본질을 형성할 것이다.

캐나다의 인종과 국민적 정체성: 강력한 이해관계와 높은 위험

인종과 국민의 의미가 캐나다라는 맥락에서 특히 미묘한 것은 이 나라의 초창기 식민지 역사와 관계가 있다. 원주민과의 영토 갈등뿐만 아니라 2개의 헌장(charter) 집단, 곧 (서로 다른 인종 집단으로 여겨지는) 프랑스인과 영국인 간의 분열은 공동체와 국민성의 공통적 상징과 의미의 추구를 기껏해야 우연적인 것으로 여기게끔 만들었다. 국민주의의 통합 정신을 고취하려는 초창기 노력은 영국인과 프랑스인 간의 적대감을 고조시켰고, 이는 연방 체제 자체를 무너뜨릴 위험이 있었다. 하지만 점증하는 미국 헤게모니의 위협과 미국 문화 및 경제에 흡수될지 모른다는 불안감에 양쪽 모두 공감했고, 이는 지금까지도 그러하다. 이런 맥락에서 인종과 국민적 정체성의 의미 생산은 다양한 '인종'의 구성원을 달래는 한편, 용광로(melting pot) 같은 미국적 상징의 사용을 피해야 할 필요성과 밀접하게 연관되었다. 문화적 다원주의, 민족적 모자이크 그리고 다문화주의는 독특한 '캐나다적' 정체성을 구축하려는 국가 주도적 시도의 독창적이고도 긍정적인 사례라 할 수 있다.

비록 많은 학자가 인종 구성의 '이해관계적'이고 상황적인 성격을 강조하긴 했지만,[30] 국민과 국민적 정체성을 이와 유사한 과정 및 생산으로 이해하는 것은 그만큼 잘 이뤄지지 않는 편이다. 국민적 정체성은 시간이 흐르면서 형성되는 하나의 문화적 관계 또는 협약으로 종종 나타났고, 문화적 동화의 초기 문제점은 이민자가 갖고 있는 이질성(alien-ness)과 그들이 일반 노동 계층의 "뿌리 깊은 현실적이고 활동적인 사회적 정체성"을 공유할 수 없다는 한계로부터 유래한 것이었다.[31] 하지만 이런 이미지가 간과하고 있는 것은 국민적 정체성의 생산 속에 연루되어 있는 권력과 물질적 이익이라는 요소다. 인종과 인종주의의 경우처럼 이런 개념을 둘러싼 범주와 의미의 생산은 정적(static, 靜的)이지도 않고 순수하지도 않다. 캐나다의 다문화주의 이데올로기에서처럼 인종과 국민의 의미가 결합할 때, 이는 역사적이고 지리학적으로 특정한 권력 네트워크와 관련한 하나의 과정으로 파헤쳐볼 필요가 있다.

지난 10년간 밴쿠버에서 인종과 국민의 쟁점을 검토할 때, 의미를 둘러싼 투쟁에 연루된 권력의 사회적 관계가 즉각 드러난다. 밴쿠버의 글로벌 경제로의 통합을 긍정적 움직임으로 인식하는 이들은 진보, 성장, 국제주의, 세계 일류 도시, 환태평양 투자 및 인종적 다양성이라는 쟁점을 긍정적 시각으로 제기하면서 이러한 이행을 장려한다. 반면 통합이 해롭다고 믿는 이들은 보존, 환경, 국민주의, 로컬주의, 이웃, 통제라는 개념을 강조한다. **누가 무엇**을 주장하고 있는지 묻는 것은 각각의 작은 분쟁 이면에 어떤 동기나 근거가 숨어 있는지를 이해하는 데 꼭 필요하다. COPE 소속 시의원이자 로컬주의 주창자인 리비 데이비스(Libby Davies)가 한 신문에서 1990년 엑스포 호화 콘도들에 대한 빅터 리(Victor Li)의 마케팅 전략이 못마땅하다고 말했을 때, 그녀의 견해는 즉각 인종차별적이라는 공격을 받았다.[32] 데이비스는 한 인터뷰에서 다음과 같이 말했다.

인종주의는 자주 희생양이 되었고, 그것은 양방향으로 작용합니다. 진보적인 사람들 또한 그것에 걸려들었지요. 왜냐하면 **우리는** 그런 식으로 규정되어왔기 때문입니다. 펄스크리크 북쪽 해안 콘도 판매와 관련해 그 콘도가 홍콩과 이곳에서만 독점적으로 거래될 것인지 여부에 대한 이슈가 제기되었지요. 결국 홍콩에서만 판매되었다는 사실이 밝혀지자 격렬한 원성이 일었습니다. 사람들은 실로 격분했지요. 캐럴 테일러(Carole Taylor)는 빅터 리를 만나 현지 주민들도 기회를 가질 수 있도록 밴쿠버에서 먼저 그것들을 시판하도록 한다는 데 동의하도록 협상을 벌였습니다. 그러자 다음 번 판매 건이 올라왔고, 〈선(Sun)〉에서 내게 전화를 걸어 그들이 똑같은 일을 반복하고 있는 걸 아느냐고 묻더군요. 난 그렇다면 그들이 협상을 어긴 것이고, 그건 그들이 약속한 것과 다르다고 말했지요. "데이비스가 콩코드 퍼시픽(Concord Pacific)의 협상 위반을 주장하다"와 같은 끔찍한 헤드라인이 올라왔지만 …… 나는 언론에 아무런 힘도 없습니다. 그리고 그 이슈를 다루는 방식과 관련해 내가 인종주의자라고 비난하는 두세 통의 편지가 편집장에게 왔다고 하더군요. 난 무척 속이 상했습니다만 거기에 대응하지 않았습니다. 하지만 정말 당혹스러웠던 것은 그 개발업자에 대한 내 비판과 내가 그들의 마케팅이 공공의 이익을 위한 방향이 아니라고 느낀 게 인종차별적인 것이 되고 있다는 사실을 알았기 때문입니다. 정말로 대처하기 힘든 이슈가 되어버린 겁니다.[33]

경쟁 중인 이데올로기들은 단일한 것도 아니고 반드시 도구적이거나 억압적이지도 않다. 하지만 이것들은 항상 권력과 긴밀하게 관련되어 있다. 랜킨처럼 데이비스도 부당한 혼란과 삶의 '질' 하락에 관한 정당한 우려, 그리고 로컬적·지역적 보호와 슬로 성장 발전에 대한 그녀의 공개적 목표에도 인종차별적이라는 딱지를 받았다. 비록 혼자 힘으로 이런 딱지에 맞서 싸우고 있기는 하지만, 그녀는 로컬적 지역 보호라는 쟁점이 실제로 명백히 인종주의적 의제를 갖고 있는 일부 밴쿠버 주민을 위한 알리바이 역할을 해왔다는 점을 인정한다.[34] 그녀는 이렇게 말했다. "나도 인종차별적인 전화를 받은 적이 있는데, 특히 나이 많은 백인 주민들이었지요. 그들은 밴쿠버에서 태어난 서부 지역 출신으로 '빌어먹을 중국인, 그들이 우리 지역으로 들어오고 있다니'라고 말하곤 했어요." 변화로부터 자신의 지역을 '보호'하려는, 즉 적극적인 인종차별적 동기를 지닌 밴쿠버 주민이 있다는 사실은 데이비스와 랜킨이 현실적 인종주의자들로부터 자신의 의제와 신념을 구분 짓고자 할 때 어려움에 직면하게 된 이유를 설명해주는 동시에 자신들에 대해 인종차별적이라고 하는 공격이 내재적 힘을 갖고 있다는 점을 부각시켜준다. 밴쿠버에서는 수많은 이데올로기적 경쟁이 명확하게 집어내기 힘든 다양한 장소에서 생겨나기 때문에, 국제적 자본주의를 위해 인종과 국민의 의미를 조작하는 것은 특히 잘 위장되고 효과적이었다.[35]

인종과 장소

밴쿠버에서는 자본주의만큼이나 인종주의도 오래된 이야기다. 인종과 인종주의를 구성하는 것이 무엇인지를 정의하는 힘은 그것이 수년간 획득해온 형식에 핵심적이다. '중국성(Chineseness)'에 대한 밴쿠버 백인 시민들의 개념은 종종 이러한 정의에 구속되어 있고, 또 이러한 타자화의 과정을 통한 영국계 캐나다인의 정체성 구축에도 영향을 받고 있다. 중국계 캐나다인과 영국계 캐나다인 간 인종적 구분선에 따라 이뤄져온 그 정체성은 밴쿠버 내의 장소와 역사적으로 연결되어 있는데, 이를테면 차이나타운과 쇼네시(Shaughnessy)가 기존의 엄격한 인종적 경계와 계급적 구별에 근거한 2개의 대조적 지역임을 보여준다.[36]

　최근까지도 쇼네시처럼 밴쿠버 서부의 부유한 영국계 주민이 사는 지역은 아주 동질적이라고 해도 과언이 아니었다. 이런 동네에서 구별 짓기의 상징물은 계급적·인종적 분리를 나타내는 과거 영국 귀족 계급과의 연관성에 근거했다. 부유한 홍콩계 중국인 이민자에 대한 근래의 인종차별적 표현은 지난 10년간 꾸준히 증가해왔으며,[37] 이는 이들 지역에서 경계선 보호와 토지 관리를 둘러싼 투쟁으로 종종 나타났다. 그러한 투쟁은 장소를 정의하고 규정할 때 경제적·상징적 통제력을 상실하지 않을까 하는 불안을 반영한다.

장기간 이 지역에 살고 있는 일부 백인 주민은 홍콩 기업가들의 사업 활동에서 배제되는 것을 두려워하는데, 이들은 홍콩 기업가들이 자신의 자본과 기회를 인종적·지역적·가족적 노선에 따라 결정하거나 전달한다고 생각한다. 1988년 밴쿠버 레가타(Regatta) 콘도미니엄을 홍콩에서 판매한 데 따른 많은 캐나다인의 분노와 원망은 이와 같은 배제에 대한 두려움에서 생겨난 것이었다. 이와 동시에 1980년대 후반의 언론 기사, 대중 서적, 농담 및 일화 역시 이런 변화에 의해 속수무책으로 당하지 않을까 하는 두려움을 부각시켰다. 홍콩 출신 중국인의 새로운 사업 활동이나 이민에 관해서는 물결(tide)이나 파도(wave)같이 물과 관련 있는 단어가 빈번하게 사용되었다.[38] '아시아인'의 접수와 장악에 대한 초기 이미지 중엔 파괴적인 홍수와 조류 같은 단어가 있는데, 로스롭 스토더드(Lothrop Stoddard)의 전후(戰後) 보고서 《유색 인종의 부상하는 물결(The Rising Tide of Color)》은 1920년대 밴쿠버에서 매우 인기 있는 책이었다. 이 책에서 스토더드는 "백인종의 단일성"이 갖는 취약성과 "백인 계통이 아시아 혈통에 의해 압도당할 수도 있다는 매우 긴박한 위험"에 관해 언급했다.[39]

다른 갈등의 중심에도 도시 환경의 변형이 있었다. 1980년대 후반에는 철거, '흉물(monster)' 주택, 수목과 정원의 파괴가 분쟁의 가장 큰 원인이었다. 흉물 주택이라는 용어는 도시 서부의 밴쿠버 근린 지역에 근래 건축한 유난히 큰 저택들과 관련이 있었다.[40] 1920년대에 캐나다 태평양 철도(Canadian Pacific Railroad) 부지 위에 지었던 본래의 작은 주택들을 허물고 그 자리에 새로운 흉물 주택들이 들어섰다. 이런 주택은 종종 그 부지의 가장자리까지 확장되었다. 1980년대 초반 철거를 시작하기 전 케리스데일(Kerrisdale)에서 오래 거주한 한 주민은 자신이 사는 서부 동네를 그 지역에서 "가장 보수적이며 화석화한 경관 중 하나"라고 묘사하기도 했다.[41]

새로운 주택 다수는 주로 중상층 출신 소유로, 부자인 나이 든 백인 주민에게는 흉물스럽고 싸구려처럼 보였다.[42] 새 주택은 기존에 있던 대다수 건물보다 훨씬 컸지만, 그 집들에 대한 동네의 전반적 인상은 자재의 품질이 떨어지고, 건축 양식은 박스형으로 조야하고, 조경은 매력이 없는 등 전체적으로 주변 환경과 어울리지 않는다는 것이었다. 주민은 자신들의 동네 환경과 전통 그리고 유산의 상실에 대해 자주 얘기했으며, 새로운 건물들에 '개성'이 없다고 탄식했다. 이러한 진술 속에 함축되어 있는 것은 기존 삶의 방식, 즉 백인 앵글로 전통의 상징과 가치 그리고 차별성에 입각한 생활 방식에 대한 명백한 위협이다.[43] 한 주민은 1990년 4월 10일 밴쿠버 시의회에 한 통의 편지를 보냈다.

나는 쇼네시의 밸푸어 스트리트(Balfour Street)에서 자랐고, 거기서 일어나는 변화들을 면밀히 지켜보았습니다. 요즘 그곳을 걸어갈 때면 그토록 많았던 나무와 집이 사라지고, 단지 추한 흉물 주택들만 있는 것에 슬프고 역겨워집니다!! ······나는 이 새롭고 흉측한 주택에 매달려 작업하는 한 건설 노동자에게 말을 걸었습니다. ······그의 말을 인용해보자면 이렇습니다. "이 집은 완전 쓰레기입니다. 아마 10년 안에 무너지고 말 겁니다." 바로 이것이 쇼네시의 미래 모습이란 말입니까? ······우리는 우리 동네의 개성이 미래에도 유지될 것이라는 확신이 필요합니다!

경관의 실제적인 물리적 변화 외에도 경제의 극단적 변화 또한 있었다. 밴쿠버의 가장 유명한 부동산 회사 로열 르페이지(Royal LePage)는 서부의 고급 단독 이층집의 평균 가격이 1979년 18만 5000캐나다달러에서 1989년에는 50만 캐나다달러까지 올랐음을 보여준다. 단독 방갈로의 가격은 1985년 20만 캐나다달러에서 1989년 40만 캐나다달러까지 4년 만에 2배로 뛰었다.[44] 부동산 중개인들은 미래의 시세에 대해 케리스데일 지역의 평균 주택 가격이 1995년에는 70만 캐나다달러, 2000년에는 80만 캐나다달러까지 치솟을 것으로 예상하고 있다.[45] 가격 변화가 더욱 급변할 것이라고 얘기하는 입소문과 신문 기사가 많이 늘고 있는데, 1년 내에 서너 차례나 최고 이윤을 갱신하며 가격이 변동한 주택들에 관한 얘기 또한 들린다.[46]

홍콩으로부터의 부유한 이민자 유입과 쇼네시와 케리스데일 같은 동네의 경관적·경제적 변화 간 연관성은 밴쿠버 시의회에 보내는 편지와 신문의 독자 투고란, 그리고 나와의 인터뷰에서 직간접적으로 표현되었다. 자신의 기존 삶의 방식이 사라지고 있다는 불안감은 도시 변화에 대한 우려뿐만 아니라 개인적이고 국민적인 정체성에 대한 우려로 종종 나타났다. 어떤 사람은 독자 투고란에 다음과 같이 쓰기도 했다. "캐나다인은 흉물 주택을 캐나다 문화를 파괴하는 독단적이고 가시적인 증거로 인식한다. 그렇다. 우리는 하나의 캐나다적 정체성을 갖고 있으며, 캐나다인은 자신의 목적과 이윤을 위해 캐나다를 전혀 다른 구조로 재건설하려 하면서도 자신은 그렇지 않다고 말하는 사람들을 경계해야 한다."[47]

이윤에 대한 지적은 홍콩 출신 중국인에 대한 직접적 비난이다. 이들 중국인은 집을 살기 위한 장소보다 투자를 통한 이윤을 위해 이용함으로써 집값 상승을 일으킨 장본인들로 인식된다. 반면 부유한 백인 주민에게 밴쿠버 사회에서—그들이 살 집을 포함해—"우아하거나" "격조 높은" 문화에 투자하는 것은 이윤을 가져다주기도 하지만 굳이 **이윤 추구의 대상으로 삼아서는 안 되는 것이다**. 동네의 개성을 "제대로 느낄" 수 있기 때문에 쇼네시 같은 기존의 부유한 지역에 산다는 것은 그 주택 소유자들로 하여금 이윤과 관련한 냉소적이거나 금전적인 그 어떤 동기에 대해 무지하거나 순진하다 걸 보여주는 것이기도 하지만 그들이 이윤을 발생시키는 기본 체계와 근본적으로 연결되어 있다는 걸 확인시켜주기도 한다.[48]

이 편지가 국민적 정체성의 파괴를 언급하고 있더라도, 거기에는 사회적 정체성에 관한 걱정 또한 함축되어 있다. 밴쿠버 동부 및 외곽 지역에서 이윤 창출을 노린 개발은 거의 논쟁의 대상이 되지 않았고, (경제적으로, 인종적으로 훨씬 혼종적인) 이들 지역은 유산·전통··개성 혹은 일체의 정체성을 보존해야 한다는 논리도 통하지 않았다. 케리스데일과 쇼네시의 경관적·경제적 변화에 대한 격렬한 반발은 기존의 주류 앵글로 집단의 상징과 의미가 침식당하고 있다는 두려움, 그리고 이와 더불어 지리적 공간에서의 자산 배분뿐 아니라 사회적 공간에서의 개인의 지위에 의존하는 자신들의 소중한 권리와 자산을 전유하거나 이러한 전유를 자연스러운 것으로 만들 수 있는 기회가 쇠퇴하고 있다는 깊은 두려움을 드러낸다.[49]

서부 지역에서 경제적, 형태적, 사회적 변화가 가져온 반향은 극단적이었다. 케리스데일 같은 구역에 살고 있는 많은 사람은 이중적 불안감을 표출했다. 첫째, 그들이 살고 있는 동네의 질이 크고 '보기 흉한' 건물의 도입과 상이한 취향 및 가치관을 지닌 사람들의 유입으로 침식당하고 있다는 것이다. 그리고 둘째, 주택 가격의 엄청난 상승 때문에 그들의 자녀가 자신들이 성장했던 바로 그 동일한 구역에서 살 수 없게 되리라는 것이다.[50] 이렇게 표출된 불안감은 근린 지역의 선택과 그 지역 내의 주택 및 정원의 스타일을 통해 대부분 나타나던 엘리트층의 생활 방식이 다음 세대에서는 더 이상 계승되지 않을 것이라는 데 있다.

주택 가격 상승과 흉물 주택 건설은 지역 간 이주와 인구통계학적 변화를 포함한 다수의 원인으로부터 비롯한 것이겠지만, 이러한 변화의 주된 책임이 홍콩 출신 중국인에게 있다는 정서가 그 동네의 많은 주민들 사이에 널리 퍼져 있다. 나와 이야기를 나눈 일부 주민은 홍콩 사람들이 규범적으로 갖고 있는 문화적 차이와 일상생활의 다양한 습관이 밴쿠버의 일상생활 패턴을 바꾸고 있다고 느꼈다. 여기서 홍콩계 중국인을 서부 지역 동네로부터 축출하는 걸 정당화하기 위해 인종과 문화의 융합이 은밀한 방식으로 작동하고 있다. 주민은 그들이 새로운 이민자를 불편하게 여기는 이유로 문화적 차이를 거론했으며, 그럼으로써 상대적으로 중립적 근거에서 변화에 대한 저항감을 표현할 수 있었다. 영국에서 태어나고 성장한 한 50대 밴쿠버 여성 주민은 자신이 살고 있는 케리스데일의 변화에 대해 다음과 같이 말했다.

A 우리에겐 많은 친구가 있기에 …… 그건 부끄러운 일입니다. 한 인종을 지목하고 싶진 않지만 당신은 특별히 한 인종에 관해 생각하고 있군요. ……하지만 우리에겐 많은 친구가 있고 그들은 멋진 사람들입니다. 하지만 난 그들의 생활 방식이 너무 다르다고 생각할 뿐이에요.

K 그래서 동화하기 어렵다는 건가요?

A 매우 어렵습니다. 아파트 부지가 옆에 있다는 걸 생각만 해도 제 남편은 살맛이 나지 않는답니다. 반면 중국인에게 그것은 엄청난 사업이죠. 달라도 너무 다릅니다. 그게 흥미로운 점입니다. 우리 집을 팔려고 내놓았는데, 꽤 큰 집이고 전 이 집을 정말 좋아합니다. 멋진 집이라고 생각합니다. 그런데 한 여자분이 들어와서는 이리저리 둘러보기만 하더니 나가버리지 뭡니까. 나중에 부동산 중개인 아주머니가 그 여자는 아마 우리 집 커튼이 무슨 색이었는지조차 모를 거라고 말하더군요. 우리 집을 밀어버릴 작정이니까요.

K 그 여자분이 중국인이었나요?

A 예. 우리와는 너무 다르지요.[51]

공간적 통합과 자본의 순환

1980년대 후반 밴쿠버에 영향을 끼친 또 다른 도시 변화에는 아파트 공실률(vacancy rates)의 감소, 다수의 노년층이 거주하던 아파트 건물의 철거, 1인 점유 주거용 호텔의 축소, 기존 엑스포 부지 주변 일부 동네의 고급 주택화 등도 포함된다.[52] 앞서 언급했듯 이러한 도시 변화에 대한 불만의 (전부는 아니라 하더라도) 일부는 부유한 홍콩계 이민자들이 밴쿠버 부동산 시장에 진출한 것과 관련이 있다. 하지만 이런 변화에 대한 대부분의 저항은 개발, 구역제(zoning), 임대 협정, 공공 주택 공급의 로컬적 통제에 역점을 둔 도시 사회 운동으로 나타났다. 세입자 행동 단체들은 유지 가능한 아파트 건물의 철거를 중지시키고자 하는 데 반해, 구역제 지지 단체들은 새 주택의 규모와 양식을 통제하는 것을 목표로 삼았다.

어떤 주민 운동은 쇼네시 남부의 한 작은 지역에서 부동산 구역제를 통제하기 위한 새로운 법 개정으로 이어지기도 했다. 쇼네시 주민 존 피츠(John Pitts)는 37번가와 41번가 그리고 그랑빌(Granville)과 메이플(Maple) 스트리트 사이의 대략 200채에 달하는 주택을 새롭게 구역 설정하기 위한 조례를 입안하는 데 1만 5000캐나다달러를 사용했다. 도시 계획가들이 피츠-스톱(Pitts-Stop)이라고 부르는 이 구역 지정법(zoning law)[53]은 1990년 6월 시의회를 통과했다. 이 법은 용적률을 줄이는 동시에 해당 지역의 흉물 주택 건설을 막기 위해 고안한 엄격한 재산권 억제(property setbacks)를 가능케 했다. COPE의 해리 랜킨은 이 새로운 조례에 대해 "그것은 지역의 통합성을 보호하고자 하는 많은 다른 동네에 하나의 출발점이 될 것이다. 그것은 합당한 요구다"라고 말했다. 시의회의 무정당파연합(Non Partisan Association, NPA) 소속 고든 프라이스(Gordon Price)는 동네 자체를 "포럼알데히드 속에" 집어넣는다는 생각에 반대했다.[54] 그는 이 조례를 시행할 경우 도시의 다른 구역에 부정적 결과가 생겨날 것이라면서 정치적 목적을 위해 지역 권력을 증대하는 데 기여하는 정치적 좌파를 비난했다. 고든은 1991년 2월 인터뷰에서 다음과 같이 말했다. "좌파와 우파 모두 그것[제한적 지역제]을 끌어들였습니다. 실제로는 좌파가 피츠를 더 열렬히 지지했는데, 그것은 COPE가 서부 지역에 지지층을 구축하는 동시에 전통적인 NPA 지지층을 약화시킬 기회를 엿보았기 때문입니다."

앞서 짧게 살펴본 사회 운동, 곧 피츠 스톱 혹은 '보존 지구 1(Preservation District 1)'은 밴쿠버의 변화에 대한 고조되는 로컬적 저항과 이런 저항에 대한 시의회 대표자들의 다양한 반응을 동시에 보여준다. NPA와 친개발주의자 고든 프라이스의 두려움은 반대파에게 정치적 지지 기반을 내어줄지 모른다는 불안감뿐 아니라 도시 관료 체제에 의한 토지 이용과 토지 교환에 대한 '합리적' 통제력 상실과 관련한 좀더 광의의 위협을 건드리는 것이기도 하다.[55] 도시 공간에 대한 합리적이고 체계적인 통제는 도시 내부의 자유로운 자본 흐름에 결정적이다. 만약 로컬 집단이 시 지자체로부터 통제권을 빼앗아 급속한 개발이 초래하는 황폐화로부터 근교 지역을 '동결시키거나' 분리할 수 있다면 상품과 자본의 유통은 차단될 것이고, 이윤을 줄이면서 어쩌면 투자자들을 도시 내의 예정된 미래 프로젝트로부터 몰아낼 수도 있을 것이다.

자본이 도시 속에서 효과적으로 활동하기 위해서는 그 순환을 가로막는 물리적 장벽을 최소화해야 한다. 한 도시 내의 특정 공간에 대한 로컬적 통제는 관료주의적·물리적·사회적 마찰을 가중시키고, 나아가 이런 마찰은 거래 시간의 증가를 초래한다. 로컬적 장벽이 유발한 이러한 마찰 증대는 유통 비용을 증대시키고, 해당 도시를 장벽 없는 경쟁 도시보다 투자 수익성이 떨어지는 곳으로 만들 수도 있다. 그러므로 개발과 국제 투자를 유인하는 데 관심 있는 시 공무원들은 특정 근교 지구에 대한 혼란스럽고 비체계적인 로컬적 통제를 줄임으로써 자본 순환을 수월하게 하고자 한다. 1990년 6월 피츠 구역제(Pitts zoning) 법률 통과 이후 몇몇 다른 도시 사회 운동이 출범했는데, 이는 원치 않는 변화로부터 지역을 보호하려는 비슷한 의도에서 비롯되었다. 시는 이런 운동을 차단하고자 했는데, 관료주의적 개입과 공공요금을 높이거나 지역을 넘어 도시 전체에 걸친 새롭고 더 엄격한 구역제 법안을 제안하는 방식으로 이를 수행했다.[56]

자본 흐름에 대한 물리적·사회적 장벽의 축소가 해당 도시의 전반적 가치를 증가시키듯 밴쿠버의 글로벌 경제로의 공간적 통합 또한 그러하다. 공간적 관계의 변경과 함께 가치 또한 변경된다. 일반적으로 여러 차원—동네, 도시, 지역, 환태평양—에서 공간적 통합의 정도가 높을수록 국제적 자본 투자를 위한 장소로서 도시의 가치 또한 높아진다.[57] 1850~1870년 조르주외젠 오스망(Georges-Eugène Haussmann)의 파리 재정비 사례처럼 밴쿠버의 도시 계획가와 행정가들은 공간적 통합을 높이고 자본 순환을 지원함으로써 도시의 잠재적 가치를 증대시켰다. 이 두 도시 모두에서 그것은 토지와 재산 가치의 자유화, 토지 투기의 증대, 국제적 경쟁으로의 개방, 이민의 증가와 함께 가능해졌다.[58]

밴쿠버를 매우 다양한 차원에서 통합하려 하자 그 내부의 모순과 문제가 다양하게 나타났다. 하비가 주목했듯 기업 및 정치의 위계 구조는 복잡한 조율과 결합 관계를 요구하고, "로컬적 요구를 글로벌적 요구와 통합하는 문제는 어떤 행정부에서든 늘 골치 아픈 문제로 남아 있다".[59] 자본주의와 복잡한 방식으로 연결되어 있는 하나의 자율적 과정으로서 인종주의, 삶에 대한 기존 기준과 질을 보존하고 재생산하려는 시도를 부각시키는 로컬주의, 그리고 '진정한' (앵글로) 캐나다적 국민성의 추구에 초점을 둔 애국주의 등은 모두 밴쿠버의 공간적 통합을 로컬적 차원과 국제적 차원에서 방해해온 과정이다. 밴쿠버에서 점점 고조되는 반홍콩 정서는 이 모든 과정의 복합적 혼합물이다. 그것은 장소와 사람에 따라 다양하겠지만, 다국적 자본주의의 이해(interest)에 대해서는 한결같이 반대 입장을 취한다.

다문화주의와 자본 축적: 누구를 위한 것인가

여기서 나는 밴쿠버의 글로벌 경제로의 통합이라는 맥락에서 인종주의, 로컬주의, 애국주의와 맞서 싸우기 위해 채택해왔던 전략 중 몇 가지를 검토해보고자 한다. 의미의 생산, 그리고 인종과 국민의 새로운 접합에 영향을 끼치고 지침이 되고자 하는 지속적인 시도는 캐나다에서 다문화주의적 수사학의 생산과 직접적 관련이 있다. 나아가 이러한 수사학은 공간적 통합이라는 전략과 국제 자본주의의 접합에도 연루되어 있다. 다문화주의 이데올로기는 밴쿠버의 수많은 개인과 집단에 의해 생산 및 문제시되었지만, 나는 특히 국가의 역할과 한 사설 기관에 초점을 맞출 것이다.

문화적 다원주의는 캐나다에서 윌프리드 로리에 경(Sir Wilfrid Laurier)의 총리 재임 기간 이후 다양한 의미와 형태로 촉진되었다.[60] 그가 1896년 총리로 당선될 당시 캐나다는 경제 호황을 누리고 있었다. 로리에는 총리로서 자신의 사명을 국가가 두 헌장 집단 간의 감정적 갈등으로 인해 방해받지 않으면서 지리적·경제적으로 팽창할 수 있도록 '인종적' 긴장 상태를 완화하는 일이라고 생각했다. 20세기 대부분의 기간 동안 문화적 다원주의 개념을 둘러싼 정부 정책 발의는 퀘벡과의 고조되는 갈등에 대한 안전밸브로서, 그리고 캐나다 사회와 그 정체성의 가능한 복원에 대한 하나의 국민적 담론을 위한 틀로서 기능했다.[61]

피에르 트뤼도(Pierre E. Trudeau) 총리가 "이중 언어의 틀 내에서 다문화주의"라 부르는 하나의 새로운 국가 계획을 소개한 1971년 10월 연설 이후 '다문화주의'라는 용어는 일상적인 것이 되었다. 자금 지원을 받았던 구체적인 '다문화' 프로그램과 트뤼도 총리의 연설이 있은 뒤 10년간 개최된 학술회의는 캐나다의 국민적 정체성에 관한 일반적 문제와 퀘벡 사람들과의 적대감 완화에 초점을 둔 이전의 발의에서 크게 벗어나지 않았다. 1980년대 초반 다문화주의 정책을 비판하는 사람들은 인종적·민족적 차별의 완화를 목표로 삼는 것이야말로 가장 취약한 정책 프로그램이라는 점, 그리고 그 요란한 수사학과는 별개로 정부의 전반적 노력은 기껏해야 최소한에 머물고 말았다는 점을 언급했다. 1980년 다문화주의 프로그램을 실행하기 위해 할당한 예산은 인색하게도 1080만 캐나다달러에 불과했고, 정부 관계 기관이 쏟아부은 노력이나 힘은—몇몇 영화와 한두 개의 신설 라디오 프로그램을 제작하는 일에 산발적 관심을 보였다는 것을 제외하면—상대적으로 거의 없다시피 했다.[62]

하지만 1980년대 중반이 되자 강조점이 이동하기 시작했다. 퀘벡과의 마찰이라는 맥락에서 정체성에 관한 초기의 관심은 더욱 넓어졌고 매우 포괄적인 것이 되었다. 캐나다의 국민적 정체성은 더 이상 단순히 다문화적 통일과 조화라는 표현으로만 나타나지 않았고, 그 언어와 법규에서 다문화적 윤리와 명확하게 연결되었다. 이와 동시에 정부의 정책 발의도 (주로 프랑

표 1 세 가지 연방 프로그램에서 다문화주의 관련 지출 현황(1984~1985년부터 1990~1991년까지)

	인종 관계(%)	문화유산(%)	공동체 참여(%)	합계(100만 달러)
1984~1985	–	50	50	18.4
1985~1986	–	46	54	16.1
1986~1987	–	48	52	17.8
1987~1988	–	40	60	19.6
1988~1989	14*	37	49	22.1
1989~1990	24	37	38	27.1
1990~1991	27*	22	51	27.0

출처: 캐나다에서 발행한 *New Faces in the Crowd: Economic and Social Aspects of Immigration* (Ottawa: Ministry of Supply and Services, 1991)에 근거함.
＊통계 수치에서 1988~1989년 '일본계 캐나다인 전국연합(National Association of Japanese Canadians)'에 일회성으로 지불한 1200만 달러와 1990~1991년 '캐나다 인종관계재단(Canadian Race Relations Foundation)'에 지불한 2400만 달러는 제외했다.

스계 캐나다인에게 초점을 맞췄던) 문화적 언어 및 유산의 유지에 대한 관심에서 '인종 관계'라고 부르는 것의 개선에 대한 더욱 광범위하고 강력한 헌신으로 이동했다. 정부 자금 지원은 1980~1991년 거의 3배 증가했고, 연방 예산의 훨씬 더 큰 부분은 인종 관계의 향상에 맞춘 프로그램에 배당되었다 (표 1 참조).

정부 자금의 지원 증가 및 변화와 함께 정부의 헌법적·법규적 차원에서 다문화주의를 정착시키려는 구체적 조치가 있었다. '1982년 캐나다 권리 자유 헌장'은 다문화주의와 관련한 2개의 조항을 포함했다. 제27항은 헌장의 해석을 "캐나다인의 다문화적 유산의 보존과 향상"과 일치하도록 관련 지었다. 심지어 '1988년 캐나다 다문화주의 법'은 캐나다의 문화적 다양성, 그리고 "경제적·사회적·문화적·정치적 영역에서 모든 캐나다인에게 평등한 접근을 보장하는 데" 한층 직접적으로 정부의 역할을 지지했다.[63]

다문화주의에 대한 약속은 1982년 헌법 조항에서 소중하게 다뤄졌고 '1988년 다문화주의 법'을 포함한 국가 법령에 확고하게 뿌리내렸다. 그리고 영어와 프랑스어의 특권 유지에 대한 명확한 강조와 더불어 새로운 캐나다 질서에 입각한 국가 건설의 첫걸음을 내디뎠다. 새로운 법조항과 관련해 사용한 언어는 다문화주의를 정체성, 국민성, 진보와 명확하게 연결 짓고 있다. 새로운 캐나다를 국제 협력 및 증대된 경제적 전망에 근거한 새로운 세계 질서와 연결 짓는 것도 분명히 드러났다. 국무장관이자 다문화주의 담당 주무 장관이기도 한 데이비드 크롬비(David Crombie)는 1987년 다음과 같이 썼다.

친애하는 캐나다 국민들께,

한 가지 법안을 제출하게 되어 기쁩니다. 이것이 통과될 경우, 세계 최초로 국가적 차원의 다문화적 법이 될 것입니다. 이 법안은 우리 캐나다적 정체성의 핵심 요소인 다문화주의에 관한 정부의 새 정책을 담고 있습니다. ······이 법안의 의도는 우리의 결속을 강화하고, 우리의 정체성을 보강하고, 우리의 경제적 전망을 향상시키며, 또한 역사적이고 동시대적인 현실을 인정하자는 데 있습니다. ······다문화주의는 오랫동안 국가 건설에 대한 캐나다적 접근 방식에 근본을 이뤄왔습니다. ······캐나다인은 실질적인 사회적, 경제적, 문화적 혜택이 다문화주의에 대한 한층 강화된 책임에서 생겨난다는 것을 깨달아가고 있습니다.[64]

크롬비의 말은 1986년 '다문화주의는 비즈니스다(Multiculturalism Means Business)'라는 아주 그럴듯한 제목의 한 회의에서 다문화주의의 잠재적인 경제적 이득을 강조한 브라이언 멀로니(Brian Mulroney) 총리의 심정을 반복한 것이었다. 그 연설에서 멀로니는 새로운 다문화주의를 고취하기 위한 실용적 이유를 분명하게 표현했다. 그는 수출 시장과 점증하는 무역 기회에 대한 캐나다의 필요성, 그리고 지구상의 '다른' 지역과 연관되어 있을지도 모르는 국가의 인종적 구성원에 대한 정부의 한층 더 보호적이고 진취적인 입장을 서로 연결 지었다. 캐나다 이민의 변화 패턴을 볼 때, 멀로니가 말한 지구상의 '다른' 지역은 십중팔구 아시아에 위치하고 있을 가능성이 높다. 애지중지해온 아시아계 캐나다인과의 특수한 유대 관계를 통해 번창해가는 환태평양 국가들과의 비즈니스 기회를 증진하는 데 목을 매는 것은 인도주의와 기업가 정신 같은 애매한 말로 표현한다 하더라도 명백하며 변명의 여지가 없다.

> 하나의 국민으로서 우리는 우리 자신의 다문화적 정체성이 제공해준 기회를 이해하고, 우리의 번영을 전 세계적인 교역 및 투자의 연결 고리와 국내의 쇄신된 기업가 정신을 군건히 할 필요가 있다. ……경쟁적 세계 속에서 우리 모두는 기술, 생산성, 품질, 마케팅 그리고 가격이 수출 성공을 결정한다는 사실을 알고 있다. 그러나 우리의 다문화적 성격은 이런 세계에서 우세한 판매 경쟁력을 제공한다. ……지구상의 다른 지역과 문화적 연결 고리를 가지고 있고, 그 밖의 다른 곳과 사업 관계를 맺고 있는 캐나다인은 교역과 투자 전략에 엄청나게 중요하다.[65]

개선된 인종 관계와 인권에 대한 정부의 홍보 그리고 부유한 아시아계 투자자의 점증하는 이민 사이의 연관성은 간접적이긴 하지만 정부의 몇몇 간행물에서도 다루었다. 1991년 캐나다 경제위원회(Economic Council of Canada)가 발간한 〈대중의 새로운 모습(New Faces in the Crowd)〉이라는 제목의 문서에서 필자들은 영국인 이민의 쇠퇴와 아시아계 이민의 증가를 보여주는 통계, 이민 투자자 범주의 경제적 영향에 관한 논의, 그룹 수용과 관용 그리고 개선된 인종 관계와 관련한 다문화주의 프로그램에 대한 재정 지원 증가를 보여주는 정부 지출을 나란히 실었다.[66] 이것들 간의 상호 연관성은 암묵적이긴 하지만 분명하다. 요컨대 정부가 캐나다 사회로 들어오는 부유한 아시아계 이민자 증가를 둘러싸고 표면화되는 인종적 긴장을 완화하기 위한 하나의 새로운 이데올로기적 전략에 착수했다는 것이다. 1989~1990년 인종적 적대감을 완화하고 국민에게 인종차별의 폐해를 교육하기 위한 2개의 새로운 법안 제정과 전국적 운동이 직접적으로 펼쳐졌다.[67] 아래에 소개하는 두 편의 기사가 캐나다 주요 일간지 〈글로브 앤드 메일(Globe and Mail)〉에 실린 지 채 한 달도 지나지 않아 '인종차별 철폐를 위한 인터내셔널 데이(International Day for the Elimination of Racial Discrimination)'를 제정하려는 전국적인 공공 교육 캠페인을 조직한 것은 전적으로 우연이라고만 할 수는 없다.

무엇이 밴쿠버의 미래인가?
답변: 지금 여기서 형성되고 있는 것을 놀랍다고 부르는 것은 부족한 표현이다. 이제 겨우 탄생 100주년을 지나고 있는 밴쿠버는 머지않아 아시아의 도시가 될 것이다.[68]

홍콩계 이민자는 일반적인 새로운 이민자와는 다른 부류다. 그들은 부유하다. ……홍콩의 구매자들에게만 매각하는 고급 콘도미니엄 지구를 건설하고 있다. 오래된 주택들이 불도저로 허물어지고, 홍콩의 구매자들을 위한 볼품없는 거대 주택으로 대체되고 있다. 홍콩계 투자—1년에 약 8억 달러에 달하며 대부분 밴쿠버에서 이루어진다—가 부동산을 먹어치우고 있다.[69]

다문화주의가 무엇이며 또한 무엇이어야 하는가에 관한 믿음에는 정부 기관뿐만 아니라 개인의 관심 또한 반영되어 있다. 헤이스팅스 연구소(Hastings Institute)와 브리티시컬럼비아주의 다문화 사회 및 봉사 단체 연합(Affiliation of Multicultural Societies and Services Agencies, AMSSA)처럼 1989~1990년 밴쿠버에서 번성한 정부 기관 외에도 밴쿠버와 홍콩 간의 다문화적 이해를 특별히 진흥하는 데 관계하는 몇몇 핵심적 민영 기관이 있다. 밴쿠버에 본사를 둔 로리에 연구소(Laurier Institute)는 이런 조직 중에서 가장 유명하고 재정도 튼튼한 곳이다.

로리에 연구소는 법적으로 1989년 중반에 창립했지만, 소장의 말에 따르면 그보다 1년 전부터 운영 중이었다고 한다. 연구소의 목표는 여러 안내서와 간행물에서 인용하듯 "캐나다인에게 다양성의 긍정적 특성을 교육시키면서 캐나다 사회 내의 수많은 다양한 문화 집단을 우리의 정치적·사회적·경제적 생활 속으로 효과적으로 통합하는 데 기여하는 것"[70]이다. 오레스트 크룰락(Orest Kruhlak) 소장은 구체적으로 인종적 마찰의 가능성을 진정시키는 것이 연구소의 중요 원칙이라고 지적했다. 그는 밴쿠버에서 이민 증가와 점증하는 인종적 다양성의 결과로 생겨날 장래 문제들에 관한 연구소의 우려를 이렇게 언급했다. "누구도 다양성의 증대가 미칠 장기적 영향에 주목하지 않는 것 같습니다. 우리가 하고자 하는 일은 미래에 생겨날지도 모르는 몇몇 쟁점을 미리 연구해 교육 프로그램으로 구성하고, 그 결과 미래에 중요할 것이라고 여겨지는 문제들을 사전에 시험 및 예방하기 위해 이런 쟁점을 갖고 어떻게 작업할지를 생각하는 것입니다."[71]

연구소가 의뢰받은 첫 번째 프로젝트 중 하나는 밴쿠버의 부동산 가격 상승에 관해 연구하는 것이었다. 크룰락에 따르면 이 연구는 미리 계획된 것이 아니라 "점차적으로 부상하는 문제"에 대한 반응으로 수행한 것이었다. 〈대도시 밴쿠버의 인구와 주택: 인구 통계와 수요의 변화 패턴(Population and Housing in Metropolitan Vancouver: Changing Patterns of Demographics and Demand)〉이라는 제목의 보고서에서 저자는 치솟는 주택 가격이 이제 중년기에 접어드는 전후 베이비붐 세대의 수요가 낳은 산물이라고 결론짓고 있는 것 같다. 이 보고서를 쓴 데이비드 백스터(David Baxter)는 실행 개요에 다음과 같이 썼다. "추정된 이주의 정도(없음, 보통, 높음)와 상관없이, 그리고 추정된 가구주 비율의 수준(동일하거나 증가함)과 상관없이 미래 광역 밴쿠버시의 주택 수요 변화의 특징을 결정짓는 것은 35세부터 44세에 이르는 연령 집단(1986~1996), 그리고 그 이후 45세부터 54세에 이르는 연령 집단(1991~2006)에 접근하는 전후 베이비붐 세대의 중년화가 낳는 인구통계학적 과정이다."[72]

이 문단의 내용은 상당히 일반적이고 인구통계학적인 변화가 밴쿠버의 주택 수요상의 변화(집값 상승을 함께 고려해)를 낳은 원인이라는 점을 부분적으로 가리키고 있는 것 같지만, 실행 보고서의 이어지는 문단은 해당 연구의 핵심에 있는 설득력 있는 수사적(rhetorical) 전략을 보여준다. 이 부분에서 백스터는 해당 보고서가 가격 상승이 가능한 이유를 보여주는 데 관심이 있다기보다는 가격 상승이 가능한 이유가 **아닌 것**은 무엇인지를 보여주는 데 관심이 있다는 것을 명확히 한다. 다문화주의와 캐나다 방식의 원칙 속에서 가능하지 않고 용인되지 않는 것은 한 특정 집단을 구별해내 꼬리표를 붙이거나, 그렇지 않으면 그 집단을 꼭 찍어 가려내는 일일 것이다. 그는 친절하면서도 경고 섞인 어조로 다음과 같이 쓴다. "우리가 이러한 수요 증가에 대해 누군가를 비난하고자 한다면, 그 책임 집단이 일부 특이하거나 외래적인 주민 또는 이주민이 아니라 우리 모두라는 사실을 알게 될 것이다. 사실상 비난할 이는 아무도 없다. 다시 말해, 미래의 주택 수요 증가는 국가 인구상의 동향 때문에 생긴 필연적이고 정상적인 결과인 것이다."

로리에 연구소뿐만 아니라 캐나다 부동산연구부(Canadian Real Estate Research Bureau)와 (브리티시컬럼비아 대학의 통상경영행정학부 내에 있는) 응용연구부(Bureau of Applied Research)가 후원하는 일련의 공동 연구 프로젝트의 일환인 백스터 보고서의 성과에 대해 캐나다의 거의 모든 주요 신문이 논평을 했다. 백스터의 경고성 진술이 미디어에 끼친 영향은 직접적이었고, 이는 곧장 대중에게 전달되었다. 1988년과 1989년 초 홍콩과 밴쿠버에 관해 쓴 기사에서 인종주의라는 비난을 받았지만, 그러한 비난으로부터 서서히 만회 중이던 〈밴쿠버 선(Vancouver Sun)〉과 〈글로브 앤드 메일〉은 "특이하거나 외래적인 집단"에 대한 백스터의 진술을 홍콩 출신 부유한 이민자들과 연관시켰다. 이런 연관성이 함축되어 있다손 치더라도 해당 텍스트 어디에도 명시적으로 이를 언급하지는 않았다. 이전의 부당 행위에 대한 자책과 속죄에서 헤어나오지 못한 미디어는 홍콩을 명확히 언급하면서 그 얘기를 실었다. 1989년 11월 〈글로브 앤드 메일〉은 다음과 같이 썼다. "한 연구에 따르면 외국인 이민자가 아니라 중년에 접어드는 베이비부머들이 밴쿠버 주택 가격 상승의 주요 원인이라고 한다. ……〔이 연구는〕 부유한 홍콩계 이민자들의 주택 구입이 밴쿠버 집값을 끌어올렸다는 공개적인 불만 때문에 촉발되었다."[73]

밴쿠버의 주택 공급과 부동산에 초점을 둔 로리에 프로젝트의 다른 보고서는 몇몇 포럼에서 전국적으로 알려지기도 했다. 해밀턴(Hamilton) 교수가 쓴 〈주택 시장의 행태: 회전율과 보유 기간(Residential Market Behavior: Turnover Rates and Holding Periods)〉에서는 이민이라는 차원이 주택 시장의 투기(비약)에 큰 역할을 하지 않았다고 주장했다. 곧이어 〈밴쿠버 선〉

은 "외국 구입자들 사면받다(Foreign buyers absolved)"라는 표제의 기사를 실었다.[74] 그리고 밴쿠버 지역 신문 〈쿠리에(Courier)〉는 1990년 4월 "국내 부동산 투기는 이민자의 잘못이 아니다"라고 썼다.[75] 지방자치단체가 부과한 개발 비용 수수료의 영향에 대한 에니드 슬랙(Enid Slack) 박사의 연구(공동 연구 프로젝트 시리즈 중 네 번째)는 (양수 공급 체계와 하수 처리 시설 등의 재정 마련을 위한) 개발업자들에 대한 과세가 주택 가격 상승을 통해 새 주택 구입자들에게 종종 전가된다는 것을 보여주었다. 밴쿠버의 〈주간 부동산(Real Estate Weekly)〉은 이러한 연구 결과에 대해 "슬랙의 보고서는 중국계 이민자들이 밴쿠버 부동산 가격을 끌어올리고 있다는 주장에 어떤 근거가 있는지를 밝히기 위해 로리에 연구소가 의뢰한 주요 연구의 일부다. 지금까지 연구소가 밝혀낸 것에 따르면 '사실상 비난할 이는 아무도 없다. ……그 책임 집단은 우리 모두가 될 것이다'"라고 썼다.[76]

누구도 비난할 수 없다는 백스터의 진술이 계속 반복되는 것은 마치 인종주의의 악령을 막아내기 위한 주문처럼 작용하는 것으로 보인다. 하지만 사실상 이 진술은 다양한 차원에서 기능한다. 부동산 가격 상승이라는 구체적 결과에 대한 책임을 특정한 누군가의 탓으로 돌릴 수 있다는 생각을 부정할 때, 이러한 주장을 지지하는 사람들은 두 가지 결과를 얻을 수 있다. 첫째, 이런 주장에 동의하지 않는 이들은 인종주의를 물리치려는 용감한 노력에 동참하지 않으며, 따라서 이런 영역에서 의심스러운 존재로 여겨질 수 있다. 그리고 둘째, 모두에게 책임 있고 그 누구도 비난할 수 없다면, 실제로 이러한 가격 상승을 초래한 과정에 연관된 행위자나 시스템을 적발하거나 폭로해야 할 의무와 필요성이 사라진다. 그 결과 자본주의의 기능은 불투명해지고, 자본 이전(transfer)과 연관된 행위자들은 은폐되어버리며, 지역적·국제적 경계를 넘어서고 관통하는 자본의 자유로운 흐름을 차단할 수 있는 공간적 장애와 마찰은 근절된다.

슬랙 박사의 보고서가 갖는 의미는 한 단계 더 나아간다. (주택 구입자에게) 불행한 주택 가격 상승에 대해 누구도 비난할 수 없을 뿐만 아니라, 만약 누군가가 책임을 져야 한다면 그것은 바로 시 정부일 것이라는 점이다. 주택 가격이 한 해 만에 2~3배로 뛰고 특정 지역에서는 수십만 달러나 상승하는 현상이 일어나긴 했지만, 슬랙의 연구 결과는 **지방 정부**가 새로운 주택 공급 프로젝트에 부과하는 개발 비용에 초점을 맞춘다. (앞서 논의했던 논쟁의 주요 근원인 주택이 아니라 단지 새 주택에만 영향을 주는) 이러한 비용의 범위는 버너비(Burnaby)의 새집에 부과하는 1500캐나다달러부터 리치먼드의 새집에 부과하는 1200캐나다달러 정도다. 더욱이 이 비용은 밴쿠버나 노스밴쿠버(North Vancouver)의 다수 공동체에는 부과하지 않는다. 그런데도 〈밴쿠버선〉은 슬랙의 보고서에 대한 기사에서 "연구는 새 주택 구입자에게 과중한 부담을 주는 추가 비용을 물리고 있다는 사실을 밝혀냈다"[77]는 헤드라인을 달았다. 여기서 비난받아 마땅한 것은 추가 비용이었다. 지방 정부가 과세하는 그 비용이 사람들에게 더 많은 지불을 하도록 강제하고 있다는 것이다. 정부는 명백히 공급과 수요 시스템 전체를 지나치게 방치했고, 개발업자들은 의당 과중한 세금 부담을 구입자에게 떠넘길 수밖에 없었다. 비난받아야 할 대상이 있다면, 그것은 지나치게 통제적이면서도 온정주의적인 시 당국인 것이다.

"캐나다의 문화적 조화를 증진하고" "다양한 문화적 배경을 가진 국민 사이의 이해 장려"를 분명한 사명과 역할로 삼는 로리에 연구소가 왜 이러한 보고서를 의뢰한 것일까? 내 소식통들은 로리에 연구소가 "일군의 기업가들"에 의해 설립되었다는 점을 지적하고 있긴 하지만, 연구소를 소개하는 책자는 설립자들의 이름을 적지 않고 있다. 1990년의 연구소 이사회 명단에는 13명의 이름과 그들의 지위가 포함되어 있다. 그중 4명이 대형 법률 회사의 변호사이고, 3명이 대기업 중역이고, 2명이 투자 및 경영 자문이고, 1명이 부동산 경영자다. 그리고 대표적인 기업 중 9곳이 직간접적으로 홍콩의 사업 및 투자와 관련이 있다. (2만 5000캐나다달러 이상을 기부한) 7명의 설립자 중에도 홍콩에 사업적 관심을 두고 있는 경우가 많았다.[78]

다문화주의가 제공하는 혜택에 대한 교육을 통해 지침을 제공하고자 하는 로리에 연구소의 역할은 〈자라나는 아시아계 및 토착 캐나다인(Growing Up Asian and Native Canadian)〉이라는 학습용 교육 과정을 담은 비디오를 비롯해 여러 분야에서 표명되었다.[79] '현장에서 일어나고 있는 일'에 대해 독자를 교육하고 납득시키는 연구로부터 얻은 일반 정보는 미디어를 통해 공표되어 널리 알려졌다. 게다가 의뢰받은 연구에서 생성된 정보는 해당 연구소의 법인 회원인 회사들에 제공된다. 법인 회원을 끌어들이기 위해 한 안내 책자는 경제적으로 유용한, 즉 캐나다의 문화적 다양성과 관련한 변화에 대한 내부 정보를 획득할 수 있는 이점을 열거하기도 한다. 앞서 인용한 멀로니의 연설처럼 다문화주의 이데올로기에 기여할 때 갖는 경제적 잠재성에 대한 강조는 명백하다.

캐나다 인구의 문화적 다양성은 캐나다의 노동력과 시장에 중대한 변화를 가져왔고 지금도 계속 그러하다. 이런 다양성의 잠재력을 인식하고 그에 따라 행동하는 기업은 그러지 못한 기업보다 엄청나게 유리한 위치를 차지할 것이다. 로리에 연구소는 회원들에게 이런 잠재력을 인식하면서 동시에 이러한 이점을 가져다줄 프로그램을 시행하는 데 도움을 제공한다.[80]

로리에 연구소의 다른 법인 회원과 주요 후원자에는 노바 스코티아 은행(Bank of Nova Scotia), 캐나다 메이플 리프 펀드(Canada Maple Leaf Fund Ltd.), 콩코드 퍼시픽 개발, 그랜드 아덱스(Grand Adex), 캐나다 홍콩 은행, 퍼시픽 캐나다 인베스트먼트(Pacific Canada Investment), 캐나다 로열 은행이 있다. 이들 대기업은 모두 홍콩 내에서, 그리고 홍콩에서 캐나다로 인력과 자본이 지속적으로 이동하는 과정에 주요한 이권을 갖고 있다. 로리에 연구소의 다양한 행사와 회의를 후원하는 것 외에도 앞서 말한 부동산 보고서에 자금 지원을 해온 기업 중에는 밴쿠버의 주요 부동산 회사와 재단도 포함되어 있으며, 이들 대부분은 지난 10년간 홍콩과의 관계가 증대한 결과 엄청난 이득을 보았다.

다문화주의 다시 주장하기

그렇다면 다문화주의를 하나의 가능한 대항적 공론장으로서 재주장하는 것은 가능한가?[81]

《정치권력과 사회 계급(Political Power and Social Classes)》에서 풀란차스(N. Poulantzas)는 어떻게 부르주아 이데올로기의 지배 담론이 정치적 이해관계를 과학이라는 객관적 허울 뒤로 종종 은폐함으로써 스스로를 권력과 무관한 것처럼 제시하는지 기술한 바 있다.[82] 캐나다에서 다문화주의를 생산하고 촉진할 때 독특한 권력 배치 또한 은폐되고 말지만, 이 경우에는 국민적 정체성과 인종적 화합이라는 외관 뒤로 숨는다. 인종과 국민의 언어 및 의미 같은 이데올로기적 형성을 둘러싼 투쟁은 특정한 **물질적** 목적을 위한 하나의 지배 담론을 형성하려는 노력과 무관하지 않다. 이런 투쟁과 연관된 사회경제적 요소를 무시하는 문화 종사자들은 새로운 목소리와 문화적 기회를 무턱대고 찬양할 위험이 있다. 이러한 목소리가 전유 혹은 소멸될 위험에 처할 때조차 말이다.

예를 들어, 밴쿠버에서 점증하는 글로벌적 연관성과 급속한 도시 개발에는 부유한 '아시아계' 이민자의 유입, 그리고 세간의 이목을 끄는 홍콩 투자자들에 의한 몇몇 개발 프로젝트가 수반되어 있다. 도시의 변모를 둘러싼 긴장은 종종 자본주의의 파고를 타고 밴쿠버로 쇄도해 들어오는 침입자로 묘사되는 중국계 홍콩 투자자들에 대한 점차적인 적대감뿐만 아니라, 급속한 자본주의적 개발이 초래한 용납할 수 없는 난맥상에 대한 분노를 반영해왔다. 긴장이 고조되면서 변화에 대한 저항 또한 더욱 요란해졌고, 그 어떤 종류든 '흐름'을 저지하려는 일부 로컬적 시도에서 절정에 이르고 있다. 이러한 맥락에서 도시 내의 인종적 화합과 관계 구축의 이데올로기로서 다문화주의를 재이용하는 것은 특정 상황에서의 피해 대책을 위한 로컬화한 노력이면서 동시에 다국적 자본주의의 이익을 위한 헤게모니 생산이라는 훨씬 광범위한 전략의 일부로서 기능한다.

다문화주의를 추상적으로 홍보하기보다 구체적 현장 속에서 다문화주의의 생산을 확인함으로써 통제의 장소뿐만 아니라 저항의 장소를 인식하는 것이 가능할 수 있다. 다문화주의에 관해 **누가 무엇을 어떤 근거로** 이야기하는가를 검토할 때 우리는 재현이 형성되고 전유가 발생하는 방식을 확인할 수 있다. 이러한 전유에 책임이 있는 개인과 기관을 드러내는 것은 의미의 경쟁과 정정(reclaming)에서 첫 단계가 된다. 얽힌 의제를 풀어내고 물질적 이득을 따지는 어려움에도, 다문화주의 같은 자유주의적 개념에 대한 더욱 긍정적인 해석을 쟁취할 수 있는 것은 오직 이러한 과정을 통하는 길뿐이다.

주

이번 장의 일부는 학술지 〈앤티포드(Antipode)〉에 게재한 바 있다. 원래 있던 감사의 말 외에 이 수정본에 대한 매슈 스파크(Matthew Sparke)의 편집 의견에 감사드리고 싶다.

1. Talal Asad, "Multiculturalism and British Identity in the Wake of the Rushdie Affair," *Politics and Society* 18, no. 4 (1990), p. 465.

2. Edward Said, *Culture and Imperialism* (New York: Alfred Knopf, 1993), p. 314.

3. James Clifford, "Traveling Cultures," *Cultural Studies*, ed. L. Grossberg, C. Nelson & P. Treichler (New York: Routledge, 1992), p. 101.

4. Arjun Appadurai, "Putting Hierarchy in its Place," *Cultural Anthropology* 3, no. 1 (1988), pp. 36-49; "Disjuncture and Difference in the Global Cultural Economy," *Public Culture* 2, no. 2 (1990), pp. 1-24.

5. Anne McClintock, "The Angel of Progress: Pitfalls of the Term 'Post-Colonialism'," *Social Text* 10, no. 2-3 (1993), pp. 84-98; Gayatri Chakravorty Spivak, "Neocolonialism and the Secret Agent of Knowledge: An Interview," *Oxford Literary Review* 13, no. 1-2 (1991), pp. 220-251; Ella Shohat, "Notes on the 'Post-Colonial'," *Social Text* 10, no. 2-3 (1992), pp. 99-113; Sneja Gunew, "Denaturalizing Cultural Nationalisms: Multicultural Readings of 'Australia'," *Nation and Narration*, ed. H. Bhabha (New York: Routledge, 1990); Asad, "Multiculturalism."

6. bell hooks, "Representing Whiteness in the Black Imagination," *Cultural Studies*, ed. L. Grossberg, C. Nelson & P. Treichler (New York: Routledge, 1992).

7. Kamala Visweswaran, *Fictions of Feminist Ethnography* (Minneapolis: University of Minnesota Press, 1994), p. 109.

8. Raymond Williams, *Culture and Society, 1780-1950* (Harmondsworth: Penguin Books, 1961). p. 285.

9. Antonio Gramsci, *Selections from the Prison Notebooks* (London: International Publishers, 1971).

10. '초근대성'이란 용어는 근대성의 만성적이며 지속적인 징후와 지난 20년간 그러한 징후의 첨예한 악화를 강조하기 위해 앨런 프레드(Allan Pred) 같은 사람들이 사용한 용어다. Michael Watts, *Reworking Modernity: Capitalisms and Symbolic Discontent* (New Brunswick: Rutgers, 1992) 참조.

11. *Vancouver Sun*, "Reaction to Sale of Condominiums Felt Fuelled by Fear of Change, Racism," December 19, 1988.

12. Ibid.

13. 초창기 개발에 대한 논의로는 Donald Gutstein, *Vancouver, Ltd.* (Toronto: James Lorimer and Co., 1975) 참조. 부동산 호황의 역사적 성격에 대한 언급은 데이비드 레이(David Ley)의 도움을 받았다.

14. 예를 들어, *Vancouver Trends*, City of Vancouver, May 1990; *Vancouver Perspectives*, Province of British Columbia Ministry of Regional Development, 1991 참조.

15. Thomas Hutton & H. Craig Davis, *Vancouver as an Emerging Centre of the Pacific Rim Urban System*, U.B.C. Planning Papers, Comparative Urban and Regional Studies, no. 19 (August 8); David Edgington & Michael Goldberg, "Vancouver and the Emerging Network of Pacific Rim Global Cities," North American Meetings of the Regional Science Association, Santa Barbara, Calif., Nov. 10-12, 1989; David Ley, "Liberal Ideology and the Postindustrial City," *Annals of the Association of American Geographers* 70, no. 2 (June 1980), pp. 238-258.

16. 홍콩에 있는 브리티시컬럼비아 주정부 안내 책자는 어떻게 캐나다에 투자할 것인가에 관한 세부 정보로 가득 차 있다. 캐나다와 홍콩 은행들 역시 자금 이체, 자금 해외 이동을 통한 면세, 홍콩에서 캐나다로 이주하는 개인을 위한 일반 서비스에 관한 정보를 제공한다. "Invest Canada: The Magazine of Canadian Opportunity"; "Prospectus Canada" (in Chinese); "Your Future is in British Columbia: A Guide to Business Immigration"); "Gateway to Canada: Canadian Imperial Bank of Commerce" (in Chinese) 참조.

17. 하코트는 1991년 11월 21일 개최된 홍콩 무역 및 투자 공동체를 위한 브리티시컬럼비아 환영 만찬회 연설에서 "브리티시컬럼비아의 새 주지사로서 저는 BC와 홍콩 간 유대 강화와 확장에 큰 관심을 갖고 있습니다"라고 말했다. *Canada and Hong Kong Update* (Winter 1992), p. 10. "Asia's Big Money Players Get Some Political Reassurance," *Vancouver Sun*, November 21, 1991 참조.

18. Jack Moore, "Swiss Banker Estimates Billions Pouring into Canada from Hong Kong, Taiwan," *Courier*, June 17, 1990.

19. Diana Lary, "Trends in Immigration from Hong Kong," *Canada and Hong Kong Update*, Fall 1991, p. 6.

20. Employment and Immigration Canada, "Immigration to Canada: A Statistical Overview," November 1989.

21. Alan Nash, "The Emigration of Business People and Professionals from Hong Kong," *Canada and Hong Kong Update*, Winter 1992, p. 3.

22. 이민 상담 전문가 9명과 고급 은행가 5명의 인터뷰를 바탕으로 한 나의 평가는 홍콩이 1989년 매달 22억 5000만 홍콩달러를 밴쿠버에 빼앗긴다고 생각한 홍콩 경제 전문가이자 사업가 사이먼 머레이(Simon Murray)가 제시한 추정치보다 훨씬 낮다. 매년 약 40억 캐나다달러가 홍콩에서 밴쿠버로 이동한다. F. Wong, "Confidence Crisis Costing Billions," *Hong Kong Standard*, September 21, 1989.

23. *Globe and Mail*, August 5, 1991.

24. 제임슨은 이러한 공간적 이미지를 독점자본주의 시기가 개인에게 미치는 혼란스러운 효과를 묘사하기 위해 사용한다. 그는 후기 자본주의에서 개인의 경험은 더욱 파편적이고 혼란스러워진다고 생각한다. Fredric Jameson, "Cognitive Mapping," *Marxism and the Interpretation of Culture*, ed. C. Nelson & L. Grossberg (Chicago: University of Illinois Press, 1988), pp. 349-350.

25. Fredric Jameson, "Cognitive Mapping," p. 351.

26. 인터뷰는 1990년 9월부터 1991년 12월까지 밴쿠버와 홍콩에서 수행했다. 여기엔 90번의 공식적이고 공개적인 인터뷰와 무수한 비공식적 인터뷰가 포함되었다. 사생활 보호를 위해 특정 개인의 이름은 바꾸었고, 공무원의 경우는 이름을 그대로 썼다.

27. Interview with Susan Liu, September 26, 1991.

28. Interview with Lucy Wei, November 26, 1991.

29. Paul Gilroy, '*There Ain't No Black in the Union Jack*': The Cultural Politics of Race and Nation (Chicago: University of Chicago Press, 1991).

30. 버밍엄 대학 현대문화연구소(Centre for Contemporary Cultural Studies)의 스튜어트 홀과 여러 학자들은 인종과 인종주의의 역사적·지리적 특수성을 강조하는 몇몇 중요한 연구를 수행해왔다. 특히 Stuart Hall, "Race Articulation and Societies Structured in Dominance," *UNESCO 1980* ; CCCS, *The Empire Strikes Back: Race and Racism in 70s Britain* (London: Hutchison, 1982) 참조.

31. 이런 시각에 대한 비판으로는 Raymond Williams, *Towards 2000* (London: Chatto and Windus: Hogarth Press, 1983), p. 195; Paul Gilroy, '*There Ain't No Black in the Union Jack*': *The Cultural Politics of Race and Nation*, pp. 49-50 참조.

32. 어떤 사람은 편집장에게 다음과 같은 내용의 편지를 보냈다. "홍콩에서 캠비(Cambie) 900번가라는 도시 입지를 강조하면서 콘도를 공격적으로 홍보하는 것은 탁월한 비즈니스 감각입니다. ……리비 데이비스 시의원은 그 개발에 대해 편견을 가지고 있으며, 그녀가 이 쟁점을 통해 정치적 이익을 얻어내려는 걸 보는 것은 놀랍지 않습니다. 불행하게도 그녀의 견해는 인종차별적인 것처럼 보입니다." *Vancouver Sun*, "Letters," December 11, 1990; "Hong Kong Condo Ads Draw Fire," November 28, 1990 참조.

33. Interview with Libby Davies, February 14, 1990.

34. 로스앤젤레스에서 일어난 '로컬의 자생적 혁명'의 경우에도 그와 유사한 현상이 나타나는 것을 주목한 책으로는 Mike Davis, *City of Quartz* (New York: Verso, 1991) 참조.

35. 자본주의 발전에 대한 반대를 분열시키기 위해 인종과 인종주의를 활용하는 것은 확실히 새로운 현상은 아니지만, 오늘날의 경우는 그러한 공격의 취지와 초점에서 매우 차별적이다. 팽창을 지지하는 사람이 도덕적 우위를 점했을 뿐 아니라, 일반적으로 '좌파적' 혹은 '정치적으로 진보적'이라 인식되는 정치인이나 다른 반대자를 수세로 모는 데도 대체로 성공적이었기 때문이다.

36. 이러한 과정을 밴쿠버 차이나타운의 건설에 적용한 데 대한 통찰력 있는 검토로는 Kay Anderson, *Vancouver's Chinatown: Racial Discourse in Canada, 1875-1980* (Montreal: McGill-Queen's University Press, 1991) 참조.

37. '연합 중국인 공동체 향상 서비스협회(United Chinese Community Enrichment Services Society, SUCCESS)'의 운영진 리디아 챈(Lydia Chan)에 따르면 중국계 캐나다인을 대상으로 한 인종차별 사건은 1980년대 후반에 현저하게 증가했지만 물리적 폭력과 관련된 사건은 드물었다. 그녀는 한 인터뷰에서 다음과 같이 말했다. "여기서의 대접이 달라졌습니다. 제 추측으로는 사람들이 중국인이 너무 많고, 아시아계 이민자가 너무 많다고 느끼는 것 같습니다. ……그게 바로 우리가 인종적 긴장 상태가 있다고 느끼는 이유입니다." Interview, October 1990. 또한 *Equity*, "Racism Is an Ugly Word," June 1989 참조.

38. 그 몇몇 예로는 홍콩의 밴쿠버 투자를 연대순으로 기록한 Margaret Cannon,

China Tide (Toronto: Harper and Collins, 1989); "Asian Capital: The Next Wave," *B.C. Business*, July 1990; "Tidal Wave from Hong Kong," *B.C. Business*, February 1989; "Flippers Awash in Profits," *Vancouver Sun*, February 8, 1989; "Hong Kong Capital Flows Here Ever Faster," *Vancouver Sun*, March 21, 1989 참조. 물에 의한 파괴와 침수라는 은유가 클라우스 테벨라이트 같은 작가들에게서 나타나는데, 그는 독일 의용군(German Freicorps)에 대한 자신의 연구에서 이러한 은유가 해체와 경계의 위반에 대한 깊은 두려움과 연관된 글쓰기 및 환상에서 하나의 증상이었음을 보여주었다. 이러한 불안은 대체로 정체성과 남성적 섹슈얼리티의 전체성과 안정성에 관한 우려와 연관되어 있다. Klaus Theweleit, *Male Fantasies*, vol. 1, *Women, Floods, Bodies, History*, trans. Stephen Conway (Minneapolis: University of Minnesota Press, 1987).

39. Lothrop Stoddart, *The Rising Tide of Color* (New York: Charles Scribner's Sons, 1920), p. 301. Anderson에서 재인용. pp. 109-110.

40. 다른 대형 주택 또한 동부 근린 지역에 건설되었는데, 지역 주민들은 이것을 '밴쿠버 스페셜즈(Vancouver Specials)'라고 불렀다.

41. Interview, February 1992.

42. 1986년 케리스데일 지역 주민의 평균 가족 소득은 연 7만 6451캐나다달러(표준 오차는 2522캐나다달러)이며, 쇼네시 주민의 경우에는 약 9만 6034캐나다달러다— 인구조사 통계에 따르면 그중 67퍼센트 이상이 연 5만 캐나다달러 이상의 소득을 벌고 있는 것으로 나타났다. (1990년 캐나다 경제위원회는 3만 3800~5만 6400캐나다달러 사이의 소득을 가진 가족을 '중산층'으로 규정했다.) *Vancouver Local Areas, 1986*, City of Vancouver Planning Department, June 1989.

43. 제임스 던컨과 낸시 던컨은 쇼네시의 서부 교외 지역에서 낭만화한(귀족적) 과거 영국의 이미지를 환기시키기 위해 전원적 상징을 도구적으로 활용하는 것을 논한다. James Duncan & Nancy Duncan, "A Cultural Analysis of Urban Residential Landscapes in North America: The Case of the Anglophile Elite," *The City in Cultural Context*, ed. J. Agnew, J. Mercer & D. Sopher (Boston: Allen and Unwin, 1984). 1980년대 이전에는 대부분의 서부 동네가 거의 전부 백인 주민, 그것도 대부분 영국적 유산을 지닌 백인 주민으로 구성되어 있었다. 1914년 밴쿠버 명사(名士) 등록부의 80퍼센트가 쇼네시 하이츠에 거주하는 사람들이었다.

44. 1991 Royal LePage Survey of Canadian House Prices.

45. C. Smith, "Prime Time," *Equity*, March 1990.

46. 예를 들면, "City Housing Market Flipping Along," *Business*, September 1, 1989; "Flipping Is Hong Kong Game," *Vancouver Sun*, March 20, 1989; "Flippers Awash in Profits," *Vancouver Sun*, February 8, 1989 참조.

47. *Western News*, July 26, 1989.

48. 부르디외는 문화를 제2의 천성으로 정당화하는 일은 이것을 지닌 이들에게 자신은 사심이 없고 문화의 금전적 이용에 전혀 오염되지 않았다고 생각하게끔 해준다고 썼다. Pierre Bourdieu, *Distinction: A Social Critique of the Judgement of Taste* (Cambridge: Harvard University Press, 1984), p. 86.

49. Pierre Bourdieu, *Distinction: A Social Critique of the Judgement of Taste*, p. 124.

50. 1991년의 주택 조사에 따르면, 밴쿠버 시민 96퍼센트는 자녀들이 자기가 자란 곳에서 살아갈 여유를 누릴 수 없을 것이라고 말했다. *Vancouver Sun*, November 9, 1991. '흉물스런' 건물과 동네 품격이 약화하는 데 따른 명시적 불안감에서 종종 언급되지 않는 것은 그들 동네로 이주해오는 사람들의 인종적 차이에 관해 느끼는 불안감이다. 이 경우 문화적 가치와 취향에 대한 강조는 인종주의에 대한 좀 더 넓은 서사를 배제하기 위한 알리바이 혹은 '차단 알레고리(screen-allegory)'의 역할을 하는 것으로 볼 수 있다. Gayatri Chakravorty Spivak, "Can the Subaltern Speak?" *Marxism and the Interpretation of Culture*, ed. C. Nelson & L. Grossberg (Chicago: University of Illinois Press, 1988), p. 291 참조.

51. *Interview*, October 11, 1990.

52. 이 모든 변화에 관한 통계는 여러 출처를 통해 살펴볼 수 있다. 공실률 감소에 대해서는 "Apartment Vacancy Rates, 1976-1992," *Vancouver Monitoring Program*, City of Vancouver (August 1992) 참조. 아파트 건물 철거에 대해서는 Demolitions and Permits, City of Vancouver Planning Department 참조. 1인실 점유 주택(Single Room Occupancy, SRO)의 소멸을 비롯해 엑스포 부지 인근 지역의 고급 주택화에 대한 정보로는 브리티시컬럼비아 대학의 '인간 정착 센터(Centre for Human Settlements)'에서 간행한 다수의 출판물 참조.

53. 그 냉소적인 명칭은 새로이 설정한 구역을 명명하는 일을 두고 벌어진 투쟁 역사의 일부다. 피츠는 이것을 '보존 지구 1'이라고 부르길 원했지만 시 당국은 이를 거부했다. Interview with John Pitts, February 8, 1991.

54. J. Lee, "Rezoning Idea has a Permanent Air," *Vancouver Sun*, May 16, 1990.

55. 이 시나리오에서 정치적 권리에 대한 서로 상충하는 압박과 딜레마는 더욱 분명해진다. 시의회의 친개발 세력은 서부 근린 지역의 중심 선거구로부터의 완만한 성장에 대한 요구에 동의하는 것과 무제한적 접근 및 개발 기회에 대한 국제 자본가들의 요구에 동의하는 것 사이에서 분열되었다.

56. 도시의 주택 지대-1(RS-1) 구역 조례는 1986년, 1988년, 1990년에 개정되었다. 그랑빌-케리스데일 지역의 운동가들은 관료주의적 개입이 증가하는 것을 절감했다. 릭 스미스(Rick Smith) 회장은 자신의 싸움에 대해 다음과 같이 말했다. "사람들은 다른 사람보다 앞서 사고(思考)하려 합니다. 심지어 지금도 우리의 제안에 대해 그들(시의회)은 끔찍한 과정을 거치려 합니다. 그들은 우리가 그 사람들에게 조언을 해주어야 하고, 정보를 제공해야 한다고 말합니다. ……그리고 난 잘 보라고 말합니다. '그 사람들'은 바로 여기에 있는 사람들, 이 청원서에 서명한 사람들입니다." Interview January 23, 1991.

57. David Harvey, *The Limits to Capital* (Oxford: Basil Blackwell Publisher, 1982), pp. 413-445.

58. David Harvey, *Consciousness and the Urban Experience* (Baltimore: Johns Hopkins University Press, 1985), chap. 3.

59. David Harvey, *The Limits to Capital*, p. 423.

60. 로리에(1841~1919)는 캐나다의 일곱 번째 총리이자 최초의 프랑스계 총리다(재직 기간은 1896~1911년—옮긴이).

61. Jean Elliot & Augie Fleras, "Immigration and the Canadian Ethnic Mosaic," *Race and Ethnic Relations in Canada*, ed. Peter Li (Toronto: Oxford University Press, 1990).

62. Ronald Wardhaugh, *Language and Nationhood: The Canadian Experience* (Vancouver: New Star Books, 1983), p. 201; Evelyn Kallen, "Multiculturalism: Ideology, Policy, and Reality," *Journal of Canadian Studies* 17, no. 1 (1982), p. 55.

63. Canada, *The Canadian Multiculturalism Act: A Guide for Canadians* (Ottawa: Minister of Supply and Services, 1990).

64. Canada, *Multiculturalism …… being Canadian* (Ottawa: Minister of Supply and Services, 1987), pp. 1-2.

65. Elliot & Fleras, "Immigration," p. 67에서 인용.

66. Canada, *New Faces in the Crowd: Economic and Social Aspects of Immigration* (Ottawa: Minister of Supply and Services, 1991).

67. Canada, *Working Together Towards Equality: An Overview of Race Relations Initiatives* (Ottawa: Minister of Supply and Services, 1990).

68. *Globe and Mail*, "Face of Vancouver to be Radically Altered," February 20, 1989.

69. *Globe and Mail*, "Is Vancouver Trading Furs for Beads?" March 1, 1989.

70. *The Laurier Institute*, Newslatter/Announcement.

71. Interview, January 3, 1991.

72. David Baxter, "Population and Housing in Metropolitan Vancouver: Changing Patterns of Demographics and Demand," 1989 (미간행 원고).

73. *Globe and Mail*, "Study Says Baby Boomers Behind Home Price Surge," November 16, 1989.

74. B. Constantineau, *Vancouver Sun*, March 28, 1990.

75. B. Truscott, "Home Speculation Not Immigrants' Fault," *Courier*, April 22, 1990.

76. *Real Estate Weekly*, "Burb Buyers Hit with Levies," April 6, 1990.

77. B. Constantineau, "Foreign Buyers Absolved," *Vancouver Sun*, April 18, 1990.

78. 설립 기부자들로는 부지사 데이비드 램(David C. Lam) 박사와 그의 부인, 애서 조 헐(Asa Johal), 피터 리 박사(Dr. Peter Lee), 밀턴 웡(Milton K. Wong), 챈 재단 (Chan Foundation), 몬트리올 은행, 태평양 캐나다 투자 그룹(Pacific Canadian Investment Group)을 들 수 있다.

79. *The Laurier Institute*, letter to potential members, November 2, 1991.

80. Laurier Institute, "Corporate Member Benefits, Cultural Harmony through Research, Communication, and Education."

81. Sneja Gunew, "Denaturalizing Cultural Nationalisms: Multicultural Readings of 'Australia'," *Nation and Narration*, ed. H. Bhabha (New York: Routledge, 1990), p. 114.

82. Nicos Poulantzas, *Political Power and Social Classes*, trans. Timothy O'Hagan (London: NLB and Sheed and Ward, 1973), p. 217.

3부 글로벌/로컬의 분열

10

글로벌주의의 로컬주의

● 데이나 폴런 ●

〈미스터 베이스볼(Mr. Baseball)〉의 첫 내러티브 시퀀스에서 주인공이자 사양길에 접어든 야구 선수 잭 엘리엇(톰 셀렉)은 한 여대생의 침대 위에서 잠을 깬다. 알몸으로 침대를 슬쩍 빠져나오며 그는 솜털 베개를 집어 들어 자신의 사타구니를 가린다. 영화 후반부에서 잭은 자신이 점차 흥미를 느끼게 된 한 젊은 일본 여성으로부터 일본식 목욕에 초대받는다. 잭이 뜨거운 물속으로 들어가고, 여자가 이후 키스(그리고 영상에서는 생략했지만 성관계)로 이어질 마사지를 시작할 때, 잭은 작은 수건을 집어 들어 또다시 자신의 사타구니를 가린다.

〈실패한 성공(Iron Maze)〉에서 여주인공 크리스 수기타(브리짓 폰다)는 일본인 사업가 남편 몰래 배리(제프 파헤이)와 여러 번 성관계를 갖는다. 배리는 크리스의 남편 수기타 씨가 놀이공원으로 바꾸려는 쇠퇴 일로의 공장에서 일하던 철강 노동자였다. 크리스와 배리는 관계를 가질 때마다 옷을 전

10 글로벌주의의 로컬주의 383

부 입거나 알몸을 전혀 볼 수 없는 자세를 취한다. 다른 때에 수기타는 샤워 중인 크리스한테 달려들어 관계를 갖고 싶어 하고, 크리스의 욕망은 거의 부부 간 강간 같은 수준으로 변하기도 한다. 비록 샤워 중인 크리스가 알몸 상태이고, 부부 사이에 몇몇 순간 격렬한 싸움이 일어나지만 이때도 세부적인 알몸 노출은 전혀 드러나지 않는다.

내가 언급한 영화에서 노출이 등장하지 않는 국지적이고 우연적인 많은 이유가 있다는 데는 의문의 여지가 없다. 그 이유로는 야구 영화로서 아동과 청소년을 끌어들일 필요성, 누드 장면을 피하고자 하는 대스타들의 열망, 등급제의 제약[최근 'R(준성인용)' 등급은 더욱 많은 제약을 받고 있다]을 들 수 있을 것이다. 그러나 성기 노출을 삭제하는 대신 페이지에 빈칸 처리를 함으로써 이를 핵심적인 것으로 만드는 일본 만화처럼 〈미스터 베이스볼〉이 부재(不在)로 처리하는 바로 그것의 존재를 보여주기 위해 무진 애를 쓰고 있다는 사실 자체는 의미 있게 다가온다.

이미 고전이 된《상상의 공동체: 민족주의의 기원과 전파에 대한 성찰 (Imagined Communities: Reflections of the Origin and Spread of Nationalism)》에서 베네딕트 앤더슨은 민족(nations)이라는 거대한 사회 조직이 물리적이고 직접적인 접촉의 영역으로부터 담론의 매개로 이행해가는 과정에서 결속력의 원천이라는 점을 주장한다. 그가 말하듯 "부르주아 이전의 지배 계급은 자신들의 결속력을 어떤 의미에서 언어, 혹은 적어도 인쇄 언어의 외부에서 형성했었다. ……하지만 글을 읽을 수 없는 부르주아지는 거의 상상할 수 없다. 그러므로 세계사적 관점에서 부르주아지야말로 본질적으로 상상된 토대 위에서 연대를 성취할 수 있는 최초의 계급이었다".[1] 소규모 집단은 직접적으로 상호 작용하면서 통일성을 발견하지만, 민족성(nationhood)은 상징적 구조를 필요로 한다. 지나치듯 툭 던지는 말로 앤더슨은 이런 차이를 요약한다. "달리 말하면, 사람은 누구와도 동침할 수 있지만 누구나 글을 남기는 것은 아니다."[2]

여기서 내가 강조한 것처럼 누구와 동침하다/언술하다를 대비하는 앤더슨의 방식은 지나치듯 툭 던지는 말로, 즉 하나의 매력적이고 인용할 만한 경구로서 제시된다. 어쩌면 이런 대립을 지나치게 견강부회해서는 안 될 것이다. 그럼에도 이 구절이 흥미로운 것은 이것이 앤더슨의 논의에서 성(性)이 등장하는 극히 드문 문장 중 하나이기 때문이다. 그와 동시에 이 이항 대립은 매혹적이면서도 문제적이다. 이것이 매혹적인 이유는 상상하기에 대한 앤더슨의 강조가 민족을 단지 경제적이거나 국가적이거나 외교적인 차원에서 논하는 민족에 대한 일반적 논의(민족에 대한 논의를 정치학이나 국제 관계 같은 '딱딱한' 사회과학의 관심사로 제한하는 논의)를 피할 수 있게끔 해주기 때문이다. 앤더슨에게 민족이란 협상할 수 있는 사물일 뿐 아니라 체험할 수 있는 이미지, 즉 동의나 반대에 뿌리를 둔 상상 작업으로 확장되는 신화다. 그의 책은 우리가 한 민족에 대해 행할 수 있는 물리적·담론적 투여(investment)에 대해 사유하도록 장려함으로써 사회 이론과 문화 연구 사이에 하나의 가교를 제공한다.

문제는 대개 앤더슨이 (그의 책 제목에서처럼) 상상력을 민족성에 대한 사유의 중심에 위치시키려 노력하긴 하지만, 그의 저서가 무의식, 욕망, 젠더와 차이, 신체의 일상적 활동 같은 요인에 관한 책은 아니라는 데 있다. 앤더슨 저서의 다른 부분에 집중하면서 이브 코소프스키 세지윅(Eve Kosofsky Sedgwick)은 《상상의 공동체》가 성과 욕망의 문제에 대해 전반적으로 관심이 결여되었다고 지적한다. 이는 그 책이 이런 문제를 직접 거론하는 극히 드문 곳조차 특별한 의미를 갖지 않는다는 걸 의미한다고 세지윅은 주장했다.[3] 특히 세지윅은 앤더슨의 저서 초반에 등장하는 "근대 세계에서 모든 사람은 '젠더'를 소유하듯 민족성을 '소유할 수 있고' '소유'해야 하고 '소유하게 될' 것이다"⁴라는 구절에 주목한다. 세지윅의 분석에 따르면, 앤더슨이 성과 젠더를 다른 요소와 비교·평가할 수 있는 가변적 기정사실로 구성할 수 있었던 것은 바로 이러한 언술 행위의 희귀성뿐 아니라 확실성 때문이기도 하다. 세지윅이 언급하듯 모든 사람이 쉽고 자동적인 방식으로 하나의 젠더를 '소유'하는 것은 아니다. 그리고 앤더슨이 젠더를 생물학으로 해소해버리고 그것을 민족성과 비교·판단할 수 있는 하나의 기정사실로 삼을 수 있었던 것은 (의식적이든 그렇지 않든) 젠더 정의의 가변성에 관한 엄청난 문헌을 무시함으로써만 가능한 일이다.

마찬가지로 누구와 동침하다/언술하다는 식의 대비는 우리가 성적 관계의 편의성과 확실성, 특히 그 구체성을 가정하면서, 그에 비해 민족 담론에 상대적 자율성을 제공하는 경우에만 명확하게 작동한다. 이 가정에서 성이 성이듯(그리고 젠더가 젠더이듯), 민족주의가 그 기표를 해방함으로써 해체될 전(前) 민족주의적 담론의 구체성이 존재한다. 앤더슨이 그 책 초반에 말하듯 "만일 신성한 침묵의 언어들이 과거의 위대한 글로벌 공동체를 상상하는 매체가 되었다면, 이런 환영의 실제는 대개 오늘날의 서구적 정신에는 이질적인 관념, 즉 기호의 비자의성(non-arbitrariness)에 의존한다".⁵

사회적 존재의 기호적 성격을 인식하고 있음에도, 그리고 "**텍스트 바깥**(hors-texte)은 없다"는 데리다의 주장에 잠정적으로 동의함에도, 앤더슨에게는 사회적 실천이 담론적 형태라는 견해에서, 그러한 실천이 특히 언어적이고 (앤더슨이 민족성의 대두에서 필수적 도구로 간주했던 신문이나 부르주아 소설처럼) 공통어의 실천을 통해서만 구현된다는 견해로 나아가는 징후적 미끄러짐(symptomatic slippage)이 있는 것 같다. 즉 민족성을 상상하는 것이 곧 그걸 경험하는 것이라고 말하는 것은, 그것이 구체적으로 언어 매체를 통해

체험된다고 말하는 것과 반드시 같지는 않으며, 이런 말로 환원될 수 있는 것 또한 아닌 듯싶다. 무의식이 "랑그처럼(comme une langue)" 구조화되어 있다는 라캉의 주장이 무의식이 곧 '랑그'라는 점을 함의하는 것으로 종종 오역되고 있듯 민족성을 담론적으로 체험한다는 관념은 민족성을 이런저런 특정한(그리고 한정된) 경우에 구현된 특정한 담론에 불과하다는 관념으로 혼란스럽게 몰아간다.

근대 권력이 기표의 자유로움을 통해 작용한다고 믿는 이 범기호 작용(pan-semiosis)은 우리가 누구와 동침하다/언술하다의 구별을 통해 볼 수 있는 것처럼 그 구별과 함께 몇 가지 다른 가정도 끌어들인다. 비록 이런 범기호 작용이 텍스트적이지 않은 것은 존재하지 않는다고 주장하더라도, 이는 어떤 것은 텍스트화되어 있는 데 반해 다른 것은 (텍스트 너머에) 구체화되어 있다는 점을 분명하게 수용한다. 특히 여기서 우리의 목적을 위해 이는 우리 학술 대회의 두 용어(글로벌/로컬)를 인식론적이고 존재론적인 대립으로 설정할 것을 권장하는 것 같다. 글로벌주의가 추상적인 것, 하나의 비현실적 순환(경제와 기호)의 영역이라면, 로컬주의는 체험적인 것, 물리적인 것, 일상적 존재의 사소한 경험의 영역이라는 것이다. 《포스트모던 조건(The Post-Modern Condition)》에서 "삼자위원회(Trilateral Commission)는 끌어당기는 양극(pole of attraction)에 속하지 않는다"[6]라고 한 장프랑수아 리오타르(Jean-François Lyotard)의 유명한 선언이 "과연 누가 코메콘(Comecon, 공산권 경제상호원조협의회)이나 유럽경제공동체를 위해 기꺼이 죽으려 하겠는가?"[7]라는 앤더슨의 또 다른 암시적인 말과 공명하는 바가 있다는 것은 근거가 없지 않다. 사실상 나는 다국적 프로젝트와 실천에 대한 지지를 촉진하기 위해 흥미진진한 서사가 생성되고 있는 것을 쉽게 상상할 수 있다.

다음 논의에서 나는 앤더슨의 이항 대립적 가정에 대한 수정을 제안하고 싶다. 세지윅이 설득력 있게 주장하듯 앤더슨이 자신의 역사적 주장을 섹슈얼리티의 기정사실화와 근대적 미디어에 관한 또 다른 기정사실화에 대한 (드러나지 않은) 가정 위에 근거 지음으로써 이러한 주장을 왜곡하고 있다 하더라도, 나는 우리가 앤더슨의 대립을 역사적 실천이나 전략으로 다시 쓰기를 한다면 그 대립을 새롭게 이용할 수 있을 것이라고 생각한다. 성이 있고 그에 대립해 미디어가 있다는 것이 아니라, 하나의 특정 문화가 특정한 미디어 구성물과의 대립 관계를 형성하는, 성에 대한 특정한 재현을 생산한다는 것이다. 나는 하나의 추상적 글로벌리티를 하나의 구체적 로컬주의와 이항 대립의 관계에 두는 것은 해체해야 마땅하다고 제안하고 싶다. 특히 나는 이러한 대립 관계 이면에 있는 전제가 의심스러운 정치학으로 종종 귀결되는 지점에서 ─ 로컬 이용자들이 자신의 직접적 목적을 위해 지배 이데올로기를 전복하는 새로운 소비자 중심적 문화 연구〔존 피스크와 헨리 젠킨스(Henry Jenkins) 등〕에서처럼 ─ 만일 우리가 로컬주의를 글로벌적인 것을 체험하는 특정한 방식으로 이해한다면, 우리는 지배와 저항을 다시 사유할 필요가 있다. 글로벌주의는 추상이 아니라 로컬적 신체에 영향을 끼치는 존재 양식을 갖는 구체적 활동이다. 비록 이것이 추상적 관점으로 재현된다 하더라도, 글로벌주의의 양식은 구체성 속에 구현되어 있고, 그러한 구현은 로컬적 차원에서 발생한다. 작은 예를 들면, 존 호어(John Hoerr)는 저서《그리고 마침내 늑대는 나타났다: 미국 철강 산업의 쇠퇴(And the Wolf Finally Came: The Decline of the American Steel Industry)》에서 노사 간의 수준 높은 결정에 대한 지역 철강 노동자들의 인식을 언급하며, 그러한 인식은 필시 추상적이면서 동시에 구체적인 것으로 상상되었다고 지적한 바 있다.

멀리에 존재하는 전지전능한 권위가 공장과 그 노동자들에 대해 궁극적 지배력을 갖고 있다는 점은 〔몬(Mon)〕 밸리 노동자들이 사용한 표현 속에 반영되어 있다. ……노동자들이 1930년대에 노동조합을 결성하기 위해 투쟁할 때, 공장 경영진은 그들의 불만 사항을 '시청'에 넘겨버림으로써 그 해결을 회피했다. 시청에서 그것은 '바닥을 알 수 없는 나락'으로 사라져버렸다. 1970년대와 1980년대에 밸리의 노동자들은 U.S. 스틸(U.S. Steel)의 본사를 지칭할 때 마찬가지로 '피츠버그'라는 몰개성적인 용어를 사용했다. "피츠버그는 ……라고 말한다"거나 "피츠버그는 …… 하길 원한다"는 식의 말을 자주 했으며, 거기에는 보통 어깨를 으쓱하는 동작이 수반되기도 했다.[8]

다음에서 나는 피츠버그의 로컬적 맥락에서 회사와 텍스트에 대해 아주 자주 언급할 것이다. 하지만 나는 이러한 '장소 특정적 개입(site-specific intervention)'에 대해 그 어떤 특권도 부여하지는 않을 생각이다. 〈급진적인 것의 어려움: 영화 연구와 포스트식민적 세계 질서(The Difficulty of Being Radical: The Discipline of Film Studies and the Postcolonial World Order)〉라는 상호 문화적 분석에서 요시모토 미츠히로는 지식을 다양한 사례에 무차별적으로 적용할 수 있는 일종의 자유로운 유동적 힘이라고 상상하려는 시도에 대해 경고한다. "문제는 상호 문화적 분석이 동등한 기반 위에서 서로 다른 두 문화 간 문화 교환에 실제로 기여할 수 있는가, 분석가 자신의 문화 이면에 놓인 가정에 끼워 맞추지 않으면서 타자에 대한 이해에 기여할 수 있는가, 또는 타자에 대한 비지배적 인식과 이해의 방식에 기여할 수 있는가 하는 것이다."[9] 분석가에게 한 가지 '방안'은 타자(the Other)가 아니라 타자성(the Otherness)을 구성하는 지배 문화를 검토하는 것이다. 그러나 내가 '방안'이란 말에 따옴표를 쓴 것은 장소 특정적 개입이 내포하는 몇 가지 위험을 지적하면서 잘하면 그 위험을 새롭게 재협상하기 위함이다. 무엇보다 지배 문화 속에서 일어나는 것이—지배당하든 그렇지 않든—다른 문화에서도 일어나는 것이라고 받아들이고 싶은 유혹이 존재한다. 예를 들어, 우리는 경계를 뛰어넘어 계급·성·인종·민족성에 관한 믿음의 공유를 받아들이는 지배 이데올로기 개념을 정정하거나 심지어는 폐기할 필요가 있을지 모른다. 둘째, 장소 특정적 개입이나 분석을 변증론(apologetics)의 한 형식으로 전환하기 쉽다. 뽀빠이(Popeye) 식으로 말하면, 장소 특정성은 "나는 내가 있는 곳이다(I am where I am)"라고 선언하고, 그렇게 함으로써 그 밖의 다른 곳에 존재하는 것이 불가능하다고 결론지을 수 있다. 가령 〈연대성이냐 객관성이냐?(Solidarity or Objectivity?)〉라는 리처드 로티(Richard Rorty)의 유명한 글에 관해 나는 이 철학자의 실용주의가 우리가 구체적 상황 속에 존재하기 때문에 상황이 제공하는 위치 이외의 어떤 다른 위치도 가질 수 없다고 여기게 만든다고 생각한다.[10] 하지만 로티에 맞서 우리는 상황 속이 아니라 상황들 속에 존재하며, 우리는 '하나(one)'가 아니라 다양한 상황에 맞는 다양한 정체성을 갖는다고 주장해볼 수 있다. 이런 정체성의 총합 또한 한계를 갖는데, 이런 과정에서 자기 정의(self-definition)와 맥락 정의(context-definition)를 너무 일찍 제거하기 쉽기 때문이다. 예를 들어, 나의 모교 대학에서 문화 연구 학회를 개최한 적이 있었다. 학회 개회 강연에서 가야트리 스피박(Gayatri Spivak)이 장소 특정적 분석을 위해 거대 이론을 피하자고 주장했는데, 이에 대한 반응으로 몇몇 남성('남성적 페미니스트')이 동의를 나타내며 이를 일종의 고해 선언("나는 백인 성차별주의적 중년 남성입니다")으로 표명했다. 하지만 이는 상황을 정확히 짚어낸 것이지만 동시에 그 필연성을 받아들이는 것(그리하여 남성의 한계를 변호하는 것) 같았다.

여기서 내 연구에 지침이 되는 몇 가지 가정이 있다. 첫째, 내가 막 언급했듯 상황과 정체성은 특정적(구체적)이면서도 복수적이다. 둘째, 첫 번째에 대한 상호 보완적 이면으로서 모든 특정성(구체성, specificities)은 그 나름의 방식으로 사회 현실의 총체성을 재연하거나 재가동하고 있다. 이것이 바로 "글로벌주의의 로컬주의"라는 관념이 뜻하는 바다. 즉 제임슨의 용어로 하자면, 각각의 모든 로컬적 사례는 글로벌적인 것에 대한 "상징적 반응(symbolic response)"으로 읽을 수 있다는 것이다. 〔그렇다면 로컬적인 것이 하나가 아니듯 우리는 글로벌적인 것 또한 하나가 아니라 일종의 비공시적 배치(assemblage)라는 것을 이해해야 한다. 다시 말해, 이매뉴얼 월러스틴(Immanuel Wallerstein)이《지정학과 지리 문화(Geopolitics and Geoculture)》에서 지적하듯 "민족주의와 국제주의는 단순히 추상적인 이데올로기적 표현을 나타낸다기보다는 변화하는 계급 내용을 가진 정치적이고 이데올로기적인 경향을 나타낸다. 즉 그것들은 자본과 노동 측에서 자본주의적 생산이 낳은 구조적 조건에 대응하기 위한 지속적인 노력에서 생겨난다".〕[11] 그렇다면 이 주장은 이론적이면서 동시에 역사적이다. 이것이 이론적인 것은 (내 경우에) 사르트르적 영감에 근거한 것으로, 인간적 경험에 하나의 통일성이 있다는 것, 다시 말해 전체적인 총체화가 존재하고 각각의 로컬 사례는 장폴 사르트르(Jean-Paul Sartre)가 말한 "과정 중의 총체화(une totalisation en cours)"라는 것을 받아들이기 때문이다. 그리고 이런 주장이 역사적인 것은 그것이 로컬적 사례가 그 총체적 맥락을 변증법적으로 실행하게 하는 필연적 형식이 존재하지 않는다는 걸 받아들이기 때문이다. 사르트르는 자신이 "인간적 모험(human adventure)"에 부여한 구체적 내용 때문에 〔특히 클로드 레비스트로스(Claude Lévi-Strauss)에 의해〕 제대로 비판받았고—레비스트로스가 언급하듯 사르트르의 인간학은 "전근대적" 문화의 역사성을 부정한다—한편으로는 모든 인간적 경험의 이론적 통일성과, 다른 한편으로는 부분적 통일성이 이런 전체성(globality) 혹은 저런 전체성—마이크 페더스톤의 용어로 하면 "그 내부에서 다양성이 발생할 수 있는 생성적 틀"로서 글로벌적인 것[12]—에 규정되는 특정한 방식을 서로 구분할 필요가 있다. 예를 들어, 미디어 지구촌이 보편성에 대한 하나의 이미지(하지만 정보통신망에 소속된 사람에게만 사실상 해당한다)를 표현할 수 있지만, 그것 또한 그 다양한 부분성을 제시하는 다른 이미지의 도전을 받을 수 있다.

그렇다면 일부 새로운 미국 영화는 어떻게 글로벌적 맥락과 협상하고 있는가? 다음에서 나는 미국의 최근 영화에서 새로운 글로벌주의적 실천의 등장을 언급하고 싶다. 그러나 우리가 그 출현 양식에 진보적 경향이 있다고 너무 섣불리 받아들이는 상황에서 나는 여기서의 사례가 더욱 복잡한 것임을 강조하려 한다. 요컨대 미국 영화를 글로벌적인 것에 개방하는 것은 외견상 미국 이데올로기의 해체만큼이나 새로운 다국적적인 정치적·경제적 관심에 부응해 재현이 적응하는 것과 관련이 있다.

적어도 〈미스터 베이스볼〉의 경우처럼 이 영화가 시각적으로 남성의 탈성욕화(desexualizing)를 서사화함으로써 그것을 초월하고 좀더 오래된 신화에 새로운 활력을 불어넣으려 한다고 안이하게 주장할 수 있을지도 모른다. 이 영화는 오이디푸스적 읽기에 쉽게 맞아떨어진다. 만일 첫 번째 장면에서 잭이 자신의 남성성을 숨겨야 하는 여성 기숙사 방에 있는 모습을 보여준다면, 그가 자신이 큰 야구 방망이를 무기력하게 휘두르는 사이 투수들이 자신을 연거푸 삼진 아웃시키는 악몽에서 막 깨어난다는 사실을 주목할 필요가 있다. 그렇다면 〈미스터 베이스볼〉의 서사는 수전 제퍼즈(Susan Jeffords)의 용어로 말하면 "재남성화(remasculinization)"의 이야기 중 하나일 것이다. 제퍼즈는 이 용어를 좌절한 남성이 재차 남성적 용기를 재발견하면서 자신을 회복한다는 베트남 전쟁 이후의 미국 서사, 특히 레이건주의가 횡행하던 1980년대를 기술하는 데 사용했다. 잭은 강력한 스윙을 회복하는 방법을 터득한다. 그는 우여곡절 끝에 (우연히 자신의 코치가 된) 여자 친구의 아버지로부터 인정을 받는다. 그리고 (그와 함께 미국으로 떠나는 걸 주저했던) 여자 친구의 사랑을 얻는다.

그럼에도 내가 볼 때, 이 영화 속에는 탈성애적(postsexual)이고 탈오이디푸스적(post-Oedipal)인 어떤 것이 있는 듯하다. 여자 친구와 잭의 관계가 분명히 성애적이긴 하지만, 그 관계의 시각적 재현과 그걸 둘러싼 서사적 역학은 섹스와 사랑이 그들 관계의 일부에 지나지 않음을 보여준다. 즉 이들이 함께 건설한 것은 육체적(corporeal)이라기보다는 기업적(corporate)이다. 두 영화의 편집 방식은 의미 있다. 〈실패한 성공〉은 그 전체적인 서사적 영감을 누아르 영화—부유한 기혼 여성이 저속한 사내와 바람을 피운 후 그 남자를 유혹해 자기 남편을 죽이려는 음모를 꾸민다는 점에서—에서 빌려왔고, 여자를 다루는 방식에서도 누아르적 방식을 고수한다. 고전적 누아르 영화에서처럼 이 영화에서 여성은 말 그대로 파멸을 겪지는 않지만 스토리에서 거의 보이지 않는다. 즉 모든 남성이 그녀를 자신들의 세계에서 추방해버리는 것이다. 영화 말미에 하나의 대체물, 즉 탈성애적인 새 가족이 스크린에 투영된다. 수기타 씨, 배리 그리고 배리가 안고 있는 어린 소년이 새 놀이공원의 건설 현장에 모여 함께 돌로 과녁을 맞히는 과거의 남성적 놀이를 벌인다. 두 성인과 소년은 포스트가족적(postfamilial)이며, 기업체적인 새로운 형태의 가족을 영상화한 것이다.

〈미스터 베이스볼〉의 결말은 이러한 새로운 가족 형태보다 훨씬 더 명시적이다. 잭은 여자 친구와의 관계가 진전되길 바란다. 하지만 그녀는 잭이 미국으로 돌아가길 원한다는 사실, 그리고 이것이 일본에서 자기 자신의 직장 생활을 포기해야 한다는 걸 의미한다는 사실을 알고 있다. (영화가 상품보다는 서비스—특히 스포츠와 오락—를 중심으로 한 글로벌 경제에 관한 것임을 보여주는 방식에 따라 그녀의 직책은 홍보이사다.) 마지막 장면은 탁월한 후기 산업적 해결책을 제공한다. 잭이 미국에 돌아와 팀 코치를 맡고 있는 모습을 보여주는 것이다. 잭이 새로운 세대의 야구 선수들에게 배팅 기술을 가르치고 있을 때, 화면은 그의 여자 친구(이제는 아내)가 다른 젊은 여성들과 함께 옥외 관람석에서 그를 감탄스럽게 지켜보는 장면으로 이동한다. 하지만 여자가 이 재남성화한 스포츠 영웅을 따라다니는 또 한 명의 팬일 뿐이라는 생각을 하기 전에 그녀는 휴대전화를 뽑아들더니 자신에게 팩스 한 장을 보내달라고 누군가에게 독촉하는 사업상의 전화를 건다. 잭과 이 여성을 함께할 수 있도록 하는 것은 그들의 사랑이라기보다 새로운 기업 세계에서 이들이 보여주는 완벽한 전문성인 것이다. 일본과 미국의 관계에 대한, 그리고 이런 관계를 이성애적 결합으로 구체화하는 것에 관한 이 두 영화는 신체를 경시하고, 국가 간 매개가 갖는 물질성을 최소화하고, 성을 초월하는 새로운 관계의 구축을 제안한다. 우리가 타인과 연인이 아니라 잠재적 파트너로서 관계를 맺게 하는 새로운 글로벌주의에 관한 영화인 것이다.

더욱이 〈미스터 베이스볼〉은 공동체의 (예를 들어 그에게는 민족성이나 글로벌주의 같은) 출현 형태를 상상하는 작업에는 새로운 형태의 커뮤니케이션의 매개가 필요하다는 베네딕트 앤더슨의 주장에 멋진 사례를 제공한다. 앤더슨에게 상상의 공동체는 심지어 거리가 있음에도 불구하고 창조된 공동체다. 요컨대 각 개인은 자신이 거기에 속한 다른 구성원을 직접 알지 못하는 집단의 일원이다. 우리는 이런 주장에 《변증법적 이성 비판(Critique of Dialectical Reason)》에서 사르트르가 언급한 것, 즉 근대 미디어가 군중을 고립된 단자들로 계열화함으로써 공동체를 구축하는 방식은 미디어 재현의 구체적 내용보다는 미디어 그 자체가 분산되고 다수 청중이 공간과 시간을 초월해 참여할 수 있는 형식이라는 사실과 더 깊은 관련이 있다는 주장을 덧붙일 필요가 있다. 사르트르와 앤더슨이 주장하듯 우리가 읽거나 본다는 사실, 그리고 다른 이들도 똑같이 그렇게 한다는 배경적 가정을 받아들이는 것은 계열화한 익명성으로부터 공동체에 관한 상상을 구축하게 만든다. 〈미스터 베이스볼〉은 많은 일본인이 잭 엘리엇의 야구 위업을 보거나 듣는 숱한 장면에서 계열성을 이와 같은 공동체로 만드는 작업을 실천하고 있다. 즉 하나의 나라를 결합하는 것, 나아가 그걸 총체화하는 것은 잭의 행위(그리고 일본인들 사이에 삽입된 영화의 몽타주를 통한 그 행위의 재생)다. 만일 잭의 (비)노출 장면이 그가 그 자체로 완전히 구성된 주체가 아님을 보여주는 것이라면, 이 영화의 한 가지 목표는 잭의 재남성화가 어떻게 새로운 주체적 일관성으로 나아가는지를 보여주는 것보다(중요한 것은 영화가 끝날 때에도 그가 자신의 배팅 솜씨를 증명할 기회를 얻지 못한다는 데 있다) 그가 다른 사람들—국민적 정체성의 타자들—이 상상의 공동체의 일관성을 획득할 수 있도록 그 중심이 되는 하나의 변화하는 기표라는 점을 나타낸다는 것이다. 포스트주체(postsubject) 시대의 주체성에 적합하게 잭은 확실히 그가 "어떤 존재인가"라는 것보다 무엇을 재현하는가 하는 것 때문에 중요하다. 문자 그대로 그가 TV 스크린 속의 한 이미지이거나 라디오에서 하나의 묘사인 한 말이다. (한 중요한 장면에서 우리는 잭의 여자 친구가 잭을 시켜 촬영한 광고를 보는데, 여기서 잭의 정체성은 미국인과 일본인 사이, 그리고 야구 선수와 사무라이 혹은 스모 선수 사이를 왔다 갔다 한다.) 요시모토 미츠히로는 이 책에 실린 〈현실적 가상성〉이라는 글에서 다음과 같이 쓴다.

새로운 전 지구적 자본주의 구성체에서 점점 더 명확해지고 있는 것은 자본주의가 한 자본주의적 기업가라는 자유주의적인 자율적 개인(미국)으로서든, 아니면 '전체주의'의 중앙집권적 관료주의 국가로서든(소련), 하나의 주체라는 그 어떤 실체적 가정을 요구하지 않는다는 점이다. 그러므로 이른바 '일본주식회사'라는 표현은 현혹적인 꼬리표다. 왜냐하면 그것이 모든 경제 활동을 하나의 합리적이고 중심화한 원근법적 지점으로부터 조정하는 하나의 통일된 주체로서 신화적 '일본'을 상정하고 있기 때문이다. 일본식 자본주의의 역학은 자율적 의지를 가진 중앙집권적 국가에 의해서가 아니라 중층 결정되고 탈중심화한 기업 네트워크에 의해 움직이고 있다.[13]

이런 영화와 내가 앞으로 논할 최근의 다른 문화 생산에서, 나는 우리가 하나의 새로운 글로벌 미국 문화 출현의 징표를 볼 수 있다고 생각한다. 이 문화적 생산은 상호 연결된 몇 가지 모티프에서 글로벌주의적이다. 즉 이동에 대한 관심과 〔민족 사이의 지정학적 한계든, 인간 코기토(cogito)와 그 주체가 편입한 컴퓨터 네트워크 사이의 사이버네틱 한계든〕 유동적 경계 횡단의 용이함, 서비스 직종의 중시, 매개된 커뮤니케이션 형식(팩스, 휴대전화, 컴퓨터 링크, 텔레비전 등)으로서 인간적 상호 작용의 재현, 사이보그 신체 기관의 인터페이스를 통해 인간의 육체성이 사이버네틱 네트워크 속으로 확장된다는 것을 암시하는 것 같은 인공 보철물에 대한 매혹, 몸의 정념(그리고 종종 폭력적 행동이나 성적 행위를 하는 신체에 중심을 둔 플롯)에 대한 상대적 경시, 글로벌 경제의 다양한 하위문화 간의 매개를 다룬 플롯, 나아가 이야기의 끝에〔〈실패한 성공〉에서처럼 새로운 포스트가족적 집단에 대한 형상화든, 주체성 그 자체가 붕괴하고 변형될 것이라는—〈플라이(The Fly)〉에서 주인공 과학자가 영화 말미에 자아의 인공 두뇌화에 대한 극적 연출을 통해 하이테크 기계와 융합하듯—가능성이든〕 새로운 포스트주체적 형식의 행위성을 보여주는 서사 운동의 방향성 등이 그것이다. 이러한 문화 생산은 아르준 아파두라이가 글로벌 문화 경제의 복합성을 정의하는 것으로 간주했던 다섯 가지 형태의 경계 횡단에 관한 형상화, 즉 인종적 경관(사람의 이동), 기술적 경관(기술의 운반), 금융적 경관(금전의 이동), 미디어 경관(정보 형태 자체의 이동), 이념적 경관(가령 〈미스터 베이스볼〉의 결말에서 볼 수 있는 성 평등의 규제적 이상 같은 정형화와 사회적 이미지 및 개념의 유동)[14]에 관한 것이자 동시에 그 자체로서 이러한 형상화 속에 존재한다. 그러나 아파두라이가 상기하듯 글로벌 이동의 각 형식 안이나 그 사이에는 온갖 종류의 이접이 존재할 수 있다. 예를 들면, 〈미스터 베이스볼〉 같은 작품이 평등에 관한 영화(남자와 여자 모두 경력에 대한 권리를 갖는다)이면서 동시에 금융에 관한 영화(서비스 경제의 최상부에 있는 이들만이 정보에 대한 통제를 유지하고 경계를 뛰어넘는 특권을 갖는다)인 한 이 작품은 평등의 재현을 부유한 자들에게만 한정하면서 이들이야말로 문자 그대로 진보적일 수 있음을 제안한다.

〈실패한 성공〉 같은 영화의 일부 맥락에 주목하면, 우리는 이런 계층화한 글로벌주의를 좀더 직접적으로 볼 수 있다. 잘 알려진 것처럼 미국 철강 산업은 1970년대에 붕괴한다. 1982년의 이 산업을 살펴보면서 존 호어는 "그 산업은 생산 능력의 30퍼센트를 약간 상회하는 선에서 가동되고 있으며, 이는 대공황 때의 기록에 가깝다"[15]고 언급할 지경이었다. 하지만 우리는 1980년대 말과 1990년대 초에 이런 이야기를 해피엔딩으로 처리하는 글로벌주의적 다시 쓰기(rewriting)를 볼 수 있다. 마초적 재남성화와 기업주의적 낙관주의 속에서 리처드 프레스턴(Richard Preston)은 1991년 자신의 책 《미국의 철강업(American Steel)》에 '뜨거운 철강 노동자와 러스트 벨트의 부활(Hot Metal Men and the Resurrection of the Rust Belt)'이라는 부제를 달았다.[16] 〈실패한 성공〉에서처럼 프레스턴의 이야기는 남성적이다. 즉 속사권총으로 사격 연습을 하며 휴가를 보내는 제철소 현장 감독들, 대형차로 속력을 내며 돌아다니는 기업 회장들, 배경으로 사라지는 아내들(해당 철강 회사의 안전 전문가는 여성이지만 철강 노동자에 비해 훨씬 덜 주목받는다) 등이 이를 보여준다. 로컬적이고 글로벌적으로 《미국의 철강업》은 새로운 철강 산업이 과거 팽창 일변도의 경향에 대한 포스트포디즘적 해결책을 제시하는 방식에 대해 얘기한다. 로컬적 차원에서 그 전술은 일관되게 지역주의적이다. 과거의 거대한 제강 공장과는 거리가 먼 새로운 생산 양식은 소규모—시골 지역에서 소규모로 운영되는—고철 재생 공장(mini-mills)의 창설로 이어진다. 멋진 아이러니로서 소규모 고철 재생 공장은 제철 생산 공정에서의 원래 과정을 단축한다. 소규모 고철 재생 공장은 채굴된 광석으로부터 강철을 생산하기보다 고철을 재처리한다. 특히 러스트 벨트의 찌그러지고 부식된 폐철을 용광로로 용해시켜 새로운 철을 만들어낸다. 도시의 영향으로부터 멀리 떨어진 채 이 새로운 소규모 고철 재생 공장은 노동조합도 없고 전문가도 없으며, 농업의 침체로 인해 남아도는 지역 농부를 고용한다. 그리고 고철 재생 공장의 작은 규모는 의도적으로 이것이 비영구적일 수밖에 없음을 보여준다. 포스트포디즘의 발명 중 하나는 한 산업이 주저앉을 경우 쉽게 조직을 개편하거나, 필요하다면 그것을 다른 장소로 이전할 수 있을 만큼 유동적인 큰 이점을 갖고 있다는 사실이다. 공장의 소형화와 전문화는 회사 경영진으로 하여금 사업의 다각화를 매우 쉽게 수행할 수 있도록 해주기도 한다. 경이로운 이름을 갖고 있는 U.S.X.(과거에는 'U.S. 스틸'이었다) 같은 기업은 이제 업무의 일정 부분만 철강 생산에 할애하고 있을 뿐이다.

그러나 이와 같이 모든 로컬적 재조직화에는 초국적 자본화와 연구 활동이 필요하다. 리처드 프레스턴은 《미국의 철강업》에서 인디애나주에 있는 소규모 고철 재생 공장 뉴코어의 크로포즈빌(Nucor's Crawfordsville) 사례를 추적한 바 있다. 이 공장의 재조직화는 독일 기업과의 제휴를 통한 것이다. 여기서 틀에 박힌 마초적 장면 중 하나는 미국 팀이 독일로 건너가 볼링 경기를 여러 번 치르고, 고성능 차량으로 도시의 거리를 고속 질주하고, 특히 독한 독일산 네덜란드 진 시냅스(schnapps)를 마시는 것과 같은 유대감을 형성한 후 계약서에 서명하는 것이다.〔이 실제 생활 같은 장면은 1986년 영화〈경호(Gung Ho)〉에서 일본인 소유의 잘 훈련받은 공장을 부흥시키려 애쓰는 미국인 노동자들에 관한 얘기를 통해 기이한 허구적 선례를 볼 수 있다. 국제 협력에 대한 알레고리이기도 한 남성적 유대 관계의 첫 번째 중요한 순간에 일본인 엔지니어와 미국인 현장 감독은 볼링장에 가서 엄청나게 취해버린다. 이를 통해 둘은 서로 상대의 장점을 인정하는 법을 배우고 필요한 타협도 터득한다. 프레스턴의《미국의 철강업》처럼〈경호〉는 지극히 남성적인 이야기다. 초반부 장면에서 주인공은 일본 부인들이 모두 떠난 뒤, 저녁 식사 자리에 여자 친구 혼자 남았을 때 그녀에게 "닥쳐"라고 말한 것에 죄책감을 느낀다. 하지만 이후 그녀가 마지막으로 등장하는 장면에서 우리는 미국인 현장 감독과 일본인 엔지니어가 머농거힐라강(Monongehela River)에서 물을 첨벙거리며 유대 관계를 다시 맺을 때, 그녀가 스스로 사라지는 것을 볼 수 있다.〕

더욱더 글로벌적인 지정학적 과정에 대한 ('뜨거운 철강 노동자들'의 유대 관계에 대한 강조에서 엿볼 수 있는) 이러한 로컬적 시선은 공식적으로 인정받는다. 1992년에 있었던 몇 차례 징후적인 상황을 예로 들어보자. 첫째, 5월 14일 도쿄에서 퀘일(J. D. Quayle) 부통령과 일본 통상산업성 장관은 "미국 민간 부문 제조업 분야의 인력이 일본 기업의 일본인 인력과 상당한 기간 동안 실무 경험을 공유할 수 있는 기회를 제공하기 위해 기획한" 제조 기술 선도 협약(Manufacturing Technology Initiative, MTI)에 서명한다. "이 기간 동안 그들은 두 국가에 상호 우호적인 우정과 협력의 장기적 유대를 구축할 수 있는 기회를 갖게 될 것이다."[17]

흥미롭게도 이 기념식에서 퀘일의 논평은 공식적 견해가 선도 협약을 단순히 유대 형성의 방식으로 보는 것이 아니라 글로벌주의적 상황 속에서 능력을 교환할 때 비교우위 및 수단에 관한 실제적 결정으로 간주한다는 것을 암시한다.

미국과 일본이 21세기에도 기술적 선도자의 역할을 담당할 것이라는 사실에는 의심의 여지가 없습니다. 우리 양국은 국민의 노고와 창조적 능력 덕분에 튼튼한 경제를 갖게 되었습니다. 우리는 각기 독특한 장점을 갖고 있습니다. 예를 들어, 일본 기업은 연구 개발에 대단히 높은 비율로 투자하고 있습니다. 미국 기업은 세계 일류의 기초 연구를 수행하고 있고, 미국 공장은 세계 최고 수준의 생산성을 보유하고 있습니다. 일본 국민과 산업계는 오랫동안 해외 기술 습득의 중요성을 이해해왔습니다. 여러분은 미국에 와서 우리 대학을 다녔고, 우리 기업에서 근무했으며, 우리 경제에 투자해왔고, 미국의 발전을 연구해왔습니다. 우리는 지금도 앞으로도 계속해서 당신들이 우리나라에 찾아오는 것을 환영합니다. 이제 우리 미국은 이곳 일본에서 더 많은 일을 해야 할 때입니다.[18]

(마지막 문장은 그 애매성 때문에 흥미롭다. 이 제안은 미국과 일본이 함께 협력해야 한다고 말하면서도 그 위계질서에서 특수한 우위는 미국에 있어야 한다는 것을 함축하고 있다.) 일본 때리기(Japan-bashing)에 관한 질문에 대답하며 퀘일은 공공 정책과 때리기를 구분한다. "이 질문("이러한 협정이 미국에서 일어나고 있는 일본 때리기를 없애는 데 충분하다고 생각합니까?")은 일본을 때리는 자들에게 직접 물어보기 바랍니다. 전 그런 부류가 아닙니다. 저는 관계의 중요성을 강조합니다. 이 관계는 태평양의 평화와 안정과 번영에 결정적일 뿐 아니라 세계 안정에도 엄청난 중요성을 갖습니다." [이 마지막 문장의 진행은 의미심장하다. 우리는 이것을 소서사(mininarrative)로도 읽을 수 있다. 요컨대 한편으로는 앞선 조건들로부터 평화의 성

취, 이것의 서사적 안정성으로의 전환, 그리고 이 정체 상태로부터 재정적 이익이라는 해피엔 딩으로의 필연적 이행에 관한 서사로, 또 다른 한편으로는 영향력을 전 세계로 확장하기 위 해 태평양으로부터 뻗어나가는 공간적 팽창에 관한 서사로 읽을 수 있다.)

의미심장한 것은 이러한 대규모 유대 형성이 로컬 차원에도 반향을 일 으킨다는 점이다. 예를 들어, 피츠버그에 있는 두 대학─피츠버그 대학 교와 카네기 멜론 대학교─이 네 곳의 MTI 훈련 장소 중 두 곳으로 선정 된 바 있다. (아울러 여기서도 경쟁 관계에 있는 기관들이 유대 형성의 길을 찾고자 한다.) 〈피트 뉴스(Pitt News)〉(1992년 11월 17일)는 이렇게 보도했다.

> 피츠버그 대학과 카네기 멜론 대학은 일본식 과학과 기술 관리 스타일을 미국 인에게 훈련시키기 위해 미 공군 과학연구부(U.S. Air Force Office of Scientific Research)로부터 260만 달러의 기금을 지원받았다. 특수 프로젝트 및 기획을 담 당하는 CM의 소장 수지 브라운(Susie Brown)은 두 대학이 서로의 역량을 결합 해 이 2년짜리 프로젝트를 성공적으로 수행해나갈 수 있기를 희망한다고 말했 다. 브라운은 "피츠버그 대학이 매우 탁월한 언어 및 문화 훈련을 제공한다면, CMU는 기술 연구로 명성이 자자하다"고 언급하며 "둘을 결합함으로써 우리는 일본이 지난 이삼십 년 동안 어떻게 그렇게 잘해낼 수 있었는지 찾아내길 바란 다"고 말했다.[19]

MTI와 상호 보완적인 것은 또 하나의 선도적 시도, 즉 미국 철강업의 미일 협력 산업으로의 필연적 변형을 촉진하려는 시도다. MTI에 대한 공 식 언론 발표와 더불어 '미국 생산자들과의 파트너 맺기(Partnering with American Producers)'라는 부제를 단《1990년대 일본 철강(Japanese Steel in the '90s)》이란 제목의 멋진 소책자가 배포되었다. 파트너 관계에 대한 단락은 협력이라는 신종 수사학의 이면에 놓인 필요를 명확히 해준다.

1970년대 후반 미국 철강 산업은 급격히 쇠퇴하기 시작했고, 세계 철강 시장에서 경쟁력을 상실했다. 그 이유는 매우 한정된 자본 투자로 인해 설비가 구식이 되어버렸기 때문이다. ……1980년대 초반 이후 일본 철강 산업은 기술 협력과 합작 사업을 통해 미국 철강 사업의 회생을 촉진하도록 도왔다. 이러한 노력은 미국 제강업자의 높은 평가를 받았는데, 왜냐하면 일본 자본과 기술의 유용성이 그들의 현대화 프로그램에 도움을 주었기 때문이다. ……오늘날 한 미국 철강 회사가 고용한 4명 중 거의 1명은 일본 제강업자가 공동 소유하고 있는 공장에서 근무하고 있다.

그럼에도 《1990년대 일본 철강》의 마지막 페이지는 〈실패한 성공〉에서 놀이공원으로 바뀐 공장의 이미지를 괴이하게 반영하면서 새로운 양식을 상기시키는데, 그 양식에서 회생은 또 하나의 변형으로 나타난다. '기업 역량 다각화하기(Diversifying for Corporate Strength)'라는 제목의 장은 우리에게 다음과 같이 말한다.

지난 20년 동안 …… 〔철강〕 산업은 수요에 부정적 영향을 끼치는 다양한 구조적 위기와 외환 위기에 직면해왔다. ……장기적으로 튼튼한 기업 재무 상태를 유지하기 위해 생산자는 철강 경기 후퇴를 예방하는 대안적 활동을 개발할 필요가 있었다. ……해당 산업의 초창기 다각화 노력은 전자 기술과 정보 시스템을 비롯한 익숙한 영역에 집중되었다. ……결국 일부 생산자는 소프트웨어와 주변 기기 그리고 다른 전자 기술 영역으로 이동해갔다. ……제강업자 역시 그들의 소중한 부동산 보유 자산과 공학적 노하우를 이용해 산업 단지와 오락 센터 그리고 도시 프로젝트를 개발했다.

이 글 서두의 앤더슨에게서 볼 수 있었던 물질적으로 체현적인 로컬 관계와 비물질적으로 탈신체적이고 담론적인 민족적(나아가 초국적) 관계 사이의 이항 대립에 관한 설명으로 돌아가자면, 우리는 로컬적인 것과 글로벌적인 것에 대한 그 어떤 일괄적인 주장도 제기할 수 없을 것 같다. 정반대로 우리는 이것들이 상호 작용하면서 하나가 다른 하나의 잔존적(residual) 표현이거나 출현적(emergent) 표현이 되는 수많은 방식이 존재한다는 것을 이해할 필요가 있다. 예를 들어, 클라우스 오페(Klaus Offe)나 라시(S. Lash)와 어리(J. Urry)가 "탈조직화한 자본주의(disorganized capitalism)"(포스트포디즘의 자본주의)라고 칭하는 시대에 문화주의 이론이 전복적인 것으로 평가한 많은 담론적 전략―즉 타자성, 유동적 자유, 탈중심성―은 그 자체가 로컬적 개입을 위한 자본주의의 유용한 전략임이 밝혀진다. 가령 (생산 대상을 쉽게 교체할 수 있고, 규모와 서비스를 변경할 수 있으며, 한순간의 통보로도 다른 곳으로 쉽게 이동할 수 있는) 작은 상점의 부상이 그 예다. 존 호어가《그리고 마침내 늑대는 나타났다》에서 주장하듯 미국 철강 산업의 문제점을 보여준 것은 그것이 대부분 수직적 통합(vertical integration)이었다는 점이다. 미국 북동부 지역의 대규모 철강 생산 감소를 논하면서 호어는 다음과 같이 주장한다.

소도시들을 고립시켰던 가파른 언덕과 골짜기는 카네기와 U.S. 스틸로 하여금 노동 인구를 다양한 지역 사회로 분산시켜놓고 서로의 문제에 대해 상대적으로 무관심하도록 만드는 데 유용했다. 지리상의 우연에 의해 그들은 제조업 경영진 사이에서 오늘날의 전통적 지혜로 통하는 것을 따랐다. 공장이 작으면 작을수록, 경영진은 가족적 분위기를 조성하고 작업장을 더 쉽게 통제했다. 이것이 제조업 회사들이 1960년대부터 북동부에 있는 기존 공장을 확장하기보다 남부 및 남서부 지역에 새로운 작은 공장을 건설해온 가장 큰 이유다. 경험적 기준에 의하면 경영진의 '효율적 통제 범위'는 노동자 수를 약 500명으로 제한하는 것이다. 대규모 공장에서 경영 관료주의는 노동자에게 영향을 끼쳐 그들의 이해관계를 경영진의 그것과는 별개로 규정하도록 강요한다. 개개인의 정신은 그 침투력이 떨어지고 경영진의 영향력에 덜 개방적이며, 그에 따라 결국 노동자 연대가 성장한다. 각 3000~1만 명의 노동자를 고용함으로써 몬밸리(Mon Valley) 공장들은 현대적인 경험치적 한계를 훨씬 초과했다.[20]

하지만 이런 연구가 새로 출현하는 기업에 바탕을 둔 새로운 사회 구성의 가능성을 투영하고 있을 때조차도 글로벌 경제에서 이런 요소의 내적 통합(in-corporation)이 실제 집단적 성격을 갖고 있다는 점에 대해 그 한계를 지적해둘 필요가 있다. 예를 들어, 우리는 닐 라자루스(Neil Lazarus)가 〈세계 질서 의심하기: 마르크스주의, 리얼리즘 그리고 포스트모더니즘적 사회 이론의 주장(Doubting the World Order: Marxism, Realism, and the Claims of Postmodernist Social Theory)〉이라는 중요한 글에서 표명한 바 있는 이론의 전 지구화에 대한 경고를 기억할 필요가 있다.[21] 라자루스는 우리에게 (포스트모더니즘적, 소비주의적, 포스트포디즘적 등 그 무엇으로 부르든) 현재의 전 지구적 조건에 대한 대부분의 논의가 오늘날의 생산 양식—그 자체로 더욱 특화한 양식, 예를 들어 더욱 특화한 공간성(많은 국가에서 상품 생산이란 결코 포스트포디즘적이지 않다)의 복합적 중첩이라 할 수 있는 양식—속의 한 극점으로부터의 투영이라는 점을 상기시킨다. 이동과 경제적으로 유리한 주체성의 탈중심화에 대한 예찬, 그리고 우리가 새로운 글로벌 영화에서 발견하는 것처럼 인간적 접촉을 사이버네틱 전 지구화의 고리를 통해 매개하는 능력은 모두 근대 세계 체제의 특정 부문에서만 가능한 특권적 형식이다.

　부상하는 이런 영화가 그러한 특권을 강조한다는 것은 전혀 놀랍지 않다. 우리는 특별한 개인의 세계에 종종 속하게 되는데, 여기서 이들의 글로벌 이야기는 정확히 대중으로 가득 찬 세계를 배경으로 펼쳐진다. 그 주인공들은 자신을 제외한 다른 사람은 기껏해야 수동적 방관자나, 최악의 경우 옮겨 다니는 주인공의 고차원적 술책의 희생양으로서만 이러한 모험에 참여한다. 〔특별하게 취급하는 글로벌주의적 전경과 익명적 배경 간 대조는 사이버펑크 소설의 명시적 주제다. 예를 들어, 윌리엄 깁슨의 《카운트 제로(Count Zero)》에서 핵심 인물 중 한 명인 해커는 항상 컴퓨터 통신망에 접속해 있는 구루(guru)다. 그는 데이터를 조작함으로써 스스로 금융 '살해(killing)' 행위를 저지르는데, 이 행위는 일부 아프리카 국가 주민들에 대한 실제 살해 행위로 옮겨지기도 한다.〕

　이것이 미국의 새로운 글로벌 영화에서 하나의 경향을 정확히 지적한다 하더라도, 우리는 또한 다른 경향(우리가 테러리스트 및 인질 영화에서 볼 수 있듯 반드시 전복적이거나 진보적이지 않은 경향)을 염두에 둘 필요가 있다. 글로벌주의적 미국 영화와 일부 특성을 공유하는 자머시(J. Jarmusch)의 〈지상의 밤(Night on Earth)〉을 예로 들어보자. 이를테면 이동에 대한 강조(비행기, 택시), 통신에 대한 강조(영화 첫 부분은 전화 통화를 중심으로 구성되고, 그 일부는 택시 안에서 이루어진다), 서비스에 대한 강조(택시 운전사들 자신과 첫 번째 시퀀스에 등장하는 할리우드 제작자), 육체보다는 정보에 더 가까운 상호 작용(영화 속에서 유일한 섹스는 얘깃거리로서 섹스일 뿐이다) 같은 경향을 강조한다. 심지어 영화 자체가 하나의 알레고리라고 주장할 수도 있을 법하다. 각 부분이 고립 상태에서 벗어나 하나의 더 큰 전체성을 암시하듯 비교적 아방가르드적인 자머시는 이 영화를 기회로 다양한 국민 영화에 출연했던 유명한 일류 배우들을 캐스팅함으로써 한층 주류가 되어갔다. 이와 동시에 〈지상의 밤〉은 완전히 글로벌 영화라고는 할 수 없다. 한편으로 우리는 이 영화의 글로벌주의가 철저히 미국적 및 유럽적이라고 언급할 수 있다. (핀란드의 영혼 없는 황량함보다 제1세계에 더 가까운 것도 없다.) 다른 한편으로는 영화 자체가 시퀀스 간 통일성을 암시하고 있음에도〔모든 것은 (서양) 세계 곳곳의 택시 안에서 동시에 일어난다〕 영화 안에는 하나의 상대적 분열이 존재한다. 외견상 별개의 세 가지 스토리가 점진적으로 다양한 종류의 흥미진진한 중첩을 띠어가는 〈미스터리 트레인(Mystery Train)〉과 달리 〈지상의 밤〉에는 어떠한 매개도, 지속적인 내재적 통합의 가능성도 거의 없다. (여기서 택시라는 모티프는 새로운 인간 교류의 강화만큼이나 그 일시성을 암시하고 있다. 즉 〈실패한 성공〉과 〈미스터 베이스볼〉이 새로운 공동체를 암시하는 지점에서 〈지상의 밤〉의 부분들은 접속의 덧없음과 일시성만을 암시한다.) 부분들 간의 공간이 매개할 수 없는 것으로 남아 있듯 좀더 일반적으로 말해, 자머시 역시 틈새적 공간의 감독인 것 같다.

주류 글로벌주의 영화는 틈새적 공간에는 거의 관심을 두지 않는다. 글로벌 정보학(informatics)의 시대에 모든 공간은 서로 이어질 수 있는 것으로 여겨지고, 그 "네트(net)"〔연결의 지배 구조를 나타내는 브루스 스털링(Bruce Sterling)의 용어〕에 들어갈 수 없는 것은 그 무엇이든 망각되거나 동화할 수 없는 배경이라는 막연한 이미지〔가령 스털링의 《네트 속의 섬들(Islands in the Net)》에 나오는 판자촌과 광활하고 텅 빈 사막〕로만 돌아올 뿐이다. 이에 맞서 우리는 얼마나 많은 영화가 정확히 글로벌주의에서 빠지거나 누락된 것을 강조하고 있는지에 주목할 수 있을 것이다. 예를 들어 NBF(Near Bad Future, 또는 New Bad Future)라고 부르는 영화 장르에서 도심 지역은 황무지 혹은 파괴된 전쟁터로, 시외 지역은 침울한 공터로, 즉 빈사 상태에서 사건이 일어나길 기다리는 지옥혈(地獄穴)로 그려진다. 〔예를 들어 〈정오의 열정(The Hot Spot)〉이나 〈쉐드와 트루디(Gas Food Lodging)〉처럼 농촌의 공허함을 배경으로 한 영화를 보라.〕 자머시 또한 폐허의 파편, 황무지로서 틈새적 공간(그리고 방황이 변경 지역을 살아가는 하나의 완벽한 방식이듯 이러한 장소를 헤매며 다니는 비주류 인물—예를 들어, 할리우드 스타가 되기보다 지저분한 택시 운전사로 남기를 좋아하는 〈지상의 밤〉에 등장하는 위노나 라이더(Winona Ryder) 같은 인물을 보라)에 집착하는 영화감독이다. 그것이 그녀 자신이 텅 빈 곳으로 취급하는 하나의 공간을 질주하는 전문직 도시인의 이미지(〈지상의 밤〉의 첫 번째 부분에서 그녀에겐 단지 하류 생활로 비치는 택시 창문 너머의 로스앤젤레스를 바라보는 지나 롤랜즈(Gena Rowlands))든, (영화의 두 번째 부분에서처럼) 제1세계 맨해튼과 대조되는 탈영토화한 공간으로서 브루클린의 이미지든, 아니면 거대하게 확장되는 광대한 황무지로서 핀란드의 이미지든 〈지상의 밤〉은 경제적 개선이라는 글로벌주의적 기획에 동화될 수 없는 경험을 강조한다. 하지만 이것 때문에 이른바 NBF 영화의 진보성을 강조하고 싶지는 않다. 한편으로 우리가 이미 언급했듯 자머시의 영화는 수동적으로 그려질 뿐 아무런 생산성도 가질 수 없는 틈새적 공간을 **기술하는** 것 외에 할 수 있는 일이 없다. (영화의 마지막 이미지는 보도 위에 꼼짝 않고 있는 주정뱅이에 관한 것이다.) 자머시의 영화는 인물을 무기력하고 답답한 상황 속으로 가라앉게 만든다. 사이버펑크에서처럼 권리를 박탈당한 대중에 대한 인식은 존재하지만, 그러한 재현은 그들을 말 그대로 능동성 없는 군중으로 묘사하는 차원을 결코 넘어서지 못한다. 다른 한편, 일부 영화는 전 지구적 자본주의에 의해 버려진 공간에 대한 인식에서 이러한 공간이 치안 국가의 경계 내에서 더욱더 식민화하거나 궁핍화할 필요가 있다는 주장으로 쉽게 넘어가기도 한다(〈로보캅 2〉의 애매성에 대한 조너선 벨러의 글 참조). 정보적·전문적·관리적 공간과 여타 다른 공간 간의 근본적 양립 불가능성을 보여주는 NBF 영화는 포스트모던 조건에 집중하면서 모든 다른 경험은 희미한 배경 속으로 사라지게 만드는 주류 영화와 잠재적으로 별반 차이가 없다.

국제적 중재를 다룬 또 다른 영화 〈그린 카드(Green Card)〉를 예로 들어보자. 이 영화는 희미하지만 1930년대 할리우드의 스크루볼 코미디(screwball comedy)°를 리메이크한 것이다. 대도시의 정신없고 부산한 공간 속에서 서로 다른 삶의 길을 걸어온 두 사람이 실제로는 사랑의 정복의 한 형태인 사소한 말다툼에 휘말리고, 둘 중 약간 더 세속적인 인물이 (세상에 맞지 않고 엄청나게 따분한 약혼남으로 그려지는) 상대방을 지겹고 인위적인 삶 밖으로 끌어낸다. 이런 점에서 영화 제목의 '초록색(greenness)'은 국제적 중재를 가능케 하는 관료주의적 활동에 대한 지시일 뿐만 아니라, 스크루볼 코미디에서 연인 관계의 형성에 필수적인 '녹색 장소(green place)'에 대한 지시일 수도 있다. 스탠리 카벨(Stanley Cavell)은 셰익스피어 희극에 대한 노스럽 프라이(Northrop Frye)의 읽기를 빌려와 스크루볼 코미디는 (싹트는 사랑이 도시 생활의 압박에 의해―특히 연인들 각자가 내면화하고 있는 타자에 대한 의심 때문에―붕괴하고 마는) 대도시 생활의 팍팍함으로부터, 가식이 허물어지고 사랑이 진정한 표현을 찾을 수 있는, 겉으로 볼 때 덜 인위적이고 더 구체적이고 더 자연스러운 공간으로 서사적 이동을 필요로 한다고 주장해왔다. 그러나 〈그린 카드〉는 몇 가지 점에서 이러한 전통을 변경한다. 첫째, 여기서 특별한 '녹색의' 장소는 도시 바깥이 아니라 도시 내부에, 가령 아파트 정중앙이나 옥상에 있는 환상적인 열대 정원에 있다. 이곳에서 미국인과 프랑스인은 거리의 골칫거리에서 달아나 즐거운 환상을 즐긴다. 그리고 도시 자체가 휴식

• 1930년대 미국 대공황 시기에 유행한 코미디의 일종. 빈부나 신분 격차가 큰 남녀 주인공이 등장해 재치 있는 대사로 갈등과 애증을 겪으면서 행복한 결말에 이르는 구조를 갖고 있다. 여주인공이 남성처럼 독립적이고 진취적으로 행동하면서 여성적 재치와 지성을 부각시킨다. 최초의 스크루볼 코미디는 하워드 혹스(Howard Hawks)의 〈20세기(Twentieth Century)〉(1934)가 있고, 프랭크 캐프라(Frank Capra)의 〈어느 날 밤에 생긴 일(It Happened One Night)〉(1934)은 아카데미상을 수상하기도 했다.

의 장소를 제공한다는 주장은 후기 산업적 도시 생활 양식의 새로 부상하는 글로벌주의 담론(세계는 일련의 연결된 메트로폴리스이며 그 사이에는 아무것도 없다. 사이 공간을 폐허가 된 황무지로 그리는 사이버펑크에서 묘사하는 부정적 이미지와 같다)과 잘 어울리며, 전문직 도시인을 다룬 새로운 영화 다수가 그러하듯 이 작품 또한 1960년대 때리기에 동참한다— 여피적(yuppie) 아파트 정원과 옥상의 목가적 경관에 대한 현실적 가능성에 맞서 도심 조경 프로그램을 통해 도시 생태 및 재생에 힘쓰는 여주인공의 노력에 대한 자유주의적 조롱이 대조를 이룬다.

무엇보다도 〈그린 카드〉는 근대적 세계 체제의 핵심적 구분 중 하나— 중심부 경제와 주변부 경제 간 차이—를 받아들여 이를 모순으로서가 아니라 감탄스러운 위계 구조로서 해석한다. 연인 형성을 가능케 하는 맥락을 제공하는 그 녹색 장소는 솔직히 '제3세계주의(Third Worldism)' 자체로, 이국적 배경으로, 영감을 불어넣는 환경으로 그려진다. 백인 2명이 자신들의 관계 진전을 가늠하기 위해 식당 '아프리카'에 들르는 첫 장면부터 마지막 서사적 장면에 이르기까지, 그리고 여주인공이 지하철에서 종족풍의 음악을 연주하는 아프리카계 미국인을 지켜보는 오프닝 음악부터 해방적인 노래인 'Keep Your Eye on the Prize'•가 연인의 사랑에 대한 헌사로 바뀌는 엔딩 음악에 이르기까지 〈그린 카드〉는 아프리카를 텍스트적으로 착취하는 주류적 행위에 의해 쉽게 이용당하는 하나의 주변부로 묘사한다. 외견상 로컬 음악 형식에 대한 호평적인 재현은 손쉽게 약탈로 미끄러져간다. 이런 점에서 〈그린 카드〉는 〈섬싱 와일드(Something Wild)〉 같은 새로운 전문직 도시인을 다룬 영화와 흐름을 같이한다. 그 제목에도 불구하고 〈섬

• 1950년대와 1960년대 미국 시민권 운동에 영향을 준 대중가요.

싱 와일드〉에는 자유분방한 삶이 궁지에 몰리고〔흑발의 룰루(Lulu)는 점점 금발
의 순종적인 가정주부로 변한다〕, 또한 시작과 끝에서 듣는 아프리카계 미국인
음악과 모티프는 백인들의 사랑의 진전을 판단하는 지표로 사용된다. 〔미국
중심부가 주변부에 끼치는 문제점을 강조하는 청원서 서명과 뮤직비디오 제작에도 조너선 드
미(Jonathan Demme) 감독은 로컬주의적이고 반체제적인 저항을 특권적이고 글로벌주의
적이며 체계적인 방식으로 재전유하고 있는 것 같다. 격찬을 받았던 그의 마지막 영화〈양들
의 침묵(The Silence of the Lambs)〉이 페미니즘이 꽃필 수 있는 장소로, 다인종주의〔클라
리스(Clarice)의 흑인 룸메이트〕가 번성할 수 있는 장소로, 나아가 남성과 여성이 성적 욕망
의 번거로움을 뛰어넘어 헌신적 충실함을 발견할 수 있는 장소〔영화 말미에 클로즈업한 악
수 장면에 압축되어 있는 잭 크로포드(Jack Crawford)와 클라리스의 직업적 관계에서 엿볼
수 있으며, 이는 남성과 여성 간 만남에 대한 렉터(Lecter)와 버팔로 빌(Buffalo Bill)의 왜곡
된 성욕화와 대조를 이룬다〕로서 FBI를 찬양하는 영화인 것은 전혀 근거 없는 것이 아니다.〕
로컬주의적 동기에 대한 이런 제국적 재전유는 다문화주의가 한 문화의 요
소를 다른 문화에 편입하는 것 이상이어야 한다는 것을 일깨워준다. 우리
는 이러한 편입이 어떻게 어떤 형태로(여기서는 백인에게 영감을 제공하는 것으로
서사화되어 있다) 그리고 어떤 목적을 위해 일어나는지 검토해야 한다. 〈그린
카드〉나 〈섬싱 와일드〉와 궁극적으로 여피 영화인 〈사랑과 영혼(Ghost)〉
사이의 거리는 그리 멀지 않다. 〈사랑과 영혼〉에는 오타 매(Ota Mae, 우피 골
드버그)가 유령인 샘(Sam, 패트릭 스웨이지)에게 자신의 몸을 빌려줌으로써 몰
리(Molly, 데미 무어)와 마지막으로 단 한 번 키스할 수 있게 해주지만, 오타
매를 샘으로 대체함으로써 영화가 인종 간, 동성 간 사랑의 형태를 순간적
으로 장난치듯 이용만 할 뿐 신속하게 회피하는 유명한 장면이 나온다.
　〈실패한 성공〉과 〈미스터 베이스볼〉 모두에서 마초적 미국인은 일본 때
리기에 참여하기보다 일본인과 함께 일하는 편이 더 낫다는 것을 깨닫는

다. 실제로 우리의 미디어가 이러한 때리기에 주목하고 이를 당대의 일반적 수사 중 하나로 삼긴 했지만, 새로운 글로벌 영화들은 타자를 타자로 구성하기보다 유리한 동맹 관계를 형성하는 게 더 긴요하다는 것을 보여준다. 〔이들 영화가 자신의 우월성을 투영하는 데 여전히 갇혀 있다는 말은 아니다. 즉 미국인은 자신을 제외한 다른 세계를 필요로 하지만, 〈블랙 레인(Black Rain)〉에서 형사 역의 마이클 더글러스(Michael Douglas)가 드러난 범인을 추적하는 일을 막는 관료 체제하의 일본인 경찰에게 "내가 당신의 문제에 대한 답이요"라고 말하듯 동맹 관계를 권력과 가치의 불평등한 정도의 문제로 여전히 받아들인다.〕 나는 일본 때리기가 글로벌 경제에 의해 압도당하고 있는 하나의 로컬주의적 반응이라고 주장한다. 일차적으로 프티부르주아 기업 정신과 백인 노동 계급의 원망의 이데올로기로서 일본 때리기는 장폴 사르트르가 분석한 바 있는 프랑스의 반유대주의처럼 (동일자와 타자의) 존재론이라기보다는 경제적 이데올로기다. 온갖 끔찍한 추잡함과 현실적 위험에도 인종주의는 (아무리 전치되었다 해도) 경제 체계의 운용에 대한 불만, 즉 그 어떤 불안도 기껏해야 좀더 수동적인 (종종 기회주의적인) 냉소주의로 변하고 마는 새로운 글로벌주의에서는 보이지 않는 불만을 표현한다. 크리스토퍼 코너리가 학술 심포지엄 논문에서 주장하듯,

> 환태평양 담론은 하나의 비타자화(non-othering) 담론이다. 〔에드워드〕 사이드가 하나의 근본적인 타자화─식민주의와 제국주의의 구체적 역사에 기초한 타자화─를 중심으로 한 담론적 형성물로서 계보학적으로 그려온 오리엔탈리즘과 달리 환태평양 담론은 일종의 환유적 등가성을 가정했다. 그 세계는 중심부 없는 상호 관계성으로 이뤄진 상호 침투적 복합체다. 따라서 그것은 하나의 헤게모니적 권력의 중심부도 아니고, '권력 균형'이라는 상상적 지렛대도 아니다. ……냉전의 전사들은 강력하고 경제적으로 활력 있는 일본을 원하면서도 일본

을 엄격하게 **지역에 국한된** 패권국으로 상상했다. 그러므로 글로벌 권력으로서 일본은 글로벌 범주의 재상상화 작업을 수반하게 되었다.[22]

《상상의 공동체》에서 베네딕트 앤더슨이 도발적으로 주장하듯 인종주의는 민족주의와 불편하게 동석하고, 더 나아가서는 글로벌주의와도 불편하게 동석하고 있다. 다시 말해, 인종주의는 배제(혹은 포용)를 위한 생물학적 근거를 받아들임으로써 변화하는 시장 조건과 필요에 쉽게 적응할 수 없다. 앤더슨의 표현대로 하자면,

> 만약 민족주의가 숙명성의 분위기를 지니고 있다 하더라도, 그것은 역사 속에 편입된 숙명성이다. 케추아족(Quechua) 언어를 말하는 인디언을 '페루인'이라며 세례를 주었던 산마르틴(San Martin)의 칙령이 …… 좋은 사례다. 왜냐하면 이는 처음부터 민족은 책이 아니라 언어로 파악되고, 누구라도 상상의 공동체에 '초청'받을 수 있다는 것을 보여주기 때문이다. ……〔인종주의는〕 적을 자신이 생각하는 생물학적 골상학으로 축소시킴으로써 민족성을 지워버린다. ……문제의 본질은 민족주의가 역사적 운명의 관점에서 사고하는 데 반해 인종주의는 영원한 오염을 꿈꾼다는 것이다.[23]

이런 점에서 일본 때리기는 하나의 반동적 이데올로기(그렇더라도 이는 우리가 알고 있듯 일본 때리기를 제거하고자 하는 글로벌 문화에서조차 부정할 수 없는 효과를 갖는다)일 뿐만 아니라 잔존적 이데올로기, 즉 타자를 필요로 하는 새롭고, 경제적으로 실용적이며, 새로 출현하는 이데올로기의 공격에 점차 시달리는 잔존적 이데올로기라고 할 수 있다.

하지만 내 생각에 프레드릭 제임슨이 《지정학적 미학(The Geopolitical

Aesthetics)》에서 인종주의와 글로벌주의 간 일방적 대립 관계를 설정할 때, 그는 전 지구적 현재의 비공시적 역사성을 지나치게 단순화하고 있는 듯하다.

〔다양한 국민국가(그리고 환영적인 민족주의) 같은〕 그런 특수한 것을 수렴할 수 있는 〔글로벌적인 것 혹은 다국적인 것과 같은〕 일반적 범주가 부재할 경우, 제1차 세계대전 이전 체제의 특징으로 퇴행하는 것은 불가피하고 간단한 일이다. 〔여기에는 긍정적이든 부정적이든 인종주의적이고, 집단적 타자를 이해하고 그것과 대면하는 방식을 조직화하는 온갖 민족적 정형(stereotype)도 포함된다.〕 이들 오래된 범주가 새로운 세계 체제를 설명하는 데 별 도움이 되지 못할 것이라는 사실을 강조하는 것 또한 중요하다. 예를 들어, 19세기 범주와 21세기 현실 간 부적합성이 명백해지기 위해서는 구체적으로 민족 문화의 소멸과 (세계 수출을 위해 중앙 집중화한 상업적 생산에 의해서든, 대량 생산된 신전통주의적 이미지에 의해서든) 이 문화의 대체에 관해 성찰하는 것으로 충분하다.[24]

무엇보다 우리는 새로운 포스트포디즘이 첨예한 긴장 상황 속에서 협력적이거나 타협주의적인 양식이라기보다는 오히려 더 오래되고 공격적인 양식으로 쉽게 후퇴할 수 있다는 점을 인식해야 한다. 최근의 일부 미국 영화가 글로벌 타자와의 매개 혹은 통합을 재현하고 있다면, 우리는 미국의 또 다른 국제주의적 장르―밀폐 공간에 인질을 억류하고 있는 테러리스트들이 새롭게 재남성화한 주인공에 의해 격퇴당하는 내용의 장르〔〈다이 하드(Die Hard)〉, 〈다이 하드 2(Die Hard 2)〉, 〈언더 씨즈(Under Siege)〉, 〈패신저 57(Passenger 57)〉〕―가 매개를 거부하고 로컬적인 것의 환원 불가능한 통합성을 재주장하는 방식에 주목할 수 있을 것이다. 한편에는 테러리스트,

흔히 다양한 인종과 민족으로 구성된 다원론적 배치가 있고, 다른 한편에는 종종 로컬 문화에 깊은 뿌리를 두고 있는 로컬 영웅이 있다. 〔〈다이 하드〉 영화들에서 주인공은 글로벌 금융 및 정치의 지위를 놓고 서로 싸우는 중심 도시인 로스앤젤레스와 워싱턴에 적응하지 못하는 뉴욕 경찰관이고, 〈언더 씨즈〉의 주인공은 전함(戰艦)의 주변화한 부엌에 박혀 있기 위해 정치적 의례를 거부하고, 〈패신저 57〉의 주인공은 비행(flying)에 대한 반(反)글로벌주의적 저항을 토로한다.〕 주인공은 항상 고통을 겪거나 탈남성화했던 인물들이다. (〈언더 씨즈〉에서 주인공은 지위 강등을 당하고, 〈패신저 57〉의 주인공은 아내의 죽음으로 인한 정신적 외상에 시달리며, 〈다이 하드〉의 주인공은 아내가 자신을 버리고 떠나며 결혼 전의 성을 주장하는 페미니즘의 희생양이다.) 국제주의적(internationalist) 위협에 맞서 싸우는 것은 주인공에게 과거 한때 그러했던 진정한 남성으로의 복귀를 가능케 해줄 것이다. 특히 이 모든 영화는 바로 얼마 전까지만 해도 주인공에게 적대적이었던 여성을 유순하고 다정다감한 여자 친구 혹은 아내로 변하게 함으로써 주인공에게 답례한다.

그러나 재남성화한 로컬 주인공이라는 퇴행적 환상과 관계할 때조차 이들 영화는 글로벌주의적 태도에 대한 암시를 담고 있다. 무엇보다 일반적으로 이런 영화는 국제적 테러리스트를 글로벌 문화의 정직한 참여자가 아니라 진정한 과정으로부터의 이탈자로 간주한다. 그들은 테러리스트로 행세하지만 실제로는 도둑에 불과하거나(〈다이 하드〉) 혁명가들을 위해 일하지만 진정한 참여 정신은 결여되어 있거나(〈다이 하드 2〉, 〈패신저 57〉) (최악의 경우에는) 1960년대의 반문화주의 폐단을 재연하는 방식으로 테러리스트가 된 이들이다(〈언더 씨즈〉). 악당을 포스트모던 조건의 전형으로 설정하는 최근의 몇몇 전문직 경영자 영화(〈사랑과 영혼〉과 〈퍼시픽 하이츠(Pacific Heights)〉 같은 영화가 여기에 해당한다. 이 두 영화는 위험한 대중이라는 낡은 신화를 다시 불어넣기 위해 악한 여피 옆에 노동자 계급 혹은 하류층 소수 인종 파트너를 붙여놓는다)처럼, 테러리즘 영화는 일종의 예방 접종을 놓고 있다. 즉 일부 전문직 글로벌주의자가 일탈적일 수 있는 것은 역으로 전 지구화의 체계 자체가 나쁘지 않다는 것을 더 잘 주장하기 위한 것으로 받아들여진다. 두 번째, 심지어 이런 영화가 로컬적인 것의 통합성을 재현할 때조차 이들 영화는 영웅이라는 형식을 통해 로컬주의를 개별화하고 나머지 로컬 사람들의 세계는 단지 배경으로 떠밀어버린다. 〔그들은 모두 익명적 인질, 수동적 목격자, 희생자 대중이다. (747비행기 전체가 추락하지만 이런 사실에 대해서는 전혀 의미 있는 반응을 보이지 않는 〈다이 하드 2〉에서처럼 이 영화는 사망자들을 기록하지만 그 위를 스쳐 지나갈 뿐이다.)〕 이 모든 것―대중에 대한 무관심, 고독한 개인주의자의 재남성화, 변태나 사이코패스로 재현되는 테러리스트―은 또 다른 재현 혹은 비재현과 나란히 진행되는데, 그것은 다국적 글로벌 권력의 최상부에 존재하는 이들에 대한 이미지다. 이런 영화는 글로벌 경영자에 대해서는 상대적으로 무관심하고, 그런 점에서 흥미롭게도 NBF 영화와 상호 보완적이다. 이런 영화는 종종 엄청난 파괴로 막을 내리지만 경제 지도자들은 그 파괴로부터 상처 하나 입지 않고 모면한다. (예를 들면 기업의 악당이 안전하게 차를 몰고 도주하는 〈로보캅 2〉의 엔딩을 보라.)

이데올로기적 국가 장치(ideological state apparatuses)에 대한 알튀세르의 강조가 우리로 하여금 그가 말한 억압적(repressive) 국가 장치의 작용을 (비록 그 작용에 덜 관심을 갖는다 하더라도) 간과하게 해서는 안 되듯 우리는 글로벌 협상이 치안(policing) 행위로 퇴행하는 경우에 주의해야 한다. 로컬적 사례를 하나 들자면, 이는 미국 권력의 신화에 대한 롭 윌슨의 짧은 성찰, 곧 〈숭고한 패트리어트(Sublime Patriot)〉에서 엿볼 수 있다. 비록 윌슨이 같은 용어를 사용하고 있지는 않지만, 그는 어느 정도 미국 국민성의 잔존적(residual) 성격, 그리고 이런 잔존적 이데올로기가 위기의 순간 쉽게 재조직

될 수 있는 방식에 관해 분석한다. 윌슨은 조지 부시(George Bush)의 수사학이 패트리어트 미사일 생산의 전 지구적 배경에 대한 모든 실제적 증거에 맞서 그 미사일을 로컬 생산품이자 로컬적 쾌락으로 재전유하고 재미국화하는 방식을 언급한다. 윌슨은 "어떻게 자연적/기술적 숭고의 스펙터클(권력) 혹은 공화주의적 원칙의 담론(권리)이 다국적 자본의 불안정한 지대 속에서 반향을 일으키는가?"[25]라고 질문한다. (심지어 언어가 어떻게 비공시적 차원 중 하나가 되는지에 주목하라. 즉 자본의 지정학적인 경제적 '지대'가 존재하고, 그것의 문화적 재현은 '스펙터클'의 형태로 이루어진다. 그리고 스펙터클은 '반향'을 얻을 수 있을 때만 효과적이다. 다시 말해, 이는 정치에 대한, 정치와 문화의 관계에 대한, 그리고 주체들의 문화와 정치 속으로의 기입에 관한 이론을 제공한다.)

내가 생각할 때, 제임슨의 이론화가 갖는 문제는 마지막 문장에 기술한 "새로운 세계 체제"에 대한 그의 개념에서 대부분 비롯한다. 아도르노로부터 영감을 받은 제임슨에게는 세계 체제 곳곳에 하나의 동일성―글로벌 상업화 과정 전반에 대해 로컬 문화가 주로 모방 행위(mimesis)를 통해, 그들 자신의 '신전통주의적 이미지'를 대량 생산의 대상으로 전환함으로써 대응하는 관리된 합리성―이 퍼져 있다. 이것이 세계 체제 내에서 하나의 경향이라는 것은 의문의 여지가 없지만, 월러스틴이 《역사적 자본주의(Historical Capitalism)》에서 주장하듯 이 체제는 균등화를 통해 작용하는 만큼이나 차이화를 통해서도 작용한다. 예를 들어 (제임슨의 주장만큼이나 저항을 차단할 위험이 있는 주장을 펴며) 월러스틴은 글로벌 문화가 전적으로 자본화, 근대화, 균질화하지 않은 로컬적 조건을 생산하고 있음에 틀림없다고 논증한다. 월러스틴에게 이 체제는 그 나름의 차이를 생산할 수 있다. "실제로 프롤레타리아트화에 관해 그다지 열성적이지 않은 임노동(wage-labor) 고용주들이 너무나 많기 때문에, 그들은 젠더/연령의 노동 분업을 조장하는 것

외에도 자신의 고용 패턴에서, 그리고 정치 영역에서 자신의 영향력을 통해 특정한 민족 집단에 대한 인정을 장려하고, 그 집단을 노동에 대한 실질 보수의 다양한 차등화와 더불어 노동력의 특정한 할당된 역할과 연결지으려 한다.”[26]

그러나 비록 우리가 인종주의를 반동적이고 잔존적이며 퇴행적인 것으로 이해하고자 한다 하더라도, 우리는 새로이 출현하는 글로벌주의를 곧장 진보적이라고 받아들일 필요는 없다. 나는 이것이 계급적 한계—중심부 우월성의 신화를 둘러싼 한계, 전문직업주의의 한계, 기타 등등의 한계—를 갖는 글로벌주의라는 점을 이미 지적한 바 있다. 특히 새로운 지정학적 공간 속에서 문화 개념의 역할에 주목하면서 월러스틴은 사실상 잠재적으로 두 가지 상이한 개념이 존재하고, 이런 개념의 수렴을 도모하는 것이 지배 이데올로기의 역할이라고 주장한다. 즉 한편에서 문화가 확장성 있고 보편화 가능성을 지닌 개념으로서 사람들이 추종할 수 있는 하나의 공동체를 암시하고 있다면, 다른 한편에서 문화는 제한적이고 심지어 특수한 개념으로서 교양과 문화가 없다고 여겨지는 사람들을 배제하는 위계질서를 암시한다. 그렇다면 〈실패한 성공〉과 〈미스터 베이스볼〉 같은 영화는 통합 과정에 의해서뿐만 아니라 제한 과정에 의해서도 작용한다. 즉 일부 사람에게만 국경 횡단에 참여할 수 있는 특권이 주어진다. (그러므로 〈실패한 성공〉은 새로운 노동자와 소유주 간 동맹 관계를 제안할 수 있지만 여성은 기업적 통합의 필요성보다 육욕적 욕망에 의해 지배당하기 때문에 그 어떤 자리도 갖지 못한다는 점을 뜻하기도 한다.) 내가 이미 언급한 것처럼 이러한 특권의 극단적 이면이 사람을 익명적 대중이나 군중, 혹은 심지어 (영화 속 등장인물뿐만 아니라 영화 자체에 의해서도) 몰인정하게 파괴되는 비정한 물질성으로 그리는 것이다.

또 다른 새로운 동맹 영화를 예로 들어보자. 뱀파이어 영화 〈미녀 드라큐라(Innocent Blood)〉는 전형적인 미국 경찰관과 프랑스 출신 뱀파이어가 힘을 합쳐 이탈리아식 정형성으로 강력히 코드화한, 권력에 굶주린 마피아를 소탕하는 내용을 담고 있다. 피츠버그에서 촬영한 이 영화는 그 제작 역사에서도 보편화의 경향을 갖고 있다. 즉 조지 로메로(George Romero) 같은 로컬 영화 제작자가 탈공업화한 러스트 벨트에서 일상생활의 파탄을 괴기성과 연결 짓는, 즉 장소 특정적 공포 영화를 제작했다면(특히 로메로의 뱀파이어 영화 〈마틴(Martin)을 보라〕, 새로운 기업주의적 고예산 공포 영화는 로컬주의를 경시한다. 이 영화는 피츠버그에서 제작했지만 그 도시의 의미론적 특수성을 활용하기 위해서가 아니라, 그 지역의 재정적 혜택(특히 노조 결성률이 낮거나 전무하다는 점)을 누리기 위해서다. 오히려 이 영화는 피츠버그의 새롭게 부상하는 의미론—이를테면 하이테크 기업주의 시대에 모든 거대 도시가 비슷한 외관을 갖고, 1980년대 회사 건물에 덧붙인 포스트모던식의 작은 장식물이 건물 위에 차이(1960년대와 1970년대 국제주의 양식과의 차이 가능성)를 만들기보다 그런 것 모두를 충격적일 만큼 똑같이 보이도록 만들고 있다—을 실행에 옮기고자 한다. 또 다른 피츠버그 영화인 〈양들의 침묵〉(FBI 본부 장면을 제외한 모든 장면을 피츠버그에서 촬영했지만 그중 어느 것도 그곳에서 일어난 것처럼 보이지 않는다)처럼 〈미녀 드라큐라〉도 로컬적 조건의 보편화를 형상화한다.

로컬 주민들에게 〈미녀 드라큐라〉의 오프닝 이미지는 하나의 핵심적 도상이라는 즉각적 가치를 지닌다. 카메라가 앞으로 내달리면서 피츠버그의 중심지, 즉 3개의 강이 완벽하게 합류함으로써 형성된, 번쩍이는 철강과 유리로 지은 기업 본사와 기업 같은 외양의 호텔이 에워싸고 있는 삼각주의 땅 위를 이동한다. 이 삼각주는 도시의 가장 주된 상업적 이미지다. 이것은 티셔츠와 엽서에 복제되기도 하고, 신설 쇼 프로그램의 첫 부분에 등장하기도 하며, 이 지역을 들고나는 항공기 승객에게도 잘 알려져 있다. 그리고 이것은 로컬을 뛰어넘는 통화(currency)가 될 수도 있다. 가령 이 삼각주의 현대화는 1947년 세실 드밀(Cecil B. DeMille)의 국민(주의)적 장편 영화 〈정복되지 않는 사람들(Unconquered)〉의 도입부로서 나타나기도 했다.

피츠버그 같은 이군(second-string) 도시들이 특히 반복적으로 공포 영화의 중심지가 되는 것은 우연이 아니다. 〔이 경우에는 로메로의 영화들, 아르젠토(D. Argento)와 로메로의 〈검은 고양이(Two Evil Eyes)〉, 조너선 드미의 〈양들의 침묵〉이 대표적이고, 크로넨버그(D. Cronenberg)의 〈비디오드롬(Videodrome)〉에서 텔레비전 방송을 통해 세상을 바꾸려는 흉계가 시작되는 곳이 피츠버그다.〕 로스앤젤레스나 뉴욕에서보다 소규모 도시에서 장르 영화의 제작 비용이 더 저렴한 로컬적 경제 관계는 말할 것도 없고, 피츠버그처럼 탈산업화의 가장 심각한 타격을 입은 로컬은 정치적·경제적 알레고리로서 공포의 생산에 손쉽게 이용당한다. 자본주의적 완성과 확장이 자본화할 수 없는 것을 주변부로 밀어내는 걸 점차 의미하게 되면서, 로컬 공간은 체제가 자신의 괴물을 억압하고, 나중에 그 괴물의 사악한 귀환과 맞서 싸우는 식의 내러티브에 적합한 장소가 된다. 게토로부터〔〈늑대 인간의 습격(Wolfen)〉, 〈어썰트 13(Assault on Precinct 13)〉, 〈캔디맨(Candyman)〉〕, 산업화의 폐허로부터〔〈엘리게이터(Alligator)〉, 〈힐즈 아이즈(The Hills Have Eyes)〉〕, 탈산업화한 러스트 벨트로부터〔〈텍사스 전기톱 연쇄살인사건(Texas Chainsaw Massacre)〉〕 괴물이 출현해 매우 말끔해 보이고 최첨단에 번쩍이는 완벽한 합리화의 세계〔〈그렘린 2(Gremlins 2)〉에 등장하는 기업 타워〕 속으로 난폭하게 진입하는 것이다.

물론 자본주의는 그 무엇보다 회복력이 강력하다. 1940년대에 이르기까지 산업적 악몽의 무대였고, 심지어 지금도 탈산업화 이후 공포스러운 실업의 현장인 피츠버그〔몰락한 지역 사회에 대한 토니 부바(Tony Buba)의 다큐멘터리를 보라)는 1970~1980년대에 여피화했고, 전문 경영인 계급을 위해 탈산업화에서 후기 산업적 정보 사회로 탈바꿈하고 있다. 즉 중공업에 대한 강조에서 벗어나면서 도시는 미국 최대 기업 본사들의 소재지 중 하나가 되었다.

〈미녀 드라큐라〉가 이러한 거시적 시각을 떠나 일상적 차원(그리고 그 이하의 수준)의 드라마로 진입하기 전 오프닝 장면에서 후기 산업적 기업주의는 칙칙하고 익명적이며 양식도 알 수 없는 마천루의 형태로 등장한다. 그 뒤 거대한 기업들은 〈미녀 드라큐라〉에서 일부 장면의 배경에서만 희미하게 파악되는 일시적인 이미지로 존재한다. 그러나 권력(그리고 권력의 광경)의 장소에 관한 영화의 희미한 처리는 로컬적인 것에 대한 흐릿함과 상관성을 갖는다. 〔피츠버그 사람들을 위해 실제 로컬 사회를 언급하지만 전혀 어울리지 않는 〈미녀 드라큐라〉의 '창조적 지리학(creative geography)'에는 무언가 희극적인 것이 있다.〕 글로벌적인 것과 로컬적인 것 간의 얽혀 있는 권력 관계는 영화에서 실질적 권력자로 그려지는 이탈리아 출신 마피아에 관한 일화나 상투적 내용으로 전치된다. 마피아가 너무나 희극적인 정형성(악취미의 최고 스타일리스트로서 이탈리아인)을 통해 재현됨으로써 이 영화의 권력에 대한 알레고리는 탈현실화를 경험하고 있는 것 같다. (이런 탈현실화는 영화가 로컬 사람들의 삶에 상대적으로 무관심한 것을 통해 보완된다―배경 장면에 평범한 사람은 거의 나타나지 않으며, 영화의 대단원에서 마피아 뱀파이어와 프랑스 출신 뱀파이어가 도심 거리에서 싸울 때, 폭발한 버스 안에 있던 사람들을 비롯해 시민은 모두 부재하거나 무시된다.)

그러나 영화가 (기업 건물과 거리 모두를 사람이 살지 않는 세계로 그리면서) 경영자와 노동자 모두를 똑같이 탈현실화할 때조차, 그리고 권력의 수단을 우스꽝스럽게 그려진 일군의 사람들에게 부여할 때조차〔코미디언 돈 리클스(Don Rickles)가 악취미적 마피아 단원들의 변호사 역을 맡은 데도 이유가 없지 않다〕, 〈미녀 드라큘라〉는 젊은 프랑스 출신 뱀파이어 마리(Marie)와 거리의 경찰 간 동맹 관계를 통해 더 합리주의적이고 더 젊은 전문적인 새로운 기업 권력을 보여준다. 〈실패한 성공〉이나 〈미스터 베이스볼〉과 달리 〈미녀 드라큘라〉는 그들의 동맹 관계를 확실히 성욕화한 것으로 재현하지만, 그들의 낭만적 막간극은 일탈하는 저속한 권력을 거리로부터 일소하고자 하는 더 거대하고 합리적인 목표의 한 단계로 묘사될 뿐이다. 〈미녀 드라큘라〉는 뱀파이어 신화를 의도적으로 진부하게 만들고자 한다. 즉 만약 정형화한 마피아 단원들이 (파멸되어야 할) 뱀파이어주의를 나타낸다면, 그 대안은 마리 같은 새로운 타협주의적 뱀파이어주의가 될 것이다. 고전적인 드라큘라 뱀파이어가 (아무리 신세계에서 다시 살아난다 하더라도) 퇴폐적 귀족 사회의 내용물을 담고 있다면, 마리는 단지 평범한 소녀일 뿐이고 그녀의 프랑스풍은 귀족적 딴 세상(otherworldliness)을 가리키기보다 기업주의적 동맹 관계에 의해 매개될 수 있는 단순한 차이를 가리킨다. 〔결말에서 마리와 주인공은 한 팀을 이룬다. 영화 속 늑대 인간들이 보통 사람들 사이에서 살아가는 법을 터득하고자 하는 〈하울링(The Howling)〉에서처럼 〈미녀 드라큘라〉가 상상하는 것은 차이의 세계 사이에 존재하는 근대성 공간 내에 적응하는 것이다.〕

그러나 고전적 뱀파이어 이야기조차 새로운 영화의 사례에 영향을 끼친다. 1983년 이후 이미 고전적 논문이 된 〈공포의 변증법(The Dialectic of Fear)〉에서 이탈리아 출신 마르크스주의자 프랑코 모레티(Franco Moretti)는 뱀파이어를 자본의 알레고리로 보는 것이 적절하다고 주장한 바 있다.[27] 드라큘라를 태동하는 이성의 힘 아래서 소멸할 수밖에 없는 과거의 잔존적 인물로 보고자 한 안이한 해석이 지배하던 상황에서 모레티는 드라큘라가 새로 출현하는 체제의 많은 요소, 특히 완벽한 자본가인 드라큘라가 팽창, 즉 새로운 시장에 대한 냉혹한 약탈을 욕망한다고 지적함으로써 읽기를 매우 복잡하게 만든다. 모레티는 드라큘라 이야기에서 자본가가 두 가지 형상, 즉 뱀파이어와 미국인 모리스(Morris)(그의 온화한 성품은 팽창주의라는 차가운 합리성의 실재를 암시하는데, 이 실재는 더욱 화려한 구세계로 던져지면서 인식되지 않고 숨어버린다)로 분열되어 있음을 재치 있게 제시한다. 프랜시스 포드 코폴라(Francis Ford Coppola)의 〈드라큘라(Bram Stoker's Dracula)〉는 이런 양면성을 포착한다. 여기서 드라큘라는 한편에서는 과거에 얽매인 채 과거를 반복할 수밖에 없는 운명을 지닌 인물이지만, 다른 한편에서는 완벽하게 근대적 인물로서 새로운 상황에 매번 실용적으로 재적응하는 변화무쌍한 자아이기도 하다. (드라큘라와 연관성이 없지 않은) 영화라는 초기의 예술처럼 드라큘라는 시간과 공간의 그 어떤 장벽도 알지 못하는 근대성 그 자체다. 무엇이든 될 수 있고 어디나 갈 수 있는 능력을 가진 드라큘라는 영화의 주인공으로 보이는 인물, 즉 어떤 공간도 협상하지 못하는 부동산업자보다 서비스 경제에 훨씬 잘 어울리는 인물이라 할 수 있다.

드라큘라가 나에게 글로벌 경제의 새로운 투영이나 환상과 잘 어울리는 것처럼 보이는 데는 또 다른 점이 있다. 나는 이에 대해 몇 가지 기본적 생각으로 결론을 맺고자 한다. 탈신체화하고, 통합적이며, 다양한 연계를 맺는 새로운 횡단적 주체(trans-subject)에 대한 온갖 형상화에도, 내가 볼 때 새로운 문화는 강력한 주체성을 탁월한 형태로 재주장하는 데 관심이 있는 것 같다. 새로운 글로벌주의 문화가 운동, 이행의 편안함, 정보 흐름의 숙달, 특권 등에 관심을 갖는 한 지식과 서비스의 네트워크를 통해 쉽게 이동하는 특별한 인물들에 대한 예찬은 지속될 것이다.

코폴라의 〈드라큘라〉가 바로 이러한 인물에 관한 것이지만, 이 영화는 바로 그 점에서 영화 그 자체의 알레고리이기도 하다. 사실상 코폴라의 많은 영화는 자신들이 성공하고 싶어 하는 체제를 거부하는 과잉 성취자에 관한 것이다. 〔예를 들어 〈터커(Tucker)〉나 그 뒤에 나온 〈대부(Godfather)〉 시리즈를 보라.〕 결국 코폴라 자신이 스튜디오 영화 체제에서 일종의 뱀파이어—현재에 광범위하게 끼어들려고 하는 과거 작가주의의 잔존물—가 아니라면 무엇이겠는가? 그의 영화는 모든 존재가 하나의 고집스러운 자아의 요구에 따라 코드 전환하는, 그리고 모든 현실이 집중적 이성의 실용적 시선(일종의 통제된 실험실과 같은 코폴라의 스튜디오 영상 작업)에 지배받는, 현란하게 과시되는 거장의 작업을 보여준다. 그러나 이러한 점에서 슈퍼스타로서 새로운 영화감독은 글로벌적 특권이 투영된 거장들 중 한 명일 뿐이다.

학계에서도 우리는 슈퍼스타의 부상뿐만 아니라 이곳저곳을 돌아다니는 부유한 제트족 슈퍼스타의 부상〔에드워드 사이드가 말한 "여행 이론(traveling theory)"에 대한 예찬〕을 본다. 사실 사이드가 《음악은 사회적이다(Musical Elaborations)》을 통해 거장의 잠재적인 정치적 권력을 점차 인정한다는 점에서 이는 징후적인 것 같다. 〔사이드가 "언제라도 뭐든지 음악적이고 지적으로 인용할 수 있는" 천재 글렌 굴드(Glenn Gould)의 방식에 대해 기술할 때, 사이드는 어떻게 자기 자신을 보지 않을 수 있었겠는가?〕 그 밖의 다른 곳에서 반체제 활동의 공동체적 형태에 주목하고 있는데도 사이드는 여기서 연기하는 자아를 서양의 지배 서사를 활용 및 거부하며 재가공하는 특별한 수단으로 평가한다.[28]

제임슨의 최근 저작 또한 후기 자본주의의 체제적 규칙성에 직면해 반체제적 힘들이 공격적이고 추진력 있는 거장의 시도를 통해서만 생겨날 수 있다(제임슨 자신의 비평적 활동이 그 무엇보다도 거장의 활동이다)는 것을 가정하는 듯하다. 그의 저작이 '제3세계' 영화를 다루는 부분으로 점점 더 가까이 다가갈 때, 이는 바로 그 영화의 유효성에 타격을 주기 위해서다. "제3세계 영화 자체가 오늘날 대안적 영화의 모델이 추구할 수 있는 공간으로 옹호받는 경우는 거의 없다. 정말로 제3세계라는 용어는 경제적인 것의 현실이 집단 투쟁의 가능성을 대체해버린 듯한 시대에 당혹스러운 것이 되고 있는 것 같다. 여기서 인간의 행위성과 정치학은 이른바 후기 자본주의라는 전 지구적 기업 제도에 의해 해체되어버린 것 같다." (이런 말은 상황을 잘못 파악하게 하는 것 같다. '제3세계'라는 용어를 의문시한 것은 투쟁의 공간이 사라지거나 흡수되었기 때문이 아니라 제3이라는 관념 자체가 정확히 소멸이나 흡수를 장려하는 위계 구조—원시적이거나 야만적인 것으로 주변화한 '제3세계'—를 함축하고 있기 때문이다.) 한편, 제임슨은 흡수에 저항할 때 예술가로서 예술가가 갖는 특별한 특권을 주장하고자 한다. 즉 '제3세계' 영화 제작에 관한 제임슨의 논의는 무엇보다도 고다르의 본격 예술에 관한 장(chapter)을 바로 잇고 있다. 이 장에서 우리는 "고다르를 숭고의 차원으로 고양시켜 평가할 것"을 종용받는다. "여기서 고다르는 우리 시대에 일시적인 순간들을 포착한 매우 드문 예술가 중 한 명"[29]이라는 것이다. 필리핀 영화감독 키들랏 타히믹(Kidlat Tahimik)에 관한 마지막 장에서는 창조적인 거장 예술가와 거장 비평가 간의 흥미로운 미메시스가 드러나는데, 각자는 예리한 통찰력을 실천하는 것으로 나타난다.

내가 다른 글에서 제안한 바 있는 인식적 지도 그리기라는 개념은 그런 가능성을 포함하려고 의도한 것이다. 즉 그것은 기술적일 뿐만 아니라 규범적이고자 한다. ……그러나 그것이 개인적·집단적 주체의 활동으로 긍정되어왔기 때문에, ……지도 그리기라는 개념이 의식적인 예술적 생산에 의해 타당성을 인정받는 것을 보고, 이런저런 새로운 작업을 우연히 발견하는 것은 매우 고무적이다. 이 작업은 하나의 새로운 풍향계처럼 예술 그 자체의 사명을 새로운 지리 비유적(geotropical) 지도 작법을 발명하는 것으로 이해해온 것 같다.[30]

나는 제임슨(미국 영화를 정치적 알레고리로 지지하고자 하는 나의 읽기가 증명하듯

나의 사유에 가장 결정적인 영향을 준 비평가 중 한 명이다)의 이런 주장에 대한 나의 유보적 태도를 과장하고 싶지 않다. 하지만 이러한 순간이 관리 사회의 단조로운 익명성 속에서, 다른 사람이 일상적인 것의 단조로움 속에서 놓쳐버린 그 숭고함을 파악할 수 있는 소수의 특권적 존재가 갑자기 출현하는 특별한 순간으로 거론될 때, 이는 나를 놀라게 한다. 우리가 제임슨이나 《음악은 사회적이다》에서 거장의 개성을 순간적으로 목도하는 것은, 내가 볼 때 저항을 창조적 쇼핑에 비유하는 새로운 소비 중심적 문화 연구(이를 테면 헨리 젠킨스나 존 피스크)나, 대중문화에서 활약하는 새로운 글로벌주의적 거장 연주자들과 별반 차이가 없는 것 같다.

마이클 잭슨(Michael Jackson)의 비디오 〈블랙 오어 화이트(Black or White)〉가 예술의 거장적 소명을 "새로운 지리 비유적 지도 작성법을 발명하는 것"으로 제안하는 것 말고 달리 무엇을 하겠는가? (수술 때문에 기묘한 분홍색으로 변해버려) 흑인도 아니고 백인도 아닌 잭슨은―배경으로 처리되거나 혼종을 통해 정체성을 박탈당한 민족성(가령, 러스트 벨트 공장 지대를 배경으로 춤을 추는 인디언이나 스튜디오에서 레코딩 작업을 하는 아프리카계 부족민)을 통해 나타나는―복수의 세계와 복수의 공간(백인 교외 지역에서―〈사랑은 비를 타고〉의 슬럼가를 바로 스튜디오 무대로 활용한 잭슨처럼―거장 댄서를 위한 스펙터클로 이용한 도심의 텅 빈 폐허에 이르기까지)을 대담하게 여행한다. 이것이 바로 새로운 글로벌주의적 횡단 주체의 지도 작성법―서로의 속으로 희미하게 사라져가는 얼굴들―이지만, 특히 한 주체(모호한 정체성의 마이클 잭슨)는 엄청난 특권을 유지한다. 여기서 새로운 전문가적 글로벌주의가 극치를 이룬다. 즉 국경도 한계도 없이, 어떤 것도 다른 어떤 것으로 변할 수 있고 모두와 모든 것이 연결되어 있지만 이와 동시에 수많은 경계(예술과 일상생활, 특권과 익명성, 부와 박탈)가 존재하는 것이다.

〈세계 문화에서 코즈모폴리턴과 로컬(Cosmopolitan and Locals in World Culture)〉이라는 글에서 울프 한네르스(Ulf Hannerz)는 경계 넘기의 다양한 경관 속에 있는 지식인에게 각별한 특권을 부여한다. "일반적으로 의미의 관리에서 팽창적 성격을 갖고 있는 그것[코즈모폴리턴 성향]은 관념의 질서에 대한 분석을 가차 없이 밀어붙이고 명확성을 추구해나간다. 이 지점에서는 의미 관리의 대립적 양식으로서 상식은 암묵적인 것, 애매한 것, 그리고 모순적인 것과 나란히 놓일 것이다. 결국 그것[코즈모폴리턴 성향]은 지배를 쟁취하기 위해 분투한다."[31] 한네르스 그리고 여행 이론에 관해 쓴 사이드와 함께 나 역시 지식인들이 지식과 독특한 관계를 맺는다고 믿는다. 그러나 나는 이런 관계가 [예술가들에 대한 제임슨의 언급이나, 로컬화한 반(半)지식을 가진 비 코즈모폴리턴적 대중의 모순과 상식 속에 혼란스럽지만 편안하게 안주하는 데 맞서 분석적 지성의 명확성을 강조하는 한네르스의 경향에서처럼] 존재론적이라기보다는 그 근원에 있어 물질적(지식인은 의미의 연결을 위해 연구 시간, 연구 도구 및 연구 기회 등을 필요로 한다)이라고 생각한다. 한네르스가 지식인이 쟁취하기 위해 분투하는 것으로 보았던 바로 그 지배는 양가적인 것이며, 이와 같은 논문집에 겸손한 포부 하나가 있다면 그것은 바로 지식 현장의 적절한 다양화를 통해 그 어떤 거장적이거나 특권적인 지적 위치도 애매하고 모순적인 것으로 만드는 일일 것이다.

주

1. Benedict Anderson, *Imagined Communities: Reflections on the Origin and*

Spread of Nationalism, 2d ed. (New York: Verso, 1991), pp. 76-77.

2. Ibid., p. 77.

3. Eve Kosofsky Sedgwick, "Nationalities and Sexualities in the Age of Wilde," *Nationalities and Sexualities*, ed. Andrew Partker et al. (New York: Routledge, 1992).

4. Benedict Anderson, *Imagined Communities: Reflections on the Origin and Spread of Nationalism*, p. 14.

5. Ibid.

6. Jean-François Lyotard, *The Postmodern Condition: A Report on Knowledge*, trans. Brian Massumi (Minneapolis: University of Minnesota Press, 1984).

7. Ibid., p. 53.

8. John Hoerr, *And the Wolf Finally Came: The Decline of the American Steel Industry* (Pittsburgh: University of Pittsburgh Press, 1988).

9. Mitsuhiro Yoshimoto, "The Difficulty of Being Radical: The Discipline of Film Studies and the Postcolonial World Order," *boundary 2* 18, no. 3 (Fall 1991), pp. 242-257.

10. Richard Rorty, "Solidarity or Objectivity?" *Post-Analytic Philosophy*, ed. John Rajchman & Cornel West (New York: Columbia University Press, 1985), pp. 3-20.

11. Immanuel Wallerstein, *Geopolitics and Geoculture* (New York: Cambridge University Press, 1991).

12. Mike Featherstone, "Introduction," *Theory, Culture, Society* 7, nos. 2-3 (1990), p. 2.

13. Mitsuhiro Yoshimoto, "Real Virtuality"(이 책에 수록한 논문).

14. Arjun Appadurai, "Disjunction and Difference in the Global Cultural Economy," *Theory, Culture, Society* 7, nos. 2-3 (1990), pp. 295-310.

15. John Hoerr, *And the Wolf Finally Came: The Decline of the American Steel Industry*.

16. Richard Preston, *American Steel: Hot Metal Men and the Resurrection of the Rust Belt* (New York: Prentice-Hall, 1992).

17. Ibid.

18. Ibid.

19. Ibid.

20. John Hoerr, *And the Wolf Finally Came: The Decline of the American Steel Industry*. p. 91.

21. Neil Lazarus, "Doubting the World Order: Marxism, Realism, and the Claims of Postmodernist Social Theory," *differences* 5, no. 5(1991), pp. 94-137.

22. Christopher L. Connery, "The Oceanic Feeling and the Regional Imaginary" (이 책에 수록한 논문).

23. Benedict Anderson, *Imagined Communities*, pp. 145-149.

24. Fredric Jameson, *The Geopolitical Aesthetic: Cinema and Space in the World System* (London: British Film Institute, 1992).

25. Rob Wilson, "Sublime Patriot," *Polygraph* 5 (1992), pp. 67-77.

26. Immanuel Wallerstein, *Historical Capitalism* (London: Verso, 1983), p. 28.

27. Franco Moretti, *Signs Taken for Wonders: Essays in the Sociology of Literary Forms* (London: Verso, 1983), pp. 83-108.

28. Edward Said, *Musical Elaborations* (New York: Columbia University Press, 1991).

29. Fredric Jameson, *The Political Aesthetic: Cinema and Space in the World System*.

30. Ibid.

31. Ulf Hannerz, "Cosmopolitan and Locals in World Culture," *Theory, Culture, Society* 7, nos. 2-3 (1990).

대양감과 지역적 상상계

● 크리스토퍼 L. 코너리 ●

지난 20년 동안 다양한 학문 분야와 정치적 입장 그리고 분석 틀에서 '공간적 전환(spatial turn)'은 점차 명백해졌다. 역사주의에 대한 비판, 깊이의 소멸, 전체적인 평면화, 그리고 공간적인 것의 다른 암시는 우리가 생각하는 새로운 시대를 규정하는 특징이다. 이것들을 지도로 그리기 위해 새로운 지리학과 지도 제작법이 생겨났다. 환태평양은 새롭게 상상된 하나의 공간이다. 다른 글에서 나는 대략 1975~1989년의 냉전 기간 동안, 환태평양의 신화는 그 시기 미국이 직면한 자기 이미지화의 특정한 위기를 징후적으로 나타낸다고 주장한 바 있다.[1] 이는 냉전적 이분법이 근본적으로 그 의미를 상실한 시기였고, 전후 미국의 엄청난 팽창이 처음으로 중대한 침체를 겪은 시기였으며, 다른 지역(일본과 동아시아 신흥공업경제지역)에서 자본주의의 성공이 한때 서구와 성공적 자본주의를 쉽게 동일시하던 것을 의문에 빠뜨린 시기였다.[2]

환태평양은 이 시기의 요구를 특별한 방식으로 충족시켰다. 환(rim)을 생각해보자. 환의 순환성은 마지막 지평이라는 보편성과 에머슨적인 최종적 순환(Emersonian Circle)[*]이라는 의미를 동시에 전달하고 있지만, 이것의 선형성은 포함하기보다는 배제하는 역할을 했다. 즉 제3세계, 미국의 '러스트 벨트' 그리고—낡고 진부한 냉전적 이분법의 최전선에 있으면서 마스트리히트(Maastricht)[**]를 향해 조심스럽게 나아가는—유럽은 베트남 전쟁 이후 시대에 빈사 상태에 처한 사회주의 세계처럼 모두 그 환에서 멀리 떨어져 있었다. 환태평양은 탈기원적인(postoriginary) 것의 지리적 상상계였다. 이 상상계 속에서 상품의 원천이나 목적지는 순환이나 순수한 흐름보다 덜 중요했다. '서양'과 '민족'이라는 두 개념에 대한 도전은 역사가 일어날 수 있는 새로운 공간의 필요성을 창출했다. 환태평양은 다국적 자본주의 혹은 초국적 자본주의의 탈공간화한 경향으로 인식되는 것의 '공간적 해결(spatial fix)'〔데이비드 하비가 《자본의 한계(The Limits to Capital)》에서 만든 용어〕[***]이었다.

1970년대 중반의 위기를 분석한 최초의 마르크스주의 이론가 중 한 명

---

[*] 랠프 월도 에머슨(Ralph Waldo Emerson)은 1841년 〈순환(Circles)〉이라는 글을 발표했다. 인간이 자연을 통해 보는 거대한 순환들에 대한 철학적 성찰을 담고 있는 이 글 서두에 에머슨은 "눈이 첫 번째 순환이고, 이것이 형성하는 지평이 두 번째 순환이며, 자연을 통해 이 주요한 형상은 끝없이 반복된다"고 말했다. 자연 속으로 확장되어나가는 에머슨적 순환을 근거로 필자는 태평양을 사고하고자 한다.
[**] '마스트리히트 조약'을 가리키는 것으로, 정식 명칭은 '유럽연합조약(Treaty on European Union)이다. 이 조약은 1992년 2월 7일 마스트리히트에서 서명해 1993년 11월 1일에 발효되었다.
[***] 하비는 자본주의가 자신의 위기를 '공간적 해결'을 통해 돌파하려 시도한다고 보았는데, 이것이 바로 지리적 팽창과 불균등 발전 형태였다. 하지만 하비가 볼 때 이런 공간적 전략을 통한 위기 해결은 자본주의의 근본 모순을 세계로 확장하면서 자본주의의 위기를 격화시키고 새로운 형태의 제국 및 제국주의 간 갈등과 전쟁을 유발한다.

인 제임스 오코너(James O'Connor)는 자본주의 국가의 정당화와 축적에 관한 자신의 개념을 통해 민족적(국가적) 문제 설정의 한 측면을 지적한다.[3] 국가가 자본 체계를 정당화하는 방식의 일부 양상(교육과 복지, 노동의 수용 등)은 자본 축적을 지원하는 국가의 기능과 갈등을 빚고, 그러한 갈등이 재정 위기의 한 가지 원인이 된다는 것이다. 출현하는 초국적 기업들의 지배는 정당화의 공간성(spatiality of legitimation)을 문제 삼는다. 축적은 점점 더 국가라는 매개 변수를 뛰어넘어 일어나지만, 이데올로기적 장치와 정당화를 담당하는 여타 다른 제도는 쉽게 그럴 수 없다.[4] 환태평양이라는 상상은 역동적인 것, 새로운 것, 소생하는 것, 기적적인 것에 대한 일반적 환태평양 수사(trope, 修辭)가 제공하는 찬란한 허구적 약속을 통해 꿈꾸던 정당화의 장(arena)을 개념화―이런 개념화가 주로 미국 소비자를 겨냥한 것임을 언급할 필요가 있다―하려는 시도로 읽을 수 있다. 브루스 커밍스(Bruce Cummings)가 "환태평양 발화(Rimspeak)"를 조롱하듯이, "역동성과 기적의 수사는 또한 이렇게 말한다―자본주의적 보편주의가, 내가 볼 수 있는 유일한 것이다. 따라서 나는 환태평양을 발견한다".[5]

자유시장적 자본주의 신화는 균형의 목적론을 항상 함축해왔다. 환에 사는 사람들은 모두 혜택을 본다는 환태평양의 역동적이지만 평등화하는 흐름은 (어떤 측면에서 보면) 포스트국민국가 시대의 균형을 상상하는 작업이다. (환태평양 담론은 보호무역주의에 항상 반대한다. 1994년 가을 클린턴 대통령의 아시아 순방은 이 담론의 수사를 적극적으로 재활성화했으며, 북미자유무역협정이 제공한 것과 유사한 환태평양 자유 무역 지대의 구상으로 끝을 맺었다.) 하지만 공간적 이미지로서 환태평양의 근본 특징인 배타성은 마르크스주의와 비마르크스주의 지리학자가 자본주의의 공간성에 핵심적이라고 파악한 불균형과 차별화를 보여준다. 전지구적 불균형 내에서 '성장 지역'으로서 환태평양은 (포스트포디즘, 포스트모더니즘 등으로 다양하게 부르는) 전후 자본의 구조 조정이 시작된 이후 그런 관점에서 이해되어온 지역들의 특성을 띠었다. 환태평양이 존재하기 위해서는 환에서 멀리 떨어진, 정체하거나 쇠퇴하는 차별화된 지역이 있어야 한다.

지역(region)〔이 시기에 일반적으로 사용한 이 용어는 일차적으로 국가 이하의(sub-national) 지역을 가리킨다〕은 포스트모던 지리학과 정치경제학에서 주요한 범주로 부상한다. 에드워드 소자는 지역주의(regionalism)의 가능성과 동시대성에 대해 강력하게 지적한 바 있다.

현재, 지역적 정치경제학이라는 비교적 새로운 영역과 새로운 활력과 방향성을 갖게 된 지역적 산업지리학은 구조 조정에 대한 거시적, 중간적, 미시적 정치경제학 분석을 위한 가장 통찰력 있고 혁신적인 분야처럼 보인다. 두 학문 모두 유연한 전문성을 갖고 있다고 할 수 있는데, 왜냐하면 그것들이 낡은 학문적 경계나 분과학문적 제약에는 관심이 없으며 오히려 새로운 요구와 도전에 대응하려는 시기적절한 적응에 훨씬 더 개방적이기 때문이다. 지역적 관점은 오늘날 국민국가의 매개적 역할이 위축되어갈 때조차 그 강력한 매개적 역할을 인식하는 한편, 도시적인 것과 글로벌적인 것 간의 종합을 촉진한다. 지역화와 지역주의의 쌍방향적 상호 작용은 공간화와 지리학적 불균등 발전의 역학에 대한 아주 통찰력 있는 시각을 제공하고, 노동의 공간적 분화라는 개념에 한층 깊은 심도와 정치적 의미를 부여하며, 앞서 논의했던 쇄신된 사회적 존재론과의 유용한 연결점이 매우 풍부하다. 마찬가지로 중요한 것은, 그 개방성과 유연성 그리고 낡은 이원론적 범주에 의지하기보다는 새로운 개념의 조합을 시험해보려는 성향이 **비판적 지역 연구**(강조는 원문)를 동시대 구조 조정의 세 가지 흐름의 가장 유력한 합류 지점이 되게끔 만든다는 것이다. 바로 여기가 포스트포디즘과 포스트모더니즘 그리고 포스트역사주의적 사회 이론에 대한 우리의 이해가 가장 풍부

해질 수 있는 지점이다.[6]

　지역주의로의 비판적 전환은 1970년대 중반에 시작되었다. 지역주의
에 관한 많은 중요한 이론화 및 개념화 작업을 시도한 〈국제 도시 지역 연
구(International Journal of Urban and Regional Research)〉는 1977년에 발간되
기 시작했다. 이는 대략 환태평양 담론의 시작과 궤를 같이하지만, 앨빈 토
플러(Alvin Toffler)와 오마에 겐이치를 비롯한 여러 사람의 작업에서 그랬듯
일반 독자를 부추기는 후기 자본주의의 열렬한 조장과 저널리즘 속에서 환
태평양은 지역으로 표명되었다.[7] 비록 '비판적 지역주의'를 주장하는 학자
들이 환태평양이라는 개념을 분석의 장으로 진지하게 받아들이지 않을 것
이라는 사실은 강조해야 하겠지만,[8] 나는 환태평양 담론이 비슷한 문제 설
정의 전치된 유형이라고 믿는다. 비판적 지역 연구의 성장을 자극했던 요
소 중 하나는 미국의 선벨트(Sun Belt), 남부 독일, '제3의 이탈리아', 또는
실리콘밸리 같은 새로운 경제 성장 지역의 부상과 특히 초창기 산업 시대
와 연결되었던 지역의 쇠퇴였다. 이러한 과정은 자본주의적 공간의 물질
성을 무시할 수 없게끔 만들었다. 그러나 비판적 지역주의가 발전/저발전,
팽창/수축, 또는 성장/정체의 이분법에 기원을 두고 있다는 것은 의미심
장하다. 이분법적 차이의 논리 속에서 생겨난 지역이라는 개념은, 항상 차
별화하고 항상 은폐하는 자본의 논리를 분석하고자 하는 사람들에게 기호
적 유토피아, 즉 '공간적 해결'이다. 국가에 스며들어 있는 다양한 이데올
로기적·신화적 신비화의 부담을 덜 지고 있는 지역은 역사와 분석이 일어
나는 곳일 것이다. 지역은 항상 의미화의 실재로 삼투되어 있다고 하더라
도 유연적 기호 생성의 모델이다. 위에서 인용한 구절에서 언급했듯 비판
적 지역 연구 분야에 대한 소자의 열정은 이를 논의하는 시기 동안 공간적

해결에 대한 일반적 열망을 보여주는 한 가지 지표다.

대부분의 주요한 비판적 지역 연구는 불균형의 논리를 통합하고 지역적 차이화의 이접적이고 우연적인 성격을 진지하게 수용한다. 지역이라는 범주의 어려움과 그것을 물화할 위험은 스토퍼(M. Storper)와 워커(R. Walker)의 다음과 같은 글에서 명백히 드러난다.

우리는 '지역(region)'이라는 용어보다 '영토(territory)'라는 용어를 선호한다. 영토는 이론적 부담이 적고 새로운 함축적 의미에 더 개방적이다. 그것은 경계 있는 공간보다는 기능적 상호 작용을 나타내기 때문에 그 어떤 지리학적 스케일도 나타낼 수 있다. 일정한 정합적 연계성을 가진 관련 장소의 조직이라는 것은 하나의 산업 영토 혹은 '영토적 복합체'를 구성할 수 있다. 지역이라는 개념이 국가 하부의 지역과 부당하게 동일시되는 일을 겪는 데 반해, 우리가 관심을 갖는 발전적 과정은 하위 국가적, 국가적, 그리고 국제적 스케일로 일어난다. 이 개념(지역)은 지역을 미시시피 분지, 조지아주, 또는 북동부 제조업 지대처럼 자명한 단위로 취급하는 오랜 전통 때문에 더욱 불리한 처지에 있다. 게다가 이 개념은 종종 사회적으로 구성 및 재구성된 조직이라기보다 자연적 조직으로 받아들여진다.[9]

스토퍼와 워커는 그들의 분석 단위로서 "영토적 산업 복합체"를 선호한다. 하지만 영토적 산업 복합체라는 개념에 들어 있는 것은 유연성, 불안정성, 사건적 변화의 확실함이다. 그것은 더욱 유동적이고 포스트포디즘적 자본주의의 지리학이다.

지역의 유일한 규정 요소인 위치로부터 특정한 산업이나 기업을 탈중심화함으로써 지역적 변화를 설명하는 역동성과 불균형은 공간화하고, 분석

단위의 본질적 특성이 된다. 비록 우리가 스토퍼와 워커 같은 급진적 지리학자조차 '환'이 갖는 의미화의 유혹으로부터 자유롭지 않다는 것을 보기는 했지만, 비판적 지역주의와 산업지리학의 최근 연구는 산업자본주의의 작용을 더욱 완벽하게 분석하고자 할 때 분명히 엄청난 가치를 지닌다. 우연적 공간성, 역동적 공간, 혹은 물화에 대한 저항을 담고 있는 공간성 같은 개념은 문화 이론에서 상식이 되었다. 여기서 모든 분석의 장은 오늘날 '경쟁의 장'이며, 그렇게 볼 때 시장의 균형이나 세계사회주의의 허위적 목적론은 저항으로 채워져 있는 현재적 순간의 순수한 역동성 속에서 멈추고 만다.

비판적 문화 이론과 비판적 지역주의는 유연성, 우연성, 자기 부정(self-negation)의 끊임없이 지속되는 공간적 해결에도 살아남을 수 있다. 환태평양 담론은 다른 방식으로 기능했다. 이는 전 지구적 자본주의의 구조 조정에 공간적 해결을 제공하려는 하나의 시도였다. 하지만 그것은 자본주의적 보편주의의 수사이면서도 목적론적 균형과 역사의 종말이라는 관련된 수사를 환태평양 담론의 존재 양식 속으로 통합해야 했다. 그것은 자체로는 결코 로컬화 및 지역화할 수 없었으며, 여전히 신화적 가능성을 간직하고 있다. 끊임없이 확장하는 에머슨적 순환처럼, 환태평양은 스스로를 초월하고 발전된 세계 전체를 감싸야 했다. 여기서 환태평양은 알렉산더 베서(Alexander Besher)의 "글로벌 환(global rim)"[10]이라는 용어 사용이나 '기업 경영의 구루' 오마에 겐이치의 상호 연결된 경제(Interlinked Economy, ILE) 개념을 더욱더 뒷받침한다. 오마에는 저서 《경계 없는 세계(The Borderless World)》(1990)에서 이 개념을 더욱 정교히 했다.

대륙보다 큰 하나의 섬이 출현하고 있다. 이것은 3자(미국, 유럽, 일본)의 상호 연결된 경제이며 거기에 타이완, 홍콩, 싱가포르 같은 공격적인 경제 체제가 합류하고 있다. ……이것은 너무나 강력해서 대다수 소비자와 기업을 삼켜버렸고, 전통적인 국경선을 거의 사라지게 만들었으며, 관료·정치인·군인을 쇠퇴일로에 있는 산업의 지위로 내몰고 있다.[11]

'삼킨다'는 오마에의 표현이 의미심장한데, 왜냐하면 세계 전체라는 스케일 위에서만 '로컬화할 수 있는' 이데올로기적 요소가 사라질 수 있기 때문이다. 요컨대 오직 최종적 원환(circle, 圓環)에서만 자본은 완전한 투명성으로 작동할 수 있다.

환태평양은 신화적 지역이다. 하지만 내가 위에서 주장했듯 그것의 탄생과 역사적 논리는 지역적 명령의 몇몇 요소를 띠고 있다. 이는 환 자체의 불안정성에 함축된 이분법 속에서 특히 명백히 드러난다. 그것은 단순히 환에 불과한 게 아니라 오히려 이러한 유사 지역을 경제적 숭고의 해안가에서 축제를 즐길 수 있는 공간으로 기능하도록 해주는 태평양—최후의 대양—이었다. 환은 감싼다. 그리고 환의 발화에서 그 내부는 텅 빈 공간이며, 이는 환을 둘러싸고 있는 것에 실체를 부여하는 역할을 한다. 환의 내부에서 태평양은 단순히 세계 대양 중 가장 거대한 대양이라기보다 근본적으로 비실체적 영토성이긴 하지만 역동적인 환의 영토성에 종속되어 있다.

환태평양은 미국 자본의 공간적 해결, 즉 무비판적 보편주의자를 위한 비판적 지역주의로 기능하는 것 외에도 자본주의적 서유럽, 그리고 대양을 지향하는 미국의 신화적 태도의 정점이었다. 이 대양은 아래에서 살펴보겠지만 그 자체의 이분법, 애매성, 숭고함을 부유(浮遊)하도록 만들었다. 근대성은 세계의 대양에서 생겨났고, 최초 태평양을 가로질러 서쪽으로 나아가고자 했던 마젤란의 항해에서 공간적인 것이 되었다. 원천으로서 대양과 운명으로서 대양은 대양의 신화적 시간성에서 나타난다. 그것은 생명을 잉태한 원천이자 최후의 변경이다. 세계 대양의 정복이 서구 자본주의의 발흥과 긴밀히 결합되어 있기 때문에 대양이 오랫동안 환태평양 담론의 포스트프런티어(postfrontier) 시대에 이르기까지 자본의 신화적 요소로서 기능해왔다는 것은 당연하다. 아래에서 논의할 '대양감(oceanic feeling)'에서처럼 대양적 숭고성의 수사는 창조된[12] 신화적 공간으로서 대양이라는 개념과 대립해서 읽을 필요가 있고, 이러한 신화가 누구에게 어떠한 이익을 제공했는지를 늘 기억해야 한다. 내가 이후의 지면에서 다루고자 하는 것은 신화적 요소와 목적으로서 대양에 관한 것이다.[13]

대양감

소설가이자 라마크리슈나(Ramakrishna)와 비베카난다(Vivekananda)의 전기작가이며 《바가바드기타(Baghavad Gita)》에 흠뻑 빠진 인도 애호가 로맹 롤랑(Romain Rolland)이 프로이트의 《환상의 미래(The Future of an Illusion)》를 읽은 후 그에게 보낸 서한에서 '대양감'을 거론한 바 있다. 프로이트는 롤랑에게 대양감은 "'영원성'의 감각, 경계 없는 무한한 것, 즉 '대양적인' 것에 대한 감정이다"라고 말하면서 "사람들은 모든 믿음과 환상을 거부한다고 하더라도 바로 이런 대양감에 근거해서만 자신을 종교적이라고 부를 수 있을 것이다"라고 답변했다.[14] 프로이트는 대양감 속에서 자아 발달의 유아기 단계의 잔존만 보았다. 프로이트에게 이러한 무한성과 무경계성의 어린애 같은 '대양감'은 성인의 자아가 '문명화'라는 신경증에 적응하면서 승화되어버린다.[15] 비록 미학적 숭고에 대한 칸트적이고 낭만주의적인 주장이 "자아 권능의 허구적 경험(fictive experience of self-empowerment)"에 대해 항상 쇄신 가능한 원천을 제공하긴 하지만 말이다.[16]

대양은 숭고한 것, 즉 무한하고 깊이를 알 수 없으며 불확정적인 것에 대한 수사의 일차적 활성체다. 《모비딕(Moby Dick)》에서 멜빌이 썼듯 "육지 없는 곳에서만 신과 같이 한정할 수 없고 무한한 최상의 진실이 존재한다".[17] 제국에 대해서든 의식에 대해서든 서구 팽창주의의 언어 속에서 이러한 대양적 숭고는 자주 이용되는 영감의 원천이었다. 아래에서 나는 이 대양적 움직임을 논의할 것이다. 〈순환〉에서 에머슨은 "유일한 바다는 한 게다"라고 썼다. 바다의 해안은 항상 실망 및 좌절시키겠지만 계속해서 "유동적이고 일순간 변하는" 보편적 대양, 즉 "비상하는 극치(flying Perfect)"에 호소한다. 롭 윌슨은 숭고의 **실용적**(pragmatic) 성격을 미국 팽창주의라는 맥락 속에서, 그리고 그 대양적 형태에 쉽게 적용해볼 수 있는 용어로 설득력 있게 분석한 바 있다.

관습적으로 이러한 숭고의 수사는 실용적인 것임이 증명되었다. 즉 거대함은 (상상된) 텅 빔을 함축하고, 공백은 극복해야 할 강력하고 다양한 행위〔위대한 시들(poems)〕의 가능성을 함축했다. 충만함을 텅 빔으로, 공백을 가능성으로 전환함으로써 미국적 숭고는 그 자체의 숭고한 결과와 활동—운송, 확장, 유럽에 버금갈 수 있는 규모의 성취—을 생성하는 데 기여했다. 순환성이란 논리적 문제(동어 반복)나 피해야 할 과잉 상상(과장법)의 방식이라기보다는 새로운 운송, 과잉, 자기 권능을 순환시키기 위한 정체성 강화의 전술이었다.[18]

그렇지만 대양은 **너무** 외재적일지 모른다. 대양의 동화 가능성, 특히 미국적 숭고함의 유연적이고 우연적인 실용주의로의 동화 가능성조차 항상 의심스럽다. 심지어 가장 광대한 미국의 대평원이나 가장 깊은 애디론댁 (Adirondack)산맥의 완고함은 대양이 할 수 없는 숭고함의 이미지로의 전환을 가능케 한다. 신화학자 롤랑 바르트(Roland Barthes)에게조차 대양은 의미화에 저항한다. "나는 여기 바다 앞에 섰다. 바다가 아무런 메시지도 지니지 않는다는 것은 사실이다."[19] 하지만 해결을 뛰어넘는 방식이긴 해도 대양은 의미 작용을 한다. 대양은 영토적 실재를 넘어서고 그 외부에 존재하는 공백인가? 텅 비어 있는 틈새적 요소인가? 아니면 영토적 상징체계를 활성화하는 순수한 공백인가? 육지의 부유하는 불연속성 아래에 있는 실재인가? 보편적 통사론인가? 대양의 바로 액체적 요소에 내재하는 애매성은 대양을 불확실하게 만든다. 그것이 "또 하나의 광대한 은유든 아니면 인간적 담론과 명쾌히 분리된 무관심한 에너지든"[20] 상관없이 말이다.

요소

액체는 항상 문제적인─형체는 없지만 추상적이지 않고, 시간적이며, 변화 가능한─요소다. 바슐라르(G. Bachelard)는 "물은 진정으로 순간적인 요소다. 그것은 하늘과 땅 사이의 본질적이고 존재론적인 변신이다. 물에 헌정된 존재는 유동하는 존재다"[21]라고 썼다. 바슐라르의 물에 대한 명상, 즉 "실체적인 무"는 그 표면에서는 반(反)숭고적이다. 오직 신선한 물─호머의 그리스에 나오는 마법의 샘과 강에서처럼 살아 있는 물─만이 실제 신화적 요소로서 기능한다. 바슐라르에게 바다는 "비인간적인 물이다. 그것이 모든 경외의 요소가 갖는 첫 번째 임무, 즉 인간을 직접적으로 섬기는 임무에 실패한다는 점에서 말이다".[22] (정신의 몽환적이고 시적인 힘에 대해서보다는 반복 가능한 서사 능력에 대해서만 파악할 수 있는) 인간적인 것과 일상생활과 꿈의 차원을 넘어서 바슐라르는 바닷물이 이론을 넘어서 있으며 분석할 가치가 없다고 생각한다. "자연의 꿈은 꿈꾸는 자가 보고 만지고 먹는 것에 관한 우화를 창조한다. ……바다를 지향하는 무의식은 …… 말해진 무의식, 모험담에 너무나 퍼져 있는 무의식. 즉 결코 잠들지 않는 무의식이다. …… 그것은 공통 경험에 대해 꿈꾸는 그러한 무의식보다 덜 심오하다."[23]

바슐라르의 대양은 〈요한계시록(Book of Revelation)〉의 비인간적 바다이며, 또한 오든(W. H. Auden)이 불러낸 바다이기도 하다. "사실상 바다는 야만적인 모호성과 무질서의 상태다. 바로 그 상태에서 문명은 출현했으며, 신과 인간의 노력이 구원하지 않는다면 항상 다시 빠지기 쉬운 상태. 그것은 상징적으로 우리에게 친숙한 것이 아니기 때문에 〈요한계시록〉의 지은이가 종말의 순간에 새로운 하늘과 땅에 대한 자신의 비전 속에서 무엇보다 먼저 알아차리는 것은 '바다는 더 이상 존재하지 않는다'는 것이다."[24]

바슐라르의 바다에서 발견하는 절대적 난해성과 존재론적 불확실성은 숭고(sublime)와 추(slime)에 관한 최근의 글 〈습지의 철학(그리고 사회학): 질척한 것(숭고)과 기괴한 것(Philosophy(and Sociology) in the Wetlands: The S(ub)lime and the Uncanny)〉에서 다시 등장한다. 질척한 점액―늪지의 어두운 분비물, 습지, 여성의 생식기, 숭고의 기괴한 표면에 속하는 모든 것―에서 필자인 로드 기블렛(Rod Giblett)은 뭔가를 채워 넣고자 하는, 그리고 "자본주의와 이론과 초자아의 숭고한 절정에 도달하고자 하는" 자본주의적/남성주의적 의지를 수사적으로 나타내는 비유를 발견한다. "여기서 남성들(나 역시 예외가 아니다)은 스스로를 자연에서 독립된 것으로 계산하고, 그들의 어머니, 그들 자신의 신체 그리고 어머니 대지와의 접속을 부인하며, ……그리고 아무런 벌이나 제재도 받지 않은 채 심히 의심스러운 남성주의적이고 (자기)파괴적인 기획을 통해―자본주의의 근대화와 근대성의 승리를 통해―자연환경을 지속적으로 착취할 수 있다."[25] 바슐라르가 물과 고체의 결합체인 반죽을 물질성 자체의 기본 요소로 자리매김했다면, 기블렛은 풍요로운 매개적 요소로서 점액을 필요로 한다. 기블렛은 이 글의 일부에서 사르트르가 《존재와 무(Being and Nothing)》에서 보여준 반점액적(antislime)이고 강 친화적인(pro-river) 과잉에 대한 비판을 제기한다. 요컨대 《존재와 무》의 무반성적 남성주의를 탁월하게 드러낸다. 하지만 대양은 어디에 존재하며 무엇이란 말인가? 기블렛의 탁월한 도식, 즉 그의 포용적인 "근대성의 지리신체기술학(geocorpography)"에서도 태양, 불, 지구, 도시, 땅, 덩어리가 모두 등장하지만 대양은 찾아볼 수 없다. 도식의 하부에는 시원적 점액, 습지대, 비체(abjection, 卑體), 부드러운 것, 글쓰기, 흔적, 여성적인 것, 무의식, 이드(id), 지옥, 무한한 시간성, 영원성, 하수구 같은 것이 하나의 범주로 묶여 있고, 또 다른 범주에는 액체, 물, 강, 깊이, 흐름, 남성적인 것, 의식 그리고 시간성이 묶여 있다.[26] 이러한 체계의 논리에서 점액은 결정적 중간 요소로서 기능해야 한다. 왜냐하면 이는 채워질 수 있으며, 남성주의적이고 자본주의적인 주체의 대상으로 기능할 수 있기 때문이다. 그러나 그것이 기괴하고, 억압된 것의 일시적 귀환에 다름 아니라는 걸 기억해야 한다. 하지만 대양은 결코 채워질 수 없다. 어머니처럼 결코 잊힐 수 없다. 그것은 하늘만큼이나 근원적이며 확장적인 요소다.

대양을 엄격하게 모성적인 여성성과 동일시하는 것, 나아가 대양에 관한 서구의 글 중에서 이러한 동일시를 하지 않은 글이 거의 한 편도 없다는 것은, 확실히 기블렛이나 진액에 관한 다른 이론가들(기블렛은 조 소파울리스(Zoe Sofoulis)와 제인 갤럽(Jane Gallop)을 언급한다)에게 바다의 동화 불가능성을 나타내는 하나의 이유다. 그러나 요소적 차원에서 대양이 모성적 현존으로 기능하기 위해 그것은 바슐라르의 살아 있는 물(eaux vivantes)이 그렇듯 영양분을 제공하면서 '실체적으로'는 '무'가 될 수 없다. 바닷물을 탈수화(de-aquify, 脫水化)하기 위해 바슐라르는 쥘 미슐레(Jules Michele)에게 의지하는데, 그에게 바닷물은 물 자체가 아니라 그 이상이었다. 미슐레가 물의 특성에 관해 논하는 장의 제목은 '젖의 바다(la mer de lait)'다. 그의 바닷물은 끈적끈적하고 생명으로 넘쳐나는 점액이다. 대양은 숭고한 점액이다. 그것은 기괴하면서 동시에 숭고하다.

쥘 미슐레의《바다(La Mer)》는 멜빌의《모비딕》이 나온 직후 출간했는데, 두 작품은 많은 공통점을 갖고 있다. 두 작품 모두 초창기 원양 항해를 자극하면서 포경 산업에 결정적 의미를 부여했다. 아울러 두 작품은 19세기 중반 서구 팽창주의와 세계 정복에 뒤이은 과학적 탐사 여행의 산물인 해양생물학과 해양학의 급속한 발전을 반영한다. 배터리(Battery)에 모여 바다를 조용히 응시하는 무리에 대한 멜빌의 묘사나 해수욕하는 사람들에 대한 미슐레의 묘사가 보여주듯 두 작품 모두 일종의 '대양감'을 서구적 인간성에 공통적인 것으로 여긴다. 두 작품 모두 해수의 물질성으로 충만하다. 멜빌의 대양은 형체와 색깔이 다양하고, 로컬적 특성을 지니며, 수면에서 헤엄치는 고래의 이동 경로를 보여준다. 비록 미슐레가 자신의 책을 대양의 시원적 공포감, 즉 숨 쉬기조차 어려운 이질적인 차이를 환기하면서 시작하더라도, 이는 그가 젖의 바다를 찬미할 때 수사적 전도가 생기는 것을 미리 독자들에게 예비하기 위한 것일 뿐이다. 점액, 즉 바닷물이 우리 손 사이를 스쳐갈 때 느껴지는 끈적끈적함, 물고기를 빛나게 만드는 미끄러움은 "생명의 보편적 요소"다.[27] 그리고 이 요소는 단순히 영양이 풍부한 외부가 아니라 육체의 카오스적이고 재조직화한 형태다. 여기서 뼈, 피,

골수, 인간 에너지가 바다의 다양한 생명적 요소 사이에서 분할 및 재분배된다.[28] 미슐레의 바다는 〈신약성서〉의 바다나 더글러스 맥아더(Douglas MacArthur)의 바다에서 볼 수 있는 죽은 비인간성과는 거리가 멀다. 살아 있고 늘 영양을 제공하는 바다는 "지구의 위대한 여성이며, 그 지칠 줄 모르는 욕망과 끊임없는 생식과 출산은 결코 끝이 없다".[29] 그렇다면 대양은 일종의 모성적 숭고함, 즉 하나의 지평이자 또한 원천일 수 있을까?

정복과 폭력의 항해를 비난한 미슐레는 자신의 책을 '여러 민족의 새 생명(Vita Nuova des nations)'이라는 장으로 마무리한다. 거기에는 양식업과 해안 요양원을 변호하는 내용이 들어 있다. 《민중(La Peuple)》에서 계급 갈등에 대한 해결책으로 보편적 사랑을 요청하며 끝맺고 있듯 《바다》의 마지막 절에서 미슐레는 국가의 질병에 대한 하나의 치료제로서 대양적인 보편적 생명 에너지라는 처방을 제안한다. 미슐레는 해변의 남자, 먹 감는 자, 바다의 대기를 호흡하는 자다. 그는 거칠고 무한히 열린 바다보다 파도가 있는 수영장을 더 좋아한다. 여기서 그는 바슐라르와 입장을 공유한다. 하지만 바슐라르는 바다를 향해 멀리 나아가는 모든 움직임을 권력에 대한 의지로 간주한다는 점에서 미슐레를 뛰어넘는다. 바다를 결코 육체와 동일시하지 않고, 항상 저 너머의 것, 순수한 투쟁의 영역과 동일시함으로써 바슐라르의 바다는 "우리 공격의 역동적 성격에 대응하는 역동적 환경" 자체다.[30] 바슐라르는 스윈번(A. C. Swinburne)의 콤플렉스를 인간과 바다의 양가적 이중성이 활성화한 것으로 파악한다. 어느 누구보다도 유영자(swimmer, 遊泳者)는 말한다. "세계는 나의 의지이고, 세계는 나의 도발이며, 바다를 휘저어놓는 것은 바로 나다"[31]라고 말이다. 바슐라르는 나치 시대에 《물과 꿈(Water and Dreams)》을 집필했다. 아마도 그는 스윈번 콤플렉스와 후기 바이마르 혹은 포스트바이마르 독일에서 생겨난 공포를 연결하려

했을지 모른다. 쿠르트 라이헤르트(Kurt Reichert)의 사진과 레니 리펜슈탈 (Leni Riefenstahl)의 영화에 기록되어 있듯 그 시대의 독일은 수영과 다이빙에 집착했다. "초인이 되려는 자는 어른이 되고자 하는 아이들이 꿈꾸는 것과 동일한 꿈을 자연스럽게 재발견한다. 바다를 지휘하는 것은 초인적 꿈이다. 그것은 영감에 찬 의지이자 천진난만한 의지다."[32] 바슐라르가 바다의 유영자는 아닌 데 반해―우리가 그와 같은 부류의 역사학자에 대해 기대하고 싶듯―미슐레는 바다의 유영자였다. 그는 유영자, 고래잡이, 상인, 정복자, 타락한 자, 바다로 간 역사의 다른 활동가 같은 거대한 무리와 어울렸다.

물이 최고다(Ariston Men Hydōr)[33]

모든 생명이 물에서 기원했다는 서구 자연주의의 진부한 가설이 누린 인기는 대양 항해에 새로운 신화적 차원을 부여했다. 그것은 단순히 저 너머로의, 미래―탐험[34]―로의 여행이 아니라 근원으로 귀환하려는 여행이 된다. 기원으로서 대양은 다양한 목적에 이바지한다. 즉 그것은 하나의 주장을 제기한다. 그것은 비인간적 요소를 인간화하고 한계에 대한 에머슨적 두려움―그 속에서 지구의 대양은 '비상하는 완벽함'이라기보다는 절대적 지평으로 기능할 수 있다―을 극복함으로써 보편화한다. 기원으로 나아가는 물길은 계통학, 자아 발달, 서구의 정치적·사회적·경제적 역사 같은 거의 모든 인간적 시간성의 영역에서 읽을 수 있다.

플랑크톤, 진화 그리고 자연과학과 종교 간 연관성에 관해 글을 쓴 20세기 해양생물학자 앨리스터 클래버링 하디 경(Sir Alister Clavering Hardy)은 인간의 해부 자체가 수륙양생의 생활에 의해 형성되었다고 주장한 진화생물학자 중 가장 잘 알려진 학자다. 그에 따르면 직립, 좌우 대칭, 털 없음, 유선형의 잔여 털 흔적, 사지와 몸통 그리고 팔과 다리의 비율, 부력에 유용한 피하 지방층은 모두 수영 생활에 적응한 결과였다.[35] 20세기 미국의 탁월한 지리학자 칼 사우어(Carl Sauer)는 하디보다 한 걸음 더 들어가 석기 시대 해안 문화가 사회생활의 기원이며, 인간의 신체적·사회적 특징이 해안의 수륙양생 생활에서 기원했다는 설을 제안했다.

수영과 다이빙에서 성별이 갖는 중요한 이점은 없으며 연령의 이점 역시 거의 없다. 유럽 탐험가들이 바다로 나갔을 때, 그들은 따뜻하고 온화한 해안 지대 거주자들이 보여주는 수중 기술과 즐거움을 보고는 놀라워했다. 태즈메이니아인이나 캘리포니아만의 원주민처럼 매우 원시적이든, 아니면 남태평양이나 카리브해 제도의 사람처럼 선진적 문화의 원주민이든, 남녀 모두 수영과 다이빙에 매우 능했다. 그들은 어떤 목적이나 수영이 주는 즐거움 때문에 헤엄을 쳤다. 나이에 상관없이 모두가 바다로 향했다. 원시 시대로 거슬러 올라가는 이러한 공동 활동은 남성이 식량의 획득과 책임감의 공유에 동참하도록 만들어주곤 했다.

대초원, 숲, 혹은 사막이든 내륙에 정착하는 것은 다른 기술을 필요로 했으며 만족감을 감소시켰다.[36]

서구인들은 수영과 다이빙이 제공하는 신체적·지적 만족감을 상당히 최근에야 (재)습득했다. 근대 시기 최초의 주요한 수영 논문—1587년 에버라드 디그비(Everard Digby)의 《수영 기술(De Arte Natandi)》(몇 년 뒤 라틴어에서 영어로 번역)—은 수영('예술'이자 '과학')이 인류에게 "자연스럽다"라고 주장한다. 하지만 이 글에서 "두 손을 목에 대고 뒥으로 맹렬히 달려가서는, 머리를 아래로 숙이고 발뒤꿈치로 뱅그르르 뒤로 돌면서, 등 뒤로 가볍게 입수한다"[37]와 같이 아주 기이한 입수 방식을 제안한 것은 땅에서의 활동과 물속에서의 활동 간 개념적 경계가 다소 모호했음을 보여준다. 초월적 경험(정신적·기원적·신비적 정화의 운동)으로서 수영은 뒤늦게 발전한 것이며, 서구에서는 산업자본주의의 본격적 시기(낭만주의와 모더니즘)와 거의 정확히 일치한다. 19세기 이전에 수영은 비교적 드물었다. 가장 잘 알려진 해양탐험가 중 다수는 사실상 수영을 못하는 사람들이었다. 19세기 초 바이런식의(Byronic) 수영, 미슐레의 바다 몇 감기, 스윈번의 바다에서의 S와 M, 괴테의 냉수욕(냉수욕은 "부르주아의 육체적 소진을 신선하고 활기 있는 삶으로 바꾸어주었다"[38]), 레니 리펜슈탈의 〈올림피아(Olympia)〉(1937)에 나오는 수영과 다이빙 장면에서 포착한 의지의 승리 간 연관성은 수영이 자아실현 혹은 자아 초월을 위한 주된 수단을 제공하던 시대의 특징이었다.

19세기 제국과 산업에서 선두를 달리던 영국은 수영에서도 선두였다. 수영은 제국의 사명에 매우 잘 공헌하던 고전주의와 긴밀히 연결되어 있었다. 고대 그리스인은 왕성하게 수영장을 건설한 사람들은 아니었지만, 그리스 신화의 요정과 물의 신을 불러내길 매우 좋아한 영국 낭만주의자들은 헤엄치기의 서정성을 표현하기 위해 그리스적 원천을 즐겨 사용했다. 하지만 로마 제국은 수영 및 수영장 건설의 위대한 시대였다. 로마인의 삶에 수영이 아주 중심적이었기 때문에 로마는 산업혁명 때까지 수영장 건설에서는 필적할 상대가 없을 정도였다. 수영에 대한 열정의 공유는 수세대 동안 학자, 행정관, 유영자(swimmer)가 바라본 로마 제국과 대영 제국 간 은유적 등가성에서 무시할 수 없는 요소였다.

19세기 영국이 수영을 지배할 당시에는 평영이 가장 일반적이었으며,

모든 수영은 몸을 최대한 물속에 잠기게 하는 경향이 있었는데, 이는 양서류나 어류와의 연관성을 극대화하기 위함이었다. 엘리자베스 시대에 드물었던 유영자는 영법(泳法)의 모델로 개를 모방하기도 했지만, 19세기경에는 자연주의자들의 영향 때문에 적절한 다리차기 기술과 정확한 가슴 자세의 모델로서 개구리를 수영장 가장자리의 대야에 놓고 관찰하기도 했다.[39] 남양 제도와 카리브해의 유영자에게서 영감을 얻은 접영은 19세기 말에 유행했지만, 요란하고 몸의 상당 부분이 물 밖에 나와 있었기 때문에 처음에는 세련되지 못하다고 여겼다.[40] 접영에서 수영은 낭만주의 시대를 벗어나더욱더 완벽하게 인간 중심적인, 그러나 여전히 제국적인 모더니즘으로 진입했다.[41] 독일 관념론 또한 수영, 특히 다이빙에 대한 엄청난 사랑을 불어넣었다. 독일인과 스칸디나비아인은 19세기 후반과 20세기 초 다이빙을 주도했는데, 당시 제비식 다이빙이 높은 보드를 이용한 특별한 방식이었다. 독일의 다이버가 영국의 장거리 유영자와 맺은 관계는 독일 오리엔탈리즘이 좀더 실용적인 제국주의적 영국의 오리엔탈리즘적 형태와 맺고 있는 관계와 비슷했다.

바이런에서 스윈번, 그리고 "파도와의 교접(fornication avec l'onde)"을 찬미한 폴 발레리(Paul Valéry)에 이르기까지 서구의 낭만주의적 수영은 기원, 탈시간성, 모성성의 영역이기도 한 권능 부여적 외부(power-conferring outside)의 위치를 유지하는 한편, 남근적 침투와 연관된 남성주의적인 성적 특성을 띠기도 했다. 모성적 바다에 대한 남성의 교접적 귀환, 즉 수영으로서 성교는 지나치게 과도한 계통 발생적 평행 진화이긴 했지만 산도르 페렌치(Sandor Ferenczi)의 《탈라사: 성기성 이론(Thalassa: A Theory of Genitality)》에서도 이를 찾아볼 수 있다. 페렌치는 에로스와 죽음 충동에 관한 프로이트의 작업을 좇아서[42] (남성적) 성교의 모든 행위는 자궁 내 상황으로의 실패한 회귀적 시도라고 주장한다. 여기서 자궁 내 양수는 미슐레의 점액, 즉 바다의 계통 발생적 잔여물이다. 계통 발생적 평행은 성적 합일을 통한 재생산이 물로부터 벗어나는 움직임의 결과라는 사실에서 기인한다.

성교에서 페니스는 인간종이란 존재의 출생 및 그 이전의 양식뿐 아니라, 마찬가지로 바다가 메말라버리는 대재앙을 겪었던 선조들 사이에서 원시 생명체의 투쟁을 실천한다.

성교 기관의 소유, 어머니 자궁 안에서의 발달, 메마름이라는 엄청난 위험의 회피, 이 세 가지는 한편으로는 자궁과 바다와 땅 사이의 상징적 동일성을, 다른 한편으로는 남성 구성원과 아이와 물고기 사이의 상징적 동일성을 가능케 하는 궁극적 바탕을 이룬다.[43]

태초의 액체 상태, 정확히 대양감이라 할 수 있는, 물을 통한 자연과의 일체감에 대한 기억은 개념적으로 〈자연(Nature)〉에서 에머슨이 제기한 유동적 이미지의 차원을 훨씬 넘어선다. 페렌치 또한 일종의 '대양감'에 대해 계통 발생적 주장을 한다는 점에서 프로이트를 넘어선다. 자궁 내로의 회귀인 이러한 수영에서[44] 항상성(homeostasis)/죽음, 그리고 삶/에로스는 통합된다.

인간이 바다에 뛰어들면서 이러한 통합이 일어나듯 서구 역사 자체도 마찬가지다. 노먼 브라운(Norman O. Brown)은 헤겔과 프로이트를 결합함으로써 헤겔에게서 역사와 죽음 충동 간의 연관성을 보여주었다. 인간으로 하여금 자연과 동료 인간을 지배하도록 부추기는 죽음 충동(death instinct)

의 외향성의 결과인 프로이트의 공격성 이론은 헤겔의 '주인-노예' 변증법, 즉 "죽음에 대한 의식을, 자신의 생명을 무릅쓰면서 다른 인간의 생명을 전유하려는 투쟁으로 변형하는 것, 즉 계급 투쟁으로서 역사"[45]와 연관된다. 이러한 외화한(externalized) 죽음과의 근본적 변증법이 바로 시간과 역사를 창조하는 계기다. 인간과 대양 간의 역동적 관계—바다에 대한 공략, 모든 항해에서 무릅쓰는 위험—는 비슷한 '주인-노예'의 논리에 따라 역사를 활성화한다. 원양 항해는 서구 역사를 작동시키고, 바다와의 근접성은 세계사에 진입한 지역과 그렇지 못한 지역을 분리하는 주된 '자연적' 요인들 중 하나다.

> 바다는 우리에게 불확정적인 것, 경계 없는 것, 무한한 것이라는 관념을 제공한다. 그리고 이런 무한한 것 속에서 자신의 무한성을 느낄 때, 인간은 한정적인 것을 초월하도록 자극받고 담대해진다. 즉 바다는 인간을 정복으로, 해적의 약탈로 초대할 뿐만 아니라 정직한 획득과 상업으로도 초대한다. 육지, 단순한 계곡-평원은 인간을 땅에 붙박아둔다. 그것은 인간을 무한히 많은 의존성에 연루시키지만, 바다는 인간을 사고와 행동의 한정된 원환(circle, 圓環)을 넘어서는 곳으로 인도한다.[46]

원양 항해를 하는 상인은 일종의 도박꾼이다. 바다가 종종 "한없이 순수하고, 순종적이고, 친근하며, 은근한 것"처럼 보인다고 하더라도 그는 노예처럼 "신뢰할 수 없고 배반적이며 기만적인" 요소를 지닌 바다에서 온갖 위험을 무릅쓴다. 헤겔의 모든 역사적 행위자, 무엇보다 그리스와 서구 유럽인은 인간의 한계를 뛰어넘기 위해 바다로 향했던 자들이다. 슘페터에게 고도의 자본주의는 "항해는 필수적인 데 반해 생활은 필수적이지 않다"[47]는 영웅주의를 구현한다.

　서양 문명을 해양 문명과 동일시하는 것은 헤겔에게 강력했으며 '서양' 문명의 개념이 구축 및 규범화하면서 더욱 강화되었다. 헤겔, 미슐레 그리고 19세기와 20세기 영국 고전주의자들은 그리스와 바다 간의 동일시를 높게 평가했다. 수세대 동안 고전주의자들에게 탈라사(θάλασσα, thalassa)라는 단어는 페르시아로부터 퇴각하는 1만 명의 군대가 흑해에 도달해 고향으로 안전하게 귀향하게 해달라며 바다에 대고 외치던 크세노폰(Xenophon)의 《아나바시스(Anabasis)》의 여정을 떠올리게 했다.[48] 바다와의 친화성은 그리스 문명의 표식 중 하나였다. 바이런 경의 수영 경력과 이튼 수영협회의 모토(지금 읽고 있는 이 단락의 제목)는 굉장히 많은 젊은이를 수영을 위해 물가로 내몰았던 19세기 고전적 충동의 증거다. 고전과 제국의 건설이 바로 수상 스포츠였다. 미슐레는 대양에 대한 만연한 공포를 근거로 중세를 비난했는데, 이 공포는 해상 교역의 발흥과 로마식 수영 전통의 부흥과 더불어 비로소 완화되었다.

　20세기의 주요한 자유주의적 헤겔주의자 조지 케넌(George Kennan)은 모든 내륙의 땅을 불신한 바다 애호가였다. 그는 헤겔처럼 서양 문명에 대해 지리학적으로 구분된 개념을 갖고 있던 마지막 외교관 중 한 명이었다. 요컨대 서유럽은 그 원천이자 기원이었다. 케넌은 종종 소비에트의 국가적 특성이 마르크스주의보다 거대하게 열린 대평원—영토성—에 의해 결정되었다고 썼다. 미국 고립주의는 미국의 내륙에서 항상 가장 큰 지지를 발견했으며, 정말로 세계 자본주의 체제에 맨 마지막으로 통합된 것이 내륙이었다. 케넌은 러시아 스텝 지방에서 땅에 속박된 전제적 반(反)자유성만큼이나 미국에서 주기적으로 나타나는 고립적 경향을 두려워했다.[49] 케넌이 차단하고자 한 것은 유라시아 대륙의 외경스러운 토지성(landedness)이었다. 오웰이《1984년》에서 세계 강대국의 이름으로 냉전을 읽은 것처럼, 어느 차원에서 우리는 냉전을 해양 대 육지의 대결로 읽을 수 있다.

　서양을 자유민들의 교역에서 잉태된 땅으로 보는 발상은 긴 역사를 갖고 있다. 실질적으로 다국적, 초국적 자본의 운영을 통해 세계가 통합되기 오래전에 자본은 항해 무역을 통해 통합된 세계의 신화를 받아들였는데, 그 통일성은 자유 시장의 자유로움과 잠정적 무한성으로 제시되었다. 이 신화에 따르면, 시장은 유토피아적 균형이라는 목적을 약속할 뿐만 아니라 그 풍부한 상품을 통해 시장 형식의 지구적 통일성을 **가시화**했다. 일찍이 자본의 역사에서 해양 무역의 상업적 중심지는 세계 전체에 대한 제유(synecdochic)이며, 시장은 기존의 자연스러운 전 지구적 논리의 지배를 받는다는 주장이 제기되었다. 조지프 애디슨(Joseph Addison)은 1711년 런던 왕립증권거래소를 칭송하는 〈문명화의 힘으로서 무역(Trade as a Civilizing Force)〉이라는 글에서 이렇게 썼다. "자연은 인류의 상호 교류와 왕래에 대한 안목을 갖고 세계의 다양한 지역 사이에 축복을 퍼뜨리는 데 특별한 관심을 기울여온 듯하다. 그리고 지구상 여러 곳의 원주민은 서로 의존하며 공통의 이해관계에 의해 하나로 통합되어 있는 듯하다."[50]《문화의 기원과 기능(The Origin and Function of Culture)》에서 정신분석학적 인류학자 게자 로하임(Géza Róheim)은 무역을 페렌치적 의미에서 일종의 근원적 통일성을 위한 수단으로 기술한다. 최초의 교역자들은 주술사, 타자를 구슬리는 데 능숙한 구애자들이었으며 "교역 이면에는 신체적 내용물의 교환이라는 환상, 모자간(母子間)의 상호적 상황이 놓여 있다".[51] 그러할 때 최초의 해양 무역은 순전히 유동적인 무역이었다. 바다로의 퇴행적 회귀 경향은 성관계뿐만 아니라 해양 상업에서도 이뤄졌던 것이다.

　미슐레와 멜빌 모두 고래잡이를 특별한 종류의 해양 활동으로 보았고,

인간과 대양 간의 새로운 단계를 알리는 표식을 그 범세계적 범위와 폭력성 속에 자리매김했다. (고래가 원래 육지 포유동물이었는데, 사지를 잃고 바다로 회귀했다는 사실, 즉 계통 발생적 퇴행에 대해 설득력 있는 페렌치적 사례로 읽힐 수 있다는 것은 고래의 신화적 중요성에 도움이 될 수도, 그렇지 않을 수도 있다.) 미슐레의 책에서 고래에 관한 장은 이 책에서 중심적인 부분이다. 그리고 고래는 바다에서 가장 멋진 동물이다. 미슐레는 바다 정복에 관한 단락을 고래 사냥으로 시작하고, 사실상 유럽인이 최초로 원양 모험을 떠난 이유로 고래 사냥을 묘사한다.[52] 멜빌은 포경선을 미국 최초의 공장으로 기술한다. 여기서 노동 분업과 프롤레타리아화한 선원들은 19세기 후반의 공장, 즉 최초의 노동 착취 현장으로서 태평양을 미리 예시한다. 고래 사냥이 산업에 사용하는 기름 때문이라는 사실은 고래잡이를 보통 어업과 연관된 농업 경제보다 산업 경제와 연결하는 또 다른 이유다.[53] 게다가 고래잡이는 미국 최초의 진정한 국제 무역이기도 했다. 미국 포경업자들은 향유고래를 사냥한 최초의 서양인이었으며, 이 고래 때문에 태평양을 종횡무진으로 돌아다녔다. 멜빌의 태평양—미국 포경업자들의 산업화한 해양—은 미국의 태평양(American Pacific)을 최초로 환기시킨 것이며, 이 태평양은 개념적으로 환태평양과 멀리 떨어진 것이 아니다.

최후의 대양

시간적 운명으로서 태평양은 미국적 관념이다. 끊임없는 서진(西進)으로서 서양의 역사는 당연히 대서양 동쪽에 위치한 나라들에는 매력적이지 않았을 것이다. 서쪽을 향하는 목적(telos)의 시간성은 미국에서 초창기 서유럽의 원양 항해 교역에 수반된 세계 대양의 언어를 대체한다. 이 교역은 세계 모든 대양에서 서로 인접해 일어났다. 물론 초기 미국의 태평양 담론에서 억압된 것은 1800년 이전의 세계 체제에서 서유럽이 태평양 무역에서 했던 역할이다. 몇몇 주요 경제를 연결했던 에스파냐의 트랜스태평양 무역은 하나의 주목할 만한 사례다. 미국의 태평양[54]은 시간적·지리학적으로 '미국 서부'의 연장이지만, 19세기 미국 팽창주의자와 제국주의자는 외부 저 너머에 존재하는 새로운 세계로의 팽창이라는 언어로만 발언하지는 않았다. 지구의 유한한 순환성은 마지막 변경으로의 확장을 기원(origin)으로 추정되는 것으로의 회귀로도 여겼다. 링컨(A. Lincoln) 정부의 국무장관이었던 윌리엄 시워드(William Seward)는 미국의 지리학적 위치에서 대서양과 태평양 사이를, 어떤 의미에서는 서유럽과 동아시아 '사이'를 헤겔적 관점에서 이해했다. 즉 처음에는 시간화한 원환의 생명 회복적 완성에 장애물로 여겼지만 종국에는 촉매제로 간주했다. 추정하건대 1000년이나 된 순수한 팽창주의 논리는 "세계의 부흥하는 문명과 쇠퇴하는 문명의 흐름이 태평양 해안가에서 만날 때까지",[55] 혹은 존 헤이(John Hay)가 19세기 후반에 썼듯 "극서가 극동이 되는 지점"[56]에서 영원한 서진 운동을 가정했다. 서유럽의 위대한 해양적 모험에서 뜻밖에 발견한 북아메리카라는 물질적 존재는 역사의 완성으로 나아가는 변증법 내에서 결정적 위치로 설정된다. 새로운 땅이 갖는 충만함 속에 융합되면서 오래된 두 대륙은 다시 갱생하기에 이른다.

그러나 미국이 순수한 종합(synthesis)으로 기능하기 위해서는 해묵은 다양한 이분법을 종식시켜야 한다. 미국 서부 변경의 연장으로서 태평양은 대양에 못 미치거나 대양과 다른 것이 되어야 했다. 멜빌이나 페니모어 쿠퍼(Fenimore Cooper) 같은 19세기 중반의 작가들은 [한 세기 뒤 칼 사우어가 그랬듯] 내륙의 대평원과 태평양 사이의 연관성을 높이 평가했다. 이러한 움직임은 내부를 외부로 투영한 것이면서 동시에 대평원 같은 새로운 외부를 흡수할 수 있는 미국의 능력에 대한 요청이기도 하다. 영토적 대평원을 정복하고 등급을 매기고 분할했던 것처럼 말이다. 19세기 후반과 20세기 초 미국 팽창주의자들의 수사학은 〔화이트로 리드(Whitelaw Reid)가 "미국의 호수"라는 용어를 사용한 것처럼〕 태평양을 대양에 못 미치거나 〔19세기 말 해군 제독 앨프리드 머핸(Alfred Mahan)이 미 해군력의 증강을 강력하게 옹호할 때 그가 보여준 영토화 논리처럼〕 바다보다 못한 것으로 만들려는 노력으로 충만해 있었다.

앨프리드 머핸의 대양은 육지 권력과 소통하는 대양이었다. 그는 1890년 첫 출판한 《1660~1783년 역사에서 해양 권력의 영향(The Influence of Sea Power upon History 1660-1783)》이라는 책을 통해 미국적 논리에 따라 바다와 육지 간의 근본적 등가(equivalence,等價) 관계를 보여주는 언어를 사용했다. 예를 들면,

정치적·사회적 관점에서 볼 때, 바다가 나타나는 최초의, 가장 명백한 빛은 거대한 고속도로의 그것이다. 어쩌면 확 트인 공유지의 그것이라고 하는 게 더 나을 것이다. 이 공유지 위에서 인간은 사방으로 다닐 수 있으며, 일부 오래된 길은 이성의 통제를 통해 사람들에게 다른 경로보다 확실한 여행의 경로를 선택하게 해준다는 것을 보여준다. 이러한 여행 경로를 우리는 교역로라고 부른다. 그리고 이런 길을 선택하는 이유는 세계사 속에서 구해야 한다.[57]

머핸의 해로(海路) 개념과 그 통제의 중요성은 장거리 무기의 개발이 이런 전략적 고려를 부적절한 것으로 만들고 난 한참 뒤까지, 즉 냉전 기간 내내 미국의 아시아 태평양 전략에 영향을 끼쳤다. 머핸이 미국의 태평양

전략에 지속적으로 영향을 끼쳤던 것은 바로 그의 영토화 비전이 갖는 힘, 즉 고속도로와 다리가 상호 교차하는 대양에 대한 그의 개념이었다.

더글러스 맥아더는 태평양을 "앵글로색슨의 호수"라고 언급할 때 팽창주의자로서 자신의 선배라 할 수 있는 화이트로 리드를 떠올렸다. 맥아더의 태평양은 철저히 영토화한 것이다. 즉 냉전의 전사인 맥아더는 일본에서 타이완을 거쳐 필리핀으로 이어지는 일련의 섬을 냉전 변경의 전진 라인으로 간주했다. 제2차 세계대전 시기의 전략가인 그는 필리핀으로부터 미드웨이제도와 하와이에 이르는 미국 점령하의 섬들을 미국 권력의 투영 혹은 연장으로뿐만 아니라 본토로 이어지는 공격받기 쉬운 경로로 인식했다. 물론, 식민지를 식민 권력의 골칫거리로 파악하는 것은 낡은 제국주의적 수사이지만, "앵글로색슨의 호수"에서 일어나는 일에 대해 맥아더가 보여준 초기의 양가적 감정은 스스로를 결코 식민 권력으로 보지 않는 독특한 미국 제국주의의 형식을 징후적으로 드러낸다. 오히려 미국의 식민지적 임무는 항상 시간의 제약을 받고 있으며, 상업과 발전이라는 거대한 논리의 대리자에 지나지 않는다. 이는 우리가 해상 교역의 언어 속에서 보았던 투명성의 논리를 채택한 제국주의였다. 태평양에서 미국의 제국주의적 기획이 소유에 대한 명백한 추구라기보다는 상업주의에 중점을 두고자 했다는 것은 윌리엄 시워드가 솔직히 인정했다. 자유주의적 옹호론자들은 태평양과 극동에서 미국의 팽창주의적 정책을 정치권력으로서 미국의 연장으로서보다는 정치적·이데올로기적 단위로서 미국에 구현된 개방적 접근성과 자유 무역이라는 개념의 연장으로 정당화했다. 따라서 태평양의 영토화는 그 이면으로서 아시아와 태평양 섬들의 태평양화(Pacification), 즉 마음대로 접근할 수 있는 경계 없는 원초적 환(proto-rim)을 갖는 것이었다.

미국에 의한 이 원환의 완성과 구원 시대의 도래는 제국주의와 팽창주의적 이익에 적극 공헌하는 신화였다. 그것은 반제국주의, 반국가주의, 반파시즘적 국제주의의 경향에도 기여했다. 19세기 후반 미국의 반제국주의 자들은 하와이와 필리핀에서 미국이 취한 조치와 미국 내 아프리카계 미국인의 억압 간 상관성을 명확하게 인식했고, 그 둘을 격세 유전적 잔재로 이해했다.[58] 20세기 전반에는 사회주의자와 자유주의적 좌파 사이에 미국의 민주주의적 전통을 올바른 국제적 행동에 의해 강화 및 완수할 수 있다는 믿음이 있었다. 태평양문제조사협회(Institute for Pacific Relations)와 〈아메라시아(Amerasia)〉라는 잡지와 관련 있는 아시아 학자들은 냉전 이전의 반파시즘적 휴머니즘 좌파 전통을 대표한다. 캐나다 출신의 창립 편집자 노먼(E. H. Norman)은 1937년 〈아메라시아〉 창간호에서 다음과 같이 썼다.

우리는 태평양 주변 지역에 거주하는 모든 민족 사이에서 인권보다 재산에 역점을 두거나, 태평양에 있는 섬이나 나라에 살고 있는 7억 명의 경제적 안녕과 정신적 욕구보다 허울 좋은 국가적 명예나 주권에 역점을 두는 법률 만능적인 정의 개념을 뛰어넘는 조화로운 관계를 획득하려 노력한다는 점에서 하나다.[59]

1939~1940년 (특별히 이런 목적을 위해 건설한) 샌프란시스코 트레져아일랜드(Treasure Island)에서 열린 골든 게이트(Golden Gate) 국제박람회는 이러한 자유주의적 국제주의 정신을 띠기도 했다. 그 박람회는 형편없는 상업주의 때문에 전문가들로부터 비난을 당하기도 했지만, 이는 박람회의 일부 미학적 성격이 너무 대중주의적이었기 때문일 것이다. 일종의 입체파적 시각의 마야-캄보디아적 혼종물인 박람회의 코끼리상 같은 구조물은 1915년 제국주의를 더욱 과시하려 했던 파나마 태평양 국제박람회에서 지배적이었던 순수예술 미학에 비해 훨씬 덜 기념비적이고 덜 거만해 보였다. 물론 같은

건축가가 두 기획 모두를 책임지긴 했지만 말이다. 태평양에 대한 1939년의 시각은 WPA 대중주의적 미학과 트레이더 빅스(Trader Vic's)• 간 혼종이라고 할 수 있는데, 이는 1950~1960년대에 로스앤젤레스, 특히 샌페르난도밸리(San Fernando Valley)의 백인 교외 지역을 휩쓸었던 남태평양 양식의 대대적인 유행을 미리 형상화한 것이었다. 당시는 티키(tiki)와 티키 횃불(tiki torch)이 유행하던 시대였고, 난초가 핀 뒤뜰 베란다에서 바비큐를 즐기던 시절이었다. 그 시대에 마틴 데니(Martin Denny)의 하와이식 콤보(combo)의 '이국적' 노래를 들으면서 막 도착한 남부 캘리포니아 사람들은 스스로를 순수한 휴양(pure relaxation)이라는 전후 트랜스태평양 천국을 즐기는 일원으로 상상할 수 있었다. 그곳에서는 멜빌의《타이피족(Typee)》에서 극찬을 받은 "매일 똑같은 날들"을 즐기는 폴리네시아식 축복을 적어도 주말마다 누릴 수 있었다.[60]

대양적 비전에 대한 최후의 주요 미국 예언자는 찰스 올슨(Charles Olson)이다. 그는 1947년《나를 이스마엘이라 불러주오(Call Me Ishmael)》라는 멜빌 연구서를 출간했다.[61] 내가 지금까지 탐구해온 다양한 흐름의 대양적 사고가《마야 문자(Mayan Letters)》와《막시무스 시편(Maximus Poems)》뿐 아니라 바로 이 책에 종합되어 있다. 올슨은 창조적 삶의 대부분을 기원의 탐색에 바쳤다. 그는 마야, 수메르, 이집트, 바빌로니아의 신화를 연구했고,《나를 이스마엘이라 불러주오》를 쓰기 직전 프로이트를 읽기 시작했다. 그는 프로이트의 영향을 강조했다. 기원에 대한 올슨의 탐구는 정치적 프로이트주의에서처럼 구원에 대한 탐색이었다. 올슨에게 이러한 구원의 가능

• 트레이더 빅스는 미국 캘리포니아 에머리빌에 본부를 둔 체인 식당이다. 빅터 줄스 버거론(Victor Jules Bergeron, Jr.)이 1902년 폴리네시아 테마를 담은 식당 체인을 열었는데, 그의 별명을 따서 '트레이더 빅'이라는 이름을 붙였다.

성은 태평양에 있었다.

올슨은 전쟁 기간 동안 전시정보국에서 근무하며 프로이트를 읽고 《나를 이스마엘이라 불러주오》를 집필했다. 전쟁 초기 정보국은 뉴딜 정책의 작가 지원 연방 프로젝트의 직접적 후신인 반파시즘적인 자유주의적 이상주의의 요새였다.[62] 올슨은 마오쩌둥을 추앙했다. (마오는 훗날 20세기의 가장 주목할 만한 영웅적 유영자로 등장할 터였다. 강에서 하는 그의 수영 실력은 많은 중국인에게 혁명적 의지력을 상징했다.) 《마야 문자》와 1950년대 〈호반새(The Kingfisher)〉 같은 시는 마오를 호의적으로 언급하고 멕시코와 서양에 대한 트랜스태평양적 구원 의식을 띠었다. 마오는 올슨의 포스트휴머니즘적, 포스트주체적 투사 미학(projectivist aesthetic)의 적합한 상징이었고, 올슨은 한때 미국 내에서 헨리 월리스(Henry Wallace)적인 사회민주주의가 승리할 것으로 내다보며 반파시즘적 물결 속에서 미국의 중국 정책이 마오에 우호적일 수 있는 현실적 가능성이 있다고 생각했던 것 같다. 하지만 미국 우파는 특히 1944년 부통령 헨리 월리스가 마오를 방문하려던 계획을 취소하게 만드는 등 대(對)중국 로비를 통해 미국 정책을 마오와 중국공산당에 등 돌리게 만들려는 노력에서 승리한다.[63] 냉전은 제2차 세계대전에서 나타나기 시작했다. 올슨과 비슷하게 반파시즘에 동조하는 사람들에게 1944년 전당 대회에서 헨리 월리스를 버리고 해리 트루먼(Harry Truman)을 부통령으로 선출한 것과 반파시즘보다 반공주의가 점차 부상하면서 미국의 정책이 잘못된 방향으로 나아가고 있다는 게 명확해졌다.

제2차 세계대전이 끝날 무렵, 국가 안보 상황이 강화되면서 올슨은 미국의 많은 좌파처럼 서양 문화의 고질적 병폐를 정치적 선거를 통해 치유하겠다는 생각을 버렸다. 오히려 그는 시(詩)와 비전을, 그리고 우리가 살펴보았듯 나중에 다양한 형태로 다시 표면화할 공간적 해결의 초기 형태를 선택했다. 올슨은—순전히 미국적인—서진하는 태평양 원환 완성의 목적론에 동의했지만, 그 목적론에서 투사 시학(projectivist poetics)에 너무나 핵심적인 공간성은 간직하면서 장소 구속성에서 이탈하려고 하는 투사적 변형을 가했다. "공간은 아주 끈질기게 미국인에게 붙어 다닌다. 이것은 끊임없이 밀고 들어와 미국인을 늘 따라다닌다. 공간은 외재적 사실이다. 그것의 기본적인 외재적 행동은 브리지(BRIDGE)다. 돛배, 범선, 자동차, 철도, 비행기처럼 그 도래의 순서에 맞춰 차례로 줄을 세워보자. 이제 태평양에는 항공사와 그 항로가 있다. 우리는 공간을 숙고해야 한다. 그렇지 않으면 우리는 쇠퇴하고 말 것이다."[64] 진행은 브리지에서 항공사로, 그리고 영토성에서 시작하고 끝나는 여행에서 순수한 항로, 순수한 대양적 구원으로 나아간다.[65] 올슨의 멜빌이 그 예언자가 된 마지막 태평양 항로에서 서양의 탐험과 그걸 뒷받침했던 휴머니즘적 개인주의의 시대는 끝나고, 잠시 파시즘에 의해 오염되기도 했던 포스트휴머니즘적이고 포스트개인주의적인 상상계를 마침내 진정으로 체험할 수 있게 되었다. 그러나 항로의 장소로서 태평양이라는 올슨의 신화는 하나의 텅 빈 공간, 하나의 공백으로서 태평양에 의지했다. (여기서 그는 미국 제국주의자 및 팽창주의자와 기반을 공유한다.) 이 공백을 의식적으로 가로지르는 것은 완성된 내륙의 영토를 탈영토화하고 그걸 텅 빈 것으로 만들 터였다. 미국 시민은 자신들의 운명이기도 한 집단성을 체험할 수 있었다. "태평양은 호머와 단테의 율리시스가 인간의 눈을 뜨게 만들었던 **미지적인 것**(the UNKNOWN)의 종언이다. 그것은 개인이 자기 자신에 대해 갖는 책임감의 종언이다. 에이합(Ahab)은 완전히 멈춰 섰다."[66] 위의 두 문단을 인용한 《나를 이스마엘이라 불러주오》의 마지막 절의 제목은 '결론: 태평양 인간(Conclusion: Pacific Man)'이다.

태평양 인간의 몸

페렌치의 대양적인 퇴행 경향은—자신의 꼬리를 도태시키는 도마뱀에게서 일반적으로 관찰할 수 있는 현상처럼—자기 절단의 논리, 즉 짜증스럽고 고통스러우며 트라우마적인 기관에 대한 반사적 벗어던짐에 의존한다. 파충류와 하등 유기체의 이와 같은 선행적 퇴행 단계는 남성 발기에서 나타난다. 페렌치가 볼 때, 이는 페니스를 신체의 다른 부분으로부터 분리하려는 남성적 욕망을 나타낸다. 자아 그 자체의 축소판이라 할 수 있는 페렌츠의 팔루스(phallus)는 자궁 내 바다를 유영하는 물고기가 되려 한다.[67] 자아가 없고, 포스트휴머니즘적이고, 집단적이고, 젖의 바다로부터 계속 영양분을 공급받으며, 대양감으로 충만한 태평양 인간은 하나의 물고기와 같다. 육지에서 바다로의 계통 발생적 여정은 이전에는 자기 절단이 거의 완성 단계에 이른 고래에 의해 이루어졌었다. 에이합의 사냥은 퇴화(devolution)를 좇았던 것이다.

스프로슨(C. Sprawson)의 책에 나오는 많은 유영자는 성공적인 수영 경기에 필수적인 "물에 대한 촉감"에 관해 말한다. 빅토리아 시대까지 영국의 초기 유영자들은 옷 입기를 거부했다. 바이마르 시기 대부분의 유영자처럼 빅토리아 이전의 유영자들은 아마도 물에 대한 촉감을 방해하는 것을 피하기 위해 대체로 누드로 수영했다. 신체 제모(除毛)의 습관은 1950년대 오스트레일리아 유영자 사이에서 시작되었고, 1960년대 미국으로 퍼져나갔다. 제모한 유영자들이 느낀 쾌감은 저항력의 감소 때문—체모 주변에 형성되는 작은 공기 물방울은 별로 중요하지 않았다—이 아니라 올림픽 수영 선수 머레이 로즈(Murray Rose)가 묘사한 적 있는 "입수할 때 물에서 느끼는 직접적인 관능적 각성, 부유하면서 물 입자와 합일되는 느낌"[68] 때문이었다. 신체 제모는 유영자의 자기 절단의 첫 단계였다.

　지역적으로 독특한 신체적 변형의 흔적은 환태평양 담론의 대중적 형태 속에 남아 있다. 환태평양의 거주민, 즉 로버트 라이시의 《국가의 일》에 나오는 자유롭게 부유하는 탈육체화한 "상징적 분석가"는 탈개체적 물고기/사이보그(postindividual fish/cyborg)를 자신의 목적에 맞게 전유하려는 초국적 자본의 노력을 보여주는 가장 최신의 형태다. 환태평양의 몸은 당연히 영화와 연극에서 가장 두드러지며, 신체적 변형은 트랜스태평양적 주제를 다루는 미국 작품에서 거의 빠지지 않는다. 데이비드 황(David Hwang)의 〈M. 버터플라이〉도 오리엔탈리즘적 환상과 젠더 전환의 정치학의 관점에서뿐만 아니라 새로운 태평양 신체의 사례 제시라는 관점에서도 분석할 수 있다.

　1970년대 '중국 개방'과 관련해 영화와 텔레비전 다큐멘터리는 태극권(太極拳)의 유연한 동작을 연습하는 남녀노소의 거대한 군중을 촬영하는 데 과도한 분량의 시간을 바쳤다. 〈누가 이 비를 멈추랴(Who'll Stop the Rain)〉〔카렐 라이츠(Karel Reisz), 1978〕의 닉 놀테(Nick Nolte)나 서양의 다양한 쿵푸 전사들과 같은 태평양 인간은 태극권을 실천하면서 신체적 힘을 보완하는 정신적 발전의 증거를 보여주었다. 즉 동양이 서양을 만난 것이다. 피터 왕(Peter Wang)의 〈높은 벽(A Great Wall)〉은 트랜스태평양적 뿌리 찾기 영화이자 태평양 가족 형성의 영화다. 감독이 직접 연기한, 중국계 미국인 아버지 역할의 레오 팽(Leo Fang)은 영화가 끝날 즈음 교외 베이 지역(Bay Area)의 뜰에서 태극권을 배우기 시작한다. 샌프란시스코 마임 극단(The San Francisco Mime Troupe)의 1993년 작품 〈오프쇼어(Offshore)〉는 초국적 자본의 기능에 대한 비판이자 환태평양의 과잉 선전에 대한 풍자다. 등장인물 중 칼튼 리(Carlton Lee)는 새크라멘토밸리 전자회사가 공장을 중국 남동부 지역으로 이전하려는 것을 도우려는 중국계 미국인 기업가다. 그의 첫 노래인 '나의 시간(My Time)'은 다음과 같은 내용이다.

나는 미래와 직면한
새로운 인간, 아무런 환상도 없이
신제품과의 접속, 동서양의 혼합이다.
이것이 나의 차례, 나의 시간이다.

나는 공자의 정신과 도널드 트럼프의 배짱을 갖고,
바벨을 내던지며 태극권을 연마한다.
나는 서부 컨트리 음악 박자에 어울리는 중국 민요를 좋아하고,
대차대조표를 작성하기 위해 레이저 그래픽 주판을 사용한다.

유럽은 광채를 잃었고
미국은 저 언덕 너머에 있기에
미래는 태평양에 있지.
골든 보이는 죽여주겠지.[69]

쇠락해가는 미국의 철강 지대 마을을 부활시키려는 일본계 미국인의 협력을 다룬 영화 〈경호〉[론 하워드(Ron Howard), 1985]에 나오는 미국 노동자들은 처음에는 매일 작업 시작 전 일본식 집단 체조를 강요하는 새로 온 일본인 상사를 조롱한다. 하지만 영화가 끝날 때 미국 노동자들은 일본식 협동심으로 형성된 새롭고 성공적인 생산 방식과 미국적 '밀어붙이기'식 열정이긴 하지만 그 경직성이 사라진 진지함을 보여준다. 그들은 열정적인

집단 체조를 하면서 작업장 안팎에서 트랜스태평양적 몸을 생산한다.

사지와 손발의 자기 절단적 상실—손발이 없는 신체로서 환태평양적 몸—은 환태평양 담론의 시작과 끝 지점에 등장한 두 편의 미국 야쿠자 영화 〈야쿠자(Yakuza)〉[시드니 폴락(Sydney Pollack), 1975]와 〈블랙 레인〉[리들리 스콧, 1989]에서 탁월하게 나타난다.[70] 태평양적 인간은 주로 손가락 상실 (두 영화에서 충성심의 기호로서 야쿠자의 자기 손가락 절단 풍습이 중요한 역할을 한다)로 형상화된다. 〈블랙 레인〉의 [앤디 가르시아(Andy Garcia)가 맡은] 찰리라는 인물은 목이 잘린 후 그의 가장 위대한 트랜스태평양적 의미화의 힘을 획득한다.

1989년 환태평양 담론이 약화하기 시작한 후 환태평양 신체의 형성은 영화적 수사로서 아주 드물어졌다. 〈터미네이터 2〉 같은 액션 영화나, 마키 마크(Marky Mark)와 마돈나의 뮤직비디오에서 부활한 근육질의 남녀 육체는 태극권이나 수영을 위한 신체가 아니라, 초국적이거나 글로벌적 상상계에 신화가 별로 먹혀들지 않는 시기에 공격성과 자기 방어를 위한 신체가 된다. 1990년대 초 미국에서 모든 지역은 로컬적이었지만 환태평양의 '환'에서는 그렇지 않았다.

냉전 후반기에 미국 자본에 의한 환태평양 신화의 동원은 지역적 유토피아주의와 다양한 형태의 대양감에서 약속한 자기 초월, 변형, 상호 접속의 증대와 결합해 가장 해방적인 서양의 비전조차 자연화한 자본주의적 논리로 통하게 해주는 담론적 전략이었다. 이 담론의 불규칙적 부침—이는 서서히 나타났다 사라진다—이 보여주는 것은, 자본이 그 작동에서 나날이 비가시적인 것이 되고 있다 하더라도 이제는 지속적이고 설득력 있는 글로벌 신화소(mythos, 神話素)를 생성할 수 없다는 것이다. 글로벌주의적 사유에 대한 요구는 분명히 존재하기 때문에 사회주의가 글로벌적 영역을 포기해서는 안 된다는 것은 중요하다. 마찬가지로 《블랙 애틀랜틱 (The Black Atlantic)》에서 인종과 민족성의 문제를 탈민족화하고 전 지구화함으로써 폴 길로이는 이런 비판적 범주를 로컬화한 본질주의로부터 구해 낸다. 태평양에 대해서 통가(Tonga) 부족의 왕, 뱀부리지의 작가들, 에펠리 하우오파(Epeli Hau'ofa),[71] 롭 윌슨 그리고 이 책의 일부 저자 같은 사람들은 보편적이거나 밀레니엄적인 대양보다 로컬적 대양으로서 태평양을 주장한다. 이런 새로운 공간화는 단지 새로운 학문적 유행이나 또 하나의 '경합 장소(site of contestation)'를 생성하는 데만 기여하는 것이 아니다. 마지막 대양으로서 태평양은 최종적 접속, 자본의 전 지구적 포화 상태에 대한 총체적이고 목적적인 상징이었다. 이제 지역으로서 태평양은 지구의 대부분을 역사의 종말로부터 끌어내, 그것을 자본의 헤게모니가 총체화하기보다는 차라리 상상되지 **않은**(un-imagined) 장소로서 상상할 수 있도록 해 줄지 모른다.

주

1. Christopher L. Connery, "Pacific Rim Discourse: The U.S. Global Imaginary in the Late Cold War Years," *boundary 2* 21, no. 1 (Spring 1994), pp. 30-56 참조. 환태평양이라는 관념과 태평양/아시아 지역의 후기 자본주의적 신화에 대한 중요한 비판은 다음 글에서 찾아볼 수 있다. Bruce Cumings, "The Political Economy of the Pacific Rim," *Pacific Asia and the Future of the World System,* ed. Ravi Palat (Westport: Greenwood Press, 1993); Arif Dirlik, "The Asia-Pacific Idea: Reality and Representation in the Invention of a Regional Structure," *Journal of World History* 3 (Spring 1992); Masao Miyoshi, *Off Center: Power*

and Cultural Relations between Japan and the United States (Cambridge: Harvard University Press, 1991) & "A Borderless World? From Colonialism to Transnationalism and the Decline of the Nation-State"; Rob Wilson, "Goodbye Paradise" & *Reimagining the American Pacific: From* South Pacific *to Bamboo Ridge* (Duke University Press); Rob Wilson & Arif Dirlik, "Introduction: Asia/Pacific as Space of Cultural Production," *Asia/Pacific as Space of Cultural Production*, ed. Wilson and Dirlik. 나는 여기서 제임스 클리퍼드, 아리프 딜릭, 카를라 프레체로(Carla Freccero), 수전 길먼(Susan Gilman), 샤론 키노시타(Sharion Kinoshita), 미요시 마사오, 메리 스콧(Mary Scott), 카터 윌슨(Carter Wilson), 그리고 롭 윌슨으로부터 받은 도움과 격려에 감사하고 싶다.

2. 환태평양은 지리적 상상력에 대한 총체적인 주장을 결코 하지 않으며 1989년에 결정적으로 끝난 것도 아니다. 이것은 인종차별주의적이고 국수주의적인 일본 때리기와 공존하며, 환태평양 담론의 여러 유형이 오늘날 다시 표면화하고 있다.

3. James O'Connor, *The Fiscal Crisis of the State* (New York: St. Martin's Press, 1973).

4. R. J. Johnston, "The State, the Region, and the Division of Labor," *Production, Work, Territory: The Geographical Anatomy of Industrial Capitalism,* ed. Allen Scott & Michael Storper (Boston: Allen and Unwin, 1986), p. 272.

5. Bruce Cumings, "Political Economy," p. 23.

6. Edward Soja, *Postmodern Geographies: The Reassertion of Space in Critical Social Theory* (London: Verso, 1989), p. 189.

7. 더 자세한 목록은 Christopher Connery, "Pacific Rim Discourse" 참조.

8. 하지만 비판적 지역주의의 중요 텍스트 중 하나는 그 서문에 다음과 같은 거의 억압된 환태평양 발언으로 읽을 수 있는 사례를 포함하고 있다. (서문에서 문단의 위치와 어조는 주장의 외재적 성격을 보여준다.)

모든 다른 인간적 기획처럼 이 책 또한 시간과 장소에 근거한 특정한 물적 토대에서 생겨난 것이다. 우리의 한 가지 행운은 캘리포니아에 살면서 작업한다는 점이다. 이 놀라운 주는 현재 지구상에서 가장 강력한 산업 경제에 속해 있고, 오늘날 세계에서 좋든 나쁘든 권력의 삼두마차인 항공우주, 마이크로전자공학, 영화산업의 중추적 영역을 담당하고 있다. 미국 동부와 유럽에 사는 사람들은 캘리포

니아를 진지하게 받아들이지 않으려는 경향이 있다. 그에 대해 후자[캘리포니아]
는 개인용 컴퓨터, 스타워즈(Star Wars), 로널드 레이건을 수출하면서 호응한다.
우리의 시각은 중요한 점에서 호황을 누리는 북부 환태평양의 가장자리에 위치한
캘리포니아의 시각에 의해 굴절되어왔다. 그러다 보니 현대 산업화 과정 속에서
경제적 성장과 지리적 팽창에 최우선적 역점을 두게 된 것이다. 리버풀의 부두,
시카고 남부, 혹은 킹스턴의 슬럼 같은 엄혹한 현장에서 바라보는 사람들에게 이
러한 역점은 자본주의의 전진에 장밋빛을 가미하는 것처럼 보일 것 같고, 뒤처지
거나 탈락하거나 어찌할 수 없는 상황에 놓인 사람들을 제대로 평가하지 않는 그
림을 그리고 있는 것으로 보일 것 같다. 그렇더라도 제1세계의 실업이나 제3세계
의 저개발과 제국주의가 끼친 황폐화를 묘사하는 데 더 나은 위치에 있는 이들도
있다.

Michael Storper & Richard Walker, *The Capitalist Imperative: Territory,*
Technology, and Industrial Growth (New York: Basil Blackwell 1989), p. ix.
환태평양 담론의 한 유형이 로스앤젤레스에 관한 사례 연구와 새로운 비판적 지역
주의에 대한 설명으로 결론짓는 에드워드 소자의 책에서도 작동하는 것을 볼 수 있
다. 결론에 앞선 장(章)인 '로스앤젤레스에서는 모든 것이 어울린다(It All Comes
Together in Los Angeles)'는 비판적 지역주의의 전망에 대한 예찬이자 동시에 로
스앤젤레스가 환태평양의 수도가 되는 열렬한 환태평양 찬양에 관한 아이러니한 설
명이기도 하다. 하지만 이 아이러니가 환태평양 발화(Rimspeak)의 호명 권력에 맞
서기 위한 충분한 무기가 될 수 있는지를 질문해야 한다.

9. Storper & Walker, *Capitalist Imperative,* p. 183.
10. Alexander Besher, *The Pacific Rim Almanac* (New York: Harper Perennial,
1990), pp. xxi-xxii.
11. Kenichi Ohmae, *The Borderless World* (New York: Harper Business, 1990),
p. x-xi.
12. '창조된 태평양'이라는 관념에 대해서는 O. H. K. Spate, *The Spanish Lake*
(Minneapolis: University of Minnesota Press, 1979), p. 1과 chap. 1 "The
World Without the Pacific" 참조.
13. 대양에 대한 서구적 상상력의 다른 흐름에 대해서는 Alain Corbin, *The Lure of*
the Sea: The Discovery of the Seaside in the Western World 1750-1849, trans.

Jocelyn Phelps (Berkeley and Los Angeles: U.C. Press 1994); Jean-Didier Urbain, *Sur la plage: Moeurs et coutumes balnéaires* (Paris: Editions Payot), 1994 참조.

14. Sigmund Freud, *Civilization and Its Discontents*, trans. James Strachey (New York: W.W. Norton, 1962), p. 11.

15. 노먼 브라운에 따르면 프로이트의 승화 개념의 모호함은 그에게 '인간과 문화' 간 적대에 대한 충분한 분석이 부족한 결과를 낳았다. 사회 변혁에 주목하는 것이 필 요했다. Norman O. Brown, *Life Against Death: The Psychoanalytical Meaning of History* (Middletown: Wesleyan University Press, 1959), pp. 139ff; Norman O. Brown, *Love's Body* (New York: Vintage, 1966), chap. 8. "Boundary."

16. Rob Wilson, *American Sublime: The Genealogy of a Poetic Genre* (Madison: University of Wisconsin Press, 1991), p. 211.

17. Herman Melville, *Moby Dick,* chap. 23, "The Lee Shore" (Berkeley: University of California Press, 1979), p. 111.

18. Rob Wilson, *American Sublime,* p. 12.

19. Roland Barthes, *Mythologies,* trans. Annette Lavers (New York: Farrar, Straus & Giroux, 1991), p. 112.

20. Rob Wilson, *American Sublime,* p. 56.

21. Gaston Bachelard, *Water and Dreams: An Essay on the Imagination of Matter,* trans. Edith R. Farrell (Dallas: Pegasus Foundation, 1983), p. 6.

22. Gaston Bachelard, *Water and Dreams,* p. 152.

23. Ibid., p. 153.

24. W. H. Auden. *The Enchafèd Flood; or The Romantic Iconography of the Sea* (New York: Random House, 1950), pp. 6-7.

25. Rod Giblett, "Philosophy (and Sociology) in the Wetlands: The S(ub)lime and the Uncanny," *New Formations*, no. 18 (Winter 1992), p. 159.

26. Ibid., p. 147.

27. Jules Michelet, *La Mer*, ed. Marie-Claude Chemin & Paul Viallaneix (Lausanne: L'Age d'Homme, 1980), p. 76. 《바다》의 수사학적 전략에 대한 분석으로는 Linda Orr, *Jules Michelet: Nature, History and Language* (Ithaca: Cornell University Press, 1976), pp. 152-174 참조.

28. Jules Michelet, *La Mer*, pp. 193-194.

29. Ibid., p. 74.

30. Gaston Bachelard, *Water and Dreams*, p. 167.

31. Ibid., p. 168.

32. Ibid., p. 179.

33. "물이 최고다"는 핀다로스(Pindaros)의 〈올림피아 송시(Olympian Odes)〉의 첫 행이며 1828년 이튼 졸업생 수영협회의 모토로 쓰이기도 했다. 이는 Charles Sprawson, *Haunts of the Black Masseur: The Swimmer as Hero* (New York: Random House, 1992), p. 83에서 가져왔다.

34. '탐험하다(explore)'—육지를 보고 소리치다—라는 단어의 어원은 모든 탐구가 땅으로의 귀환을 목표로 하는 대양 항해임을 보여준다.

35. Alister Clavering Hardy, *Darwin and the Spirit of Man* (London: Collins, 1984); Alister Clavering Hardy, *The Living Stream: A Restatement of Evolution Theory and Its Relation to the Spirit of Man* (London: Collins, 1965); Carl O. Sauer, "Concerning Primeval Habitat and Habit," in Carl O. Sauer, *Selected Essays 1963-1975* (Berkeley: Turtle Island, 1981), pp. 109-110.

36. Carl O. Sauer, "Concerning Primeval," p. 111.

37. 목판화 삽화가 있는 디그비의 전체 텍스트는 Nicholas Orme, *Early British Swimming: 55 B.C.-A.D. 1719* (Exeter: University of Exeter, 1983)에 실려 있다. 이 문단의 출처는 p. 126.

38. Charles Sprawson, *Haunts,* p. 207에서 재인용.

39. Ibid., p. 23.

40. Ibid., p. 22.

41. 제3세계의 기술적 자원에 대한 부당한 전유에서 부분적으로 드러나듯 대중적으로 접영은 그 진정한 기원을 반영한 이름보다는 '오스트레일리아적' 영법으로 알려져 있다.

42. 에로스와 죽음 충동에 관한 가장 유용한 연구는 Norman O. Brown, *Life Against Death: The Psychoanalytic Meaning of History*, 특히 chap. 8, "Death, Time, and Eternity"와 chap. 9, "Death and Childhood" 참조.

43. Sandor Ferenczi, *Thalassa: A Theory of Genitality,* trans. Henry Alden Bunker (New York: Psychoanalytic Quarterly, 1938), pp. 49-50.

44. 스프로슨은 자신의 책에 나오는 모든 유명한 유영자들이 어머니에 대한 강한 집착과 아버지로부터의 소외감을 느낀 것으로 알려졌다고 언급한다. 물론 오늘날 서구 사회의 거의 모든 주변화한 집단에 관해서도 이런 주장을 할 수 있다. Sprawson, *Haunts*, p. 145.

45. Norman O. Brown, *Life Against Death*, p. 102.

46. G. W. F. Hegel, *The Philosophy of History*, trans. J. Sibree (New York: Dover, 1956), p. 90.

47. Joseph Schumpeter, *Capitalism, Socialism, and Democracy* (New York: Harper, 1950), p. 160.

48. 그리스인과 해양 무역을 동일시하는 중요한 연구는 도처에 있으며, 《아나바시스》 속 문단은 영국의 학교 교재에 너무나 많이 소개해 고전 교육을 받은 거의 모든 영국 시민 계급의 기억 속에 남아 있다. 고대 그리스인의 대양적 성격에 관해 다룬 대표적 텍스트로는 Alfred Zimmern, *The Greek Commonwealth: Politics and Economics in Fifth Century Athens* (Oxford: Clarendon, 1931), pp. 318, 24-35, 314ff 참조.

49. Anders Stephanson, *Kennan and the Art of Foreign Policy* (Cambridge: Harvard University Press, 1989), pp. 203-204.

50. Mary Layoun, *Travels of a Genre: The Modern Novel and Ideology* (Princeton: Princeton University Press, 1990), p. 252.

51. Géza Róheim, *The Origin and Function of Culture* (New York: Nervous and Mental Disease Monographs, 1943), p. 52.

52. 하지만 1600년 이전 그린란드와 북동부 북해 항해에서 고래보다 더 중요한 것은 청어와 대구였다.

53. 이는 A. R. Michell's article, "The European Fisheries in Early Modern History"의 핵심 주장 중 하나이며 Immanuel Wallerstein, *The Modern World System*, vol. 2. (New York: Academic Press, 1980), p. 39에서 인용했다.

54. 이는 롭 윌슨의 용어다.

55. Richard Drinnon, *Facing West: The Metaphysics of Indian-hating and Empire-building* (Minneapolis: University of Minnesota Press, 1980), p. 271에서 인용.

56. Bruce Cumings, *The Origins of the Korean War*, vol. 2 (Princeton: Princeton

University Press, 1990), p. 24.

57. Alfred T. Mahan, *The Influence of Sea Power upon History 1660-1783* (Boston: Little, Brown, 1918), p. 25.

58. Philip S. Foner & Richard C. Winchester, eds., *The Anti-Imperialist Reader: A Documentary History of Anti-Imperialism in the United States, vol. 1: From the Mexican War to the Election of 1900* (New York: Holmes and Meier, 1984). 특히 필리핀 전쟁과 하와이 병합에 대한 장들 참조.

59. John W. Dower, ed., *Origins of the Modern Japanese State: Selected Writings of E. H. Norman* (New York: Pantheon, 1975), pp. 38-39에서 인용.

60. 초창기 태평양 정체성의 전개에 대해서는 Beth Bailey & David Farber, *The First Strange Place: The Alchemy of Race and Sex in World War II Hawaii* (New York: Free Press, 1992) 참조.

61. 비록 로빈슨 제퍼스(Robinson Jeffers)가 20세기 태평양의 가장 중요한 시인이라고 주장할 수도 있지만, 그의 숭고적 태평양이 호소하고자 한 것은 종국적으로 비인간적인 것이었다. 〈한때 태평양 바닷가에서(Once By the Pacific)〉에서 볼 수 있듯 초기의 로버트 프로스트가 달아나고자 한 것은 태평양이었다.

62. Allan M. Winkler, *The Politics of Propaganda: The Office of War Information 1942-1945* (New Haven: Yale University Press, 1978), p. 21. Tom Clark, *Charles Olson: The Allegory of a Poet's Life* (New York: Norton, 1991), pp. 84-107.

63. Tom Clark, *Charles Olson*, p. 85.

64. Charles Olson, *Call Me Ishmael* (New York: Reynal & Hitchcock, 1947), p. 114.

65. "Crossing Brooklyn Ferry," "O Pioneers," "Out of the Cradle, Endlessly Rocking"의 월트 휘트먼(Walt Whitman)을 생각해보라.

66. Charles Olson, *Call Me Ishmael*, p. 119.

67. John Cowper Powys, *A Philosophy of Solitude* (New York: Simon and Schuster, 1933) 참조. 포이즈는 익티오사우루스〔어룡(魚龍)〕적 자아, 즉 동시대적 삶의 저속함과 공포로부터의 퇴화적 후퇴에 관해 길게 쓴 적이 있다. 이 자아가 물에서 생활한다는 것은 말할 필요도 없다.

68. Charles Sprawson, *Haunts*, p. 14.

69. San Francisco Mime Troupe, "Offshore," 1993. Lyrics by Joan Holden, Chung Chiao, Patrick Lee, Keiko Shimosato & Michael Gene Sullivan.

70. 이들 영화에 대한 부가적 설명으로는 Christopher L. Connery, "Pacific Rim Discourse: The U.S. Global Imaginary in the Late Cold War Years" 참조.

71. 예를 들어 Epeli Hau'ofa, "Our Sea of Islands," *A New Oceania: Rediscovering Our Sea of Islands,* ed. Eric Waddell (Suva: School of Social and Economic Development at the University of the South Pacific, 1993), pp. 2-16 참조.

굿바이 파라다이스
아메리칸 태평양에서의 글로벌/로컬주의

● 롭 윌슨 ●

빠빠라기(papalagi) 건축이라는 소름끼치는 유형이 오세아니아로 침입해 들어오고 있다. 그것은 현대식 병원과 아주 흡사한 스테인리스 재질의 가소성이 뛰어나고, 위생적이고, 영혼이 없는 슈퍼 건조물이다. 그 가장 악몽적 형태는 최신형 관광 호텔로서 콘크리트, 철강, 크롬 재질에 에어컨을 설치한 다층적 건축이다. −앨버트 웬트(Albert Wendt), 〈새로운 오세아니아를 향해(Towards a New Oceania)〉

왜 하와이에 매킨리 가(街)와 매킨리 고등학교가 있으면서 클리블랜드 같은 것은 없는지 계속 궁금하다. −브루스 케펠러(H. K. Bruss Keppeler), 〈토착 하와이인의 권리(Native Hawaiian Claims)〉

우리 방문객〔관광객〕은 자신들에게 하와이가 의미하는 것, 즉 파라다이스라는 지각을 갖고 여기에 온다. −관광객 체험팀, 〈1993 관광 회의〉[1]

아시아/태평양을 가로지르는 사이보그

최근 들어 자본주의를 제1세계의 문화적 지배에서 포스트모더니즘의 부상과 포스트식민적 이종 언어와 연관된 전 지구적 체계에 비유하는 것은 다양한 물질적 힘에 의해 추동되어왔다. 미시적 분석 차원에서 이런 힘은 미디어의 원격 통신 혁명, 생산의 초국적화와 경제 활동의 장으로서 초국적 기업의 부상, 그리고 근대주의적 국민국가가 내부 갈등과 나토 및 태평양을 둘러싼 영토적 편집증의 조작자(manipulator)에서 오마에 겐이치가 새로운 "국경 없이 상호 연결된 경제"[2]라고 말한 것의 적시적 관리자(just-in-time manager)로 변화하는 과정을 포함한다. 1980년대 창조적 파괴의 역학이 지배하던 시기에 가속화한 인공지능 기술 체계와 생산/재현의 더욱더 지구화한 양식은 문화평론가와 기업 경영진 모두가 똑같이 '자본주의의 전 지구화'라고 인식하는 현실을 만들어냈다. 이 전 지구화는 아리프 딜릭이 개괄적으로 말했듯 "글로벌적으로 전례 없는 통일성과 전례 없는 파편화"[3]의 근원이 되는 대규모 글로벌/로컬적 상호 작용으로 인식된다. 우리는 이제 막 이 새로운 글로벌/로컬적 인터페이스, 공동체와 권력의 장소 연계적 정체성으로의 구축, 아르준 아파두라이가 말한 "지역의 지구적 생산" 같은 이런 현상의 포스트국가적 지정학 및 문화적 함의와 타협하기 시작하고 있다.

글로벌화와 로컬화가 고조되는 아시아/태평양 상호 지대에서 타이베이, 홍콩, 싱가포르 같은 '글로벌 도시'—초국적 기술 체계와 로컬 문화를 불균등하게 융합하는 도시—가 등장하고 있다. 그러므로 유교적 정신주의가 마이크로칩 생산 및 패션 기호의 노동과 재접합하는 현상을 볼 수 있다. 모리 마사히로(森雅弘)는 이러한 발전을 찬미하며 초국적 구성의 사이보그가

"그 내부에 붓다적 본성을 지니고 있다"⁴는 식의 기술 예찬적 주장을 펼친 바 있다. 사실상 환태평양은 캘리포니아의 태평양 연안을 (영화 〈블레이드 러너〉 같은 스펙터클 속에 드리워져 있듯) 홍콩, 일본과 연결하는 **탈물질화한 사이버 공간**의 한 영역으로 변형하고 있다. 환태평양의 장소들은 이 글로벌/로컬의 재구조화에서 전위 역할을 맡아 사실상 구세계로서 서유럽 자본주의 모델을 과거로 보고자 하는 민족 정체성의 서사를 통해 미국, 캐나다, 오스트레일리아 같은 이주민 사회를 탈중심화하는 데 기여하고 있다. 글로블록이라는 용어는 포스트모던 일본에서 만든 신조어라고 들었다. 즉 오늘날 글로벌 경제 시대에 모든 장소에 침투 가능성이 강화되는 것은 요시모토 바나나(吉本ばなな)의 《키친(Kitchen)》이나 더글러스 커플랜드(Douglas Coupland)의 《X세대(Generation X)》에 나오는 북미 세계의 표류자이자 글로벌 '맥잡(mcjob)'●을 찾아다니는 사람들처럼, 신종 상품을 탐식하는 주체에 뿌리를 둔 소비 지향적 소설에 나오는 세계 쇼핑몰 문화에 기여한다.

미국은 태평양 지역에서 군사적 헤게모니의 마지막 단계와 직면한, 새롭게 형상화되고 있는 냉전적 국민국가다. 그것은 어설프고 (핵무장화하고 포스트모더니즘적이며 군산복합체가 지배하는) 낡은 제1세계 고질라(godzilla)처럼 아시아/태평양 위에 펼쳐져 있다. 여러 설명에 따르면, 문화적 정체성의 토대이자 공간으로서 로컬적인 것은 정착 국민국가의 상상적 공동체에 도전하고 그것을 약화시키는 방식으로 새로운 태평양을 가로지르는 글로벌 중개인과 횡단 문화적 세력─거기에 저항한다 하더라도─속으로 통합되고 있다.

《안드로이드는 전기 양을 꿈꾸는가?(Do Androids Dream of Electric Sheep?)》에서 하나의 문화적 징조로서 2018년의 샌프란시스코를 그린 필립

● 미래와 전망이 없는 저임금 노동을 의미하는 단어. 'McDonald'와 'Job'의 합성어.

딕(Philip K. Dick)의 지리 상상적(geoimaginary) 비전을 생각해보라. '넥서스 6(Nexus-6)'를 설계하고 생산하는 로젠 연합(Rosen Association)은 이미 화성에 있는 '뉴 아메리카'라는 외계 식민지뿐 아니라 미국의 태평양 연안 전역을 비롯해 수동적인 러시아에까지 퍼져 있다. 이 초글로벌적 기업은 시간 계약제 사이보그 노동을 생산하는 최첨단 기술 능력에서 너무나 유연하고 유동적이라 이들 나라와 도시국가의 초국적 경찰력이 그들을 제지할 (심지어 찾아낼) 수조차 없을 정도다. 만일 〈블레이드 러너〉에서처럼 생산 중개업자들이 글로벌적으로 신비화하면, 전 지구적 자본의 식민지적 역학은 전혀 건드리지 못하고 오히려 성장하게 된다. "법적으로 넥서스 6의 두뇌 장치 제작자들은 식민지법 아래서 활동하고 그 모체(母體)인 자동 공장은 화성에 있다."[5]

딕의 소설에서 인간적인 것과 초기술적인 것 간 경계를 구분하고 통제하려는 릭 데커드(Rick Deckard)의 로맨스 추구는 전 지구적 자본의 중개자와 기업체 그리고 기구(instrument)를 최신의 초국적, 초법적 양식 속에 자리매김하고자 하는 그의 누아르적 사전(prior) 탐색에 의존한다. 후기 자본주의적 욕망의 신식민적 심장부 내에서 데커드는 아시아/태평양의 바이오커스텀 엔지니어(biocustom-engineer)가 설계한 사이보그를 쫓는데, 이들은 로젠 연합의 TV 광고처럼 "몸종이나 지칠 줄 모르는 육체노동자"로서 "남북전쟁 이전 남부 주들의 평화로운 시절"을 재연하고자 한다. 이와 같은 인종적 굴욕 외에도 여성화한 사이보그는 초국적 중간 지대에서 풀을 뜯어 먹는 포스트전원적(postpastoral) 전기 양들(electric sheep)처럼('레이철 로젠(Rachel Rosen)'의 원형처럼) 절시증적 욕망(scopophilic desire, 竊視症的 慾望)을 채우기 위한 쾌락 기구로 전환될 수 있다.[6]

존 네이스빗(John Naisbitt)과 퍼트리샤 애버덴(Patricia Aburdene)이 초국적

번영에 대한 옹호를 자랑하면서 뒤늦게나마 《메가트렌드 2000(Megatrends 2000)》에서 "'환태평양의 부상'과 강제적 전 지구화의 새로운 전략을 위한 미국의 냉전적 상상력을 준비하고 있긴 하지만" "급속하게 변하는 환태평양에서 경제적 이점은 신속함에 달렸다".[7] 아시아/태평양 로컬의 전 지구적 자본화를 염두에 둘 때, 권력/지식은 여전히 시간에 의한 공간의 정복에 있다. 다시 말해, 상품망(commodity chain)이 지역을 넘어 확산하고 민족과 지구를 속도와 이윤의 사이버네틱 매트릭스로 재형성하듯 그것은 태평양 전역에 초자본 및 정보 고속도로의 탈물질화한 운동에 있다.

정체성과 과거 공동체 로컬 공간의 전 지구적 재구조화를 생각할 때, 환태평양 내부의 태평양 연안에 존재하는 복수의 다중적 문화는 저항의 행위자 혹은 장소라기보다는 환태평양적 이윤, 수사적(tropological) 생산, 그리고 쾌락을 위한 투어리즘적 가상 세계와 휴식 장소(혹은 무기 처리를 위한 공터)로 분해되고 있다. 〈전기 양〉에서 포스트민족적 주체로서 데커드는 미국 국민국가를 위한 서비스 기구에서 벗어나 환태평양 메가트렌드의 행위자, 즉 사랑스러운 종복이 된다.

나중에 **초국적 포스트모더니티**로 향하는 고속도로를 타고 내려가 정보의 행렬로 변한 탈육체화한 공간 속으로 '뛰어들면서' 릭 데커드는 윌리엄 깁슨의 《뉴로맨서(Neuromancer)》에 나오는 사이보그 카우보이 케이스(Case)로 대체된다. 케이스에게 세계 전체는 글로벌 동시성을 가진 '지바시(千葉市)'가 된다. 태평양을 숭고한 사이버 공간으로 변형시킴으로써 초국적 행복감에 젖어 있는 깁슨의 주인공들은 끊임없이 탈물질화하는 기업에 고용된 채 오리엔탈리즘적 위험이 곳곳에 도사리는 사이버네틱 무한성을 가로질러 도약할 수 있다. "자신의 덱(deck)을 통해 그(케이스)는 애틀랜타에 도달하는 것만큼이나 쉽게 프리사이드(Freeside) 덱에 접속할 수 있었다. 이동은 별것이 아니었다."⁸ 페미니즘 비평가들이 현재 '아시아 농업 지대'와 멕시코의 마킬라도라에서 벌어지고 있는 초국적 착취에 관해 보여주었듯 노동 역시 별것이 아니었다. 마치 약물에 취한 사이보그가 새로운 **초국적 숭고미**(transnational sublime)를 통해, 비록 물질적 역사의 인종적·계급적 모순으로부터는 아니라고 하더라도, 지구적 고립으로부터 태평양 지역을 구원하려고 하듯 도쿄에서 트랜스아메리카 곳곳에 산재한 판자촌에 이르기까지 (밴쿠버에서의 한 시각을 통해 볼 때) 환태평양의 역학은 윌리엄 깁슨이 서정적으로 노래한 "육체가 사라진 사이버 공간의 황홀감"⁹으로 거의 모두 해체되었다.

문화적 차이와 유목적 흐름을 소비하고 창조하고 모방하고자 하는 포스트모던 철학과 취향의 신절충주의(neo-eclecticism)—제임스 클리퍼드 같은 이론가들이 로컬적 지구성의 공간 위에 새로운 경로를 개척하거나 기존의 길을 새로 변경하는 "모순적 코즈모폴리터니즘"을 이론화하고 포용하고자 한 것¹⁰—는 탈산업적 생산 양식과 분리될 수 없다. 같은 도시 공간에 노동 착취의 열악한 작업장과 가계 노동 체계가 로컬 지대와 이런 작업장을 시간이 곧 돈이라는 자본 논리로 탈물질화할 수 있는 스펙터클한 원격 통신 네트워크와 공존할 수 있도록 "노동 실천의 절충주의"와 국제적 노동 재분할이 일어나고 있다.¹¹ 클리퍼드가 "혼종성"—이는 포스트식민 연구에서 거의 규범적 지위를 획득한 단어다—의 담론을 거론한 것은 "경계/디아스포라"라는 제3의 공간 혹은 **틈새적** 공간을 나타내려 한 것이다. 이는 〔잡지 〈공적 문화(Public Culture)〉의 연구에서와 같이〕 앞뒤로 운동하는 문화 횡단적 흐름이 부각될 때조차 글로벌 자본과 로컬 문화라는 근대주의적 이항 대립을 거부하면서 텍스트화한다는 것을 보여주고자 한다. 클리퍼드가 이러한 대립을 연출하듯 "우리는 분석 차원, 즉 전체적인 글로벌적 힘/구체적인 로컬적 반응 간의 거북스러운 간극과 너무 자주 마주하게 된다".

클리퍼드는 '블랙 애틀랜틱(Black Atlantic)'에서 미국/멕시코 국경에 이르기까지 끊임없이 혼종이 일어나는 초국적이면서 로컬적인 시학(poetics)의 **디아스포라적** 글로벌/로컬의 인터페이스에 탑승한다. 여기서 그는 자칭 진보적이고 역사적으로 역동적인 것으로 정의하는 총체적 글로벌주의, 그리고 "절대주의적 양식으로 파악되는 장소, 전통, 문화, 종족성에 (길을 내는 것이 아니라) 뿌리내리고 있는" 모든 "로컬주의"를 전부 거부하고자 한다. 이와 같이 로컬적 기반 구축과 글로벌적 혼종성의 예찬에 대한 경고는 특히 태평양 연안 지역에서 지역적 사이 공간(regional pause)을 제공할 것이다. 이 지대에서는 단지 메가트렌드만이 아니라 미시정치학이 대안 공간과 주장을 제시하며 포스트식민적 지평을 뒤흔들 것이다. (하와이, 오스트레일리아, 타이완, 뉴질랜드에서 재부상하는) 로컬 차원에서 원주민의 주장은 지금까지의 초국적 **인종적 경관**(ethnoscape)이라는 행복감에 도취된 '문화 횡단적' 분석에서 국경의 더욱 유연하고/불순하고/크레올화한 융합적 변형의 형태에 종속될 수 있다. 이런 상황에서 로컬적인 것은 비판적 지역주의로서, 그리고 초국적 자본주의에 대한 저항의 토대로서 레이먼드 윌리엄스가 "장소와의 유대(the bond to place)"라고 부른 것으로 존재할 필요가 있다.[12]

전 지구적 체계로서 자본주의의 역동성은 데이비드 하비가 말한 "창조적 파괴(creative destruction)"의 기술행복증적 시학(technoeuphoric poetics)의 텔로스(telos)에 연결되어 있다. 카를 마르크스가 기술적 근대성의 시작에서 말했듯 이 시학에서 "단단한 모든 것은 용해되어 대기 속으로 사라지고", 전통과 지역과 로컬적 정체성의 만리장성은 상품 교환과 문화 교류, 기술 혁신의 힘에 의해 사정없이 공략당한다.[13] "아시아적 생산 양식"에 대한 이러한 공략은 환태평양 포스트모더니티의 문화 내부에서 들뢰즈적 숭

고미를 과시하는 선진적 국가라고 해서 자유로운 것은 아니다. 그 결과 다쓰미 다카유키(巽孝之)는 하이퍼자본주의적인 1980년대 동안 그 지역 내 사이버펑크 문화의 확산을 성찰하며 《뉴로맨서》(1984)와 《모나리자 오버드라이브(Mona Lisa Overdrive)》(1988)에서 전 지구화한 공간에 대한 공상과학적 시각에서 윌리엄 깁슨이 일본을 방문해본 적도 없으면서 — "'지바시' 혹은 '고미 노 센세이(ゴミ の 先生)'●"와 같이 — 일본어의 기표(signifier)를 "기호학적 유령(semiotic ghost)"으로 유통시켜왔다고 주장했다.[14] 깁슨은 캐나다 밴쿠버에 소재한 트랜스태평양 애플 PC에 있는 사이버네틱 숭고미의 기술적 매트릭스를 "기호 기술적(semio-tech)"으로 오인했는데, 이런 오인이 "일본적 포스트모더니즘"으로 역투입되어 로컬적 양식과 기술 정체성을 재형성하고 일본의 일상적 관습을 미리 형상화하게 만든다. 〔쓰시마 유코(津島佑子)의 페미니즘적 소설 《산을 달리는 여자(Woman Running in the Mountains)》 같은 작품에서 보여주었듯 일본의 아이누족이 사이보그적 "기술적 경관(technoscape)"으로서 일본 포스트모던 정체성의 기술행복증적 시각 속에 나타나지 않는 것은 말할 필요가 없다.〕

"유연한 노동 생산"에 대한 환태평양 비전과 아시아/태평양에 펼쳐져 있는 글로벌적 잡종 스타일은 리들리 스콧의 〈블레이드 러너〉에서 볼 수 있는 신세계적 강렬함과 글로벌 스펙터클에 관한 에피파니적(epiphanic) 수준에 도달한다. 거기에서 바벨탑처럼 보이는 타이렐사(Tyrell Corporation)의 피라미드는 로스앤젤레스의 오염된 제3세계적 이종 언어들 위로 치솟아 올라 이전의 모든 생산 양식을 지배한다. 〔후기 자본주의적 차이나타운의 열악한 냉동 공장에서 천(Chun) 노인은 "내가 눈(eyes)을 만들었어"라고 말한다.〕 블레이크(Blake)

● 윌리엄 깁슨의 《뉴로맨서》에서 루빈(Rubin)의 가게에 있는 온갖 잡동사니를 보고는 루빈을 일컬어 '고미 노 센세이', 즉 잡동사니의 대가(maser of junk)라고 부른다.

의 반신(反神)인 유리즌(Urizen)의 포스트모던적 형태처럼 타이렐사는 공간과 시간, 자본, 신체 위에 군림하며 로스앤젤레스 뒷골목의 광고 언어들 위의 바벨탑에서 노동자를 팬옵티콘적 시각을 통해 통제하고 있는 듯하다. 블레이크적 해방의 사이보그인 로이 배티(Roy Baty)가 탈(脫)오이디푸스적 환희를 느끼면서 타이렐사 기업주의 눈을 우그러뜨리기 전 그에게 "당신은 만나기 힘든 사람이지요"라고 고백하긴 했지만 말이다. 오늘날―도쿄, 홍콩과 결합해 환태평양의 '도시 중 도시'로 발전해가는―로스앤젤레스와 밴쿠버에서처럼 후기 산업적 폐허와 다문화적 숭고함이라는 우울하면서 독특한 '블레이드 러너식 표정(Blade Runner look)'이 생겨나 동시대 도시 디자인의 문화적 지배소(dominant, 支配素)로 발전해나갈 태세다. 이런 표정은 리들리 스콧의 〈블랙 레인〉(1989)에서 오사카 위를 드리우고 있는 후기 산업적인 하늘의 전형적 상징으로 다시 등장한다.[15] 재현과 이미지 교환의 글로벌 기술을 감안하면, 할리우드는 이러한 블록버스터 영화에서 아시아/태평양 초국적 숭고미를 순전히 문화적 거대함('외계'가 아니라면 외국으로 뻗어가는 다문화적 도시)과 노동 지배(현재 초국적 주체로 등장하는 사이보그 인간)의 공간으로 생성하고 통제한다.

기술과 유기체가 융합해 '불성적 존재(buddha-nature)'로 나아가는 혼종적 형태뿐만 아니라 로컬 문화의 오래된 공간으로 흘러 들어가는 글로벌 생산의 멋진 신세계와 새로 출현하는 체제를 염두에 둘 때, 현재의 포스트모던 문화 생산이 직면한 난점은 '시공간'의 **재현 불가능성**(unrepresentability)이라는 동시대적 문제 설정이다. 이것이 의미하는 바는 이러한 일상적 총체성이 상이한 장소에 침투해 들어간 이후 프레드릭 제임슨이 "현재의 다국적 자본주의의 전체 세계 체제"라고 불렀던 것을 로컬적 차원에서 지도 그리고, 인식하고, 미학적으로 재현할 수 없게 되었다는 것이다.[16]

문화지리학에서 민족지학, 그리고 도시 연구에 이르는 다양한 학문 분야에서 혁신적이고 유동적인 글로벌/로컬의 인터페이스로 새롭게 형상화되어가는 로컬적인 것이 공간성 전체에서 전 지구적 자본주의의 힘을 사고하고 느끼기 때문에 지역, 장소, 위치의 미학이 포스트모던 의제로 대거 돌아오고 있다. 데이비드 하비가 오마에 겐이치와 로버트 라이시 같은 사람들이 선전하는 글로벌-로컬 마케팅의 맥락 내에서 경고했듯 "종종 장소 결속적인 정체성에 필연적으로 집착할 때, 이런 비판적 운동은 유동적 자본주의와 유연적 축적이 기생할 수 있는 바로 그 파편화의 일부가 된다".17 그럼에도 필자가 하와이의 뱀부리지 문화에 초점을 두고 상세하게 설명하겠지만, 아시아/태평양 지대에 퍼져 있는 사이보그의 확산을 감안할 때, '장소 연계적 정체성'의 주장이나 그것에 근거한 연대 구축은 많은 지역 주민을 위한 문화적 차이의 보존에 결정적인 것이었다. 하와이 원주민의 경우 로컬 공간과 정체성의 이러한 초국적화는 문화적 생존 자체를 위협한다.

태평양의 '파라다이스'

후기 자본주의적 스펙터클의 초국적 기술 체계의 힘과 대면하면서 로컬주의적 방향은 하와이에서 압도적인 현대화에도 불구하고 재부상하고 있다. 〔노엘 켄트(Noel Kent)가 언급했듯〕 그 어떤 "로컬주의'도 오늘날과 같은 메트로폴리탄 시대에는 편협한 지방성과 너무나 쉽게 동일시된다는 사실에도 불구하고 말이다".18 역설적이게도 하와이에서 포스트모던 문화 생산의 대부분 로컬적 활동은 이와 같은 지리 상상적(geoimaginary) 문제에 의해—**침해**당하는 것은 아니라고 하더라도19—이미 영향을 받고 있다. 그리하여 태평양의 작가들에게 글로벌/로컬의 인터페이스는 '로컬 문화'의 일부 고립 지대를 지키고 방어하기 위해 헤쳐나가야 하는 곤경이 되고 있다.

이러한 점은 잡지 〈뱀부리지〉와 출판물에서 볼 수 있는 '로컬 문학' 운동 출현의 경우에도 마찬가지다. 이 잡지는 1978년 호놀룰루에서 창간된 이후 하와이 작가들이 "본토에 종속되어 있다"는 메트로폴리탄적 가정이나, 로컬 시인(詩人) 에릭 초크(Eric Chock)가 말한 것처럼 "〔하와이에 있는〕 우리도 실제로 별로 다르지 않으며, 열심히 노력하면 우리도 본토처럼 될 수 있다"[20]는 믿음에 저항해왔다. 내가 영화 〈굿바이 파라다이스〉(1991)에서 표현한 로컬주의 문화를 논하고자 하는 것은 바로 '전 지구적 로컬주의'라는 맥락 내에서다. 캘리포니아 중심의 환태평양 경제에서 **주변화**해 있는 하와이를 생각할 때, 이 영화는 지금까지 모든 작업이 하와이에서 이뤄진 최초의 장편영화다.[21] 1915년 와이알루아(Waialua)에 있는 사탕수수 대농장의 인종 문화를 배경으로 한 카요 하타(Kayo Hatta)의 〈사진 신부(Picture Bride)〉(1995)만 하더라도 하와이에서 로컬적으로 제작한 두 번째 독립영화에 불과하다. 아시아계 미국인 예술가들과 〈블랙 레인〉에 나오는 미후네 도시로(三船敏郎)• 같은 초국적 슈퍼스타를 결합함으로써 〈사진 신부〉는 하와이 대농장에서 있었던 인종적 형성, 차이, 긴장을 탐색했다.

심지어 비유법적으로 중층 결정된 제목에서도 〈굿바이 파라다이스〉는 남태평양에서 사라지지 않고 있는 아시아/태평양 파라다이스로서 하와이라는 과거 수사와 에덴적(Edenic) 지배 서사를 연상시킨다. 탈역사적인 (실제는 북)태평양의 낙원 같은 형태의 비유는, 심지어 미국을 "유토피아의 성

• 일본의 대표적 영화배우. 주로 구로사와 아키라 감독과 함께 활동했다. 1950년 〈라쇼몬〉을 통해 국제적으로 널리 알려졌고 〈요진보〉, 〈붉은 수염〉으로 베네치아 국제영화제 남우주연상을 수상하며 할리우드에 진출하기도 했다.

취"로 보는 이전의 지배 서사가 후기 자본주의 탈규제적 레이거노믹스에 굴복하는 동안에도 포스트모던 미국의 상상력 속에서 일부 물질적 정당성을 획득한다.[22] 영미와 유럽의 풍부한 상호 텍스트, 상처 입은 마음, 책 끝이 너덜해진 《야만인들의 성생활(Sexual Life of Savages)》이란 책을 지닌 채 공기로 부풀린 카약을 타고, 말리노프스키(B. K. Malinowski)나 헨리 애덤스(Henry Adams)처럼 거대한 태평양을 지칠 줄 모르게 돌아다녔던 폴 서루(Paul Theroux)(그에게 태평양은 "오세아니아의 행복한 섬들"이었다)는 실질적으로 그가 호놀룰루에 있는 다문화적 아시아/태평양의 집에 돌아올 때까지 자신이 갈망하던 "오세아니아의 행복한 섬들"을 발견하지 못했다. 마우나 라니(Mauna Lani)에 있는 하룻밤 2500달러의 특급 방갈로에서 태평양 파라다이스에 대한 초국적 관광 로맨스 탐색을 끝마치기 직전, 폴 서루는 비록 이것을 '파라다이스'라고 큰 소리로 외치거나 광고하는 것이 운명적 유혹인 것처럼 보이더라도 "하와이 섬들을 '파라다이스'라 부르는 게 과장은 아니었던 것 같다"[23]고 고백한다. 아르미네 폰 템프스키(Armine von Tempski)는 1940년 자서전 《파라다이스에서 태어나(Born in Paradise)》에서, 아메리카 태평양에서 "미래의 파라다이스에 도달하는 데는 별로 관심이 없어요. 나는 파라다이스에서 태어났으니까"[24]라고 〔폴란드 귀족의 손녀이자 마우이(Maui)에 있는 6만 에이커에 달하는 할레아칼라(Haleakala) 목장의 상속녀답게〕 허세를 떨며 주장하기도 했다.

미국화한 태평양으로서 파라다이스에 대한 문학적·성경적 비유를 니체적으로 표현한 아르미네 폰 템프스키의 수준을 뛰어넘어 비용 대 편익에 관한 공동 분석인 《파라다이스의 비용: 하와이에 사는 것은 행운인가?(The Price of Paradise: Lucky We Live Hawaii?)》에서 현상태의 하와이에 거주할 때 드는 재료비를 작성한 일군의 법률적·사회적·경제적 정책 이론가들은 이와 같이 세금 없는 에덴에서의 삶을 긍정하는가 하는 질문에 유보적인 '긍정'으로 대답했다. 호놀룰루 마노아(Manoa)의 하와이 대학 경제학과 교수 서머 라 크로이(Summer J. La Croix)는 자신의 책 21장 '주거 비용'에서 미국의 높은 주거비 및 생활비에도 불구하고 호놀룰루는 깨끗한 공기, 청정한 물, 따뜻한 겨울, 덥지도 춥지도 않은 여름, 아름다운 숲과 산, 장엄한 경관, 아시아와 태평양의 문화와 연결된 문화적으로 다양한 종족 집단, 건강에 좋은 음식, 밤에 즐길 수 있는 생활이 있다고 주장하면서 다음과 같이 자랑스럽게 결론지었다. "어떠한 곳도 모든 사람을 만족시키지 못한다. 하지만 대부분의 사람은 하와이를 파라다이스로 생각한다."[25] 만일 당신이 하와이 원주민이 아니라면, 천국으로 생각할지도 모르겠다. 하와이 원주민은 자신들의 문화가 관광객을 위한 복제물로 변형되고, 그들의 땅이 군사적·국가적 이익을 위해 넘어가고 있다고 여기며, 현재 법적·정치적 힘을 끌어 모아 국민적 주권을 쟁취하기 위해 투쟁하고 있다.

'파라다이스'가 합의를 통해 회복되고, 원주민은 심지어 비용 편익 분석에서처럼 미국 태평양의 에코 관광에서 평안을 얻을 수 있을까?《파라다이스의 비용》을 발간한 관광 정보 기관은 "호놀룰루가 독자적인 아름다움과 환경 그리고 문화적 매력을 갖고 있고"[26], 로컬 시민이 이 책의 일반적 후렴구처럼[27] "대를 위해 소를 희생한다"는 식의 관광 산업이 추동하는 경제를 견딜 수 있는 한 "예"라고 답한다. 정부의 과도한 간섭, 국제적 유동성, 관광업의 침체 같은 위협 요소에도 '파라다이스'는 (단지 헤게모니적인 지역적 비유이긴 하지만) 여전히 여기에 존재한다.

뱀부리지 출판사의 총서 중 에릭 초크의《이곳에서의 마지막 나날들(Last Days Here)》이라는 책제목은 호놀룰루의 차이나타운이나 그 주변에서 하와이 로컬 문화와 언어 그리고 관습 차이가 단계적으로 사라지고 있음을 보

여준다. 〈다 커브에 있는 투투(Tutu on Da Curb)〉("그녀의 머리는 핀으로 올린 쪽
진 머리/큰 빨간 부용꽃이 뻗어 있네/그녀의 오른쪽 귀 위로") 혹은 〈하와이에서 금지
된 중국식 불꽃놀이〉(사촌이 부엌에 있는/큰 통에서 죽을 먹네)와 같이 혼종적인
시들에서 엿볼 수 있듯 장소 기반적 정체성과 공동체에 대한 초크의 문화
적 결속은 강력하다. 하지만 그의 태평양 로컬 시집의 표제 시는 더욱 불길
해 보인다. 시는 호놀룰루 차이나타운 근처의 물고기가 사라진 오염된 강
을 묘사한다. 그곳에선 나이 든 중국인이 자신의 오래된 관습을 지키고 장
소에 대한 희미한 기억을 보존하며 로컬적 정체성을 손상 없이 그대로 유
지하기 위해 낚시질만 한다.

> 텅 빈 버킷이 잠시 쳐다본다
> 그의 뇌를 향해, 그래서 그는 벽장문을
> 닫고, 담배 끝에 달린 재들을
> 콧바람으로 털며,
> 저녁을 먹으로 들어간다.
> 그는 여기서의 날들을 잊지 못할 것이다
> 망고나무 아래 흙에서
> 닭의 발자국이
> 사방으로 흩어진다.[28]

이주와 탈숙련이라는 대가를 감안할 때 (치킨 무늬 프린트, 인종적 냄새, 썩어
가는 틸라피아, 시무룩한 원주민을 제외한다면) '파라다이스'는 하와이를 미국 본토
와 초국적 관광의 흐름 속으로 구성하고 통합하기 위한 백색 신화적 비유
로 남는다. 파라다이스라는 수사는 (1893년 미국의 지원 아래 일어난 하와이 군주제

의 전복과 같이) 정반대 증거가 많은데도 미국과 유럽 역사의 일상적 노동 밖에 남아 있는 태평양 문화의 휴양 공간을 투영한다. '파라다이스'는 아메리칸 제국의 에덴적 환상에 도전하는 되받아 쓰기를 할 수 있을까? 1978~1979년의 토크 스토리 회의 이후 번창했던 하와이 로컬 문학 운동에 관해 문화 비평가 스티븐 수미다(Stephen Sumida)가 제기한 강력한 주장 중 하나는 헤게모니적 국민 문화의 지배에 저항함으로써 도처에서 하와이의 팝 문학, 팝음악, 영화, 여행 포스터 그림에서 연상되는 파라다이스로서 "하와이라는 안이한 이미지가 단순히 전원적인 것을 뛰어넘는 하와이 문학 발전의 원형 역할을 할 수 있는(밀턴 무라야마(Milton Murayama)의《내가 원하는 것은 오직 내 몸이다(All I Asking for Is My Body)》(1975) 같은 로컬 문학처럼) (비)허구 작품들에 의해 반박당하고 있다"[29]는 것이다. "파라다이스로서 하와이라는 안이한 이미지"는 마크 트웨인(Mark Twain), 로버트 루이스 스티븐슨(Robert Louis Stevenson) 그리고 제임스 미치너(James Michener) 같은 작가들의 전원적 담론을 통해 유통되고, 미국 대중문화의 '블루 하와이(Blue Hawaii)'라는 환상으로 재탕되었는데, 이 이미지는 개발 중심의 물질적 번영의 영역과 목적(telos)을―토착 문화나 로컬 문화가 어떤 희생을 받든 상관없이―아시아 태평양으로 확장하는 지배 문화의 탈역사적 환상으로 간주되어 도전받고 있다.

이와 같은 초국적화가 진행되는 동안 마우이라는 외곽 섬은 할리우드 대본 작가들을 위한 교외 지역이 될 위험에 처해 있다. 허리케인 이후 카우아이(Kauai)는 스필버그 같은 감독들을 환태평양 넘어 대거 이곳으로 끌어들이고, 〈쥬라기 공원(Jurassic Park)〉 같은 영화를 더 많이 촬영하게 하며, 하와이의 야생지와 생태 역사를 테마파크로 바꾸기 위해 할 수 있는 모든 일을 하고 있다. 오아후(Oahu)에 있는 다이아몬드 곶(Diamond Head)의 배후

지역조차 과거 와이히(Waihee) 행정청에 의해 국가 기금을 받는 영화 촬영장으로 개조되고 있다. 요컨대 하와이를 '태평양의 파라다이스'로 만드는 것은 정치적 의미를 띠는 것으로 강조할 필요가 있다. 그리고 태평양에 대한 미국적 관념을 전 지구로 확장되어가는 민족적/초민족적 자본의 역동적 기능 내부와 외부에 존재하는 꿈의 공간(이국적인 오리엔탈적 타자)으로 자연화하고자 하는 지배 담론의 비유로서 약화시킬 필요가 있다.

1848년 (북서 태평양은 아니라 하더라도) 캘리포니아를 환태평양으로 집중되는 세계 체제의 역학 속으로 끌어들이는 데 결정적이었던 것은 하와이와의 커뮤니케이션, 하와이로부터 온 노동, 그리고 하와이에 대한 재현이었다. 요컨대 하와이는 아시아 태평양 지역의 값싼 노동력과 풍부한 자원을 서부 해안을 경유해 미국 본토로 전달하는, '아메리카 태평양'의 창조에서 중개적 공간의 역할을 했다. 광둥(廣東) 시장, 일본의 원양 포경지, 알래스카의 모피를 중개하는 연결 고리로서 하와이는 (1820년 뉴잉글랜드 캘빈주의 전도사들의 도래부터 1893년 하와이 군주제의 전복에 이르기까지) 70년 만에 미국의 국가적 이익과 결합되고 그 이익을 위해 이용되었다. 미국의 자본주의적 민주주의 모델을 바탕으로 한 19세기의 근대화 과정 동안 (가령, 마크 트웨인의 새크라멘토 저널리즘에서 드러나는) 이중적 담론 전략이 발전했다. 첫 번째는 1848년 거의 모든 원주민 땅의 양도와 대농장 경제의 강제를 통한 **상업화**(commercialization)였고, 두 번째는 유럽적 시간과 공간의 외부에, 즉 헤겔적 역사의 역동성 외부에 영원히 존재하는 태평양 '파라다이스'로의 **전원화**(pastoralization)가 그것이다.

하와이의 공간은 미국의 애국자와 시민을 제임스 존스(James Jones)의 소설적 은유처럼 **지상**(대농장, 인종적 갈등, 전쟁)**에서 영원**[리버(River) 거리의 아시아/태평양 스타일의 주점과 댄스 클럽에서 다문화적 퓨전으로 재연되는 파라다이스]**으로** 인도할 수 있다.[30] 1880년대 초 이후 미국의 중추적 전초 기지를 진주만〔하와이 사람들은 진주호(Pearl Lake)로 알고 있었다〕에 있는 아시아 태평양으로 이동하면서 하와이 공간은 경제적 지배 및 군사적 감시와 되돌릴 수 없도록 연결되었지만, 해양적 대지 위의 천국이라는 신체적 비유를 자본주의적 파괴와 생태학적 폐해로부터 영원히 자유로운—로열 하와이안에서—해양적 환상으로 승화시킴으로써 역설적으로 보존될 수 있었다. 마크 트웨인이 수사적으로 자랑한 것처럼 (관광 산업을 위한 핵심 문구 속에서) 하와이는 "어떤 대양에 닻을 내려도 너무나 사랑스러운 섬들의 함대"[31]였다.

글로벌/로컬 공동체로서 굿바이 파라다이스

데니스 크리스티안슨(Dennis Christianson)과 팀 스웨이지(Tim Swage)가 감독·제작한 영화 〈굿바이 파라다이스〉(1991년 태평양 포커스/액셀리아 픽처스 인터내셔널이 개봉)는 아시아/태평양 영화를 특집으로 다룬 하와이 동서센터 주최 국제영화제에서 첫 상연되었다. 이 영화는 파라다이스 인(Paradise Inn)이라는 오래된 주점이 문을 닫고 환태평양 경영 회사에 의해 '차이나타운의 카트리나(Katrina)'로 갑자기 변경되는 과정을 통해 호놀룰루의 차이나타운이 겪는 젠트리피케이션 과정을 보여준다. 1930년대 이후 운영해온 이 다인종적 주점과 2층짜리 작은 상업 단지의 영업이 종료되는 마지막 토요일에 초점을 둔 영화는 이곳이 '캘리포니아 요리'의 소비와 고급 화랑을 위한 장소로 전환되는 상업화 과정을 추적한다. 그러므로 50만 달러를 들인 이 영화는 작고 모순적인 장소 연계적 감수성을 기반으로 문화적 재발명과 경제적 탈구(displacement)라는 글로벌 맥락 속에서 하와이의 로컬 문화/문학/영화의 위태로운 운명을 추적해간다.

〈굿바이 파라다이스〉는 "여론이란 다른 것들처럼 사고팔 수 있는 상품일 뿐이다"라고 생각하는 '파라다이스 인'의 중국계 미국인 소유자 존 영(John Young)의 여피적인 냉소적 시선을 통해 문제를 제기한다. 더 많은 관광객이란 대학교수에서 호텔의 버스 보이에 이르는 거의 모든 사람에게 잉여 가치를 의미할 뿐인 관광 중심의 경제에서 고통스럽게 드러나듯 하와이의 로컬 또한 초국적 자본이 주도하는 번영의 길에 올라타야만 한다. 즉 1970년 "점보제트기 시대와 대중 관광"이 도래하고 글로벌/로컬의 필수 코스로 호황을 누리면서 하와이는 장소의 시학이 "원시 모델적"이거나 사용자 친화적인 관광의 경관으로 재구성되기 시작했다.[32]

폴리네시아 문화센터의 하와이인이 그렇듯 '코닥 훌라춤 쇼'와 모르몬교의 후원을 받는 남태평양 문화 공연 같은 상업적으로 재구성된 훌라춤에서처럼, 글로벌 현대화의 과정은 여러 가지 점에서 이미 로컬 양식과 토착적 습속을 모방하고 가장하며 사실상 상상적으로 전치시키는 포스트모던 과정이 되었다. 1993년 에코 관광센터의 광고 문구는 "한 장소에서 폴리네시아의 모든 것을 보자"였다. 글로벌 문화로부터의 문화적 투입, 베타맥스에서 아이맥스에 이르는 비디오 이미지와 상품 형식의 기술 체계는 전후 시대 동안 한때 상부상조했던, 종족적으로 혼종적인 로컬 공동체를 분열시켰다. 〔영화에서는 술 취한 거리 호객꾼이 된 파인애플 통조림 공장 노동자 출신 벤(Ben) 역할을 맡은 팻 모리타(Pat Morita)의 피진어식(pidgin-speaking) 정감을 통해 지나치게 감상적으로 처리한다.〕

호놀룰루 차이나타운 내 혹은 그 일대의 〔또는 오아후섬의 순풍 부는 해안에 있는 와이아나에(Waianae)처럼 철저한 하와이안 공동체의〕 로컬 사람들과 장소는 아메리카 태평양 지역이 '에코 관광'이나 '문화 관광'이라는 사용자 친화적인 제목에 어울리는 가상적인 초국적 종족성의 장소로 변형되는 과정과 직면하고 있다. 하우나니카이 트라스크(Haunani-Kay Trask)는 이와 같은 포스트식민적 각본을 강조하는 한편, 매킨리(McKinley)가 지지했던 토착 왕국과 땅의 미국 병합 이후 100년 뒤 재부상하는 하와이 주권 투쟁의 요구를 옹호했다. "그들 문화의 상품화와 그들에 대한 착취에 시달려온 하와이인은 점령지에 사는 것과 같다. 이곳에선 인질이 제1세계를 위한 관광 상품이 되어 자신들의 집단적 굴욕을 목격(많은 경우 거기에 관여)하지 않을 수 없다."[33]

토착 하와이인(혼혈 인구까지 포함해 넓게 잡았을 때 하와이 인구의 20퍼센트)은 트라스크가 카나카 마올리(kanaka maoli)에 관해 주장했듯 위대한 미국의 다문화주의에 흡수되기를 반드시 원하는 것은 아니며 사실상 언어, 관습, 땅의 보존과 결합한 태평양적 시각의 문화주의와 민족주의를 형성하고 있다. 그러나 〈굿바이 파라다이스〉에 나오는 마음 좋은 하와이안 여급 빅 샤론(Big Sharon)이 가비 파하누이(Gabby Pahanui)가 하와이안 슬랙키(slack-key)로 연주한 '달빛 여인(Moon-light Lady)'에 맞춰 조(Joe), 티니(Tiny)와 함께 향수를 자극하는 춤을 추면서 보여주듯 이는 환태평양으로부터 "낮에는 들에서 일하고" 밤에는 파라다이스 인에서 파티를 열곤 하던 하와이의 다인종적 노동자 계급 문화에 이르기까지 전 지구적으로 폐쇄의 위협을 받고 있음을 보여준다.

〈굿바이 파라다이스〉는 동시대 관광 산업에 의해 추동되는 하와이 문화가 "단지 사업만 하며" 장소를 공간으로 바꾸고, 나아가 장소와 공간 모두를 시간과 돈의 축적된 권력으로 바꾸려는(병원이 벤(Ben)에 대한 병원비 지불을 미루는 조에게 경고하듯) 경제주의적 명령을 추종하는 것 같다고 경고한다. (로컬의 아름다운 경관을 리조트가 인수하는 데 대해 하와이의 소유권법 전문가 데이비드 캘리스(David Callies)가 남아 있는 이웃 지역의 형태와 크기가 어떠하든 "골프 코스가 좋은 이웃

이 될 것이다"라는 터무니없는 주장을 펼치듯 말이다.)³⁴ 영화가 영화 자체에 어울리지 않게—이는 초록색과 "다다미 위에 앉아 얘기를 나누는 인물들"에 대한 오시마 나기사(大島渚)*의 거부 스타일을 은근히 상기시키는 식의 구속적인 이미지 도식이다—암시하듯 하와이 문화의 색다른 태평양 공간과 독특한 장소로 간주되는 '파라다이스'는 조금씩 단계적으로 제거되고 이웃 지역 또한 캘리포니아 요리법과 트랜스태평양 자본의 부상을 위해 사라질 처지에 있다.

영화의 한 논쟁적인 서사적 변형에서 〈굿바이 파라다이스〉의 문화 변형의 주체는 (정체불명의 야쿠자, 사모아 출신 주점 경비원, 멋진 풍광의 고요한 하와이를 공략하는 비열한 일본인 기업가 같은 인물을 끊임없이 공급하는 〈레이븐(Raven)〉이라는 TV 시리즈물에 반복적으로 나타나는 오리엔탈리즘에서처럼) 일본이나 홍콩 출신의 세계적 외부자들이 아니라 원소유자의 아들 와이치 영(Waichee Young)이라는 여피 건축가다. 2세대 중국계인 그는 마우이섬에 있는 아버지의 대농장을 시작으로 호놀룰루의 기업 및 부동산을 소유하는 방향으로 키워간다. 나이든 아버지 영은 영화에서 이 고장의 수호신 같은 분위기를 풍긴다. 점잖고 온정주의적 활력을 보여주는 그의 조용한 목소리는 백인 주점의 매니저 조 마틴(Joe Martin)에게 그의 건축가 아들이 점진적으로 없애려 하는 배려, 공감, 유머의 윤리를 상기시킨다. 다양한 '환태평양 요리법'을 선전하는 초국적 자본주의는 계속해서 초국적 자본 계급의 이익을 대변하는 주창자와 행위자를 끌어 모은다. 로컬 중국인도 그 대열에 합류한다.

• 새로운 형식의 실험과 날카로운 주제의식을 겸비한 일본 영화감독. 〈백주의 살인마〉, 〈교사형〉 등 독특하고 주제의식이 뚜렷한 작품을 내놓았다. 1970년대에 접어들며 정치적 문제에서 개인의 도덕과 성애의 문제에 중점을 두어 〈감각의 제국〉, 〈열정의 제국〉 등을 만들었다.

아시아계 미국인이자 MBA 원리를 신봉하는 아들 존 영은 [진정한 포스트 모던 상호 텍스트성의 차원에서 볼 때, 차이나타운의 이바나 트럼프(Ivana Trump)처럼 보이고 행동하는] 캘리포니아 출신의 저속한 백인 자본가 여성과 결혼한다. 그녀는 냉정한 금발 여성 스타일로 로컬에 대한 무관심, 이기심, 이윤을 구현하고, 영의 아버지가 자신의 노동자와 소작인에게 갖고 있던 오래된 공감의 윤리와 지역 공동체에 대한 헌신에는 전혀 관심이 없다. 요컨대 그녀는 태국 레스토랑을 열 계획을 갖고 있는 검소하지만 상스러운 중국인 요리사 쿡(Cook)("이것은 단지 땅콩 소스와 커리를 곁들인 중국 음식일 뿐이야"), 순수한 마음과 마후스(mahus)와 달에 관한 단편적인 하와이 전통적 지혜를 지니고 사는 덩치 큰 하와이인 티니(Tiny), 빅 샤론(Big Sharon)과 리틀 샤론(Little Sharon), 빌리(Billy), 심지어 노무라(Nomura) 경위, 냉대받고 있는 늙은 가톨릭교도 자매인 이블린 리몬(Evelyn Lymon)과 엘미라 리몬(Elmira Lymon)으로 이뤄진 로컬 다문화에 대한 헌신 따위에는 전혀 관심이 없다.

'파라다이스 인' 주점 주변의 차이나타운 지역은 혼합적이고 단편적인 로컬 정체성의 지속을 구현하고 있는데, 아버지 영 씨가 툭 던지듯 말한 것처럼 "질병, 화재, 전쟁, 심지어 관광에도 살아남았다". 하지만 스팸무스비(spam musubi) 같은 로컬 애호 음식에 대한 캘리포니아 요리법의 공략은 하와이의 혼종적/토착적 정체성의 운명에 더욱더 위험한 것 같다. 영화에는 데이비드 하비가 [영국 건축가 케네스 프램튼(Kenneth Frampton)이 이론화한 긍정적인 후위적 "비판적 지역성(critical regionality)"을 모방해] 비판적 힘이나 "장소 연계적 정체성"[35]을 키우고 결집하는 것이라 말한 것에 대한 포스트모던적 향수가 곳곳에 눈에 띄게 들어 있다. 예를 들면 "조! 차이나타운은 항상 차이나타운이 될 거야"라는 유쾌한(본질주의적) 주장으로 하와이의 로컬적 정체성을 직접적으로 긍정했던 티니는 글로벌/로컬 상황에 어울리지 않았고,

사회주의적·기독교적인 수천 갈래의 빛(a thousands points of light)●을 호텔 스트리트(Hotel Street)에 퍼뜨리려 한 조의 1인 자선 조직 또한 마찬가지였다. 심지어 향수조차 장소를 동원하는 비전으로 자리 잡고 정치화하면서 이런 상황에 대해 비판적 효력을 갖게 된다.

생활 비용이 본토보다 34퍼센트 더 들고,[36] 주 및 지방 정부 역시 미국 전국 평균보다 1인당 30퍼센트나 더 많은 세금을 걷고 있는 하와이의 경제를 감안할 때,[37] 영화가 생존을 위한 (로컬적 전통뿐 아니라) 경제적 필연성 때문에 어머니, 아버지, 삼촌, 고모, 할머니, 친구 "혹은 내키지 않지만 협조적인 영혼들"로 이뤄진 오하나(ohana, 대가족)를 구축하려는 경향이 있다고 주장한 것은 옳다.[38] 그것은 〈굿바이 파라다이스〉에서 하와이에 남아 있는 전통적 가치에 대한 김빠진 패러디가 된다. 이런 가치는 티니(덩치 큰 하와이 주점 경비원)와 빌리(반은 하와이인이고 반은 중국계인 바텐더)의 순수한 마음을 통해 포착되는데, 이들은 마지막에 주점이 문을 닫고 난 뒤에도 성인(聖人)과 같은 조와 더불어 "근처 지역에 머물기"로 결심한다.

초국적 관광은 이미 (네바다의 카지노 경제처럼) 하와이의 "주된 수출 품목"이 되었고,[39] 이러한 합의적 전환 과정 속에서 하와이의 자연적 아름다움과 풍경의 장엄함은 일차적 "자산"으로 이용당하는 것 같다.[40] 환태평양 경제주의의 언어는 수요와 공급의 역학이 하와이의 생활 비용을 끌어올리겠지만 생활 수준은 "감탄할 만한" 것이 될 거라는 식으로 결론짓는다. 하지만 호놀룰루 차이나타운의 가난한 밀폐공포증적 공간은 호텔 천국인 와이키키의 경치 좋고 관능적인 매력이나 하와이 화산국립공원 야생지의 "엄

● "수천 갈래의 빛"이라는 말은 조지 부시 미국 대통령이 사용해 인기를 끌었으며, 나중에 부시가 자원봉사를 지원하기 위해 조직한 개인 비영리 단체의 이름이 되었다.

청난 아름다움"과 경쟁할 수 없다. 오리엔탈리즘적이고 이국적인 화려함으로 가득 찬 폴 서루의 범판단적인(pan-judgmental) "관광객의 시선"을 빌리자면, "하와이의 가장 명백한 두 가지 사실은 일본화한 해변 호텔들의 거창하고 천박한 쾌락, 그리고 이와 정반대되는 바위투성이 화산과 해안선 곳의 거칠고 장엄한 풍경이다".[41] 이런 판단 속에서 하와이의 민족주의는 원주민이 사라진 리조트나 화산에 대한 관광객의 몽상에 실제적 혹은 부상하는 위협으로 결코 언급조차 되지 않는다. 새로운 태평양에서 문화민족주의는 원주민이 없는 원시 관광 문화의 쾌락으로 판매될 수 없다. 적어도 지금은 아니다.

하와이의 동시대 '로컬 문학' 운동을 추동하는 복잡한 사회적 역학과 어울리는 주제로 〈굿바이 파라다이스〉는 하와이에서의 상호 부조와 다문화적 통일성을 소중하게 생각하던 과거의 목가적 윤리가 오늘날의 호놀룰루에서 부당 이득의 윤리와 이미지 및 자기 홍보(image-and self-promotion)의 유동적인 탈장소적 양식에 허물어져가고 있다는 것을 (로컬 문화 공간으로서 주점의 제유적 알레고리를 통해) 보여주는 데 도움을 준다. 〈굿바이 파라다이스〉의 상상적 정치체에서 이와 같은 구조 조정은 이 주점에서 살다시피 했던 늙은 벤과 백인 기독교도 여인들처럼 오래된 주민과 소외된 시민에게 큰 상처가 된다. 물론 이것이 하와이 원주민에게 끼칠 대가는 거의 측정조차 할 수 없겠지만 말이다.

로컬의 KHON TV 뉴스에서 명성을 떨친 조 무어(Joe Moore)가 (성자처럼 과장된) 주점 관리인 조 마틴 역할을 맡았다. 떠돌이 고양이에게 먹이를 주고, 취한 사람에게 택시를 잡아주고, 노숙인과 노인들을 돌볼 때, 그는 실질적으로 기독교적인 사회주의적 윤리에 바탕을 둔 이웃에 대한 배려와 관심(로컬의 핵심 가치라고 할 수 있는 알로하(aloha) 정신)을 고수한다. 이는 베트남에서 산전수전 다 겪은 병사 생활을 하고 태평양 건너 하와이에 정착한 뒤 몇 년 전 그를 양자로 받아들인 영 노인의 가치와 유사하다. 〈굿바이 파라 다이스〉는 돈에 대한 무어의 사심 없는 태도 때문에 지나치게 감상적이고, (도심 내부를 고수익 부동산으로 바꾸려는 초국적 자본주의에 의해 내부로부터 점진적으로 제거되고 있는) 옛 호놀룰루에서 "오하나 속에 모두는 하나"라는 하와이의 다 인종적 생활 방식에 대한 향수가 짙게 덧칠되어 있는 한편, 호놀룰루 도심 에서 일어나는 문화적 변화의 과정과 대가를 보여준다.

〈굿바이 파라다이스〉는 주점뿐 아니라 대농장에서도 수년간의 공존을 통해 일어나고 형성된 크레올화한 다문화 공동체를 애정 어리고 익살스럽 게 보여주며, 심지어 로컬 공동체가 현재 분열 및 소멸되고 다른 로컬 공 간으로부터 괴롭힘을 당하고 있는 와중에도 중국인 요리사, 하와이인 경비 원, 중국계 주인, 일본계 경찰, 백인 지배인, 반은 중국인이고 반은 하와이 인인 주점 여종업원, 그리고 미국 남부 출신의 신참 백인 여급을 뒤섞어놓 는다. 여기서 위협받고 있는 것은 로컬 문화의 중심에서 과대 선전되고 있 는, 대지에 대한 사랑을 뜻하는 알로하 아이나(aloha 'aina)라고 부르는 하와 이적 가치의 복합체다. 이 가치는 타로(토란) 농사에서 유래해 현재의 의미 로 변형된 지금도 (수미다의 다문화적 말로 풀어보자면) "대지에 대한 사랑("만일 당 신이 땅을 사랑하고 경작한다면, 대지는 당신을 먹여 살리는 것으로 보답할 것이다"), 가족, 생존, 문화 자체를 하나의 풍부한 가치—사람 간의, 그리고 사람과 자연 간의 호혜성을 내포한 가치들—의 복합체로 결합하는, 하와이 언어에 통 합된 상징과 은유"를 함축한다.[42]

빌 포사이스 감독의 〈시골 영웅〉(1983)에서 퍼니스만(Furness Bay)에 있 는 목가적 공동체에 침입해 들어오는 텍사스와 애버딘의 초국적 정유 회 사에 맞서 스코틀랜드 해변을 점거한 이상주의적 로컬 영웅 벤 크녹스(Ben

Knox)처럼, 로컬 뉴스의 앵커 조 무어는 지리멸렬한 저항적 다문화의 **로컬 영웅**이자 "사람들 간의 호혜성"이라는 이 기이한 알로하 정신의 실행자 역할을 맡는다. 마틴은 역사적 폭력과 '발전'이라 일컫는 미국의 상식적 지배 서사가 끼친 손상으로부터 로컬적 매력과 로컬적 관습을 보호하고 개선하기 위해 노력한다. 베트남을 거치고 아시아/태평양을 횡단해 하와이로 이주한 이 로컬화한 백인 노동자(haole)는 공간적·정치적으로 패배했지만 시간이 지나면서 사랑에 대한 도덕적·감상적 승리를 획득한다. 그에게 돈은 그 어떤 위안도 제공하지 못한다. 여기서 두 가지 자본 윤리가 서로 경쟁하는데, 하나는 과거로부터 내려오는 온정적인 성격을 갖는 데 반해, 다른 하나는 잔혹한 초국적 성격을 갖고 있다. 주점이 문을 닫고 캘리포니아 요리점이 재개장하면서 전자는 상징적으로만 승리할 뿐이다. 하지만 두 가지 윤리는 하와이 주권 운동을 너무 쉽게 억압하고 무시한다. 이 운동은 현재 주의 지원을 받는 미래 기획자, 그리고 그들 나름으로 "파라다이스의 가격" 계산에 골몰하는 하와이 대학 출신의 경제적 지식 노동자와의 타협을 거부한다.

적어도 1988년 이후 하와이의 다대수 다문화적 시민이 과도한 외국 투자, 특히 일본 투자의 유입에 반대해왔다는 것은 분명하다.[43] 하와이 호텔 방의 거의 3분의 2는 외국 투자가, 특히 일본 투자가 소유였다. 따라서 이와 같은 로컬 경제의 긴축은 1980년대 동안 정점에 이르렀고, 이는 하와이의 매력이던 아주 독특한 문화와 장소를 해체하는 경계 없는 초국적 경제의 작용에 대한 방어적 반응으로 읽을 수 있다. 호텔 리조트와 마이크로칩 생산 공장으로 이뤄진 새로운 태평양은 환태평양의 꿈이자 APEC의 파라다이스다. 그러나 토지와 재산의 상실은 통제력 상실을 가져왔고, 호놀룰루에서 밴쿠버로의 문화적 이주는 자기 집을 갖고 싶어 하는 개인들의 꿈을 짓밟았다. 하지만 하이퍼자본(hyper-capital)의 이동이라는 포스트모던적 맥락은 로컬이 글로벌 자본의 공격과 후퇴에 의해 점차적으로 영향을 받는 상황을 가리킨다. 가령 외국인들이 가치를 올려놓은 호놀룰루의 카할라 (Kahala) 같은 부동산 시장에서 일본 엔화의 유동성이나, 장소를 "랜드마크 와이키키(Landmark Waikiki)"[44]의 자본화한 공간으로 개발하는 악명 높은 초국적 거대 투자 자본가 수카르만 수캄토(Sukarman Sukamto)로부터 들어오는 인도네시아 자본의 유동성이 로컬에 영향을 끼치는 것이 그 사례다. 카할라 같은 인근 지역이 (1991년 터져나온 자본 이탈의 역학을 감안할 때) 도쿄 엔화의 유입과 유출을 겪었듯 로컬은 글로벌 금융 체계의 변동에 의해 부침을 거듭한다.

NAFTA에서 APEC에 이르기까지 환태평양을 둘러싸고 역동적으로 새로 조직되는 탈규제적 글로벌 경제의 형성을 염두에 둘 때, '로컬 자산'은 일본·오스트레일리아·타이완·캐나다 혹은 캘리포니아로부터 유입된 자본에 의해 명백히 위협받고 있다. 더욱이 국가나 회사처럼 하와이의 로컬 경제는 1985년 유나이티드 항공사의 파업, 1991년 사막의 폭풍 작전 (Operation Desert Storm)같은 (경제와 정치의) 글로벌 사건과 국가적 경기 침체에 즉각적으로 영향을 받는다. 이런 사건은 캘리포니아 같은 태평양 연안 주들로부터 오는 관광객의 흐름에 바로 영향을 준다.

이른바 **투어리즘적 거시경제**(tourist macroeconomy)에서 하와이는 관광 자본을 놓고 버뮤다, 피지, 홍콩, 라스베이거스, 바하마군도 같은 국가 및 도시국가와 경쟁해야 하고, 자신의 로컬적 정신을 글로벌적 매력과 구원의 대상으로 판매해야 한다. 나아가 지식 흐름과 생산적 고용의 글로벌적이고 초국적인 역학을 감안할 경우, "하와이는 제3세계 국가에서 흔히 찾아볼 수 있는 것처럼 두뇌 유출의 [외부 이주] 문제를 당연히 안고 있다".[45] 이런 현실은 탈산업적 관점에서, 특히 저임금과 낮은 숙련도의 서비스 산업에 시달리는 관광 산업 중심의 로컬 경제로 발전해가는 글로벌 전환을 생각하면 잘 드러난다. 이는 하와이 빅(Big)섬의 하마쿠아 슈거(Hamakua Sugar)나 돌(Dole)이 운영하는 라나이(Lanai)섬에서 거의 전면적인 규모로 일어나고 있듯 파인애플 생산과 설탕 농장이 점차 사라지고 관광 리조트와 골프장이 대신 들어서고 있음을 뜻한다. 관광 산업이 주요한 글로벌 산업으로 부상 및 확산하면서, 오늘날 문화 비평은 영국에서처럼 하와이에서도 이와 같은 문화 횡단적 흐름이 로컬의 장소 기반적 정체성에 끼치는 대가와 요구를 감당하고 측정해야 한다.

　마노아 소재 하와이 대학의 '기업 경영 및 금융 경제 제도 프로그램'의 워커(Walker) 석좌교수이자 로컬의 초국적 구조 조정을 옹호하는 데이비드 매클레인(David McClain)에 따르면, 인구 110만 명인 하와이 시장은 아시아 시민이나 서양 시민에 비교하면 그리 "세련된 편이 못된다". 왜냐하면 "여행이나 관광업 외에 관련 지원 산업이 세계적 수준은 아니며" 홍콩부터 로스앤젤레스에 이르기까지 APEC 같은 시각으로 태평양 내부 지역을 경영하거나 쉽게 이동하는 환태평양 국가의 경쟁 상대가 될 수 없기 때문이다.[46] 사회과학의 방식으로 말하면, 이러한 경제주의적 담론은 제한적 경쟁으로부터 이익을 챙기는 견고한 엘리트층이 있는 하와이가 기업 활동에 부정적 영향을 끼칠 정도로 과도하게 발달한 공공 부문과 자신의 특권을 유지하는 데 힘쓰는 견고한 엘리트 계층이 있는 단일 수출 상품 개발도상국가의 모델과 닮았음을 증명한다. 즉 이런 요인은 하와이가 오래 지연되고 있지만 "태평양의 수도"로 등장하는 것을 가로막고 있다.[47]

　'태평양 해역(Pacific Basin)'은 자본의 메가트렌드를 그리는 대부분의 환태평양 지도 속에서—무시당하는 것이 아니라면—간과되고 있다. 태평양의 "금융적 경관(finanscape)"의 중심지는 홍콩, 도쿄, 로스앤젤레스, 밴쿠버, 시드니에 위치한다고 할 수 있다.[48] 환태평양의 탈중심성을 예리하게 의식하는 미건 모리스(Meaghan Morris)는 오스트레일리아의 시드니 타워가 마치 북부 공간과 대서양 시간의 전횡을 해체하려 하듯 아래로부터 환태평양 지배의 기술적 도상으로 변신하는 과정을 기술한 바 있다. "타워 내에서 전자 통신 수단이 오스트레일리아를 글로벌 동시성의 시대로 통합할 수 있도록 해주고 있다. 거대한 공간에 의한 다른 세계로부터의, 그리고 서로서로로부터의 시간적 지체나 고립은 더 이상 존재하지 않는다."[49] 신중한 문화 정치를 통해 모리스는 오스트레일리아 영화 〈크로커다일 던디(Crocodile Dundee)〉(1986)를 "**수출 충동적** 알레고리(export-drive allegory)"로 읽는 기이한 독법을 통해 미국과 유럽의 문화적 기술 체계가 태평양 문화와 멀리 떨어진 공간을 지배하는 현실을 다시 사고한다. 그 알레고리에 따르면, 태평양 야생지의 공간과 미개척 오지의 이질적 문화는 "악어 밀렵꾼을 수출 대상으로 만들 수 있고, 미국 미디어로부터 약간의 도움만 받으면 뉴욕에서도 얼마든지 판촉할 수 있다".[50]

초국적인 "불성적 사이보그(cyborg of Buddha-nature)"는 여전히 남아 있는 글로벌적 고립감으로부터 조용한 에덴이라는 고대 태평양과 아시아의 봉건적 가부장제의 장소를 구원하겠다고 약속한다. 한편, 태평양 로컬 공간은 도쿄와 인도네시아로부터의 문화 횡단적 흐름 위에서 (미개척 오지/에덴으로서) 관광객을 위한 경관으로 재구성되고 있다. 로컬 문화에 대한 인사(aloha)로서 〈굿바이 파라다이스〉는 시드니와 로스앤젤레스는커녕 호놀룰루에서조차 거의 상영되지 않았다. 목가적 정치는 사이버 공간에서 유통되지 않는다. 그러나 뱀부리지부터 수바(Suva), 그리고 파푸아뉴기니에 이르는 장소와 정체성의 미시정치는 다른 곳에서 재부상해 글로벌 재현의 흐름과 카고 컬트(cargo-cult) 문화*의 탐욕에 도전한다.

〈굿바이 파라다이스〉의 플롯을 추동한 다문화 정치와 긍정적 이상주의에 따라 불운한 로컬 주점과 호평을 받으며 유통된 소규모 영화로 돌아가 보면, "한 번 농담하면 한 번은 농담을 듣도록" "이곳의 규칙"을 정해놓은 상호 교환의 경제 속에서 인종적·민족적 농담은 매우 풍부할 수 있다. 다문화적 혼종이나 혼혈적 결합(조는 영의 매니저를 그만두고 아시아게 지역민인 빌리와 함께 떠난다)에도 이 영화는 〈하와이 파이브 오(Hawaii Five-O)〉**처럼 인종적 위계질서를 보존하고 있다. 하와이인(빅 사론과 티니)은 저급한 육체 서비스 업종에 종사하고, 일본인(노무라 경위)은 중간 경영자의 위치에 있고, 인정 많은 백인(조 마틴)은 대농장을 관리하는 온정적 루나(luna)의 역할을 하며, 중국인은 악바리처럼 일해 (벤처럼) 가난한 농부이자 경멸받던 피진어 사용자에서 단 2세대 만에 ('주니어' 존 영처럼) 여피 부자로 신분이 상승한다.

로컬 문화의 모순적 성격에도 불구하고 종족적 관습과 생활 방식은 사라지지 않으며, 시간과 기억의 변화에도 다른 것들과 콜라주를 형성하며 지속된다. 줄리엣 코노 리(Juliet Kono Lee)가 〈욘세이(四世)〉***에서 빅섬의 설탕 농장에서 일한 이전 세대의 일본인과는 너무나 차이가 있는 제4세대 아들에 대해 지적했듯 〈굿바이 파라다이스〉에서 초국적 운영자인 존 영을 빼면 하와이의 로컬적 인물에 대해서도 그렇게 말할 수 있다.

붉은 흙으로부터

---

* 19세기 후반 남태평양 뉴기니, 멜라네시아 지역 섬들에서 일어난 천년왕국적인 종교 및 사회 운동에 대해 1940년대에 서구 사회가 붙인 이름.
** 하와이를 배경으로 범죄 조직에 맞서 싸우는 액션 영화(2010).
*** 일본 이민자들의 후손을 가리키는 말.

당신의 피는 자유롭게 흐른다.

하지만 당신은 빠져 있네,

이 장소에.[51]

태평양과 하와이 로컬 문화에 대해 신비스러운 집착을 갖고 있는 어느 서퍼에 관한 단편소설에서 로드니 모랄레스(Rodney Morales)는 "태평양과 나는 이것을 공유하지. 알겠니?"[52]라고 말하며, 태평양이라는 장소 연계적 정체성에 대해 로컬적 목소리를 낸다. 그리고 조지프 발라즈(Joseph P. Balaz) 또한 자신이 사랑하는 하와이 크레올 영어(피진어)로 "에, 내가 당신에게 말했던 것처럼,/이 이 대륙—/하와이는/나에게 하나의 본토야"[53]라고 말하면서 로컬성이 강한 주장을 환기시킨다.

파라다이스 파고들기

윙(Wong) 노인의 건물이 새로운 주택 계획에 의해 허물어지고 있는 호놀룰루의 번화가 차이나타운의 최근 발굴 과정에서, 도시의 고고학자들은 17세기의 하와이 정착으로 거슬러 올라가는 하와이 로컬 문화의 지층을 발견하고는 매우 놀랐다. 단지 3미터 정도의 흙이 1600년대 중반부터 18세기, 19세기에 이르기까지 호놀룰루 차이나타운의 연대기적 역사를 보여주었던 것이다. 87년 된 윙의 건물은 하와이의 마지막 목조 구조물이었고, 건물 내에는 1970년대에 쇠락한 로컬 필리핀인들의 아지트이던 오래된 세부 풀홀(Cebu Pool Hall)이 있었다.

장소와 기억에 뿌리를 둔 더욱 심층적인 문화적 무의식처럼 윙의 건물

밑에는 차이나타운에서 있었던 세 차례의 화재를 보여주는 3개의 연소층이 있었다. 방사성 탄소 연대 측정법은 하와이가 키키할레(Kikihale)〔이 이름은 오아후의 옛 추장이던 코우(Kou)의 딸 이름을 따서 지은 것으로 추정된다〕라 일컫는 (외부 문화와의) 접촉 이전의 정착지임을 보여준다. 이곳에서 카메하메하 대왕(Kamehameha the Great)은 훗날 호놀룰루를 정복한 후 하와이를 쿡, 밴쿠버 그리고 보스턴 출신 선교사들이 세운 국가에 비할 만한 새로운 국가로 통합해가는 과정에서 자신의 부관과 가신들을 4개의 그룹으로 나누었다. 다른 발굴품 중에는 구멍을 뚫은 상어 이빨부터 조개 목걸이에 이르기까지 토착 하와이인들의 생활 문화를 보여주는 물품, 1700년대 중국 도자기, 글래스고에서 온 에일 맥주 통, 파리에서 온 샴페인 통, 영국의 크림색 도자기도 있었다.[54] 미국적 공간으로 지구화하면서 호놀룰루는 로컬 공간과 소중한 양식에 대한 또 다른 역사를 은폐하고자 했지만 제대로 숨기지는 못한 셈이다. 새뮤얼 카마카우(Samuel Kamakau)가 기록했듯 "호놀룰루는 원래 〔릴리하(Liliha)와 스쿨(School) 스트리트의 교차점에 있는〕 니우쿠카히(Niukukahi)에 있는 작은 장소였는데, 어떤 사람이 이곳을 작은 타로 밭으로 바꾸었다. 그에 대한 존경으로 후손들은 아후푸아아(ahupua'a) 전체(산에서 해안가 절벽까지 뻗어 있는 대지)에 그 이름을 붙였다".[55]

호놀룰루만의 국제적 교류에 의해, '파라다이스 인'의 종족적 공동체 밑에 파묻혀 있던 **로컬** 문화는 아시아/태평양/유럽적인 복합적 혼합물 속에서 **글로벌적**이었다. 이 혼합물은 하와이의 토착적 역사를 아시아/태평양적 미래의 파편을 종합하는 장소로 드러낸다. 안드로이드의 팔은 어디에서도 발굴되지 않았다.[56]

주

1. 서두의 첫 번째 인용문은 패권적 근대성에 맞선 태평양 지역 정체성을 가장 강력하게 주장한 것으로 여겨지는 사모아의 소설가 Albert Wendt, "Towards a New Oceania," *Writers in East-West Encounter: New Cultural Bearings,* ed. Guy Amirthanayagam (London: Macmillan, 1982), p. 210에서 가져왔다. 두 번째 인용문은 그로버 클리블랜드(Grover Cleveland) 대통령과 그의 위원회가 1892년 미국 기업가들의 지배 집단이 하와이의 마지막 군주 릴리우오칼라니 여왕(Queen Lili' uokalani)을 전복시킨 것을 반대하고 이를 불법으로 간주했다는 지식에 근거한 것으로, 이와 관련한 문화 정치에 대한 유일한 글인 *The Price of Paradise: Lucky We Live Hawaii?* ed. Randall W. Roth (Honolulu: Mutual Publishing, 1992), p. 198에서 가져왔다. 나는 이것을 미국의 태평양 파라다이스로서 하와이(Hawaii-as-American-Pacific paradise)라는 지배 담론을 다루는 데 이용할 것이다. 마지막 세 번째 인용문은 '하와이 기업경제개발관광청'이 후원한 제3회 관광 회의의 입장을 보여준다. Stu Glauberman, "Tourism Congress to Seek Solutions," *Honolulu Advertiser,* December 13, 1993, p. C1 참조.

2. Kenichi Ohmae, *The Borderless World: Power and Strategy in the Interlinked Economy* (New York: Harper, 1990).

3. 글로벌/로컬의 인터페이스에 관해 읽고자 할 때 나는 아리프 딜릭의 추측에 의지한다. 그는 "생산의 초국적화"가 우리에게 "글로벌적으로 전례가 없을 정도로 통합되고 동시에 전례가 없을 정도로 파편화해가는" 자본주의적 포스트모더니티를 제시한다고 주장한다. Arif Dirlik, *After the Revolution: Waking to Global Capitalism* (Middletown, Conn.: Wesleyan University Press, 1994). 이와 같이 강화된 글로벌/로컬적 세계 체제의 문화 횡단적 형태에 관해서는 Arjun Appadurai, "Disjuncture and Difference in the Global Cultural Economy," *Public Culture* 2 (1990): 1-24; "The Globalized Production of Locality," East-West Center, Honolulu, February 17, 1994 참조.

4. Masahiro Mori, *The Buddha in the Robot: A Robot Engineer's Thoughts on Science and Religion* (Tokyo: Kosei, 1981), p. 13.

5. Philip K. Dick, *Blade Runner* 〔*Do Androids Dream of Electric Sheep?*〕 (New York: Ballantine, 1991), p. 24.

6. Ibid., p. 14.

7. John Naisbitt & Patricia Aburdene, *Megatrends 2000: Ten New Directions for the 1990s* (New York: Avon, 1990), p. 198.

8. William Gibson, *Neuromancer* (New York: Ace, 1984), p. 77. 뉴 태평양에서 새롭게 형성된 주체성(숭고적 사이보그), 기이한 타자화, 서구적 해체의 열광적 장소로서 일본을 논하는 글로는 David Morley & Kevin Robins, "Techo-Orientalism: Futures, Foreigners, and Phobias," *New Formations* 16 (1992), pp. 136-156 참조.

9. Gibson, *Neuromancer*, p. 6.

10. James Clifford, "Borders and Diasporas", "Borders/Diasporas" Conference, Center for Cultural Studies, U.C. Santa Cruz, April 3-4, 1992. 클리퍼드에 대한 향후의 언급은 이 분석에 대한 것이며, 또한 "Traveling Cultures" *Cultural Studies,* ed. Lawrence Grossberg, Cary Nelson & Paula Treichler (New York and London: Routledge, 1992)를 참조할 것이다. 이 글에서 클리퍼드는 "'외부적' (글로벌적) 결정을 강조하는 경향으로 강하게 치우쳐 있는 로컬/글로벌의 변증법" (100쪽)에 대해 주의할 것을 강조한다. 호피족(Hopi)이나 남서부의 치카노같이 새롭게 부상하는 "대항 국가들"의 글로벌/로컬 현상으로서 "비판적 크레올주의"와 혼혈적 시학에 대해서는 Keijiro Suga, "Critical Creolism Stands by Chicanos in Their Endless Journey from/to Aztlan," *Meli-Melo* 9 (1992), pp. 98-108 참조.

11. David Harvey, *The Condition of Postmodernity: An Inquiry into the Origins of Cultural Change* (Cambridge, Mass.: Blackwell, 1990), p. 187; David Harvey, "From Space to Place and Back Again: Reflections on the Condition of Postmodernity"; Mike Featherstone, "Global and Local Cultures," Jon Bird, Barry Curtis, Tim Putnam, George Robertson & Lisa Tickner, eds., *Mapping the Futures: Local Cultures, Global Change* (London and New York: Routledge, 1993).

12. Rob Wilson, "Blue Hawaii: Bamboo Ridge and 'Critical Regionalism,'" *What's in a Rim? Critical Perspectives on the Pacific Region Idea,* ed. Arif Dirlik (Boulder, Colo.: Westview, 1993), pp. 281-304.

13. Karl Marx & Friedrich Engels, *The Communist Manifesto* (London: Penguin, 1967), pp. 83-84 참조. "로컬적·민족적 은둔과 자급자족 대신 우리는 사방으로 뻗어가는 교류와 민족 간의 보편적 상호 의존을 보게 된다. 물적 생산에서처럼 정신

적 생산에서도 말이다."

14. Takayuki Tatsumi, "The Japanese Reflection of Mirrorshades," *Storming the Reality Studio: A Casebook of Cyberpunk and Postmodern Fiction,* ed. Larry McCaffery (Durham, N.C.: Duke University Press, 1991), pp. 367-372.

15. Edward Soja, *Postmodern Geographies: The Reassertion of Space in Critical Social Theory* (London and New York: Verso, 1989), p. 192. 블레이드 러너적 표정에 관해서는 Norman M. Klein, "Building Blade Runner," *Social Text* 28 (1991), pp. 147-152 참조. "영화 〈블레이드 러너〉는 영화 역사에서 아주 드문 것을 이룩했다. 이는 도시의 미래를 위한, 그리고 학문을 횡단하는 예술가들을 위한 패러다임이 되었다."

16. 문화적 대상에 대한 제임슨의 "인식적 지도 그리기"를 통해 표현되었듯 "오늘날 다국적 자본주의의 전 세계 체제"를 파악하지 못하는 무능력으로서 포스트모던적 주체가 직면하고 있는 **숭고한** 문제 설정과 사이버펑크 과학 소설의 매트릭스 추구에 관해서는 Peter Fitting, "The Lessons of Cyberpunk," *Technoculture,* ed. Constance Penley & Andrew Ross (Minneapolis: University of Minnesota Press, 1991), pp. 310-311 참조.

17. David Harvey, *The Condition of Postmodernity,* p. 303.

18. Noel Kent, "To Challenge Colonial Structures and Preserve the Integrity of Place: The Unique Potential Role of the University," *Restructuring for Ethnic Peace: A Public Debate at the University of Hawai'i,* ed. Majid Tehranian (Honolulu: Spark M. Matsunaga Institute for Peace, 1991), p. 119. 이와 관련한 분석에 대해서는 Eric Yamamoto, "The Significance of Local," *Social Process in Hawai'i* 27 (1990), pp. 12-19 참조.

19. 이것은 서사모아에서 '파아 사모아(faa Samoa)'에 근대 건축이 끼친 문화적으로 분열적인 효과에 저항하기 위해 앨버트 웬트가 〈새로운 오세아니아를 향해(Towards a New Oceania)〉에서 사용한 문제 제기적 단어다.

20. Eric Chock, "On Local Literature," *The Best of Bamboo Ridge,* ed. Eric Chock and Darrell H. Y. Lum (Honolulu: Bamboo Ridge Press, 1986), p. 8. 하와이 '문학 운동'을 장소 연계적 정체성과 모순적 공동체로 분석하는 작업으로는 Rob Wilson, "Blue Hawaii: Bamboo Ridge as 'Critical Regionalism,'" *What's in a Rim? Critical Perspectives on the Pacific Region Idea,* ed. Arif Dirlik

(Boulder, Colo.: Westview, 1993), pp. 281-304 참조.

21. Philip Damons, "Appealing 'Paradise' Goes Far Beyond Its Island Home," *Honolulu Advertiser,* May 29, 1992, p. C2 참조. '주변화'는 불균등한 지리적 발전의 지속적인 글로벌 과정을 함축한다. Gareth Evans & Tara McPherson, "Watch This Space: An Interview with Edward Soja," Working Paper, no. 9, 1990-1991, Center for Twentieth Century Studies, University of Wisconsin at Milwaukee 참조.

22. *America*, trans. Chris Turner (London and New York: Verso, 1988)에서 장 보드리야르는 신(新)원시적 '성취된 유토피아(utopia achieved)'로서 고속도로, 텅 빈 사막, 그리고 미국의 숭고적 공간에 대한 디즈니랜드식 모사물을 횡단해간다. "국민적 정체성을 미국적 상상계 내부의 동질성을 암묵적으로 가정하는 것이라 기보다는 하나의 인공물로 드러내고자" 하는 미국의 포스트민족적 운동에 대해서는 "New Americanists 2: National Identities and Postnational Narratives," *boundary* 219 (1992), edited by Donald Pease; Amy Kaplan & Donald Pease, eds., *The Cultures of U.S. Imperialism* (Durham, N.C.: Duke University Press, 1994) 참조.

23. Paul Theroux, *The Happy Isles of Oceania: Paddling the Pacific* (New York: G. P. Putnam, 1992), p. 482. 태평양 사람들에 대한 서루의 신제국주의적 태도에 대한 반박으로는 Rob Wilson, "Paul Theroux's Venemous Views," *Honolulu Advertiser,* Jan. 8, 1994 참조. 이 글은 엄청난 논쟁을 촉발했고, 〔커피 테이블용 책을 쓰는 하와이 작가 조슬린 후지이(Jocelyn Fujii)를 비롯한〕 일부 관광 산업 종사자들이 서루의 책에 대해 "솔직하다", "진정성 있다", "정확하다"는 식으로 옹호해주기도 했다.

24. Stephen H. Sumida, *And the View from the Shore: Literary Traditions of Hawai'i* (Seattle: University of Washington Press, 1991), p. 91.

25. Sumner J. La Croix, "Cost of Housing," *The Price of Paradise,* p. 136.

26. Ibid., p. 138.

27. Michael A. Sklarz, "High Rents," *The Price of Paradise,* p. 144.

28. Eric Chock, "Last Days Here," *Last Days Here* (Honolulu: Bamboo Ridge Press, 1989), p. 71. 초크의 태평양 로컬주의와 그의 시에서 피진어의 창의적 사용에 대해서는 Gayle K. Fujita Sato, "The Island Influence on Chinese American

Authors: Wing Tek Lum, Darrell H. Y. Lum & Eric Chock," *Amerasia* 6 (1990): 17-35 참조.

29. Stephen H. Sumida, *And the View from the Shore*, p. 38. 무라야마 소설의 복합적인 플랜테이션적 비전에 관해서는 Rob Wilson, "The Languages of Confinement and Liberation in Milton Murayama's *All I Asking for Is My Body*," *Writers of Hawaii: A Focus on Our Literary Heritage,* ed. Eric Chock & Jody Manabe (Honolulu: Bamboo Ridge Press, 1981), pp. 62-65 참조.

30. 제임스 존스의 제2차 세계대전 소설《지상에서 영원으로(From Here to Eternity)》는 영화로 제작되어 1953년 아카데미상을 수상했다. 호텔과 리버 거리의 다문화주의를 할리우드에서 촬영했고, '날조'된 면도 없지 않지만 쇼필드(Schofield) 병영 막사, 쿠히오(Kuhio) 해변, 할로나(Halona) 동굴, 와아알라에(Waialae) 골프장에 대한 장면이 나온다. Robert C. Schmitt, *Hawaii in the Movies, 1898-1959* (Honolulu: Hawaiian Historical Society, 1988), pp. 60-62.

31. Mark Twain, *Letters from Hawaii,* ed. A. Grove Day (Honolulu: University of Hawaii Press, 1975), p. vi. 인종 분열적이고 계급 분열적인 '태평양 파라다이스'에 대한 트웨인의 시각에 대해서는 Sumida, *And the View from the Shore,* pp. 38-56 참조.

32. James Mak & Marcia Sakai, "Tourism in Hawai'i: Economic Issues for the 1990s and Beyond," *Politics and Public Policy in Hawai'i,* ed. Zachary A. Smith & Richard C. Pratt (Albany: State University of New York Press, 1992), p. 187. 어느 날이든 하와이에는 매일 17만 명의 관광객이 있다. "1989년에는 약 660만 명의 관광객이 방문했다"(193쪽). 이 수치는 미국, 일본, 유럽 경제의 부침에 따라 영향을 받는다. 글로벌 흐름이 강화되는 것을 감안하면, 필자들은 "최근 외지인들이 호텔, 골프장, 주거용 부동산 및 다른 자산을 소유하는 데 대해 지역적 분노가 점차 커지고 있는 실정이다"(193쪽)라고 언급한다.
글로벌 관광 문화, 태평양의 적응, 원주민의 저항이 결합된 복잡한 사회적 쟁점이 문화민족주의의 복잡한 상황적 언어를 통해 표현되고 있는데, 이에 대해서는 Andrew Ross, "Cultural Preservation in the Polynesia of the Latter-Day Saints," *The Chicago Gangster Theory of Life: Nature's Debt to Society* (London and New York: Verso, 1994), pp. 21-98 참조. 전 지구화해가는 태평양에서 공간, 시간, 정체성에 관한 폴리네시아적 모델과 연결되면서도 문화적 관광 산업에 공감

적인 하와이의 토착적 견해에 대해서는 George Kanahele, "Tourism: Keeper of the Culture," *Ecotourism: Business in the Pacific Promotes a Sustainable Experience,* ed. John E. Hay (Conference Proceedings, University of Auckland and East-West Center, Honolulu, 1992), pp. 30-34; George Kanahele, *Ku Kanaka, Stand Tall: A Search for Hawaiian Values* (Honolulu: University of Hawaii Press, 1986) 참조.

33. Haunani-Kay Trask, "*Kupa'a 'Aina* [Hold Fast to the Land]: Native Hawaiian Nationalism in Hawai'i," *Politics and Public Policy in Hawai'i,* p. 246.

34. David L. Callies, "Development Fees," *The Price of Paradise,* p. 170.

35. Kenneth Frampton, "Towards a Critical Regionalism: Six Points for an Architecture of Resistance," *The Anti-Aesthetic*, ed. Hal Foster (Port Townsend, Wash.: Bay Press, 1983), pp. 16-30; Kenneth Frampton, "Place-Form and Cultural Identity," *Design After Modernism: Beyond the Object,* ed. John Thackara (London: Thames and Hudson, 1988), pp. 51-66.

36. Leroy O. Laney, "Cost of Living," *The Price of Paradise,* p. 29.

37. Jack P. Suyderhoud, "Government Size," *The Price of Paradise,* p. 53.

38. Leroy O. Laney, "Cost of Living," *The Price of Paradise,* p. 27. 여기서 레이먼드 윌리엄스의 주장을 상기할 가치가 있다. 그는 새로운 노동과 생산의 국제적 분업을 생각할 때 "장소와의 유대"가 점차 초국적 저항의 로컬 전략에 기여할 수 있을 것으로 보았다. "그러나 **장소**는 국제 경제의 폭발과 탈공업화가 오래된 공동체에 끼친 파괴적 효과에 의해 그 유대 과정에—어쩌면 자본 소유 계급보다는 노동 계급에게—더욱더 결정적 요소임이 드러났다. 자본이 계속 이동해갈 때, 장소의 중요성은 더욱 명확하게 드러난다." Raymond Williams, "Decentralism and the Politics of Place," *Resources of Hope: Culture, Democracy, Socialism, ed. Robin Glade* (London: Verso, 1989), p. 242 참조.

39. James Mak, "Tourist Taxes," *The Price of Paradise,* p. 97.

40. David McClain, "Hawaii's Competitiveness," *The Price of Paradise,* p. 10.

41. Paul Theroux, *The Happy Isles of Oceania,* p. 473. 역사의 격동보다 야생의 자연 경관을 더 좋아하는 서루의 "관광객의 시선"이 갖는 영국적 계보에 대해서는 John Urry, *The Tourist Gaze: Leisure and Travel in Contemporary Societies* (London: Sage, 1990) 참조. "여행은 지위의 징표로 남아 있다"(5쪽). 그리고 태평

양 원주민(특히 멜라네시아와 사모아 사람들)에 대한 **혐오**는 글로벌적으로 위협받고 있는 후기 제국주의적 우월성의 상징으로 기능한다.

42. Stephen H. Sumida, *And the View from the Shore*, p. 108. 하와이의 아시아-태평양 미국적 정체성을 장소 연계적으로 다루는 글로는 Stephen H. Sumida, "Sense of Place, History, and the Concept of the 'Local' in Hawaii's Asian/Pacific Literatures," *Reading the Literatures of Asian America,* ed. Shirley Geok-lin Lim & Amy Ling (Philadelphia: Temple University Press, 1992), pp. 215-237 참조.

43. James Mak & Marcia Y. Sakai, "Foreign Investment," *The Price of Paradise*, p. 33.

44. Ibid., p. 36. 1993년 내내 인도네시아 국적의 수카르만 수캄토가 하와이 컨벤션센터의 부지와 형태 그리고 기금 모금에 관한 로컬 논쟁의 중심에 있었다. 그는 컨벤션센터를 인도네시아 거대 기업이 소유하고 운영하는 일련의 리조트 호텔 및 상점과 함께 알로하 모터스(Aloha Motors)의 부지에 두길 원했다. 하와이에서 수캄토가 갖고 있던 다른 '로컬' 재산에는 컨벤션센터 부지 인근에 있는 와이키키 랜드마크 초호화 콘도미니엄(그는 이것을 1993년 1억 3600만 달러를 받고 하와이주에 팔았다)과 호놀룰루 은행이 포함되었다.

45. Walter Miklius, "Out Migration," *The Price of Paradise*, p. 243.

46. David McClain, "Hawaii's Competitiveness," p. 10. 한국에서 뉴질랜드, 캐나다 그리고 인도네시아에 이르기까지 아시아태평양경제협력체(APEC)의 14개 회원국은 환태평양에 위치해 있다. '태평양 해역' 내의 주(state), 장소(site), 나라(country)는 글로벌 참가자가 아니라 단순한 관광지로만 여겨진다. 환태평양의 일원이 되고자 하는 하와이의 주장에 대해서는 Noel Jacob Kent, "The Pacific Rim Strategy," *Hawaii: Islands under the Influence* (New York: Monthly Review Press, 1983), pp. 95-103 참조.

47. Ibid.

48. 글로벌 문화적 흐름의 다섯 가지 차원에 관해서는 Arjun Appadurai, "Disjuncture and Difference in the Global Economy" 참조. 그는 이 다섯 가지를 (1) 인종적 경관 (2) 미디어 경관 (3) 기술적 경관 (4) 금융적 경관 (5) 이념적 경관이라고 명명했다. 북서 태평양에 위치한 밴쿠버처럼 하와이는 아시아 자본과 트랜스태평양 관광객의 유입을 위한 **금융적 경관**이자 **인종적 경관**이기도 하다. 글로벌/로컬의 인

터페이스와 관련해 캐나다 태평양 해안에 위치한 밴쿠버에서 홍콩 자본의 유입으로 인해 장소 연계적 정체성이 분열되는 과정에 대한 탁월한 연구로는 Katharyne Mitchell, "Multiculturalism, Or the United Colors of Capitalism," *Antipode* 23 (1993), pp. 263-294 참조. 미첼이 보여주듯 환태평양을 가로지르는 초국적 자본주의는 이름 없고 얼굴 없는 총체성이 아니라, 밴쿠버 같은 로컬을 초국적 자본의 이익과 쾌락의 흐름에 접속시키기 위한 구체적인 이해관계와 전략을 가진 로컬 행위자에 의해 추동되는 체계다.

49. Meaghan Morris, "Metamorphoses at Sydney Tower," *New Formations* 11 (1990), p. 9. 인터넷과 팩스 연결망이 아시아/태평양 지역에서 대도시 간 거리의 전횡을 다소 극복해주었다. 여기에 문화 연구의 전 지구화 같은 효과도 빼놓을 수 없다. 문화 연구의 전 지구화는 모리스〔혹은 인도계 피지(Indo-Fijian) 비평가 비자이 미슈라(Vijay Mishra)〕를 버밍엄 및 태평양 지역과 역설적으로 연계된 새로운 지식 형성의 핵심적 행위자로 만들고 있다.

50. Meaghan Morris, "Tooth and Claw: Tales of Survival, and *Crocodile Dundee*," *The Pirate's Fiancée: Feminism, Reading, Postmodernism* (London and New York: Verso, 1988), p. 248.

51. Juliet S. Kono, "Yonsei," *The Best of Bamboo Ridge*, p. 52. 자신의 4세대 일본계 미국인 아들이 "이 지역에 푹 빠져"(이 말은 내가 뱀부리지 로컬주의를 찬미하는 기표로 사용한 바 있다) 있다는 코노의 주장은 나중에 "진흙으로 떡이 되어 있는 …… 조리(zori)"라는 인종적 기표로 구체화된다. *Hilo Rains* (Honolulu: Bamboo Ridge Press, 1988), p. 103.

52. Rodney Morales, "The Speed of Darkness," *The Speed of Darkness* (Honolulu: Bamboo Ridge Press, 1988), p. 127.

53. Joseph P. Balaz, "Da Mainland To Me," *Ghaminade Literary Review* 2 (1989), p. 109.

54. June Watanabe, "Dig Turns up Best Look Yet at Old Hawaii," *Honolulu Star-Bulletin,* Nov. 5, 1992, p. A1. 와타나베는 하와이 고고학 자문위원회 회장으로 있는 조지프 케네디(Joseph Kennedy)의 말을 인용한다.

55. Samuel M. Kamakau, *The Works of the People of Old* (*Na Hana a ka Po'e Kahiko*), trans. Mary Kawena Pukui (Honolulu: Bishop Museum Press, 1992), p. 7. 카마카우는 이러한 인상을 1869년 11월 11일에 기록했다. 그는 그레이트마헬

레(Great Mahele) 토지 분할이 산에서 바다로 나아가는 공간에 대한 하와이의 의식을 영원히 혼란스럽게 만들어놓을 것이라고 탄식했다.

56. 호놀룰루의 차이나타운같이 태평양이 자본주의적 재조직화를 위한 글로벌/로컬 장소로 재배치되는 초국적 과정을 반박하기 위해 나는 카 라후이 하와이이(Ka Lāhui Hawaiʻi)라는 하와이 주권 그룹의 지도자 밀리라니 트라스크의 말을 인용하면서 긍정적인 장소 연계적 어감으로 마무리하고 싶다. 그녀는 하와이 장소의 고유 수호신(genius loci)을 다음과 같은 말로 환기시킨다. "우리의 법에서 우리는 예수 그리스도, 여호와, 페레(Pere) 같은 단어를 사용하지 않는다. 우리는 단지 아쿠아〔Akua(spirit)〕라는 일반적 이름만 사용할 뿐이다. 개인적으로 나는 내 종교적 실천이 나의 모든 혈연(훗날 티베트 불교의 길뿐만 아니라 가톨릭 토착 하와이인)과 관련이 있다고 생각한다." 이어서 그녀는 "카 라후이에서 우리는 주권의 가장 중요한 요소가 아쿠아에 대한 강력하고 지속적인 믿음이며, 이것을 구성 중에 있다고 믿는다. 우리가 우리 자신을 정신적 실천에 뿌리내리게 하는 것이 문화적으로 아주 적절하다. 전통적인(하와이적인) 방식으로 이것(영혼/아쿠아)은 당신의 식사, 당신의 사회생활, 그 모든 것을 지배했다"고 말한다. "Trask on the Task," Mililani Trask interviewed by Derek Ferrar, *Honolulu Weekly* 4 (Jan. 12, 1994), p. 6. 하와이인에게 미국 내 어느 인종 집단보다 더 열악한 건강 상태(비만, 당뇨, 심장병)를 초래케 한 서구식 정크 식사법에 맞서 쿡 선장 이전의 타로에 근거한 식사법과 대항적 체제의 발전에 대해서는 *The Waiʻanae Book of Hawaiian Health: The Waiʻanae Diet Program Manual* (Waiʻanae, Oahu, Hawaii: Waiʻanae Coast Comprehensive Health Center, 1993) 참조. 특히 차이나타운은 한때 타로 연못과 신선한 물이 있는 장소였다(주 55 참조).

타이완 신문문학 별호의 신생 문화 비평 칼럼의 사례
현대 타이완 공적 문화의 글로벌/로컬 변증법

● 랴오빙후이 ●

1

망명과 이주 그리고 유목주의에 의해 혼종 공간이 창조되면서 오늘날 지역은 국경을 뛰어넘어 이중 언어 혹은 디아스포라적 지식인이 한 세계에서 다른 세계로 이동하며 글을 쓰는 새로운 형태의 문화 횡단적 공론장을 낳고 있다. 이 책 서문을 쓴 롭 윌슨과 위말 디싸나야케(Wimal Dissanayake)의 말을 빌리면, 문화를 가로지르는 이러한 새로운 비평 공간은 "글로벌/로컬의 융합"을 통해 일상생활의 결(taxture)을 열어주고 거기에 활력을 불어넣는 한편, 우리 모두가 "너무 흔하게 '포스트모던'이라는 진부한 표현을 사용하거나, 혹은 하이퍼텍스트적으로 '포스트식민적'이라고 신성시하기도 하는" 감정 구조를 재형성하도록 한다. 부분적으로는 점점 더 지구화하는 제도적 구조와 로컬적 문화 정치의 쟁점을 다루는 공적 담론 간 새로운 관계에 대한 하나의 반응으로서, 타이완 신문문학 별호(Newspaper Literary Supplements)에 새롭게 출현한 문화 비평 칼럼은 1980년대 후반 이래로 문화 연구의 멋진 신세계에 진입했으며, 문화적 전유와 토착주의적 저항의 문제 그리고 문학적 공론장에서 글로벌/로컬화 과정의 문제를 예증한다.

계엄법이 철회된 1987년 이전에는 문화 생산, 유통, 소비의 고급 및 저급 양식에 대한 타이완 국가정보국(Government Information Office)과 보안부대(Garrison Headquarters)의 집중적이고 지속적인 공격이 있었다. 신문 방송과 체인 서점은 국민당(KMT)이 소유한 소수 대기업의 수중에 집중되어 있었는데, 이들은 사회 안정을 동요시킬 수 있는 논쟁적이거나 비판적인 예술 및 공적 담론을 검열할 수 있었다. 그 결과 역사 소설, 로맨스, 시, 픽션, 혹은 쿵푸 연재물 같은 '순수'문학 작품만 신문문학 별호에 발표되었으며, 대중이 단어와 이미지의 사용이 '적정'하거나 '안전'하다고 판단해야 했다. 하지만 1950년대 초반 장제스(蔣介石)가 수립한 권력 엘리트 체제는 1970년대 후반과 1980년대 초반 장징궈(蔣經國) 통치 시기 동안 시장 경제와 신흥 지배 계층, 특히 중소기업 소유주의 도전을 받았다.[1] 이 시기에 장징궈는 자기 아버지의 우익 전체주의적 의제를 경제적·정치적 관계의 새로운 질서인 다소 완화한 신보수주의로 보완하고 있었다. 새롭게 교육받고 대대적으로 성장하던 타이완 중산층이 결집하면서 하나의 성장하는 '부르주아 공론장'을 형성했다. 이 영역에서 자산 소유주의 역할과 민중의 역할이 수렴되면서 사회정치 분야에서 이성적·비판적 담론의 효율성을 제고하기에 이르렀다.[2] 부유한 중산층의 부상과 권력 블록 또는 구(舊)지배 계급의 분화와 더불어 국가적, 문화적, 젠더적, 민족적 정체성의 문제가 국제 경제적·정치적 동향—가령 유엔의 중화인민공화국 승인이나 냉전 이데올로기의 종식—에 의해 더욱 복잡해졌다. 초점은 로컬 정치로부터, 먼 곳에 존재하는 초국적 상징 자본과 그 네트워크에 의해 조직되는 문화와 커뮤니케이션으로 점차 옮겨갔다.

팽창하는 초국적 네트워크와 새로운 교육 시스템을 통해 글로벌 '헤게모니적' 세력, 이미지, 코드, 스타일 및 기술이 '포스트모더니즘' 문화와 신사회 운동의 맥락에 친숙한 젊은 세대에게 도입되었다. 1980년대 초 유럽이나 미국에서 교육받은 이중 언어 지식인이 당시의 사회경제적 변화에 고무되어 타이완으로 돌아오면서, 비평 이론, 프랑스 포스트구조주의, 페미니즘 그리고 문화 연구 모델이 대학에서 점차 인기를 얻었다. 학생들은 스스로를 문화 노동자, 페미니스트, 좌파 지식인 등으로 인식하기 시작했다. 독서 대중의 구성이 변화하면서 신문문학 별호의 내용도 달라졌다—문학 읽기에 관심 있는 대학생들은 문화 연구와 이론 연구로 돌아서는 한편, 기존 대중 문학 독자 대다수는 케이블이나 위성 TV가 제공하는 새로운 형태의 오락으로 이끌려갔다. 글로벌과 로컬의, 다양한 분야와 틈새의 교차점에서 생산 및 경험된 일상적 주제는 그때부터 신문문학 별호, 특히 문화 비평 칼럼의 주요한 특징이 되었다. 기원과 소속, 젠더와 정체성, 사회적 실천과 문화적 표현 간 관계에 대한 질문이 급격한 변형 과정과 절차에 대한 대응으로 별호 기고자들에 의해 꾸준히 제기되었다.

문화 칼럼니스트는 일상적 주제를 조심스럽게 애착을 갖고 쓰기 위해 이국적 모델에 의지해 그 주제를 낯설게 하는 동시에 그것을 로컬 공동체의 복수(multiple)의 역사 속에 다시 맥락화한다. 앙리 르페브르가 일상생활로부터 "조직화한 수동성(organized passivity)"과 진부함을 몰아내는 것이 지식인의 역할이라고 주장한 것은 이런 상황에 적절했고, 글로벌과 로컬 간 상호 침투에 대한 그의 설명은 특히 더 그러했다. 르페브르에게 우리가 속한 세계는 불균등하게 근대화해 있고, 자본의 일상적 운영이 글로벌화해가는 도시와 장소와 문화 속에서 "사회문화적 모순은 공간적으로 실현되어 있다". 이 '포스트모던' 공간이 여전히 "로컬 지식과 주체"가 억압되거나 무시당하는 모순과 이접에 의해 지배당하고 있지만, 문화 노동자는 "로컬 권력과 중앙 권력 간 갈등이 어디에서 생겨나든 이것을" 접합하고 부각시키고자 시도할 수 있다.[3]

2

다차원적으로 일어나는 유동적 글로벌 문화 흐름에 대한 부분적 대응으로서,[4] 타이완 신문문학 별호의 문화 비평 칼럼—특히 〈중국시보(China Times)〉, 〈자립조보(Independence Morning Post)〉, 〈중시만보(China Times Express)〉, 〈민중일보(Commons Daily)〉의 칼럼—은 최근 사람들의 일상적 삶에 영향을 끼치는 의미와 가치 그리고 사회적 실천의 문제를 다루는 차원으로 발전했다. 우리가 대체적으로 문화 비평의 영역에 속하는 것으로 정의한 이러한 칼럼 대부분은 이중 언어 지식인이 공공 정책의 변화를 촉진하거나 신사회 운동 개념, 문화민족주의, 지역 연합, 로컬화의 다양한 전략을 옹호하기 위한 목적으로 쓰였다. 논의된 주제 중에는 해외로부터 온 새로운 아이디어, 패션, 음악과 타이완 및 중국의 로컬 정치 간 불안정한 혼합, 근대화와 관련해 토착 및 전통 문화의 부활, 민족적 정체성과 문화적 위치라는 대립적 기획, 그리고 통합과 분리의 인종적·성적 정치학, 새로운 도시 경관과 도시 사회관계의 출현, 문화 생산과 소비 형태, 신식민주의적 지배와 조종에 맞선 생존 기술, 소규모 미디어가 즉석 전화 연결 방식을 통해 끼친 영향, 제도적 구조와 비판적 공적 담론 간 관계, 마지막으로 타이완에 관해 그리고 타이완 내 대안적 문화 연구의 가능성 같은 것이 포함되었다.

1994년 타이완 신문문학 별호의 새로운 특징이라 할 수 있는 문화 비평 칼럼은 특정 유형의 문제에 관심을 두고 이중 언어 지식인에 의해 쓰였는데, 이는 과거의 신문 연재물을 대체하는 문학계 내의 공론장에서 진화해 왔다. 기고자들이 자신의 칼럼을 당면한 쟁점에 대해 매우 개인적이면서 때로는 독특한 방식으로 대응하고 논평하기 위한 지정된 비평 공간으로 간주하는 일이 빈번했다. 이러한 이중 언어 지식인은 대부분 서구에서 교육받았거나, 외국의 상징 자본 또는 문화 자본에 쉽게 접근할 수 있는 로컬 작가들이었다. 하나 이상의 언어로 말하고 종종 글도 쓰는 이들은 글로벌적이지도 로컬적이지도 않은 관점을 제안하려 한다. '이것도 저것도 아닌(neither-nor)' 성격을 가진 이들의 시각은 현실의 변화와 더불어 번성하고, 그 변화와 상호 작용하기 시작하는 위치와 기억의 복잡한 미시정치학에 대해 내부자 겸 외부자(insider-outsider)의 관점을 가지고 있는 듯하다. 문화 비평을 내부로부터 실천하는 그들은 토착적 전통―이를테면, 특히 신문문학 별호의 글쓰기 양식―과 협상하면서 동시에 이것을 전유함으로써 자신을 현재의 타이완적 상황이나 그것이 중국 남부의 급격한 변화와 맺고 있는 관계 속에 위치 짓는다. 왜냐하면 이들은 사회성과 문화적 의미화의 새로운 패턴에 의해 형성되고 있는, 새로운 타이완적 혹은 중국적 주체성의 표현 주체(articulators)가 되고자 하기 때문이다.

배경이 다양하고 다층적 경험을 소유한 이들 이중 언어 지식인은 자신의 전문적이고 공통적인 지식에 의지해 시민 사회, 문화 정치, 소비주의, 젠더, 미디어, 신식민주의 및 민족 정체성 같은 서구적 개념에 대해 논하지만, 이러한 개념은 내부 투쟁이라는 상황과 장소와 문화의 전 지구적 마케팅을 논하기 위한 하나의 일반적 틀을 제공해줄 뿐이다. 일부 연구자는 이러한 용어를 전유할 때 우리가 단지 '포스트모던적' 또는 '포스트식민적' 협력으로 표현되는, 오리엔탈리즘적 지식과 초국적 통제의 새롭고 유연하고 부드러운 형식을 받아들이고 있을지 모른다고 종종 경고한다. 이러한 지식인이 이해하고 있듯 현재 타이완의 공적 문화가 처한 주요 위기는 그 혼란스러운 유동성과 불안정성에 있다. 새로운 (대항적) 공론장의 출현에서 토착화와 지구화의 불균등 과정에 직면해 사회정치적 삶의 급속하고 양가적인 변화를 문화적 관점에서 평가하는 방법이 비평적 쟁점이 되었는데, 이런 변화가 당시의 비평적 담론이나 모델의 적절성에 의문을 제기했기 때문이다. 가령, 남북 아메리카, 독일, 일본, 싱가포르, 한국, 러시아, 특히 홍콩 및 중국 남부의 발전에 비춰볼 때, 현재 타이완의 번영과 불안정성은 어떻게 문화적 가치로 번역할 수 있는가?

이중 언어 지식인이 자신들의 문화 비평을 전파하기 위해 신문문학 별호의 전통을 이용한 것은 바로 이러한 맥락에서다. 몇몇 지식인 그룹은 공통적 주제를 중심으로 스스로를 조직화했으며, 특정한 평일에 발간하는 신문문학 별호를 위해 문화 비평 칼럼을 창조했다. (〈자립조보〉의 경우 이 칼럼은 매일 실렸고, 내용은 아니지만 형식에서 기존의 문학 연재물과 매우 유사한 방식으로 편집했다.) 예를 들어, 3명의 젊은 평론가가 50대 학자 4명과 함께 필진으로 참가한 문화 칼럼이 〈중국시보〉의 문학 별호에 정기적으로 실린다. 이 그룹은 오늘날 타이완의 공공 문화에서 글로벌과 로컬의 변증법적 성격을 보여주는 흥미로운 혼성 집단이다. 해당 칼럼에 글을 쓰는 로컬의 대표 작가 중 한 명인 난팡쉬(南方朔)는 주도적 지식인이며, 정부 부패를 폭로하고 일상적 사회생활의 다양한 쟁점을 토론하는 영향력 있는 시사 월간지 〈신신문(新新聞)〉의 주필이기도 하다. 다른 한편, 룽잉타이(龍應臺)와 류타페이(Liu Ta-p'ei)

는 외부의 목소리를 대변한다. 룽잉타이는 독일에 있는 학자이고, 류타페이는 미국에 거주하는 작가다. 칼럼에 기고하는 젊은 세대는 30대 초반의 문화 비평가들로서 정신분석학, 커뮤니케이션, 인류학 등에 대한 학제 간 연구에 강한 관심을 가졌다. 심지어 〈자립만보(Independence Evening Post)〉에 특별 주간 칼럼을 싣고 로컬 문화적 열풍의 필요성을 주장한 47클럽(모든 구성원이 1947년에 태어났다) 같은 그룹 내에서도 일부 대표 집필자―예를 들어, 천팡밍(陳芳明)과 장량츠(Chang Liang-che)―는 1987년 타이완으로 귀국하기 전 오랫동안 미국이나 일본에 머물렀다. 〈민중일보〉의 문학 별호는 유사문예(幼獅文藝)라고 적절히 부르지만 그 집필자 대부분은 사회정치적 쟁점을 초국적 정보 흐름의 경로 위로 자리매김하고, 로컬 국면에 대한 관심을 글로벌 과정과 접속시킴으로써 내부로부터 이성적·비평적 담론을 이론화하고 전개할 수 있었다.

1993년 타이완의 신문문학 별호를 보면, 현대 문화적 쟁점을 심층적으로 보도하는 주말 확장판이 〈중국시보〉, 〈중시만보〉, 〈연합보(United Daily)〉 및 〈자립조보〉에 도입되었다. 이러한 문학 별호가 눈에 띄는 것은 새로운 인문학, 공적 논쟁을 위한 새로운 공간, 새로운 공적 견해, 서평 및 영화평 같은 주제에 6~8쪽 분량을 할애한 점이다. 이런 주말 확장판은 타이완의 주요 신문에서 계속 늘어나고 있는 추세다. 〈자립조보〉만은 그렇지 않은데, 이는 부분적으로 의회의 한 백만장자 국회의원이 1994년 이 신문을 인수했기 때문이다. 하지만 지금은 〈자립조보〉에도 제한된 일군의 비평가들이 쓰는 일간 문화 비평 칼럼이 늘 게재되고 있으며, 그 주제는 항상 미디어, 젠더, 정체성 정치학 등에 관한 것이다. 기존에는 주말에만 도입한 것이 비록 작은 규모이긴 하지만 매일 게재하기 시작했고, 사람들은 이런 글을 읽으면서 편집국 내에서의 내적 분쟁(그리고 로컬적 투쟁)을 감지할

수 있다. 그 결과, 공론장에서 정치적으로 중요한 몇몇 주제의 출현을 시
위 참가자들이 주말마다 모여 자신의 정체성과 관심사 그리고 욕구를 말
하기 위해 집회를 갖는 길거리에서뿐만 아니라 이성적 · 비판적 담론이 일
상생활의 사건과 상호 작용하는 문화 비평 칼럼에서도 볼 수 있게 되었다.
중국적이고 서구적인 친밀한 글쓰기의 전통을 받아들여 이를 내부로부터
의 문화 비평으로 전환함으로써,[5] 이중 언어 지식인들은 독자가 국제적 공
론장을 놓치지 않으면서 공론장에 참여할 수 있도록 〔새뮤얼 리처드슨(Samuel
Richardson)의 말로 하자면〕 "바로 그 순간"에 대해 글쓰기를 하게 된 것이다.

3

《공론장의 구조 변동(The Structural Transformation of the Public Sphere)》에서
위르겐 하버마스는 서구적 근대성의 부상과 더불어 가정생활의 터전인 '친
밀성'의 영역과 경제적 행위자와 재산 소유자로서 '사적(private)' 공간을 이
미 구획하고 있던 사람들을 결합하기 위해 새로운 공론장이 펼쳐졌다고 지
적한다. 그는 절대 군주의 현시적인(presentational) 공공성에서 부르주아의
자유주의적 공론장의 감수성과 주체성으로의 변화를 추적한다. 찰스 테일
러(Charles Taylor)의 말을 빌리자면, 새로운 "장소 초월적(metatopical)"[6] 공통
공간은 문학 세계의 공론장, 즉 17세기 후반과 18세기 초반의 문학적 공론
장으로부터 진화해온 것이다. 영국에서 이것은 커피하우스 · 신문 · 문학잡
지 · 독서 클럽의 네트워크를 통해 발달했고, 프랑스에서는 독서 · 이야기 ·
논평 · 논쟁 · 비평의 역동성이 살롱 안에서 혹은 살롱을 통해 번창했으며,
독일에서는 유사한 활동이 학술적 원탁 모임 및 문학 협회와 더불어 시작

되었다. 하버마스는 근대적 주체성과 그 공론장을 구성하는 데 가정 소설의 핵심적 역할을 강조한다. 그는 친밀한 공간을 공론장과 연결하면서 공론장이 부르주아 계급의 한층 광범위한 층들 속에서 "결혼 가정의 친밀한 공간의 확장이자 동시에 완성"으로 대두했다고 주장한다.[7] 그는 계속해서 "거실과 살롱은 같은 지붕 아래에 있다. 마치 전자의 사생활이 후자의 공적 성격을 지향하고, 그리고 사유화된 개인의 주체성이 처음부터 공공성과 접속되어 있듯 둘 모두 '허구'의 문학 속에 결합되어 있다"(50쪽)고 쓴다. 바꿔 말하면, 일군의 사적 개인이 자신들의 이성을 활용해 공적 권위를 가진 비평의 장을 확립했으며, 그들은 이미 "청중 지향적인 사생활의 경험적 복합체를 정치 영역의 공론장으로"(51쪽) 전환시켰다. 비슷한 방식으로 타이완 신문문학 별호의 문화 비평 칼럼은 기능적 차원에서 문학 세계의 공론장, 즉 언론 매체와 그 문학 연재물 그리고 독서 대중 제도가 결합한 하나의 장을 전문적 비평의 공적 영역으로 변경시켰다. 이런 영역 속에서 "가정의 내밀함에서 생겨난 주체성이 스스로와 소통하면서 자기 자신에 관해 명확성을 획득하게 되었다"(51쪽).

유교적 비유를 하자면, 신체는 가족이라는 친밀성의 장에 대한 환유이자, 나아가 국가가 통치하는 공론장에 대한 제유이기도 하다. 왕후이(汪暉)와 레오 리(李歐梵)가 최근에 지적했듯 중국의 담론이 아직까지 그에 상응하는 경험이나 현실이 존재하지 않는 개념─예를 들어 '공론장' 같은 개념─을 정확하게 번역하기란 쉽지 않다. 이들은 "중국어의 의미론적 장이 주로 유교 이데올로기에 의해 지배되는 다른 종류의 전제를 코드화"하고 있지만 거기에는 "쟁론을 허용하는 다양한 대항 담론과 공간도" 포함되어 있다고 지적한다.[8] 〈중시만보〉는 중국과 타이완의 정치체에 대한 '신체검사' 결과와 그 기능 장애를 바로잡는 방법에 대한 처방과 제안을 담고 있는데, 그

월말 문학 별호는 어떤 의미에서 문학 세계에 하나의 공론장을 제도화하려는 결정적 단계로 간주할 수 있을 것이다. 사실상, 타이완—또한 홍콩—신문문학 별호의 문화 비평 칼럼[9]은 특별히 공적 이슈에 대한 이성적·비판적 논쟁을 일으키는, 문학 세계 내의 '중국적' 공론장의 중요한 특징으로 해석해볼 수 있다.

그러므로 타이완 신문문학 별호의 문화 비평 칼럼은 종속적 사회 집단의 구성원이—낸시 프레이저(Nancy Fraser)의 말로 하자면—"자신의 정체성과 관심 그리고 욕구에 근거한 비판적 해석을 정식화하기 위해 대항 담론을 발명하고 유포시키는"[10] 하나의 담론적 장으로 발전해왔다. 그리고 글로벌 문화의 흐름을 전유할 수 있기 때문에, 필진은 로컬 지식과 해외 정보를 혼합하면서 토착적이고 수입된 장르나 담론을 철저하게 이용하고, 글로벌적인 것과 거시정치적인 것에 대한 유동적 시각을 통해 권력 체계 내에서 그 체계를 바꾸기 위한 쟁론과 저항의 가능성을 열어놓을 수 있는 비평의 장을 확립하려는 경향이 있다. 예를 들어, 올 초 한 페미니스트 집단이 가부장제적 코드를 비판하는 글을 지속적으로 게재함으로써 오랜 기간 성적 학대를 당한 뒤 결국 남편을 살해한 텡루원(Teng Ru-wen)을 변호했다. 그들은 세계의 다양한 지역에서 가져온 사례에 의지해 텡루원에게 무죄를 선고하도록 판사에게 압력을 행사하는 데 성공했다. 글로벌과 로컬의 변증법에 호소해 얻게 된 또 다른 주요한 성취는 타이완 토착 전통문화의 부활이었다. 오랫동안 토착 전통문화는 억압받고 와전되었으며 거의 소멸 직전까지 내몰렸다. 마찬가지로 로컬의 목소리를 개발하고자 하는 이중 언어 지식인의 도움으로 일부 원주민 출신 학자들은 네덜란드 침략 이후 원주민의 삶과 경험에 대한 깊이 있는 보고와 설명을 내놓게 되었다. 아메리칸 인디언이나 오스트레일리아 토착 원주민의 글을 문화 비평 칼럼에 아주 빈번하게 번역해 실었으며, 가끔은 타이완 원주민의 글과 나란히 싣기도 했다. 공적 담론과 토론을 위한 이들 포럼의 결과, 이제 더욱더 많은 원주민 지식인이 공공연히 타이완의 한족(漢族) 정체성을 비판하고, 원주민 문학만 다루는 몇몇 문학잡지도 생겨났다. 그리고 현재 형성 중에 있는 서벌턴(subaltern) 대항 공론장이라는 견지에서 볼 때, 게이 및 레즈비언 이론도 해당 칼럼에서 새롭게 부상하는 비평 담론이다. 이런 이론은 동성애를 가시화하거나 심지어 동성애 합법화라는 목표를 앞당기는 과정에 기여하고 있다. 또 이것은 로컬이 '신식민주의적' 흉내 내기(mimicry)의 형식으로, 그리고 창안과 변형의 다양한 노선을 구성하는 데 기여하는 문화적 브리콜라주(bricolage) 혹은 복제의 양식으로 글로벌적인 것을 어떻게 활용할 수 있는지 보여주는 사례일 것이다.

4

하지만 이런 칼럼들은 공적 쟁점을 다룰 때 여론 형성을 도울 뿐만 아니라 공적 문화를 산업화 및 상품화한 문화 지식 속에서 탈코드화하고자 하는 욕망, 즉 일상을 문화 연구의 직접적 적용이라는 학습 리듬 속에 매개된 것으로 경험하고 지각하기 위해 사회 환경을 단순하게 정식화하고자 하는 욕망을 만들어낸다.[11] 집단적 경험을 조직화하고자 하는 이러한 욕망의 이유 중 일부는 독자들이 문화 연구자를 사회 문제를 대부분 '문화 소비적인'(때로는 '문화 논쟁적인') 공론장 내에서 진단하거나 가시화하는 급진주의자 혹은 전문가로 인식하는 경향과 관련이 있다.[12] 이는 부분적으로는 지식인과 문학인이 타이완 사회에서 누리는 존경스러운 지위와 이중 언어 지식인

편에서 대중의 욕구와 접촉하고자 하는 시도 때문이다. 타이완 같은 작은 섬에서는 한 편의 글이 다른 곳으로 이동해 일반 대중에 의해 읽히는 일이 훨씬 쉽다. 특히 그 내용이 주요 신문에 게재될 때는 더 그렇다. 그럴 때 이중 언어 지식인은 한편으로는 문학계 내 공론장의 소외와 붕괴에 맞서 싸우고, 다른 한편으로는 대중으로부터 인정받기 위해 문화 비평 칼럼을 이용한다.

하버마스는 현대 미디어의 부상과 더불어 "공중이 자신의 이성을 비공개적으로 사용하고자 하는 소수의 전문가 집단과 공개적이지만 무비판적으로 수용하는 엄청난 다수의 소비자로 분열된다"(175쪽)고 지적한 바 있다. 메스미디어는 "공론장에 대한 참여의 상업화", 즉 대중에게 접근은 가능하지만 "상업적으로 조장된 소비적 태도에 적합한 '심리적 촉진' 수단이 그 자체로 목적이 되어버릴 정도로"(169쪽) 정치적 색채를 잃어버린 하나의 확장된 공론장에 근거한다. 이와 같이 일상적인 것에 대한 지식 생산의 상업화는 타이완의 신문문학 별호에서 새롭게 부상하는 문화 비평의 어두운 측면이라 할 수 있다. 아이러니하게도 이것이 문학 별호의 전통을 유지하는 데 기여하는 자극제가 되고 있긴 하지만 말이다. 사회적으로 통합된 문화 소비의 형식과 일상생활을 텍스트화하고 역사화하는 창의적 문화 분석의 비평 양식 사이에서 부상하고 있는 문화 비평은 학문적 담론을 과거의 비학술적인 에세이 쓰기의 목적과 기법에 더 근접하게 만들고 있다. 하지만 이중 언어 지식인이 문화 연구의 학문적 권위를 이완시키고 전파하는 와중에도 그들은 독자로 하여금 이것을 수용하도록 요구함으로써 그 교육법적 기능을 재생산하고 있다. 이러한 점은 전 지구화의 효과가 로컬의 차원에 영향을 끼치는 서구적 비평 용어나 문화 연구 모델을 끊임없이 받아들이는 일부 문화 비평가에 의해 더욱 명백해지고 있다.

부상하는 문화 비평 칼럼의 학문적·비학문적 공적 담론이 지닌 혼종적 성격은 사실상 그 수용의 열렬한 인기에 기여하지만 대항적 공공성(counterpublics)—가령, 게이 및 레즈비언 집단—을 창조하는 걸 돕기도 한다. 하지만 가장 최근에 이런 칼럼은 친밀성의 장을 더욱 지향하면서 동시에 일상의 평범한 화제—뉴스, 스포츠, 패션, 개인적 판타지나 몽상 등—를 중심으로 조직화하고 있다. 공론장이 "이른바 길거리 사람이나 체계적으로 관리하는 스타의 우연적 운명이 유명세를 타는가 하면, 공적 적합성을 갖는 발전과 결정이 사적인 의상을 걸치고 개인화를 통해 거의 알아볼 수 없을 정도로 왜곡되어버리는 식으로, 사적인 전기를 홍보하는 장이 될 정도"[13]가 된 것이다. 격일 혹은 주간으로, 일종의 반복 강박의 형태로 되돌아오는 특별 칼럼에 기고하는 이들이 대개 동일 집단의 문화 비평가라는 사실도 주목할 만하다. 이는 마치 이중 언어 지식인이 현실 정치와 일상의 상품화에 너무 신물이 난 나머지 일종의 자기 탐닉적이고 자기도취적인 방식으로 내면 생활이나 개인적 존재의 문제로 나아간 것처럼 보인다. 이런 현상이 가장 두드러지게 나타난 곳은 〈자립조보〉의 '대지(大地)' 문학 별호와 〈중국일보(China Daily)〉의 '인천(人天)' 별호다. 이미 언급했듯 1994년 초 국민당 거물이 〈자립조보〉를 인수한 이래 문학 별호의 내용은 축소되고 자기 검열에 시달렸다. 다양한 주제를 다루던 6~8쪽 분량의 기존 주말 확장판이 2쪽의 서평란으로 축소된 것이다. 비록 〈중국일보〉가 여전히 주말 확장판 문학 별호를 발간하고 있긴 하지만 예전의 활기는 더 이상 찾아볼 수 없다.

신문문학 별호의 대상이 문화 읽기(혹은 논쟁)의 대중에서 문화 소비의 대중으로 전환된 결과, 작가와 독자는 '여론 란', 특히 〈연합보〉와 〈중국일보〉의 여론 란으로 관심을 돌리고 있다. 오스카 넥트(Oskar Negt)와 알렉산

더 클루게(Alexander Kluge)의 용어로 표현하면, "프롤레타리아적 생활 상황"(17쪽)의 거부에 대한 대응으로서 하위 집단은 일반인이 전화를 걸어 논평할 수 있도록 국가정보국에 의해 합법적으로 승인받은 라디오 및 케이블 TV 방송국을 창설해왔다. TNT, 타이완인의 목소리, TVBS 및 여타 방송국은 부르주아적 문학 대중보다 훨씬 더 활력 있고 유동적인 프롤레타리아 공론장을 형성하기 위해 수많은 택시 기사, 야당 당원, 주부, 노동자를 끌어들이고 있다. 사람들에게 라디오 전파를 통해 자신의 일반 의견을 표현하고 교환하게 하는 하나의 직접적 방식으로서 전화 인터뷰(calling-in)는 기존의 제도적 구조에 맞서는 가장 인기 있고 카니발적인 형태의 공적 담론이었다. 타이완 자금으로 중국 남부 시청자를 겨냥해 만든 홍콩 위성 TV(TVBS)는 최근 타이완 사람들에게 12월 시장 및 주지사 선거에 그들 나름의 방식으로 대응하도록 독려하는 데 중요한 역할을 한 바 있다. 이러한 전화 인터뷰 프로그램은 유럽과 미국의 모델에 의지하고 있지만 이를 로컬 정치학의 발전을 위해 이용한다. 이와 같은 로컬적 문화 표현의 새로운 형태와 관련해 이중 언어 지식인은 칼럼을 통해 전화 인터뷰의 직접성과 투명성에 대해, 그리고 로컬 정치가 글로벌 문화에 대해 갖는 의미에 질문을 제기하는 에세이를 쓰기 시작하고 있다. 이는 코즈모폴리턴이 로컬과 글로벌의 관계를 이해하기 위해 지역 속에 자리 잡게 되는, 이러한 '글로벌-로컬 시대'의 새로운 단계가 될 것이다.

주

1. Thomas B. Gold, "Civil Society and Taiwan's Quest for Identity," *Cultural Change in Postwar Taiwan*, ed. Steven Harrell & Huang Chun-chieh (Boulder, Colo: Westview, 1994), pp. 54-58.

2. Jürgen Habermas, *The Structural Transformation of the Public Sphere: An Inquiry into a Category of Bourgeois Society*, trans. Thomas Burger (Cambridge: MIT Press, 1991), p. 379.

3. Henri Lefebvre, *The Production of Space*, trans. Donald Nicholson-Smith (Oxford: Blackwell, 1991), p. 379.

4. 아르준 아파두라이는 경제, 문화, 정치 간의 근본적인 이접을 탐구하는 하나의 기본적 틀이 인종적 경관, 미디어 경관, 기술적 경관, 금융적 경관, 이념적 경관이라 부르는 글로벌적 문화 흐름의 다섯 가지 차원 간 관계를 살펴보는 것이라고 제안한다. Arjun Appadurai, "Disjuncture and Difference in the Global Cultural Economy," *The Phantom Public Sphere*, ed. Bruce Robins (Minneapolis: University of Minnesota Press, 1993), p. 275.

5. 중국의 고전적 에세이 쓰기는 매우 일찍 시작되었지만 소품문(小品文)이 가장 인기 있는 문학적 표현 양식이 된 것은 명나라에서뿐이었다. 루쉰(魯迅)과 동시대인들이 그 전통을 부활시켜 통렬한 사회 비판으로 바꾸어놓았다. Leo Ou-fan Lee, "Critical Spaces: The Construction of Cultural Criticism in Modern China," the Comparative Approaches to Civil Society and the Public Sphere Conference at Ballagio, Italy, August 12-16, 1993.

6. Charles Taylor, "Modernity and the Rise of the Public Sphere," *The Tanner Lectures on Human Values* (New York: Columbia University Press, 1992), p. 229.

7. Jürgen Habermas, *The Structural Transformation of the Public Sphere: An Inquiry into a Category of Bourgeois Society*, p. 50.

8. Wang Hui, Leo Ou-fan Lee & Michael M. J. Fischer, "Is the Public Sphere Unspeakable in Chinese? Can Public Spaces Lead to Public Spheres?" *Public Culture* 6, no. 3 (1994), p. 604.

9. "Hong Kong fu-kang chin-hsi," *Yu-shih wen-yi* 488 (August 1994), pp. 5-8. 류샤오밍(Liu Shao-ming)은 홍콩 문학잡지에 관한 윌리엄 테이(William Tay)의 글에

대한 대응으로 홍콩 신문 문예 특집호에서 칼럼 에세이가 부상한 것에 대해 얘기한다. 그는 1980년대 이후 타이완의 신문 문예 특집호에 나타난 변화에 대해 언급하기도 했다.

10. Nancy Fraser, "Rethinking the Public Sphere," *Habermas and the Public Sphere*, ed. Craig Calhoun (Cambridge: MIT Press, 1992), p. 123.

11. Oskar Negt & Alexander Kluge, *Public Sphere and Experience: Toward an Analysis of the Bourgeois and Proletarian Public Sphere*, ed. Peter Labanyi et al. (Minneapolis: University of Minnesota Press, 1993), pp. 27-28.

12. Jürgen Habermas, *The Structural Transformation of the Public Sphere: An Inquiry into a Category of Bourgeois Society*, p. 160-175.

13. Ibid., pp. 171-172.

사회 공간으로서 한국

● 프레드릭 제임슨과 백낙청의 대담(1989년 10월 28일, 서울) ●

백낙청 이번이 한국 첫 방문이지만 서울에 머문 지도 일주일이 되었지요. 한국에 관한 선생님의 인상이나 생각으로 시작하는 것이 어떨까 합니다.

제임슨 글쎄요. 서울의 물리적인 모습에 대한 나의 인상을 알고 싶어 하는 것인지는 잘 모르겠습니다만, 이곳에 있는 것은 놀랍고 경이로운 시간입니다. 이 은행나무들은 한국에 고유한 것임에 틀림없는 것 같은데, 특히 이 가을철에 도시를 둘러싼 산들과 함께 이런 나무들을 본다는 것은 황홀한 일입니다. 모든 것이 아주 인상적이군요. 개인적으로 이번 여행에서 많은 것을 배웠다고 느끼고 있으며, 앞으로 생각하고 정리할 것이 많아졌습니다. 무엇보다도 나에게 분명해지고 있는 것은 한국이 미국은 물론이고 제1세계의 정치의식으로부터 얼마나 배제되어 있었던가 하는 점입니다. 우리는 인도나 베트남 같은 상황에서 우리가 범한 죄에 대해 잘 알고 있고, 우리 중 일부는 중동과 어느 정도는 아일랜드의 경우에 대해서도 잘 자각하고 있지요. 적어도 아일랜드의 경우에는 영국의 동료들도 알고 있거나 알아야 합니다. 이러한 경우는 드러나 있는 상처니까요. 그러나 우리는 과거 한국에 무슨 일이 일어났는지 기억하지 못할 뿐만 아니라, 이 나라의 삶 전체가 냉전으로부터 생긴 미국의 개입과 지속적으로 연루되어 있다는 사실을 잊고 있습니다. 나는 많은 제3세계의 국가를 다녀보았습니다만, 내가 볼 때 남북한이 통일된다면 여러 가지 측면에서 유럽의 어느 국민국가보다 더 강력해질 정도의 생산성을 가진 유일한 나라가 아닐까 하는 생각이 들었습니다. 어떤 측면에서 볼 때, 한국은 유럽보다 훨씬 오래된 역사를 가지고 있지요. 하지만 놀라운 점은 이처럼 엄청난 산업 번영과 생산성을 가진 나라가 아직도 매우 정치적이라는 점입니다. 내가 방문한 바 있는 제3세계 국가는 니카라과에서 필리핀, 팔레스타인 등등에 이르기까지 근본적으로 매우 가난하고 절망적인 국가였습니다. 반면 우리는 번영한 제1세계 국가들이 차츰 탈정치화하고 있고 고전적인 의미에서 정치적이기를 멈췄다고 생각하는 데 익숙해 있습니다. 하지만 이곳에서는 활기차고 번성하는 산업 국가이면서도 모든 사람이 정치적 고난을 겪었고 정치적 의식을 가지고 있다는 것을 보고는 아주 기이한 인상을 받습니다. 그래서 내가 한 번 생각해보고 싶은 것, 내가 배운 것으로 간직하고 돌아가고 싶은 것은 이러한 점에서 한국이 하나의 일탈이라거나 예외일 것이라는 생각이 아니라, 한국이 정치가 작용하는 가장 고전적인 사례이고, 어떤 점에서 예외적인 것이 제1세계와 제3세계의 다른 나라들이 아닌가 하는 점입니다.

백낙청 한국이 겉보기에 예외적인 것 같지만, 그 핵심에서는 전형적이거나 고전적이라는 질문은 나중에 한 번 논의해보고 싶군요. 우선은 나는 당신께서 참여하신 '마르크스주의와 새로운 글로벌 사회'라는 국제 학술

회의에 대한 인상을 묻고 싶습니다.

제임슨 마르크스주의 지식인과 학자를 위한 국제 학회는 극히 드문 편입니다. 내가 사회학이나 경제학이 아니라 마르크스주의 철학과 문화 연구를 배경으로 하고 있다는 점에서 나의 존재는 좀 기인한 면이 있지요. 때때로 나는 마르크스주의자도 스스로를 지나치게 칸막이 속에 가두고 있다는 점에서 부르주아 학자 못지않게 부당하다고 느끼긴 합니다만. 마르크스주의 경제학자들은 문화의 중요성에 대해 별로 생각하지 않고 있고, 마르크스주의 문화 비평가들도 경제학 같은 것에 관심을 갖고 있지 않지요. 이번 학회에서는 엄청난 교류의 분위기를 느꼈습니다만, 반드시 직접적으로 연결되지는 않은 두 방향으로 논의가 비껴가려는 경향이 있었다고 생각합니다. 한편으로 오늘날 모든 공산 정권과 공산당에서 일어나는 사태에 대한 의례적 검토였고, 다른 한편 마르크스주의 이론 그 자체, 즉 오늘날 이것이 어떻게 번성하고 있고, 이런 사태를 어떻게 받아들이고 있느냐 하는 것이었지요. 노선의 갈등 같은 것도 있었다고 생각합니다. 일부 참석자는 마르크스주의가 죽었음을 증명하려 했고, 우리 같은 사람들은 마르크스주의 이론이 정말로 아주 왕성하다는 것을 보여주고자 했습니다. 내가 볼 때, 가장 중요한 것은 학술 대회의 결과를 영어뿐만 아니라 한국어로도 발간했을 때 결국 학생들이 이로부터 무엇을 얻어낼 것이고, 그들에게 어떤 새로운 접근 방법과 통로가 열릴 것인가 하는 점입니다. 그리고 나는 소비에트 학자들이 좀더 적극적으로 참여해주기를 희망했습니다. 어쩌면 그들은 여전히 자신의 생각을 정리하고 있을지 모릅니다. 나는 그중 한 사람이 말한 것, 즉 결국에는 마르크스에 대한 흥미롭고 창의적인 해석이 소비에트에서 나올 것이라는 말에 동의합니다. 아직까지 그런 해석을 보지 못했지만 그리 놀라운 일은 아닙니다.

그러나 내가 아직 깨닫고 있지 못하는 것, 즉 여기 한국에서 소비에트 집단의 경험 같은 배경도 틀림없이 있겠지요. 그들이 얼마나 자주 여기에 오는지 알 수 없으며, 당신과 그들에게 매우 중요하지만 나는 모르고 있는 일련의 영역이 있으리라 생각합니다.

백낙청 당신의 발표는 '포스트모더니즘과 시장'에 관한 것이었습니다. 대부분의 참석자는 경제학자와 사회학자였는데 그들은 사회주의 경제에 시장 메커니즘을 도입하는 문제에 주로 관심을 가졌던 것 같고, 그러므로 본의 아니게 계획 경제는 끝났고 우리 모두는 이제 자유 시장 체제를 받아들여야 한다는 테제를 지지하는 경향이 있었습니다. 이에 반해 당신은 시장 **이데올로기**에 집중했고, 이것이 마르크스주의나 사회주의, 또는 민중이 자신의 운명을 통제한다는 그 어떤 민중 개념과도 양립 불가능하다고 강하게 주장하셨습니다. 당신이 시장 이데올로기를 "양가죽을 쓴 리바이어던"으로 규정지은 것은 매우 감동적이고 논쟁적인 지적이었을 뿐 아니라 "변증법적 이미지"라는 이름에 값할 만한 것이라고 생각합니다. 그러나 염려스러운 것은 당신의 주장이 대다수 다른 참석자에게 제대로 전달된 것 같지는 않다는 점입니다.

제임슨 나의 접근법과 다른 많은 이들의 접근법 간에는 두 가지 차이점이 있었다고 생각합니다. 하나는 나의 배경과 공부를 통해 예측할 수 있듯 나의 강조점은 이데올로기와 문화, 그리고 현대 정치에서 시장 이미지의 역할에 두어져 있었습니다. 문화 연구에 종사하는 우리 같은 사람은 오늘날 미디어 사회에서 확실히 이런 이미지와 이념소가 매우 강력한 객관적인 정치적 힘이며, 이를 제대로 다루어야 한다고 생각하고 있습니다. 그러나 사회과학 분야의 내 동료들은 종종 아주 순진하고 구식의 철학적 실재론자인 경우가 많아요. 그들은 현실이 저 바깥에 존재한다고 생각하고 시장이나 계획 경제에 대해서만 얘기할 뿐입니다. 우리가 늘 파악하는 것은 아니지만 사물 그 자체와 다르면서도 그에 못지않게 중요한 힘을 가진 시장에 대한 이념 혹은 계획에 대한 이념 또한 존재합니다. 내가 말하고 싶은 두 번째 차이점은, 소수를 예외로 하면―특히 내 친구 알랭 리피에츠(Alain Lipietz)의 경우가 그러한데, 그는 현재 활동하고 있는 가장 흥미로운 경제학자 중 한 명이라고 생각합니다―대부분의 마르크스주의 학자가 이런 종류의 학술 대회에서 하나의 시각으로서 사회주의적 정치학의 문제를 배제하는 객관적 학문이라는 개념을 가지고 있다는 점입니다. 나로서는 받아들일 수 없는 생각입니다. 그리고 나의 기여는 대부분 이러한 국면에서 사회주의 혹은 좌파의 정치에 대한 미래 기여의 문제에 두어져 있습니다. 그러므로 확실한 것은 다른 참여자들이 이런 시각을 공유하지 않는 한, 그들은 내 제안을 어떻게 받아들여야 할지 이해하지 못했을 것입니다. 그렇지 않으면〔만일 그들이 반(反)사회주의자였다면〕 내가 묘사한 이런 독특한 방식으로 시장 이데올로기가 승리하고 있다는 말에 즐거워했을지 모릅니다.

백낙청 이 문제는 우리를 포스트모더니즘의 문제로 이끕니다. 이것은 지난 몇 년 동안 당신이 상당히 관심을 기울여온 문제지요. 당신의 작업에 친숙하지 않은 많은 한국 독자들에게 도움이 되면서도 현재 진행 중인 논쟁에 기여할 수 있는 그런 방식으로 포스트모던에 대한 당신의 생각을 짧게 설명해주시겠습니까?

제임슨 그러지요. 내 입장을 약간 불투명하게 만들고 있는 것이 내 역사관이자 자본주의의 현 단계를 포스트모던적 단계로 파악하는 내 입장 때문이라 추측해봅니다. 비록 '포스트모더니즘'은 문화적 용어이고, 무엇보다 일반적으로 현대 건축의 일부 형식이 취하는 양식을 가리키고, 그 후에는 모종의 특정한 이미지를 기술하는 것으로 받아들여져오긴 했지만—
그리고 나는 이런 문화적 변화가 기저에 놓여 있는 물(thing) 자체에 대한
의미심장하고 중요한 징후이자 단서가 된다고 믿습니다—나는 실제 이
용어를 내가 이전 자본주의의 두 단계와 첨예하게 구분 짓는 현 단계 자
본주의의 전체적 변이 혹은 전환을 나타내는 것으로 사용하고 있습니다.
여기에 대해 일반화하자면, 부르주아 계급이 정치적으로 승리한 후 처음
에는 교환과 생산이 개별 선진국의 경계 내에서 일어나는 고전적 유형
의 국민적 자본주의 단계가 있었습니다. 그 뒤 19세기 말경에 두 번째 단
계(고전적으로 이 단계는 레닌과 다른 사람들에 의해 독점 단계 또는 제국주의 단계로 불
렸는데, 이 두 가지, 즉 독점과 제국주의가 동시에 등장했기 때문입니다), 즉 기업이 대
규모 국가 독점체에 통합되고, 세계가 고전적인 식민주의적 권력이 통제
하는 영향권에 따라 분할되는 단계가 옵니다. 이 각 단계에는 그에 상응
하는 특정한 문화 형식과 의식 형태가 있습니다. 대략적으로 말하면, 국
민적 자본주의라는 첫 번째 단계에서는 문학과 문화에서 우리가 리얼리
즘의 시기라고 부르는 것이 지배적이었던 것 같습니다. 이것은 본질적으
로 리얼리즘적 형식 및 예술 언어 그리고 특정한 철학적 개념에 의해 지
배되었지요. 하지만 독점 시기 혹은 제국주의 시기는 모더니즘 그 자체
가 출현했던 시기이고, 특히 이 시기는 문학 비평가로서 나에게 매우 흥
미로운 것 같습니다. 그러나 나의 전제는 이 단계가 아마도 제2차 세계대
전 종전 이후 재건 사업의 완결과 더불어 끝났다는 것입니다. 그것을 보
여주면서 더 이상 과거의 제국주의적 유형의 식민화에 의해 규정되지 않
고, 오히려 탈식민화와 신식민주의, 거대한 다국적 기업의 출현, 지금까
지 제3세계로 여겨졌던 지역으로 기업의 확산(그리고 명백히 환태평양 지역
은 이와 같은 자본주의적 국제화의 가장 유명한 예입니다), 이와 함께 더 이상 근대

적이지 않은 광범위한 문화 형식의 변화를 특징으로 하는 전적으로 새로운 시기의 등장을 예견하는 문화적·경제적 징후가 매우 많은 것 같습니다. 여기서 문화적일 뿐만 아니라 경제적·산업적·기술적 특징으로 우리가 언급해야 할 또 하나는 당연히 미디어와 텔레비전입니다. 용어에 관한 한, '미디어 사회'나 '다국적 사회'에 관해 말할 수 있는데, 이것들은 모두 포스트모던의 다양한 유형을 나타내는 단어입니다. 대니얼 벨의 유명한 "탈산업 사회(postindustrial society)"도 또 다른 사례지요. 물론 이 개념은 계급 투쟁이 끝났고 우리의 새로운 '생산 양식'은 이윤이 아니라 지식에 의해 지배된다고 주장합니다만 신문을 읽는 사람에게는 전혀 설득력 없는 말입니다. 하지만 이것은 우리가 고전적인 2단계 산업 생산이 아니라 이제는 컴퓨터와 정보, 과학 연구를 기반으로 하는 새로운 종류의 산업 생산으로 진입하고 있다는 생각에 의존합니다. 사람들은 이를 자동화와 인공두뇌에 의지하는 '탈공업적' 생산이라고 부를 수도 있을 것입니다. 그래서 나의 전제는 우리가 문화와 하부 구조, 사회와 경제 등 다방면에서 전적으로 새로운 3단계의 자본주의를 탐구해야 한다는 것입니다. 이 3단계의 도래가 가까이 있다는 생각이 옳다면, 이는 많은 고전적 형태의 정치나 미학뿐 아니라 심리학과 일련의 다른 것들도 더 이상 실질적으로 타당하지 않고 전통적인 것이 아닌 새로운 형태의 것들이 필요하다는 걸 의미합니다. 그렇다고 그것이 일부 사람들이 주장하듯 마르크스주의가 끝났다는 것을 의미하는 것이 아니라, 사실 내 생각은 마르크스주의 이론 속에 함축되어 있는 이 변화에 대해 마르크스주의 전통으로부터의 활발한 대응이 있을 필요가 있다는 것을 의미합니다. 에르네스트 만델(Ernest Mandel)은 내가 의지하는 그의 책《후기 자본주의(Late Capitalism)》에서 다음과 같은 입장을 취합니다. 모든 사람은 마르크스의

《자본》이 더 오래된 형태의 자본주의를 기술했고, 오늘날 사태는 매우 달라졌으며, 마르크스조차 이것을 예견할 수 없었다고 말합니다. 하지만 그의 주장은 정반대입니다. 오늘의 자본주의는 마르크스가 묘사했던 매우 불균등한 상황보다 더욱더 순수한 형태의 자본주의이며, 따라서 《자본》의 이상적 모델은 19세기 영국 및 유럽 대륙의 그것보다 오늘날의 우리 상황에 더 잘 맞을 수 있다는 겁니다.

백낙청 당신이 속한 패널의 토론자로서 내가 하려고 했던 주장 중 하나는, 만일 당신의 핵심적 논지가 옳다고 한다면—그리고 당신이 언급한 현상 중 다수는 이 시대의 가장 선진적 사회로부터 너무나 떨어져 살아가는 사람들에게조차 명백해 보입니다—어쩌면 그것은 당신이 필요하다고 하는 그 새로운 대응의 일환으로 실제적으로 **오래된** 일련의 문제를 제기하게 된 것이 아니었는가 하는 것입니다. 내 말은 자연과 인간 본성 같은 개념이 당신이 어쩌면 정당하게 평가하지 않았지만 이 시점에 새로운 적절성을 획득할 수도 있다는 것입니다. 가령 당신은 이 포스트모던 시대에 "자연의 절멸(obliteration of nature)"에 대해 말씀하셨습니다. 우선 이 말을 통해 당신이 무엇을 말하고자 하는지, 이것은 다소 과장이 아닌지, 과연 자연이라는 것이 절멸될 수 있는 것인지, 이에 대해 더 자세하게 알고 싶습니다. 둘째, 이런 것들이 심각할 정도로 진전되었다면, 그때 궁금한 것은 이런 진전이 '자연', '인간 본성' 등등 같은 익숙한 범주에 대해 우리 측에서의 새로운 인식을 요청하는 것은 아닌가 하는 점입니다.

제임슨 우선 자연의 소멸에 대한 나의 입장을 좀더 분명하게 해보겠습니다. 우리가 자연의 절멸에 관해 말할 때, 심오하고 실질적인 의미에서 우리가 말하려는 것은 제3세계 농업의 종말, 즉 농업의 산업화와 농민의 농업 노동자로의 변형입니다. 이것이 '녹색혁명'의 일부입니다. 이것은 모든 전통적인 추출 양식과 더불어 촌락 생활과 적합했던 형식을 폐기하고 산업 단위로 구획된 토양에 화학 비료를 적용하는 방식을 도입하는 것과 관련이 있습니다. 나는 이것이 이 모든 것의 가장 기본적인 의미일 거라고 생각합니다. 비록 환경 오염이 끔찍하고 위험스러운 것이라 하더라도, 이 문제는 어쩌면 이것이 자연과 맺는 새로운 관계의 파생물에 지나지 않을 겁니다. 이번 학술 대회에서 생태학과 생태학적 정치에 관한 많은 논문이 있었고, 나는 우리 모두가 이런 문제에 깊은 우려를 가져야 할 것이라 생각합니다. 그러나 서양에서 우리의 경험―다시 말해, 서양에서 이런 것들에 대한 나 자신의 관찰―은 생태학적 정치가 부르주아 정치가 되기 쉽고 하층 계급의 사람들은 그것과는 다르고, 때로는 서로 상충하는 것들에 관심이 있다는 것입니다. 나는 생태학적으로 성취할 만한 것이 있다고 생각하지만, 그것이 더 거대한 집단적 정치 기획의 일부가 되어야 한다고 봅니다. 이런 일은 아직 이루어지지 않고 있습니다. 그리고 이는 대기업의 통제와 관련이 있겠지요. 나에게 분명해 보이는 것은 자본주의 사회가 환경 오염에 대해, 공장 굴뚝의 화학 물질 방출에 대해 어떤 규제 법규를 통과시킨다고 하더라도 이런 것들을 감시하고 통제할 수 있는 관료 기구를 설치하지 않을 것이라는 점입니다. 그렇게 할 여유가 없거나 이런 일을 하는 데 실질적으로 관심이 없다는 것입니다. 또한 내가 보기에 아주 명백한 것은 이제까지 소비에트가 보여준 실적이 무엇이든 이런 일은 사회주의 체제하에서 성취하기가 훨씬 더 쉬울 것이라는 점입니다. 이런 것들이 생태학 문제에서 결정적 차원입니다.

현재 자연이 존재하고 있는 또 다른 곳이 무의식이라 생각합니다. 다시 말해, 이 모든 것의 근원이 되는 독일 고전 미학에서―루카치는 마르크스주의 자체가 어떤 점에서 프리드리히 폰 실러(Friedrich von Schiller)의 미학에서 유래한 것으로 볼 수 있다고 주장하곤 했고, 최근에는 테리 이글 턴(Terry Eagleton)도 그런 주장을 했습니다―예술이나 문화적 영역이 지식 생산이나 상품 생산에 의해 식민화하지 않은 유일한 영역이었습니다. 여기에는 프로이트가 '무의식'이라는 용어로 기술했던 것들도 포함될 수 있다고 생각합니다. 다시 말해, 인간 본성 속에는 미적인 것과 욕망의 영역, 더 심층적 인성 등을 포함하는, 어떤 의미에서 과거 형태의 자본주의나 사회 체계의 영향권 밖에 있는 지점이 있었습니다. 오늘날 포스트모던의 특징 중 하나는 정확하게 무의식에 대한 침투와 식민화라고 생각합니다. 예술이 상품화되고, 무의식 자체도 미디어와 광고 세력에 의해 상품화되었습니다. 어떤 종류의 자연이 사라졌다고 말할 수 있는 것은 또한 바로 이런 의미에서입니다. 사르트르는 여기 한국에서도 중요한 의미를 갖고 있다고 생각하는데, 그는 항상 자연에 대한 보수적 혹은 향수적인 변호를 조롱하곤 했습니다. 사르트르주의란 적어도 자연에 대한 승리와 전통적 한계로부터 인간 생활의 해방―인간 존재로 하여금 자신의 자아와 운명을 스스로 구성할 수 있도록 해주는 해방―에 대한 엄청난 낙관주의의 사례 중 하나입니다. 그리고 나 역시 이런 모든 것의 특징을 강조하는 게 적절하다고 생각합니다. 다시 말해, 인간 본성의 전통적 형식에 더 이상 구애받지 않는 것과 관련해 일정한 자유가 있다는 것이지요. 인간 본성 그 자체의 개념에 대해 나는 다소 양면적인 태도를 계속 갖고 있습니다. 이 개념이 반대적(비판적)일 때 엄청난 정치적 가치를 가지며, 인간 본성의 개념도 반대적 개념이어야 한다고 생각합니다. 그 개념이 지배적 개념이 되었을 때는 심히 의심스러워해야 할 것 같습니다. 그럴 때 내가 제안하고 싶은 것은―그리고 이것은 사람들이 과거의 내면 지향적 인성, 소유적 개인, 중심화한 주체 등등의 소멸을 개탄하는 포스트모던 시대와 매우 잘 어울립니다—이런 개념을 심리적 파편화, 정신분열증 등의 수사로 대체할 것이 아니라 다시 집단적 관계의 개념으로, 하지만 전통적인 종류가 아니라 새로운 유형의 집단성 개념으로 돌아가야 한다는 것입니다. 내 생각에 이것이 사회적이고 문화적이고 정치적으로도 가장 생산적일 수 있는 방식으로 인간 본성을 하나의 사회적인 것으로 보는 방식이 될 것입니다.

백낙청 나도 인간 본성에 대한 당신의 양면적 태도에 공감합니다. 그리고 나는 이런 양면적 태도를 견지하는 것의 중요성을 강조하고 싶습니다. 그러나 사르트르처럼 이 개념을 아주 부정하는 것은 다르다고 생각합니다. 그것은 마르크스의 태도와도 다른 것입니다. 나로서는 《마르크스와 인간 본성(Marx and Human Nature)》에서 노먼 제라스(Norman Geras)가 제기한 주장이 매우 설득력 있다고 생각합니다. 그에 따르면, 적어도 마르크스는 인간 본성과 같은 그런 것이 존재한다고 말하려고 했던 것이 결코 아니었다고 합니다. 공교롭게도 마르크스는 인간 본성에 대한 기존 개념을 공격하는 것이 반대파의 입장이던 시기에 활동했던 것이라는 것이죠. 하지만 지금 내가 제기하고 싶은 주장은, 정확히 당신이 언급한 바로 그 현상 때문에 오히려 지금 인간 본성 개념을 다시 제기하는 것이 반대파적인 태도가 되는 지점에 도달한 것이 아닌가 하는 점입니다. 당연히 새로운 방식으로 제기해야겠지요. 거의 인간 세계 전체가 상품화하고 미디어화하면서 시장이나 미디어에서 말하는 것이 인간 본성에 대한 전부로 통하게 될 위험이 있습니다. 우리는 어느 지점에선가 일어서서 "인간은 그런 것이 아니다", "이 모든 것은 인간 본성에 거스른다", "미디어화한 시장에 의해 동원된 욕망은 허위적이면서 날조된 욕망이다"라고 말해야 할 것입니다. 그리고 학술 대회의 생태학 분과에서 정치경제학 비판에 사용 가치를 재도입해야 할 필요성에 대해 논의했지요. 만일 사용 가치 개념을 끌어들여 정치경제학 비판에 대한 어떤 종류의 과학을 계속해서 형성하고자 한다면, 사용 가치를 양화할 수 있는 방법을 찾아야 할 것입니다. 그러려면 이러한 가치가 유용하게 쓰일 존재들이 특정한 '본성'—확실히 가변적이지만 일정하게 주어진 방식으로 가변적인 성격—을 가지지 않는다면, 그 작업이 불가능하다는 것은 명백합니다.

제임슨 포스트모던의 초창기에 마르쿠제(H. Marcuse)가 취했던, 매우 논란을 일으켰던 입장이 그것이었습니다. 가짜 욕망, 허위적 형태의 만족, 심지어 허위적 행복이 있다는 그의 생각은 수많은 대중주의적 좌파에 의해 잘 받아들여지지 않았습니다. 철인 왕이 있어 그가 텔레비전을 시청하는 많은 노동 계급 사람들이 자신이 행복하다고 생각만 할 뿐 실제로는 결코 행복한 것이 아니라고 판정 내릴 수 있다고 주장하는 듯했거든요. 그러나 나는 마르쿠제식의 사유 방식에 강력한 것이 많이 있다고 생각합니다. 하지만 나의 입장은 약간 다릅니다. 나는 당신이 말한 것의 핵심을 전적으로 인정합니다만, 그것이 상실되어버린 개념으로 되돌아가게 한다고 생각합니다. (그리고 이것은 서두에서 내가 언급했던 나의 정치적 시각과 연결되어 있습니다.) 우리는 사회주의의 비전뿐 아니라 사회주의의 결정적 일부였던 인간 존재 변혁의 비전을 상실했습니다. 내 생각에 이것은 본질적으로 근대적 문제, 근대주의적 문제였지요. 다양한 방식으로 근대인과 모든 위대한 고전적 사회주의는 미래 사회 속에서 인간 존재의 변혁—사회 세계뿐만 아니라 자아의 일정한 유토피아적 변혁—에 대한 이러한 상을 갖고 있었고, 따라서 인간 본성에 대한 그들의 개념도 미래의 인간 가능성에 대한 개념이었지요. 나는 마르크스가 이것을 상세하게 설명하길 거부했다는 것은 물론 유명하지만 이것이 우리가 초기 마르크스에서 발견하는 것이라고 생각합니다. 그러나 근본적으로 달라진 상황 속에서 인간 존재의 잠재성을 환기하는 것, 다시 말해 만일 그것을 다시 살려낼 수 있다면, 프랑크푸르트학파가 문화의 타락, 인간 심리의 타락이라고 불렀던 현상에 대해 판단 내릴 때 근거가 된 어떤 가능한 인간 본성에 대한 제대로 된 좌표를 가질 수 있으리라 생각합니다. 그러므로 자연이 현대 사회에 의해 상품화하거나 저속화되고 있는 지금 여기의 정태적인 인간 본성의 연역과 관계하기보다는, 차라리 유토피아와 미래의 시간과 변증법적인 관계를 가져야 한다고 생각하지요.

백낙청 자, 이제 당신이 자본주의에 대한 만델의 틀에 의존한다고 말한, 리얼리즘에서 모더니즘, 그리고 포스트모더니즘으로 나아가는 시대 구분의 문제로 넘어가 보지요. 이 시대 구분에서 내가 느끼는 문제점은, 루카치 같은 사람이 결정적으로 다르다고 생각한 두 시기를 '리얼리즘'이라는 명칭 아래 합쳐버렸다는 것입니다. 잘 알다시피, 루카치는 대부분의 위대한 리얼리스트가 **1848년 이전**에 나왔다고 생각합니다. 그에게 1848년은 위대한 분수령입니다. 물론 그는 톨스토이가 러시아인이기 때문에 그 이후에 나오게 되었다는 예외를 인정합니다만, 당신의 시대 구분을 보면, 루카치가 진정한 리얼리즘과 자연주의를 열심히 나누고자 했던 구분을 간과할 수도 있을 것 같다는 생각을 해봅니다.

제임슨 루카치는 나에게 많은 것을 의미합니다. 특히 이런 문제에 관해 사고하는 데 더 그렇습니다. 나는 루카치가 비록 변증법적으로 자연주의와 상징주의의 정점으로 이해한 근대적인 것에 매우 적대적이긴 했지만, 그럼에도 이것들에 대해 몇 가지 매우 흥미로운 기술을 했다고 생각합니다. 그의 특별한 가치 판단은 접어두고 우리는 이러한 묘사를 받아들여 다른 방식으로 활용할 수 있다고 봅니다. 루카치에게 1848년이 이데올로기적·정치적 중요성을 갖는 것은, 그것이 노동 계급 문화의 가능성을 처음으로 엿보게 해준 사건의 출현이었고, 부르주아의 보편주의가 최초로 자신의 계급적 한계와 죄악을 인정하거나, 그렇지 않으면 마르크스 자신이 그랬듯 노동 계급의 문화로 이동해가야만 했던 최초의 순간을 의미했다는 것입니다. 이 점에서 발자크와 플로베르의 차이에 대한 결정적 설명은 매우 중요하다고 생각합니다. 이 모든 것이 루카치의 강력한 영향입니다. 그러나 톨스토이의 사례가 보여주듯 이것을 다양한 민족적 상황에서의 불균등한 속도의 문제로, 또한 단순한 불균등한 속도뿐만 아니라 중층적으로 첨가된 발전의 문제로 이해해야 한다고 생각합니다. 그럴 때 리얼리즘적 예술과 과거의 자본주의에 상응하는 특정한 조건이 그다음에 오는 경제 조직과 문화의 한가운데에서 지속하게 됩니다. 오늘날 (내가 루카치에 덧붙이는 단계, 즉 포스트모더니즘으로 돌아오자면) 심지어 가장 선진적인 나라와 특히 제3세계에서조차 어떤 종류의 포스트모던적 치장이나 일정한 종류의 포스트모던적 생산이 존재할 수 있다고 생각하는 것이 아주 그럴듯하듯 말입니다. 고전적 형식의 근대적 생산이 있고, 또한 그보다 더 오래된 종류의 생산의 독립 지대가 존재합니다. 그것들은 경제적으로, 문화적으로 모두 유효하며 공존합니다. 그러므로 그것이 루카치의 도식을 한층 복잡하게 해줄 것이고 다소 덜 일방적이고 덜 단정적인 것으로 만들어줄 것입니다. 그는 톨스토이를 고려했습니다. 그러나 다른 위대한 리얼리즘 작가, 내가 볼 때, 루카치적 의미에서는 약간 자연주의에 물들기는 했지만 가장 위대한 작가를 그는 결코 언급한 적이 없습니다. 에스파냐의 페레즈 갈도스(Pérez Galdós) 같은 작가가 그렇습니다. 그는 1880년대부터 1920년대에 걸쳐 글을 썼지요. 그러나 만일 우리가 루카치의 주장을 약간 덜 경직되게 받아들인다면, 그중 어떤 부분은 수용할 수 있다고 생각합니다.

또한 나는 자연주의에 대해서도 재고할 필요가 있다고 믿습니다. 나는 자연주의의 그 어떤 이론 중에서 나에게 만족스러운 것을 아직 찾지 못했습니다. 미국에서는 오랫동안 무시당한 끝에 일부 자연주의 작가들에 대한 재발견이 일어나고 있습니다. 나는 드라이저(T. Dreiser)를 리얼리스트라고 생각하지만, 노리스(F. Norris)처럼 아주 기이한 자연주의 작가도 일부 있습니다. 일부 평자들은 자연주의를 사회적일 뿐 아니라 정신적으로 매우 흥미로운 형식적 징후로 보기도 합니다. 영화에 관한 자신의 새 책에서 질 들뢰즈는 영화적 자연주의자들〔부뉴엘(L. Buñuel)과 슈트로하임(E. Stroheim)〕, 그리고 그들이 심층 심리적이고 무의식적인 물신주의와 사회적인 것의 특정 지대에 대한 관심을 결합한 것을 아름답게 기술하고 있습니다. 이는 졸라(E. Zola)와 연관해서도 내게 매우 흥미로운 것 같습니다. 자연주의에 관한 또 다른 한 가지가 아주 중요하다고 생각합니다. 이것이 틀렸다면 말해주기 바랍니다. 내가 받은 인상은 동양이나 제3세계 일반에 걸쳐 서양 소설의 수출 혹은 서양 소설의 도래에 관해 말할 때 우리가 얘기하는 것은 루카치의 리얼리즘이 아니라 졸라와 자연주의입니다. 자연주의 소설은 자동차나 영화만큼이나 강력한 프랑스산 발명품이었습니다(라고 거의 말하고 싶군요). 내가 이해하는 바로는 루카치가 자연주의를 그렇게 혹독하게 공격했던 이유 중 하나는 1930년대의 모스크바에 살던 그에게 자연주의는 매우 속류적인 사회주의 리얼리즘을 가리키는 암호명이었으며, 따라서 그의 공격은 서양에서보다는 소비에트의 상황에서 더 큰 의미를 갖는 것이었습니다. 그 시점에 서양 문학은 이미 대개는 자연주의를 넘어서버렸기 때문입니다.

백낙청 영문학을 공부하는 입장에서 1848년이라는 해는 루카치에게만큼은 덜 중요할 수밖에 없으며, 또한 로렌스, 엘리엇(T. S. Eliot) 및 다른 근대 작가들에 대한 애독자로서 나는 루카치의 특정한 구분에 강한 이견이 있습니다. 여기에 철학적인 논쟁을 덧붙일 수도 있을 것입니다. 그러나 내 생각에 중요한 것은 당신이 "총체화하는 비전(totalizing vision)"이라 부른 것을 고수하는 리얼리즘 작품들―《정치적 무의식(The Political Unconscious)》의 주장을 따르자면, 모더니즘적 "봉쇄 전략(strategy of containment)"이 제대로 작동하지 않는 "특권적인 서사 형식"을 생산하는 데 성공한 작품들"―과 그렇지 못한 실패 작품을 구별하려고 한 루카치의 시도입니다. 나는 앞서 서양 소설의 전통에 친숙하지 않았던 제3세계 국가들에 자연주의 소설이 수입되었을 때, 그것이 엄청난 영향력을 끼쳤다고 말한 당신의 지적이 옳다고 생각합니다. 하지만 그것이 루카치의 기본 주장을 부정하는 것이라고는 생각하지 않습니다. 우선 한 가지는 자연주의 소설이 독자가 지각할 때 바로 이런 총체적인 문제, 국가와 민족의 정치적 운명을 비롯한 그들의 전체적 운명과 관련한 문제를 다루고 있는 것으로 인식되었기 때문에 그것들이 그런 영향력을 끼쳤다고 믿습니다. 이와 관련해 나는 리처드 라이트(Richard Wright)의 자서전에 있는 말을 떠올립니다. 그는 드라이저, 싱클레어 루이스(Sinclair Lewis) 같은 작가의 작품을 읽고, 얼마나 깊이 감동받았는지를 말하고 있습니다. 그 작품들이 자신의 삶이 처한 상황에 직접적으로 말을 걸어오고 있는 것 같았기 때문이었다지요. 물론 이것은 제3세계의 특징과 많은 부분 통하는 바가 있다고 말할 수 있습니다. 그러나 또 다른 한 가지 점은, 루카치 리얼리즘의 단순화라고 할 수 있는 자연주의가 서양 소설과 접촉하게 된 초기 단계에 접근하기가 더욱 쉬웠을 것이라는 점입니다.

제임슨 당신이 총체성 범주를 강조하는 것은 옳다고 생각합니다. 내 생각에 그것이 소설 형식에 대한 루카치의 가장 큰 공헌이며, 어쩌면 그와는 다른 방식으로 그것을 이용할 수도 있습니다. 모더니즘의 몇몇 고전을 보는 사람은 누구에게나―만일 당신이 《율리시즈(Ulysses)》를 생각한다면―만일 사회적 총체성에 대한 상을 구성하려고 시도한다면, 이것이 바로 그것이지요. 그래서 나는 가끔 루카치를 그 자신과는 반대로 이용할 수 있다고 생각합니다. 그럴 경우 나는 이렇게 해보고 싶군요. 다시 말해, 총체성의 재현은 아니라 하더라도 총체성의 모델을 창조하려 하는 예술가는 그가 속한 사회 안에서 그 주체들로 하여금 사회적 총체성을 인식하지 못하게 하는 일정한 주어진 제약에 맞서 작업한다고 말입니다. 사회가 더욱더 복잡해지고 자본주의가 발달하면서 사회의 총체성에 대한 상에 접근하기가 점점 더 어려워지고, 내 생각에는 바로 이러한 변증법에 따라서 예술의 변혁을 관찰할 수 있을 것 같습니다. 말하자면, 리얼리즘 시대에는 상대적으로 더 쉽게 다가갈 수 있는 서사적 가닥과 구성을 통해 총체성의 비전을 성취할 수 있는 사회적으로 더욱 단순한 상황이 있었다고 생각합니다. 하지만 모더니즘 시기에는―그리고 나는 모더니즘의 위대한 특징 중 하나가 구체적으로 재현의 쟁점을 결정적인 문제로 제기한 것이라 생각합니다―총체성의 재현 가능성에 위기가 존재합니다. 바로 여기서 현실이 어떻게 결합되는지 보여주는 것이 점점 더 어려워지는 제국주의적 세계 체제 내에서 총체성을 재발명하려는 모더니즘의 비상한 형식적 시도가 나옵니다. 오늘날 우리의 글로벌 체제 속에서 나는 우리가 이러한 어려움의 제3의 단계에 다가가고 있다고 말하고 싶습니다. 그리고 여기서 만일 포스트모더니즘의 현 형태에 대해 어떠한 정치적 판단을 내린다면, 그 형태가 이러한 시도 자체를 완전히 포기해버렸다는 것입니다. 다시 말해, 현재 그들은 재현은 불가능하고, 총체성은 존재하지 않게 되었으며, 따라서 각자의 다른 상황 속에서 사실주의와 모더니즘 양자의 긴장과 야망에 기여했던 것들이 사라졌다고 판단 내리고 있지요. 나는 그것이 반드시 영원히 그러리라고 생각하지는 않습니다. 정치적 포스트모더니즘이 나올 것이라 생각합니다. 다시 한 번 글로벌 체제에 대한 하나의 모델을 만들거나 비전을 가지는 과제를 담당하려 하는 포스트모더니즘이 나올 겁니다. 그리고 나는 〈포스트모더니즘, 후기 자본주의의 문화 논리(Postmodemism, the Cultural Logic of Late Capitalism)〉라는 글 마지막에서 이른바 "인식적 지도 그리기"라는 개념을 제안한 바 있습니다. (그 뒤 이 용어는 상당히 통용되었지만 이 개념 자체가 받아들여진 것인지는 잘 모르겠습니다.) 이는 오늘날 예술가와 비평가의 과제가 이 새로운 글로벌 총체성에 대한 새로운 형식의 재현을 재획득하거나 재발명하는 방식에 도달하는 것임을 보여주는 걸 의미합니다.

백낙청 루카치의 주장은 모더니즘의 작가들, 당신이 "본격 모더니즘(high modernism)"이라고 말한 작가들이 사회적 총체성을 포착하려는 그러한 시도를 이미 포기해버렸다는 것입니다. 우리는 루카치가 이들 중 다수에 대해 부당했다는 데 동의합니다만 당신도 제안했다시피 그의 주장은 본격 모더니스트들보다는 포스트모더니스트들에게 더 잘 적용될 수 있을 것 같습니다. 어떤 점에서 당신의 주장을 약간 바꿔 말하자면—나는 당신이 "포스트모더니즘은 어떤 의미에서 모더니즘보다 **더** 모던적이다"라고 말하는 차원까지 나아갔다고 봅니다—한 단계 더 나아가 포스트모더니즘은 본격 모더니즘보다 **더 순수한 형태의** 모더니즘이라고 말하는 것이 어떨까 합니다. 정말로 만델이 후기 자본주의가 이전의 자본주의 단계들보다 더 순수한 자본주의의 단계라고 말한 것과 동일한 의미에서 말입니다.

제임슨 무척 매력적인 표현이군요. 그리고 그것은 루카치의 모더니즘 비판 중 우리가 절대적으로 동의하지 못하는 상당 부분을 이동시켜줄 수 있기 때문에 우리로 하여금 루카치를 어느 정도 다시 쓸 수 있도록 해주고, 나아가서 그의 비판을 포스트모더니즘에 대한 예언으로 이해할 수 있도록 해줄 것입니다. 나는 이것이 루카치 자신의 권고를 비롯해 상당히 설득력 있다고 생각합니다―루카치에게는 늘 그가 이들 모더니스트 작가에게 연설을 하고 있고, 그 해결책은 곧장 당에 가입하거나 그렇지 않으면 토마스 만(Thomas Mann)처럼 그에 대해 동조하거나 하는 것뿐이며, 그래야만 구원받을 수 있다는 느낌을 받게 됩니다. 글쎄요. 현재 우리의 방안이 어떠해야 할 것인지는 잘 모르겠지만, 정치적·경제적 위기 자체에 대한 첨예한 인식 없이는 포스트모던 예술가는 총체성에 대한 상을 성취할 수 없다는 것이 이러한 진단 속에 함축되어 있는 것 같습니다. 왜냐하면 거기에는 그렇게 해야 할 어떠한 핵심도 동기도 더 이상 없기 때문입니다. 다시 말해, 이러한 인식적 지도 그리기의 형식은 본질적으로 미학적인 동기만큼이나 정치적인 동기에도 근거한다는 것입니다.

백낙청 나는 그것을 이런 식으로 바꿔 말하는 것이 갖는 주된 장점이 루카치의 핵심적 주장, 즉 그가 설정한 '리얼리즘' 대 '모더니즘'이라는 쟁점이 자본주의 시대가 시작된 이래 그것을 극복할 때까지 지속적이고 핵심적인 투쟁으로 남을 것이라는 주장을 구해낼 수 있을 것이라고 생각합니다. 그리고 이것은 우리 한국의 많은 작가에게 특별히 매력적입니다. 우리는 모던한 것과 포스트모던한 것이 동시에 혹은 거의 동시에, 그리고 주로 신식민지적 문화 침략의 형태로 쏟아져 들어오는 경험을 하고 있습니다. 물론 우리는 단순히 우리의 전통적 형식으로 되돌아가거나, 19세기 리얼리즘의 형식과 같이 서양 문학과 예술의 과거 형식을 채택함으로써 이런 상황을 헤쳐나갈 수 없다는 것을 깨닫고 있습니다. 그러나 우리는 이러한 총체화의 비전을 생생하게 유지해야 한다는 의미에서 어떤 종류의 리얼리즘을 견지해야 한다고 확신합니다. 그것은 온갖 새로운 조류의 유입에 굴복하지 않으면서 그것을 통과해야 하는 리얼리즘일 것입니다. 이런 의미에서 우리는 포스트모던 리얼리즘이라 부를 만한 것을 추구합니다. 그러나 이 경우 우리가 본격 모더니즘과 포스트모더니즘 모두를 넘어서고자 한다는 것을 보여주기 위해 철자를 약간 바꾼 것입니다. 어쩌면 우리는 완전히 새로운 이름을 필요로 할지 모릅니다만, 이런 연관성 속에서 저는 루카치와 브레히트 논쟁에 관한 당신의 글에서 매혹적이라고 생각하는 대목을 보게 되었습니다. 여기서《미학과 정치학 (Aesthetics and Politics)》이라는 책의 한 구절을 읽어보겠습니다. "실제로 이러한 상황에서는 모더니즘의 궁극적 갱신, 지각 혁명의 미학이 현재 자동화된 관습이 되어버린 상황에서 그 관습의 최종적인 변증법적 전복이 리얼리즘 그 자체가 아닐까 하는 질문이 있다. ……예상치 못한 대단원으로 오늘날 우리를 위해 잠정적으로 최후의 한마디를 해줄 사람은—1930년대에는 그가 틀렸을지 몰라도—바로 루카치일지 모른다." 나는 이 구절이 아주 매력적이라고 생각합니다.

제임슨 물론 나는 포스트모더니즘이 현실과 개념으로서 표면화하기 전에 이 말을 썼습니다. 하지만 그것은 오늘날 약간 더 복잡해졌을 것입니다. 내 뜻은 이런 겁니다. 한국 문학에 관해 뭔가 말할 수 있었으면 좋겠고, 많은 번역 작품이 있어 이런 무지가 고쳐졌으면 좋겠으며, 그 이상이 필요하다고 생각합니다. 그러나 내 뜻은 무엇보다 다차원적인 제3세계 사회 현실이 점차 일차원적인 제1세계의 그것보다 예술가에게 훨씬 더 흥미로울 수 있다는 것입니다. 내가 볼 때 오늘날 가장 흥미로운 소설 형식이 라틴아메리카 소설, 특히 가르시아 마르케스의 작품으로 보이는 이유—이것이 한국에서도 그러한지는 잘 모르겠습니다만, 중국과 세계의 많은 다른 곳에서는 확실히 그러합니다—를 설명해줍니다. 여기에 내가 덧붙이고 싶은 것은—이건 쇼비니즘 같은 것 때문은 아니며 매우 중요하다고 생각합니다—내 견해로는 가르시아 마르케스는 윌리엄 포크너(William Faulkner)에게서 나왔으며, 사실 포크너는 다양한 이유로 서사적 가능성의 새로운 양식과 특정한 종류의 리얼리즘을 보여주었으며, 그것이 자연주의자들 이후 가장 중요한 전 지구적 영향력을 갖는다고 생각합니다. 적어도 이는 내가 몇 년 전 중국에 있을 때 중국 작가들과 얘기하면서 갖게 된 생각입니다. 그들은 그 무렵 '뿌리' 운동이라 부르던 새로운 종류의 소설을 실험하고 있었지요. 내 생각은 이랬습니다. 이것은 18~19세기에 대한 루카치의 묘사와 매우 잘 어울렸는데, 그들의 과거 사회적 리얼리즘 형식이 사회적 표면에 대해 정태적이었다고 한다면, 중국에서 문화대혁명이 가져온 것 중 하나가 역사와 역사적 상흔과 변혁에 대한 깊고 심층적 인식을 창조했다는 것입니다. 그래서 그들이 포크너와 마르케스에게서 발견한 것은, 작가로 하여금 사회 표면을 기록하면서 동시에 일종의 지진 탐지기처럼 더 심층적 역사의 진행 중인 영향을 포착할 수 있게 해주는 새로운 서사적 장치였습니다. 당신네의 역사는 이보다 훨씬 더 파국적이고 외상적인 것이었음이 분명합니다. 나는 이것이 루카치적 명제의 완성이라고 생각합니다. 즉 루카치는 18세기 영국 소설이 사회의 표면을 지각하려고 한 방식에서 벗어나 더 심층적 역사에 대한 스콧과 발자크의 발견, 그리고 그것을 통합한 그들의 방식으로 이동했습니다. 당신이 이해하고 있는 그런 의미에서 우리가 보고 있는 것은 바로 여기에서 훨씬 더 거대한 스케일로 반복되고 있는 것 같다는 생각이 듭니다. 당신들은 아주 오래된 농민적 현실뿐 아니라 포스트모던한 현실도 갖고 있으며, 그렇기 때문에 그것이 무엇이든 그리고 루카치의 기술이 얼마나 적절하든 간에 이제 그것은 훨씬 더 많은 것을 포함하고 있으며, 따라서 더욱더 복잡하고 더욱더 흥미로운 것이 되고 있음에 틀림없다고 생각하고 싶습니다.

백낙청 전적으로 동의합니다. 우리의 경우 확실히 에른스트 블로흐(Ernst Bloch)가 말한 "비동시적인 것들의 동시성(die Gleichzeitigkeit des Ungleich zeitigen)"의 또 다른 사례지요. 이것이 물론 일차원적인 글로벌 사회로 통합되기 이전에 존재하는 단지 일시적인 순간일지 모르지만 실천의 문제에 진지한 관심을 갖는 사람은 누구도 이런 패배주의를 선뜻 받아들일 수는 없을 것입니다. 그래서 나는 총체화의 비전을 성취하고 유지할 수 있기 위해 제1세계에서는 더 이상 얻을 수 없는 정말로 드문 역사적 기회를 가지고 있다고 생각하고 싶습니다. 〈뉴 레프트 리뷰(New Left Review)〉 최근호(176호)에 실린 비평가들에 대한 답변에서 당신은 "생산양식" 같은 개념을 생산할 수 있는 총체적 사유의 가능 조건에 관해 언급하셨습니다. 여러 가지 점에서 마르케스의 라틴아메리카나 후진적인 지역 출신, 심지어 포크너의 경우도 그렇지 않을까요.

제임슨 맞습니다. 미국의 후진적인 지역이고 미국의 제3세계지요.

백낙청 어떤 점에서 그것은 스코틀랜드 계몽주의나 프랑스혁명 전의 프랑스처럼 그 글에서 당신이 언급한 정세와 아주 유사하지요.

제임슨 예, 절대적으로 동의합니다.

백낙청 그렇다면 바로 이런 우리의 정세 속에서 민족 투쟁, 민족 문제, 민족 문학 개념은 공교롭게도 우리에게 아주 중요합니다. 그러나 나는 이런 개념이 서구의 대다수 지식인들에게는 그리 큰 의미를 갖지 못한다고 생각합니다. 물론 그것들이 과거 방식의 의미를 지녀야 한다는 것은 아닙니다. 하지만 이에 대한 당신의 반응은 어떤지 궁금합니다.

제임슨 이것은 한국에 와서 갖게 된 인상이고 내가 더 생각해봐야 할 또 다른 문제라고 생각합니다. 민족주의의 긍정적 개념을 보여주는 참조 틀은—확실히 팔레스타인 민족처럼 전투적인 상황에서는—명백하고 필연적이며 진보적이라고 생각합니다. 누구라도 그렇게 볼 수 있지요. 하지만 혁명 이후의 상황이라는 관점에서 볼 때, 나는 쿠바에서 민족주의의 역할, 쿠바의 민족주의나 쿠바의 예외성에 대한 의식이 사회주의 건설과 조화를 이루고, 외국인을 배척하지 않았으며, 가령 다차원적 인간성을 가진 쿠바인을 창출할 수 있었던 방식에 깊은 인상을 받았습니다. 쿠바인들은 스스로 라틴아메리카의 일원으로, 다른 카리브인들의 일원으로, 아프리카와 연결된 흑인 국가의 일원으로, 나아가 그들이 사실상 미국의 마지막 식민지였기 때문에 우리 북미인들과도 유대를 느끼고 있습니다. 그래서 나는 민족적 상황의 단일성에 대한 강력한 의식이 반드시 외국인 배척이나 편협성과 관련될 필요가 없고, 정치적 실천과 매우 활력 있는 문화적 표현을 향해 완전히 개방될 수 있다고 생각합니다. 여기 한국이 이와 같은 아주 독특한 사례인 것 같습니다. 만일 제1세계가 이 점을 이해하지 못한다면—일본이라는 이상한 예를 제외하면, 미국이나 새로운 유럽 같은 초강대국은 이런 계기를 받아들일 여지가 전혀 없지요—그것은 제1세계의 입장에서는 매우 안타까운 일입니다. 다시 말해, 제1세계로서도 다소 더 생각해볼 필요가 있는 현실이 존재합니다. 이런 현실이 제1세계의 맹점이자 억압이며 외부 세계에 대해 알고 싶지 않은 것에 대한 지표이겠지요.

백낙청 이런 쟁점이 제2세계와 갖는 관련성에 대해 언급해주시겠습니까?

물론 쿠바를 논의해주셨지만 쿠바는 제2세계인 만큼이나 제3세계이기도 합니다.

제임슨 분명히 소비에트연합은 이런 문제를 다른 방식으로 생각해봐야 하는 하나의 연방 국가입니다. 그리고 독일의 경우도 비교해볼 만하지요. 물론 독일은 비민족 국가의 전통을 갖고 있고 프러시아도 민족 국가는 아니었습니다. 그래서 동독의 사회주의 국가, 즉 독일민주공화국의 생존 가능성에 관해서 독일 역사에는 세계의 다른 곳에 실제 존재하지 않는 비민족적 구성체의 예들이 있습니다.

백낙청 그것이 독일의 경우와 한국의 주요한 차이 중 하나라고 생각합니다. 우리는 1945년 분단되기 전에 상당히 오랫동안 통일된 민족 생활을 해왔기 때문입니다. 또 하나 중요한 차이는 독일의 분단은 적어도 그것이 강력한 침략 국가에 가해진 처벌이었고 동일한 비극의 반복을 예방하기 위한 조치였다는 점에서 나름 명분과 역사적 이유도 있었지만, 한국은 일제 침략의 희생자였다는 점입니다.

제임슨 존 할리데이(Jon Halliday)가 일본이 당했어야 할 점령과 분단이 한국에 전가되었다고 말하면서 아주 강력하게 그 점을 말하더군요.

백낙청 맞습니다. 그래서 한국에서는 통일을 요구하는 강렬한 열망이 있습니다. 내가 남이든 북이든 대부분의 한국인이 이런 열망을 갖고 있다는 것을 대변할 수 있다고 생각합니다. 물론 이러한 열망을 갖는다는 것이 거기에 도달하는 방안을 이해하거나 그것을 실현할 수 있는 이론을 갖는다는 것과 같지는 않습니다. 현재 어려움 중 하나는, 이 나라가 거의 반세기 동안 분단된 상태로 있고, 그것도 동서독보다 훨씬 격렬하고 경직화되었으며, 그 결과 우리는 2개의 전혀 다른 사회 구성체를 가지고 있고, 어쩌면 아주 강력한 공통의 민족 감정에도 불구하고 아주 상이한 종류의 민족주의를 가지고 있다는 점입니다. 그러나 어떤 경우든 민족주의가 상당 부분 외국인 배척과 관련되어 있다 하더라도 그것은 진보적 민족주의라고 생각합니다.

제임슨 그것이 낯선 것이나 타자에 대한 거부가 아니라 정치의식의 문제라고 한다면, 다분히 진보적일 수 있겠지요.

백낙청 어떤 경우든 한국 민족주의는 진보적**이어야** 한다고 생각합니다. 왜냐하면 그것은 이 나라의 통일을 원치 않는 지배 권력에 대해 반대파의 입장을 취해야 하기 때문입니다. 그와 동시에 대부분의 한국인이 **어떠한 종류의** 통일도 다 좋다는 데 동의하게 만드는 것은 원천적으로 불가능한 일입니다. 이 점은 지금까지 한국에서 충분한 공개 토론이 이루어지지 않은 상태입니다만, 적어도 알려져 있는 한에서는 상당수 남한 사람들은 북한식의 통일을 원하지 않을 것이라는 것은 명백하고, 북한 주민들도 남한 사람들이 한때 사용했던 '북진 통일' 같은 것에 반대할 것이 확실합니다. 그러므로 우리는 한국 민중, 즉 남북한의 절대 다수 주민의 진정한 이익에 이바지할 수 있는 공통적 민족 감정에 실질적으로 부응할 수 있는 해결책을 만들어낼 필요가 있습니다. 문제는 우리가 여러 가지 점에서 통일 국가의 기나긴 역사와 이런 역사에 대한 첨예한 의식을 갖고 있는 단일 국민국가로 여전히 남아 있긴 하지만, 동시에 우리는 현재 40년이 넘도록 2개의 정반대되는 사회 체제와, 따라서 아주 상이한 개인적·집단적 경험을 갖고 있는, 실질적으로 2개의 국민국가 혹은 반(半)민족국가로 지내왔다는 점입니다. 2개의 공통적이면서 불가피하게 이질적인 열망을 만족시킬 수 있기 위해 실천적일 수 있는 해결책을 어떻게 강구하느냐 하는 겁니다. 이것이 한국의 사례를 아주 예외적인 것으로 만들고 있습니다. 하지만 나는 이 지점에서 한국이 겉보기에는 예외적이지만 실제로는 아주 전형적일 수 있다는 당신의 첫 주장을 재확인하게 된다고 생각합니다. 왜냐하면 우리가 오늘날 세계 전체가 직면하고 있는 어려운 점을 해결하려고 할 때, 실제 똑같은 종류의 문제와 맞닥뜨리게 되기 때문입니다.

제임슨 그것은 두 가지 다른 사회 변혁의 기회를 가진 것처럼 보이고, 두 가지 삶을 동시에 살 수 있는 기회가 한국에 주어진 것처럼 보이는군요. 그건 매우 풍부한 가능성과 관련이 있을 수 있습니다.

백낙청 그러나 한국이 변칙이라기보다는 하나의 고전적 사례라고 하신 애초의 말씀을 좀더 상세하게 설명해주시겠는지요?

제임슨 나는 발전이나 '단계' 이론을 말할 때 항상 이들 단계가 공존하고, 중첩되며, 그것들을 서로 별개의 것으로 사고해서는 안 된다는 점을 분명히 하려고 노력했습니다. 하지만 대부분의 단계 이론에서는 각 단계에는 거기에 고유한 독특한 정치가 있는 것으로 설정하게 됩니다. 민족해방전쟁과 상대적으로 민족주의적 투쟁은 바로 탈식민화의 단계가 되겠지요. 사회주의 혁명은 또 다른 유형이 될 것입니다. 어쩌면 현재 우리는 그것들과는 다른 포스트모던 지배 기구 전체에 맞선 투쟁을 예견할 수 있을지도 모릅니다. 우리가 세계를 둘러볼 때, 가난한 제3세계 국가들에서 민족주의가 주조를 이루는 민족해방전쟁을 보게 되고, 더욱 선진적 나라에서는 노동 투쟁이나 그런 식의 사회 변화의 쟁점이 존재한다는 것입니다. 그러나 대부분의 경우 이런 것이 따로 존재하는 듯하는 데 반해, 한국에서는 이 모든 것이 동일한 사회적 공간 속에서 일어나고 있는 것 같습니다. 어떤 의미에서 한국은 선진국이면서 동시에 제3세계 국가인 것이죠. 쿠바와 중국이 제2세계임과 동시에 제3세계인 것처럼 말입니다. 나는 그것이 매우 흥미롭다고 생각하며 이런 점이 나에게는 상당히 예외적인 것 같습니다.

백낙청 한국은 무엇보다도 **분단된** 국가라는 점에서 예외적입니다. 그리고 제 생각에 분단은―.

제임슨 어떤 의미에서 한국은 제1세계, 제2세계, 제3세계 모두에 속하지요.

백낙청 네, 정확히 그렇습니다. 그래서 이 모든 세계의 문제들이 여기에 집중되어 있습니다. 한국의 예외성과 전형성에 대한 제 생각을 말씀드리겠습니다. 당신은 앞서 언급한 글(《뉴 레프트 리뷰》 176호, 44쪽)에서 "로컬의 투쟁과 쟁점은 필수적일 뿐 아니라 피할 수 없는 것이다. 그러나 …… 그것들이 영향력을 발휘하는 것은, 그것들이 어떤 더 거대한 체제적 변혁의 비유 혹은 알레고리로 남아 있는 한에서다"라고 말했지요. 그런데 한국 사회의 차원만 받아들이든, 아니면 남북한의 차원을 동시에 받아들이든, 통일을 향한 민족 투쟁은 피할 수 없는, 어쩌면 불가피하고도 로컬적인 쟁점입니다. 하지만 이 특별한 민족 운동은 공교롭게도 낡은 민족주의적 방식으로는 성공할 수 없다는 내부적 근거를 갖고 있습니다. 우리는 하나 이상의 민족주의를 갖고 있기 때문이지요. (어쩌면 2개의 민족주의라는 말은 사실이 아니라 '하나 반'이라는 것이 사실에 가까울 겁니다.) 그러므로 민족주의 혹은 민족주의들의 **사회적 내용**은 '덜 예외적인' 민족적 혹은 탈식민적 투쟁에서보다 훨씬 더 중요해집니다. 이와 동시에 더 거대한 세계적 쟁점과의 연관성도 필연적인 것으로 드러납니다. 이를테면, 남북한은 서로 다른 이데올로기적 블록에 속해 있고, 특히 세계 체제가 2개의 경쟁적인 블록으로 양분되면서 생겨난 문제가 로컬적 쟁점 위에 중첩되어 있지요. 그리고 어떤 구체적 상황을 구체적 방안으로 사고하고자 할 때, 국가 경계 내의 사회와 세계 체제 전체를 동시에 봐야 할 뿐만 아니라 그 중간 차원의 국가 간 지역적 구도도 보아야 합니다. 우리의 경우, 그것은 일본과 중국 그리고 소비에트연합과 관련이 있으며 불가피하게 미국과도 연결되어 있지요.

제임슨 예, 불가피하지요.

백낙청 심지어 국가 간 지역의 차원에서도 실제로 세계 무대의 거의 모든 주도 세력과 마주치게 됩니다. 그래서 다시 분단 문제로 되돌아오면, 우리의 경우 국가 간 지역 구도뿐 아니라 **한반도적** 구도를 고려해야 합니다. 이것은 단순한 구도 이상의 문제입니다. 내 생각에 그것은 2개의 첨예하게 대립하면서도 때로는 서로 공생하기도 하는 국가 기구의 체제입니다. 따라서 우리는 부분(한국)과 전체(구체적인 현대 세계)를 동시에 사고할 수 있어야 할 뿐 아니라 한반도를 하나이면서 동시에 둘로 사유할 수도 있어야 합니다. 이것이 오늘날 세계의 모든 사람이 로컬 투쟁을 당신이 요구하는 성공적인 방식으로 수행하려고 한다면 배워야 할 변증법적 기술입니다.

제임슨 맞습니다. 나는 나중에 이에 대해 더 말하고 싶지만 전날 산업화와 유교에 관해 얘기해주었던 것을 다시 해주면 좋겠습니다. 다시 말해 한국, 타이완, 싱가포르 등에서 프로테스탄트 윤리의 대체물로서 유교가 이들 동아시아 지역에서 산업화의 눈부신 도약에 대한 충분한 설명이 될 수 있는가 하는 것 말입니다.

백낙청 비록 유교가 이른바 아시아 신흥공업경제지역이 이룩한 경제적 성공과 관련성이 있다는 데는 동의합니다만, 충분한 설명은 되지 못한다고 생각합니다. 그런데 흥미로운 것은, 많은 경우에 발전의 열쇠로 유교 윤리를 내세우는 사람들이 몇 십 년 전에는 동아시아가─유럽과 같이 봉건제를 갖고 있던 일본을 제외하면─유교 이데올로기 때문에 성공적으로 산업화하지 못했다고 말한 사람들과 같은 이들이라는 점입니다. 그때는 해결책이 우리가 가능한 한 신속히 기독교로 개종하자는 것이었지요. 하지만 앞서 말했듯 유교가 중요한 하나의 요인이라는 사실, 특히 유교가 이들 사회에서 상대적으로 높은 수준의 국민 통합과 교육 수준을 확보하는 데 나름 역할을 했다는 사실에는 동의합니다. 그러나 더 결정적인 것은 전 지구적 자본의 전략이었다고 생각합니다. 이와 관련해서 나는 윌리엄 힌턴(William Hinton)이 덩샤오핑(鄧小平)의 개발 전략을 비판하면서 한 말이 생각납니다. 그에 따르면 그 개발 전략은 물론 공산당의 통제를 포기하지 않으면서 한국을 열심히 모방하려는 시도였다는 겁니다. 그는 이 시도는 제대로 작동하지 않았다고 말합니다. 왜냐하면 한국이 성공한 일차적 이유가 중국이 사회주의로 가버렸기 때문이라는 것이죠. 만약에 브라질이 사회주의 국가가 되었다면, 아마 오늘날 파나마가 경제 강국이 되었을 것이라고 힌턴은 말합니다.

제임슨 아주 흥미롭군요.

백낙청 물론 이는 과장이고, 힌턴도 어쩌면 말만 그래 본 것이겠지요. 파나마가 제2의 타이완이나 한국이 될 만한 그런 하부 구조를 가졌다고는 생각하지 않습니다. 그러나 일면 타당한 면은 있는 것 같습니다. 내 생각에 미국은 한국의 경우에서처럼 멕시코나 브라질에서 성공적인 경제를 이룩하는 데 전략적인 이해관계를 갖고 있지 않았습니다. 또한 미국이나 핵심적인 다국적 자본은 브라질이 진정으로 성공적인 국민 경제로 발전해가는 것을 몹시 두려워했을 것입니다.

제임슨 물론입니다. 그리고 내 생각에 당신은 분단이 한국이나 타이완의 경우 아주 중요했다는 것, 그리고 어쩌면 그것이 비약적 발전의 기적을 이룬 국가들이 자체적으로 강대국에 위협을 제기할 만한 권력을 가진 국가가 되는 것을 차단했다고 강조하는 것 같군요.

백낙청 맞습니다. 한편으로 세계 자본은 이들 나라에서 경제 붕괴가 일어나는 것을 두고 볼 형편은 아니었지만, 적어도 거기에서 일어나는 더욱더 명백한 실패는 감당할 수 있었습니다. 또 다른 한편으로는 분단에서 생겨난 구조화한 군사적·정치적 종속이 있었기에 이들 나라에서의 경제적 성공을 상당 정도 눈감아줄 수 있었다는 겁니다.

제임슨 이런 모든 것에 관해 내가 말하고 싶은 것은, 첫째 포스트모더니즘 일반, 이 전체적인 시기에 대한 나의 기술이 근대의 시간 및 시간성과 대립해서 공간의 새로운 의미에 의해 규정된다는 것입니다. 새로 부상하는 마르크스주의의 가장 흥미롭고 새로운 형태 중 하나는 급진적 지리학자들로부터 오고 있으며 내가 공간적 마르크스주의라고 부른 것, 즉 도시적인 것과 지리학·지정학 등등에 대한 분석입니다. 에드워드 소자가 쓴 《포스트모던 지리학(Postmodern Geographies)》이라는 책이 있고, 옥스퍼드로 옮겨간 데이비드 하비는 포스트모더니즘에 관한 책을 비롯해 많은 중요 저서를 출판한 선도적인 마르크스주의 지리학자 중 한 분이지요. 이런 종류의 공간 분석은 앞으로 더욱 발전할 것이며 바로 지금 당신이 주장하는 바와 맞을 것 같습니다. 당신이 한국적 상황을 펼쳐내는 방식은 본질적으로 이런 더욱 새로운 의미에서 공간적 변증법이기 때문입니다.

백낙청 그 지적은 아주 흥미롭군요. 고백하건대 공간적 마르크스주의는 나에겐 새로운 영역입니다. 지금까지 나는 본격 모더니즘에서 시간의 중요성과 달리 포스트모더니즘에서 공간 혹은 공간성에 관한 모든 얘기가 편치 않았습니다. 왜냐하면 적어도 자본주의의 주된 경향 중 하나는 공간을 폐지하고 모든 것을 시간으로 전환하는 것이었기 때문입니다. 마르크스주의적 의미에서 최종적으로 모든 가치는 결국 시간성의 문제라 보았지요. 그래서 공간에 관한 강조는 이러한 일반적 경향과 대립할 때만,

자본주의가 사라지게 만든 공간의 구체성을 회복하려고 하는 시도일 때만 의미 있다고 생각했습니다.

제임슨 그렇습니다. 그것이 바로 내가 말하고 싶었던 것입니다. 그것의 특징 중 하나는—이번 학술 대회에서 내가 대신 읽었던 제임스 오코너의 〈글로벌 상호 의존과 생태학적 사회주의(Global Interdependency and Ecological Socialism)〉에서 이 점을 제기했다고 생각합니다—포스트모던 시대에는 국제주의와 지역주의 사이에 새로운 종류의 변증법이 생겨난다는 것입니다. 내 생각에 그것은 아주 풍성하며 엄청난 정치적 가능성을 지니는 새로운 종류의 연결이자 대립인 것 같습니다. 과거의 역사적 시기에는 지역에 대한 집착은 아주 종종 퇴행적 정치를 의미했었다면, 오늘날은 결코 그렇지 않을 수 있고 국제적 현실 전체에 대한 의식과 매우 밀접하게 연결될 수도 있는 겁니다. 그러므로 나는 그것이 이런 새로운 방식의 공간적 사고가 갖는 이점을 찾아내는 열쇠가 될 수도 있을 것이라 생각합니다.

백낙청 나는 그것이—경제 발전뿐 아니라 민족주의에 관해서도—우리가 논의하고 있는 것과 아주 잘 어울린다고 생각합니다. 그래서 우리는 더 구체적으로 우리에게 강렬한 논쟁의 주제인 '민족 문학'의 개념으로 나아갔으면 합니다. 적어도 (나 자신을 포함해) 이 개념의 주창자들은 그것이 국제주의와 양립 가능한지 살펴보고 있고, 그것이 세계 문학에 대한 바람직스러운 개념에 정말로 **필수적**이라고 생각합니다. 내가 알기로 당신은 한국의 맥락에서 이 개념이 실제 어떻게 기능해왔는지 아직 잘 모르시겠지만 그럼에도 불구하고 이 개념에 대한 당신의 생각을 듣고 싶습니다.

제임슨 우리 시대는 좌파와 진보 문화의 편에서 다국적 자본주의와 그것의 글로벌 관계의 조직화에 맞선 대안으로서 국제화가 이루어져야 할 시기입니다. 나는 괴테가 처음 '세계 문학'을 기술했을 때, 그의 마음속에 가장 뚜렷했던 것은 유럽의 다양한 나라에서 지식인들 간의 접촉을 가능하게 해준 잡지처럼 새로운 미디어 기관을 염두에 두었다고 지적한 바 있습니다. 그 당시 괴테는 영국의 〈에딘버러 리뷰(The Edinburgh Review)〉와 프랑스의 〈르뷔 데 되 몽드(Revue des deux Mondes)〉를 읽으면서 다른 민족적 상황에 있는 지식인과 긴밀한 접촉을 맺고 있었습니다. 그 당시 '세계 문학'은 괴테에게 그런 일련의 관계였고, 단지 위대한 고전의 출현만을 의미한 것은 아니었습니다. 만약 이와 같은 것을 상상할 수 있다면, 그것은 민족적 상황의 우선성을 존중하는 한편, 내가 언급했던 지역적인 것과 국제적인 것의 변증법이라는 정신에 맞도록 지식인과 문화의 국제적 네트워크를 가능케 하는 방법이 될 것입니다. 민족 문화의 강력한 건설이 국제적 상황으로부터의 퇴각이 아니라 국제주의적 행위가 되는 것이 오늘날 가능할 수도 있을 것 같습니다. 나는 다른 곳에서 "민족적 상황의 국제주의"라는 슬로건을 제기하려 했습니다. 다시 말해, 우리 간의 상호 지적·문화적 관계가 더 넓은 의미로 이해된 민족적 상황의 일차성을, 그리고 구체적인 지역적 상황을 반드시 통과해야 하고, 우리 또한 걸작에서 걸작으로 나아가는 어떤 초시간적 방식이 아니라 바로 이런 민족적·지역적 상황을 통해 이해해야 한다는 것이지요. 그래서 만일 한국인의 기획이 '민족 문학'을 창출하는 것이라면, 그때 가장 중요한 것은 이러한 문학이 이제까지 존재한 적이 없다는 것, 이러한 새로운 의미에서 민족 문학을 창조하는 것은 실질적으로 의미 있는 선례가 있지 않은 전적으로 새로운 과정이라는 것, 나아가서 우리는 과거 형태의 민족 문화를 말하는 것이 아니라 전적으로 새로운 글로벌 상황에서 전체적으로 새로운 문화 형성을 말하고 있다는 것입니다. 그럴 때 새로운 글로벌 상황에서 이런 창조 행위는 특별한 모범적 가치를 가질 수 있을 것입니다.

백낙청 만일 이러한 기획이 어느 정도 성공을 거두려면, 우리가 이른바 전지구적 자본이 어느 정도 글로벌한지, 그리고 아직까지 어느 정도 글로벌하지 못한지에 대한 더욱 엄밀한 의식을 필요로 한다고 생각하지 않는지요?

제임슨 이것이 불균등성의 문제, 즉 '비동시적인 것들의 동시성'의 문제입니다. 그리고 그것은 나로 하여금 독자층과 관련해 사르트르가 한 말을 생각나게 합니다. (우리는 좀더 직접적인 영화 분야에서는 다양한 문화의 수용을 위해 더욱 세련된 국제적 관객층을 이미 형성하고 있지만, 문학에서는 번역 등의 문제 때문에 훨씬 어려운 게 현실입니다). 그러나 사르트르는 〈문학이란 무엇인가〉에서 작가가 하나 이상의 독자층에 동시에 대응하는 것이 훨씬 좋다고 말합니다. 만일 당신이 오직 하나의 독자층만 상대하게 된다면, 그땐 그들이 무엇을 알고 있는지 당신도 알 것이고, 특별한 노력을 기울일 필요가 없겠지요. 그러나 여러 독자층을 다루려면 이질적인 독자층에게 현실감을 전달하기 위해 많은 것을 동원해야 할 것입니다. 그러므로 어떤 의미에서 새로 부상하는 글로벌 독자층이 다양한 상황에 있는 작가들에게는 득이 될 수도 있습니다. 내가 생각하는 또 다른 것은 이것입니다. 이는 이제 막 생각난 것이고, 이것이 실제 어떤 의미가 있는지 나도 잘 모르겠습니다. 그러나 나는 다음과 같은 상황을 상상해볼 수 있습니다. 다시 말해, 어느 벽촌 마을에 상대적으로 전통적인 생활 경험이 있다 치고, 1989년의 현 시점에 사람들이 아직도 1920년대나 19세기와 아주 유사한 방식으로 살고 있다고 가정해봅시다. 과거 시대의 작가들이 비록 촌락 생활 자체를 기록하는 것이 자신의 목적이라고 하더라도, 그들이 이런 현실을 묘사하는 것은 오늘날 이러한 촌락 생활이 대부분 사라져버린 세계에서 남아 있는 촌락 생활을 묘사하는 작가와는 처지가 아주 다를 것입니다. 즉 내가 볼 때, 글로벌적 시각은 더욱 오래되고 더욱 전통적인 현실의 재현에도 영향을 끼칠 것이라는 겁니다. 바꿔 말하면, 새로운 리얼리즘의 일부 발전은 기법과 내용의 변화라기보다는 이 내용이 우리의 새로운 글로벌 체제 안에 편입되어 있다는 것을 보여주는 시각 전체와 관련이 있을 수 있습니다.

백낙청 '인식적 지도 그리기'가 아주 결정적이라는 것이겠죠.

제임슨 내 생각은 그렇습니다.

백낙청 이제 "무엇을 할 것인가"라는 고전적 질문으로 옮겨가보죠. 물론 당신은 이미 인식적 지도 그리기를 언급하셨고, 〈뉴 레프트 리뷰〉에 실린 당신의 답변에서 이 개념이 "계급 의식"으로도 번역 가능하다고 말씀하신 것을 보고는 아주 흥미로웠습니다.

제임슨 우리는 이 범주에 대해 아직 이해하지 못한 상황이지만, 새로운 글로벌 차원에서 계급 의식을 말합니다.

백낙청 그렇습니다. 하지만 당신은 비판자들 중에서 이 개념이 구체적인 정치적 실천과 충분히 연관되어 있지 않다고 느끼는 사람도 있다는 것을 깨달아야 합니다. 이를테면, 당신의 논문집에 대한 아주 흥미로운 서문 해설에서 닐 라슨(Neil Larsen)은, 당신의 이데올로기 개념이 아주 훌륭하긴 하지만, 그것이 "전도(inversion)"라는 고전적 이데올로기 개념을 빠뜨렸거나 적어도 무시하는 경향이 있으며, 이것이 당신 작업의 실천적 적실성을 제한하고 있다고 지적합니다. 이에 대해 어떻게 대답하시겠는지요?

제임슨 글쎄요. 정치에 관해 이야기할 때, 복수의 정치학이 존재─우리는 그중 여러 정치에 참여합니다─한다는 것을 항상 기억해야 한다고 생각합니다. 무엇을 해야 할 것인가에 대해 정말로 만족스러운 단답형 정의란 존재하지 않습니다. 이번 학술 대회에서 내가 말하고자 했듯 내게는 어떤 차원에서 새로운 글로벌 상황에 적합한 사회주의 개념을 재발명하는 데 참여하는 것이 아주 중요합니다. 국제주의라는 차원에서 지금 우리가 제대로 하고 있는 식으로 지식인들의 전적으로 새로운 네트워크, 즉 지식인들의 세계적 네트워크를 형성하는 것이 아주 중요합니다. 나는 이것이 결정적이라고 생각합니다. 내가 나쁜 의미의 이데올로기, 즉 고전적 형태의 허위의식이 여전히 존재한다고 종종 지적해왔다는 점에서 라슨의 비판은 나를 놀라게 했지요. 나는 제1세계적 상황의 미디어 문화 내에서 유토피아적이고 정치적인 상징적 충동이 미디어를 통해 표현되는 방식에 대해 약간 더 강조하려고 해왔던 것입니다. 어쩌면 우리는 이런 것들의 유토피아적 차원을 너무 많이 강조해왔기 때문에 탈신비화나 허위의식 등과 같은 좀더 고전적인 차원을 또다시 더욱 강조해야 할 것 같습니다. 좌파 진영에서 미디어에 대한 연구가 처음 시작된 것은 본질적으로 이런 시각에서 생겨났지요. 왜냐하면 서양에서 노동 계급이 적절한 혁명적 의식을 발전시켜 권력을 장악하는 데 실패한 근본적 원인을 설명해주는 것으로 미디어를 꼽고 있었기 때문입니다. 다시 말해, 본질적으로 대중적 정치 운동의 실패와 파시즘의 도래를 설명하려는 노력으로서 서구 마르크스주의는 문화와 의식을 연구하기 시작했습니다. 나는 이러한 분석을 포스트모던적 상황으로 완전히 옮겨놓을 수는 없다고 생각합니다만, 우리가 거기에 내재해 있는 부정적·비판적 차원을 잃어버리는 것은 확실히 원치 않습니다. 하지만 허위의식에 대한 비타협적인 부정적 비판을 가능하게 해줄 수 있는 대중적 정치 운동을 실질적으로 마련할 수 없는 상황—지금 나는 미국에 관해 얘기하고 있는 것입니다—에서 이런 식의 비판을 유지하는 것은 더욱더 어려운 일입니다. 따라서 이런 상황이 명백히 미국에서 지식인들이 할 수 있는 것을 조건 짓고 있지만, 제1세계에 있는 우리가 유지해야 하는 전체적 차원의 문화 비판이 있고, 이것이 또 하나의 중요한 숙제라고 생각합니다.

마지막으로 나는 지금이—나는 시각 예술 분야에 대해 공상과학 소설의 작가, 친구, 지인들을 통해 약간 알고 있습니다—어쩌면 비평가들이 (예술가들에게 조언하는 것은 아니지만) 적어도 새로운 예술의 생성에 참여할 수 있는 시기라고 생각합니다. 오랫동안 스탈린주의와 그로부터 생긴 여파는 우리에게 예술가들한테 어떤 조언을 하는 것을 주저하게 만들었습니다. 현재는 이런 식의 협력이 다시 가능한 시기일 수 있습니다. 그리고 이것들은 소수지만 아주 다른 식의 문화 정치를 위한 기획입니다. 한편, 특히 이 토론의 맥락에서 고유한 의미의 글로벌 문화 생산, 이를테면, 미국의 작품 못지않게 니카라과의 시, 그리고 서구나 유럽 대륙의 전통 못지않게 한국 현대 문학의 전통을 강조하고 거기에 새로운 개방적 태도를 갖는 것이 정치적 의미를 가져야 한다고 말하는 것은 지나치지 않은 것 같습니다. 이것이 독자들로 하여금 이 모든 지역에서 미국의 역할을 예민하게 깨닫게 하는 한편, 미국의 개입주의에 대한 적극적인 반대자가 될 독자들을 형성할 수 있다면 말이죠. 최근에 폴 스위지(Paul Sweezy)가 아주 우울한 기분으로 미국의 개입을 차단하고 다른 나라의 해방 운동을 지원하는 것이 오늘날 미국 좌파가 희망할 수 있는 전부라고 언급한 바 있습니다. 나는 그 이상이 있기를 바라지만 분명히 해야 할 것은 이른바 제3세계 문학을 연구하고 가르치는 것이 스위지가 말한 것만큼이라도 성취하는 데 중요한 역할을 담당한다는 것입니다. 그리고 마지막으로, 철학적인 면에서 지배적인 실증주의나 일차원적인 기술주의적 사고에 맞서 사태를 사고하는 변증법적 방식을 보존하고 발전시키는 것 또한 아주 중요한 문제입니다.

백낙청 이제 개인적인 질문으로 마무리하도록 하겠습니다. 이러한 변증법적 사고 양식을 보존하는 작업이 바로 당신이 처한 직접적 환경 속에서 어떻게 진행되고 있다고 느끼시는지요? 잘 진행된다거나, 과거보다는 나아졌다든지, 그렇지 않으면 이런 작업조차 미디어화한 세계에 의해 점차 흡수되어버렸다든지 말입니다.

제임슨 자신이 소수파에 속하고 어려운 역경에 처해 있는 상황에서 종종 더 강력한 주장을 하도록 자극받게 되기를 희망하는 것이 변증법적이라고 생각합니다. 최근에 나는 프랑크푸르트학파로 다시 되돌아가서 아도르노에 관한 한 권의 긴 책을 마무리했는데, 그에 관해 과거에 생각했던 것보다 훨씬 더 긍정적으로 평가하게 되었습니다. 이것은 구체적인 변증법으로 돌아가 그것을 기술하는 나의 첫 번째 시도입니다. 지금 나는 마르크스의 《정치경제학 요강》을 가르치며 마르크스 자신의 텍스트와 헤겔을 다시 읽고 있습니다. 그래서 나는 현재 변증법 자체와 그것을 사고하는 새로운 방법에 대한 연구로 나아가기를 소망하고 있습니다. 나는 변증법이 이른바 멸종 위기에 처한 것처럼 보이지만 않았다면, 이런 작업을 하지 않았을 것이라 생각합니다.

보론(1993)

1989년 10월 내(백낙청)가 제임슨을 인터뷰하고 난 뒤 세계에서 일어난 많은 변화 중 그해 후반에 있었던 베를린 장벽의 종식과 그 결과로서 동독과 소비에트연합의 연속적 붕괴는 특별히 언급할 필요가 있을 것 같다. 우리

중 누구도 이 긴박한 사건들에 관해 탁월한 예지력을 보여주었다고 자부할 수 없겠지만, 나는 지정학적 변화 때문에 전 지구적 자본주의에 대한 제임슨의 관심과 '지역적인 것과 국제적인 것 간의 변증법'에 대한 역점이 갖는 적실성이 그 어느 때보다 높아졌다고 느낀다.

한국에서는 이와 같은 변화가 독일을 자본주의적 접수를 통한 통일이라는 하나의 모델로 삼게 만들었고, 분단과 원치 않는 통일이라는 위험한 상황에서 점점 하나의 교훈적 사례로 여기도록 만들었다. 이것은 또한 북한 체제를 고립시켰으며 그 내부의 문제를 악화시키기도 했다. 한국의 지속적인 자본주의적 경제 발전과 30년 만에 처음으로 민간 대통령이 취임한 이래 진행된 국내의 상당한 개혁 조치와 나란히, 이는 한국 통일의 전적으로 새로운 단계를 함축한다. 하지만 독일 통일 이후에도 수년 동안 사태가 지지부진하고, 갑작스러운 붕괴가 올지도 모른다는 위험에 대한 지각이 나에게는 분단 체제 개념─이 개념에 대해서는 이 인터뷰에서 짧게 언급했고, 나의 글에서 더욱 구체적으로 설명했다(《뉴 레프트 리뷰》 197호, 1~2월. 1993)─이 현 상황에 대한 분석뿐 아니라 로컬적·국가적·지구적 투쟁의 제대로 된 결합을 그리려는 작업을 더욱 유용한 것으로 해주고 있다.

마지막으로, 제임슨의 전 지구적 시각과 그것이 우리의 정치적·문학적 목표와 맺는 연대에 대한 그의 표현이 많은 한국 독자들에게 영감을 불어넣고 있지만, 우리 중 일부는 그의 포스트모더니즘 개념에 대해 일정한 회의적 태도를 갖고 있다는 점은 지적해야겠다. 이런 견해에 근거할 때, 현대 자본주의는 포스트모더니티라기보다는 성숙한 혹은 어쩌면 후기 근대성으로 묘사하는 것이 더 나을 것이다. 그리고 모더니즘/포스트모더니즘이라는 축을 부각시키고, 그에 따라 '리얼리즘'을 두 세대나 떨어진 과거나, 기껏해야 지구적 포스트모더니티의 국부 영역으로 격하하는 것은, 제국주의적 서양의 모더니즘과 포스트모더니즘 모두를 평가하기 위한 비평적 가늠자로서 리얼리즘을 새롭게 갱신하려는 로컬적 노력에서 벗어날 뿐만 아니라, 현실에 대한 창조적 재현에서 서구의 축적된 자산에 대한 인식과 활용 또한 제한하는 것 같다. 이런 창조적 재현은 모더니즘 이전의 시기에서조차 재현 그 자체의 문제와 씨름했다는 것과 관련이 있었다. 나는 재현과의 힘겨운 싸움을 늘 강조하고 비서구 사회의 이런 사례에 대해 충분히 주목해온 것이 포스트모던 담론의 주창자 가운데 제임슨이 갖는 독특한 차별성임을 덧붙일 필요가 있겠다.

'글로벌/로컬' 기억과 사고

● 폴 A. 보베 ●

롭 윌슨과 위말 디싸나야케는 이 책의 〈서론: 글로벌/로컬 추적하기〉에서
우리에게 문제를 제기한다. 그리고 그 문제는 이 책의 문제만이 아니라 비
판적 지식인, 그리고 우리 모두가 현재 당면하고 있는 문제이기도 하다. 우
리는 공간에 관한 앙리 르페브르의 고전적 연구에서, 즉 우리 모두가 알고
있듯 시간에 대한 근대주의적 강박 같은 것에 맞서, 그리고 그에 대항해
공간의 문제에 주목한 점에서 제임슨을 비롯한 다른 이론가들에게 큰 영향
을 끼친 책에서 그가 한 여담(aside) 같은 말에서 이 문제를 보게 된다. 하지
만 기이하게도 이 문제는 그 여담의 시간적 혹은 역사주의적 성격에서 나
타나는데, 우리는 이에 대해 약간 들여다볼 필요가 있다. 윌슨과 디싸나야
케가 여기서 한 작업은 거의 모든 관계가 심각하게 전치되고(이 전치를 발굴
하는 것이 이 책의 목적이다) 자본주의의 강렬하지만 불균등한 전 지구적 로컬
화의 공간 속에서, 초국적 로컬 공동체의 새로운 형성을 위한 기회가 가능

한 시대에, 역사주의적 사유의 모델과 운동이 어떻게 자리 잡고 있는가를 우리로 하여금 보게 한 것이다.

하지만 그들의 몸짓은 몇 가지 이유로 인해 흥미롭다. 무엇보다 첫째, 그것은 우리에게 우수한 학자들이 사유의 운동을 알고 있고 저항의 방식, 즉 사유 내부의 전환과 굴절처럼 보이는 것을 추적하고 이를 우리가 볼 수 있도록 끄집어낼 수 있다는 것을 보여준다. "르페브르는 데이비드 하비, 마이크 데이비스, 에드워드 소자, 닐 스미스, 그리고 캐서린 미첼 같은 1980년대 포스트포디즘적 지리학자들의 부상을 미리 예고했다. 이들에게 (공간적 물질성과 상징적 은유로서) 로컬은 불균등하고 모순적인 구성에서 이미 철저하게 글로벌적이며, 나아가 리들리 스콧이나 스티븐 오카자키 같은 트랜스태평양 영화감독—이들에게 도쿄와 남부 캘리포니아는 서로 맞물린 아시아/태평양 공간을 구성한다—의 작품에서도 그러하다." 지적·문화적 생산의 공간을 따라 흐름을 추적하는 것은—관련 정치학이 무엇이든—근대성 내에서 문화 종사자들의 당연한 과제 중 하나다. 들뢰즈의 말로 하자면, 그 효과는 "공간에 홈을 파는 것이다(striate space)". 하지만 또한 이런 몸짓은 우리에게 사유의 한 가지 특징을 제공한다. 즉 우선성(priority)의 메타포가—어느 정도 굴절된 실천을 한층 더 깊이 사유하고자 할 때 명확성과 유용함 때문에 가치 있는 문화적 자원의 서사를 생산하는—영향(influence)과 선행(precedence)의 비유로 변형된다. 하지만 이에 관해 흥미로운 점은 그 비유와는 별개로 그 몸짓의 시간 구조다. 다시 말해, 이 책은 그 시작점으로 아주 독특한 근대적 몸짓의 회상(recall), 가령 윌슨과 디싸나야케가 이 기획에서 한층 더 깊이 추구하길 희망한 '글로벌/로컬'의 덜 경직된 이항 대립적 구성의 특징이 될 수 있는 만큼이나 제임슨 자신의 총체적 글로벌주의의 특징이 되는 기억(memory)의 몸짓을 가져야 한다는 것이다.

하지만 이런 몸짓의 기이함은 그 균열 같은 성질에 있다. 우리가 사람들이 볼 거라고 예상할 수 없는 바로 그 사고 구성체의 지속적 존재를 볼 수 있도록 이 몸짓은 텍스트를 개방한다. 기이하게도 나는 이것이 전 지구화와 이른바 냉전의 종식 때문에 생겨나거나 가능하게 된 다양한 위기와 기회에 대응하려 하는 비평에도 해당한다고 생각한다. 우리는 재치 있는 변형에도 불구하고 우리를 오랫동안 친숙했던 개념, 결과, 형식, 희망과 대면하게 하는 사유의 익숙한 형식과 이론 그리고 모델과 마주친다. 내가 말하려는 것은 윌슨과 디싸나야케가 현재 대립(글로벌/로컬)의 멋진 효과 중 하나―우리 모두가 집에 있듯 편안하다고 생각하는 거울 반사적 인정(specular recognition)의 순간―를 우리에게 제공한다는 것이다. 그 주위에는 온통 기괴한 친숙함이 있다. 그리고 우리는 이 패턴을 아방가르드적 특징으로 인식할 수 있거나, 그렇지 않으면 그것을 반복의 구조와 관련성이 있는 것으로 생각할 수도 있을 것이다. 그러나 그 효과는 우리가 현시대를 사유하기 위해, 있다손 치더라도 정말 드문, 새로운 지적 자원을 발견하고 발견하리라 기대하게 된다는 것이다. 이 말은 물론 여기에 포함되거나 관련 문제에 관해 점차 늘어나는 비판적 사유의 작업이 '독창적'이지 않다고 말하는 것이 아니다. '독창성'은 정치적으로 명료화, 저항, 공동체 형성의 과제와 씨름해야 하는 비평을 위해서는 더 이상 쟁점이 아니다. 그것이 어떠한 새로운 지식을 전혀 생산하지 않는다고 말하는 것 또한 옳지 않다. 예를 들면, 우리는 망명 영화감독이 자신들의 공간이 전 지구화의 효과에 의해 구속당하고 있다는 것을 어떻게 발견했는지를 명확히 인식할 때, 이러한 역설적 깨달음은 우리의 개인적·집단적 경험에 대한 이해를 전달하고자 하는 노력에 의미 있는 보탬이 된다. 그러나 우리가 놀라움을, 즉 기존 사유의 움직임을 따르지 않는 발견과 드러남을 찾고자 한다면, 그리고 '글로벌/로컬'의 배치를 매우려는 그런 노력과 같이 기획의 기초를 기묘하게 규정하는 경제적·문명적 단절에 대한 강조를 감안할 때, 우리는 한편으로는 사유와 많은 사람에게 거기에 분명히 존재하는 새로운 구성체, 그리고 다른 한편으로는 새로운 세계(질서?)라고 추정되는 것을 인식 가능한 것으로 변형하기 위해 필요한 작업을 할 수 있도록 우리가 재형상화하려 하는 우리의 지적 자원의 지속성 간 관계에 관해 몹시 궁금할 수 있다. 경제와 역사적 시기의 문제가 글로벌/로컬 구성의 영역으로 사유를 진척시키고자 하는 이 탁월한 선집의 노력을 상부 구조로서 떠받치고 있다는 것은 그 어떤 독자에게도 이상하다는 인상을 주지 않을 것이다. 한편 이 책이 문학적 문제에서 문화적·정치적 문제로 전환하고자 하는 비평적 시도의 거의 모범적 완결판이기 때문에, 특히 이 책이 유통과 순환에, 즉 재생산과 독특한 다중적 국민성의 공간으로서 미디어를 지향하고 있음을 감안하면, 이런 책의 등장만으로도 쥐라기 시대를 사는 순문학자들은 몹시 화를 낼 것이라고 지레 상상하는 이도 있을지 모른다. 그러나 만일 우리가 윌리엄 프리처드(William Prichard)와 데니스 도노휴(Denis Donogue) 같은 사람들을—그들이 문화 전쟁에서 '뉴턴적(Newtonian)' 연합군으로 활동했음에도—더 이상 진지하게 주목할 만한 가치가 없는 인물이라고 옆으로 제쳐둔다면, 다음과 같은 질문은 남는다. 왜 우리는 앞으로 예상할 것을 미리 찾고 있는가? 이상하게도 이 질문은 제기되지 않고 있다.

우리는 여기서 한담을 다시 열어 미요시 마사오의 독특한 글 〈경계 없는 세계?〉라는 사건을 성찰해봐야 한다. 그는 미국을 기반으로 활동하는 일본 문학과 문화의 주도적 연구자이자 일본 소설, 근대 일본, 일본의 현재 문화적 역할에 관해 글을 쓸 때 후학들이 반드시 씨름해야 하는 그런 업적을 남긴 비평적 인물로 오랫동안 인정받고 있다. 미요시는 그의 이전 글이 갖고 있던 몇 가지 특징으로부터 완전히 벗어나고 있는데, 이런 변화에 주목하는 것만으로도 이 책을 지성사(知性史)를 위한 중요한 저서로 만든다. 물론 미요시의 글을 장기간 읽어온 독자들은 그의 작업 속에 이런 관심사가 늘 지속해왔고, 이 글과 그의 최근 글, 특히《중심으로부터의 이탈: 일본과 미국의 권력과 문화 관계(Off Center: Power and Culture Relations between Japan and the United Nations)》에 실은 글이나 그 뒤를 잇는 글에 이런 관심사들이 나타나 있다고 지적할 것이다. 그렇더라도 〈경계 없는 세계?〉는 미요시의 연구에서 우리가 곰곰이 생각해볼 전환을 구체화하고 있다.

〈경계 없는 세계?〉는 단순히 문학 비평 활동이 아니다. 그것은 본격 이론의 활동 또한 아니다. 그것은 학문적이고 엄청난 자료에 바탕을 둔 글쓰기다. 그것은 저널리즘, 전문화한 연구, 정부 및 준정부적 자료, 경제학, 사회학 그리고 국제정치경제학의 복합적 담론에 의존한다. 그것은 미요시 사고의 이동이자 그의 초점이 변화한 것이며 주목 대상의 변경이다. 그리고 그것은 이러한 변경 이유를, 초국적 기업 형태의 전 지구적 자본이 가하는 엄청난 부당함, 나아가 이들 초국적 자본의 약탈과 그 체제가 우리로 하여금 사고하도록 만드는 새로운 정치를 (특히 미국) 지식인의 무책임한 무관심으로 설명한다. 이 글은 초국적 자본의 활동에 대한 집중적이고 명확한 검토를 통해 그런 무관심을 압도하고 있다. 하지만 이 이야기의 배음(undertone)에는 이러한 명확성, 투쟁에 대한 욕망이 ─ 새로운 조직화와 저항의 성공에 대해서나, 지적 작업을 저항이 가장 필요한 장소로 전환하는 것과 같은 ─ 희망의 근거를 별로 제공해주지 못한다는 슬픔과 실망이 들려온다.

그러나 멕시코의 텔레비사 같은 문제에 관해 우리에게 말하거나, 혹은 전 지구화한 자본을 이해하려는 로버트 라이시의 어설픈 사고를 따라가려

애쓰면서 이 문학 비평가는 무슨 일을 하고자 하는 것인가? 미요시의 글은 에드워드 사이드의 《문화와 제국주의》를 언급하며 시작하지만, 비교와 대조를 위해 말하자면, 미요시는 사이드를 뒤쫓아 상호 연관된 혼종적 세계 및 경험에 대한 문학사적·비평적 기획으로 나아갈 의도가 전혀 없다는 점에 주목하게 된다. 그에 비해, 사이드의 '비전'은 지나치게 '휴머니즘적'이고 '문학적'이며 '시대착오적'이라고까지 말할 수 있을지 모른다. 하지만 새로운 지평과 새로운 형식 그리고 엄혹한 사실에 대한 우리의 경험과 지식에 나타나는 현실을 검토하는 것은 지적인 시대의 한 징후이자 비평가들에 대한 시대적 요청이기도 하다.

만약 우리가 미요시의 선언적 글을 이 선집의 기본 주장과 그 주제적 표현으로 진지하게 받아들인다면(나는 반드시 그러해야 한다고 생각한다), 국가 형식의 쇠퇴는 비평적·지적 작업의 실질적 재조직화 없이는 용인될 수 없다는 것이다. 이 선집은 이와 같은 포스트국가적이라 여겨지는 새로운 조건 아래서 생산 활동을 하려는 하나의 노력이다. 하지만 이상한 것은 국가주의와 그 지식 체계의 기본적인 지적 구성체를 이 선집에서 분명하게 인식할 수 있다는 것이다. 이렇게 말한다고 해서 이 선집의 글과 그 기획 의도를 무시하는 것은 아니라는 점을 언급해야 한다. 또한 오래된 지적 구성체가 변화되었거나 변화하고 있는 조건 아래서 더욱 새로운 형식에 접근할 때 드러나게 되는, 이른바 한계를 나타내는 것도 우리의 관심은 아니다. 물론 징후적으로 볼 때, 사이버네틱스의 시대에 지역과 장소를 횡단하는 '멀티캐스팅(multicasting)'의 형태로 복잡하게 대화하고 있는 비평적 글을 모으는 능력은 새로운 것이며, 국가와 비국가 권력의 변화가 지식의 생산과 재생산과 분배에 가하는 요구에 대한 하나의 대응이다. 하지만 징후는 보통 지식의 대상과 같은 것을 요구한다. 보통 징후를 말할 때, 우리는 '어떤 것에 대한' 징후를 말한다. 우리는 이 어떤 것이 무엇인지 궁금하며, 만약 포스트국가주의에 관한 기본적 주장을 믿어야 할 때 혹은 믿어야 한다면, 이데올로기, 징후학, 기호학 등이 속하는 지시적 장(field) 전체는 더 이상 존재하지 않게 된다. 다시 말해, 우리는 하나의 수수께끼 속에 갇혀 있다. 이수수께끼는, 만약 비코적(Vichian) 용어로 말해 우리가 그것〔존재하는 그 어떤것〕을 만드는 일을 아직 마무리하지 않았다면, 존재하는 그 어떤 것도 그자체로서 우리에게 아직까지 완전히 나타나지는 않는다는 사실에서 비롯한다. 그러나 우리는 물을 수 있다. 이러한 개념이 우리를 인도하는 곳은어디인가?

우리는 글로벌 소비주의와 그 사이버네틱 구성물이 비판적 반성의 효력, 특히 산문에서 비판적 반성의 효력을 앞질러버렸다고 생각할 만큼 속도에관해 말하는 데 익숙하다. 그러므로 우리와 같은 산문 비평가들은 영원히뒤늦을―때로는 부적합할―수밖에 없는 운명이라고 말할 수 있을 것이다. 하지만 우리가 달리 어디에 있을 수 있겠는가? 미요시의 글은 다시 한 번그 금욕적 절제의 효과 때문에 인상적이다. 이상하게도 여기에는 단단한몸매 같은 것을 보여주기 위해 이론적 장치, 그리고 문학사나 미학적 형식의 지식을 벗어 던져버린 에세이스트가 있다. 즉 '문학 비평가들'의 눈에거의 띄지 않은 채 지나치게 되는, 글로벌 경제에서 일어나는 부당한 과정과 변형에 대한 끈질기고 깔끔하며 현란한 검토 같은 것 말이다. 미요시의금욕주의는 문학 지식인이 갖고 있는 조직적 기관을 모두 벗어던지고 우리를―어디에?―머물게 한다. 식민주의 내부 혹은 그 이후의 디아스포라적전환에서 비롯하는 혼종적 주체성에 관해 말할 때, 루시디와 사이드가 말하고자 했던 것과는 다른 의미에서 우리는 사이의 어딘가에 위치한다. 우리는 이것도 아니고 저것도 아니기 때문에 '사이'에 있게 된다. 즉 미요시의 금욕적 방식이 의미 있는 것은 그것이 (여기서) 초국적 기업의 정치경제를 다루기 위해 문학 비평을 포기했기 때문이 아니다. 오히려 그것이 국가 구성체의 지적 구성물로부터 완전히 이탈하지 않았기 때문이다.

문학 비평적 국가 구성체는 본질적으로 문학사적이다. 물론 그것은 형식주의적이고 해석학적일 수 있고, 또한 기호학적이고 구조적일 수도 있다. 하지만 국민국가의 형성에서 역사적인 정전(canon, 正典) 형성의 효과는 무엇보다 우선성을 갖는다. 적어도 정치적으로 말이다. 미요시의 글은 국가 구성체가 초국적 기업의 부상하는 과정 속에서 해체되는 것이 사실이라면 문학사적 비평을 유지할 수 없다는 것을 알고 있다. 문학 비평은 지배적 국가 체계 밖에서는 어떠한 위치도 갖지 못하기 때문이다.

그러나 경험적 정치경제는 어떠한가? 그것은 어디에서 발견할 수 있는가? 우리는 마르크스를 19세기적 문제의 일반적 실천 내부에 '자리매김'하는 다양한 '마르크스 이후(after Marx)'의 개념에 아주 친숙하다. 이런 개념은 마르크스의 텍스트가 19세기의 문제와 관계됐던 역할의 (독특한) 의미를 이론적·정치적으로 확인하려 시도하거나, 그것들을—특히 '냉전의 종식' 이후— 헤겔, 국가주의 등에서 볼 수 있듯 예측할 수 있는 변주로 여겨 무시해버린다. 우리는 그런 시도를 반복하기를 원치 않는다. 그런 시도는 푸코가 "담론적 실천"의 기원에 존재하는 간극을 매우는 것으로 인식한 일반적인 근대주의적 패러다임에 속한다. 그리고 그 계승자 속에서 이런 간극을 '해체하는 것' 역시 전혀 흥미롭지 않다. 그러나 미요시 같은 주도적 비평가가 이런 방식을 취할 때, 그리고 이 비평가의 이론 체제가 자신이 정통한 위치에서 (절망이 아니라면) 도발과 필연성의 위치로 '조용히 이동'할 필요성을 갖는다면, 그때는 이러한 이동이 갖는 바로 '틈새적 성격(in-between-ness)'에 관해 생각해볼 필요가 있다.

정치경제의 용어를 갖고 사실을 철저하게 이해할 필요성을 존중하는 것(사람들은 여기서 그 모델로 촘스키를 생각할 것이다)은 친숙한 것의 경로를 따른다. 이런 이동을 이미 홈 파인 공간(striated space)을 더 심화하기 위한 하나의 반복 또는 하나의 흔적을 따르는 것으로 무시하고 싶을지도 모른다. 하지만 이런 식으로 너무 쉽게 무시하는 것은 잘못일 터이다. 정치경제가 전 지구적 자본에 대한 이해와 변형으로 나아갈 수도 있을 가능성을 일단 제쳐두면, 한편으로 새로운 현상(초국적 기업)을 다루면서, 다른 한편으로 적을 이해하고 인식하고 묘사하는 예비적 행위조차 차단하는, 즉 물려받은 혼란을 포기해버리는 (근대주의적?) 욕망의 동시성을 주목하는 것이 여전히 적절하다. 미요시는 힘든 도전을 설정하고 국가의 죽음을 진지하게 받아들이며 완전히 포스트국가주의적인 지적 비판의 구성체가 존재하기 이전에 그 효과(그리고 원인)를 기술한다. 바꿔 말해, 정치경제는 국가주의적 형식이며 그 사상가는 국가철학자인 것이다. 이런 종류의 들뢰즈적 개념은 지리학적 공간뿐만 아니라 지적 공간이 자본과 연대하는 국가 체제에 의해 홈이 파이게 되는 방식에 대한 섬세한 사유에 달려 있다. 그 성과는 미시파시즘(microfascism)이다. 하지만 우리는 '냉전 이후', '거시파시즘(macrofascism)' 또는 적어도 이탈리아 같은 곳에서 이루어지는 이런 파시즘의 공적 정당화와 같은 현상을 덧보태야 할 것이다.

이 책의 여러 기고자 중에서 카렌 켈스키가 사회적·문화적 '혼종성'을 글로벌/로컬 관계 및 투쟁에 관한 하나의 사실로 말하고 있다면, 지식인들의 활동이 갖는 혼종성, 즉 근대성과 국가 내부에 속해 있으면서 포스트모더니티와 전 지구화(에 속하지는 않지만)의 내부에 있으려 노력한다는 사실은 아직까지 충족되지 못한 사유에 대한 요구를 낳는다. 이런 요구는 이전의 지적 체계의 발자취 속에서는 별로 효과가 없는 운동 속에서만 만족할 수 있는 과정이다. 이전의 지적 체계는 원칙적으로 근대 국가 구성체(그리고 그 부수적인 현상)나, 아니면 '글로벌' 세력에 대항하는 로컬적 '투쟁'이라는 낭만적인 시도—너무나 자주 너무나 쉽게 다윗과 골리앗이라는 원형으로 그려지는 투쟁—같은 것을 수반한다. 〔여기서 메리 루이즈 프랫의 MLA 수상작《제국의 시선: 여행 서사와 문화 횡단(Imperial Eyes: Travel Writing and Transculturation)》(1992)에 관해 생각해보라.〕

미요시는 대학의 연구자들이 초국적 기업과 그 전 지구적 동반자가 생산하는 새로운 지식에 대해 비판적 태도를 전개하기보다는 초국적 기업의 권력과 문화를 받아들이려는 데 혈안이 되어 있다고 제대로 강조했다. 이런 점을 마음에 새겨두기는 어렵겠지만 그 내부에도 기회는 있다. 초국적 기업이 필요로 하는 지식이 대학 내로 밀고 들어오거나, 부분적으로 대학에서 생산되기도 하기 때문이다. 의미심장하게도 이러한 사실은 대학들이 국가주의적 노선에 따라 수행한 전통적인 휴머니즘적 문화 활동에서 더 이상 끌어오지 않고 끌어올 수도 없는 그런 존재 이유를 제공한다. 푸코는 지식인이 전문적 지식인이 되어야 한다고 촉구하곤 했다. 이런 맥락에서 그 말은 대학 내에서 생산하고 대학으로 배포되거나 대학에 의해 배포되는 초국적 기업의 지식을 획득하는 것을 뜻하는 것이라고 말할 수 있을 것이다. 물론 윌슨과 디싸나야케가 아주 명확히 하듯 인문학자에게 글로벌주의에는 정치적으로 위험한 매력이 존재한다. 국민국가의 종말은 우리에게 초국적 기업의 정치경제를 주축으로 한 전 지구적 문화의 생산과 유통을 직업으로 삼는 글로벌화한 인문학자라는 새로운 계급이 대학 내부에서 혹은 대학과 아주 가까운 곳에서 등장하고 있다는 사실을 생각하고 보도록 만든다. 또 동일한 구성체 속에서 토착적인 것과 로컬적인 것을 포용하거나 자기 것으로 삼고 있는 또 다른 학자도 있다. 〔이런 점에서 가야트리 스피박의 탁월

한 논문 〈서벌턴은 말할 수 있는가?(Can the Subaltern Speak?)〉를 생각해보라.〕

혼종적인 강단 지식인에게는 지적/직업적으로 로컬 투쟁의 편에 참가하기보다는 초국적 기업 지식의 전문가가 되는 것이 더 나을 수도 있다. 전문적 지식은 혼종적 지식인이 글로벌적 가면(persona)이나 기능과 반대되는 '코즈모폴리턴' 같은 것을 획득할 수 있음을 보여준다. '코즈모폴리턴'은 총체적인 것으로 상상되든 아니면 로컬적인 것과의 투쟁으로 간주되든 글로벌적인 것에 대한 시각 확보에 필요한 전망과 지식을 받아들일 수 있다. 코즈모폴리턴은 전문적 지식을 갖고 있으며, 가능하다면 사이드가 말한 "비판적 의식(critical consciousness)" 같은 것을 가지고 있다. '비판적 의식'이란 관념주의적이고 자유롭게 유동하는 분리를 의미하는 것이 아니라 오히려 하나의 과정과 그 결과를 의미한다. 즉 그것은 교육, 지식, 비판적 판단력, 그리고 무엇보다 주목할 능력을 획득하는 것이다. 이것은 그 시대의 경험적 증거 내에서 나타나는 것만 보는 것─이는 결국 경험을 재현하고자 하는 기존 체계의 노력의 결과일 뿐이다─이 아니다. 오히려 이것은 새로운 지식이 지배적 제도와 체계 내에서 변칙적 효과를 생산하는 지점을 인식하는 것, 그리고 이러한 새로운 지식의 정치적 적용과 그것들이 영향을 끼치고자 하는 사회적 힘들 간의 불일치를 식별하는 것을 의미한다. 나아가 이것은 종종 근대성이나 포스트모던 미디어 장치〔이런 말을 하며 내내 뉴트 깅리치(Newt Gingrich)의 사이버네틱스와 정보에 대한 파악에 관해 생각한다〕로부터 물려받은 지적인 담론적 구성체가 (그 지적 종사자들이 이 구성체로부터 끌어내기를 희망한) 해방적 결과를 성취할 수 없는 분석을 더욱 충실하게 펼쳐나가는 것을 의미한다. 이런 맥락에서 전 지구화한 경제 내에서 사회를 '시민 사회' 개념을 중심으로 재상상하려는 헛된 노력이, 특히 문화 연구의 아류에서 이러한 실패의 특히 명백하고 어처구니없는 사례로서 나타난다.

이탈리아 역사에서 코즈모폴리턴들이 보편적 지식인으로 변신했기 때문에 그람시는 코즈모폴리터니즘에 간혹 우려를 표명했다. 그람시를 종종 원용하는 동시대 비평가들은—에드워드 사이드와 다른 이론가들이 분명히 했듯이—그람시의 사유가 갖는 공간적 성격을 인식해왔다. 그람시의 사유는 역사의 특수성을 특정한 장소의 특수성과 연결한다. 우리는 '남부 문제'에 관한 그람시의 사유가 글로벌 자본 내에서/그것에 맞서 로컬적 문화 활동을 알리고 강조하기 위한 선례라고 말할 수도 있다. 그렇다면 이 책은 그람시의 계승자 중 하나로 보인다. 그러나 그람시도 인식하고 있었듯 코즈모폴리턴이 두 가지 역할을 갖고 있었다는 점을 상기할 필요가 있다. 한편으로 이들은 보편적 교회와 그 신성로마제국 동맹의 영역 확장에 기여했다. 여기서 코즈모폴리턴은 로마의 보편적 지배를 예언한 베르길리우스(M. P. Vergilius)의 주피터(Jupiter)와 같은 것이다. 다른 한편으로 코즈모폴리턴은 세계를 창조하는 것만큼이나 세계를 이해하는 역량을 갖고 있다. 물론 이런 문제를 사고하는 데 우리가 '계급(class)'이라고 부르고자 하는 것이 나름 역할을 한다. 하지만 단테(Dante)나 던(Donne)은 말할 것도 없고 미켈란젤로(Michelangelo), 케플러(Kepler), 몽테뉴(Montaigne), 코페르니쿠스(Copernicus), 라블레(Rabelais), 세르반테스(Cervantes) 같은 코즈모폴리턴은 그들 시대에 대한 새로운 지식을 알고 있고, 필요하면 이런 지식을 비판하는 와중에도 그것을 관계 속에서 이해하며 동시에 가능하면 그것을 미래의 형성에 적용하길 열망했다. 이런 과정은 스피노자에게서 일종의 정점에 도달한다. 스피노자의 삶은 새롭게 생성되는 것에 주목하고, 그것을 검토하고 이론화하고 확장하고 전치시키는 것—스피노자가 데카르트를 기하학적으로 재구성하려 했다는 점을 생각해보라—과 관련이 있다. 그것은 (새롭든 낡았든) 사회 운동을 형성하려는 것이 아니라 사고를 위해 필수적인 중요한 항목을 명확히 하는 데 필요한 지적 자원을 해명하기 위한 것이다. 나아가서 그것은 사회를—자동적으로 출현하는 것 같은 타락한 형태라기보다는—주어진 것에서 더욱 양호한 형태의 출현으로 끌고 갈 수 있을 것이다. 우리는 스피노자가 당시 등장하던 시장(market)과 경찰국가 구성체를 통해—최근까지도 자본 구성체에서 역사적으로 결정적 역할을 했던—국가주의의 발전을 부정하는 하나의 방식으로 비계약 이론(noncontract theory)을 사고했다고 말할 수 있다. 이 문제를 좀더 '긍정적으로' 말하면, 스피노자의 사유는 당시 지배적인 것과는 다른 개념을 창조했던 것이다.

스피노자에 관한 모든 특별한 것 중에서 그의 코즈모폴리터니즘은 단연 돋보인다. 교회와 자신이 속한 정치 사회에 의해 파문을 당했지만 스피노자는 거의 여행하지 않고, 소규모지만 중요한 서신 교환에 참여하고, 고대인과 강력한 당대인을 연구하고, 출현하는 시장 세력의 새로운 정치학과 경제학을 관찰하고, 이러한 요소들 간의 관계뿐만 아니라 그 가능한 결과와 강력한 대안을 열심히 사유했다. 그 결과 스피노자는 개념과 방법 그리고 몇 십 년 동안 전인미답으로 남아 있던 담론적 잠재성을 발명했다. 그는 시대에 뒤처지지 않았고 (비록 그가 특정 교리를 만들려고 시도하긴 했지만) 어떠한 정통적 교리도 공유하지 않으면서, 무엇보다 그 무렵 급변하던 동시대성을 추구하면서도 길을 잃지 않은 코즈모폴리턴이었다.

이 책이나 그 어떤 책이든 필자나 편집자에게 우리가 필요로 하는 '스피노자주의'를 생산하라고 요구하는 것은 부당할 것이다. 하지만 이 선집은 우리로 하여금 바로 이런 요구를 사유하도록 유도하고 있다. 자신의 익숙한 학문 분야에서 벗어나 정치적·윤리적·개인적 책임감을 실천하기 위해 새로운 장소로 이동하고자 하는 지식인에게 우리가 주목하는 혼종성은 지식인의 혼종성과 관련이 있지, 단순하게 이란(Iran) TV에 관한 지식을 방언의 담론과 뒤섞거나 초국적 기업의 재정을 학문적 글로벌주의자의 무관심이나 냉담함과 뒤섞는 식의 혼종성은 아닐 것이다. 그것은 또한 지식의 근본적인 **시간적** 전환과 관련이 있다. 그것은 이 책에서 공간에 대한 포스트식민적 강조와 더불어 확립할 만한 가치가 있는 은유다.

근대적 지식인은 하나의 시간을 차지할 수 있고 차지하기도 했다. 근대성 속에는—이를테면, 로렌스의 《사랑에 빠진 여인들(Women in Love)》에서 소호(SoHo)의 '원시주의'가 나타내고 있는 것처럼—전근대적 구성체의 흔적이 지속하고 있음에도 근대성은 지식에 대한 일관성을 가지고 있다. 헤겔적이거나 마르크스적인 관점의 총체성으로든, 프루스트·발자크 혹은 조이스풍의 서사적 포용성으로든, 아니면—사이드가 《문화와 제국주의》에서 보여주듯—제국과 그 서사의 구성으로서든, 그 어떤 식으로 받아들이든 근대성은 재현의 실패라는 파편화 효과보다 선행하고, 그럼으로써 지식과 그 지식을 알리는 능력에 대해 확신을 갖고 있었다. 오늘날 우리가 글로벌주의라고 부르는 것—그것이 재현의 실패뿐만 아니라 참여와 정체성의 실패라는 점을 감안하면, 포스트모더니즘 이론과 일치하지 않는다—에서 지식인은 일관성의 부재 외에 그 어떤 확신도 없이 실천하고 이론적 활동을 펼친다. 결국 국가 구성체가 죽었다고 선언하는 것은 역사의 종언이나 마찬가지다. 왜냐하면 토대와 목적으로서 국가 형식 없이 그 어떤 역사주의도 쉽게 상상할 수 없기 때문이다. 그러나 이것이 사실이라면, 우리는 글로벌/로컬 관계의 사유, 그리고 현재의 지적 생산을 특징짓는 지식의 혼종성 내에서 이 강력한 역사화를 어떻게 설명할 것인가? 뒤늦음(belatedness)이 하나의 답이다. 우리는 그람시나 레이먼드 윌리엄스 혹은 니체로부터 이런 얘기를 끌어낼 수 있다. 심지어 우리는 포스트모던을 비역사적 혹은 반역사적인 것으로, 혹은 역사의 종언을 그 구성의 일부로 하는 역사 없는 과잉 상품화로서 역사화하는 제임슨식의 패러다임을 적용해볼 수도 있다. 또 다른 유사한 대답은—비록 지식인이 시도하는 재구성의 원인이 글로벌/로컬에 초점을 두면서 근대성 종언이 갖는 의미를 주제화하는 데 있다 하더라도—지식인이 형식상 근대인으로서 계속 실천하고 있다고 주장하는 것일 수 있다. 중요하게도 이것은 지식인으로서 우리가 여기도 저기도 속하지 않는다는 것, 더 정확하게 말하면 지금(now)도 그때(then)—그때가 과거든 미래든 상관없다—에도 속하지 않는다는 것을 의미한다. 아니면 시간적 혼종성은 지식인이 이 순간에 그때와 지금 모두에 속한다는—그렇게 존재하는 것은 매우 고통스러운 방식이고 그 고통을 완화하기 위해서는 정확히 '스피노자'의 출현을 요구해야 하는 방식이어야 한다—것을 의미한다는 게 훨씬 나을 것이다.

그때 지식인은 과거에 존재했던 것에 속하는 실천 속에 있다. 즉 우리는 특정한 총체적 야심을 갖고 글을 쓴다거나, 그러한 야심은 오직 초인적인 것, 즉 국가나 초국가를 자신의 독자나 청중으로 삼을 수 있다. 플라트 고트치히(Wlad Godzich)는 《돈키호테(Don Quixote)》에 관해 이런 주장을 한 적이 있다. 비록 우리가 존재하고 싶은 곳에 아직 존재하지는 않는다고 하더라도, 우리는 현재 우리가 존재하는 곳—확실히 그때가 더 이상 아니라는 것을 의미한다—에 존재한다. 즉 우리는 미요시가—깁슨 및 다른 사람들 이후로—글로벌 노동 분업이라는 악몽적 사실로서 불러낸 초국적 기업의 세계를 다룰 수 있는 지식이나 담론을 아직 갖고 있지 못하다. 그리고 우리가 이에 관해 이런 식으로 말했듯 우리는 '노동 분업'이라는 수사학 내부에서는 얘기될 수 없는—정확히 초국적 기업 세계의 일부분으로서—현 단계에 긴박한 문제가 있음을 깨닫는다. (아주 오래전부터 이런 영역에서 연구해 온 사람으로 늘 가야트리 스피박을 생각하게 된다.) 예를 들면, '분업'으로는 '노동의 소멸', 즉 비판적 반성과 조직화한 정치학이라는 노동자 중심적 양식에 위기가 발생한 현상을 포착하는 데는 어려움이 있다. 하지만 이는 단순하고 손쉬운 사례다. 내 생각에 더 복잡한 것은 '역사화의 지속성(persistence of historicization)'이다. 이 지속성은 윌슨과 디싸나야케로 하여금 르페브르를 포스트모던 지리학자, 즉 소자 등보다 앞서는 것으로 말하게 한 비평적 형상의 바로 그 구조 속에서 찾아볼 수 있다. 비록 디아스포라학(diasporics)이 역사화하고, 노동 관습의 로컬적 기호학이 역사화하더라도, 역사주의의 발명이—그것이 아무리 고귀하고 휴머니즘적이었다 하더라도—근대성 내의 지식을 국가 형식에 유용한 것으로 고착화하기 위해 존재한다는 것을 사유하기 위한 문제는 여전히 남는다. 이것이 다름 아닌 헨리 애덤스 같은 역사학자가 《몽생미셸과 샤르트르(Mont Saint Michel and Chartres)》에서 다루었던 쟁점이다. 역사적이고 정치적으로 참여적인 지식인 입장에서 이런 쟁점을 회피하고자 하는 욕망은 엄청나다. 과격한 사람들 사이에서는 이런 쟁점을 제기하는 것조차도 '관념론'과 '계급적 협조'의 상징으로 여겨진다. 물론 우리는 20세기 중반에 일어났던 역사주의에 대한 도전을 잊을 수 없다. 그때는 구조주의와 언어 이론이 역사주의 사상가들을 강력하게 비판하거나 그들과 논쟁적인 토론을 벌였다. 레비스트로스와 사르트르는 변화로서 역사냐 분석으로서 구조냐 하는 우선성을 두고 끝없이 논쟁을 벌였다. 이런 종류의 사건은 시사적이다. 그것은 구조주의적 패러다임을 재차 받아들이고 싶기 때문이 아니라, 푸코의 경우처럼 '인간'이 어떻게 왜 인간 자신, 자연 현상, 경험, 그리고 그 전통을 '역사적'이라고 부르게 될 이런 비유적 복합체를 통해서 재현하기로 선택하게 되었는가를 사고하길 원하기 때문이다. 지식 생산에 있어 역사화한 지식과 메커니즘의 출현은 **자연스러운 것**이 아니다. 약한 시각주의(weak perspectivism)는 역사의 출현을 하나의 형식으로 역사화한다. 비코(Vico)가 데카르트에게 (더욱 성공적으로) 역사를 사고하도록 강요했다고 말할 수 있듯 스피노자는 데카르트에게 지리학을 강요했다. 서양 문화와 근대성에서 비역사주의(ahistoricism)의 우세에 관한 제임슨의 반복적 주장에도, 그리고 '분석철학' 같은 이러한 '비역사주의'(분석철학의 문제는 역사적이지 않다는 관점보다는 비역사주의라고 하는 게 더 나을 것이다)를 배제하더라도, 역사는 근대 국가 체제가 그 내부에서, 그리고 그 원칙에 따라서 지식을 조직하는 원칙이었다. 문화 연구도 하나의 문화에서 권위를 '소유'하는 특정한 스토리나 역사를 둘러싸고 '경쟁'하거나 '투쟁'하는 것을 강조할 때 이를 인정한다. 이상하게도 어쩌면 스토리와 역사의 혼란스러운 융합이 있었을 것이다. 역사는 서사와는 다른 것일 수 있다. 정말로 역사는 근대화한 점프컷(jump-cut)●일 수 있다. 스토리도 나기브 마푸즈(Naguib Mahfouz)●●가 셰에라자드(Scheherazade)를 새롭게 개작하면서 보여주듯 역사와는 다른 것일 수 있다.

홍미롭게도 비코가 우리에게 역사주의를 제공해주었을 때, 스피노자는 우리에게 기하학을 제공해주었다. 근대성은 이런 선택을 했다. 그리고 비록 투쟁을 지속한다고 하더라도, 자본의 기획 내에서 국민국가의 역할을 확립하기 위해 국가가 역사를 필요로 하는 것은, 이제 국가 형식이 초국적·로컬적 구성체에 부차적인 것이 사실이라면, 우리의 지식에서 역사주의의 지속성을 사유할 기회 및 필요성과—"항상 역사화하라"는 슬로건이 허용하는 것보다 더 엄밀하게—대면해야 하는 지점으로 우리를 데려간다.

● 영화에서 장면의 급격한 전환으로 연속적인 흐름을 깨뜨리는 편집 방식.
●● 나기브 마푸즈(1911~2006)는 이집트의 소설가로 1988년 노벨 문학상을 수상했다. 작품으로는 《거울들》(1972), 《알하라피시의 학살》(1977), 《성자 무덤가의 결혼》(1981), 《남은 건 한 시간뿐》(1982) 등이 있다.

역사화로부터 무엇이 생겨나는가? 우리는 급속하게 고갈되어가는 주변적인 강단 지식인 사이에서 이러한 지속성으로부터 무엇을 기대할 수 있을까? 이들 지식인에게는 그들의 행위가 전 지구화에 기본적인 지식 생산에 있다는 점을 떠나 반대냐 공모냐─특히 이 둘 간의 구분은 더 이상 명확하지 않다─의 선택지만 남아 있다.

만일 국가가 역사화한 지식을 필요로 한다는 것이 사실이라면, 초국적 기업은 어떤 지식을 필요로 할까? 확실히 초국적 기업은 권력 형식으로서 지식을 필요로 하고 생산하고 통제하고 분배한다. 이런 지식은 어떤 종류인가? 그것은 근대성(생물학?)에 친숙한 것인가? 혹은 매스미디어(정보과학?)에 가까운 것인가? 아니면 그 지식이 인식론적으로 지식 구성체 속에 혹은 그 반대편에 뿌리내림으로써, 그 지식의 실질적 새로움이 새로운 '분야'나 '학문'에서는 식별할 수 없고, 오히려 스피노자의 시대에서처럼 잠재적으로 모든 곳에서 인식 가능하지만 그 어디에도 로컬화할 수 없는 거대한 인식적 전환의 경향 속에서만 확인할 수 있는 것인가? 예를 들어, 자연은 포스트모더니즘 내에서 완전히 사라졌다. 이것이 현재 제임슨의 고전적 이론 내에서 기본적 주장이다. 즉 자연은 건물 내부에 있고 항상 상품화하면서 문화의 외부나 문화와의 대립 속에서 발견할 수 없다. 우리는 이것을 자연에 대한 근대성의 생태론적 공격─이는 대지(earth)를 하이데거가 "상비적 비축물(standing reserve)"이라 불렀던 것으로 만든다─의 강화라고 말할 수 있을 것이다. 그러나 어쩌면 초국적 기업은 불연속적인 것, 즉 근대 휴머니즘적 정치 이론으로는 인식 불가능한 것을 수행해왔는지 모른다. 그것은 무엇일까? 초국적 기업 사회가 우리가 자연이라 부르곤 했던 것을 실제로 **제작하거나 생산한다**고 생각하는 것은 불연속적인가? 이는 다양한 방식으로 이루어졌을 것이다. 어떤 것은 의도적이고(유전학이나 생명공학), 어떤 것은 비의도적(급속한 대량 수송과 숲의 제거)인 방식으로 말이다. 만일 우리가 이런 사고를 실험으로 추구한다고 상상한다면, 그때 그것은 마치 우리의 '문화'를 그에 앞서는 것과 연속적인 것으로 만드는 모든 역사화의 조치가―우리가 '포스트모던'의 '포스트'를 아무리 붙인다고 하더라도―아주 오래전 시간, 즉 지식과 사회의 형성을 '자연'/'문화'의 대립을 축으로 상상하는 것이 나름 의미 있던 시기에 유효한 것처럼 보일지 모른다. 가령, 레비스트로스는 부분적으로 자연 상태로부터 진보의 진화론적 메타포를 제거하기 위해 사르트르와 논쟁을 벌였다. 물론 우리는 레비스트로스의 사고가 사르트르보다는 덜 분명하긴 하지만 제3세계의 해방 투쟁과 아주 직접적으로 관계되어 있다는 것을 안다. 그러나 '글로벌/로컬'이라는 기호하에서 실천되는 변증법을 생각하면, 우리가 지금 직면하는 것은 이런 정초적 대립이 아무런 의미를 갖지 못하는 구성이다. 한때 자연이 차지했던 개념적 장소에는 이제 상품이 존재한다. 그뿐만 아니라 그 공간에는 자연에 대한―그것이 '문화'이든 아니면 상품 형식 그 자체이든―대립이나 관계의 불가능성이 존재한다. 내 생각에 마르크스를 읽는 것은 물질 자체의, 진화 자체에 대한 간섭의, 그리고 '인공적 삶'의 형성의, 생산으로서 상품 개념을 발견하는 것이 아니다. 그것은 변증법, 토대/상부 구조, 매개처럼 일반적으로 오래된 개념의 연속성과 지속적 적용 가능성을 강조하는 정반대의 주장에도 불구하고 우리가 삶의 형식 및 지식의 단절과 마주하게 될 것임을 의미한다. 이러한 단절은 근대에서 포스트모던으로의 전환보다는 중세에서 근대로의 전환을 나타내는 특징과 더욱 유사하다. 사실 '포스트모더니즘 이론'은 이런 전환을 완벽히 모호하게 만든 것 같다. 그 이론은 새롭게 출현하는 것을 이론화하고 그것의 발전을 수정하기 위해 행동을 취하는 데 필요한 지각 장치의 발전을 차단한다.

'글로벌/로컬'이라는 은유는 이른바 제3의 물결이나 전 지구적 자본의 후기 자본주의적 구성의 영향을 다루어야 할 필요성 때문에 현재 특권적 위치에 있다. 우리는 삶의 형식과 문화 생산의 표현 형식에 근거해 사물이 이번에는 의미심장하게 달라져버렸음을 감지하게 될 뿐만 아니라, 로스앤젤레스 중심부에서 하와이 및 다른 지역의 시(poetry)/주권(sovereignty) 집단에 이르기까지 거의 모든 곳에서 '저항'으로 불려지곤 하던 그런 노력이 있다는 것을 인식한다. 들뢰즈의 말을 적용하자면, 자본과 사실상 그것이 "자연화하고 있는" 글로벌 시장의 홈 파인(striating) 시도로부터 그 어떤 "매끄러운 공간(smooth space)"을 구해내려는 노력은 아직 있을 수 있다. 우리는 이런 노력을 '로컬'이라고 부르며, 이 책의 저자들처럼 이런 노력을, 자본이—태평양 그 자체처럼—여전히 매끄러운 공간이거나, 아니면 이전에 홈 파인 공간, 가령 자본 생산과 순환의 새로운 흐름 속에서 자본에 의해 재배치되고 있는 하와이 같은 식민화한 공간에 홈을 파거나 새기려고 하는 방식을 주도하려는 투쟁으로 존중할 것이다.

이런 노력 때문에 지식인, 특히 코즈모폴리턴 지식인은 자신들이 과거에 터득한 문화 자본의 도구와 새로 출현하려고 하는 현실 간의 부조화를 지각하지 않을 수 없다. 사실 나는 '글로벌/로컬'은 이러한 새로운 사유와 새로운 담론의 출현을 위한 노력을 가리킨다고 생각한다. 한때 '플로지스톤(Phlogiston)'•이라는 기호로 통하던 지식의 질서를 대체하기 위해 '기하학적 방법'의 개발이 필요했던 것처럼, 새로운 질서의 출현은 우리가—과거라는 근대주의적 부담을 생각할 때조차도—물려받은 근대적 담론을 포

• 플로지스톤은 산소를 발견하기 전까지 가연물 속에 존재한다고 믿어졌던 연소(燃素) 혹은 열소(熱素)로서 18세기 무렵 화학적 연소 현상을 설명하는 데 지배적인 가설로 통했다. 18세기 말 A. L.라부아지에의 근대적 연소 이론에 의해 부정된다.

기해야 한다는 것을 적어도 고려할 것을 요구한다. 혈액 순환을 생각하는 것, 즉 신체를 유기적인 움직임의 장소로 파악하는 것은, 가령 우리가 '포스트모던 이론'에서 마르크스주의를 유지하려는 비평적 노력에서 보는 것보다 훨씬 거대한 인식론적 전환을 필요로 했다. 새로운 지식 생산에서 대학의 역할에 주목하고 이런 지식이 생산되는〔대학 외의〕다른 곳을 주시하는 것은 비판적 인문학자에게 시대의 요구와 만날 수 있는 기회를 제공해준다―여기서 그 요구는 설명적이거나 비판적인 것일 수만은 없으며 창조적이고 지도적이며 생산적이기도 해야 한다. 다시 말해, 그것은 지성과 지식뿐만 아니라―새로 출현하는 힘들의 잠재성이 그 내부에 잠복해 있는―새로운 제도와 관계를 생산하는 데 필요한 장치를 형성해야 한다.

이런 도전을 받아들일 때 심지어 국가와 비국가 지식인에 대한 들뢰즈적 형상화조차 우리를 충분히 설득하지는 못할 것이다. 비록 우리가 들뢰즈와 가타리의 노력을 정확히 새로운 지식과 담론으로 나아가려는 시도로 상상할 수 있고 상상해야 하겠지만 말이다. 물론 니체와 다른 계보학자들의 계승자인 우리 모두는 들뢰즈도 우리도 지금 우리가 종종 성취해온―혹은 하이데거의 의미에서 우리를 사로잡아온―지배적 형식에 전혀 얽매이지 않는 완전히 새로운 공간으로 나아갈 수 없다고 말하는 해체적 부담 (deconstructive burden)을 수용한다. 그러나 지성에 대한 근대성의 한계와 무관하지 않은 이런 깨달음은 이미 과거 구성체에 얽매여 있는 실천의 지속성을 허용하지 않는다. 그리고 과거 구성체가 마르크스주의적 비디오 읽기와 같은 이러한 '누보(nouveau)'적인 것으로 보이는 그런 것을 포함하고 있다는 걸 우리는 현재 확실하게 알고 있다.

사유를 전인미답의 공간으로 이동시키려는 스피노자의 노력은 다음과 같은 이해에 근거한다. 즉 지성이 지성다워지는 것은 그것이 형식의 전환과 더불어 움직일 때에만, 지성이 주도적이거나 새로 출현하는 존재 형식의 섬세한 합리적 가능성을 완성하는 방법으로 사유함으로써 자기 자신을 완성하는 일에 헌신하는 그런 때에만 가능하다. 안토니오 네그리(Antonio Negri)의 상당히 특수한 용어로 하자면, 우리는 스피노자가 심지어 시장이 막 출현했을 때, 아니 시장이 출현하기 '이전'에 시장을 사유했고 그것도 시장과 내재적 관계를 갖는 생산의 완성을 낳기 위해 사유했다고 말할 수 있다. 아쉽게도 우리는 스피노자의 사유가 성공적이었지만 계약을 기반으로 한 국가 형태를 가진 시장이 훨씬 성공적이었다고 말할 수 있을 것이다. 스피노자가 근대적 생산과 근대적 삶의 형식의 '사악한' 미완성이라 부르곤 했던 것을 확립했다는 점에서 말이다.

'글로벌/로컬'에 관한 사유가 이러한 새로운 스피노자적 시도를 낳아야 한다고 주장하는 것은 어리석은 일이다. 그렇더라도 이러한 시도는 해볼 필요가 있다. 이런 필요성이 출현하는 것은 '글로벌/로컬'을 사유하는 것이 최상의 시각을 통해, 즉 국가와 초국가(혹은 비국가) 사이, 그리고 자본의 국가적 형식과 초국가적 형식 사이의 이행 공간에서 우리를 응시하는 공백과 틈새 속에서 사유하려는 노력으로 제기될 때이다. 로컬/글로벌의 형상은 어떤 점에서 신식민지적 투쟁의 형상이지만, 글로벌적이기 때문에 스스로를 우리의 시야, 우리의 범위 밖에 위치 짓는 체계의 존재를 나타내는 이름이다. 이 지구를 보기 위해선 우리는 어느 위치에 서야 하는가? 누군가는 그것을 볼 수 없다고 말할 것이다. 또 누군가는 마르크스가 이 지구를 볼 수 있는 장치를 여전히 우리에게 제공하고 있다고 믿을 것이다. 이런 사람에게 그들이 서 있는 곳은 그들이 자신이 서 있다고 늘 생각해왔던 곳, 즉 '과학'의 영역이다. 그러나 지금은 너무나 변색된 용어[과학]로 자신의 관점을 명명하려고 하는 사람은 거의 없다.

이 책을 집어든 연구자는 그것을 내가 '공위기(interregnum)'라고 부르고자 하는 것, 아직 아무런 법도 없는, 즉 질서를 잡으려는 세력은 존재하지만 그 세력이 아직까지는 자신의 제도적 법을 완전히 불러내지 못한 장소와 시간에서 발신되는 하나의 보고서로 보아야 한다. 지식인은 이런 세력을 가시화하고, 스피노자처럼 불가피하게 나타날 수밖에 없는 사회 형식속에 새로운 계기의 방향을 읽어내는 과제를 사유에 부과하는 사명을 지녀야 한다. 완성을 이룩하는 것은 쉽게 이루어질 수 있는 일의 만족 속에서잠재성을 찾는 그런 길을 따라가는 것보다 더 어려운 일이다. 물론 이 문제를 역사화하는 것은 우리에게 누가, 무엇이 그런 편안하지만 사악한 길을욕망하는지에 관한 이야기를 들려줄 것이다. 그러나 우리의 이야기는 항상우리가 알고 있는 것에 관한 것이기 때문에, 우리는 인식 속에서 지식을모호하게 하거나 사유를 새로 출현하는 것으로 나아가게 하기보다는 기존사고의 순환적 반사성에 가두게 하는 유혹을 거부해야 한다.

윌슨과 디싸나야케가 우리 자신에게 엄청난 힘과 노력을 요구하는 공위기에 우리가 존재한다는 것을 분명히 할 만큼 성공을 거두었다면, 그것은그들이 잔존하는 과거를 지양해야 할 필요성의 강력한 흔적을 발견할 수있는 비판적 판단력을 발휘했기 때문이다. 이때 '글로벌/로컬'은 단지 근대적 지도 작성과 제국주의적 세력에 대한 도전에 그치는 것이 아니라 지적 기억(intellectual memory)의 활동임이 드러난다. 그것은 니체 같은 사상가가 회상하는 것(remember)이 곧 죽는 것임을 우리에게 늘 경고했던 이유와방법을 생각하게 만든다. 비평가는 회생을 시도하려고 할 때 신중함을 발휘해야 한다. '글로벌/로컬'을 사유하는 것은 어쩌면 우리에게 필요한 것이 무엇인지에 관해 어떤 시간이 필연적인지를 곰곰이 숙고해야 할 이유를제공해주는 것일지도 모른다.

● 옮긴이의 글 ●

롭 윌슨과 위말 디싸나야케가 편집한《글로벌/로컬(Global/Local)》(Durham & London: Duke University Press, 1996)을 우리말로 옮긴 이 책은 영미 학계에서 글로벌/로컬의 관계를 본격적으로 다룬 거의 최초의 저작이며, 1996년 출간 이후 현재까지 학술서로서는 이례적으로 3쇄 넘게 출판할 정도로 중요한 저서다.《글로벌/로컬》출간 이후 글로벌/로컬이라는 주제를 다룬 많은 저작이 쏟아졌지만 이 책은 글로벌/로컬 간 모순과 갈등을 탐구한 이 분야의 고전으로 평가받는다. 그 이유는 이 책이 전 지구화라는 세계적 물결이 국민국가의 매개를 통하지 않고, 혹은 그것을 우회해 로컬에 끼치는 영향을 이론적·실천적 차원에서 분석하는 새로운 길을 열었을 뿐만 아니라, 글로벌/로컬의 관계에 대한 새로운 사유를 통해 문화 연구를 국민국가 단위의 근대적 패러다임을 넘어 포스트국민국가 시대의 새로운 패러다임으로의 전환을 시도했기 때문이다. 이 책 후기에서 폴 보베는《글로벌/로컬》을 국민국가와 포스트국민국가 사이, 모던과 포스트모던 사이의 '공위기', 그러니까 "아직 아무런 법도 없는, 즉 질서를 잡으려는 세력은 존재하지만 그 세력이 아직까지는 자신의 제도적 법을 완전히 불러내지 못한 장소와 시간에서 발신되는 하나의 보고서"(591쪽)로 읽을 필요가 있다고 말하는데, 이는 이 책의 위치를 적절히 평가한 것이다.

지구화 시대 문화는 국민국가의 경계를 뛰어넘어 다른 문화들과 마주치고 뒤섞이는 일이 일상화하고 있다. 지구화가 본격적 이슈가 되기 전 근대적 국민국가의 공간에서도 문화들 간의 횡단과 접속은 늘 있었던 현상이지만, 이를 문화 연구의 본격적 탐구 대상으로 삼는 데는 어려움이 따랐다. 국민국가의 경계 내에서는 다른 국민 문화에 대한 비교 우위를 확보하기 위해 주로 국민 문화의 문화적 '본질'과 '기원'을 추적하거나, 국민 문화의 정체성과 우수성을 창안하는 작업이 문화 연구의 주된 과제였다. 이런 연구에서 로컬과 로컬 문화를 강조하는 주장은 제대로 인정받을 수 없었고, 로컬은 국민 문화의 본질과 정체성에 흡수되지 않을 경우 장애와 곤경으로만 여겨졌다. 베네딕트 앤더슨은 발터 벤야민의 시간 개념에 근거해 국민국가와 민족의 출현에는 다양한 장소와 시간의 리듬과 숨결이 살아 있던 동시성의 시간 개념이 '동질적이고 텅 빈 시간'으로 대체되는 뒤바뀜이 일어났다고 말한 적이 있다. 로컬은 국민국가의 동질적 시간 속으로 흡수되거나 구체적 삶의 리듬을 잃고 국가의 시간 밖으로 배제당한 것이다.

하지만 국가 간 경계가 허물어지고 문화 간 접촉이 빈발하면서 로컬 문화가 글로벌 문화와 서로 부딪치고 뒤섞이는 오늘날의 세계에서 사정은 크게 달라진다. 물론 지구화는 세계적 단일 시장을 형성하고 초국적 정치체를 중심으로 세계를 재편하면서 국민국가보다 훨씬 더 추상적이고 동질적인 문화를 로컬에 강요하고 있다. 특히 글로벌 세력은 국민국가와 그 문화의 매개를 거치지 않고 곧장 로컬에 살고 있는 우리의 삶에 영향을 미칠 정도로 가까이 있다. 그렇지만 역설적이게도 이런 무매개적 상황 때문에 지역적 존재와 삶은 글로벌적인 것과 더욱 첨예한 긴장 속에 놓이게 되고, 그 과정에서 국민국가에서는 가능하지 않았던 로컬에 대한 각성이 생겨나기도 한다. 국민국가의 압력은 여전히 강력하지만 이제 국민이라는 단일하고 동질적인 환상의 스크린은 많이 약화되었다. 그 사이에서 로컬은 새로운 관심사로 부상하고 있다. 이 책의 필자들은 한결같이 지구화와 지역화, 글로벌적인 것과 로컬적인 것의 동시적 연동과 상호 침투의 강화를 지적한다. 이들은 대부분 글로벌/로컬의 관계를 주목함으로써 그동안 국민국가에 의해 억압 및 배제된 이질적 차이와 복합성은 물론이고 전 지구적 차원에 존재하는 다양한 지역 문화와 그 시간적 리듬을 새롭게 인식하고자 한다. 이 책의 편자인 롭 윌슨에 따르면 글로벌/로컬의 배치는 "'세계 체제'의 새로운 동인으로서 근대 국민국가의 사회 구성체에 대한 일방통행식 지배 모델을 새롭게 형상화하고, 한층 낙관적인 정식화를 통해 사회적 발명·경쟁·이동·재상상화·연합·탈주 등의 복수적 선들을 활성화한다"(8쪽). 그런 점에서 글로벌/로컬의 배치는 지구적인 것과 지역적인 것, 중심적인 것과 주변적인 것 간의 일방적 관계가 아니라 그 사이의 상호 접속과 문화 횡단, 혼종 문화에 주목하고자 한다.

편자 서문과 폴 보베의 후기에 이 책이 갖는 의미와 가치가 충분히 설명되어 있어 책의 전체 내용을 요약하고 그 의미를 재차 부연하는 일은 불필요해 보인다. 다만 《글로벌/로컬》의 가치가 갖는 현재적 의미를 좀더 확장하는 일은 중요한 과제가 될 듯하다. 이와 관련해 한 가지만 덧붙이자면, 이 책의 제목인 글로벌/로컬의 배치가 지금 우리에게 제시할 수 있는 의미는 무엇인가 하는 점이다. 새로운 길을 개척하고자 하는 최초의 시도가 그렇듯 이 책의 필자들도 이 책이 나온 시기적 앞섬 때문에 글로벌과 로컬의 의미를 충분히 탐구하지 못한 부분이 있다. 이 책에서 다룬 글로컬/로컬의 관계는 오늘날 훨씬 복잡다기해졌다. 하지만 이 책이 제기하는 글로벌/로컬의 배치는 오늘날 로컬을 사고하는 지배적 두 경향을 비판적으로 인식하는 데 여전히 유용하다. 우선 첫째, '글로컬(glocal)'과 '글로컬리즘 (glocalism)'이라는 단어가 지향하는 것으로 현재 매우 유행하는 경향이 있다. 글로벌과 로컬의 긴장보다는 통합과 융합에 가까운 이 단어들은 글로벌/로컬을 나누고 횡단하고 접속하는 사선(/)의 의미를 너무 빨리 제거함으로써 그 의미에 대한 깊은 성찰을 차단하는 경향이 있다. 그 단어들에는 은연중 글로벌과 로컬을 구분하는 긴장의 선을 지움으로써 그 사이에 존재하는 경계와 틈새의 모순과 갈등을 중립화하는 이데올로기적 작용이 스며들어 있을 수 있다. 오늘날 세계의 모든 지역이 글로컬적임은 명백한 사실이지만 글로컬은 글로벌/로컬의 배치가 제공해줄 수 있는 중심과 주변, 제국과 식민의 관계와 같은 지정학적 구조 속에서 형성되는 로컬의 차이성, 로컬 간의 변별성을 간과할 수 있다. 글로벌/로컬의 배치는 글로컬이 놓칠 수 있는 이런 경계와 틈새의 물적 토대, 즉 다양한 세력 간의 갈등과 횡단과 혼종을 항상 전제하고 있다는 점에서 글로컬과는 차이가 있다. 둘째, 글로벌을 외부의 힘으로, 로컬을 내부의 힘으로 이분법적으로 구획해 사고하려는 경향이 있다. 하지만 이런 이분법 역시 글로벌/로컬의 배치를 사고하는 데는 한계가 있다. 그것은 자칫 외부에 맞선 내부, 즉 '글로벌에 맞선 로컬'이라는 저항 논리로 이어지거나 로컬을 본질주의적으로 사고하는 닫힌 로컬주의로 나아가기도 한다. 이런 태도는 로컬 자체의 모순과 갈등을 보지 못하고 로컬을 하나의 동질적 단일체로 간주하는 반모던적, 전통주의적 사고로 이어질 수 있다. 로컬에 대한 찬미는 이런 경향과 결부된 경우가 많다.

하지만 글로벌은 로컬과 구분되지만 로컬과 마찬가지로 이미 로컬의 내부 기제다. 글로벌이 긍정적 가치와 부정적 가치를 동시에 갖고 있고 그 내부에 모순과 갈등을 내장하고 있듯 로컬 역시 가능성과 곤경의 장이다. 특히 글로벌과 로컬 사이에는 경계가 이미 열려져 있고 다양한 힘이 상호 침투하기도 한다. 거기에선 로컬적인 것이 글로벌적인 것과 맞물려 있고 접속과 횡단과 혼종의 관계를 맺으면서 새로운 문화를 생성한다. 그런 점에서 글로벌/로컬의 배치에서 사선의 의미는 진지한 탐구의 대상이 될 필요가 있다. 글로컬이 글로벌/로컬의 모순적 긴장을 간과하고 세계의 지정학적 공간의 권력 관계를 제대로 인식하지 못한다는 점에서 제1세계 중심적이고 포스트모던적이라고 한다면, 로컬과 글로벌의 이분법은 로컬을 (포스트)모던적인 글로벌 세력과의 대립적 관계 위에 배치함으로써 반모던적인 경향을 띠고 있다. 아리프 딜릭은 이 책에서 로컬에 대한 낭만적 향수를 경계하고 로컬을 모더니티를 경유한 후의 로컬, "이 시대의 가장 근본적 모순이 작동하기 위한 장으로 기능하는 아주 현대적인 '로컬'"(40쪽)로 인식할 것을 역설한다. 글로벌/로컬의 배치가 중요한 이유는 바로 이 점에 있다. 이 배치는 앞선 두 경향을 뛰어넘어 글로벌적인 것과의 내재적 관계 속에서 모순과 갈등으로 채워진 로컬의 가능성을 복합적으로 인식하기 위한 것이다. 이 책에 실린 글들을 이런 관점에서 읽어본다면 그 글들이 갖는 성찰과 한계를 동시에 생각해볼 수 있을 것 같다.

끝으로 이 책의 번역 과정에서 많은 분들의 도움과 지원을 받았다. 오래전에 이 책의 번역을 의뢰받았지만 약속한 기일을 번번이 어겼다. 그 과정에서 역자의 게으름을 인내력 있게 지켜보며 번역 작업을 격려해준 부산대 한국민족문화연구소 김동철 소장님과 HK로컬리티 연구단에 감사드린다. 번역 과정에 많은 도움을 준 이주엽, 김양희 두 제자에게도 고마움을 전한다. 그리고 학술서 판매가 녹록지 않은 상황에도 출판에 선뜻 동의해준 에코리브로 박재환 대표께 감사드린다. 끝으로 이 책에 실린 글 중 〈경계 없는 세계? 식민주의에서 초국적주의로의 전환과 국민국가의 쇠퇴〉와 〈사회 공간으로서 한국〉은 이미 우리말로 번역되어 있어〔〈국경 없는 세계인가?〉〈창작과비평〉 1993년 겨울호), 〈맑시즘, 포스트모더니즘, 민족문화운동〉〈〈창작과비평〉 1990년 봄호)〕 큰 참조가 되었다. 모든 선집이 그렇듯 글의 내용과 문체의 편차가 너무 커서 번역하는 동안 많은 어려움을 겪었다. 한 저자가 쓴 책일 경우 후반부로 갈수록 번역이 수월한 경향이 있는데, 이 선집은 전혀 그렇지 않았다. 어떤 글은 너무 구체적이고 경험적인 데 반해, 어떤 글은 지나치게 이론적이었다. 솔직히 일부 글에 대해서는 접근과 이해가 쉽지 않았다. 그 과정에서 채 다듬어지지 않았거나 쉽게 풀어내지 못한 번역이 눈에 띄어 아쉬움이 남지만 독자 여러분의 따뜻한 지적을 바랄 뿐이다.

2019년 봄

김용규 씀

● 〈로컬리티 번역총서〉를 펴내며 ●

로컬리티의인문학 연구단에서 번역총서를 내놓는다. 〈로컬리티 번역총서〉
는 고전적·인문학적 사유를 비롯해서, 탈근대와 전지구화의 관점에서 해
석되는 로컬리티에 대한 동서양의 다양한 논의를 담고 있다. 로컬리티 연
구는 동서양을 막론하고 학문적 교차점, 접점, 소통성을 확보하는 것이 중
요한 과제다. 이러한 의미에서 본 연구단에서는 장기적인 계획 아래, 로컬
리티 연구와 관련한 중요 저작과 최근의 논의를 담은 동서양의 관련 서적
번역을 기획했다. 이를 통하여 로컬리티와 인문학 연구를 심화하고 동시에
이를 외부에 확산시킴으로써 로컬리티 연구의 저변을 확대하고자 한다.

　우리가 로컬리티에 천착하게 된 것은 그동안 국가 중심의 사고 속에 로
컬을 주변부로 규정하며 소홀히 여긴 데 대한 반성적 성찰의 요구 때문이
기도 하다. 오늘날 로컬은 초국적 자본과 전 지구적 문화의 위세에 짓눌려
제1세계라는 중심에 의해 또다시 소외당하거나 배제됨으로써 고유의 정체
성을 잃어가고 있다. 반면에, 전 지구화 시대를 맞아 국가성이 약화되면서
로컬은 또 새롭게 거듭나고 있다. 그동안 국가 중심주의의 그늘에 가려졌
던 로컬 고유의 특성을 재발견하고 전 지구화에 능동적으로 대처하는, 이
른바 로컬 주체의 형성과 로컬 이니셔티브(local initiative)의 실현을 위해 부

단한 노력을 기울이는 모습들이 속속 드러나고 있다.

이제 로컬의 현상들을 파악하기 위해 기존의 지역 논의와 다른 새로운 사고가 절실히 필요하다. 지금까지 지역과 지역성 논의는 장소가 지닌 다양성과 고유성을 기존의 개념적 범주에 맞춤으로써 로컬의 본질을 왜곡하거나 내재된 복합성을 단순화하는 오류를 범했다. 이에 우리는 로컬을 새로운 인식과 공간의 단위로서 재정립해야 할 필요성을 다시 확인하며, 로컬의 역동성과 고유성을 드러내줄 로컬리티 연구를 희망한다.

〈로컬리티 번역총서〉는 현재 공간, 장소, 인간, 로컬 지식, 글로벌, 로컬, 경계, 혼종성, 이동성 등 아젠다와 관련한 주제를 일차적으로 포함했다. 향후 로컬리티 연구가 진행되면서 번역총서의 폭과 깊이는 더욱 넓어지고 깊어질 것이다. 번역이 태생적으로 안고 있는 잡종성이야말로 로컬의 속성과 닮아 있다. 이 잡종성은 이곳과 저곳, 그때와 이때, 나와 너의 목소리가 소통하는 가운데 새로운 생성의 지대를 탄생시킬 것이다.

우리가 번역총서를 기획하면서 염두에 둔 것이 바로 소통과 창생의 지대이다. 우리는 〈로컬리티 번역총서〉가 연구자들에게 로컬리티 연구에 대한 기반을 제공해줌으로써 학제간의 경계를 넘나드는 심화된 통섭적 연구가 이루어지고, 나아가 '로컬리티의인문학(locality and humanities)'의 이념이 널리 확산되기를 바란다.

부산대학교 한국민족문화연구소

(HK)로컬리티의인문학 연구단